六合叢書

乘雁集

周 运

eons
艺文志

上海文艺出版社

序

胡文辉

前两年读过美国古典学家鲍尔索克的一本论集，有篇《关于吉本藏书的一些思考》，印象很是深刻。文章不长，但背后的功夫甚深。其论述基于对吉本著作所引文献与吉本藏书目录的对照，既留意引用而不见于藏书者，也留意未引用而见于藏书者，方法颇有可取。他总结："一个私人藏书室并不只是简单的书籍汇总。它是其主人的一面镜子，但这是一面相当神奇、所反映的信息远远超出表面化的映照物的镜子。它可以暴露隐秘的愿望，它比任何手术刀都能够更深入地切入一颗不平静的心灵。……它的庄严和权威，能够反映出吉本是什么样的人，以及他想成为什么样的人。"这些话，自然不单适用于吉本，不单适用于西方的学问。

在我看来，周运正是做了同样性质的工作。这本集子所收的文字，大体就是讨论学人藏书的，包括严复、胡适、毛子水、姚从吾、傅斯年、萧公权、潘光旦、浦薛凤一连串不凡的名字——为现代中国学术史提供了很多面镜子。这项工作完全是实证性的，一方面可见书的流传以及因此而附着于书的历史信息，是书话的深化；一方面可见学者的阅读趣味和知识构成，是学术史的外编。

第一部分依托于国家图书馆的旧藏，第二部分依托于个人的淘书收获，但内涵则一以贯之。所论皆系西洋图书，而图书所涉领域极为驳杂，文史哲兼有，且更及自然科学，这首先离不开外语能力和西学素养。同时，不论泡图书馆，还是跑旧书市场，都是力气活，眼勤脚勤皆不可少，傅斯年所谓"动手动脚找东西"，庶几近之。

当然，用力最深的还要数最后部分对周作人藏书的详尽考掘。

周运以前曾编纂《周作人现存部分外文旧藏目录》，如今网罗放佚，更上层楼，终完成《知堂藏书聚散考》，占了此集中的大部分篇幅，实等于一部专著了。众所周知，周作人在"自己的文章"里大量引书抄书，但要完整地了解其购书读书情况，却无现成的依傍。而周运是通过全面爬梳知堂文章及日记获得藏书线索，进而在国图外文书库里搜索知堂旧藏，一一借阅、查检、比对，才完成这一目录学工作，完全是下了死功夫。同时，他的工作又不限于单纯的目录排比，更拈出周作人的有关记录或论述以作参照，这种处理方式，可以借用袁一丹《"书房一角"：周作人阅读史初探》的说法，就是一种"文本内证与实物搜讨相结合的'二重证据法'"。如此，就将阅读的世界与写作的世界打成一片，为我们理解周作人，理解一个近代知识分子的精神史，提供了一份具体而系统的文本依据。

还要说明，《知堂藏书聚散考》梳理了周作人战后入狱的事迹以及藏书被没收充公的过程。这方面的工作，则是基于爬梳民国报纸缩微胶卷而积累起来的丰富史料，体现出周运的另一项冷板凳功夫——这里所显露的还只是小荷尖角而已。

我们都熟悉周作人在《书房一角》的序里说的："从前有人说过，自己的书斋不可给人家看见，因为这是危险的事，怕被看去了自己的心思。这话是颇有几分道理的，一个人做文章，说好听话，都并不难，只一看他所读的书，至少便颠出一点斤两来了。"可是，周作人书斋的底细，终于被他的同宗后辈翻了个遍，该说周作人是走"运"呢，还是不走"运"呢？

说到这，又想到《槐聚诗存序》末尾那几句嘲弄："他年必有搜集弃馀，矜诩创获，且凿空索隐，发为弘文，则拙集于若辈冷淡生活，亦不无小补云尔。"我一直觉得，默存先生如此横眉冷对追星族，是有点不大厚道的。再说了，钱先生自己何曾不是一直在"搜集弃馀"，何曾不是过了一辈子"冷淡生活"呢？一介学者，所过的若非"冷淡生活"，还能是什么生活呢？愿执此意与周运共勉。

目 录

序（胡文辉） ... i

"我国国学家中的知科学最深者" ... 1
——毛子水购读的数理科学书刊

国图的毛子水外文旧藏 ... 8

毛子水与《伽利略全集》 ... 15

傅斯年与康德 ... 21

傅斯年与尼采 ... 31

康托尔的藏书 ... 40

浦薛凤的外文旧藏 ... 49

威廉·詹姆斯的两册藏书 ... 56

一册萧公权的外文旧藏 ... 60

严复与柏克 ... 66

严复与卡莱尔《法国革命史》 ... 81

潘光旦批注的一册白璧德著作 ... 91

《剑桥与兰姆》 ... 103
——一本书的流传史

姚从吾西方史学藏书点滴 110
朱利安·赫胥黎与胡适 129
阿里斯托芬《鸟》的翻译及其他 136

书痴奥斯勒 141
荷兰爱书人弗修斯 151
英国史家休·特雷弗-罗珀的世界 167

知堂藏书聚散考 185

后　记 623

"我国国学家中的知科学最深者"
——毛子水购读的数理科学书刊

物理学家郑华炽曾和毛子水（1893—1988）开过一个玩笑，说有人称他是"我国国学家中的知科学最深者，科学家中的国学造诣最深者"。这话大概不假。知道《论语今注今译》的读者大概没注意，毛子水 1913 年进北京大学读的是理预科，1917 年秋升入数学门。在傅斯年、罗家伦、汪敬熙等一干北大好友的熏染下，毛子水也开始购读各种外文书刊，尤集中于代数、微积分等数学科目。毛子水很佩服汪敬熙的数学天分，因为汪当时好读高深的数学书。在灯市口的一家旧书店里，毛子水曾淘到一本怀特海的《数学导论》。这件事他到晚年还津津乐道。

1920 年夏，毛子水毕业留校教预科国文，当时读书范围也随之扩大，狂买柏拉图、笛卡尔、斯宾诺莎、密尔、维恩（John Venn）、罗素，也收乔治·达尔文的《太阳系中的潮汐和类似效应》、爱丁顿的《空间、时间和引力》以及詹斯等人的天文学名著。1922 年底，毛子水与姚从吾一起赴德国留学，1923 年 2 月抵达柏林。与在国内时一样，毛子水在柏林所购书籍也以数学、物理为主。他买旧书的运气不错，最大斩获当属罗素的《数学原理》（*Principles of Mathematics*, 1903）。第一次世界大战后，《数学原理》已很稀见，据说罗素来中国时，有人告诉他在北京只有北大数学系教授秦景阳有一部。大约在 1926 或 1927 年，毛子水偶然在柏林一家书店里翻看另一家书店的书目，这本书目还是"一战"前印的，里面有《数学原理》。毛子水立马跑到那家书店，书居然还在，当即拿下。在此之前，傅斯年曾在伦敦买过一本，但书的品相不好，价格又比毛子水这本高出好几倍。[1] 当时柏林圈子里面，要买《数学原理》的，除傅斯年和毛子水之外，还有俞大维。在1926年11月14日从柏林写给胡适的一封信里，毛子水这么介绍俞大维："旧在哈佛读书，自一九二一年来此，其人天资学问，颇仿佛赵元任君，系我国学生中之希有者。惟我意他在此处境不甚好，或不能如赵君之精进耳。我本想先生这回来柏林，即为介绍与之一谈，或可使他预备回国以从事于较为有成效的工作，乃亦不得如愿，甚为怅怅。（闻姚君从吾说，俞君亦希望得与先生一晤谈也。）"[2]

在波昂（波恩）的一家旧书店书目上，毛子水发现有康托尔（Georg Cantor, 1845—1918）1883年初版的 *Mannichfaltigkeitslehre*（指康托尔的《集合论基础》[*Grundlagen einer allgemeinen Mannichfaltigkeitslehre*]），立刻发信去问，过几天邮局就把书给送过来了，让他大喜过望的是，在黄色书皮的右下角居然有数学巨子戴德金（Julius Dedekind, 1831—1916）的亲笔签名，是戴德金的旧藏。[3] 毛子水很希望国内学术机关可以买下某些欧洲学者的藏书，比如1925年大数学家克莱茵（Felix Klein, 1849—1925）去世后藏书出卖，他就一直惦记着这件事，可当时国内因为刚起战乱，根本谈不到。克氏藏书最后被巴勒斯坦大学一抢走，该大学当时有大数学家弗兰克尔（Adolf Fraenkel, 1891—1965）在教书，这回得了克莱茵藏书，更是如虎添翼。[4] 毛子水1923年还从哈勒的Louis Nebert出版社买到弗雷格（Gottlob Frege, 1848—1925）的《概念文字》

---

1 《关于买书的一些回忆》，《毛子水全集·杂文》，台北：台湾大学中文系，1992年，第73页。
2 《胡适遗稿及秘藏书信》第二十四册，合肥：黄山书社，1994年，第599页。
3 《毛子水全集·杂文》，第73页。
4 《买书馀记》，《毛子水全集·杂文》，第75页。

(*Begriffsschrift*, 1879), 他在1962年回忆文章中说该书出版后二十四年里几乎无人问津, 直到罗素《数学原理》出版后, 才为人重视。"前些时英国一书店要翻印这部书时, 好像听说只能从罗素处得到这部书"[1], 然后他问道, 全英国大学图书馆和大英博物馆的采访员竟没法买到该书吗。毛子水转述的这一广为流传的说法并不准确, 据比纳姆(Terrell Ward Bynum)介绍, 1879—1891年间《概念文字》被忽视或误解, 在1891—1901年间逐渐得到认可。直到尼蒂奇(Nidditch)1963年发表《皮亚诺与对弗雷格的认可》一文之前, 很多人还重复罗素发现弗雷格这一说法, 而罗素在自己的《西方哲学史》里对此也加以鼓励: "尽管他的发现具有划时代性质, 但他[弗雷格]却完全不被承认, 直到我1903年注意到他。(Unwin, 1946, p. 858)"弗雷格的作品在罗素发现它之前, 很难"不被人注意"。因为它被很多人评论或批判过, 其中包括康托尔、韦恩、胡塞尔、皮亚诺(Giuseppe Peano, 毛子水留学时在米兰还找过他的书, 只买到一本可能是1917年出的关于算术游戏的书[2])、施罗德(Ernst Schröder)等著名学者。罗素也并非第一个阅读该书的人, 它在皮亚诺作品中被提到过六次, 韦恩在《符号逻辑》中也提过(毛子水大学毕业后买过此书), 这两本书罗素都读过。戴德金在《数是什么和应该是什么?》(*Was sind und was sollen die Zahlen?* Braunschweig: F. Vieweg, 1893)第二版序中还提过弗雷格的《算术基础》, 而弗雷格也对此做出过回应。所以说弗雷格并非到1903年还仍然"完全不被承认", 胡塞尔和皮亚诺都认识到弗雷格是一位重要学者, 并深受其影响。所以罗素并非第一个"发现"弗雷格, 而"是"第一个看到弗雷格让逻辑和数学哲学领域产生革命性发展的人, 准确的表述应该是胡塞尔、皮亚诺

---

[1] 《毛子水全集·杂文》, 第74页。
[2] 同上书, 第75页。

"发现"了弗雷格,而罗素发现了弗雷格的伟大。[1] 据比纳姆该书后弗雷格著作书目介绍,《概念文字》到 1964 年才由 G. Olems 出版社于德国西尔德斯海姆重印(*Begriffsschrift und andere Aufsaetze*, ed. I. Angelelli),看来确实难找。

在物理学著作方面,毛子水买到英国学者侯失勒(John Herschel,1792—1871)的《天文学纲要》(*Outlines of Astronomy*)。这本书在清末曾被伟烈亚力和李善兰等节译成汉语,题为《谈天》。胡适有一册战前在北平买的咸丰九年墨海活字本《谈天》,1930 年代以来一直被他毛子水"据为己有",后来"落到"北大图书馆了。[2] 毛 1961 年从日本琳琅阁买到一部,想等空闲时给胡适一看,可胡却于次年 2 月去世了。1930 年回国后,毛子水在东安市场还买到过侯失勒的另一本著作《论自然哲学研究》(*On the Study of Natural Philosophy*)。

虽然手头拮据,毛子水还是买下了几种数理科学类的西文古书,其中包括丁先生(Clavius)的《几何原本注》(1574)、伽利略的《两种新科学对话录》(1638)、牛顿的《自然哲学的数学原理》第三版(1726)。他后来回忆说:"这些书在三十年前还不十分难得,现在便不易买到了。"[3] 早在 1913 年,毛子水就在杭州的一家旧书铺买到江宁书局(一说金陵书局)同治刻本《几何原本》和《则古昔斋算学》。二书版式装订一律,整齐似一部书,引起他对算学的强烈兴趣。[4] 他后来想继续利玛窦和徐光启未竟的事业,从古希腊语原文翻译《几何原本》,大概就是这时埋下的种子。

---

1 参看 Gottlob Frege, *Conceptual Notation and Related Articles* (Oxford: Clarendon Press, 2002), 48-49。
2 《毛子水全集·杂文》,第 73 页。
3 同上书,第 76 页。
4 《我与孟真的交往》,《毛子水全集·传记》,台北:台湾大学中文系,1992 年,第 49 页。《毛子水全集·杂文》,第 71—72 页。

中华文化基金会董事会编译委员会于 1930 年 7 月 2 日成立，胡适任委员长，他起草了编译委员会简章，分历史部、世界名著部和科学教本部，而世界名著部职责是，"选择在世界文化史曾发生重大影响的自然科学、哲学、文学等名著，聘请能手次第翻译出版"[1]。《胡适遗稿及秘藏书信》第十三册中有两份"编译计划"：一份草稿，一份誊清稿，内容都是谈翻译外国文史作品，应该是胡适这时拟的。

同年 8 月 11 日，毛子水致信胡适说：

> 前傅孟真兄由沪回来，谈及先生打算着手做翻译的事情。我想这件事如果做得好，是大有益于中国文化的。但傅君说先生的意思偏重历史方面的著作，未知是否？我想自然科学的经典，至少应当和历史的名著一样重要，我从见到 *Ostwald's Klassiker d. exakten Wissenschaften*（引者按：一套袖珍本德文科学经典丛书）的时候，内心便十分欣羡，以为一个正当底文化民族，应有这样一部书。[2]

他第一个念头就是根据海贝格（J. L. Heiberg）刊本（1883—1888）重译欧几里德的《几何原本》，注解则用希斯（Heath）译注本（1908）。"前在德时，尝和陈寅恪君商量此事"，而他在柏林大学专门学习古希腊文也是为的这个。他觉得自己的希腊文不够用，功夫不足，想等恩里奎斯（F. Enriques）的意大利语译注本（*Gli Elementi di Euclide e la Critica*

---

[1] 胡颂平编著《胡适之先生年谱长编初稿》第三册，台北：联经出版公司，1984 年，第 907—908 页。
[2] 《胡适遗稿及秘藏书信》第二十八册，第 606 页。按：后来到 1931 年 6 月 26 日，中基会翻译委员会分为自然科学和文史两组，自然科学组决定先由现代作品着手，当时已有十余种在翻译，很有可能胡适听取了毛子水的部分意见。到 1932 年 7 月 1 日胡适主持中基翻译委员会，会议报告中说自然科学组已完成的有顾养吾翻译 Pierponti 的《实数函数论》、胡沈东翻译的竹内端三《函数论》上下卷，还有黄野萝翻译的赫钦森（Hutchinson）的《开花植物家族》等多种。可惜因为"一·二八"战起，这个计划就没法实现了。

antica e moderna, Bologna, 1925-1935）出全时再行动。陈寅恪也对《几何原本》有兴趣，德国留学时在图书馆翻检过夏鸟（Sommervogel）所编《耶稣会士著述目录》（《〈几何原本〉满文译本跋》），他很想让毛子水从事翻译。可惜这个计划最终还是泡汤了。不过，毛子水对《几何原本》一直未能忘情，到1966年还写了一篇《徐译几何原本影印本导言》，发表于《书目》季刊第三期。文中回顾了《几何原本》的版本流传和汉译历史，提到元代传到中国的《几何原本》是阿拉伯语译本。利玛窦译本的底本是他老师丁先生校印的拉丁文本，就是上文提到的毛子水在德国淘到的那一本。[1] 在他自己主编的《新时代》新三卷七期，毛子水刊载了梁子涵写的《希腊几何学传入中国考》。

毛子水在该信中还说他最近打算先翻译伽利略的《两种新科学对话录》，英、德都有好译本。而马赫的《力学》解析尚好，傅斯年在德国很用心研读此书和《感觉的分析》，他回国任中研院史语所所长时，还几次劝毛子水把它译成中文。毛子水想让北平图书馆购进一套《伽利略全集》（Dell'Edizione Nazionale a cura di A. Favaro ed i I. Del Lungo, 20 Voll., Firenze, 1890-1909）作底本。这套书一共二十卷，至今依然是最权威的版本，国图现在所藏该套全集应该就是毛子水当年荐购的那套。虽然书买来了，译者却不了了之。关于早年计划翻译《几何原本》和《两种新科学对话录》一事，他后来很少提及，连吴大猷在回忆文章中也只是说"闻早年曾重译欧几里氏《几何原本》，未知其详"，而且似乎不知道毛子水还曾计划翻译伽利略。

毛子水1949年1月7日飞离北平时，他所有的藏书都留了下来。2004年秋，我在地坛书市淘到一些毛子水和他女儿毛玲之的外文书，该是他藏书的一部分。五年以后，同样在地坛秋季书市，我在中国书店摊

---

[1] 《毛子水全集·杂文》，第76页。

位淘到一本贝尔（E. T. Bell）的《数学的发展》[1]，上面钤有"毛准"藏书印。这批外文书本来被存放于人民大学图书馆的地下室里（估计是当敌产没收的），1999年国庆时遭到清理，流散到旧书市场上。好玩的是，毛子水在其回忆文章里还以为他的藏书都留在了北大图书馆。[2]

1　*Development of Mathematics* (New York: McGraw-Hill Book Company, Inc., 1940).
2　据北大图书馆栾伟平告知，毛子水旧藏的西文珍本书现收藏在北大图书馆特藏部，光1800年以前的善本就有二十多册。

国图的毛子水外文旧藏

说来有意思的是，国图有一套 Musarion 版《尼采全集》二十三卷[1]，是毛子水的旧藏。这套书一律是漂亮的白色羊皮纸封面的大 16 开精装，书脊烫金字，上书口涂金，封面内侧左下角有书店标：Buchhandlung Hans Dommes Köln am Rhein Schildergasse 41。后衬页有铅笔字：毛子水。书后版本说明：这套书第 1—15 号是用日本上等皮纸印刷，全皮面精装，而第 16—200 号是碎布优质纸印刷，全羊皮纸装帧，此书第 108 号。下面有个椭圆小红印，篆体水字，这是毛子水印章。看来毛子水花了不少钱购买这套豪华限量版全集。

弗雷格（G. Frege）的《算术基础》第一卷[2]，后衬页二有铅笔字：$32.00 M 毛准。有国立北平图书馆的英文印，北京图书馆改的精装。《算术基础》第二卷[3]，后衬页二有铅笔字：毛准。也盖有国立北平图书馆的章。毛子水在回忆文章里提过自己在德国从原出版处买到弗雷格初版《概念文字》（1879）的事，却没有提到他买过《算术基础》。[4]

1　*Gesammelte Werke, Musarionausgabe*, hrsg. Dr. Richard Oehler, Max Oehler und Dr. Friedrich Chr. Würzbach (München: Musarion Verlag, 1922–1929). 索书号：\B3312.A2\1922。
2　*Grundgesetze der Arithmetik: Begriffsschriftlich abgeleitet, Erster Band* (Jena: Hermann Pohle, 1893).
3　*Grundgesetze der Arithmetik: Begriffsschriftlich abgeleitet, Zweite Band* (Jena: Hermann Pohle, 1903).
4　《关于买旧书的一些回忆》（1962 年 12 月 27 日），《传记文学》第二卷第一期，载《毛子水全集·杂文》，台北：台湾大学中文系，1992 年，第 74 页。

《黎曼数学著作全集和科学遗稿》[1]，p.558有铅笔字：M＄50 毛子水。国立北平图书馆装订的红布精装。

《雅各布·斯坦纳全集》[2]，第一卷前衬页有红色水字篆文，后衬页铅笔字：T. S. Mao，这是毛子水外文名Tzu-shui Mao的缩写。第二卷后衬页还有铅笔字：＄36.00 M。

《狄利克雷作品集》[3]，扉页后有个椭圆小红印，篆体水字，第一卷后衬页有铅笔字：T. S. Mao，第二卷后衬页除了毛子水外文名，还有＄42.00 M，这应该是购书的价格。

弗兰克尔（Adolf Fraenkel）《集合论入门》[4]，黄色布面精装，有英文国立北平图书馆章，书后衬页有铅笔字：RM 19.75 T. S. Mao。这是柯朗（Richard Courant）主编的著名"数学基础原理"（*Die Grundlehren der Mathematischen Wissenschaften in Einzeldarstellungen*, Bd. IX）丛书之一，该丛书有"黄色的冒险"之称。弗兰克尔时任基尔大学教授，毛子水在回忆里还特意提到，他在德国时，听说哥廷根大学数学教授克莱因（Felix Klein, 1849—1925）去世后，他的藏书出卖，后来全部由巴勒斯坦的大学买去。"这个大学有Adolf Fraenkel这个教授固然的，有了Klein这批书作数学图书的基础，亦值得羡慕。"[5] 他认为："我当时以为，这一批藏书，如果买来运回国内，便可作一个大学或研究所图书馆里基本的算学书籍了，因为这种藏书里面，非特有现在所买不到的绝版书，并且有许

1　*Bernhard Riemann's Gesammelte Mathematische Werke und Wissenschaftlocher Nachlass*, 2. Aufl., Hrsg. unter Mitwirkung von Richard Dedekind, von Heinrich Weber (Leipzig: B. G. Teubner, 1892).

2　*Jacob Steiner's Gesammelte Werke*, hrsg. K. Weierstrass, 2 vols. (Berlin: Georg Reimer, 1881–1882).

3　*G. Lejeune Dirichlet's Werke*, hrsg. L. Kronecker, 2 vols. (Berlin: Georg Reimer, 1889–1897).

4　*Einleitung in die Mengenlehre*, 3.,umgearb. und stark erw. Aufl. (Berlin: Julius Springer, 1928).

5　《毛子水全集·杂文》，第74页。

多很珍贵的便于研究的材料。我国建立学术，便从学术发达国家买到这整批藏书，似乎是一个方便的办法。"[1] 克莱因这批书约有 3000 册，包括一些 19 世纪的老书、大量期刊和克莱因的一些手稿。它们是在美国瓦滕堡（Philip Wattenburg）捐赠的帮助下从他的遗孀那里买到的，是 1927 年兰道（Edmund Landau）为希伯来大学数学图书馆（现数学与计算机服务图书馆）所购买，奠定了该馆藏书的基础。弗兰克尔 1929 年起任教于该大学数学学院，就是现在的爱因斯坦数学学院，1931 年返回基尔。1933 年因为纳粹上台，他又回到希伯来大学而不再离开，并成为第一任数学系主任。

这些外文书应该都是毛子水在德国时买的，回国后就卖给了北平图书馆。据国立北平图书馆《新增西文书目录（双月刊）》记载，弗兰克尔《集合论入门》出现在 1931 年 7—10 月的新增西文书单里[2]，而 Musarion 版《尼采全集》二十三卷则是在 1932 年 11—12 月的新书单上[3]，看来毛子水这些书卖给北平图书馆的时间不同。毛子水晚年回忆起在欧洲这段淘书经历时还说："我在四十、五十的年纪时所常做的梦，是在欧洲书店寻找书籍的梦。近十年来不常有这种梦，似乎老来对于书籍的嗜好都已渐渐衰失了。"他开玩笑说，还想如果中了爱国奖券的特别奖，他会拿着这笔意外之财到欧洲去逛旧书铺用。

而在欧洲这段淘书经历也深深影响了他后来的人生道路，因为爱书而考虑在图书馆找一份职业。他 1926 年时就考虑回国后，找一个图书馆员的职位，俞大维特意写信托人为他在清华找一个助教或图书馆员的职位，可惜没有成功（1926 年 11 月 14 日致胡适信）。[4] 他于 1929 年冬回国后，工作迟迟没有着落，因而 1930 年 8 月 11 日给胡适信里说："前在

---

[1] 《买书馀记》，《毛子水全集·杂文》，第 75 页。
[2] *The National Library of Peping Bi-monthly Booklist*, vol. 2, July–October 1931. Nos. 4–5, 141.
[3] Ibid., vol. 3. November – December 1932, No. 6, 213.
[4] 《胡适遗稿及秘藏书信》第二十四册，合肥：黄山书社，1994 年，第 599 页。

欧洲时，尝想回国后在一较大之图书馆做事情，因自己可有馀暇校书、译书或作文也。现在想求这样一个位置亦不可得。早知如此，还不如仍留欧洲，尚可得着浸淫于书籍的机会。若有适当的图书馆的事情，先生可为我介绍的，希为留意！"[1] 对于毛的买书品位和搜集能力，傅斯年是看在眼里的。因傅的推荐，毛子水于1931年春兼任了北大图书馆馆长。毛说是因为"他知道我教书非所长，对于网罗文献，则向所爱好"[2]。

毛子水在图书馆馆长位置上一干就是四年。胡适1935年4月15日致信毛子水说："我看梦麟先生的意见是很想把这个新的北大图书馆完全放在一种新的组织和新的效率之上。简单说，就是要'美国化'它。此志无可非议，因为我是深信图书馆是以'美国'的为世界第一。梦麟先生和我却绝对相信，你对于书籍的了解与判断，都相信你忠于此工作，并且爱此工作，但你是一个没有'美国化'的人，你办这个新图书馆，确不很相宜。我知道梦麟先生颇为此事焦虑。最近我虽没有和他细谈，但我知道他有改组图书馆的计画，想向北平图书馆借一位专学图书馆管理的人来做这番改革的事。此人大概是严文郁君居多。我也赞成此事。为你个人计，你最好还是回到史学系来，专整理你的科学史与地理学，在两三年中做点学术的成绩来。同时你也可以在改组后的图书馆委员会里做一个主脑委员，用你的爱好书籍和熟悉书籍的本领来帮助整理这个新图书馆。所以我劝你辞去馆长一职，使梦麟先生可以放手做这改革计画。"[3] 早在1921年，胡适给商务印书馆写的考察报告里就提出建立图书馆："聘请专习图书馆的人为图书馆主任，用新法编目管理。"（1921年9月30日日记）[4] 所以图书馆馆长要专学图书馆管理的人来担任，也是胡

---

1 《胡适遗稿及秘藏书信》第二十四册，第608—609页。
2 《我与孟真的交往》，《毛子水全集·传记》，台北：台湾大学中文系，1992年，第50页。
3 《胡适遗稿及秘藏书信》第十九册，第22—23页。
4 《胡适日记全集》第三册，台北：联经出版事业股份有限公司，2004年，第345页。

适的一贯看法，也是他受美国观念的影响。因而按胡适这个安排，毛辞职后，北大设立图书馆馆长和图书馆主任各一人，由校长蒋梦麟亲任馆长，严文郁于6月担任主任，似乎有安抚毛的意味。[1]

而胡、蒋以为模范的美国图书馆也开始打破常规，1939年美国总统罗斯福提名诗人麦克拉什（Archibald MacLeish）而不是图书馆专业人士为美国国会图书馆馆长，遭到业内人士的反对，当时最高法院大法官法兰克福特（Felix Frankfurter）却支持这一任命，他认为"领导一个伟大的图书馆，需要的是想象力、精力和远见"，新图书馆长要"懂书、爱书、还能写书"，图书馆工作技能可以在岗位上培养。麦克拉什在任的五年里管理下的图书馆效率提高很多，而被人誉为"20世纪美国图书馆界最有影响力的百位人物之一"。国会图书馆以后延续了从图书馆专业之外寻找领导人的做法。[2] 麦克拉什后来还与胡适成了朋友，时任民国政府驻美大使的胡适1940年5月23日记："到纽约，与Archibald MacLeish同车，因同吃饭。他是新诗人，又有法律经济的学识，去年任国会图书馆长，人称为得人。"[3] 因而等1946年抗战胜利后北大复校，傅代理北大校长，又让毛子水再次兼任了北大图书馆馆长。估计有麦克拉什的先例在，这回胡适不会反对了。

补记：以前文中曾说傅斯年不愿意把史语所图书馆交给学图书馆管理的人管理，有朋友看后批评说这个说法不对，只用了那廉君的二手文献，而忽略了第一手资料，因为傅在给李济信里就说请袁同礼找寻图书馆专业的人。我特意翻查了傅的书信，确实如这位朋友所说，特此致谢。

---

1 吴梱编著《北京大学图书馆九十年记略》，北京：北京大学出版社，1992年，第71页。
2 尼古拉·A.巴斯贝恩《永恒的图书馆》，杨传纬译，上海：上海人民出版社，2011年，第130—131页。
3 《胡适日记全集》第八册，第51页。

傅1939年6月22日致信李济说他赞同图书室找一位专学图书馆的人。他曾写信请国立北平图书馆馆长袁同礼推荐，多日未复。在路上遇到一问，袁推荐某君。此人不但不是学图书馆专业的，在平馆也只工作了三个月，傅当然不接受。"袁乃云，文华毕业生，你们请不起。"于是傅想自己找人，想到王育伊（毅侯之子），王虽是燕京大学历史系毕业，但在平馆已工作数年。"此君勤快公直，弟之观察，觉其极似乃父。"与袁商量，袁不同意。[1] 信里说的毅侯就是王敬礼，时任中研院会计处和总务处主任。傅又说袁推荐邓衍林（1908—1980），私立武昌文华图书馆专科学校毕业，在北平馆服务若干年，而他需要考查一下。1939年6月29日又致函李济说，一早与袁谈，袁不放人，而且也不清楚王的意见。邓资历合适，但不知办事能力如何。"另有一法，即以那廉君升任，那比骥尘聪明，办事也算尽心，然无目录之根底，应付事与人，能胜任否，弟亦无把握。看来日下只有两法：一、以邓借用，二、以那升任。两者各有所长，皆不尽妥。"[2] 到1939年8月9日信里最后决定由那廉君来担任管理员了。傅并没有对学图书馆专业人士的偏见，所以那廉君回忆里的说法并不可靠。而据《国立北平图书馆职员录》（民国二十六年一月编印），索引组组员：王育伊，籍贯：浙江黄岩，到馆年月：廿四年八月。参考组组员：邓衍林，字竹筠，二十九岁，籍贯：江西吉安。《国立北平图书馆现有工作人员详细履历表》（民国卅二年七月）里说：王育伊，毕业于燕京大学，曾任中央研究院历史语言研究所图书管理员，到馆年月：（民国）卅二年五月。王育伊1935年起到1948年服务于平馆，这期间又于1941年10月到1943年5月服务于史语所图书室。[3] 傅到底还是把王育伊挖了过去，不知袁同礼是如何放人的，看来傅的挖人能力非同

---

1 《傅斯年遗札》第二卷，台北："中央研究院"历史语言研究所，2011年，第762页。
2 同上书，第764—765页。
3 《清末民国图书馆资料汇编》第七册，北京：国家图书馆出版社，2014年，第131页。

一般。

不过，傅斯年在1946年北大复原后对开办图书馆学系，态度有所保留。王重民1946年2月14日致胡适信中说："前接守和先生来信，称孟真先生不欲在北大办职业化班次，所以图书博物两系，拟在团城另办。"王随后又在3月1日信里推测："孟真先生不赞成太职业化，固然很中肯綮"，大概顾虑蒋复璁与袁同礼的关系。认为文华已叛袁附蒋，这时到北大办图书系，未免是助袁压蒋，怕蒋来找麻烦。还谈及蒋梦麟拟聘袁守和当北大图书馆主任，恐怕是误传。北大前一个主任严文郁，是袁推荐给蒋的，两三年前不知何故辞职。而当时胡适还有意聘请王重民当图书馆主任，最后还是在傅斯年坚持下，同意毛子水任馆长。该信附记抄录了袁同礼1946年1月26日致王的信，其中说："图书博物专科事，曾与孟真谈过，渠谓北大方面，不赞成太职业化。"最后胡适主张缓办一年（王重民1946年3月13日信）。到1947年下半年北大图书馆学、博物馆学两科正式开课。[1]

---

[1]《胡适王重民先生往来书信集》，北京：国家图书馆出版社；合肥：安徽教育出版社，2009年，第435—439页；另见毛准、王重民1948年1月5日致胡适、袁同礼信（第492页）。

毛子水与《伽利略全集》

近日提出一册罗素《相对论入门》德文译本[1]，后衬页有铅笔字：RM 3.25 J. S. Mao。竟然是毛子水的藏书。译者格雷林（Kurt Grelling，1886—1942）是科学经验论的柏林学会成员，这是他翻译的四部罗素作品之一。据国立北平图书馆《新增西文书目录（双月刊）》(*The National Library of Peping Bi-monthly Booklist*) 记载，此书是1932年5—6月入藏的。

另外发现一册红皮面的《精确科学的共识》[2]，后衬页铅笔：$ 10.00 M J. S. Mao，也是毛子水的藏书，其中p. 43、p. 45有铅笔批注。此书据前言，作者克利福德（1845—1879）死后，作品委托给罗（R. C. Rowe），最后由统计学家培生（Karl Pearson）代为完成。而《海涅全集》[3]也是毛子水的藏书，因为第一册封底有铅笔字：J. S. Mao。这套书为十卷本，存前九卷。另外又发现一大册《德国文学史》[4]，黑布16开精装，扉页背面有朱文椭圆篆字小印：水。3126408297，34833，后衬页铅

---

1 Bertrand Russell, *Das ABC der Relativitätstheorie*, gebundene ausgabe, übersetzt von Kurt Grelling (München: Drei Masken Verlag, 1928).
2 Wiliam Kingdon Clifford, *The Common Sense of the Exact Sciences*, 2nd ed. (London: Kegan Paul, Trench & Co., 1885).
3 *Heinrich Heines Sämtliche Werke*, hrsg von Oskar Walzel, 9 vols. (Leipzig: Insel-Verlag, 1910-1915).
4 Wilhelm Scherer, *Geschichte der Deutschen Literatur*, 15. Aufl.(Berlin: Weidmannsche Buchhandlung, 1922).

笔：$12.00 M J. S. Mao。年表时间截止到 1835 年，有 Edward Schröder 1919 年在哥廷根所写的后记。

毛子水 1930 年 5 月 17 日致函胡适说："到北平后，又过了一个月了。寄存的书籍已搬至傅孟真兄家（前铁匠营胡同二号）去了。"[1] 他初回北平，居无定所，就把从欧洲带回来的书寄存在傅斯年家中。他自己一开始住欧美同学会中，写信的前两天才移居西四大院胡同甲九号。他 8 月 11 日从清华写信给胡说他暑假暂住清华园金龙荪（即金岳霖）的房子，大约月底便回北平。若这个月内有信就寄清华园工字厅。当年 7 月 2 日中基会董事会编译委员会成立，准备翻译外国著作，胡适担任委员长。毛子水在这封信里又说："傅君说先生的意思偏重历史方面的著作，未知是否？我想自然科学的经典，至少应当和历史的名著一样重要，我从见到 Ostwald's Klassiker d. exakten Wissenschaften（奥斯特瓦尔德精确科学经典）的时候，内心便十分欣羡，以为一个正当底文化民族，应有这样一部书。"[2] 有意思的是，这套袖珍本"奥斯特瓦尔德精确科学经典"，当时清华图书馆就有一套（1899—1923，212 卷）。[3] 胡适显然听取了毛子水的意见，拟定了相关报告，1930 年 10 月 19 日记：他在欧美同学会邀编译委员会同人聚餐，"据张子高报告，核查 Ostwald 的科学名著丛书的结果，似不适用。叔永（任鸿隽）与步曾（胡先骕）都主张科学名著从近代名著入手。决定暂由自然科学组去拟科学名著翻译计划"[4]。现在看来，毛子水的意见显然更为合理。

毛子水在该信里还说："我拟叫北平图书馆购一部 Edizione Nazionale 的 Galileo 全集来作底本，未知做得到否？"因为他翻译伽利略的《两种新

---

1 《胡适遗稿及秘藏书信》第二十四册，合肥：黄山书社，1994 年，第 603 页。
2 同上书，第二十四册，第 606 页。
3 *Classified Catalog of The Tsing Hua College Library*, Peking: Tsing Hua College, 1927.
4 《胡适日记全集》第六册，台北：联经出版事业股份有限公司，2004 年，第 341 页。

科学对话录》需要参考书。"此事我本拟于今年暑假后开始做的。(暑假中两月,我早预定专读关于最近发达的物理的书籍的。)因北大已不设地理系,我无甚重要的功课,所以有工夫做这件事。惟目前已有一难问题丛生,即是北大经费无着落,我的生活不能安定。(我自到北大后,还没有干净拿着一个月的薪水),所以恐怕这个计划又成画饼!"[1] 据《北平各图书馆馆藏西文图书联合目录》:1931年前,北平只有清华与燕京大学各有一册《两种新科学对话录》英译本(*Dialogue concerning two New Sciences*, tr. Henry Crew and Alfonso de Salvio, 1914),平馆一册也没有。[2]

新合并不久的国立北平图书馆于1929年7月成立购书委员会"是为协助馆长采购书籍便利",陈垣、傅斯年、陈寅恪、胡先骕、叶企孙、孙洪芬、任鸿隽任委员。1931年6月6日会议把旧购书委员会分为中文、西文二组,丁文江、胡先骕、陈寅恪、傅斯年、孙洪芬、王守兢、顾子刚七人为西文组委员,傅斯年同时也是中文组成员。傅1929年8月至1937年一直担任北平图书馆委员会委员,陈寅恪1929年7月至1942年则担任购书委员会委员。而胡适于1932年10月担任图书委员长,傅斯年任副委员长。而早在北海图书馆时期,该馆就确立了自己西文书的采购原则是北大、燕京、协和等图书馆有专藏的书他们不进,而注重科学的主要著作和成套的专门杂志。"本馆又鉴于北京各图书馆藏书最感缺乏者为自然科学之书籍,而于整部专门杂志尤属凤毛麟角,故对此类之搜集尤特别注意,然以有限之经费完成此目的,亦决非一时可期,是以评考博求,决以各科主要著作入手,又在各科学内划分步趋,采次第精进之程序,以视财力为去取焉。"[3] 他们聘请专门人才来组织进书:"西文

---

1 《胡适遗稿及秘藏书信》第二十四册,第607—608页。
2 *Union Catalogue of Books in European Languages in Peiping Libraries, Peiping*, volume one (A-G)(Peiping: National Library of Peiping and The National Academy of Peiping, 1931), 799.
3 《北京图书馆第一年度报告》(民国十五年三月至十六年六月)。

书方面多赖专门学者之指导,大部分皆经其推荐方行采购。"如音乐书籍是王光祈与赵元任帮进的,胡先骕、陈桢、胡经甫则选定美术、植物、动物各科应购之书。西文自然科学书籍一般印数少,价格也比较昂贵,据中山大学图书馆员陈若霖的文章《我们购书费的分配问题》(1935)说:"科学的书籍杂志每较文法科的贵数倍甚或数十倍,一部社会科学百科全书(Encyclopedia of the Social Sciences, 1930-1935),不过值美金六十七元五角,每册平均美金四元五角,约合毛洋十三元五角。购科学书籍尤其是医学方面的书籍就大不相同了。一册 Handbuch der Speziellen Pathologischen Anatomie und Histologie(1930),要二百四十三马克又六十芬尼一册。Handbuch der Haut-und Geschlechtskrankheiten (1927),亦要一百八十五马克八十九芬尼,每马克以值国币一元计算,每册应值毛洋二百元以上。……我们科学落后,不能不多购科学的书籍,我们要把世界科学迎头赶上,目前更不能不靠舶来品的科学书籍。"[1]不过有中基会一年三万元美金资金支持,平馆明显进书速度快起来,到1938年6月为止,每年西文书的采购数量在6500册左右,明显超过其他北平的图书馆。毛子水所要购买的《伽利略全集》,是帕多瓦皇家大学教授法瓦罗(Antorio Favaro, 1847—1922)于1890—1909年主编的一套国家版全集。这套书一共二十卷,甫出版,尽管号称官方的"国家版",可并没有引起多大反响,反而是带有增补的全集再版时(1929—1939)才闻名世界。毛子水是1929年冬回国,显然他早就注意这套全集的初版了,应该在图书馆里看到过。据罗家伦的说法,当时毛子水受柏林大学古典学问空气的影响,又爱上希腊文,于是他去把利玛窦所译《几何原

---

[1]《国立中山大学图书馆概览》民国廿四年九月,载《清末民国图书馆史料汇编》第二十一册,北京:国家图书馆出版社,2014年,第424—426页。
[2] Le Opere Di Galileo Gallilei, Edizione Nazionale, 20 vols. (Firenze: G. Barbèra Edition).

本》改译一遍，带一点和耶稣会士的最著名译本去争胜的心理[1]，而毛子水说因为"见到 Heath 欧氏译本时，便决心学古希腊文了"。伽利略的《两种新科学对话录》则是拉丁文，他对这两种古典语言都有了解。毛这个荐购信息非常及时，购书委员会里几乎都是熟人，也了解这套书的重要性，因而批准采购。据国立北平图书馆编的《新增西文书目录（双月刊）》，1931 年 11—12 月有《伽利略全集》（Vols. 1 and 3, 1929-1930），1932 年 5—6 月有《伽利略全集》（1929—1931）。而 1934 年 7 月—1935 年 6 月年度《国立北平图书馆馆务报告》里说，物理学与工程学类购入的重要书籍有《伽利略全集》（Vol. 5-12, 1933-1935）。我特意提出《伽利略全集》前三卷（1929, 1930, 1932），都是布面皮脊，上书口涂金的大八开本，其中第二卷还印了作者的手稿。看当时每册购价高达 15 美元，是通过 W. Toecanini 书店和 Barbèra 出版社等渠道购买的。《伽利略全集》第三卷第二分册和第四、五、六卷（1931, 1932, 1932, 1933）也提出来，《伽利略全集》第七卷（1933）有《关于两大世界体系的对话》（1632），还附有影印的对话残篇手稿。第八卷（1933）就收有毛子水要翻译的《两种新科学对话录》（1638）。而第九至十二卷（1933—1934）是一起编目的。第十三至十五卷（1935—1936）应该是 1936 年 6 月以后进的。第十六卷（1936）后衬页铅笔字：11/26/ '36，这应该是入藏日期。第十七卷（1937）后衬页铅笔字：1. 17. 1937，但没有盖北平图书馆的印章。后面第十八卷（1937）也没有盖平馆的章，估计是因为当年 7 月底日军进北平，所以就没有盖平馆的印，后来改名国立北京图书馆，就更不会盖平馆的老章了。前面十八卷都是皮脊精装，而《伽利略全集》第十九卷（1938）、第二十卷（1939）却是平装的未装订本，看登录号 281523—281524，都是 1959 年后编目的。这套书的采购与编目时间历时近三十年之久。而就在平馆刚

---

1 《元气淋漓的傅孟真》，载罗久芳、罗久蓉编辑校注《罗家伦先生文存补遗》，台北："中央研究院"近代史研究所，2009 年，第 78 页。

刚开始采购时，毛子水已于 1931 年 3 月担任北大图书馆馆长，根本没有时间来翻译了。后来平馆陆续购进了其他伽利略作品和研究著作。

在提但丁作品时，发现一套《神曲》校勘注释本[1]，此套书四册，都是棕红布精装，封面有金色浮雕装饰的但丁头像，全书厚达 2454 页。第一册：封面但丁像边有文字：La Divina Commedia Inferno。封面内侧贴有纸条：Ex Bibliotheca Dr. J. Klauber Nr...。扉页前衬页有：Dante Alighieri La Divina Commedia I-，红色水字篆文印，这是毛子水的藏书章。第一册是《地狱篇》（I- Discorso Preliminare/Inferno, 1888），编注者坎皮（Giuseppe Campi, 1788—1873），列有《神曲》60 种版本，其中有坎皮肖像，以及塞雷蒂（Cesare Cerretti）1889 年为他写的小传。然后是《地狱篇》正文，原文一般三到七行，下面是密密麻麻的小字注释，有 56 行左右。插图都是带浅黄色底色的木刻画，全套书一共 125 幅插图，下面配诗句。书后衬页有铅笔字：J. S. Mao。借书袋上有 7 月 15 日和 8 月 1 日同一个人借书记录。第二册《炼狱篇》（La Divina Commedia II-, 1891），扉页前套色印炼狱构造示意图。书后衬页有铅笔字：J. S. Mao。第三册《天堂篇》（La Divina Commedia Paradiso, 1893），扉页前套色印天堂构造示意图，书后衬页也有毛子水英文名。第四册《索引卷》（La Divina Commedia Indice, giusta il testo curato dal cav. G. Campi; comilato da E. Barbero, 1893），后衬页蓝色铅笔：$ 120.00 M J. S. Mao。毛子水竟然买了这套书，很有眼光。当时截至 1931 年初，北平的图书馆只有北大和平馆两家有《神曲》的意大利文本，其馀都是英、法等译本。[2] 可以说毛子水卖给平馆的这些外文藏书丰富了馆藏，也便利了北平读书人。

1　*La Divina Commedia di Dante Alighieri*, ridotta a miglior lezione con l'aiuto di ottimi manoscritti italiani e forestieri e soccorsa di note edite ed inedite antiche e moderne per cura del cav. Giuseppe Campi, 4vols. (Torino: Unione Tipografico-Editrice, 1888–1893).
2　*Union Catalogue of Books in European Languages in Peiping Libraries, Peiping*, vol. I, 527.

傅斯年与康德

在国家图书馆把普鲁士科学院版《康德全集》提出几册，发现《康德全集》第一卷[1]，黑色精装布面书脊上有 Kant, Vorkritische Schriften I. Bibliothek von S. N. FU（康德，前批判时期作品第一卷，傅斯年藏书）字样，而书后衬页有铅笔字：傅斯年。这册《康德全集》是傅斯年买了未装订本，然后花钱请人装订的，当时德国出版社一般有装订本与未装订本两种，国图另一套绿皮脊精装的科学院版《康德全集》（十六卷十七册，1910—1923，索书号：\B2760\P94）就是装订的图书馆版。随后提出第二卷（1912），精装式样一样，而第三卷《纯粹理性批判》第二版（zweite Auflage 1787，1911），前衬页上有一行钢笔字：中华民国十二年 柏林 斯年。第四卷《纯粹理性批判》第一版（1911）前衬页也有同样的钢笔字：中华民国十二年 柏林 斯年。第五卷（1913）前衬页则是：斯年 中华民国十二年 买装于柏林。其馀第六卷（1915），第七卷（1917），第八卷（1912），第十卷（Walter de Gruyter，1922，北图改精装，后衬页有铅笔字：傅斯年），十一卷（Walter de Gruyter，1922，北图改精装，后衬页二有铅笔字：傅斯年），第十二卷（1922，傅斯年装

---

[1] Kant's Gesammelte Schriften, Band I, Kant's Werke, Band I, Vorkritische Schriften I 1747–1756, hrsg. von der Königlichen Preussischen Akademie der Wissenschaften, 20 vols. (Berlin: Verlag von Georg Reimer, 1910). 索书号：\B2753\1910。

订本），第十四卷（1911，北图改精装，后衬页有铅笔字：傅斯年），我都一一提出来核对，而提第十三卷（1922）时，系统先说未找到，后来则注明破损，从时间和登记号上看也是傅的。第九卷是国立北平图书馆（以下简称平馆）原藏，第十五卷以后也都是平馆原藏。这套《康德全集》前面十三卷都是傅斯年的旧藏，前八卷和第十二卷还是傅斯年原藏的装帧式样。法欣格尔（Hans Vaihinger）的《康德〈纯粹理性批判〉注疏》二卷[1]，后衬页有铅笔字：傅斯年。看来傅为了学习康德哲学，也买了这部康德研究名著，他1924年还给来德参加康德诞辰二百周年纪念会议的蔡元培寄过法欣格尔的著作[2]，而从蔡元培1924年下半年给罗家伦的信里，请罗帮买《假如哲学》和《康德研究》杂志来看，傅很可能给蔡寄的就是《康德〈纯粹理性批判〉注疏》。[3]

这十三册《康德全集》是傅斯年1923年6月入柏林大学哲学系学习时所买，可见他对学习德国哲学有很大兴趣。而傅在1936年《丁文江一个人物的几片光彩》一文里回忆自己在欧洲留学的读书生活时却说："当时我所常读的是Henri Poincaré、Ernst Mach、Karl Pearson、Bertrand Russell，此外如Max Planck、A. Eddington、J. H. Jeans，每出通论之书必买来一读，故既非甚爱美国之Pragmatism，尤绝不敢谈德国哲学（自然如Avenarius，Vaihinger等除外。）……虽然我对于Mach读得不多，而Poincaré也是我熟的，这一派的科学思想，真是科学思想，不是学究

---

1 *Kommentar zu Kants Kritik der reinen Vernunft*, zweite auflage, hrsg. Dr. Raymund Schmidt, 2 vols. (Stuttgart: Union Deutsche Verlagsegesellschaft), 1922. 登记号：68864—68765。国图重装封面，后衬页有铅笔：傅斯年。
2 见蔡元培1924年12月19日致罗家伦的信："Vaihinger之著作孟真兄已寄来，请勿念。"载《罗家伦先生文存补遗》，台北："中央研究院"近代史研究所，2009年，第208页。1924年4月22日是庆祝康德诞辰二百周年的纪念日。
3 蔡元培1924年下半年致罗家伦："此两书及Hans Vaihinger之*Die Philosophie des Als Ob*请先为各购一部。又（*Als Ob*）派之杂志如定价不贵，亦请订一份。"（同上书，第209页）蔡元培信中所说杂志应该是指《康德研究》（*Kant-Studien: Philosophische Zeitschrift der Kant-Gesellschaft*），当时法欣格尔是该刊主编之一。

作论。……于读英文书外加以能读德法文书，心智上受益实大。"[1] 他没有提及自己对康德哲学的学习。

傅1926年8月17、18日致胡适信里说，他留学的成绩有三个，其中第二个是："我当方到英国时，觉得我好像能读哲学书，甚至德国哲学的书。后来觉得不能懂德国哲学了，觉得德国哲学只是些德国语言的恶习惯。现在偶然那（引者注：应为拿）起一部Hume来，也不知所谓了。总而言之，我的脑筋对于一切哲学却成石头了。我于这个成绩也很欢喜。"[2] 他到德国后放弃心理学与哲学的原因，罗家伦解释得很清楚，说傅到德国后，一方面受当时近代物理学和语言文字比较考据学两种学术空气的影响，因而去学习各种科学知识，另一方面是受陈寅恪、俞大维的影响，而回头研究中国学问和历史语言学。[3] 而傅1948年4月16日致赵元任夫妇信里解释说："我在欧洲时代（前一半）本是一个crude materialist of the type of Physiologists，所以我对Freud大发生兴趣，对Watson的Behaviorism大发生兴趣，因为后来在德国之空气，其中包括当时吵闹相对论，使我这个uncritical attitude动摇，因为我后来觉得Freud是小说，Watson也是一种哲学。……于是积之久而成一个多多少少之Kantian，这是多多少少的因年岁而'反动'吗？我以为以前是幼稚，是uncritical，用康德派说法是Pre-critical。"[4] 而他后来谈及留学经验时说："然在外国之第一目的，固仍在求学。第一、语言，第二、通论（以广眼界），第三、工具（以便回国后应用），第四、目录学。"（1935年2月16日致王静如）[5] 显然自然科学提供了研究的工具，彭加勒、马赫等人的通论性作品开阔了研究视野，而买书则可以学习目录学知识。这

---

1 《傅斯年全集》第七册，台北：联经出版事业公司，1980年，第21页。
2 《胡适遗稿及秘藏书信》第三十七册，合肥：黄山书社，1994年，第359页。
3 《罗家伦先生文存补遗》，第76—77页。
4 《傅斯年遗札》第三卷，北京：社会科学文献出版社，2014年，第1348—1349页。
5 《傅斯年遗札》第二卷，第491页。

也确立了他日后的研究方向："近代的历史学只是史料学，利用自然科学供给我们的一切工具，整理一切可逢着的史料，所以近代史学所达到的范域，自地质学以至目下新闻纸，而史学外的达尔文论正是历史方法之大成。"（《历史语言学研究所工作之旨趣》）而傅所指的"德国哲学只是些德国语言的恶习惯"应该就是说的康德哲学。他在1928年中山大学授课时的讲义《战国子家叙论》序言《论哲学乃语言之副产品》一节里说："所谓（希腊）哲学，都是一往弥深的希腊话。……德意志民族中出来最有声闻的哲人是康德，此君最有声闻的书是《纯理评论》。这部书所谈的不是一往弥深的德国话吗？这部书有法翻译吗？……而专治康德学者，还要悻悻劝人翻译不可用，只有原文才信实；异国杂学的注释不可取，只有本国语言之标准义疏可信。"[1] 看来这是傅的经验之谈，他不但亲自买了康德作品集，还买了"本国语言之标准义疏"的法欣格尔《康德〈纯粹理性批判〉注疏》。至于为什么喜欢康德，他在1948年4月28日致赵元任信里解释说："康德要结束哲学，不意从也（引者注：疑为此）出了许多哲学。十九世纪的over-growth，似乎早把他变成Philologie了，兼以他的文章'高深'（即胡涂），更合Philologie的架子！于是居然有Kantphilologie，这不要寿终正寝吗，即是说只成historical interest吗？然而不然。……然后因为在德是看Naturphilosophie之书，先以为即可安于Poincaré mad. 便可拉，后又觉应该多一点，又因看Einstein（虽然他自己反对康德），Jeans, Eddington等人之书，我[所]以才对康德发了兴味。"[2] 这就是傅斯年认为康德哲学就是康德语言学的由来。

傅斯年阅读阿芬那留斯（Richard Avenarius）和马赫显示，他与后来成为逻辑实证主义（维也纳学派的哲学与分析哲学）源泉的某些主要

---

[1] 《傅斯年全集》第二册，第87页。
[2] 《傅斯年遗札》第三卷，第1356—1357页。

思想相遇并受其影响。阿芬那留斯和马赫是经验－批判主义或批判实证主义的两大代表人物。而傅放弃弗洛伊德与行为主义心理学，显然就是受了新实证哲学的影响。逻辑实证论的维也纳学派与科学经验论的柏林学会反对当时流行的对于形而上学的思辨思想（黑格尔式的思辨哲学），相信最难以解决的问题是起源自概念上的混淆或者是语言的误用。特别是在维特根斯坦的影响下，他们相信哲学最重要工作在于某种的思想的"治疗"。菲格尔（H. Feigl）受到此种真实信念的影响，很不客气地把哲学界定为"某种必须接受治疗的疾病"。维也纳的伟大政治讽刺家克劳斯（Karl Kraus）曾经说过："心理分析有意成为一种医疗学，可能他本身是一种疾病。"他的此种妙语可能是维也纳学派对哲学之看法的来源。[1]而傅斯年也极端厌恶黑格尔及其学说。[2]当时柏林学会主席赖欣巴赫（Hans Reichenbach）在爱因斯坦、普朗克、冯·劳厄的推荐下，1926年起在柏林大学任教。逻辑实证论转变为逻辑经验论，也是1935年左右在他和卡尔·波普的科学实在论影响下发生的，傅有可能读过他的书，或许还去听过他的课。傅在德国时想写一册《斯文扫地论》，其中四章分别是："绝国故，废哲学，放文人，存野化"[3]他对哲学（主要是传统形而上学）的否定态度恐怕是受了他们的影响。傅1940年7月8日给朱家骅信中除了批评国学外，还提出："哲学一科自亦可有，但请注意一事：贵会补助各科，皆应以已成一种Wissenschaftliche Disziplin者为限，否则一阵紊乱耳。今日国内之哲学，要以有基础者为绝少，胡言乱道而自命为哲学者则绝多，一设此科，未必有补，而贵会徒然多事矣。"[4]哲学要以科学

1　Herbert Feigl，《二十世纪的实证论（逻辑经验论）》，《观念史大辞典·哲学与宗教卷》，台北：幼狮文化事业公司，1988年，第2页。
2　《傅斯年遗札》第三卷，第1357页。
3　《朱家骅傅斯年致李石曾吴稚晖书》，《傅斯年全集》第七册，第101页。
4　《傅斯年遗札》第二卷，第803页。

原则为基础，这不就是维也纳学派的共同信条：哲学应当科学化。[1]

而且傅说的"哲学乃语言之副产品"，很像卡尔纳普早期所提出的一切哲学问题都是句法问题，哲学就是句法方法的应用。傅有可能受过维也纳学派的影响，或许还读过逻辑实证主义哲学家的著作，如他1948年4月16日在给赵元任的信里提到："我在德国时，心中觉得logic与语言亦可连在一齐讲。回国船上，看Jespersen之 *Philosophy of Grammar*，发生绝大兴趣，意思甚多，写了好多笔记（不知尚存北平否），以后便未再想。曾一年看到Carnap之书，觉得'这个做法'，即把语言与逻辑合来，正中下怀，也未去看。今则看第一书后，我觉，logic与语言应打成一片。我对一切事发生intellectual curiosity，不为贡献，而为'闻道'，正是东方哲学。"[2] 傅斯年看到的卡尔纳普著作，很可能是《世界的逻辑建构》（1928）或《语言的逻辑句法》（1934），抑或《哲学与逻辑句法》（1935）。查《北平各图书馆馆藏西文图书联合目录》（1931—1933），到1931年初，其中所收的北平二十九所图书馆中并没有收藏卡尔纳普的著作，而据国立北平图书馆编的《新增西文书目录（双月刊）》（*The National Library of Peping Bi-monthly Booklist*），其中1931年7—10月新增书里有他的《符号逻辑概要》[3]，而傅是平馆购书委员会西文组成员，或许此书就是他所荐购。而石里克的书《当代物理学中的空间与时间》德文原版，北大图书馆有1919和1922年版，北平女子师范大学有1922年版，北大和清华还有此书1920年英译本（tr. H. L. Brose）。恐怕这是维

---

1 克拉夫特《维也纳学派：新实证主义的起源》，李步楼、陈维杭译，北京：商务印书馆，1998年，第20页。
2 《傅斯年遗札》第三卷，第1349页。
3 *Abriß der Logistik. Mit besonderer Berücksichtigung der Relationstheorie und ihrer Anwendungen*, Schriften zur Wissenschaftlichen Weltauffassung, Bd. 2 (Wien: J. Springer, 1929).

也纳学派著作进入中国比较早的记录了。[1]

而傅 1945 年 10 月 17 日给胡适汇报北大情况时,提到哲学系的骨干教师里,有"约定之王君(维也纳学派逻辑家)","恐须增聘一位治当代哲学的,如治 Russell,Whitehead 者"。[2] 这是他作品和书信里首次提到"维也纳学派",这位"王君"应该指王宪钧,他 1936 年留学德奥,进修数理逻辑,在维也纳大学听过哥德尔"集合论公理体系"的课。1938 年回国后,在西南联大教授数理逻辑,联大终结后,继续在北大开设数理逻辑的课程,不过他最后并没有来北大,而是在清华任教,并曾代理过哲学系主任。傅显然更重视罗素与怀特海的哲学。

他 1948 年 4 月 28 日致赵元任信里还说:"新物理学似给哲学大似(注:应为刺)激,这刺激似与康德说有力。近见 'logical empiricism',这不也是名词矛盾吗,也不是走这一个'方向'吗?方向如此,路线呢?我看这要待物理学相当确定之后,再去修正康德。Newton's mechanic 稳定后,有康德,新物理学稳定后,当有新康德。日下正在 diversifying 的时代。……芝加哥有一个 *Ency. of Unified Science*,已出十一册,又谈什么 logical empiricism,似 Morris 即在其中焉。我买了看看,因为太 condensed,看不太懂。只是觉着'你们的 unified–"new"在那里?' Morris 书,上次看的倒了胃口,稍待再看。或者等兄'自西徂东'后,先给我一个 lecture,再看,因为省事多了。"[3] 赵元任向他推荐莫里斯的《符号理论基础》(*Foundations of the Theory of Signs*, The University of Chicago Press, 1938),说这是他的 Demigods(崇拜对象)。傅看了一部分后,对其符号哲学提出很多质疑,因而要求赵给予解答。皮尔斯(Charles S.

---

[1] 对于石里克被刺,当时国内也有报道《维也纳大学教授许力克遭暗杀 凶手为其学生勒波哈》:"【维也纳中央社二十二日海洋电】维也纳大学哲学教授许力克,今日赶赴校途中被其学生勒波哈博士枪杀。"(《北平晨报》1936 年 6 月 24 日第九版《教育》)
[2] 《胡适遗稿及秘藏书信》第三十七册,第 464 页。
[3] 《傅斯年遗札》第三卷,第 1356 页,第 1358 页。

Peirce）于 1878 年提出"可验证性原则"（Verifiability Criterion），"语句只有当它们可印证或可否证时，在逻辑上才是可认识的。这种观点在 30 年代时为莫里斯所全面发展，排斥形而上学，因为其把非认知性认为认知性"[1]。傅斯年这里的眼光比较敏锐，尽管莫里斯 1933 年以来受到维也纳学派的影响，但他遵循的是美国实用主义传统，首要关注的是符号哲学，并创造了"语义学者"（semiotician）这个词。卡尔纳普本人也用"语义系统"替换了早年的"句法－语言"。莫里斯他们的学说和维也纳学派分歧明显，连卡尔纳普也无法弥合，因而提出的那个"统一科学"也成了没有所指的空名。[2] 而傅对符号哲学那一套理论并不太认同，也跟他对实用主义和心理学的看法有关，当时"实证论者沿罗素的思想路线，暂时加入了美国行为主义者阵营（J. B. Watson, A. P. Weiss, C. L. Hull, B. F. Skinner）"。傅斯年后来特意订购了这套维也纳学派的出版物，纽拉特、卡尔纳普和莫里斯主编的国际统一科学百科全书（*International Encyclopedia of Unified Science*）。而傅斯年与维也纳学派的关系值得细细研究。

不过后来傅斯年对康德哲学态度有所变化，1946 年 10 月 12 日他致信胡适："今一病下来，所想皆人生哲学。因有一书引诱，想 Hume, Kant, Nietzsche 等，可笑否。"[3] 1947 年 6 月 29 日，傅赴美就医，在当时的日记本上记下要买的书，其中就有康德、尼采，还有罗素、马赫、卢梭、萧伯纳、爱德华·迈耶、威拉莫维茨－莫伦道夫、熊彼得等人的名字。其中标有 6 月 24 日的那页，马克斯·韦伯、蒙森、哈代等的名字被划掉了。傅 25 日晚动身去上海，所以这页是在南京时所写。他还写

---

1 《观念史大辞典·哲学与宗教卷》，第 3 页。
2 Ivor Grattan-Guinness, *The Search for Mathematical Roots, 1870-1940: Logics, Set Theories and The Foundations of Mathematics from Cantor through Russell to Gödel* (Princeton, N. J.: Princeton UP, 2000), 533.
3 《胡适遗稿及秘藏书信》第三十七册，第 482 页。

有近百页的《旅美买书记》。[1] 尽管大部分是给史语所购书，也可以看出他的兴趣所在。他 1948 年 4 月 28 日对赵元任说："我觉得康德的 Ethics，其重要性实在其知识论之上。然与人谈之者少，何也。……我为以上原因对康德发生兴趣。借此养疾，温习德文（阿弥陀佛，康德的文！）我并不是康德派，因为要是的话，须先弄 Kantphilologie，这是不可能的。"[2] 他 1948 年 1 月 2 日致书商罗森贝格（Mary S. Rosenberg）的英文信里又说，对于卡西尔（Ernst Cassirer）的康德著作集，他想以下列条件购买：给予百分之十的折扣，并由书商承担邮费，而且要纸好。这是为研究所图书馆订购的。该版本，他在德国时看到过好纸印制的，而印于 1919—1923 年通货膨胀时期的一般是用新闻纸。对此他很清楚。而最好，因此也最珍贵的康德版本是普鲁士科学院版，便宜而版本也好的是哲学图书馆版（"绿皮书"）。卡西尔版介于二者之间。他又列了几本德文书：两册哈纳克的作品，施密德（Schmidt）的《哲学词典》（*Philosophisches Wörterbuch*）和《哲学单行本目录》（这是"哲学图书馆"的出版商菲利克斯·迈纳哲学图书的目录），康德书信集仍要订购，还要全套的保利古典百科全书（*Paulys Realencyclopädie der classischen Altertumswissenschaft*）。[3] 傅写信时正在美国康涅狄格州纽黑文市养病。这套卡西尔版康德作品集共十一卷，第九、十卷是书信集两卷，第十一卷是编者所写的康德生平与学说，显然傅要全套。而保利古典百科，截至 1948 年，第一、二辑加补编已出了 57 册。他 1948 年 5 月 9 日致巴恩·诺布书店（Barnes & Noble, Inc.）的信里说，要把订的书运到他纽黑文市的家，其中有法欣格尔《假如哲学》的英译本。傅斯年正因为买过普鲁士科学院版《康德全集》，所以对当时德国通行的各种康德作品版

---

1 《傅斯年文物资料选辑》，第 19 页，第 153 页。
2 《傅斯年遗札》第三卷，第 1357 页。
3 同上书，第 1336 页。

本比较熟悉,而他现在买康德和相关作品,或许有重新学习康德哲学的想法。

傅斯年 1948 年 7 月 14 日从纽约启程返国,8 月 17 日抵沪,次日接受记者采访时说:在美是养病,当然旁的事都不过问,倒是读了不少书,大部分是哲学书籍,他说:"人到老年,总喜欢读哲学。"[1] 另有消息说:"傅斯年在京对人谈:他今后决心不搅政治而专研究哲学,因为哲学足以帮助他的身体健康,而政治则不相宜。傅斯年说:'人到中年以后,就往往喜欢研究哲学,我的研究哲学,虽不完全表示与政治绝缘,但政治在我已是不喜欢的东西了。我为看不惯中国政治紊乱而出国,在美一年多,因为研究哲学,帮助我懂得对政治另一看法,政治是丑恶的魔法,要具有三头六臂的人,方可周旋从事,我是一个历史语言研究者,对这种政治,只有敬谢不敏了。'傅氏又说:'我的不吃肉,不吃盐,对于我的身体很有益。'可见他不但研究哲学,并且很精于养生之术了。"[2] 他读的哲学书和研究的哲学中自然包括了康德哲学。

---

[1]《傅斯年归国谈 国内难和 美苏必战 他不同情反美扶日》【本报讯】,报道还说傅斯年接受采访当晚(1948 年 8 月 18 日)就要乘夜车去南京,见上海《大公报》1948 年 8 月 19 日第二版。

[2]《傅斯年 热心哲学 冷谈政治》,《青岛晚报》1948 年 9 月 15 日第二版。

傅斯年与尼采

尼采

在国图翻查外文老书，提出一册阿莱维（Daniel Halévy）的《尼采传》[1]，发现前衬页有一行钢笔题字：Szenien Fu London March 1920。封面内侧贴有国立北平图书馆的藏书票。老友高山杉在一旁兴奋地说这是傅斯年藏书。

1920年8月1日傅给胡适信中说，他抵英在2月末，在伦敦大学学院听讲一学期，因俞平伯偷着要回国，傅赶去法国想把他追回来，他3月20日左右才从法国马赛回来，因而这一学年不算，要从今年10月算起。他正温习化学、物理学、数学等，兴趣很浓。又说："年限增长，范围缩小。哲学诸科概不曾选习。我想若不于自然或社会科学有一二种知道个大略，有些小根基，先去学哲学定无着落。"[2] 这册《尼采传》正是他1920年3月初到伦敦时买的。傅1921年在伦敦西斯特巷（Sister's Avenue）时还拍有一张坐在书房里的照片，看他身后那满架的书，估计这书也在其中。[3] 而傅早在1918年8月9日致蔡元培的信中就提出："（西

1　*The Life of Friedrich Nietzsche*, tr. J. M. Hone (London: T. Fisher Unwin, 1914).
2　《胡适遗稿及秘藏书信》第三十七册，合肥：黄山书社，1994年，第350—352页。
3　《傅斯年文物资料选辑》，台北：傅斯年先生百龄纪念筹备会，1995年，第40页。

洋）凡欲研治哲学者，其算学知识必须甚高，其自然科学知识，必具大概。"[1]毛子水在《傅孟真先生传略》里说傅"在北大念书时，对文学史学哲学各方面，都有很浓厚的兴趣。他心中以为治科学是治哲学的基础，所以赴英后，即进伦敦大学治生理学，打算从生理学以通心理学，而进于哲学"[2]。所以他在英国学心理学和科学都是为进一步学哲学做准备的。现在有些研究者如王汎森认为傅最初到欧洲为了学心理学[3]，杜正胜也认为"傅是科学迷，在中国早已向往的实验心理学"[4]，他们都忽略了眼前的直接证据。

后来在国图又提出多册尼采著作、传记和研究作品，都是傅斯年旧藏。

《尼采：生平及其著作》[5]，扉页有钢笔题字：陇西李永。《青年尼采》[6]，封面的布面上有钢笔题字：斯年。扉页上钢笔题字：陇西李氏。

高山杉一查，这个李永是傅斯年的另一个名字。那廉君在《傅孟真先生轶事》里说："孟真先生的母亲姓李，在孟真先生尚未成年的时候，大概是从母姓，所以孟真先生的藏书中，有不少书籍上面所写的名字是'李永'。'李永'，据说就是孟真先生。"此书又添了一个佐证。

《尼采：一个神话尝试》[7]，灰色布面精装，书脊上有：Nietzsche Bertram F. S.。这是傅斯年自己改的精装，F. S. 是傅斯年名字 Szenien Fu 的缩写。前衬页有黑色钢笔字：斯年 一九二六年三月一日 柏林。原来

---

1 《傅斯年遗札》第一卷，北京：社会科学文献出版社，2014年，第1页。
2 《傅孟真传记资料》（一），台北：天一出版社，1979年，第7页。
3 王汎森《傅斯年：中国近代历史与政治中的个体生命》，王晓冰译，北京：生活・读书・新知三联书店，2012年，第296—299页。
4 《傅斯年的史学革命》，《新史学之路》，台北：三民书局股份有限公司，2004年，第5页。
5 Raoul Richter, *Friedrich Nietzsche: sein Leben und sein Werk*, zweite auflage (Leipzig: Felix Meiner, 1917).
6 Elisabeth Förster-Nietzsche, *Der Junge Nietzsche* (Leipzig: Alfred Kröner, 1912).
7 Ernst Bertram, *Nietzsche: Versuch einer Mythologie* (Berlin: Bei Georg Bondi, 1921).

的封面改成后衬页，上面有黑色钢笔字：斯年 中华民国十五年。

《孤独尼采》[1]，前衬页有黑色钢笔字：斯年 一九二六年二月。《青年时期作品》[2]，这是 Musarion 版《尼采全集》第一卷的特别版。傅自己改的精装，黑色皮脊，精装 16 开，四角包皮，黑色布面。书脊有 F. S. 字样。前衬页二有黑色钢笔字：斯年 中华民国十五年。棕色封面改成书后衬页。

《成长中的尼采》[3]，傅斯年自己改的精装，同样的黑色皮脊，精装大 32 开，布面装帧，书脊有 Der Werdende Nietzsche F. S. 字样。前衬页二黑色钢笔字：始兴后世斯年。原封面改为后衬页，上面有钢笔字：斯年。

《尼采文集》十六卷[4]，纸面精装，这套书都是傅斯年旧藏。其中第一卷有签名（1903），前衬页一黑色钢笔字：斯年 十三年八月。后面十五卷，都没有签名。

《与魔鬼的斗争：荷尔德林、克莱斯特与尼采》[5]，黑布精装，前衬页一钢笔字：Fu Szenien Shanghai 1929，85388。傅斯年 1929 年购于上海。

贝尔特拉姆（Ernst Bertram，1884—1957）这册《尼采：一个神话尝试》，是一本尼采研究名著，当时是畅销书，从 1918 年到 1929 年，出了不下七版，印了两万一千册，也影响了同时代如雅斯贝尔斯、海德格尔等人的尼采研究。[6] 傅这册是第二版。傅斯年不但在 1924 年 8 月买了 Kröner 版尼采文集，还买了尼采妹妹伊丽莎白的这册《孤独尼采》。伊丽

---

1 *Der einsame Nietzsche,* hrsg. Elisabeth Förster-Nietzsche (Leipzig: Alfred Kröner, 1922).
2 *Jugendschriften, Dichtungen, Aufsätze, Vorträge, Aufzeichnungen und philologische Arbeiten 1858–1868* (München: Musarion Verlag, 1923).
3 *Der Werdende Nietzsche, Autobiographische Aufzeichnungen* (München: Musarion, 1924).
4 *Nietzsche's Werke,* 16 vols. (Leipzig: Alfred Kröner, 1903–1921). 索书号：\B3312.A2\1903。
5 Stefan Zweig, *Der Kampf mit dem Dämon: Hölderlin, Kleist, Nietzsche*, Die Baumeister der Welt (Leipzig: Insel-Verlag, 1928).
6 Ernst Bertram, *Nietzsche: Attempt at a Mythology*, tr. Robert E. Norton (Urbana: University of Illinois Press, 2009), xii–xv.

莎白曾写过三卷《尼采传》(1895—1904)，后来又把这套书修订删节成《青年尼采》(1912)和《孤独尼采》(1913)两书，傅斯年把这两册全买了。而《成长中的尼采》上的"始兴后世斯年"签名，据艾俊川兄考证，南朝宋傅亮，因拥立宋文帝而进爵始兴郡公，而傅斯年是其第五十五世孙。[1] 通过傅改的精装判断，此书也和《青年时期作品》一样，均购于1926年。自1922年Musarion版《尼采全集》开始出版以来，增补了不少尼采的遗作，因而傅会买《青年时期作品》《成长中的尼采》这两册作为他那套文集的补充，它们是Musarion版全集的第一卷和第二十一卷的自传部分。[2]

说到尼采与傅斯年的渊源，傅斯年在北大上学期间，受陈独秀等人的影响，开始阅读尼采。[3] 而留学欧洲时继续购买和阅读尼采，更加深了他对尼采学说的理解与认识，尼采学说增强了他对兽性主义的信仰。傅斯年在《我对萧伯纳的看法》里谈到，他二十六七岁时崇拜萧伯纳，而他到英国，尤其到了德国之后，知道了他对于瓦格纳、尼采的关系，而对萧的兴趣大减："尼采是个真的诗人和创造思想者，萧伯纳可不是。"[4] 而他1932年10月30日发表的文章《陈独秀案》里引了陈独秀的主张，

---

[1] 胡适藏书目录第4078号：《历代舆地沿革险要图》，杨守敬，光绪三十二年（1906）益都杨氏刻本，有傅斯年题记："民国十八年八月，上海，斯年记。""多了一本，便送给适之先生，斯年，二十一年五月。"傅斯年送胡适，有"亿万斯年"印。载北京大学图书馆、台湾"中央研究院"近代史研究所胡适纪念馆编纂《胡适藏书目录》，桂林：广西师范大学出版社，2013年，第1353页。

[2] 罗久芳《父亲罗家伦先生的藏书》谈及罗家伦致夫人张维桢函："尼采全集，八大本，战前印的，印得精雅之极，目前绝无此等工致印刷，在德国至少一百三十四马克，约华币八十元，现在法国书店卖二百五十法郎（约华币二十元）。"《罗家伦文存补编》，第366—367页。转引自"国立"政治大学社会科学资料中心资料组编著《罗家伦文库珍藏古籍图录》，台北："国立"政治大学社会科学资料中心，2017年，第x页。算上毛子水，他们三人是人手一套《尼采全集》。

[3] 《随想录》，1919年5月1日《新潮》第一卷第五号，载《傅斯年全集》第二册，台北：联经出版事业公司，1980年，第149页。

[4] 1950年11月16日，《自由中国》第三卷第十期，载《傅斯年全集》第七册，第38页。

赞同陈的兽性主义等教育纲领："他的思想中这个'尼采层'是使他最不能对中国固有不合理的事物因循妥协的，也正是他为文学革命伦理改造两运动中之原动力。"[1] 这个兽性主义恐怕就是尼采的权力意志。所以这些傅的尼采旧藏，也是探索他和尼采关系的重要材料。

入藏时间

王汎森根据《傅斯年档案》里一份 1938 年编制的傅斯年非中文藏书书目，说当时傅西文藏书里，主要集中于心理学、语言学、数学、物理学和历史学等，他认为这些外文书几乎都是傅在欧洲时买的。[2] 而他现存的私人藏书里只有一些 1918 年以前出版的英文书，如文德尔班《哲学史》（购于 1916 年），罗素的《哲学的科学方法》（购于 1918 年），杜威等人编的《创造性思维：实用主义态度论文集》（购于 1918 年）。[3] 他现存台湾"中研院"史语所傅斯年图书馆的藏书里也保留了庞加莱、马赫等一类科学哲学书籍。这样看来傅留下的 1938 年藏书目录和现存外文藏书里没在欧洲购买的哲学书，原因应是因为傅对哲学失去了兴趣，而把这些藏书处理了。傅 1926 年 9 月 22 日晚离开巴黎经意大利回国，这些书一并运回来。傅 1929 年回到北平，当年 6 月 5 日史语所迁入北海静心斋，直到 1936 年 3 月初他才离开北平搬去南京。估计很可能是这期间他把在欧洲买的哲学类外文书一并赠给了北平图书馆。

最近发现了一册希尔伯特（David Hilbert）的《线性积分方程一般理论基础》[4]，有国立北平图书馆印章，前衬页有黑色钢笔字：Szenien Fu

---

1 《独立评论》第二十四号，载《傅斯年全集》第五册，第 97 页。
2 《傅斯年：中国近代历史与政治中的个体生命》，第 72 页。
3 同上书，第 26 页脚注。
4 *Grundzüge einer Allgemeinen Theorie der linearen Integralgleichungen* (Leipzig: B. G. Teubner, 1912).

Berlin-Dahlem 1924。这是他刚到柏林时买的。还提出过一套七卷本《莱布尼茨数学文集》[1]，这是佩尔茨（Georg Heinrich Pertz）主编的《莱布尼茨全集》第三编（*Leibnizens Gesammelte Werke Aus den Handschriften der Königlichen Bibliothek zu Hannover*, Dritte Folge），第一、二卷（1849—1850）是合订在一起的，此书黑布书脊上有：S. Fus Library。这也是傅斯年旧藏。此册莱布尼茨应为柏林 A. Asher & Comp 初版的影印本，纸张都很差，印刷字也有些模糊。随后提出其馀六册，看纸张和印刷都是初版。第一、二卷合订本应该是傅斯年为这套书配的缺本，买不到原版，只好用影印的本子了，然后统一装订。第三卷有两个分册（1855—1856），而第四卷（1859）前衬页有钢笔题字：与吴洛夫往来信一卷「为」装（时以之）者误」入此册中。看字迹就是傅斯年。里面果然有《莱布尼茨与沃尔夫通信集》(1860)，此册属于哲学通信集，不该收入数学文集，这是装订者误装，而且书脊上把傅斯年的外文名也给打错了。其中"藏书"一词用的英文，会不会是傅在英国时购买并装订的。看来傅斯年当时处理给平馆的不只是哲学外文书，还有数学书。而高山杉也发现一小册《莱布尼茨对无限的分析》[2]，这是著名的奥斯特瓦尔德精确科学经典丛书本，扉页右上角有傅斯年的签名：S Fu。封底有铅笔：29. 4. 22。傅斯年如此集中买莱布尼茨的数学著作，应该与他在英国时学习罗素的《对莱布尼茨哲学的批评性解释》(1900)有关，该书附录部分就是莱布尼茨著作的摘录。而傅斯年在美国养病期间，还在 1948 年 4 月 21 日致英国剑桥赫费父子书店（W. Heffer. & Sons. Ltd.）的信中，提出购买《对莱布尼茨哲学的批评性解释》第二版（1937）、《决定论与

---

1 *Leibnizens Mathematische Schriften*, hrsg. C. I. Gerhardt, 7 vols. (Berlin and Halle: A. Asher & Comp.and H.W.Schmidt, 1849−1863).

2 *Leibniz über die Analysis des Unendlichen*, eine auswahl Leibnizscher abhandlungen aus dem lateinischen übersetzt und hrsg. von Gerhard Kowalewski (Leipzig: Akademische Verlagsgesellschaft m.b.H., 1920).

物理学》(1936)、《物的分析》(1927)等罗素著作。[1]

  说来有意思的是,几个月前曾发现过一套八卷本《伏尔泰全集》[2],此书红色皮脊布面,大8开精装,扉页前有一幅版刻的伏尔泰肖像。扉页上有一朱红方印:"大綵"。当时想该不会是傅夫人俞大綵的藏书吧。现在对照《傅斯年文物资料选辑》第15页那枚"大綵"的藏书印,二印不同,藏书上的印是篆字。此印也是傅斯年的藏书印之一,在自己藏书上加盖夫人的名章,似有夫妻共有之意。俞大綵1931年从沪江大学毕业,主科是社会学,她1947年4月22日给胡适信里说自己:"自从离开学校结婚以来,已十三年未曾正式读过一本书,真是惭愧。"[3] 她会英文,对英语文学感兴趣,可没听说会法文。傅俞二人是1934年8月5日结婚的[4],《选辑》第93页有他们1935年在北平寓所书房的合影,可能当时这些书还在后面的书架上,后来因为举家南迁,就把不用的书处理了。不过从傅1948年4月给威廉·詹姆斯《论文与评论集》[5] 书后题记看:"詹母士书,二次战前,余多有之,战后至北平,心理学两册犹在,此是以前致力之书也。"[6] 他北平前铁匠营胡同二号寓所也留了些藏书,日据时期有些损失。

  而前段时间查阅资料,发现1932—1933年度傅斯年赠了一册容媛、容庚为史语所编的《金石书录目》给平馆。[7] 1935—1936年度平馆接受赠书:"西文书籍期刊赠书及交换者共三四二二册……就中较为要得者

---

1 《傅斯年遗札》第三卷,第1352页。
2 *Oeuvres complètes de Voltaire, avec préfaces, notes et commentaires nouveaux*, par Emile de la Bédollière & Georges Avenel, Aux Bureaux Du Siècle (Paris: J. Voisvenel, 1867–1870).
3 《胡适遗稿及秘藏书信》第三十一册,第11页。
4 《傅斯年离婚结婚 新人是沪江高材生 旧人给资遣散》,《北平晚报》1934年6月20日第三版。《傅斯年做新郎 定本月五日下午六时 与俞大綵女士结婚》,《北平晚报》1934年8月3日第二版。
5 *Collected Essays and Reviews* (London: Longmans, Green and Co., 1920).
6 《傅斯年文物资料选辑》,第42页。
7 《国立北平图书馆馆务报告》民国二十一年七月至二十二年六月。

列举如下：傅孟真斯年先生赠明正德刊本《大明会典》残本二一册，又西文哲学及数理书一二一册。"[1] 通过捐书这个时间点，可以推算时间就是 1935 年底或 1936 年初，正因为他 1936 年春举家南迁的缘故才捐书给平馆。现在一共发现了 56 册傅藏，还有 65 册没有找到。

对于傅捐赠的原因，可以考察一下他与北平图书馆的关系。1929 年史语所迁移至北平原因之一是"历史语言研究所之发达，便有图书馆资助。此时本所无力自办一适宜图书馆，欲就北平图书馆参考，亦以移北平为便"[2]。这应该是根据傅斯年的建议决定的，他非常重视图书馆的作用。到北平后，傅亲身参与了对北平图书馆图书的管理工作。1929 年 8 月末，傅就成为新成立的国立北平图书馆购书委员会委员。据 1930 年 11 月 25 日北平图书馆函教育部及中基会 1929 年度报告，购书委员会委员有傅斯年。1931 年 6 月 6 日北平图书馆图书委员会第一次会议，决定该购书委员会分为中文西文两组，傅斯年为西文组委员，同时也是中文组成员。[3] 从 1931 年到 1937 年，傅一直任图书委员会委员。1933 年 6 月，胡适为委员会委员长，傅斯年为副委员长。[4] 后来傅多次连任，一直到 1940 年之后。他应该是看到北平图书馆外文藏书的缺乏而捐赠了书籍。而王汎森说"从 1927 年到 1936 年，傅几乎没有机会买任何西方语言的书籍"[5]，他偏偏忘了傅作为北平图书馆的图书委员会委员和购书委员会委员，有很便利的渠道购买西文书。为便利平馆购书（为获得折扣）而于

---

[1] 《国立北平图书馆馆务报告》民国二十四年七月至二十五年六月，北平：国立北平图书馆，1936 年，第 2 页。
[2] 《国立中央研究院十七年度总报告》，载《国家图书馆藏国立中央研究院史料丛编》第二册，北京：国家图书馆出版社，2008 年，第 221 页。
[3] 《国立北平图书馆馆务报告》民国二十年七月至二十一年六月，北平：国立北平图书馆，1932 年，第 4 页。
[4] 《国立北平图书馆馆务报告》民国二十二年七月至二十三年六月，北平：国立北平图书馆，1934 年。
[5] 《傅斯年：中国近代历史与政治中的个体生命》，第 72 页。

1930年成立的大同书店专门负责采购国外书刊，顾子刚为经理。另外傅也通过熟人从国外购买，如1933年2月11日致信吴定良，吴时在伦敦，将要回国："*Biometrics* 或 *Journal of Royal Statistical Society* 两种之全份，盼便中一打听价钱。*Biometrika* 或可商之 Karl Peason 廉价否？（以中国机关穷极，银价不值钱为词也。）"[1] 傅买国外书刊为了省钱，办法可不少。王还说傅1924年下半年起"转向德国史学传统，尤其是兰克学派"，还奇怪傅斯年现存的藏书中没有兰克的任何著作，认为有可能是别人借走未还。[2] 其实傅自述里说的非常清楚，他在德国主要学习近代物理学和比较语言学，并用这些科学方法来研究中国学问。估计他没花多少工夫去注意德国史学传统，更别说兰克学派了。另外根据《北平各图书馆馆藏西文图书联合目录》，截至1930年底，当时北平各图书馆有兰克作品的就有北大、清华、燕京、平馆、松坡等八家，而史语所图书馆就有《德意志宗教改革运动史》英译本[3]，这显然是傅斯年经手购买的，这还不说傅可能在国外图书馆借阅过。所以不能光看他现存藏书里有什么，还要考虑当时他周围朋友或图书馆有什么书。

---

1 《傅斯年遗札》第一卷，第341页。
2 《傅斯年：中国近代历史与政治中的个体生命》，第69页注释5。
3 *History of the Reformation in Germany*, tr. Mrs. S. T. Austin, ed. by R. A. Johnson, 1905.

康托尔的藏书

在国图提出来一册《数学论文集》(*Mathematische abhandlungen*)，这是一册装订过的大 16 开本，封面内侧有钢笔字：Mathematische abhandlungen Bd. I.。前衬页是用蓝色钢笔手写的 13 篇论文目录，有序号和作者名，第一篇库默尔（E. E. Kummer）论文下贴了一张用打字机打印的字条：Mathematische abhandlungen: (A Collection of 485 treatises in German, French, Italian, Latin and Swedish, comprising the whole scientific material and tool of the famous mathematician G. Cantor. Bound in 20 vols. 1825–1879.)。后衬页有铅笔字：20 vols. from Hiersemann。

英文说明译过来就是：这 485 篇用德语、法语、意大利语、拉丁语和瑞典语写的论文集，包含著名数学家康托尔的全部科学文献和工具，装订为二十卷。怀疑手写的目录就是康托尔（Georg Cantor）本人的笔迹，因而借出了梅什科夫斯基（Herbert Meschkowski）的《无穷问题：康托尔著作与生平》(*Probleme des Unendlichen: Werk und Leben Georg Cantors*, Braunschweig: Friedr. Vieweg & Sohn, 1967)，其中有一封康托尔写给哈勒大学同事的书信复制件，康托尔《书信集》(*Briefe*, Hrsg. Herbert Meschkowski, Berlin: Springer, 1991) 也有多封康托尔亲笔书信的照片。与目录的字迹核对，笔迹看着很像。而第二卷论文集也提出来，前衬页也是蓝笔字写的目录，有 14 篇论文，第一篇是魏尔斯特拉斯

（Weierstrass）的成名之作《阿贝尔函数论》法语译本（*Sur la théorie des fonctions abéliennes*, 1854）。而柯西（M. Augustin-Louis Cauchy）的论文《关于积分限为虚数的定积分的报告》（*Mémoire sur les intégrales définies, prises entre des limites imaginaries*, Paris: Chez de Bure Frères, 1825），右上角有黑色钢笔签名：G. Cantor 1863。这样就可以证实，的确是康托尔自己收集的论文集。柯西这篇论文奠定了复函数分析理论的一般基础，克莱因（Morris Kline）认为这是他最重要的论文之一。康托尔收的是论文初版，当时这个单行的小册子仅印 500 份，出版几十年后就非常稀见，1874 年《数学科学会刊》杂志再版，以致让数学史家克莱因误以为这是它的初版日期。[1]

现在简单回顾一下数学家康托尔（1845—1918）的生平：1862 年 9 月他高中毕业后进入瑞士苏黎世理工学院，1863 年秋转学到柏林大学，师从魏尔斯特拉斯、库默尔、克罗内克（Leopold Kronecker）。在库默尔、克罗内克指导下写了关于数论的论文，1866 年 12 月 14 日获博士学位。1869 年复活节后成为哈勒大学私人讲师，1872 年副教授，1879 年升为教授。1883 年发表代表作《一般集合论基础》。他对数学的贡献主要集中在集合论、超限数和连续统假设。英国数学家约尔丹（Philip E. B. Jourdain）认为，有三人对现代纯数学，也间接对现代逻辑学与哲学产生重要影响的，他们是魏尔斯特拉斯、戴德金与康托尔。[2] 而数学史家把康托尔的工作列入"过去 2500 年来对数学最有原创性贡献的人之一"，希尔伯特认为康托尔的工作是"数学精神最奇妙的涌现，实际上是人类

---

[1] I. Grattan-Guinness (ed.), *Landmark Writings in Western Mathematics 1640–1940* (Amsterdam: Elsevier, 2005), 377.

[2] Georg Cantor, *Contributions to the Founding of the Theory of Transfinite Number*, tr. Philip E.B. Jourdain (New York: Dover Publications, 1952), vi–vii.

理性最伟大的成就之一（1926）"。[1]

柯西那篇文章显然是康托尔刚到柏林读大学时买的，第一卷第一篇文章的作者库默尔也是他大学时的导师。我随后调出其馀的论文集，这二十卷中，第十三卷系统显示未找到，而第十五、十六、十七、十八卷都说破损。所以一共提出来十五册：其中第六、八、十九、二十卷都没有手写目录，其馀各卷都有手写目录，长的如第十卷，目录有一页半，共42篇论文，短的如第三卷，只有5篇论文。有几卷里每篇论文上一般都有用铅笔手写的数字编号。而这些论文开本也大小不齐，因而有的装成大16开，有的则是从书里取出来的，所以装成了大32开。而有的卷里，各种开本大小的数学论文都装订在一起，因而显得参差不齐。各篇论文发表时间也不一样，最早的是第二卷里那篇1825年柯西发表的数学论文，最晚的有第二十卷里柯亨（Hermann Cohen）的论文《柏拉图理念说与数学》(*Platons Ideenlehre und Die Mathematik*, N. G. Elwert'sche)，出版于1879年。显然康托尔是不同时间收集的，并进行了装订。这些论文的收集与分类显然便于他自己进行数学研究，以便查阅参考。

其中只有几篇论文有铅笔或钢笔的画线，而主要是一些数学家签赠给他的论文，分别列举如下：

第四卷有缪勒（Felix Müller）的文章 Studien über die Mac Laurin's geometrische Darstellung elliptischer Integrale（1875），文章右上角有作者的签赠：

Herrn Prof. Cantor

Hochachtungsvoll

（康托尔教授先生

---

[1] Ari Ben-Menahem (ed.), *Historical Encyclopedia of Natural and Mathematical Science*, vol. 3 (New York: Springer, 2009), 2390.

顺致崇高敬意）

另一篇施瓦茨（H. A. Schwarz）的论文（1874）也有作者的签赠，他是康托尔的大学同学，也是库默尔的女婿，自1870年初起是康托尔的主要通信对象，直到他1880年反对康托尔为止。第五卷有古谢罗夫（C. Gusserow）和赫特（Eduard Johannes Hutt）给康托尔的签赠。另有克罗内克的博士论文：《论复可逆元素》（De Unitatibus Complexis），该文发表于1845年，而克莱因把它的发表日期错说成1882年。[1] 第八卷缪勒的论文（1872）有签赠：Herrn Prof. Dr. Cantor。第九卷有康托尔获得在大学授课资格的论文《论三元二次型的变换问题》（Georgius Cantor, *De transformatione formarum ternariarum quadraticarum*, Halis Saxonum: Typis Hendeliis, 1869），论文是用拉丁文写成的，发表日期是1869年4月23日。第十一卷，有克罗内克给康托尔的签赠本：《关于正方形的代数理论》（1872），签在论文抬头：Herr Prof. Cantor。第十二卷，其中多是《数学年鉴》（*Mathematische Annalen*）里发表的论文，如吕略特（J. Lüroth，1844—1910）的《对一个关于有理曲线定理的证明》（Das Imaginäre in der Geometrie und das Rechnen mit Würfen, 1876），论文后背面有一行钢笔字：Herrn Prof. Dr. G. Cantor Halle，还有邮票和邮戳显示这是卡尔斯鲁厄工业大学数学教授吕略特1875年11月14日从巴登寄给康托尔的，他在此文中首次提出吕略特定理。

说到康托尔与克罗内克的恩怨也是数学史上著名的轶事。早在1872年，克罗内克就劝海涅（E. H. Heine）不要发表康托尔的论文，而海涅并没有同意。1877年7月12日，康托尔投稿《克雷尔》（*Crell*）杂志，而文章一时没有发表，他怀疑是克罗内克在捣鬼，因为克罗内克是

---

[1] 《古今数学思想》第三册，上海：上海科学技术出版社，2002年，第232页。

该杂志的编者之一。戴德金劝他耐心些,论文最后发表于 1878 年,并没有耽搁太久,而康托尔因此拒绝再给《克雷尔》投稿,这是他们爆发的首次矛盾。1883 年 9 月初,康托尔得知克罗内克给法国数学家埃尔米特(Charles Hermite,1822—1901)的信中说康托尔的著作是骗人的鬼话。就在圣诞节前不久,康托尔写信给列夫勒(Gösta Mittag-Leffler,1846—1927)还自信满满地说已写信给教育部长,希望克罗内克在柏林的职位在稍后的春天可以空出来,他好获得这一职位。这是康托尔的毕生愿望,他理应在以他们的伟大数学家出名的两个德国大学(柏林或哥廷根大学)中的一个获得荣誉的一席之地。因为当时库默尔已经宣布要辞去柏林大学数学教授的职位,克罗内克自然会接任,那样他原来的职位就会空出来。12 月 30 日,在给列夫勒信中,康托尔承认获得柏林的职位已不可能了,因为听魏尔斯特拉斯说,阻力主要是财务问题,因为要支付给克罗内克高额的薪资。[1] 次年康托尔第一次精神崩溃。而数学史家吉尼斯(Ivor Grattan-Guinness)认为关于克罗内克疯狂打击康托尔的事,都是康托尔的一面之辞,只因为康托尔不喜欢他,或许情况并非如此。《克罗内克文集》里还收有 1891 年 9 月 18 日他写给康托尔的信,他因病已无法出席康托尔组织的德国数学家大会的开幕会议,在信里他说:"因此我甚至都不喜欢我们用'弟子'这个说法,我们不想要也不需要任何学派。……数学家必须让他研究领域里的智慧花园免于任何偏见,随意四顾并追寻发现。"[2] 而且当事人之间实际的关系往往出乎我们意料,如克罗内克曾在 1883 年指责魏尔斯特拉斯在关于 θ 的函数理论上有抄袭行为时,他们二人的关系就彻底决裂了。而 1898 年 6 月罗素却

---

[1] Joseph W. Dauben, "The Development of Cantorian Set Theory," in I. Grattan-Guinness(ed.), *From the Calculus to Set Theory, 1630-1910: An Introductory History* (Princeton: Princeton UP, 1980), 188-189, 199-200.

[2] *The Search for Mathematical Roots, 1870-1940: Logics, Set Theories and the Foundations of Mathematics from Cantor through Russell to Gödel* (Princeton: Princeton UP, 2000), 122-124.

得到了（大概是买的）克罗内克 1887 年 7 月 11 日签赠给魏尔斯特拉斯的《论数的概念》论文抽印本，这个事实太令人意外了[1]，或许他们早已和解。所以康托尔与克罗内克的实际关系也许并非我们想象的那样。而且以现代医学观点看，现存资料表明康托尔得的是狂躁抑郁症，这种疾病是内生性的，从根本上来说并非是围绕他工作展开的论战所引起的。[2]

第二十卷第 34 篇论文是科佩（Marx Koppe）的 Ueber die Convergenz gewisser zur Darstellung willkürlicher Functionen dienender（1877），发表在安德烈实科中学 1877 年复活节的《年度报告》上，有科佩的签赠。德国中学会不定期出版《年度报告》，其中包括教职员文章。不要小看这些《年度报告》，康托尔的导师魏尔斯特拉斯就是在克罗内一个预备中学 1842—1843 年的《年度报告》上面首次发表了自己的文章《关于解析因子的说明》。他 1848 年开始在布劳恩斯贝格的赫修斯高级中学执教，在该校 1848—1849 年的《年度报告》中发表了另一篇论文：《关于阿贝尔积分的理论》。如果这篇作品能落入德国任何一个专业数学家手里，他就会一举成名。但正如他的传记作者列夫勒冷冰冰地说的，人们不会在中学的《年度报告》中去找关于纯数学的划时代论文。直到 1853 年，魏尔斯特拉斯把《关于阿贝尔函数论》发给《克雷尔》杂志，并刊登在第 47 卷（1854）上，才引起学界轰动而成名。刘维尔（J. Liouville）立即请 Woepcke 把该文译为法文刊登于《纯粹与应用数学》杂志，即第二卷那篇论文。魏尔斯特拉斯才得以进入大学任教。[3] 而第二卷第二篇《阿贝尔函数论》（Theorie der Abel'schen Functionen），正文没有题目和作者，康托尔在手写目录里写明了这些。它发表于 1856 年《克雷尔》杂

1　*The Search for Mathematical Roots, 1870–1940: Logics, Set Theories and the Foundations of Mathematics from Cantor through Russell to Gödel*, 123n33.
2　Ibid., 77.
3　埃里克·坦普尔·贝尔《数学大师：从芝诺到庞加莱》，徐源译，上海：上海科技教育出版社，2012 年，第 479—480 页。

志第 52 卷，有 96 页，核对魏尔斯特拉斯《数学著作集》第一卷所收论文，只有 7 节 55 页，后面 8—13 节在论文集里已删去，据文后说明这是编者施莱辛格（Ludwig Schlesinger）所为。[1]

从这些论文来看，康托尔是一个收集文献和旧书的行家。有一次他去拜访莱比锡近郊一个旧书商时，发现了一本关于弗朗西斯·培根的老书，他认为是一个不知名的作者写的，因而开始研究莎剧作者的问题。经过研究，他认为作者就是培根。[2] 1900 年代早期，他收集了一个有关莎士比亚和培根生活与思想的书籍与文献的图书馆。而康托尔对哲学也有兴趣，在他的图书馆里，有从柏拉图、亚里士多德，经过奥古斯丁、波伊提乌（Boethius）、托马斯·阿奎那、笛卡尔、斯宾诺莎、洛克、莱布尼茨到康德的古典作家作品。他不但拥有还阅读，很好地理解它们，他在自己作品中经常引用著名哲学家的作品。[3]

据吉尼斯介绍，康托尔 1918 年去世后，对他的研究，有 1930 年弗兰克尔（Adolf Fraenkel）写的传记和 1932 年泽梅洛（Ernst Zermelo）为他的集合论编的一部粗糙的论文集。五年后，出了一部精心编辑的主体部分是他和戴德金的通信（康托尔—戴德金《书信集》），编者是诺特（Emmy Noether）和法国数学家卡瓦利（Jean Cavaillès）。1933 年诺特流亡美国时，也把手稿带上了。在她去世后的两年里，手稿被遗忘，连他的律师都不知道。它们现在被收藏在布伦瑞克工业高等学校的戴德金学院图书馆里。而对康托尔的真正研究几十年里无人问津。他的传记作者梅什科夫斯基 1960 年代中期查出了他的几个后人，并找到了现存的遗

---

1 Karl Weierstrass, *Mathematische Werke, Erster Band Abhandlungen I* (Berlin: Mayer & Müller, 1894), 297–355, 359.
2 Amir D. Aczel, *The Mystery of the Aleph: Mathematics, the Kabbalah, and the Search for Infinity* (New York, NY: Washington Square Press, 2011), 161–162.
3 Roman Murawski, "Cantor's Philosophy of Set Theory," in *Essays in the Philosophy and History of Logic and Mathematics* (Amsterdam; New York, NY: Rodopi, 2010), 16.

稿。结果发现他的文献一直由家族保存着,并没有被上述任何一位学者所利用。"二战"末,他家的房子被占,很多东西不是被破坏就是不见了。1960年代晚期,剩馀的部分到了吉尼斯手里,他按某种顺序进行了整理。在吉尼斯介绍下,康托尔的后人在1970年代时把康托尔文件放到了哥廷根大学图书馆(后来重新编目),那里有他的同时代人克莱因、希尔伯特和戴德金等人的档案。[1] 吉尼斯应该是通过旧书店买到康托尔的遗稿,而对于国图这套二十大卷论文集的来源,有可能也是通过旧书店买到的。因为文集第一卷后衬页用铅笔注明来自Hiersemann,怀疑是莱比锡古旧书商Karl W. Hiersemann,有可能是通过他们卖给北平图书馆的。而查阅《北平各图书馆馆藏西文图书联合目录》,1931年初之前,北平各图书馆只有北大和清华有他的《关于超限数理论的基础》英译本(*Contributions to the Founding of the Theory of Transfinite Number*, 1915)。而个人中毛子水在德国买过戴德金旧藏的《一般集合论基础》。后来平馆会买进这一套论文集,实在是惊人之举。

而北平北海图书馆到1929年6月为止西文藏书量为22363册,北平图书馆则为672册,它们于1929年8月30日合并为新的国立北平图书馆,新平馆西文书编目数量,到1936年6月,登记号总数大约达到了70454。[2] 这套论文集的图书馆登记号是68726—68745,这样算下来,这套论文集的购入时间大约在1935—1936年之间,因为购入时间与编目时间一般有几个月时间差,所以这些康托尔的文件材料应该早在"二战"前就流出来了。另据记者对北平图书馆的专访:"**数学书籍保存特丰**:据图书馆阅览组丁先生对记者称,战前图书馆中文购书费每年十万元,

---

1　*The Search for Mathematical Roots, 1870-1940*, 77-78.
2　数据根据《北京图书馆第一年度报告》、《北京图书馆第二年度报告》、《北平北海图书馆第三年度报告》(民国十七年七月至十八年六月)以及《国立北平图书馆馆务报告》民国十八年七月至二十五年六月各期统计。

西文购书费三万美金，这笔购书费相当可观，当时曾组有购书委员会，由胡先骕，张子高，胡适诸氏分任委员，其购书标准偏重于科学，工程学，医学书籍，成套的数学杂志馆内保存不少，因为北平数学书籍保持的多，所以很多人提倡数学重心应放在北平。"[1]当时平馆购书委员会对数学书籍的重视与采购得力，所以康托尔这套书才得以入藏平馆。而且也为后来北平争取世界数学中心创造了条件。[2]

1　本报记者增祥《国内最大的智识仓库 北平图书馆访问记》【本报专访】，北平《华北日报》1948年1月16日第五版。
2　《数学中心应设北平 胡适梅贻琦等致电教部 说明理由请求再加考虑》：对于联合国教科文组织的数学会在华所设立世界数学中心的地点，一开始教育部定于南京。因而北平各大学校长及各系主任胡适、梅贻琦等数十人，对于教部决定世界数学中心设置于南京，表示遗憾，认为北平是最合适之地点。他们［一九四六年九月］十八日特再电教部，要求再加考虑。其中电文里说，北平大学数目最多，气候全年都可工作，设备也远超南京，而且房舍北平最容易解决，因而外国学者来华，北平易发挥作用，而在南京不安适，要求重加考虑。(《华北日报》1946年9月19日第三版《教育与文化》)不过最后地点还是设在了南京，(《朱家骅对记者谈 全国教育经费获准追加 世界数学中心设在南京》，迪化《新疆日报》1946年12月3日第三版)。

浦薛凤的外文旧藏

在国家图书馆找到一册威廉·詹姆斯藏书《黑格尔的政府与历史哲学：一个阐释》（1887），原来是浦薛凤旧藏，这才开始注意他的外文书。根据他的回忆录提供的线索，又从国图调出《费希特作品集》六卷[1]，第一卷扉页有红色钢笔题字：浦薛凤 一九三四年新正月四日购置，时在柏林（休假研究）期间。这是"哲学图书馆"版。而费希特《知识学基础上的伦理学》[2]，扉页红色钢笔题字：浦薛凤 一九三四。以及《知识学》[3] 扉页有蓝色钢笔字：浦薛凤 一九三四 一月廿日。另外康德《历史哲学、伦理学与政治学论文集》[4] 扉页题字：薛凤 一九三三年十月 时在柏林。浦在该书写了多页批注，如在"康德著作之英译"下面列了十多种当时康德的英译本。参考书那里，列出了克朗纳《从康德到黑格尔》（1921—1924）、鲍尔生《康德其人其说》（1899）、福兰德《康德与

1　*Fichte Werke*, Hrsg. von Fritz Medicus, 6 vols., Philosophische Bibliothek (Leipzig: Felix Meiner).

2　Johann Gottlieb Fichte, *The Science of Ethics as based on the Science of Knowledge*, trans. A. E. Kroeger, ed. the Hon. Dr. W. T. Harris, The English and Foreign Philosophical Library (London: Kegal Paul, Trench, Trübner, 1907).

3　J. G. Fichte, *The Science of Knowledge*, tr. from the German by A. E. Kroeger, with a preface by William T. Harris, The English and Foreign Philosophical Library (London: Trübner & Co., 1889). 有国立北京图书馆英文圆印，139910。

4　Immanuel Kant, *Kleinere Schriften zur Geschichtsphilosophie, Ethik und Politik*, herausgegeben, eingeleitet und mit Personen-und Sachregister versehen von Karl Vorländer, Philosophischen Bibliothek (Leipzig: Felix Meiner, 1913).

马克思》(1926)、李凯尔特《作为近代文化哲学的康德》(1924)等德文与英文研究著作。《论历史哲学》正文开头批有："一九三三年十二月九日（星期六）开始试译：系起草地细译！"然后是他四页中文边注，都是对应德文的翻译。后面有"哲学图书馆"书目，他在费希特、康德、斯宾诺莎、但丁、洪堡、施莱尔马赫文集等处都画了线。康德《伦理学的形而上学》[1]，扉页有：薛凤 一九三四年一月卅一日。而三卷本《谢林文集》[2]，第一卷扉页有钢笔题字：薛凤珍藏。《威廉·洪堡文集》[3]，皮脊纸面精装，扉页钢笔题字：浦薛凤购藏，今日巡阅书摊得此喜甚，凤志 一九三四 二月二十日，Doc. Hsueh-Feng Poe Berlin, Feb. 1934。夏多布里昂《选录》[4]，前衬页二红铅笔：浦薛凤。扉页钢笔字：浦薛凤 时在巴黎 一九三四。邓宁《政治理论史》[5]，其中内文多处有钢笔批注勾画，看笔迹应该是浦薛凤藏书。卡拉比《国家的近代理念》[6]，前衬页二上有钢笔字：Harvard Apirl. 5, 1926，下面是签名：Dison Hsueh-Feng Poe。扉页铅笔字：Die Modene Staats Idee。其中有大量用铅笔、红蓝钢笔和毛笔画线批注的地方。正文部分页边大多是毛笔与钢笔批注，这应该是他在

1　*The Metaphysic of Ethics*, 3rd ed., trans. J. W. Semple, ed. Rev. Henry Calderwood (Edinburgh: T. & T. Clark, 1886).

2　*Schellings Werke*, herausgegeben und eingeleitet von Otto Weiss, 3 vols. (Leipzig: Fritz Eckardt Verlag).

3　Wilhelm Humboldt, *Ausgewählte Schriften*, herausgegeben von Theodor Kappstein (Berlin: W. Borngraber, 1917). 有国立北京图书馆英文圆印，139951。

4　François-René Chateaubriand, *Extraits*, 15th ed., publiés avec une introduction, une notice et des notes, par Ferdinand Brunetiere et Victor Giraud, Ouvrage illustré de 32 gravures documentaires (Paris: Librairie Hachette). 有黑色国立北京图书馆英文圆印，140039。

5　*A History of Political Theories, Recent Times: Essays on Contemporary Developments in Political Theory*, contributed by students of the late William Archibald Dunning, edited by Charles Edward Merriam and Harry Elmer Barnes (New York: The Macmillan Company, 1924). 有红色国立北平图书馆英文圆印，封面内侧店标：东京神田一诚堂，104420。

6　H. Krabbe, *The Modern Idea of the State*, authorized translation with an introduction by George H. Sabine and Walter J. Shepard (New York: D. Appleton, 1922). 有黑色国立北京图书馆英文圆印，139945，后衬页铅笔：200。

哈佛细细研读过的书。麦启尔文《西方政治思想的发展》[1]，扉页钢笔字：薛凤购置 此吾师麦启尔文之杰作也，曩在哈佛读书，亲聆其演讲，诚挚而充实，去春在校中读此书，不啻重听其言论。凤志于伦敦 一九三四年四月廿七。黑色国立北京图书馆英文印，139930。书有翻读痕迹。浦在回忆录里这样说："麦琪尔温教授（Prof. McIlwain）所授'政治思想史'不用课本，全凭其口述与自己笔记。每次上堂伊持有绿绒布袋包藏之书籍三四册，各随时取读若干段引用原文（预置长签条，一翻即到页数），伊并不携带讲演大纲，盖由于饱学，随意顺序讲述，并加评论，语意明白，层次井然。伊对于希腊柏拉图与亚里斯多德两氏之政治思想，讲来如数家珍。第一学期全费在两氏之理论，第二学期讲至文艺复兴时代而止。"[2]

浦薛凤（1900—1993），英文名 Dison Hsueh-Feng Poe，江苏常熟人。1921 年清华高等科毕业，当年秋天入读翰墨林大学（Hamline University）。1923 年 8 月下旬到哈佛，1925 年冬他在哈佛大学硕士毕业后于 1926 年回国，先后在云南东陆大学以及浙江大学任教。[3]1928 年 9 月到清华大学政治系任教授，后任系主任。1933 年赴欧研究一年，在柏林住了七个多月。他回忆自己学习德语的经过时说："在清华学校读过德文，是仅两年。在翰墨林大学又曾读德文书，第三年到哈佛上课，又曾阅读德文原著，写作报告。及回清华授课，更曾翻阅康德及黑格尔原著政治哲学各书。"[4] 谈到他在德国购书经历说："予在柏林，先后购到康德、黑格尔与菲希特三位思想家之全集。旧书肆所定价格可以商量略减，但绝非'朝天索价，着地还钱'。当时，持用美金之外籍旅客，可

---

1 Charles Howard McIlwain, *The Growth of Political Thought in the West: from the Greeks to the End of the Middle Ages* (New York: The Macmillan Company, 1932).
2 《万里家山一梦中：浦薛凤回忆录（上）》，黄山书社，2009 年，第 95 页。
3 谷中水《教育界人物志：浦薛凤教授》，《北平晨报》1936 年 12 月 17 日第九版《教育》。
4 《万里家山一梦中》，台北：台湾商务印书馆，1983 年，第 155 页。

以换所谓'登记马克',便宜甚多。而每一单位兑换比实物高。"他还为清华图书馆搜集到少数多年购而未得的政治思想书籍,如法国16世纪思想家博丹(Jean Bodin)的原著《论共和国六卷》几册。[1]"当时德国行所谓登记马克。清华按月所发教授休假研究费,系用美金单位汇寄。以上换作登记马克,至为合算。所有多馀,予悉数搜购德国十八及十九两世纪之政治思想书册暨全集。"[2]叶公超也说:"我去年住在巴黎的时候曾听说有十几位学生先后转到柏林去,因为柏林的生活程度比较便宜,而且还可以使用'登记马克',至于他们的德文呢,多半是只有几个月的程度,而以他们所研究的东西而论似乎也无需到柏林去。后来我到伦敦,又听说有学生转到德国去,也是为了同样的经济理由。"[3]另据稍后去德国访问的沈怡讲,这个登记马克(Registered Mark),可便宜百分之五十,须在国外买进,每人每日只许用五十个,不能带走,在德国用完为止。沈的二千四百多马克通过银行可以换成四千多马克。[4]估计浦把换成的登记马克大半买了书。

---

1 同上书,第156页。据《清华大学搜购档案 成立特购图书委员会》:清华大学"收购社会科学中之中外政府刊物及档案,委员有陈岱孙、吴景超、刘寿民、浦狄生,教授燕召亭、陈寅恪、钱稻孙、张奚若、赵守愚等"(《北平晨报》1934年9月26日第九版《教育》)。另《清华大学常设各委员会委员名单发表》:"图书馆委员会:钱稻孙(主席),浦薛凤,萧公权;特购图书委会:陈总(主席),陈寅恪,陈达。"(《北平晨报》1936年10月7日第九版《教育》)清华大学不止外文书,连古籍也鼓励教授帮代购,图书馆主任钱稻孙为此发表过谈话(《清华大学图书馆搜集厂甸名贵书籍 钱稻孙请各位教授留意购置》,《北平晨报》1937年2月19日第九版《教育》)。浦薛凤回国后还曾发表讲演介绍德国的情况,见《清华教授浦薛凤讲演 希特勒治下之德国 民众心理极崇拜英雄 希氏已减少人民失业》:"【北平通讯】新自欧陆畅游归来之清华政治学系主任,浦薛凤,于本月二十日在燕大礼堂,讲演《希特勒治下之德国》。"(《青岛时报》1934年11月1日第二版;《希特拉治下之德意志 清华大学政治学系主任 浦薛凤昨日在燕大演讲》,《北平晨报》1934年10月31日;《希特拉治下之德意志 清华大学教授浦薛凤在燕大讲演》,重庆《四川晨报》1934年11月16日第四版)。
2 《音容宛在》,台北:台湾商务印书馆,1984年,第226页。
3 《留学与求学》,《独立评论》第一六六号(1935年9月1日),第12页。
4 《沈怡(君怡)先生访问记》,载赵君豪采访《民初旅行见闻:20位名人的旅行记》,台北:酿出版,2015年,第76页。

浦薛凤1934年4月离柏林前往巴黎，同年6月在巴黎塞纳河畔旧书摊，廉价购得珍贵西文旧书有：十八世纪法兰西政治思想家马布里（Abbé Mably）《论道德与政治之关系》，爱尔维修（C. A. Helvetius）《论精神》，西耶士（E. J. Sieyès）《特殊权利论》，孔多塞（Marquis de Condorcet）《宪法计拟》，以及德·迈斯特（Joseph de Maistre）《主权之研究》等。他还在伦敦旧书铺中花高价买到弗格森（Adam Ferguson）的《道德与政治学原理》和柏克（Edmund Burke）之全集一部。[1]他1934年起就在欧洲开始用英文写新政治学的书稿[2]，这些买的书都是写作时的参考。回国后，又用这些材料写了关于康德、费希特、黑格尔、柏克等文章和《西洋近代政治思潮》等著作。因而萧公权评价说："著者此书收集材料的渊博，据评者所知，在国内确是一时无并。北平国立清华大学图书馆在七七事变以前所收藏的西洋政治思想文献，在国内向称丰富，浦先生不但尽量运用馆中藏书，并且曾于1933—1934年间赴欧参阅各大图书室的藏书，收罗坊肆间的旧籍。"[3]另有学生在介绍他的生平与学问的文章里说："读过浦先生文章的，一定要惊奇浦先生读书的博深，凡是他的文章，下边是附了注脚（Foot-notes），几乎一句一注，两句一解，注文常又是多过本文，博采鸿引，确是令人敬羡的。这个功夫恐怕是浦先生脚踏实地苦读成绩的罢。"[4]文章最后说："有人说大凡学者们成功了之后，多是不肯再刻苦用功，其实不然，当在清华钱稻孙先生的第一年日文班上，常看到浦先生携了浦太太坐在最后的一行椅子里，拿着笔纸，仔细精心地听讲，学日文，最使后生惭愧的是浦太太也会能用起

---

[1]《音容宛在》，第158—159页。
[2]《太虚空里一游尘》，台北：台湾商务印书馆，1979年，第73页。
[3]《评〈西洋近代政治思潮〉》（1940年2月），载浦薛凤《西洋近代政治思潮》，北京：北京大学出版社，2007年，第528页。
[4] 谷中水《教育界人物志：浦薛凤教授》，《北平晨报》1936年12月19日第九版《教育》。

心来读日文，叫我们这些终日嬉戏贪玩的青年人，真是觉得汗颜。"[1]

国图这十馀册外文书都是浦薛凤的旧藏，盖的是国立北京图书馆的章，国立北平图书馆改名国立北京图书馆是在 1950 年 3 月 6 日，说明它们都是 1949 年之后被图书馆登记编目的。关于浦薛凤外文藏书是如何进入国图的，老友高山杉提醒说，杨联陞在《忆钱稻孙先生——兼忆贾德纳》里说："受壁胡同那所房子很大，有好几进。钱府人口虽多，仍旧住不了，好像有时有一部分出租。七七事变后，浦薛凤一家由清华搬到城里，浦薛凤先南下，浦太太佩玉因有小孩不便，就曾在钱府跨院借住过一些时候。"[2]抗战胜利后，钱稻孙被捕，他家里东厢房设立的"泉寿东文书藏"也被收缴，可能浦薛凤留在钱家的书籍也一并被收走了。

查浦薛凤的回忆录，其中说《西洋近代政治思潮》第三版在 1954 年 6 月中上市时，邹文海教授曾写长文评介该书，还说浦想继续写《西洋当代政治思潮》："徒因抗战军兴，藏书悉在常熟故里损失，以至没有能竟其全功。"[3]而据浦回忆，1937 年 7 月 29 日他一家离开清华入城住东四牌楼报房胡同廿一号吴（俊升）家。8 月 8 日回清华，再过四五日，他又回清华，将书装了三大箱，雇三辆人力车运到东城。全家 8 月 19 日入住遂安伯胡同五十一号。10 月 9 日迁居西四牌楼受壁胡同九号钱稻孙宅，租其自成一家的一个院落。12 日，学生杨联陞还来和他对弈。14 日他独自一人启程赴湘，"最后决定带书箱一，铁箱一，皮箱一，铺盖一。书籍用木板抑或用皮革，迟疑未决。一日午后钱稻孙来谈，见所指拟携带木箱，大笑曰此岂行李，此乃货物。遂携大皮箱一只。十月十一夜半事。"[4]他在长沙时，一开始携带行李书籍特多而不免自豪，因同事中

1　谷中水《教育界人物志：浦薛凤教授》，《北平晨报》1936 年 12 月 20 日第九版《教育》。浦薛凤藏书里应该也有日文书。
2　《哈佛遗墨》，北京：商务印书馆，2013 年，第 48 页。
3　《相见时难别亦难》，台北：台湾商务印书馆，1983 年，第 70 页。
4　《太虚空里一游尘》，第 26 页。

有未携带片纸只字者，而自 11 月 24 日经历长沙大轰炸之后，反而觉得累赘。[1] 11 月 9 日常熟老家还给他寄过一包书籍。而自 19 日日军占领常熟后，家人避难他处，等后来回家，东西所馀无几，他的大部分藏书就这样没了。北平的家人还给他寄过几次书籍衣物，那剩下的两箱书大多应该留在了钱家。1940 年秋妻儿从北平到上海，他才和家人得以团聚，然后回常熟老家。抗战胜利后就再没有回北平，留在钱家那些书也就随钱的藏书一起被没收而进入了国立北平图书馆。所以高山杉的想法应该成立。而浦在得知钱后来的事，很是惋惜。钱老夫人极好，对他们全家也好。在浦离平前，钱稻孙曾特意告诉他："逖生请转告清华友好，稻孙可靠。"[2]

无独有偶，最近又发现小岛乌水的《江戸末期の浮世繪》（東京：梓書房，昭和六年四月），扉页朱印：炳圻藏书。这是尤炳圻的藏书，他是知堂与钱稻孙的学生。另有线装小岛乌水的《浮世繪と風景畫》（東京：前川文栄閣，大正三年八月），扉页前也有朱印：炳圻藏书。因为知堂喜欢小岛乌水，日记里有购买其著作的记录，这应该是知堂借尤的书来看。因而 1945 年底政府没收知堂藏书时，这两册书也被收进来了。所以浦与尤的书就这样随知堂与钱稻孙的藏书一起进了平馆。而据平馆 1947 年 5 月 14 日复原后第一次院务会议记录：接收各汉奸书籍案，决议"听取杨殿珣君报告后，即行移运来馆，先借本馆旧满蒙藏之书库存放，如不能容，再借团城后院各房存放"[3]。杨殿珣时任中文采访组组长。这样看来，钱与知堂藏书应该是 1947 年后进入平馆的。

---

1 同上书，第 38 页。
2 同上书，第 198 页。
3 《北京图书馆馆史资料汇编：1909—1949》，北京：书目文献出版社，1992 年，第 881 页。

威廉·詹姆斯的两册藏书

有一天在国图查找文德尔班（Wilhelm Windelband）的著作，提出一册《序曲》[1]，前衬页一上面有两行黑色钢笔题字：Wm James 95 Irving St.，下面两行蓝色钢笔：To Wm Salus 10 Feb. '08。[2]

我把《序曲》的签名页给高山杉看，他看签名是威廉·詹姆斯，欧文街95号。该不会真是威廉·詹姆斯的签名吧，我们有些将信将疑。回到家一核对，还真是威廉·詹姆斯的签名。威廉·詹姆斯当时住在马萨诸塞州剑桥市的欧文街95号。此书应该是詹姆斯的藏书，后来又于1908年2月10日送了人。

翻看此书，其中目录页，第三篇纪念斯宾诺莎，第五篇谈荷尔德林和他的命运，第六篇谈歌德哲学，第十二篇 Sub specie aeternitatis（《从永恒的观点看：一个沉思》），这几篇文章前面都有红色铅笔留下的记号，后面《论神圣（宗教哲学概述）》、Sub specie aeternitatis 两篇文章开头，即第356、383页分别有钢笔字：Read Sunday Sm ch. 08'。这两篇文字有多处段落铅笔画线，有的是页边画线，有的里面字句画线。另有三处钢笔题字和几处铅笔题字，特别是全书最后第396页有四行钢笔批

---

[1] *Präludien: Aufsätze und Reden zur Einleitung in die Philosophie*, zweite vermehrte auflage (Tübingen: J. C. B. Mohr [P. Siebeck], 1903).
[2] 据王丁兄识认。

注，英文德文混杂，看字迹很像詹姆斯本人写的。

詹姆斯 1907 年 3 月 16 日致书哈佛的同事明斯特贝格（Hugo Münsterberg）说，"当然我早就熟悉文德尔班《序曲》里论康德的论文"，还说他自己的实用主义不同于原来和修正的康德学说[1]，发信的地址就是：95 Irving St. Cambridge, Mass.。《书信集》编者列出了《序曲》第一版出版时间（1884）[2]，而詹姆斯显然看的是 1903 年第二增订版，论康德的论文就是第四篇。因为詹姆斯的日记哈佛还没有公布，只好通过他的通信集推测他赠书时的活动：在詹姆斯赠书前一天的 1908 年 2 月 9 日，他给亨利·亚当斯信里说，他读了《亨利·亚当斯的教育》(Education of Henry Adams)，此时詹姆斯应该读的是亨利·亚当斯送的私印本。而 2 月 12 日给凯伦（Horace Meyer Kallen）信里说他正在写作，"我的感冒已好，四天前又开始工作"，随后要去牛津讲学。[3] 他 4 月 20 日给皮尔斯（Charles Sanders Peirce）写了一封信，这是他自 95 Ivring St. 发出的最后一封信。随后他次日动身去英国，5 月初到了牛津。对于詹姆斯的赠书对象，还需要进一步考证确认。

过了一周，又提出一册《黑格尔的政府与历史哲学：一个阐释》[4]，书前衬页一上有字迹：Harvard 3/18/24。粉红色钢笔字：黑智儿 政邦与历史底哲学 毛历斯著 Pu Hsueh-Fen（Dison Poe）。前衬页二钢笔字：This is Williams James's Book (See elsewhere why I bought this Book) Bought at the Private library sale. The Several books I bought a couple of days ago all of the same category. Dison 3/18/'24（译文：这是威廉·詹姆

1　*The Correspondence of William James*, vol. 11, April 1905 – March 1908, ed. Ignas K. Skrupskelis and Elizabeth M. Berkeley (Charlottesville: University Press of Virginia, 2003), 328.
2　Ibid., 329n2.
3　Ibid., 539.
4　George S. Morris, *Hegel's Philosophy of the State and of History: An Exposition* (Chicago: S. C. Griggs and Company, 1887).

斯的藏书[我为什么买了这本书参见别处]，在私人藏书售卖会上买的。我两天前买的几本书也属同样范围。逊生1924年3月18日）。上面有铅笔定价：1.00，扉页有签名：Dison H. Poe。内文有多处铅笔和钢笔的画线和批注。封底内侧有粉色笔字迹：100，这应该是当时买的价格。高山杉立马认出这是浦薛凤的藏书。

同时提出了一册黑格尔的著作英译本：《黑格尔逻辑学》[1]，扉页有一行钢笔题字："我固知此已有第二版（1892），但作为参考，此亦未始不佳。凤志。"另有签名：薛凤。估计这本黑格尔应该是他两天前买的几本书之一。

浦薛凤从清华高等科毕业后，先入读翰墨林大学（Hamline University），1923年8月下旬到哈佛，1925年冬季获得哈佛硕士学位。这册詹姆斯的藏书是他1924年3月18日在哈佛时买的。浦薛凤的英文名是Dison Hsueh-Feng Poe，他号逊生，所以名字里会有Dison。

《威廉·詹姆斯文集》编者介绍过目前威廉·詹姆斯私人藏书的情况：詹姆斯手稿、书信与文件现在收藏于哈佛大学霍顿（Houghton）图书馆，他的很多藏书也保存于此，索取号开头是：WJ或AC。其他藏书则在怀德纳（Widener）图书馆和其他地方。他另一部分书则被出售了，已不知去向。不过佩里（Ralph Barton Perry）曾开列了一个售书书单，标注了记号与附注，这份未发表的书单现存霍顿图书馆。现在有些书已从怀德纳图书馆移到霍顿图书馆。有些佩里报告说已卖掉或根本没在书单里的书，则在怀德纳的书堆里被发现。[2]

而据特罗许（Thibaud Trochu）的文章《调查哈佛的威廉·詹姆斯收

---

1 *The Logic of Hegel, translated from the Encyclopaedia of the Philosophical Sciences* by William Wallace (Oxford: Clarendon Press, 1874).
2 William James, *Some Problems of Philosophy*, ed. Frederick H. Burkhardt, Fredson Bowers, Ignas K. Skrupskelis, introd. Peter H. Hare (Cambridge, Mass.: Harvard UP, 1979), 121-122.

藏：尤金·泰勒访问记》(Investigations into the William James Collection at Harvard: An Interview with Eugene Taylor)介绍，这些现存霍顿图书馆的詹姆斯藏书有 1000 册。威廉·詹姆斯的儿子小亨利·詹姆斯 1923 年 11 月 19 日给哈佛图书馆馆长柯利芝（A. C. Coolidge）的信里谈及赠书事宜，泰勒据此推测哈佛大学的詹姆斯藏书有 2000 册之多。1923 年，哲学系派罗宾斯哲学图书馆馆长兰德（Benjamin Rand）和佩里，去詹姆斯家挑选了 450 册古典哲学和其他类的书籍，这些书要放在怀德纳图书馆的珍藏室里。詹姆斯儿子的朋友罗巴克（Abraham Aaron Roback）让他们告诉哈佛，如果要这些书，还必须带上另外 1000 册有詹姆斯批注的书。哈佛同意了这个安排，其馀 1000 册书贴上詹姆斯的藏书票放到了怀德纳图书馆的开放书架上流通借阅。除了送给哈佛的 1450 册图书之外，其馀书籍随后被卖掉了，佩里开列过一个销售书目，其中很多单本的书通过个人手里流入霍顿图书馆。而在新罕布什尔都柏林的詹姆斯家里仍有两千多册，这些并非完全属于詹姆斯本人。留在欧文街 95 号詹姆斯家里书架上的几百册藏书，则被拿走卖给了书商，1980 年左右通过詹姆斯庭院拍卖会而被卖出，这部分藏书已经四散了。

这样看来浦薛凤就是在 1924 年詹姆斯藏书售卖会上买了这册莫里斯的书。《序曲》的图书馆登记号为 127853，尽管扉页盖的是国立北平图书馆的红色圆印，但马克斯·冯·劳厄（Max von Laue）的《相对论》[1]，登记号为 128402，已经盖的是国立北京图书馆的英文圆印，而这两本书登记号的间隔不过 549 号。国立北平图书馆改名国立北京图书馆是在 1950 年 3 月 6 日，所以《序曲》应该也是 1949 年底左右登记的。《黑格尔的政府与历史哲学：一个阐释》盖的也是国立北京图书馆的英文圆印，所以这两册书的入藏和登记时间不会间隔太久。

---

1 *Die Relativitätstheorie* (Braunschweig: F. Vieweg, 1921).

一册萧公权的外文旧藏

去年在国家图书馆发现了一册萧公权旧藏《亚里士多德政治学》[1]，原书两册，只存第一册。

前衬页一有三行铅笔字：∨ obedience to law as habit, p. 51 ∨ law of obedience p. 122。前衬页二有毛笔字：萧公权。钢印：KUNG CHUAN HSIAO。前衬页三、扉页、题辞页、后衬页二与后衬页一也都盖有英文钢印。扉页有红色的国立北平图书馆英文藏书印。译文勘误页的 Page 141 的 141 被铅笔改为 99。后衬页二盖有黑字：JAN 17 1924，铅笔字：3 35—，这应是购入价格。封底内侧标签：中原书店 北平东安市场 电东一三六一。内文有很多铅笔画线和钢笔批注，萧公权应该细读过该书。

其中批注分四类，第一类是给一些章节加标题。如第 27 页 Book II 标题上批：Constitutions Examined。第 107 页 Book IV 标题：The Forms of Government。第 28 页（1261a）页边批注：Arguments against the community of wives，眉批：Political Unity。第 144 页 Book V 标题：Revolution。第 188 页 Book VI 标题：The Forms of Government (continued); Offices，第 206 页 Book VII 标题：The Perfect State ～ the Life of Virtue，第 244 页 Book VIII 标题：Education。

1　*The Politics of Aristotle*, vol. I, translated into English with introduction, marginal analysis, essays, notes and indices by B. Jowett (Oxford: Clarendon Press, 1885).

第二类是给一些段落加概括文意的小标题。第 29 页（1261b）批注：Specialization。第 30 页（1261b）批注：Collective Distributive。第 35 页（1263b）批注：⑤ Pessimism。第 40 页（1265b）："贫困是革命与犯罪的父母"，页边批注：贫者犯之源。第 51 页段落画线，页边批注：obedience to law as habit w.。第 101 页批注：Arguments against one-man rule。下面：law above the ruler。第 179 页（1314a）批注：The marks of a tyrant。第 121 页（1293b）批注：Aristocracy 1 As the perfect state 2 As an existing type。第 122 页（1294a）批注：Law and Obedience。

第三类是疏通词义。如第 99 页（1286a）页边有仿印刷体的钢笔字：Arguments for the rule of the many，下面铅笔：Cf. p. 101。A king must legislate 用方括号括上并在右上角加星号 ※。地脚有钢笔字：※ Read: there must be a legislator, whether you call him king or not。第 149 页（1303a）批注：having 用方括号括上并在右上角加星号 ※，地脚钢笔字：※ Read: After their army had。

第四类是对比其他人如柏拉图、马基雅维利、洛克、黑格尔等的论述。如第 82 页（1279b）页边有 1、2 序号，下面括注一段批注：vs. Locke。第 102 页（1287a）批注：vs. Plato，下面（1287b）批注：Customary and Written Law。第 145 页（1301b）批注：cf. Hegel ～ on reform。第 183 页（1315b）批注：cf. Machiavelli。第 211 页（1325a）批注：cf. Hegel。

而《政治学》第 106 页（1288b）a 有铅笔星号 ※，页下铅笔批注：※ to bk. vii。第 107 页 Book IV 标题铅笔字眉批：Newman: bk. vii，这是指纽曼校订的《政治学》希腊文本[1]。纽曼校注本第三册 Book IV(VII) 1288b. 4 (7) 注释部分是疏解文句（p. 307）。《政治学》第 143 页（IV. 16）结尾有铅笔批注：to bk. vi 1301a。说明萧公权手边有这个原文

---

[1] *Politics of Aristotle*, 4 vols., With an Introduction, Two Prefatory Essays and Notes Critical and Explanatory, edited by W.L. Newman (Cambridge: Cambridge University Press, 1887－1902).

本与Jowett英译本相对照。萧应该懂些希腊文,未见他在自传里提过此事。

有趣的是在第258页(1342a):"杜里调(Dorian)为培养品德的乐调之一种,……在《理想国》中,苏格拉底在杜里调外又选取蒴里季调(Phrygian)是错误的;他在先既反对笛声,后来又存录蒴里季调,则他的谬误尤为可异。"[1]萧在Dorian右上角加星号,在第259页地脚用钢笔画了带星号的一段五线谱并注明:Dorian,Phrygian,Lydian各音调。据自传,他1923年夏离开密苏里大学,到伊利诺伊州的爱文斯顿,以便进西北大学夏季学校,当时动机是:"我在可伦比亚时曾不知自量在史蒂芬学院学过两年小提琴,想在西北大学暑期学校中学一点音乐理论。在西北大学得着一点初步的乐理和作曲知识。到绮色佳又进绮色佳音乐学校继续学乐理、小提琴,并且开始学一点钢琴。"[2]此处所画的五线谱及标上的音调,就是萧公权当时学音乐的表现。

根据萧公权自传所述,他1923年8月下旬就读康奈尔大学。1924年夏末,开始着手写一篇有关政治多元论的博士论文。"论文题目决定之后,我从速进行搜集阅读有关的资料,同时再度细看前次用过的书籍期刊。到了一九二五年初夏这两项工作大体完成,论文内容的轮廓也粗具于胸中。""我的记忆力既然不强,只有靠笔记来补助。阅书时看见有重要的文字便随手记录在纸片上。每晚休息以前把当天所得的纸片,按其内容分类,妥放于木匣之内以备日后随时查检引用。到了着手草写论文时,积存的纸片不下数千。事实上我无须取出这些纸片,一一重看。因为书中的文字经我用心看过,用手录过(所谓心到手到)之后,在我的脑子内留下了印象。不能过目不忘的我,采用这笨拙的方法,勉强做

---

[1] 《政治学》,吴寿彭译,北京:商务印书馆,1986年,第432页。
[2] 《问学谏往录》,北京:中国人民大学出版社,2014年,第33—34页。

到了过手不忘。"[1]《政治学》有不少段落与字句都用阿拉伯数字编号，应该是便于在纸片上抄录笔记并分类保存。他1925年8月起开始写论文初稿，到次年5月初，长约八万字的论文脱稿。1926年6月中旬博士毕业。此书的购买时间既然是1924年1月17日，那应该是他写作硕士论文和博士论文《政治多元论》（1927年出版）一书的重要参考，《政治多元论》书后的补充书目里就列出了该书（1885年版）。

1937年7月28日日军进北平，萧公权携全家于7月30日上午雇车进城，在一处民房内住下。"当天下午我独自雇车到新南院住宅里搬出了一些书籍和用具。五年的清华生活，于是告终。此后更没有再到过校的机会了。"当时萧有诗纪其事：

移居杂咏十一首
丁丑夏倭寇据清华园携家避居城内鲁公望寓所

草草移家去，悠悠来日难。乱中携具少，屋外喜天宽。穷巷流民集，秋郊战骨寒。亲朋有书至，刻意问平安。[2]

10月9日早，萧公权全家坐火车去天津，家人在青岛安顿后，萧独自辗转来到成都四川大学任教，并在燕京大学兼课。1938年秋至1940年夏期间写作《中国政治思想史》："我在农家寄居两年，完成了《中国政治思想史》的撰写。我在清华任教时所编的参考资料和我历年授课所用的教材，全部带到了成都。"这些资料和教材，属于萧公权当时进城时取出的那部分书籍，他还有不少书留在了清华的寓所。

另据汪荣祖在《萧公权与中国政治思想史的建构》一文里说："Paul Janet, *Histoire de la science politique*, Felix Alcan, 1887, 1913 萧先生藏书。

---

1 《问学谏往录》，第39—40页。
2 《小桐阴馆诗词》，北京：中国人民大学出版社，2014年，第61页。

此书，原由清华同仁张熙若（奚若）所赠，扉页题有：'Y Chang New York, 1919'，谅张氏于 1919 年购于纽约，另题'敬赠 公权兄 熙若 廿六，六，九'，赠萧氏以酬代课之劳。萧先生随身携带备览，未因战乱遗失。萧先生晚年转赠此书与笔者，珍藏至今。"[1] 而邓林（William Dunning）的《政治学说史》(A History of Political Theories, 1923)，据汪荣祖前文："萧先生所藏邓林之作是 1923 年版，应是他留美时所购，他细读痕迹斑斑。"页下小注："此书现在由笔者收藏。"[2] 以上二书都是萧离开清华时所带出的书。

而萧公权在 1942 年一诗中提及：

> 胡美成教授赠所纂泰西法学文编并归北平书肆所购寒斋旧藏英人霍布士著法元比貘二书合册 Thomas Hobbes: ELEMENTS of Law and BEHEMOTH, London, 1899 报谢二章
>> 静坐寒斋重展读，丹铅手迹认斑斑。（丁丑夏寇军侵据清华园余偕家人避居城内藏书多不及携出为人盗卖一空。）[3]

胡美成教授或许就是在东安市场里的中原书店等处帮他购得这册旧藏的。当时他这些藏书都被人从清华盗走拿到旧书店去卖了。

抗战胜利后曾有记者走访北平的旧书店，听"一位业已从事四十多年的老书商说：'……当刚胜利时，有关英文书真是供不应求，尤其是在敌伪时期，用最低廉价买下的英文书，曾很获了一批利，年来已每

---

1 汪荣祖、黄俊杰编《萧公权学记》，台北："国立"台湾大学出版中心，2009 年，第 7 页。
2 同上书，第 8 页。
3 《小桐阴馆诗词》，第 194—195 页。

况愈下了……'"[1]日据时期这些旧书店用低廉价格收来的正是清华等校教师以及图书馆所遗留的图书，等他们复员回平后自然要用高价把这些书买回去。因而《亚里士多德政治学》的流出应该就是在1937年他离平南下之后，被卖到了旧书店，然后此书经中原书店售予国立北平图书馆。从平馆登录号124688来看，编目时间应在1949年前后。这些藏书的流散，也是当时学者流离播越命运的反映。

---

[1] 手《北平书店》，南京《新民报日刊》1947年7月11日第三版。容肇祖1947年6月16日致函闻宥："闻所列各书，经询文殿阁，价值如下"：高本汉《中国文典》八万金元，劳佛《玉器考》十六万，马伯乐《唐敦煌方言》五万，斯坦因《沿着古中亚之路》十六万，《通报》一至十卷共八十五万。"其馀各书，经找东安市场内中原书局等，皆没有书，只好俟之他日。"见闻广、蒋秋华主编《落照堂集存国人信札手迹》，台北："中央研究院"中国文哲研究所，2013年，第364—365页。不止个人，连图书馆也在大量购买，如清华大学图书馆："今春又在平以一千万法币购买图书多种，主要皆为考古历史类。如伪满洲国出版之大清历朝实录，共一百二十函，每函十册，明实录五百册，日文之珍贵者如文学博士常盘大定及工学博士关野贞合著之支那文化史迹，共十二套。"（魏麦人《烽火劫馀话清华（十二）：清华图书馆（上）》，北平《世界日报》1946年12月6日附刊《小世界》第二版《学生生活》）

严复与柏克

莫利

自从查到国图的两册严复批注本后，高山杉经过多日搜寻，又找到四册签名本，其中一册《卢梭》有批注（John Morley, *Rousseau*, 2 v., London: Macmillan and Co., 1900），第一卷前衬页二有：Yen fuh July 4th 1902 Tientsin。扉页朱文方印：大学堂译书局图章。上面有钢笔：Yen fuh。第一章"开端"一节里页边有 22 处钢笔批注和 5 处画线，都是概况段落大意一类。第 4 页天头有：22/9/02，最后在第 7 页有：Monday 22 Sept. 1902 21/8/28 K. S（光绪二十八年八月二十一日），都是读书日期。第二卷没有批注。《批评文集》三卷（*Critical Miscellanies*, v. 1-3, London; New York: Macmillan and Co., 1898），三卷每卷前衬页二都有钢笔：Yen fuh July 1902 Tientsin。扉页朱文方印：大学堂译书局图章。

我在《文学研究》（*Studies in Literature*, London: Macmillan, 1901）一书里面发现几处批注。该书扉页朱文方印：大学堂译书局图章。封面内侧有书店红色标签：Beeching & Sons 5 Upper Baker Street London N.W.。华兹华斯那篇有铅笔画线和圆圈。第 7 页有两行铅笔。第 9、12、20、31 页上有铅笔问号，Aphorisms 那篇有不少阅读痕迹。在《梅因论受欢迎的政府》（Maine on Popular Goverment）那篇里：sycophancy 上有两个铅笔字：诳诡（第132页）。第135页：listlessness 无聊。第136页 red shade 上注1，书眉铅笔注：1 anarchist, or Revolutionary。Feasts 上有铅笔：奇行。第152页书边铅笔：Remember this was written in Feb. 1886 for 25 years it includes 1861–86. 正文谈英国无疑是世界最文明的力量，在最近二十五年里没有功能或结构上的改变。第153页：No share at all in any one case 铅笔画线旁边有批注。Encyclical 上注1，下面地脚注：1 Pope's letter intended for general circulation among the bishops 4c. 第155页文章最后有：Feb. 11th 1902 Yen。另外第244—245页未裁。严复在1902年3月给梁启超的信中说："今之所为，仅及斯密氏之本传，又为译例言数十条，发其旨趣。是编卒业，及一岁矣。所以迟迟未出者，缘译稿散在有人。遭乱舣滞，而既集校勘，又需时日。幸今以次就绪，四五月间，当以问世。其自任更译最后一书，此诚钦钦刻未去抱，弟先为友人约译《穆勒名学》，势当先了此书，乃克徐及。"[1] 其时已译成《穆勒名学》前半部。3月4日严复同意就任京师大学堂译书局总办，3月6日致函张元济信说准备主持译局："所以近筹两种办法：一是住局译书，月领薪俸；一是随带自译，按书估价，以酬其劳。……都门人士，每相见时，辄索《原富》，不知此书近已毕校刷行否？"[2] 此时严复等待《原富》译稿出版。

而《柏克》(Burke, London: Macmillan and Co., 1897)，前衬页二有钢笔字：Yen fuh July 1902 Tientsin，Commences on Sep. 5th 1902，及一篆字朱文圆印：严；一方朱文方印：又陵。扉页朱文方印：大学堂译书局图章，国立北平图书馆英文印。第一章有铅笔批注，第1—114页都是铅笔字，第115页第一自然段下空白处有铅笔：17/9/02 16/8/28。第115页起批注是钢笔字。第124页：18/9/02。到第137页结束。书里面不少页发脆断裂，而批注的边和字迹也有脱落，成了毛边。严复1902

---

[1]《严复全集》卷八，福州：福建教育出版社，2014年，第121页。
[2] 同上书，第151页。

年9月9日致函熊元锷:"近又了得《群学肄言》一书,乃斯宾塞尔原著,而于近世新旧党人为对证之药。此书正在誊钞,八九月间当由菊生刷印行世。……昨任公谓,处今世而不通西文者,谓之不及人格,复绝叹以为知言,此其学问真实有得处也。"[1]读此书时,严复已译好《群学肄言》初稿。同年9月13日致熊元锷:"复入都就译局之聘者六阅月矣。……至一切西学,则不求诸西而求于东。东人之子来者如鲫,而大抵皆滥竽高门,志在求食者也。吾不知张南皮辈率天下以从事于东文,究竟舍吴敬恒、孙揆钧等之骄嚣有何所得也?(引者按:指吴等在日本闹学潮。)"[2]当时他一边读着柏克,一边对于当时轻视西学而注重东文气愤不已,1903年1月31日致熊的信中更骂道:"上海所卖新翻东文书,猥聚如粪壤。"[3]

《柏克》开篇谈柏克是最伟大的人物与最伟大的思想家,严复用1、2、3等数字序号标出作者列举的七点理由,然后页边注出"Burke"。第1页开篇,严复第一句英文批注就是概括第1到5页是为什么把柏克置于伟人行列:What place he is entitled among great men. P. 1-5. 这句英文就是下一段的复述。很多段落都是如此,通过上下文就可以看到类似批注的语句,也是辨认他字迹的最好办法。这句的第一个理由是"托利党人把他誉为欧洲的拯救者",而第二个理由是辉格党讨厌他,因为他是自己党的毁灭者。严复随后都把段落大意概况出来,写在页边,如柏克读书的年龄、启蒙老师是谁,与老师儿子成为终身挚友,等等。很像以前英文书常用的页边小标题。严复谈自己的阅读习惯时说:"吾阅西文多矣,诗词不论,乃至文笔,则斟酌验明,常至无所可疑而后止。"(《法意》案语)通过核对《柏克》此书,确实如此。这也符合以前古疏

---

[1] 《严复全集》卷八,第162—163页。
[2] 同上书,第164页。
[3] 同上书,第165页。

家读书的"题上事",即标题上文之事,读完一大段文字后,将此章大旨,概况地记下一两句,来总结前面内容。他在第1页开篇的批注就是"举下事",将总结性的话记在一章的开端。这也是熟练旧事,提高阅读能力的好方法。西方很多老书也有这个页边小标题,起一样的作用。

第3页在下面句子画线,其中说在下面这些人身上所获得的对抽象政治的爱:霍布斯的几近数学的严密与精确,洛克或密尔哲学式的冷静,甚至弥尔顿雄奇庄严的热情,都被柏克的漫无际涯的激情与修饰的风格所违抗。而严复英文页边注把霍布斯、洛克、密尔、弥尔顿四人的名字列出,并画了总括弧。

前面都是对柏克的评价,到第5页开头才开始交待柏克生平,严复在书内侧缝隙用中文竖着批道:康雍间生。而到第9页,作者提及Sallust与Tully,严复在名字右上角分别标出1和2,然后在天头注出:1 a Roman Historian 86-34 B.C., 2 Cicero 106-43 B.C.。这一定是翻查了手边备用的英文大辞典,因为他在1903年1月31日致熊元锷信里说过:"其要义犹在教学生之乃能用西文大字典,如Webster's之类。学生能用西字典,后此当闭户自精,用古人不放一字过之法,便当日有进境。但用华字训译者,毕世无所长进也。"[1]这应该是经验之谈,因为与英式牛津词典不同,当时韦氏大辞典收有百科条目。不过我特意翻查了韦氏大辞典(*Webster's International Dictionary of the English Language*, being the authentic edition of Webster's unabridged Dictionary comprising the issues of 1864, 1879, and 1884, now thoroughly revised and enlarged under the supervision of Noah Porter; with a volumnious appendex, Springfield, Mass.: G. & C. Merriam Co., 1897),其释义与严复所引英文并不相同,说明他用的是其他英文大词典。在该信中还说:"上海别发有一种Standard Dictionary,

---

[1] 《严复全集》卷八,第165页。

系美国之作,甚佳,须价十馀元也。"[1] 这是指《英语标准词典》(*A Standard Dictionary of the English Language*, 2 v., upon original plans prepared by more than two hundred specialists and other scholars, under the supervision of Isaac K. Funk; eidtor-in-chief, Francis A. March; consulting editor, Daniel S. Gregory; managing editor; associated editors, Arthur E. Bostwick, John Denison Champlin, Rossiter Johnson. New York: Funk & Wagnalls Company, 1893-1995)。该词典新版名为《Funk & Wagnalls 新英语标准词典》(*Funk & Wagnalls New Standard Dictionary of the English Language*, prepared by more than three hundred and eighty specialists and other scholars, under the supervision of Isaac K. Funk; editor-in-chief, Calvin Thomas; consulting editor, Frank H. Vizetelly, New York: Funk &Wagnalls Company, 1916)。因国图 1893 年版词典破损,所以就用 1916 年新版来对照,发现其词条与严复批注大多吻合,有差异的地方应该是新版修订所致,因而可以确认严复使用的就是初版《英语标准词典》。第 12 页在 Flood 下画线,紧邻第 13 页天头注明:Flood (Henry) 1732-1791 an Irish orator and politician。同页上的 sizar 上标了 1,左侧边上注:1 二等学生无廪饩者司分粮,故名。这是直接把词条译过来了。第 13 页又在约翰逊《词典》出版的 1755 年画了线,旁边注 1755,看来老先生对词典情有独钟。他在 1903 年 12 月 19 日至 1904 年 1 月 16 日间所写《〈袖珍英华字典〉序》里说:"英国字典之盛,近百数十年事也,当乾隆中叶,约翰孙博士始荟萃群籍,依字母次第列八部之言,一一著其音切、义训、源流,书成,一时号渊博,为学界鸿宝。嗣而美之韦柏士特踵而修之,于前书加繁富,是为字书之大成。"[2] 第 14 页在 Piazza 上写了一个 1,然后天头批注:1 It was first called the "portico Ital.", but has long fort

---

[1] 《严复全集》卷八,第 165 页。
[2] 《严复全集》卷七,第 133 页。

the name of Piazza, an open corridor or arcaded occupying N and E sides of Corner gallery London. 直接把词条抄过来。第 56 页英文注出马基雅维利的生卒年,是意大利政治家。Guicciardini 也是如此,并说二人都是意大利作者与史家。Arno 注:Arnus,意大利托斯卡纳的河流(R of Tuscany in Italy)——其上有佛洛伦萨与佩夏(Pescia, a place upon it. Val di Arno.)。而赖建诚认为严复的翻译:"未去查明书内人名所代表的意义,他只音译出名字,而未说明此人的重要性。他用英语发音去发非英国的尤其是法国里的人名地名,粗通法文者看懂后哑然。"[1] 而通过翻阅该书,发现赖建诚的指责不实,严复曾说:"今夫读历史固莫重于其人之氏姓也,言舆地又莫切于国土之专名也。其在本文,一举其形声,则章别源流,靡弗具焉,不独易为称而便记忆也。而于译则何如?一名之转写,辄聚佶屈钩磔雅俗互有之字以为之,少者一文,多至八九,羌无文义,而其音又终不相肖。虽有至敏强识之夫,尚犹苦之。"(《英文汉诂》卮言)他早已明白这一问题的重要性,并在读书和工作底本上已经做过这些工作,只是没有体现在译本上而已,而且他对人名地名的发音都参照英文词典处理。

第 21 页这句画线:the world would fall into ruin, "if the practice of all moral duties, and the foundations of society, rested upon having their reasons made clear and demonstrative to every individual"。旁边批曰:民可使由之不可使知之。严复后来在 1913 年 9 月 5、6 号北京《平报》发表过专文《"民可使由之不可使知之"讲义》。[2] 尽管里面只引了《穆勒名学》、斯宾塞《第一原理》和西季威克《政治学原理》,但估计也受到莫利此书的影响。

第二章第 29 页提到 1759 年《年鉴》(*Annual Register*)创刊,说

---

1 《亚当史密斯与严复:〈国富论〉与中国》,台北:三民书局,2002 年,第 65 页。
2 《严复全集》卷七,第 458—460 页。

此年是七年战争的高潮,武器的叮当之声在全球各个角落都可以听到,东西方新大陆也被置于大英的统治之下。严复英文批注:1759 was the climax of Seven Years' War. India & America are British possession.(1759 年是七年战争的高潮,印度与美洲成为英国殖民地。)

第 41 页在 William Burke 旁注:See p. 14。翻查第 14 页说,William Burke 并非柏克的亲戚,而是他的朋友。Lord Rockingham 成为新首相,任命柏克为他的私人秘书,是因新内阁贸易董事会主席 William Fitzherbert 的推荐。而此人被记住,是他作为约翰逊博士的活生生例子:the truth of the observation, that a man will please more upon the whole by negative qualities than by positive。除此之外,柏克还要感谢另一位神秘人物 William Burke 的部分作用,他是同时任命的政务次官。William 是耶稣会士圣奥玛尔(Saint Omer)的间谍,真名叫 O'Bourke。严复又在 Saint Omer 上注 1,然后天头注出该地情况。第 58 页:天头英文注出 John Wilkes 的生平事迹。在 1768 年春那里左侧中文边注:乾隆三十三年。在回顾 1764 年那段开头用前括号,并在 Wilkes 前写了"初",这是中国旧史传记的写法了。第 67 页在 Junius 上注 1,天头英文解释这个笔名,是一个未知作者的笔名,写了一系列书信抨击乔治(三世)的内阁,1768 年 11 月至 1772 年 6 月间出现(现在认为时间是 1769 年 1 月 12 日至 1772 年 1 月 12 日,签名出现于 1768 年 11 月 21 日)。书信作者被认为是柏克、坦普尔(Temple),而最有可能是 Philip Francis。第 70 页在下面页边英文注:孟德斯鸠对柏克的影响(指 1748 年出版的《法意》)。而第 72 页在柏克《爱国者国王》下面句子画线:"人民对混乱不感兴趣。而当他们犯错时,认为那是他们的过失,而不是犯罪。""革命在很多状况下发生并不是变革的结果,也不是大众的任性……对于大众来说,它从未来自反叛所带来的攻击激情,而是来自难以忍受的苦难。"边注:It is suffering that makes people rebel.(是苦难导致人民反叛。)柏克这段引文也见于《论当前之不满情绪的根源》。[1] 下文作者引述柏克源自孟德斯鸠的思想：研究人们关系中的政治现象的必要性，并不仅仅在政府与法律形式中，而是在与制定法律的社会各方面的整个集团以及使他们产生作用的管理精神的关系上。这段画线并用英文边注：孟德斯鸠的思想。

第73—74页说：一个真正的政治家的强硬有力与崇高理想，他视野宽广，性情柔顺，（页边英文批注：真正的政治家）可他很难有重要的影响。柏克认为，他在《论当前之不满情绪之根源》(Discontent)里把这个主要思想归因于持久的利益。不论原始动力如何，它都可以预料要用强力或规章，而二者的运作实际上不过是手段而已。柏克认为国家也以同样的方法和原理来管理，并由没有权威的个体来进行，他们可以经常管理那些平辈或长辈，需要借助关于其脾性的知识和对其脾性审慎的管理。（页边英文批注：如何治理。）法律所及有限。不论你如何喜欢宪政政府，可以确定的是它绝大部分必须依靠权力的实施，这极大地归因于政府内阁的谨慎与正直，甚至法律的所有运用与效力。（第74页用中文批道：有治人无治法。）没有它们，你们的联邦不过是纸上的方案，不过是没有生机活力和无效用的组织。

第75页：谈及柏克的保守主义，革命的政治，它们的源泉之一是在理念上社会可以无限和直接的修正，而不参照使他们可以深及社会组织各角落运作的更根本的条件。页边英文批注："他保守主义的来源？"下面谈及柏克对政党的卓越辩护，页边英文注："对政党的卓越辩护"，下面又用中文批曰："论党之有益"。严复后来写了《说党》一文，其中说："盖党之立也，必有其所以立之基。……其立也，无全公，无全私，往往搀杂公私，以成其团体。近二百年，学者皆晓然于其为民政之同

---

[1] 柏克《美洲三书》，缪哲译，北京：商务印书馆，2005年，第216—217页。

产。自拔尔克以后，著论深非之者寡矣，然亦未尝即以是为瑞物也。"[1]

第 77 页：柏克认为，that no men could act with effect who did not act in concert; that no men could act in concert（该页右下角边用中文批注：胜在和 和在信）who did not act with confidence; and that no men could act with confidence who were not bound together by common opinions, common affections, and common interests（接着在第 78 页左上角中文批注：信在同志）。这是他对柏克该段论述政党作用的概括。

第四章，1773 年柏克访问法国。柏克见到了皇太子妃安托涅特，评价说：decorating and cheering the elevated sphere she just began to move in, glittering like the morning star, full of life and splendor and joy（第 99 页）。这段画线，英文边注抄写了下面段落的大意：在柏克访问一年之后，法国发生变革，老国王死了，太子妃成为命运多舛的法国王后，柏克从没有忘记那个场面，特别是在十六年之后唤起了他的想象，不过这时一切都已改变。

第 102 页在 Écraser l'infâme 边注：= Crush the Wretch。第 106 页说柏克作为议会代表派驻布里斯托尔，他动身去那里用了 44 小时走了 270 多英里，严复页边列了算式：270/44 = a little more than 6 miles per hour。第 115 页第一自然段下空白处有铅笔：17/9/02 16/8/28。这表示 1902 年 9 月 17 日和光绪二十八年八月十六日。应该是读到此处的时间。

第 115 页以及下面的英文批注都用黑色钢笔。下文都是关于美洲事件的。柏克因为美洲的文章，而成为半打家喻户晓的世界名人，与莎士比亚、密尔顿、培根齐名。严复用英文把这话大意抄写在边上。第 122 页那段说事物有其自然运作，就由它们去，总之会回到正轨。严复用英文批注："Laissez-faire" again（又是自由放任）。第 124 页全篇结束下面

---

[1] 1913 年 3 月 6 日至 5 月 4 日北京《平报》，载《严复全集》卷七，第 421—429 页。

写了：18/9/02。这章第115—124页用了一天时间读完。

第五章"经济改革"，涉及1780年柏克在经济改革中的议会演讲等活动。这时柏克的影响和声望达到最高峰。而到了第137页所有批注、勾画等痕迹结束，最后两处边注是：He lose his seat. His speech before the election. 就是抄了正文的话。选举前演讲是柏克所有演讲中最著名的。而柏克落选是地方自私的利益反对智慧与高贵的例子。然后柏克不久发现自己开始声名跌落。而就在前一天，他的一个竞争对手已跌落而亡。柏克哀叹："我们是怎样的阴影，我们追求的是怎样的阴影啊！"（第138页）下面就是柏克做官，以及他党派的衰落。可严复到此可能就没有往下看了，或者没有再下笔继续批注，很可能是前者。

据王蔚所查，黄克武2011年发表的文章《严复与近代中国的文化转型》提过莫利的《柏克》一书，而在2007年的文章《近代中国转型时代的民主观念》里提到发现了严复手批《柏克》一书，说正在研究。[1] 王宪明在《中国近代思想史文献的基本特点及研究方法初探》一文里提到了严复手批柏克说："严复所留下的360多条批注中，有关于法国革命的，有关于传统的，有关于柏克的保守主义的。"[2] 注释里说他已另撰《严复、柏克、保守主义》一文对之专门介绍与探讨，可到现在未见此文发表。所以这里就简单把严复阅读莫利等书的情况介绍一下。

其他作品

对照《卢梭》的阅读时间，第一卷是在1902年7月4日，第4页

---

[1] 王汎森编《中国近代思想史的转型时代：张灏院士七秩祝寿论文集》，台北：联经出版事业股份有限公司，2007年，第374页注释。
[2] 《史学史研究》2014年第三期。

是9月22日，第7页也是此日。这篇序是9月22日读完。而读《柏克》最后署的时间是9月18日。那就有可能用了三四天时间把柏克读完，或者就放下不看，过几天去读《卢梭》序言了。《批评文集》三卷的阅读时间都在1902年7月，那说明和《卢梭》《柏克》一起都是在7月拿到书，该月或下一个月主要用功读了《批评文集》，其中有些铅笔问号，都是针对里面一些话，可能是严复所留。而开始批读《柏克》是自9月5日起，到9月18日结束，然后9月22日又批读了《卢梭》序言。而《文学研究》批注最晚是在1902年2月11日，其中有篇莫利的雨果《九三年》书评，对照严复1916年4月4日致熊纯如，里面引了莫利与雨果："夫任公不识中国之制与西洋殊，皇室政府，必不可分而二者，亦可谓枉读一世之中西书矣。……英人摩理有言：政治为物，常择于两过之间。见文集第五卷。法哲韦陀虎哥有言：革命时代最险恶物，莫如直线。见所著书名《九十三年》者。任公理想中人，数以无过律一切之政法，而一往不回，常行于最险直线者也。故其立言多可悔，迨悔而天下之灾已不可救矣！"[1] 同年9月10日信里又说："庄生谓：蒯聩知人之过，而不知其所以过。法文豪虎哥Victor Hugo谓：革命风潮起时，人人爱走直线，当者立靡。"[2] 这两次引雨果《九三年》此语，最早出自莫利的书评，原文为：In revolution, nothing so formidable as the straight line，后面还有一句：Cimourdain strode forward with fatality in his step，估计被严复概括为"当者立靡"。[3] 这段引文是说教士西穆尔登："他有像箭一样的盲目的准确性，只对准目标一直飞去。在革命中没有什么比直线更可怕的了。西穆尔登一直往前，这就注定了他的不幸。西穆尔登相信，在

---

1 《严复全集》卷八，第311—312页。
2 《严复集》第三册，北京：中华书局，1986年，第646页。
3 "Victor Hugo's 'Ninety-three'", in John Morley, *Studies in Literature* (London: Macmillan, 1901), 239.

社会的结构里，只有用极端的办法才能使社会巩固；这是那些以逻辑代替理性的人们特有的错误。"[1] 严复早在 1902 年《与〈外交报〉主人》里就引过莫利："然则今之教育，将尽去吾国之旧，以谋西人之新欤？曰：是又不然。英人摩利之言曰：'变法之难，在去其旧染矣，而能别择其故所善者，葆而存之。'方其汹汹，往往俱去。"[2] 估计后来严复又购买了新版本的莫利文集，这段引文出自《论妥协》，原来在 1901 年出的文集里没有分卷，该书在后来 1903 年版文集里明确为第五卷。严复把 compromise 译为"得半"。

《歌德格言与沉思录》[4]有严复题字，译者前言第一节有题记：1902 年 10 月 5 日。看来读完莫利，严复随后去读歌德了。1903 年严复在大学堂译书局期间还有继续读此书的记录。1903 年 1 月 12 日他又读《培根文集》[5]。这样几乎可以把从 1902 年 2 月 11 日到 1903 年 1 月 12 日他近一年的阅读活动串起来了。

另外高山杉发现吉卜林的小说《金姆》[6]，蓝色皮脊，皮包角，三面环金。第 1—4 页有铅笔字，都是严复的字。第 1 页页边注：verna 家生子短。第 2 页：过目（keen-eyed）单验（clearance-certificate）逐。第 3 页：草藤符袋。第 4 页：偶童（little friend of all the world）灵便（lithe），沟（gullies）。因为没有注明日期，未详何时所读，应该也是译书局任职期间。

而就在读《文学研究》时的 1902 年 2 月，他在当月 5 日致张菊生信里说，他与管学大臣张百熙会面，提出复办大学堂，先要撤换西文总

---

1 译文见《九三年》，郑永慧译，北京：人民文学出版社，1957 年，第 131 页。
2 《严复全集》卷八，第 202 页。
3 John Morley, *On Compromise* (London: Macmillan and co., 1901).
4 *The Maxims and Reflections of Goethe*, tr. Bailey Saunders, with a preface (New York: Macmillan and Co., 1893).
5 *Bacon's Essays including his Moral and Historical Works* (London; New York: F. Warne and Co., 1885).
6 Rudyard Kipling, *Kim* (London: Macmillan and Co., 1901).

教习丁韪良，张为难，众人推荐严复为总教习。3月6日致张菊生信里说准备以他主持译局，看来因撤换丁韪良未成，退而求其次以之主持译书局。当时张百熙上奏复办大学堂，仍设译书局是在2月13日，严复3月4日答应就任译书局总办。6月6日译书局正式开局，严复进京赴任，并不住局，因寓所在天津，因而每隔一段时间去趟局里处理事务。

西文藏书

严复1899年6月18日致张元济信中说："昨地山有信来，索所寄藏洋书《天地球》等。此件阁寓中已久，经火散失，书仅馀四十五本，《天地球》幸无恙。"[1] 这是指1897年家中失火事。庚子之变时，1900年7月12日严复携全家离津赴沪，津寓为法兵所占，所有书籍信札俱未携带。1985年华师大图书馆员刘重焘写文披露：现藏华东师范大学图书馆古籍室的《原富》(An Inquiry into the Nature and Causes of the Wealth of Nations, Vol. I-II, Second Edition, Edited by James Edwin Thorold Rogers, Oxford: Clarendon Press, 1880)，是严复翻译的工作底本。据第一卷扉页题记，此书是严复在天津北洋水师学堂任教时，于1892年4月14日所购（光绪十八年三月十八日，原文写作18/3/28，应该有误，陈正国文章里更录成18/8/28）。1896年10月30日前在天津动笔翻译《原富》，到1901年1月30日在上海译完，其间因为庚子之变而耽误了翻译进度。[2] 1901年5月3日他由上海回天津，就任开平矿务局总办。估计回来时，手里的外文书并不多。莫利的《文学研究》《柏克》和《卢梭》等

---

1 《严复全集》卷八，第134页。
2 陈正国《严复的翻译笔记：藏在华东师范大学古籍室的〈原富〉之原文书》，载《思想史1》，台北：联经出版公司，2013年，第420—424页。

书,很有可能是严复自己在上海所买,然后把它卖给了译书局,因为译书局着手准备大批购买西文书是在此之后,等书运到就要更晚了。他一般在上海别发洋行(Kelly & Walsh)等处买书,如1898年致函汪康年:"至《天人会通论》卷帙綦繁,迻译之功更巨,公等既发此宏愿,弟谨开书名一单,到上海黄浦滩别发洋书坊随时可购也。"[1] 又1899年6月18日致函张元济:"近厦门英领事名嘉托玛者,新著一理财书,名《富国真理》,已译出,然欠佳。姑寄一部去。其原书名 Simple Truth,发在黄埔滩别发书坊售卖,可购观之。"[2] 1901年6月11日致函张元济:"《北乱原因》钞本,承已寄到,当拨冗尽译寄与宓君。此老年七十馀,于中国绝爱护之,近著《中英交涉录》(西名 English Men in China,别发有卖,烦嘱小儿买一部,交周传谦寄来,或自带来)。"[3] 严复对上海别发洋行是情有独钟,自己购买不算,还推荐朋友。而译书局购买的那几百册外文书或许也是通过别发从海外购买的。

1906年严复买了一套 The Colonial Press 出版的世界名著丛书(*The World's Great Classics*, 1899-1901),共四十册(整套书加索引共六十一册),其中就有康德《纯粹理性批判》(J. M. D. Meiklejohn 英译本,1899),严复用铅笔写下很多中英文批注。[4] 另有卡莱尔《法国革命史》、孟德斯鸠《法意》(Thomas Nugent 英译本,1900)、托克维尔《民主在美国》、泰纳《英国文学史》、基佐《欧洲文明史》等书。而黑格尔《历史哲

---

1 《严复全集》卷八,第111页。
2 同上书,第134页。
3 同上书,第142页。这是指宓克(Alexander Michie)的 *The Englishman in China during the Victorian Era: As Illustrated in the Career of Sir Rutherford Alcock, K. C. B., D. C. L., many years Consul and Minister in China and Japan* (Edinburgh: W. Blackwood, 1900)。
4 皮后锋《严复大传》,福州:福建人民出版社,2013年,第88—89页及附图,但没有交代这些藏书的下落。

学》,除了《哲学全书》(*Encyclopedia*,严译成《智环通解》)外,应该也是他写作《述黑格儿唯心论》(1906年7月)一文的参考书之一。严复1906年1月13日致函曹典球:"顾欲仆多择德人名著译之,以饷国民。第仆于法文已浅,于德语尤非所谙。间读汗德、黑格尔辈哲学及葛特论著、伯伦知理政治诸书,类皆英美译本,颇闻硕学者言,谓其书不逮原文甚远。大抵翻译之事,从其原文本书下手者,已隔一尘。若数转为译,则源远益分,未必不害,故不敢也。"[2]看来他还有过自英译本转译德文名著的打算。1917年6—12月间致函熊纯如:"德之学说治术,与英法绝殊,其学者如叔本华、尼采、特来斯基,皆原本性恶,而不以民主共和为然,与吾国之荀卿、商鞅、李斯最为相似,其异者,特以时世进化之不同。使申、商、始皇等生于今日,将其所为与德无二致也。"[3]估计如果年轻二十岁的话,严复会去学习德文,并翻译德国学术作品。

陈正国文章最后说:"如果有心人继续寻访严复其他藏书的下落而能有所得,则严复研究,乃至于中国近代翻译史的研究必然会有另一番气象。"[4]现在发现的严复阅读和收藏过的莫利、卡莱尔、康德等书,如果细加研究,确实可以进一步了解他的西文阅读与翻译情况。

1　Georg Wilhelm Friedrich Hegel, *The Philosophy of History*, with prefaces by Charles Hegel and the translator, J. Sibree (Colonial Press, 1900).
2　《严复全集》卷八,第190页。
3　《严复集》第三册,第675页。
4　《思想史1》,第425页。

严复与卡莱尔的《法国革命史》

老友高山杉在国家图书馆翻查译书局的藏书时发现了一套《卡莱尔文集》，其中第二到四卷就是《法国革命史》三册[1]。扉页红印：大学堂译书局。三册书都是金黄羊皮书脊，羊皮包角，天头涂金，很漂亮的一套书。

第一册

第一册编者序第 xiii 页边注是红色钢笔字，下面诸页都是红笔，然后第 62—174 页边注是铅笔，第 174 页上边注十一行是铅笔，which is com- 以下都是红笔。间或有画线或批注有些铅笔，但比较少。第一册前衬页的全集书名页有：

  Yenfuh

  The Translation Bureau

  1903 Peking

---

1 *Century Edition The Works of Thomas Carlyle in Thirty Volumes*, vol. II–IV, *The French Revolution: A History*, vol. I–III, edited, with an introduction by H. D. Traill (London: Chapman and Hall Ltd., 1898).

特雷尔（H. D. Traill）在编者序里引用卡莱尔的话说：设想一个政治体系腐烂到了核心，一个社会有机组织得了如此凶险的疾病，以致其一个或更多要害部位虚弱到无力抵抗其制度的疾病；设想一个破产的财政部，一个腐败的国库，一个课税系统在纳税负担上的残酷，在征税时那可耻的不平等，饥饿的农民，非常住的贵族，一支被独有的特权严格指挥的军队，蜂巢一样不满的中产阶级——有了这些事和人，你就有了一个悲剧必然发生的情节，而事实也就发生了，其自身也就如此这般而逐步形成（p. xiii）。严复红色钢笔边注：No. These are not enough for the nation. Suppose given all these & let the facts be in China. Though it would may be the same but not a revolution. Yenfuh.（否，这些情况对一个国家并不足够。设想即便拥有所有这些情况，并让这些事情发生在中国。尽管情况会一样但却不会发生革命。严复。）

下面的页边批注都是概括段落大意，标识其中的人物事件或日期，以及在天头或地脚用英文疏通词义，这是严复一边查英文字典一边看书，所查的就是《英语标准词典》，有些重要人名，用英语标出其生卒和个人成就，有些词还标注读音，如第 70 页对于 Cagliostro，边注：Kai-yes-tro。严复还在英文字词上面标注中文释义，并用笔在句子下面画线。

第一卷第二节第 9 页页边：12th Aug. 1903 S.R.，这是阅读到此处的日期：1903 年 8 月 12 日；第 12 页：14th Aug. 1903；第四节第 26 页：S.R.J Mon. 17th Aug. 1903 25. 6. 29，这是：1903 年 8 月 17 日周一，光绪二十九年六月二十五日。第 28 页在下面这句画线：新闻业是伟大的。并不是说每个能干的编辑都是世界的统治者，而是它的劝说者；尽管是自选的，然而要通过其数量上的销售手段来认可吗？其实世人谁有最便捷的证明方法，并有必要这样做：只是不伤害他，并可以在饥饿中结束。边注：journalism。

第二卷第一节标题"Astraea"旁写有"复辟"（p. 27），对于：Silence is divine，边注：天何言哉。该节末尾第 33 页铅笔：3/6/03，红笔：17th August 1903 25. 6. 29；第四节标题"Loménie's Edicts"边注"罗买尼"（p. 79），第七节标题"Internecine"边注"互杀"（p. 93）。

第三卷第九节末尾第 114 页：5/5'/29；第四卷第一节末尾第 120 页：29 June 1903 5/5'/29；第 139 页有个 ass-panniers 上注"木笼"，边注是一头驴两边拖着木笼的铅笔画，看起来严复画得还不赖。第四节第 145 页：1 July 1903 ~~277~~/5'/29；第四节第 148 页：2 July '03；第四节末尾第 150 页：2 July 1903 28/5'/29。

第五卷第一节第 158 页：3 July'03 29/5'；第二节末尾第 167 页：4th July 1903；第三节末尾第 173 页：4 July 1903；第五卷第四节第 179 页：6th July 1903 12/5'/29；第六节第 191 页：7th July 1903；第九节末尾第 210 页：14th July 1903 Peking。

第六卷第一节第 211 页，作者解释什么是法国革命，边注：What is French Revolution? 下文就说时间变化和速度更快的改变，并说法国革命就是公开的暴力反叛、胜利与释放出的反对腐败不堪的当局的无政府状态：混乱如何导致越狱，无限深度的爆发，狂暴的失控，无可估量地包围了整个世界。边注：Sudden violent of Anarchy against official government（反对官方政府的突然性暴力的无政府状态）。第三节第 225 页对于正文提示读者别忘了"flood of savages"，边注：see page 35 supra。第 231 页边注：Aug 4th 1903，这是写错了，把 1789 年写成 1903 了。这套书里很多边注都写明法国大革命不同事件发展的具体日期：一般是年月日，原书眉也标有年月。该页下面边注：Tiensin 21th July 1903，这是严复在天津家中读此书；第四节末尾第 234 页：22th July 1903 Tiensin；第五节第 238 页：25th July 1903。

第七卷第四节标题"The Manads"边注"狂泼妇"（p. 250）；第九

节第 277 页：10th August 1903；全书末尾第十一节第 289 页：11th August 1903。

书后衬页一都是单词和词组，还有拉丁文，有的注明页数，如：impressed-commandant 266，而第 266 页该词下面画线，估计是待查词。几乎都是铅笔字，只有三行是红色钢笔字。

阅读日期是 1903 年 6 月 29 日从第一册第三卷第一节读起，一直读到全书末尾的 8 月 11 日，然后编者序言、第一卷第二节从 8 月 12 日读到 8 月 17 日，把全部第一、二卷读完。从 6 月 29 日到 8 月 17 日，一共用时 50 天，第一册共 289 页，平均每天看近 5.78 页。

第二册

第二册前衬页的全集书名页有钢笔字：

Monsieur J. Yenfuh

The Translation Bureau

Peking

Aug: 1903

第一卷第一节第 2 页：come 'by the grace of God'，边注：天命已去；all death is but a death-birth，边注：方死方生。第二节尾第 18 页有：12th Aug.: 1903，同页第三节标题"The Muster"前面注："时人录"。第六节第 34 页标题"Je le Jure"边注"誓其馀"。第六节末第 38 页有：14th Aug 1903。第八节第 45 页：Roland de la Platriere's Wife! 边注：罗兰夫人，严复在文章中提过罗兰夫人；该节末第 47 页：15th August 1903 23. 6. 29。

第九节第 49 页：17. Aug 1903。第十节第 51 页右下角：17th.Aug: 1903。第十二节末尾第 69 页：19th. Aug: 1903。

第二卷第二节末尾第 79 页：19. Aug 1903 27. 6. 29；第三节末尾第 83 页：19. Aug: 1903；第六节第 95 页右下角：20th. Aug. 1903 28. 6. 29；末尾第 101 页：25th. Aug: 1903。

第三卷第一节第 105 页：Such as singular Somnambulism, of Conscious and Unconscious, of Voluntary and Involuntary, is the life of man. 批注：人生如梦。第二节末尾第 113 页：26. Aug: 1903；第三节末尾第 119 页：26. Aug. 1903；第四节末尾第 128 页：27th. Aug: 1903。第五末尾第 135 页：29. Aug: 1903 7.7.29, I returned from Peking this Day；严复这是从北京回天津家中过七夕。第六节末尾第 139 页：30 Aug: 1903 8.7.29；第七节末尾第 148 页：30th. Aug: 1903 8.7.29。

第四卷第三节末尾第 164 页：1 Sep.'03 10.7.29；第五节末尾第 172 页：5th. Sep. 1903。第九节第 189 页其中说：不幸的法国，不幸的国王、王后与宪法，没人知道谁最不幸！这就是我们如此光荣的法国大革命的意义吗，而非其他？这是当羞耻与幻灭，长久的灵魂杀戮变成肉体杀戮，经过一段时间的破产与食物匮乏，一个伟大的"人民"崛起了，并有一个声音以上帝的名义说：耻辱将不会再有了吗？很多悲伤与血淋淋的恐怖需要忍受，还要忍耐着直到阴郁的即将到来的那许多个世纪，那时他们将不必付出沉重的代价以担负这个同样的后果：人们之中的羞耻也会全部的毁灭吗？严复边注：The effect of a revolution!（革命的后果！）该节末尾第 194 页：6. Sept. 1903 15.7.29。

第五卷第三节末尾第 219 页：16 Sep. 1903；第四节末尾第 223 页：17. Sep. 1903 18th might in Peking this trip；第六节末尾第 237 页：18. Sept. 1903；第八节末尾第 246 页：23. Sep. 1903 2 /8 /29；第九节末尾第 251 页：24 Sep. 1903；第十一节末尾第 257 页：24. Sep. 1903；第十二节末尾第

263 页：24. Sep. 1903。

第六卷第二节第 271 页开头还把年代写错了：5th. July 1903，明明是书里的日期，应该是 1792 年。第七节末尾第 302 页：2nd. October 1903；全书最后第八节末尾第 308 页：3nd. Oct. 1903。

第二册从 1903 年 8 月 12 日读起，到 10 月 3 日结束，用时 53 天，308 页，平均每天也是 5.81 页。

第三册

第三册开始于第一卷第一节第 1 页：4 Oct. 1903；第一节第 8 页：4 Oct. 1903；末尾第 13 页：5th. Oct 1903；第三节第 18 页：6 Oct. 1903；第六节第 25 页：7/10/03；末尾第 48 页：29th. Oct: 1903；第 55 页在 Johann Wolfgang von Goethe 边注：葛第；第七节末尾第 58 页：3. Nov 1903；第八节末尾第 65 页：4 Nov. 1903。

第二卷第一节第 68 页正文里拉丁文画线：Ubi homines sunt modi sunt，边注又抄写了一遍，然后译成：有人则有礼。第一节末尾第 76 页：9/Nov/03；第二节末尾第 80 页：16th. Nov. 1903；第三节末尾第 83 页：17. Nov: 1903 29. 9. 29；第四节末尾第 86 页：17. Nov: 1903；第五节末尾第 91 页：18. Nov. 1903 30. 9. 29.。

第三卷第二节末尾第 126 页：Christmas 1903；第三卷第六节末尾第 148 页：1st. January 1904。这处 1904 年 1 月 1 日是全书最后一个阅读日期，后面还有百馀页批注，按照每天阅读批注三页的速度，估计至少批阅到 2 月初左右。该册批注到第六卷第一章开头的第 249 页为止，以后一百馀页（到第 359 页）都没有批注了。最后衬页一上方有一行铅笔：page 30 等等。

第三册从1903年10月4日起到第148页的1904年1月1日，共用时90天，其中10月7日到29日，11月18日到12月25日期间有明显中断，平均每天才看1.64页。而从1903年12月25日到1904年1月1日，8天看了22页，这样算平均每天近3页，后面101页，大致读到1904年1月底或2月左右。

这样全书三册共有近九百页的批注。从1903年6月29日看到1904年2月初，用时近七个月。

译书与交游

严复开始阅读《法国革命史》，正在京师大学堂译书局总办任上，该年5月，译著《群学肄言》由上海文明译书局出版。其时正翻译《社会通诠》。7月24日作《群己权界论》译凡例。7月31日撰《群己权界论》自序。[1] 因而这期间阅读速度明显慢了下来：7月14日在北京读到第一册第210页，8月4日读到第231页。根据英敛之日记，8月2日：严送来《群学肄言》一部。[2] 严复1903年7月10日致熊元锷的信中说："王慈劢本日入京，寓译书局。急告吾弟知之。今夕能来一谈乎？明夕当入城，恐不得候也。"[3] 译书局位于虎坊桥，看来7月10日严复在北京。7月14日读卡莱尔或在译书局。他7月21、22日在天津读卡莱尔。根据给英敛之送书来判断，他8月2日在天津。而他8月11日致熊信中说："兄日内将回津，颇愿相见一谈也。能来乎，抑复往乎？"[4] 当日晚的

---

1 孙应祥《严复年谱》，福州：福建人民出版社，2014年，第173页。
2 方豪编《英敛之先生日记遗稿》，台北：文海出版社，1974年，第690页。
3 《严复全集》卷八，第167页。
4 同上。

信又说:"闻足音至,甚慰钦迟。昨、今失迎,至以为恨。今夕如不能来,务望于明日四五句钟贲寓,勿再相失也。"[1] 严 8 月 11 日在京,正预备回津。此时已把《法国革命史》第一册绝大部分读完,只剩序言和第一、二卷,估计 12—17 日是在天津家中读完该册的,同时于 12 日开始读第二册。

根据第二册题记,严 8 月 29 日从北京返回天津过七夕。9 月 17 日在天津,此日则应在去北京途中。而该年秋给熊的信中说:"此番出津,本拟往北戴河一行,旋复以懒未决。乃有人以公事相敦促,催吾晋都。想初十前后,又当在骡通马勃间欤……"[2] 此信没有具体日期,编者定为 8、9 月间,而根据读书题记,怀疑是 9 月 18 日之后,9 月 30 日(八月初十)之前。10 月 3 日看完第二册,次日开始看第三册。该月,《群己权界论》由上海商务印书馆出版。到 10 月 7 日后出现中断,因而进度缓慢,根据前信怀疑是在北京办理译书局的公务,或正加紧翻译《社会通诠》。到 10 月 29 日看到第三册的第 48 页,25 天才看了 48 页。他 1903 年 11 月 23 日在津寓致熊信:"复本拟封河前南迁,嗣后不果。似在此尚有本年延宕。镇日无事,则惟磨折毛锥子。旧赐行皆成家,不得已缄催接济。"[3] 此时已经考虑辞去译书局和开平矿务局的职务去上海。11 月 29 日信又说:"昨者忽动归思,一再向长沙管学辞译局席。必不肯放,不得已乃苟安至明年冰泮。吾其南矣,间以迻译自娱。近所从事者名《社会通诠》,约六月可脱稿。脱稿乃践《英文汉读》之约。足下欲观此书,成当在明岁,吾行抵歇浦时也。……《自由释义》易名《权界论》,已由商务印书馆排印出版。昨得吾弟书,已属就近邮寄一部奉呈,并以

---

1 《严复全集》卷八,第 167 页。
2 同上书,第 168 页。
3 同上书,第 168 页。

一分呈义宁矣。想早晚皆必到。"¹ 本月，严译成《社会通诠》。12月25日圣诞节还在继续读卡莱尔。而1904年1月1日是第三册最后署的日期。其间他还为《袖珍英华字典》写序，一般推定日期为1903年12月19日到1904年1月16日间，根据他读卡莱尔的进度，很可能是1904年1月1日到1月16日之间写就。

严复1904年1月11日晚致熊："斯宾塞尔于十月廿日化去，吊者凭棺之词，谓其学声光被天下，与前之培根代兴有以也。别后成得《社会通诠》一书，以著人群天演之实。……此书趋于年底出版，当属印者奉寄一部，宜有以裨益高深也。（前寄《权界论》已接到否？念念。）刻正为吾弟了《英文汉解》一书，明春当可出版。……明年冰泮，决计挈眷回南，闭门读书、授徒，似所得尚可自活。若更有盈馀，则拟往外洋游历，大略告假作闲人而已，不复受人羁束矣。"² 严复1903年12月开始写作《英文汉诂》，1904年2月4日，他由天津乘车回京，到2月6日或7日已经写了一半多。估计此时已经结束《法国大革命》全书的阅读。在津期间与英敛之往还密切。因为他要去上海，在京的乡人4月16日在陶然亭为他送行。18日返回天津，其间天津友人英敛之等为他饯行，4与28日携全家乘轮船赴沪。告别了近三年的京津读书与翻译生涯。严复1903年3月25日在《译〈群学肄言〉有感》里说："吾译此书真前无古人，后绝来哲。不以译故损价值也。惜乎中国无一赏音。杨子云：期知者于千载。吾则望百年后之严幼陵耳！"³ 这也是他翻译与读书时的激愤心情。

通过卡莱尔此书，严复对法国大革命有了全面的了解和认识。他既对当时国内现状不满，可又不希望中国也像欧洲一样发生革命。他希望

---

1 《严复全集》卷八，第169页。
2 同上书，第170页。
3 《严复全集》卷七，第117页。

中国走西方的民主之路，但写文译书时也要小心谨慎，以防触怒当局，如 1904 年 2 月 8 日致熊："《权界论》长序一篇，文体散漫；又以身居京师，不欲过触时讳，故特删却。吾弟必欲得之，当检寄也。"[1]1904 年 2 月 18 日信谈到日俄战争时说："吾在此无事，亦唯以译事自娱。新见一专制纸老虎被人戳破，亦一乐也。"[2]1904 年 2 月 26 日信表露了不得志："久客思归，本计北和解冻，即行买舟南去。独恨为人事牵率，恐将不得径行其意。虽然，二月不行即三月，三月不行即四月必行。稍可自脱，决不顾恋栈豆，逝将去汝，不问有田无田也。……都下无甚新政。前者颇怀西迁之思，近稍知其不行。非洋人称兵犯阙，殆未必走。学务自南皮制礼作乐之后，议者如云而起，恐后亦来成虚设耳。总之，以今日之政府，揆文教、奋武卫，乃至商务、工农，无一可者。此吾国之所以不救也。"[3] 严复在辛亥革命期间的 1911 年 11 月 7 日致莫里循的英文信里，把 10 月 30 日清廷所颁的罪己诏与法国大革命做对比说："如果这三项当中有一项在一个月前实行了，将在帝国产生多么大的作用啊！历史往往会重演，这与十八世纪末路易十六所做的何其相似。做得太晚了，没有任何效果。"[4] 看来越不希望发生的事偏偏发生了。

---

1 《严复全集》卷八，第 172 页。
2 同上书，第 173 页。
3 同上书，第 173—174 页。
4 同上书，第 275 页，信英语原文见《〈严复集〉补编》，第 295 页。

潘光旦批注的一册白璧德著作

潘光旦 1926—1934 年期间在上海任教，并兼任《中国评论周报》的编辑。他主持该刊书评栏目期间，写了多篇英语书评介绍当时欧美的英文新书，如席勒（F. C. S. Schiller）、门肯（H. L. Mencken）和别尔嘉耶夫（N. Berdyaev）等名家的作品。而我 2017 年 4 月 26 日在国家图书馆发现一册白璧德（Irving Babbitt）的《文学与美国的大学：人文主义辩护论集》[1]，硬面精装，书皮已经北京图书馆重装。其中有多处红色钢笔画线和批注，特别是在第 90 页：Literal obedience to facts has extinguished every spark of that light by which man is truly man. 有红色钢笔边注："实秋评冯小青，殆即以此为依据。"刘铮兄据此认为这是潘光旦的批注，我又核对了三封潘光旦书信的字迹[2]，可以确定就是潘的批注，此书是其旧藏。

现在翻查一下《文学与美国的大学》里的批注与画线，可以考察出潘光旦当时的一些阅读感想与看法，下面参照中译本[3]，把批注中重点的地方一一列出。

---

[1] *Literature and the American College: Essays in Defense of the Humanities* (Boston: Houghton Mifflin Co., 1908). 图书登记号：646889。
[2] 《胡适遗稿及秘藏书信》第三十九册，合肥：黄山书社，1994 年，第 50—54 页。
[3] 欧文·白璧德《文学与美国的大学》，张沛、张源译，北京：北京大学出版社，2011 年。

p. 2：" 美国人对教育的好处矢信不移，但对什么样的教育能带来好处却看得模糊。"（中译本第 2 页）红笔批注：今日的中国。

"雷诺兹爵士的话：'无数设备的投入，和诸多研究工作的匆忙展开，很可能会导致我们逃避与忽视真正的劳动，即思想的劳动。'"（第 2—3 页）此段画线。

p. 6："一个人如果对全人类富有同情心，对全世界未来的进步充满信心，也亟欲为未来的进步这一伟大事业贡献力量，那么他就<u>不应被称为人文主义者</u>（humanist），而应被称作<u>人道主义者</u>（humanitarian），同时他所信奉的即是<u>人道主义</u>（humanitarianism）。"（第 6 页）这段用红铅笔括住，并在各词画线，边批：定义。

"格琉斯说 Humanitas 被不正确地用来指称一种'泛滥的善行，即希腊人所谓的博爱'，而实际上这个词意味着信条与纪律，它并不适应于芸芸众生，而只适合于挑选出来的一小部分人——简而言之，它的意义是贵族式的而非平民式的。"（第 5 页）此段画线。

p. 7："格琉斯是个多少有些暴躁和有学究气的人"（crabbed and pedantic），此段在上面英文单词下画线，页边注：夫子自道也。

p. 10："从历史上讲，基督徒往往倾向于把他们的同情心留给那些与他们自己有着相同信条和纪律的人，他们对自己同类的同情中往往夹杂着对异类的狂热憎恨。"（第 8 页）边注：对基督教之正当解释。

p. 13："在研究文艺复兴时期人文主义过程中，我们需要特别关注一个重要对比，即当时在人性与神性之间通常会产生的那种对比。就其本质而言，文艺复兴是反对那个神性有馀而人性不足的时代的。它反对中世纪神学对人类某些方面的压制与阻碍，并反对那种超自然的幻觉——它将把某种致命的约束强加给了更纯粹人性的、自然的人类功能。"（第 10 页）此段红色铅笔画线并边注：

"人""神"之区分。

p. 15:"无政府主义的自我张扬和放纵与日俱增的存在似乎已经构成了一种威胁,因此社会便开始对个体产生反动。"(第11页)这段用红铅笔括住,边批:反动时期。

p. 20:"我们同样需要一部绅士的发展史,我们可以回溯到卡斯蒂廖内的著作和16世纪意大利其他有关风俗的论述中去,特别要厘清绅士的概念是如何与学者的概念结合起来的,这一理想目前在英国依旧存在。意大利的卡斯蒂廖内和英国的菲利普·希德尼爵士,早已实现了这种绅士与学者兼于一身的理想,他们身上几乎带着文艺复兴时期的灿烂活力。"(第14页)边注:旧日之士大夫。并盖有北京图书馆"外借组"的红印,标明此处有破损。

p. 29 谈爱默生:"有两种不同的法则,既然我们无法调和'人的法则'与'事物的法则',那么他宁愿我们分别保留对每一种法则的感觉,并持有一种'双重意识',即'公共的'和'私人的'天性。"(第20页)边注:"人"与"动物"之分。

p. 30,引爱默生诗:

"Things are in the saddle

And ride mankind."

红笔批曰:物在鞍兮,骑人而骋予。

p. 33:Two classes of naturalists have been the scientific and sentimental Humanitiarians. 黑色铅笔批:两派。

p. 35,对培根、卢梭,铅笔批注:两派之代表者。

p. 60:"人文主义者警惕过度的自由,也防范过度的限制,他会采取一种有限制的自由以及有同情的选择。……假如没有这种内在的限制原则,人类只会在各种极端之间剧烈摇摆,正如卢梭一样——他说对自己而言'一切与虚无之间不存在任何中项'。从另一方面来说，有了这种真实的限制，人就能够协调各个极端，并栖居于这些极端的中间地带。"（第40页）钢笔批注：执其两端，用其中于民。

p. 72："柏克针对卢梭的一群法国信徒写道：'建立一个政府并不需要什么审慎。……给予自由更加容易……但是要建立一个自由政府，即在一项前后一贯的工作中协调自由与约束这些相互对立的因素，则需要大量的思考和深刻的反思，以及有远见卓识强有力的而融合各方因素的头脑。'"（第48页）此段画线。

p. 73："'建立无限制自由的那种企图不仅是在破坏大学建立的基础，而且就某些方面而言也是对常识的一种公然蔑视。尽管盎格鲁—撒克逊人总是被认为可悲地缺乏普遍性的观念，然而常识却是他们的强项，他们对走向极端的选修制度早就形成了一种反动。'"（第73页）边注：今日中国之大学教育。

p. 90："'文艺复兴时期的人文主义是对过度禁欲的一种反抗。现在科学希冀成为一切事物的核心，这多少有些像神学在中世纪的派头，一个人如果想在自身诸能力之间保持人文的平衡，他就必须向那些走到极端的分析家们发出同样的抗议，因为在这些人身上"对材料的刻板服从熄灭了人赖以为人的每一个火花"。'"（第59页）段落画线，红色钢笔边注：实秋评<u>冯小青</u>，殆即以此为依据。

"'不是吗，借柏拉图的某个对话来搞一篇语言学论文和在中世纪把奥维德的《爱的艺术》说成对基督徒生活的一则寓言，这是同样合理的呀。'"（第59页）旁注：诗经中多君臣相悦之辞！

p. 112："'我们既缺乏对现代有充分观察的古典教师，又缺乏具有足够古典背景的现代文学教师，这是实现人文方法复兴的主要障碍之一。'"（第71页）此段画线，并批注：今日国学之状况亦复为此。

p. 114："'斯宾塞可以被视为科学主义激进分子的典型，他认为科学分析是人生的首要需求，而艺术与文学则只是'游戏'的某些形式，只是在我们大多闲散时刻的娱乐而已。他曾这样下结论说：'因为它们占据了生活的闲散部分，因此也将相应地占据教育的闲散部分。'这一说法将艺术与文学贬低成了浅薄的玩意。"（第73页）旁批：斯氏过甚之词。

p. 116 谈我们必须保留文科学士的精神实质："目前这一精神正受到多方面的威胁，其中有功利主义和幼稚方法自下而上的威胁，有专业化和专门化自上而下的威胁，还有几乎是不可阻挡的商业化和工业化影响所带来的压力。"（第73页）边注：中国大学教育已传得此种衣钵。

p. 132："现行学位制度对博览群书、思考深刻者并无促进作用，而是鼓励了在研究中展示娴熟技能的人。通过这种方式，它怂恿学者在他仍需广泛阅读和思考的时候便为时过早地勉强追求创新。"（第83页）段落画线，边注：却是。

p. 135："正是这种忽视导致我们过高地估计了与真正消化旧有材料者形成对照的发现新材料者。在希腊（引者注：原中译文'德国'是误译，下文一处也一并改正，另有几处订正）文学里，传统与创新要求之间的平衡是最为引人注目的一个现象，因此希腊文学最佳时是一种创造性的摹仿。"（第85页）边注：温故知新之论。

p. 140："正如圣伯甫所说：'学究与注释者的时代重新开启了。'圣伯甫所预言的新亚历山大主义已经被我们的现代文学教师所证实，他们热心于索引编撰、方言研究和拼写改革，然而缺乏真正具有思想性的成果。"（第87页）边注：切中中国现时之时弊者乎？

p. 149："我们似乎需要并行采用新的学位来补充——如果不是取代的话——现在的博士学位，它也会适当地强调艺术的鉴赏力和语言的逻辑性，但首先是坚持广博的阅读，以及结合这些阅读为训练有素的判断力打基础的能力。这样，我们就要希望在语文学者和一知半解者之外拥有人文主义学者，而我们的文学教育也就不会像亚历山大派那样变得干枯朽烂。"（第92页）文章最后红色铅笔：同感！25/4/47.

p. 233："为了恢复我们的基本原则，人文主义者必须结合上述两个极端并占领它们之间的全部领域。"（第142—143页）此段画线，黑笔钢笔批曰：执两用中。

"对于希腊人来说，创新者是能够在仿古这一行为中进行创造的人。"（第143页）此段画线，红笔毛笔批曰：温故知新。

p. 236："指责前人所做的评判——把一向是黑的东西说成是白的，或把一向是白的东西说成是黑的——此乃获得创新美名的最佳途径。……像提比略、博尔吉亚家族、罗伯斯庇尔却被人做过翻案文章。……如果这种颠倒黑白的做法继续发展下去，用不了多久，获得原创性就只能依靠谦卑地恳求世人的传统健全理智这条途径了。传统的理智从来没有像今天这样动辄为人所蔑视。"（第143—144页）毛笔边注：老辈不许作翻案文字，以此。

p. 242："让没有任何人文知识背景或只有很少人文知识背景的年轻人动笔写作，他们最多只能做一些巧妙的印象式评点罢了。他们不会对文学做出真正的贡献，充其量只能在更浅薄的新闻体文章中显得高明而已。"（第148页）此段括住，批曰：今日中国的青年作家。

p. 244 引圣伯甫的话：From time to time we should raise our eyes to the hill-tops, to the group of revered mortals. 批曰：高山仰止。

pp. 251-252，大段黑铅笔画线。

p. 257 引弗里德里希·施莱格尔《懒散哀歌》："啊，为了在这方面做得像神一样，诗人、智者和圣徒们付出了多么大的努力呵！我们争先恐后地讴歌孤独、闲暇，以及自由的无虑无为！……只有通过恬静温存，在真正怡静的神圣宁和中，我们才能实现全部自我。……懒散的权利是高贵与凡俗区别的标志，而且是贵族的真实本质。一言以蔽之，人类越具有神性，就越和植物相似。"批曰：老庄遗响。

p. 260 提及柏拉图在《政治家篇》结尾部分全面讨论了"勤勉的生活"这个问题："尽管勤勉努力的性格在公正与审慎方面逊色于温和节制的性格，但是它具有惊人的行动能力，而当这两种性格都缺少时，城邦无论在公共生活还是私人生活方面都难以蓬勃发展。"（第160页）批曰：柏拉图于此有中行于狂狷之论。

p. 262："现在所需要的既非东方的寂静主义，亦非某种西方冷酷的勤勉，既不是纯粹的行动，也不是纯粹的休息，而是占据二者全部空间的混合类型，即被规定为人文主义理想的'无为而有为'。"此段画线。

p. 263 末尾钢笔：一九三二年，九月。

潘光旦在《华年》第一卷第二十二期（1932年9月10日）所刊载的《教育与破除成见》一文里说："哥伦比亚大学教务长霍克士氏（H. H. Hawkes）最近在美国中等教育会议上提出，我们当教员的人，不能尽我们的力量，来贯彻'知识先于意见'的主张，来坚持'要谈论前途，必认识背景'的见地，那我们未免辜负了这一生了。""教育的两大目的，一是教人认识自己，尤其是认识自己在能力上的限制，一是破除成见，少受些成见的蒙蔽。"[1]此文写于阅读白璧德此书不久，颇可看出潘

---

[1] 潘乃穆、潘乃和编《潘光旦短评集》，北京：群言出版社，2014年，第166—167页。

光旦的一些教育主张。

根据《文学与美国的大学》原文第 90 页那则批注，潘光旦的《冯小青》初版于 1927 年 9 月，梁实秋的书评《小青之分析》发表于 1928 年 5 月上海新月书店出版的《文学的纪律》一书。[1] 而梁实秋在 1929 年 12 月上海新月书店出版的《白璧德与人文主义》书序里说："民国十三年我在哈佛大学读书，选了白璧德的功课《十六世纪以后的文学批评》。"还说读者若因他这本书而引起了研究白璧德的兴趣，请看下列五种白璧德原著，都是 Houghton Mifflin 出版的，其中就有 Literature and the American College 一书。[2] 这样看来应该就是因梁实秋推荐，潘光旦才购买与阅读了白璧德此书。潘在 1932 年 6 月 16 日《中国评论周刊》（The China Critic, Vol. V, No. 24）上为 On Being Creative and Other Essays by Irving Babbitt（Boston; New York: Houghton Mifflin Company, 1932）写了英文书评。[3] 他还在 6 月 30 日《中国评论周刊》（The China Critic, Vol. V, No. 26）刊登的 The Critique of Humanism: A Symposium（C. Hartley Grattan, New York: Brewer and Warren Inc.）书评里提及此书是十三篇不同作者论文的合集，直接反对新人文主义，特别是其领袖人物：美国的白璧德、More、Foerster、英国的艾略特，法国的 Maurras、Massis、马利坦，也是针对前几年新人文主义者出版的 Humanism and America 一书。[4]

潘光旦读完《文学与美国的大学》的时间是 1932 年 9 月，尽管没有写书评，但在文章里引用过。如写于 1932 年的《中国人文思想的骨干》[5] 一文，其中说：

---

[1] 陈子善编《雅舍谈书》，台北：九歌出版社有限公司，2002 年，第 285—289 页。
[2] 同上书，第 522—523 页。
[3] 《潘光旦英文文集》，北京：外语教学与研究出版社，2016 年，第 719—720 页。
[4] 同上书，第 718 页。
[5] 收入 1948 年 4 月出版的《政学罪言》第八章，原编者标注时间是 1934 年，但作者在 1948 年注释里说该文写于十六年前，那应该就是 1932 年，而且应该是 9 月或以后。

儒家思想的对象是人道，所以人文思想和儒家思想两个名词往往可以通用。西洋文艺复兴时代所盛称的"人道"（humanity）似乎目的专在对付历代相称而畸形发展的神道（divinity），近时西洋人文主义者所盛称的"人道"（law for man），有似乎专门对付"物道"（law for thing），两者可以说都是很笼统的。中国儒家的人道却并不儱侗。它至少有四个方面，四方面缺一，那人道就不完全。

第一方面，对人以外的各种本体。

第二方面，对同时存在的别人。

第三方面，对自己。

第四方面，对已往与未来的人。

这四方面合拢来，就是中国人文思想的骨干。[1]

这段关于西方人文主义的文字就是引用《文学与美国的大学》原书第29页。同样，该文下面一段文字："西文中'儒门业士盟'（humanism）一字，有人译为人本主义，也有人译为人文主义，但若就中国儒家的思想而论，那确乎是人文而非人本。我不但不能接受人本主义，并且觉得人文主义中的主义两字就不妥当，有执一的臭味，所以本文始终只说人文思想，而不说人文主义。……人文思想的第二方面，也不免受分寸观念的节制，是最显明不过的。静的人伦，一壁以自然的变异为基础，一壁以价值的观念来评量，自然是讲分寸的。动的人伦所承认的最大的原则，不外用情要有分寸，满足一种欲望时要有分寸。""一样的执中，这执中是有权衡的。有权衡也就是有分寸。"[2]也是《文学与美国的大学》原书第6页前后，以及第60页和第233页所讨论的内容，潘对此表达了自己的看法。该文最后说："西洋思想界，白璧德教授一派的人文主义是

---

1 《潘光旦文集》第六卷，北京：北京大学出版社，2000年，第113页。
2 同上书，第120—122页。

以第三方面做重心的,其涉及第一方面时,则谓与神道主义携手即可,与自然主义携手则万万不可,议论往往有不能自圆之处,且对于任何事物的深恶痛绝,本身便不是一个人文思想应有的态度。他们也承认人与人间的关系,应适用差等的原则,但于伦的观念,所见尚欠真切。至于第四方面,他就几乎没有提到。……总之,在近代的西洋,我们还找不到一派比较完备的、可与中国儒家哲学相比拟的人文思想。"[1]这应该是潘对白璧德人文主义学说的总的评价,他经过对比后,对中国儒家哲学更加推崇。

而潘写于1936年的文章《再论教育的忏悔》(《政学罪言》第十章),其中说:"维新以还,充满着革命论与阶段论的中国,虽还没有走到这样一个否认历史的极端,但一种贬薄前人经验的倾向,一种把历史人物与历史事实仅仅当做考据的原料的精神,是很普遍的。……在目前的学术界中间,对于历史有深湛的了解的人当然很多,但不是深怕旁人说他们落伍,绝口不提半句欣赏的话,便是故作迎合时流之论,来把古人痛骂一顿。历史上翻案文字之多,大概是无过于今日的了。但这种翻案文字十九没有理会到薛文清公的一句名言:'在古人之后,议古人之失,则易;处古人之位,为古人之事,则难。'总之,在今日此种风气之下,历史人物的言动举措不会有多大的教育的功能,即教育不复能得到他们的臂助,是可以无疑的。"[2]这段反对翻案的文字无疑可以与《文学与美国的大学》原书第236页前后的内容联系起来,可以看作他进一步生发的感想。

根据《存人书屋日记》,潘光旦1947年3月19日开始写《人文学科与解蔽》,3月24日《人文学科必须东山再起——荀子与斯宾塞尔

---

1 《潘光旦文集》第六卷,第122—123页。
2 同上书,第134—135页。

解蔽论的一个引伸与补充》文稿成[1]，4月19日刊于《观察》第二卷第八期、第九期两期（后辑入《政学罪言》）。而他1947年4月25日或之前又重新查阅了《文学与美国的大学》一书，对比《人文学科必须东山再起——再论解蔽》一文，二者间有些关联的地方，如文中谈及："不过人文学科如哲学、如历史、如人文艺术，何以在斯氏的议论里（引者按：《群学肄言》）竟一无地位呢？""斯氏可能认为所谓人文学科也者根本就是蔽的渊薮；蔽的产生、蔽的维护、蔽的变本加厉，它们要负不少的责任。"潘认为现在"蔽所招致的祸殃扩大了多少倍，两次大战就打在蔽上，斯氏认为可以收解蔽之效的自然科学要负很大一部分责任"[2]。此段与《文学与美国的大学》原文第114页的文字有关，潘还特意翻阅了斯宾塞的《群学肄言》。[3] 该文还谈及科学对于人生兴趣的满足分三种不同的努力，第二种是好奇心的发挥与满足，"汗牛充栋的偏于理论方面的研究论文属于第二种努力，除了满足作家本人与小范围的同行的人的好奇心与求知欲（即前哈佛大学白璧德教授所称的知识淫[libido sciendi]）以及本人的沾沾自喜的心理而外，别无更大的意义"。第二种努力是"欲为蔽"，"而人文学科可能做过养蔽的帮凶，以至于主犯，而现今形式一变，它可以帮忙解蔽"。[4] 这段文字就是引用了《文学与美国的大学》第42页的内容："狄德罗对于知识有一种真正的高康大式的渴望，在人文主义者眼中，这种渴望因为缺乏限度的约束，已经堕落成为一种认识欲望（libido sciendi）。"（中译本第29页）由此可见，当时潘为写此文应该特意翻查了《文学与美国的大学》。

对于潘光旦藏书的下落，据《图南日记》，潘在1937年7月26日

---

[1]《潘光旦日记》，北京：群言出版社，2014年，第71—72页。
[2]《潘光旦文集》第六卷，第60—61页。
[3] 潘光旦在《荀子与斯宾塞尔论解蔽》一文中就引用了《群学肄言》（北平《平明日报》1946年12月14日第三版《读书界》第五期）。
[4]《潘光旦文集》第六卷，第63页。

将南行时:"二十八箱书,先行护送入城妥藏,徐图南运。"编者脚注:"手稿文字:'商之美籍教授温德先生,请其送入城。并将寄存其水月庵八号之住宅中,其同情心与爱护文物之意,令人感佩。'这批书后来并未南运,而在抗日战争期间全部散失。"[1]潘乃穆在《回忆父亲潘光旦先生》一文里说,抗战后1946年秋回清华后,潘的一部分藏书在地摊陆续买回。[2]而"文革"时,潘的藏书存于中央民族学院二号楼专间摆放,后存图书馆。"文革"后其子女把这批书捐赠给了民大图书馆,而在家中的万馀册藏书也一并捐赠了。[3]

现在回过头来看这本《文学与美国的大学》,如果属于抗战期间散失的那部分藏书,应该是1946年后被潘从地摊上买了回来。当时清华大学藏书也大量散失在厂甸等处地摊,作为图书馆馆长的潘集中精力回收了不少,所以顺便也把自己的藏书买回来一些。如果不是,那就是他一直带在身边。而该书北图登记号是646889,应该是文革后(1978年)入藏的,或许是潘被抄家后流出的部分藏书之一,随后被北京图书馆收入馆藏。

---

[1] 《潘光旦日记》,第8页。
[2] 《潘光旦先生百年诞辰纪念文集》,北京:中央民族大学出版社,2000年,第88页。
[3] 费孝通在《潘、胡译〈人类的由来〉书后》谈及潘光旦"一有馀力就收购古籍,以置身于书城为乐。他几经离乱,藏书多次散失,但最后被抄封的图书还有万册。他收书不是为了风雅,而是为了学习"(《潘光旦文集》第14卷,第955页)。

《剑桥与兰姆》
——一本书的流传史

《剑桥与兰姆》[1]，是为纪念英国诗人、文学学者和图书馆馆长——查尔斯·塞尔（Charles Sayle，1864—1924，曾任爱丁堡大学图书馆馆长）而出的。

书里夹着一封被纪念者塞尔写给慕尔（Moule）的原信。塞尔信笺上有钢印的字：剑桥特兰平顿街8号。

下面是书信原文的译文：

1921年10月6日
我亲爱的慕尔：

你没称呼我"先生"，所以我也不必用"先生"称呼你了。

谢谢你的剪报和有关史文朋的书籍，并帮我带口信给戈斯。那幅残忍的狮子，是你画的素描吧？只有你能说清这头公狮的寓意了。

周日很高兴见到你。但要记住我们是同龄人，我们似乎都是温顺驯良的凡人。我们就这样吧。对了，两周后的周日，无论如何，请务必来。

---

[1] George Wherry (ed.), *Cambridge and Charles Lamb* (Cambridge: Cambridge University Press, 1925).

你脚坏了,谨致慰问。

你永远的朋友
C. 塞尔

而扉页上有几行工整的钢笔题字:

G. T. Moule to Sinmay Zau 1929年6月

这本书的编写是为了纪念查尔斯·塞尔,剑桥查尔斯·兰姆晚餐会的主要创办人之一。塞尔是位真正"谦逊而热情洋溢的至善至美的饱学之士(book-man)",E. V. 卢卡斯,这位兰姆最好的编者和传记作者,在本书第14页这样评价他。

该书由剑桥大学出版社出版于1925年,编者乔治·惠里(George Wherry,也是第一届兰姆晚餐会的主席)。编者在开篇介绍了1909—1914年兰姆晚餐会每年的开办情况,第二篇是英国作家E. V. 卢卡斯在第二次晚餐会上提交的文章"剑桥与兰姆",第三篇是文学批评家埃德蒙·戈斯回忆诗人史文朋组织的最早一次兰姆晚餐会。

惠里说剑桥兰姆晚餐会的成立主要归功于塞尔,他曾就读于拉格比公学和牛津新学院。后来进入剑桥圣约翰学院。作为大学图书馆馆员,他致力于编写书目(编有《剑桥大学图书馆早期印本书》)并写有《剑桥大学图书馆编年史(1278—1900)》,他丰富的图书知识,可以对各个知识门类提供有价值的帮助,因而成为剑桥大学图书馆历史上赫赫有名的人物之一。

他和大学里很多文士有交往,因而有便利条件招集大家办兰姆晚餐会。对于大学生,他也很有人缘,多年来他在特兰平顿街的家中聚集了一批学生。这栋房子隐在主街后面,在小巧而宽敞舒适的屋子里,楼上过道里放着一架老布罗德伍德大钢琴，晚上聚会时乐音悠扬。多年以后很多学生还动情回忆起和他一起度过的难忘时光。他喜欢花，特别是白色的鲜花，夏日的星期天常在花园里开晚会，这个花园就成为他生命中最重要的部分了。而信也解释了 G. T. 慕尔（G. T. Moule）是这个周日晚会的参加者之一了。他六十岁在这房中去世，达到了兰姆的年纪。

作为《托马斯·布朗爵士文集》的编者，塞尔热爱兰姆。而布朗也是兰姆在散文和书信中经常引用的作者。惠里在书中第 18 页提到作家 E. V. 卢卡斯一看到"查尔斯"，就会想起查尔斯·塞尔和查尔斯·慕尔，他们都和兰姆同姓。

兰姆晚餐会的时间定于每年的 2 月 10 日，兰姆的生日。第三次兰姆晚餐会（1911 年）由亨利·杰克逊教授主持，嘉宾是牛津英语文学教授瓦尔特·雷利（Walter Raleigh）。弗朗西斯·达尔文爵士（查理·达尔文的儿子）主持了第四次兰姆晚餐会（1912 年），嘉宾是埃德蒙·戈斯。

惠里说塞尔和兰姆有许多不同之处：塞尔滴酒不沾，兰姆相反；塞尔是素食主义者，而兰姆喜欢"烤乳猪"。但他们都喜欢小孩、爱好学问、爱读老书和愉快的谈心。还都爱姐姐，富于奇异的幽默感，而文雅的想入非非也是这两个查尔斯的共同个性。

小书后面附有历次晚餐会的参加者名单（后面是参加年份），这里面有：英国数学家劳斯·鲍尔（W. W. Rouse Ball，1911）、汉学家翟里思（1909—1914）、法学家阿斯顿（W. D. Aston，1910）、体温计发明人克利福德·奥尔巴特（1909—1911，1914）、经济学家约翰·凯恩斯（1909—1912）、古典学家罗斯（W. H. D. Rouse，1910—1913）等，都是一时之选。

对于收信人慕尔，可以断定是 G. T. 慕尔（George Theodore Moule），汉学家慕尔（又译慕阿德，Arthur Christopher Moule，1873—1957）的

亲哥哥，他收到这本 1925 年出的《剑桥与兰姆》之后，就把信粘在书里。亚瑟·克里斯托弗·慕尔和查尔斯·慕尔（Charles Walter Moule, 1834—1921）都是塞尔的剑桥同事和朋友。因为塞尔信中提到他和慕尔同岁，那就排除了收信人是亚瑟·克里斯托弗·慕尔和查尔斯·慕尔（1910—1912 年间参加过晚餐会）。那么 G. T. 慕尔出生的时间可以确定是 1864 年，他应该是剑桥的毕业生（慕氏一家几乎都是剑桥出身）。

关于 G. T. 慕尔的身份，费奇（Robert F. Fitch）说他是汉学家，中国通，写有《钱塘江潮》（"The Hangchow Bore"）等文章。而在《赫德书信集》里，1896 年 8 月 16 日信中提到 G. T. 慕尔，说他在中国海关服务，是主教的公子。脚注里说他 1889 年 2 月进入海关服务，是英国教会的慕嘉谷（George E. Moule, 1828—1912, 1880 年起任华中地区主教）的儿子。[1] 从剑桥 Janus 网站搜寻毕业生信息得知：他 1864 年 2 月 8 日出生于浙江宁波，1883 年 10 月 1 日进入剑桥圣体学院。1889—1912 年在中华帝国海关服务。1942 年 3 月 9 日逝世于杭州，他的大量藏书留给了当地的外国侨民使用，看来证实了我的推测。塞尔 1888 年 10 月到圣约翰学院图书馆从事编目工作，估计他们那时就相识了。

G. T. 慕尔的父亲慕嘉谷，是英行教会在中国的"华中教区主教"。慕雅德（Arthur Evans Moule, 1836—1918）是英国国教在华中区的副主教，慕嘉谷的亲弟弟。[2] 慕氏一家在中国传教史上很有名。而兰姆晚餐会的名单，其中查尔斯·慕尔，先后担任剑桥大学圣体学院的图书馆馆长（1895 年开始）和院长（1913—1921），他和慕雅德和慕嘉谷是亲兄弟，是 G. T. 慕尔和亚瑟·克里斯托弗·慕尔的亲叔叔。

---

1 John King Fairbank, Katherine Frost Bruner, Elizabeth MacLeod Matheson (ed.), *The I. G. in Peking: Letters of Robert Hart, Chinese Maritime Customs, 1868–1907* (Cambridge, Mass.: Belknap Press of Harvard University Press, 1975), 1079, 1080n1.
2 《赫德书信集》1897 年 2 月 14 日信注释 2 提及慕雅德所著的 *The Chinese People* (London, 1914), 见 ibid., 1106n2。

Sinmay Zau 是邵洵美的英文名字，项美丽（Emily Hahn）在自传里用的就是 Sinmay Zau 这个拼法。[1] 以前在社科院图书馆一本没了封面的外文书上也见到过 Sinmay Zau 这个签名。

关于邵洵美与慕氏一家的关系，邵本人说他 1925 年到剑桥读书：

> 我在剑桥住在我先生慕尔 A. C. Moule（指慕阿德）的家里，他是一个牧师，他是一个和善而精明的学者，他精通希腊、拉丁、德、法、中、意文字。[2]

邵夫人盛佩玉也提及："摩尔有位兄长，长期住在中国杭州（洵美回国后与其兄长多有来往）。"[3] 项美丽在她的自传中也提到住在杭州的英国人慕尔先生（应该指 G. T. 慕尔）是他的老朋友。那么 G. T. 慕尔和邵洵美的关系就明白了。所以 G. T. 慕尔才会于 1929 年 6 月把此书转赠给了邵洵美。盛又说 "他最崇拜近代英国诗人史文朋，因为史的容貌和性情很像他自己"[4]，他认识乔治·摩尔并翻译了他的作品，乔治·摩尔属于戈斯、史文朋这个文学圈里的人。邵绡红说：

1　Emily Hahn, *China to Me: A Partial Autobiography* (Garden City; New York, N.Y.: Doubleday, Doran & Company, 1944).
2　《金屋月刊》第一卷第五期（1929 年 5 月），第 58 页。
3　《一个女人的笔记：盛氏家族·邵洵美与我》，台北：INK 印刻出版有限公司，2007 年，第 68 页。"华五"（郭子雄）在《英国的汉学家》一文里也说："继承翟尔斯担任剑桥大学中文教授的是莫尔（Moule）。莫尔曾在中国居留过。他的哥哥在维多利亚时代是有名的青年文学家，后来到了中国，至今还住在杭州，也不想再回英国。我之认识莫尔，是由于邵洵美兄所介绍，到伦敦的次日，便去剑桥访他。"当时他想进剑桥，慕阿德介绍他见了伊曼纽尔学院院长，可是当时招生名额已满，所以未如愿。文载《宇宙风》第四十三期（1937 年 6 月 16 日），收入李孝迁编校《近代中国域外汉学评论萃编》，上海：上海古籍出版社，2014 年，第 168 页。
4　同上书，第 77 页。

他译了高思(即戈斯)的一首诗以介绍这位有小说家、批判家和传记家身份的英国桂冠诗人。……1928年9月,去杭州,就便拜访洵美在剑桥时的老师摩尔先生的弟弟。这位摩尔先生也是一位传教士。[1]

这个"老师摩尔先生的弟弟"应为G. T. 慕尔,不过把哥哥误为弟弟。[2] 书里说洵美从他那里获知慕阿德已经成为剑桥汉学教授了,也有误,因为他1933年才出任此职。从塞尔的信可以看出,G. T. 慕尔和戈斯很熟识,而且还给了塞尔有关史文朋的书籍,他还能画狮子,看来邵洵美和他共同的话语一定很多,所以邵洵美获赠这本《剑桥与兰姆》的缘由自然清楚了。

邵绡红又说:"[1957年]爸爸珍爱的藏书早就卖给了复旦大学,包括那一套从英国带回的 *Yellow Book*、英国诗人史文朋的全集、那一排绿色的乔治·摩尔的全集,以及那本乔治·摩尔签名赠给爸爸的《一个少年的自白》。那时外文书不吃香,一本牛津出版的世界名著才卖一角钱。"[3] 不过应该剩下了一些:"["文革"时]家里的书籍原来封存在楼上一间房里,谁知道后来的居委会中某人为了腾房间使用,竟不通知我妈妈,擅自把那些洋装书、古籍书一古脑儿移到另一个弄堂的一间漏雨的木板平房里,任其霉烂,后来不得不秤斤处理,真令人心疼!"[4] 秦鹤基1962年初曾去拜访邵洵美,"他家本住在淮海中路、宛平路对面的一条

---

[1] 《我的爸爸邵洵美》,上海:上海书店出版社,2005年,第52页,第132页。
[2] 慕嘉谷有七个子女,只有四位比他活得长,而慕阿德是排行最小的一个。哥哥亨利·威廉·慕尔(Henry William Moule, 1871—1989),1922年已经回到英格兰威尔特斯郡当牧师。堂弟乔治·赫伯特·慕尔(George Herbert Moule, 1876—1949),1922—1936年在东京神学院任教授。堂兄慕华德(Walter Stephen Moule, 1865—1949),1925年后回多塞特郡任牧师。所以邵绡红这个弟弟的说法有误。
[3] 《我的爸爸邵洵美》,第308、311页。
[4] 同上书,第311页。

大弄堂里面，是一所独用的小洋楼，他家道虽已中落，但世家的排场犹存，特别是靠墙的那几千册西书更令人注目。不过原屋因积欠房金已被房管处收回来了。我去的那天，他借住在隔壁他儿子的房间里，除一榻一桌外，别无长物，真可谓家徒四壁"[1]。

这本《剑桥与兰姆》，是2003年从西单中国书店买的，当时书架上很多外文旧书（有的平装书上还涂有红漆）都是复旦大学图书馆的处理书（中国书店在上海有收购处，所以从上海收来，再运回北京销售），自己就曾买过一本皮脊绸面、书口烫金的袖珍本罗斯金的《芝麻与百合》。这本应该就是处理书之一。虽未盖图书馆章，但外封书衣上有图书分类号的标签：1615 E 049。扉页有打号机打上的04363。书衣上部少了书名和编者部分，这一小条却被精心贴到精装封底内侧，可见书主对书的爱护之心。（相反国图精装书一律把书衣扔掉，赤身露体，十分可惜！）当时还没注意受赠人和赠书者，后来因为兰姆的关系读起来，才发现了这些有意思的故事。

附言：塞尔的信，感谢吕大年和高峰枫帮助解读。巧的是昨天去国图外文新书阅览室，发现剑桥大学出版社的"剑桥文库"（Cambridge Library）翻印了这本小书。[2]

---

1 《邵洵美的晚年》,《我的爸爸邵洵美》, 第351页。
2 George Wherry (ed.), *Cambridge and Charles Lamb* (Cambridge: Cambridge University Press, 2009).

姚从吾西方史学藏书点滴

得书始末

　　2004年10月地坛秋季书市，我买到但丁意大利文的《新生》（1924）、马克斯·韦伯的《政治学论文集》（1921）等书。其中有一册汉斯·瑙曼（Hans Naumann）的《当代德国诗歌》（1923）是冯至夫妇送姚从吾的，扉页有："从吾兄归国留念，可昆、冯承植于海岱山寄赠"，应该是1934年姚归国时他们从海德堡寄送到柏林做临别赠礼的。这些书都是姚从吾留在大陆的藏书。赵俪生在《我的几则日记》里说："1948年6月16日上午，带着河大学报《文史哲季刊》创刊号的全部稿件到炉坊胡同姚从吾校长家（姚时任河南大学校长），谈付印出版的事。姚已神情仓皇，说学术的事要暂放一放，战争已经到眼前了。……下午五时，开封将全城戒严。傍晚，姚的秘书说，姚已搭军用飞机飞往南京。"实际上姚从吾是化妆成老农逃走，背着三个布袋，其中放着炒面、鸡蛋和单衣等保命之物。[1] 因为他一时行踪不明，还颇有些传闻。[2] 6月29日姚

1　郭道生《河南大学学生脱险散记》（续），上海《和平日报》1948年7月7日第五版《教育与体育》。
2　《姚从吾下落 传已抵商邱》："【本报讯】开封劫后，河南大学校长姚从吾的下落，北大许多同学很关心，因为姚曾经当过北大史学系的主任。据郑天挺昨天答复同学的询问说，他从间接得到消息，姚氏已经到商邱。"（北平《世界日报》1948年6月29日第三版《教育界》）

110

给胡适信里报平安，说他和一部分学生 21 日出城，三天半到商丘，26 日过徐州，27 日到南京，"沿途得军民协助，至感知念"[1]。

姚当河大校长时，禁学潮，有次开除参加的学生达数十人。[2] 姚留下的藏书、稿件等物品想必当敌产给没收了。他的藏书，被人民政府接收后移交给华北大学（人大前身），运到北京后不见天日达半个世纪之久。1999 年国庆，人大清理地下室未编目的几百吨外文藏书，全都当废品处理了。中国书店一个经理还去书贩处挑过，十元一本。他这些藏书处理后，很多书友都买到过，因为大多是老德文，销路并不太理想。[3] 现在旧书摊和网店还不时出现姚的藏书。

姚从吾的这些藏书除了部分有藏书章和签名之外，还有个特点，就是在书脊下部贴着手写的"代 1\123"一类数字编号的标签，很像图书馆藏书的书标，而书中天头处还夹一张有相同数字编号的纸条。或许是他对自己藏书进行登记和排架使用的，也有可能是图书馆的初步分类登记。威廉·詹姆斯《心理学原理》（1923，两册）这套编号是：代 1\756。韦伯的《政治学文集》的编号是：代 1\578。

此后不久，我又在冬季书市买到了三十多本姚从吾的藏书，如：德国史学家伯伦汉（Ernst Bernheim，姚译为班海姆）的《影响政治和史学的中世纪时间观，第一卷：时间观》（1918）、Oskar Rößler《中世纪罗马史概要》（*Grundriss einer Geschichte Roms im Mittelalter*, 1. T., Gebrüder Paetel,

---

1 《胡适遗稿及秘藏书信》第三十一册，合肥：黄山书社，1994 年，第 79—80 页。当时国共内战爆发，开封战役于 1948 年 6 月中旬打响，国内有些大报在报道里说战役中国民党军队出动飞机轰炸开封，造成十万军民死伤。因而学生集合抗议，华北百馀位教授发表宣言，也才有了姚从吾给华北教授徐炳昶、周炳琳等写信，说明事实真相，这也就是他给胡适写这封信的背景。见《河大被炸乃系谣言 校舍完好学生只死三人 姚从吾函华北教授说明》，北平《平明日报》1948 年 7 月 1 日第一版。
2 《姚从吾传记资料》，台北：天一出版社，1979 年，第 24—25 页。
3 听杨业治先生的哲嗣说过，他父亲去世后，存在燕东园的老德文书，因为大多花体字，书商也不愿收，都捐给北大图书馆了。

1909）、特赖奇克《十九世纪德国史》（1927，第五卷，后又淘到第四卷）、《海涅全集》（1921，三卷）、卡尔·兰普雷希特（Karl Lamprecht）《德国史》（1913，第二卷）、费希特《人的使命》（1900）、鲁道夫·施泰纳《从人智学观点看人类生活》（1928，伦敦）、《血的神秘意义》（1926）、自传《灵魂的生命》。另有十多本历史书籍，可惜自己当时没有一一登记。

过几天又去这个摊，发现剩下有人签字送姚从吾的书已被人悉数买走，仅买了一本姚藏的鲁道夫·施泰纳的演讲小书《精神科学的使命及其在瑞士多纳赫的建树》（1917）。后来在隆福寺中国书店二楼和新街口中国书店也买到些姚的藏书，如李凯尔特的《自然科学概念形成的界限》（*Die Grenzen der Wissenschaftlichen Begriffsbildung*, H. Rickert, J. C. B. Mohr [Paul Siebeck], 1921）。

《历史研究入门》

其中维也纳大学教授威廉·鲍尔（Wilhelm Bauer）的《历史研究入门》（1921），姚从吾在《历史方法论》里提到了这本书，他译为鲍瓦。[1]里面密密麻麻都是姚从吾的红色钢笔中文批注，德文的有些，但不多，也有极少的铅笔字，都是很工整的小字。不少地方在重要的人名、书名和字句处画红线。他的学生陶晋生回忆说："他读书的仔细，可以从他藏书上不同颜色的圈点和眉批上看出来。"[2]

看这类批注分两类：第一类是对原文字对字的翻译和对一些词义的注解，第一章"历史研究的总体原则"和第二章"历史理论基础"有大段的中文翻译。第 61 页在兰克（姚译为栾克）的人名上画线，并把

---

[1] 《姚从吾先生全集》第一卷，台北：正中书局，1977 年第三版，第 59 页。
[2] 《姚师从吾的教学与研究生活二三事》，载《姚从吾传记资料》，第 13 页。

他下面"Ich kann also"一段话翻译为:"我对于观念的了解无他,即是各世纪通行的趋向。这种趋势是只可以理会,而不是可以用名辞表现的。""无花果,已具备花的全体,只待传粉的开始。""历史家,应分析各世纪的重大趋势,以记述人类历史的纲领,以表现各种趋势的包容。神秘的观念,无他,系人类的自尊,具有无穷的进化,逐渐依照个体表现此定律,不是我们所能明白,较人类所想象,更为神秘,更为伟大。"又翻译了梅内克(Friedrich Meinecke)对兰克历史观念学说思考的一段话:"历史的观念不仅是各种思潮,宁可说是趋势。此种趋势,盖成于意志与情感的需要,较智慧为多也。"

第104页又注:"栾克在他的世界史中不分上古、中古、近代,当不是没有划分的。"正巧我2009年买到了姚从吾购藏的兰克《法国史》《英国史》《十六、十七世纪的奥斯曼帝国和西班牙帝国》,还有之前购到的《世界史》(1921,七卷,少第三卷)[1],看来姚比较早读过兰克的作品。他在《樊英与诺克思》(诺克思即John Knox,1505—1572)一文里提及"德国的史学大家栾克《英国史》"[2],又在《历史方法论》里提到柏林大学教授施泰因菲尔德(Richard Steinfeld)1924年曾选辑兰克研究大人物的文章编成了一本《历史人物论》(第13页)。我手里姚从吾的这本书《兰克文选》[3](无出版年代,应该是1918年前的本子),编者Friedrich Ramhorst,主要按年代次序从古埃及到近代选了他诸多历史名作中的传

---

[1] 另外2019年4月18日在朝阳公园的书市中国书店摊位又买到了兰克《英国史》两册: *Englische Geschichte, Vornehmlich im Siebzehnten Jahrhundert*, Band 1/2 (Hoffmann und Campe Verlag)、*Englische Geschichte, Vornehmlich im Siebzehnten Jahrhundert*, Band 9 (Hoffmann und Campe Verlag);以及蒙森(Theodor Mommsen)《罗马史》两册:*Römische Geschichte*, Erster Band (Weidmannsche Buchhandlung, 1923); *Römische Geschichte*, Fünfter Band(Weidmannsche Buchhandlung, 1921),书脊下部贴着手写的"代1\123"一类的白纸标签,应该也是姚的藏书。
[2] 北平《华北日报》1935年10月3日《史学周刊》。
[3] Leopold von Ranke, *Ausgewählte Schriften*, herausgegeben von Friedrich Ramhorst, Askanischer Verlag.

记，如罗耀拉、路德、腓特烈大帝，还有《论意大利艺术史》中的米开朗琪罗、卡拉瓦乔等。在罗耀拉和德国农民战争两篇有几处铅笔画线。《历史方法论》第15页提到Hans F. Helmolt的《栾克的生平与著作》[1]，他这本藏书，我也淘到过。

第四章第150页撮要批注："现代更进一步，而有进化的，社会的历史。同时主张进化的历史家，从前语言学的批评（就像尼博儿，栾克所代表的）只作到个体间的考证，和事实的分析。这一步的工作，已到了旺盛时期。现在大家又想注重全体（一般）的研究。从前只注重考证个人的实事，现在应注重考证群体的实事。（——不但侧重人物，又爱究他的环境。）从前只重个[各]实事的进化，现在要注重社会的进化。这一派的唱导大早最唱的，如孔德（a. Comte，1798—1853），最近的唯物史观派，文化史派都是代表这一派。"他在正文里在孔德、马克思主义理论、Karl Lamprecht、Kurt Breysig等处都画了红线。后面两位正是姚比较注重的文化史派代表人物。在下一页又批注："注重物理的机械的为孔德。注重统计的为巴克来[Buckle]，注重民族心理的为蓝浦瑞喜提，注重物形的，生物学的为哈特曼。"都是概括段落大意。回国后他写过一篇文章《德国佛郎克教授对于中国历史的贡献》就用了其中的内容。

第七章"史源学概论"批注极多，也是全书精华的部分。如第165页在K. J. 诺尔曼的话上画线并译为："不深知语言，则不知上古史。没有完全得力的语言工具而治上古史，终是上古史的外行，假充识者而已。"这句话见于《历史方法论》第59页，译为："没有完全运用如意的语言工具，而治上古史，将终是假充内行而已。"《历史方法论》接着翻译了鲍尔的话"岂但是上古史，对于一切的历史，都是如此"。第169

---

[1] *Leopold Rankes Leben und Wirken: mit achtzehn bisher ungedruckten Briefen Rankes, seinem Bildnis und der Stammtafel seines Geschlechts*, Eine Reihe Biographien, nach dem Quellen dargestellt von Hans F. Helmolt (Historia-Verlag P. Schraepler, 1921).

页:"历史学家不能尽通所应用的每种刻石,<u>每个笔迹</u>(引者按:下面画了红色圈强调),每种旧字体(旧板),但于可能之下,应通看读。于古文字方面的价值或抄本,旧板有审核,核正之知识。""往往因数字未通,放弃全部的工作,或须改变方针,缩小范围。""古文字学为史学研究的主要科目。同时亦与语言学、文学史学的重要关系。""语言学家应通古文字学,即美术史家也应通古字学。音乐史家不知古字,不能应用古材料,研究古埃及学、亚叙里学[Assyriologie]者亦然。因此要古文字学不仅是历史学的主要补助科学,且为各枝历史科学重要的连锁。[1]自马比央[Mabillon]<u>古公文</u>[2]出世以后,学者方注古文书,为以古文书为史学史源。学者提倡研究,以解读古文,用古史料为治史进步之征。古文字学若全属于古文书学,为古文学之附庸者,今乃渐事独立。"[3]"今区别为下列三种:1.刻镂楷书为主,因特形状而独立,东方学附属之。第二,为古文字学,以研究各种手写本,手写字体的学问。第三,由古文字分支而又有印板字体(板本学)。"鲍尔此书第169页地脚有注:"此处所为Inschriftenkunde非仅我国之金石文,且为字形的不同,另成一种,故以东方学附属之。"姚从吾说在叙述欧洲钱的起源和泉币铸成方法和史料方面,鲍尔的这部分(见原书第217—222页)比伯伦汉的《史学方法论》(姚译为《史学概论》)要详悉数倍,并在下面选了有关内容。《历史方法论》第71页"地理学与历史的地理"就在概述鲍尔书中第159—161页的内容,也采录了一些《史学方法论》的内容。鲍尔原书这部分有很多画线,并在地脚处注明:Humboldt、Peschel和Ritter的生卒年月,Ritter 1779—1858后面括号里还注明:Megerter作1859(《东北史论<u>丛</u>》卒年用的是1859年)。

---

1 这句话见于《历史方法论》,第62页。
2 《历史方法论》中译为《古文书学》,见第63页。
3 同上书,第62页。

第 170 页："文字在历史史源的两种地位：一方面表现思想的传达意思；一方面可以测验民族知识的程度。以故古文字学亦有两种任务，一属实用的，一属文化史的。

"从实用方面又分两类，a. 为纯粹机械的，以能看读为主。b. 以能辨别文字时代，与文字的由来为主，纯粹为机械的。以有好眼力与多见为本。如何方能识艺术上的妙趣。又往往决定于观者个人之情感，例如十五世纪以后的文字，印文经科学审查，个 [各] 档案馆当事人一见即可辨别，是十六世纪的，或十七世纪的，德文的或义大利文的，并凭所能系统的分析也。

"近代学者对中古文书案照系统的计画，依空间的来源加以研究。照字体书法类似形状，加以类归。换而言之，即书法派别归类，因有书法省区之别。处此于对文化观点，对历史无用玄旨，亦只中世纪为之，近世书写大通，则不复能用地域加以区别矣。"

这都是段落撮要，后来姚在故宫讲授"现代历史学上的古文书学"，主旨也是这些内容。[1]

第 171 页："现今古文字学家，若不能通摄影术，则不能如愿成功。""古文字学教授时，最好与教授共同实习。"第 184 页："Kern 说：批评史源，实只需要一种 allgemeinegesundmenschliches Verständnis 常识，并以为特别的具体的方法。也可能拿一种方法去限制。"

第二类是一些感想和补正，如第 103 页上部对标题 Periodisierung 批道："Berghaus：1930—31 讲历史研究入门，列此题名 Grundfolge 之第一。今日（21—3. 31）开始讲说。Bauer 分为三种，1. 宗教的解说 2. 政治的解说 3. 文化的解说 4. 一般的分类上古、中、近时。"第 105 页批注：

---

[1] 据故宫报告："本月（引者按：1934 年 12 月）二十八日特请本馆专门委员姚崇吾先生演讲《现代历史学上的古文书学》。"（《故宫博物院文献馆工作报告 二十三年十二月份》，北平《华北日报》1935 年 2 月 8 日）姚回国后专门讲了这一内容。

"以发明印书术之年，1450年为新时代的开始，这样更不合理，我们在第八世纪就知道印书了。"

第172页对德文 Chiffrier-，边注："盲人触读杂志等（II）"，页下注："II 盲人暗字杂志，韧性原纸，打成暗字，使其凸出，以便用手触抹，代目诵读。字用凸点形成。前在旧房东处（Wolfgang）曾尝见之。"第297页说最早采用1810年柯尼希发明平台印刷机复印技术的是伦敦《泰晤士报》，并于1814年11月28日投入使用，批注道："此处不确，我曾在 Fr. Page 君处见柏林 Vossische Zeitung 为 1813 März。并且不是第一号。大小为此书形式，共四张八页。"第276页："毛立思的日记对法国革命极重要。"这是指 The Diary and Letters of Gouverneur Morris, hg. v. Anne Cary Morris, New York 1888。第277页对 §23 "Memoiren" 旁注："回忆录，系追忆的，不是当时即写的，日记系当日写的，不应是追忆的。"姚从吾当时在德国就有写日记的习惯，这也是治史者的一种训练与自觉。第303页对人名 J. O. Opel 注出全名："Julius Otto Opel 为最早考究德国报纸发达的人，曾著 1. Die Anfänge der deutschen Zeitungspresse 1609–1650 等书。"

而书中画线部分，主要是对其中参考文献的关注，如伯伦汉的《史学方法论》和朗格诺瓦和瑟诺博司《史学原论》，看来成了他读书和买书的参考指南。在语言辞书类，他对 Du Cange 的拉丁辞典，Gg. Büchmann 的引语辞典（Geflügelte Worte），还有默里的《新英语词典》（1888，即 OED）都有标记。而标记的维克多·赫恩（Viktor Hehn）的《培育植物和家养动物从亚洲到欧洲的迁徙》（1912），此书用历史语言学方法研究东西方动植物迁徙，正是他关注的东西交通史内容。布克哈特的作品《意大利文艺复兴时期的文化》（1928），扉页前贴着1933年4月23日报道斯图加特出版布克哈特作品集的剪报，次页还贴有布克哈特1846年4月2日夜里9点写于罗马的短诗 Latium 的剪报。第5页对神圣罗马帝国皇帝弗里德里希二世实行国内税收制度，"税收按照伊斯兰教国的惯例来摊派。没有这些征税方法，从东方得到金钱是不可能的"（用商务版"何新"译文）段落画线，并批注："可见回回人对税法之影响，无疑中亦有此例。"《君士坦丁大帝的时代》(Die Zeit Konstantins der Grossen, Alfred Kroener, 1924)，后面附的克朗纳袖珍本文库书目，布克哈特其馀几部作品《希腊文化史》《世界史沉思录》、尼采《古希腊的悲剧哲学》、黑格尔的《社会·国家·历史》、费希特《对德意志民族的讲话》，海克尔、费尔巴哈、大卫·施特劳斯、巴霍芬、普鲁塔克等的作品都作有红圈标记，其中标记的那本《施密特耶纳哲学辞典》(1931)在我手里，正是姚的藏书，看来都是当时想要买的。我还有他同一文库本的藏书爱德华·哈特曼《对国家、政治和社会主义的思考》(1924)。

其馀如西美尔、梅内克、蒙森、特勒尔奇、特赖奇克、维拉莫维茨等作品都有标注，可以看出他兴趣的广泛。

综上所述，鲍尔此书应该是姚从吾到德国读历史学的入门书，通过学习这本书进一步加深对历史学科的理解，进而去博览相关专著。后来在北大任教时他还用这本书做教本。此书前用回形针夹着一份用红铅笔注明是从《普鲁士年鉴》1920年11月号第182卷第2期取下来的汉斯·德尔布鲁克（Hans Delbrück）的文章《马克思的历史哲学》，还有一份1932年12月29日的剪报，文章是奥斯瓦尔德·格尔哈特教授讨论耶稣诞辰问题，标题是"1932年还是1939年?"。文章内容跟书中探讨新旧历史分期有关。而索引最后一页贴了一张此书1927年修订版的广告，在"史源学"（Quellenkunde）等处都画了线，对于新增加的内容，姚从吾估计会考虑再买一本。《历史方法论》提到并引证了此书1927年版（第73页）证实了这一点。《历史方法论》受鲍尔此书的影响很明显，而编者只提到伯伦汉的《史学方法论》的影响，失之于眉睫之前。总之，鲍尔的这本书对姚从吾早期西方历史理论的学习和训练以及讲授历史方法论这门课来说有很重要的意义。

在《欧洲近百年来的历史学》一文里，姚从吾这样评价该书道："说到讨论历史学理论的专书，欧洲大陆，尤其是德国，自十九世纪末叶以来，出版的很多，但是方法与理论兼顾，而且方法以外兼说到历史学的演进的，当推德国班海穆教授的《历史研究法与历史哲学》（原书八百四十馀面）。一九二一年复有奥国鲍瓦教授的《历史研究入门》（四百十四面）出版，方法以外，也曾讨论到历史演进的派别。班海穆是现代历史学界兼讲方法与理论的开山大师。许多关于历史学的至理名言，和近代历史学演进的大势，都可从他的这部著作中，得识概要，他的这部书流行既广，国际的地位也很高，鲍瓦教授的书虽时有创见；但他自己也承认他的研究，是因袭班海穆；不过将班海穆一九〇八年《历史研究法与历史哲学》最后改板以后，到一九二〇年，十馀年间，历史学界的新现象，新问题，从新加以整理和收集而已。因此我们可以说，直到现在德国各大学历史科诸教授，解释历史的立场，容有改变。（如从前专有人讲唯物史观，而一九三二希特勒得政后，特别注重民族史观之类。）而研究历史的基本态度，则仍是近参鲍瓦新书，远承班海穆教授所倡导的方法与理论兼顾的精神。"[1]

马克斯·韦伯及其他

马克斯·韦伯的《宗教社会学论文集》（*Gesammelte Aufsaetze zur Religionssoziologie, II Hinduismus und Buddhismus,* J. C. B. Mohr [Paul Siebeck], 1921）第二卷是印度教与佛教，前衬页一上角铅笔标注的购买日期是31. 3 22。第363—364页有三句红笔画线，中译文是："对整个亚洲而

---

[1]《中央日报》1936年12月6日第四版《文史》副刊。另见李孝迁、胡昌智《史学旅行：兰克遗产与中国近代史学》，上海人民出版社，2021年，第332—333页。

言，中国扮演着类似现代西方世界里法国的角色。""原则上，亚洲以前是，并将继续是各种宗教自由竞争的地域。""[一旦这种政治利害出了不管怎样的问题，]即使在亚洲，大规模的宗教迫害也不会少。最激烈的是在中国，同样对日本和印度部分也有。"（用康乐、简惠美译文，略有改动）他还购藏有韦伯的《政治文集》(Drei Masken, 1921)。在《历史研究入门》第15页，姚从吾在参考文献部分马克斯·韦伯的名字上用红钢笔画了线，这是韦伯发表在1906年《社会科学与社会政策文献》第22期上的《文化科学逻辑领域的批判性研究》一文，第35页和78页两处也提到韦伯该文，他都在韦伯名字上画了线（该文后来收入1922年版《科学学文集》中）。看来姚从吾应是在这本书指导下购买了韦伯的作品，他也是比较早读韦伯的中国留学生之一。姚从吾还购藏过爱德华·迈耶的《古代史》，韦伯就是受此著作启发而发明"超凡魅力"（Charisma）这一概念的，有些材料也取自该书。[1] 所以姚从吾应该是从历史或宗教史研究角度来阅读韦伯的。[2]

李凯尔特的作品他买了《历史哲学问题》（1924，在狄尔泰等人名处有标记）和《自然科学概念形成的界限》(1921)，特勒尔奇的是《历史学及其克服》(Der Historismus und seine Überwindung, Fünf Vorträge, eingeleitet von Friedrich von Hügel, Pan Verlag Rolf Heise, 1924)。特赖奇克《十九世纪德国史》、德罗伊森（Johann Gustav Droysen）的《历史理论纲要》(Grundriss der Historik, Max Niemeyer, 1925)、格尔维努斯的《十九世纪史》（1858—1866，我手里有七卷）、《爱德华·迈耶史学论文集》

---

[1] Friedrich H.Tenbruck, "Max Weber and Eduard Meyer," in *Max Weber and His Contemporaries*, ed. Wolfgang J. Mommsen and Jürgen Osterhammel (London: Unwin and Allen, 1987), 250–256.

[2] 另外清华学校图书馆也藏有这套书：290 W 37, Weber, Max, *Gesammelte aufsaetze zur religionssoziologie*; a aufl. 1922–1923, 3 v., in *Classified Catalog of The Tsing Hua College Library* (Peking: Tsing Hua College, 1927), 1448.

（1924，两卷本）、《古代史》第一卷附录补遗《巴比伦、亚述和埃及古年代学》（1925）以及第一卷第二分册（1921）和第二卷第二部（1931），也是他比较重要的藏书。他在《近代欧洲学者对于匈奴的研究》一文里提到 O. Seeck 的《旧世界衰落的历史》（1920—1922）[1]，又在该书第 37 页说到："Ed. Gibbon 另著一小书，名《匈奴人的历史》(*The Story of the Huns*)，共一九二面，我以前没有看到，归国后（1934）九月方在北大图书馆发现。书中无目录，共分三章。当系从罗马帝国衰落史录出的单行本。德文 Freitag 德意志往代心影录 S 116—117；Seeck 的旧世界的衰落 S 289 190 6. Bde.（引者按：原文如此）均转载此事。"第 125 页注："锡克（Otto Seeck）：旧世界衰亡的历史（*Geschichte des Untergangs der antiken Welt*, 6 Bd., 1920）。（原书共六册，又有六册附录，阿提拉的历史见第六册二七九面到三一六面。）"这套 Seeck，正是他自己的藏书，刘铮兄购藏一册第五卷，我手里有附录六册。吉本的《罗马帝国衰亡史》，他在第 35 页注明用的是 Bury 注本第二册，第 37 页提到用的是第三册，我手里的这本姚从吾的《罗马帝国衰亡史》第七卷[2]，原是北大图书馆藏书，前硬壳内侧有图书登录日期：民国 23 年 11 月 19 日。估计是他借来用的本子，因为这最后一卷有全套书的总索引，使用起来非常便利。

而姚从吾在《德国佛郎克教授对于中国历史的贡献》一文里提及佛郎克（Otto Franke）对中国历史研究的贡献时说："就上边所举的《中国通史》第一册说，可分为两大类：第一、纠正欧洲历史学家与历史哲学家如栾克（L. von Ranke，1795—1886）、海格耳（G. W. F. Hegel，1770—1831）等，从前诬蔑'中国没有历史'的错误。""普鲁士史学派的大师栾克（L. v. Ranke, 1795—1886），在他的《世界史》(*Weltgeschichte*)

---

1 《东北史论丛》上册，台北：正中书局，1976 年第四版，第 35 页，第 54 页。
2 Edward Gibbon, *The History of the Decline and Fall of the Roman Empire*, vol.VII, 2th ed., edited with introduction, notes, and appendices by J. B. Bury (London: Methuen & Co., 1929).

序论中，仍以为东方民族'死气沉沉，没有进步，应摈弃世界历史以外。'……所以他对于中国历史的观察，除了'死气沉沉，永无进步'以外，又加上一句就是：'中国对欧洲屈服。'他曾对南德白燕王马克西米廉第二（Maximilian II. König von Bayern, 1811—1864）讲演《现代史的重要时代》(*Epochen der neueren Geschichte*, 一八五四)……（见原书第二〇〇页，引见佛郎克《通史·序言》页十一。）"佛郎克说：'栾克对中国的观察，不过如此而已！'栾克以西方文化代表世界，变成后来欧洲史学家的'金科玉律'。著名的罗马史家孟荪（Th. Mommsen, 1817—1903）认为是当然的。……（见所著《罗马史》第一册导言页二。）……（以上撮译《通史·序言》第十一页。）"[1] 下文又提及"孟荪的高足弟子，著名上古史家迈耶（Ed. Meyer, 1855—1930）……但迈耶氏仍极力拥护传统的历史观。……（见所著《上古史》第一通论第一百十一节第二百页。）佛《通史·序言》第十五页。"尽管文章里对黑格尔、兰克、蒙森、迈耶等人著作的引述都是撮译《中国通史》中的内容而已，不过这些著作他差不多都买了。姚从吾应该研读过兰克等史家的著作。

姚又在该文里说："与上边所举海格耳、栾克诸人见解相反的，也有二人，一位是欧洲大战后著《欧罗巴的衰落》（*Der Untergang des Abendlandes*）享负盛名的文化史家施盘格勒（Oswald Spengler, 1880）。另一位是柏林大学唯一讲文化史与历史哲学的教授布莱济喜（Kurt Breysig）。"这段文字的类似内容见于《历史研究入门》第 106—107 页，姚在该页 Breysig、Spengler 名字以及《西方的没落》下都用红笔画线，并在页边写上了 Spengler，应该是在此书指示下去购买并阅读了他们的

---

[1] 姚士鳌《德国佛郎克教授对于中国历史的贡献》，《新中华》第四卷第一期新年特大号（1936 年 1 月 10 日），第 100—102 页。另见李孝迁编校《近代中国域外汉学评论萃编》，上海：上海古籍出版社，2014 年，第 345—347 页。不过福兰阁《中国通史》参照的蓝本其实就是《通鉴纲目》，并做了翻译加工而已，这一点姚从吾没有说明，也让他的推荐打了折扣。

著作。他又说："布莱济喜不属普鲁士历史派，而属于文化史派。远祖维考（Vico，1668—1774）、孔德（Aug. Comte，1798—1857），近接布克哈得（Jacob Burckhardt，1818—1897）与蓝浦瑞喜提（K. Lamprecht，1856—1915）。我在一九二五到一九二八年曾参加他的研究所工作及家庭聚会，常聆他对海格耳诸家历史哲学的批评。他的名著《阶梯说与世界史的定律》（*Der Stufenbau und die Gesetze der Weltgeschichte*），他日当另文介绍。"[1]《历史研究入门》第 33—35 页也谈到了这几位文化史派代表人物及其著作。除了福兰阁之外，姚比较推崇 Kurt Breysig，而且当时他对欧洲文化史家很感兴趣，所以会购买布克哈特、兰普雷希特等人的著作。

他在该文最后说："我是在北平国立大学习完本国历史，又到德国继续研究历史的一人，很注意欧洲历史哲学家、史学家（汉学家在内）对于我国历史研究的态度和意见。同时解释历史（即怎样观察历史、判断史事的价值），除喜欢引用海格耳、马克思诸家的辩证法，以对演［进］方式解释历史因果关系以外，又倾向文化史家、历史哲学家布莱济喜教授的阶梯进化的历史观（Stufenbau der Weltgeschichte）。相信历史的演进是有段落的。了解史事须先明白史事产生的环境。衡量史事的价值，应利用综合与比较。"[2] 这是他的治史观念，偏重文化史观，反而对当时流行的唯物史观持保留态度。[3]

---

1 《新中华》第四卷第一期，第 102—103 页。
2 同上书，第 106 页。
3 北大部分师生于 1936 年初春成立了新史学建设学会，据《新史学建设学会消息》："新史学建设学会成立后，重要工作即是举办史学座谈会。第一次座谈会于三月十五日在北海濠濮涧举行，第二次于四月四日在北大政治系教授陶希圣教授宅举行。第一次史学座谈会，参加者有钱穆（宾四）教授，曾资生（謇）君，徐靖方（世勋）君，李子信君，高复一（福怡）君，傅安华（靖五）君等参加。……第二次座谈会参加者有陶希圣教授，王毓铨君，徐世勋君，李子信君，曾资生君，高福怡君，傅安华君。……"（《华北日报》1936 年 4 月 23 日《史学周刊》）另《新史学建设学会消息》："一，第四次史学座谈会于四月十九日在姚从吾教授宅中进行，参加者，除姚教授外，均为本会会员。谈话中心，首以唯物史观解释历史问题。姚教授的意见，以为解释历史不应只用一种史观，以唯物史观解释历史，

留德岁月

对于姚从吾留学时的情况，曾有记者采访过姚，下面就是报道：

> 现任北京大学历史系教授姚士鳌（从吾），德国留学生也。他是河南襄城县人，民国九年在北大史学系卒业，该届毕业学生，即北大史学系第一届学生也。姚先生于卒业后，任地学杂志社编辑，阅时约二年之久。民国十一年的时候，派赴德国留学，直至去年暑假，才行返国，历时盖不可谓不久也。
>
> 姚先生之所以能赴德国留学，不是政府派去的，也不是自费前往的，乃系北大史学系派去的。那时中国刚办史学系，北大的史学系，即系由国史馆改组而成的，任教的不是从前的翰林，就是从前的进士，他们对于中国史固然是很熟的，对于研究史学的方法，也完全是采用中国固有的不科学的方法。学校当局有鉴于此，故欲派遣学生前赴西洋学习欧洲人所谓治史的方法，以期把西洋的史学研究法介绍到中国来，作中国人研究历史的一个借镜。当时派遣的是谁呢？一个是现任北大图书馆馆长的毛准（子水）先生，一个就是本文所介绍的姚先生了。
>
> 据姚先生自己说：他那时还不会德文，学习德文是在船上开始的，留学的期限，共是五年，第一年没有正式入学，把时间全用在学习外国文上了，自第二年起才正式入了那个世界闻名的柏林大学了。按去留学的本意，原是单学历史研究法的，但我们知道只学方

（接上页注）
仅能解释产业革命后的历史，且亦只能解释十分之六七。关于此，各会员大部持反对意见，辩论甚久。其次谈到近代历史观的发展及种类，姚教授对此阐述甚详。"（《华北日报》1936年5月14日《史学周刊》）当时该学会会员大多持唯物史观，特别是以陶希圣为代表的"食货派"，以唯物史观研究中国社会问题与社会史，与姚从吾的观念有一定冲突。

法而不求致用，那种方法也是不足贵的，是空洞的。再者在德国研究蒙古史的风气很浓，盖因蒙古兵的武力曾至欧洲，欧洲人对于这个兴起的帝国颇为注意，研究其历史者颇不乏人。在此种情形之下，研究蒙古史，当然是最合适不过了。此姚先生之所以选了蒙古史作为他的研究的对象了。他于毕业后，并没有回国，即在该校汉学研究所担任教席，一面仍作研究蒙古史的工作，直到了民国二十三年。

二十二年冬，北大蒋校长函促归国任教，他当即答应了，后来又给他寄去了一千元旅费，他才于民国二十三年夏回到了一别十三年的祖国来了。他在史学系共任了三门功课，一为历史研究法，一为辽金元史，一为西洋史择题研究，据说他研究辽金二史是近一二年的事，所以他于第一学期先讲元史，本学期才开始讲辽史了。

他的身材不高而粗，如庙中的罗汉似的，头上的头发很稀，且有些苍白毛，脸方宽而不白，看去约有四五十岁的样子。老穿着一身青黑色的西服，红色的皮鞋，西服上面的小口袋里，照常装着一条白手绢，且永在外面露着半截了。最后面说，他现在住的地址是南河沿欧美同学会。[1]

当时他们自沪上船时，顾颉刚还去送行，顾颉刚日记1923年1月5号："到振华旅馆，晤子水、子良、从吾。同至黄浦码头，送上船。……从吾（姚士鳌君）到德国学历史科学（历史研究法及历史哲学之类），此君有志研究，大可引为同调。"[2]

对于他在柏林的生活和交往，一同留学的毛子水回忆说："我们初到

---

1 诚之《介绍一位新史学家——留德十三年 研究辽金元 姚士鳌教授》，《北平晨报》1935年6月21日。另有报道《北大史学系四年级生论文题目公布》提及姚从吾指导学生写关于蒙古史的论文（《北平晨报》1936年11月2日第九版《教育》）。

2 《顾颉刚日记》第一卷，台北：联经出版事业股份有限公司，2007年，第310—311页。

德国数年内,和我们晤谈最多的友人,有傅孟真、陈寅恪、罗志希、孔云卿、冯文潜、俞大维等。虽所学不同,而却在文、史、哲的范围内。当时谈话的乐趣,四十馀年来记忆犹新。后来从吾于听课以外,又兼任柏林(后转波恩,又回柏林)大学东方部的讲师,而我则染上逛旧书店的嗜好,所以相见稍疏。"[1] 朱希祖1929年1月2日日记记载:"上午至陈寅恪处谈天,始知留德时毛准、姚士鳌(二人为余北京大学史学系主任时所派遣)与傅斯年、罗家伦交际真相。"[2] 可惜无从知道陈寅恪跟朱谈的具体内容。

　　王履常说在西南联大时,姚在闲聊中喜欢回忆留德旧事,说住在德国莱茵河时,因为他是河南人,一有馀钱,就想着包饺子。[3]《胡适遗稿及秘藏书信》收有姚给胡适的六封书信,1934年11月16日信里提到,他在德国时每次来往莱茵河波恩和柏林之间,或暑期入山旅行看报以外,总拿《胡适文存》"作途中的伴侣,曾得到许多的安慰"。还送多部给从南洋远来、住柏林的朋友。他问胡适可否把作品送福兰阁(即前文的佛郎克),因为他很敬重胡适。姚去拜访时,因谈起印度一科学家刚得诺奖,福兰阁说:"希望你们也出几位有国际地位的学者。你们素来尊敬学者的。你们若真有一批学者,在国际有名望,在学术界有地位,发言有力量;有了重心,外边好了,国内因学者的指导也就慢慢好了!"还说福兰阁因为和康有为是朋友,让三子傅吾康研究康有为,并介绍胡适与之通信。[4] 1936年2月9日致信胡适说:"我初上来还想将[胡适《近学论著》]专讲历史方法的几篇(如评论近人考据老子年代的方法、校勘学之方法论、辨伪举例)以外讲考证方法的钞入日记内。后来觉着篇篇都可钞,因此不钞了,只有细心熟读。"[5] 孔夫子旧书网拍卖过姚留学日

---

1 《忆念姚从吾先生》,载《姚从吾传记资料》,第4页。
2 《朱希祖日记》,北京:中华书局,2012年,第166页。
3 《"从吾所好""死而后已"》,载《姚从吾传记资料》,第16页。
4 《胡适遗稿及秘藏书信》第三十一册,第68页。
5 同上书,第70页。

记一册[1]，看来姚这个记日记习惯跟他老师一样，写的时间还不短。这些日记不知道到哪位藏家手里了。

从他在柏林买的这些书可以看出他们这帮留学生的爱好和读书志趣以及相互影响的痕迹。罗家伦1923年对留学生是否应该带线装书出国，谈了自己的看法："以看梁启超《中国历史研究法》的时间去看Bernheim、Shotwell等关于历史方法的名著，要比看梁的书所得多的多。论历史性质、范围、论次等等，梁的书比他国史家著作差得远了。"[2]估计也是这群留学生的共同看法。

牟润孙说，姚从吾留德时因为北洋政府经济困难，官费发不出，无法继续攻读，求助于陈垣，陈垣为他向哈佛燕京社申请补助，姚氏才能完成学业。据朱希祖日记，1929年3月11日："午后一时至陈百年君家，请其将前北京大学史学系所派至德国留学之姚士鳌、毛准二君之留学生经费继续发给。百年允自三月起每人给国币百元，继续留学。……至西城翊教寺访陈援庵君，请其止燕京大学资助姚士鳌留学款事，未遇，留条而归。"3月14日："下课与陈援庵君谈姚、毛二君留学经费。"[3]北京大学史学系视姚、毛为自己派遣的留学生，所以要求陈垣停止资助。牟又说："姚氏归国后，援老大称赞他。一、他在德研习史学方法论，这是中国治旧史学的人所渴望学到的；因为从清末到民初，中国人所学西洋史学方法论，多数从日本辗转稗贩而来，往往是二手货（包括援庵先生所学的在内）。二、他在德国专攻蒙古史，这足以弥补魏默深、洪文卿、屠敬山、柯蓼园先师到援庵先师治元史每个人都不通外文的缺陷，所以援老对他誉不绝口，要我们以他为榜样。1931年（？可能记错），

---

[1] 孔夫子旧书网2009年卖出过一册姚从吾1928年留德日记，一百四十面，时间从当年正月二十一日到六月一日，以五千二百元的价格被人拍去。
[2] 《致孙伏园》，民国十二年十月十九日《晨报副刊》，载《罗家伦先生文存》第七册，台北："国史馆"，1988年，第33页。
[3] 《朱希祖日记》，第140—141页。

我逢到姚在励耘书屋座上，他刚从德国回来，就出任北京大学史学系主任教授，也在辅仁大学兼课，教一门'史学方法论'。"他后来终于明白陈垣援助姚从吾留学，"是为了填充本身研究史学的不足，也即是扩展中国史学家的能力"。[1] 牟润孙又提到，陈垣所以大力支持姚从吾，是为了中西史学结合的大课题，希望他学会西洋史学方法与中国史学相结合，"但结果并不理想"。[2] 牟润孙对他的学术工作不是太欣赏，从姚从吾那时的讲义与文章看，正处于介绍西方史学方法的初始阶段，这也是当时国内西方史学教学与研究水准落后的一个反映。

聚散匆匆

左海伦在《学人的典范》一文里说："宜珍姐（姚夫人陈绚）曾开玩笑似的说过，书是他的命，谁爱书就能做他的知己，他的钱就是书。"[3] 学生陶晋生说姚生前的愿望是不让他研究室的藏书散失，并把他的藏书也放进去，后来台大历史系在文学院图书馆成立了纪念姚从吾教授的特藏室。[4] 看来他是经历了在大陆的藏书散失之痛而有感而发的。估计他会深深挂怀这些书稿，因为里面有多少他的研究心得和留德回忆。这些留在大陆的书，没想到在他逝世二十九年后又经历了一场风流云散。

---

1 牟润孙《发展学术与延揽人才：陈援庵先生诞生百周年纪念》，载《海遗杂著》，香港：香港中文大学出版社，1990年，第88—89页。牟润孙确实记错了，因为姚1934年夏才回国任教，随后就是主任教授。而据《北平晨报》1936年7月23日《教育》版消息《北京大学各院长系主任决定》："史学系主任陈受颐（姚从吾代）。"姚1936年中开始代理史学系主任。
2 《从〈通鉴胡注表微〉论援庵先师的史学》，载《励耘书屋问学记：史学家陈垣的治学》，北京：生活·读书·新知三联书店，1982年，第75—76页。
3 《姚从吾传记资料》，第8页。
4 同上书，第13页。

朱利安·赫胥黎与胡适

2004年地坛秋季书市，我买到一些姚从吾的藏书，其中有朱利安·赫胥黎（Julian Huxley）送胡适的 *On Living in a Revolution*（New York; London: Harper & Brothers, 1944），扉页上的英文题赠译过来是：

胡适博士（Dr. Hu Shi）
致以最衷心的祝福
朱利安·赫胥黎赠　1945年11月伦敦

朱利安·赫胥黎这本签赠本书脊的编号是：代 1\750，估计是姚从老师胡适手里借去的。书后封三有三行铅笔字：

Atomic Energy for Military Purposes by H. D. Smyth

这是著名的说明美国发展原子弹情况的《史密斯报告》。当时胡适对中国研制原子弹非常热心，1947年七八月间他给白崇禧和陈诚写信，提议在北大召集一流物理学家，作最新研究和训练学生，以为国防之用，吴健雄等答应来北大，还要建原子物理研究中心，需要五十万美金拨款,请他们报告主席。[1]看来这些字迹可能是胡适的。《处于战争世界中的哲学》一篇在"补偿心理"、"我们创造自我价值"和"基于哲学的科学态度给人的三点建议"等处有铅笔画线,也许是胡适的阅读痕迹。

胡适在 1926 年 10 月 17 日记里提到:"[在英国伦敦]去看 Dr. Delisle Burns,……又遇见 Julian Huxley,是 T. H. Huxley 的孙子;Huxley 的子孙只有他继续科学方向的遗风(引者按:后来还有一位诺奖得主 Andrew Huxley,Julian 的同父异母弟弟),他在 King's College 教生物学。"[2]不久前(10 月 2 日)也是在伯恩斯的家里遇到过朱利安的父亲 Leonard Huxley,他写的《赫胥黎略传》胡适几个月后(12 月 7 日)半夜失眠时还看过。[3]这应该是他们初次见面。

朱利安·赫胥黎和胡适见面时任伦敦大学国王学院动物学讲席。1927 年,他参加韦尔斯《生命之科学》一书的编辑工作,因为这个项目负担沉重,竟辞去了教职,专注于此书。他写了这三大卷原创作品的大部分,并于 1930 年完成,获得极大的成功。他当时已是公众知名人物,写了几本通俗书,并给《观察家报》写稿,经常出现于 BBC 节目。被《观察家报》的读者推选入"大英最聪明的五个大脑"之列,名列第十六名,位于卢瑟福和罗素之前。[4]

1942 年他离开伦敦动物协会,以演讲和在 BBC 做谈话节目为生。与很多高等教育团体和委员会来往密切。这些团体中的一个参与制定了联合国有关文化、教育事务的准备计划。他和李约瑟领导并推动与科学领域有关的工作,为他们以后在联合国教科文组织中的工作

---

1 胡颂平编《胡适之先生年谱长编初稿》,台北:联经出版事业公司,1984 年,第 1181 页。
2 曹伯言整理《胡适日记全集》第四册,台北:联经出版事业公司,2004 年,第 514 页。
3 同上书,第 596 页。
4 C. Kenneth Waters, Albert Van Helden (ed.), *Julian Huxley, Biologist and Statesman of Science: Proceedings of a Conference held at Rice University, 25-27 September 1987* (Houston,Tex.: Rice University Press, 1992), 8-9.

打下了基础。[1]

1944年他访问苏联,应邀参加科学院二百周年庆典。他对苏联遗传学的状况感到惊骇,因为其在李森科掌管下饱受可怕的摧残,因而在《苏联遗传学和世界科学》(1949)一书里坚定批评斯大林主义,呼唤学术自由。

陈源于1943年到伦敦中英文化协会工作,因为联合国教科文组织事务给胡适写过几封信。1944年10月6日信中谈到筹备会议的情况,提到李约瑟提议把"科学"一词加入组织名称:"教育科学文化组织"。信中建白胡适他们参会时该穿什么样的礼服好,因为那个高档饭店Claridges Hotel要求客人穿晚礼服,否则不让去餐厅用餐。[2]

胡适于1945年10月28日晚到达伦敦,11月1日至16日率李书华、程天放、罗家伦和赵元任一行参加筹备教科文组织会议,制定组织章程。胡适为中国代表团首席代表。[3]当时赫胥黎从苏联返回后,取代生病的齐默恩爵士(Sir Alfred Zimmern)成为联合国教科文组织筹备会的全职秘书长。他很快写了篇《联合国教科文组织的宗旨与目的》,宣布未来联合国组织并非基于宗教教义或学院哲学的矛盾体系,而要在"科学人文主义"框架下开展工作。其观点被认为是掩饰无神论而受到攻击。委员会成员们决定不接受他这一文件。

朱利安·赫胥黎和胡适同为委员会成员,而且胡适受他爷爷老赫胥黎影响很大,这期间往还,朱利安送他这本书的因缘也就清楚了。

据罗家伦日记记载,中国代表团10月30日赴英国文化协会招待会,31日胡适率全团拜访英国教育部长威尔金森女士。11月1日会议开始,在Institute of Civil Engineers。11月2日出席英政府的鸡尾酒会。11月

---

[1] *Julian Huxley, Biologist and Statesman of Science*, 12–13.
[2] 耿云志主编《胡适遗稿及秘藏书信》第三十五册,合肥:黄山书社,1994年,第127页。
[3] 《胡适之先生年谱长编初稿》,第1899页。

15日由陈源、叶公超出面举办答谢鸡尾酒会，回请英国朝野名流。与Webster面谈。11月17日胡适赴牛津获颁荣誉法学博士学位。20日中午胡适赴美。[1] 估计赫胥黎送胡适书的时间应该就在这几天。

1945年12月4日陈源、赵元任于巴黎给胡适发来电报，提到美英对教科文组织秘书长人选相持不下，美极力反对赫胥黎。他们都愿意拥护第三者，因而理事会不止一国提名胡适，但要他本人同意。胡适一口回绝了此事。[2] 随后朱利安·赫胥黎被推选为第一任总干事，任期只有两年（1946—1948），而不是章程上的六年。据说是美国起的作用，也是受他左派倾向所累。

胡适1948年8月12日在《独立评论》上发表《自由主义是什么》一文谈到，"二战"胜利时，英国工党政府上台，他们要把英国由资本主义变为社会主义，而且五年内无法推翻他们。[3] 看来他对当时英国政治的巨大变化有些担心。

人类科学与文化发展史国际委员会是1946年时任教科文组织筹备委员会执行秘书长的赫胥黎提议创立的，经委员会副主席赫胥黎同意，胡适于1952—1954年间被任命为通讯委员。[4] 尽管他和赫胥黎都列名委员，因为政见不同，那也是和平共处，井水不犯河水了。

1952年9月2日胡适致信杨联陞，谈到牛津的斯帕尔丁东方哲学与宗教教授一职因为Radhakrishnan回国做副总统了，故提早于当年10月2日选举。牛津主管汉学的德孝骞教授早在1951年写信给胡适劝说他申请候选，又托房兆楹来劝驾，他本已决定考虑，"但后来我同几位老朋

---

1 《罗家伦先生文存》第八册，台北：国史馆，1989年，第63—70页。
2 见《胡适来往书信选》下册，北京：中华书局，1980年，第151页；另见《胡适遗稿及秘藏书信》第三十五册，第138—139页。
3 《胡适之先生年谱长编初稿》，第2046页。
4 见会议主席Paulo E.De Berredo Carneiro的丛书序，载 History of Mankind: Cultural and Scientific Development, Volume II The Ancient World 1200 BC to AD 500 (London: George Allen & Unwin, 1965), xix.

友（其中多数向来是英国同情者，也有牛津毕业的）谈谈，他们都不赞成（引者按：指叶公超、王世杰和罗家伦，蒋介石也不同意），都说我受不了此时英伦的'空气'，一定要感觉精神上的苦痛。我也曾留意我的英国旧友如 C. K.Webster、Julian Huxley、Joseph Needham 等人的议论，的确有点受不了。所以最后决定去信说明不愿考虑"[1]。当时英文信这样写的：... I might find it painful to have certainly to differ with the prejudiced opinions of so many of my old friends in England.[2] 看来是无法认同他这些英伦老友的左倾"偏见"。

1953年4月27日胡适致信杨联陞说："前函中说到剑桥大学的事（引者按：指1952年剑桥大学中文讲座教授之聘），我赞成老兄的却聘。近来看到 Joseph Needham 'Certifying' 美国 Germ-warfare 的举动，颇深觉英国学人实在有点不像从前的 gentleman 的风格了！"[3]

胡适称赫胥黎为"旧友"，而且考虑到当时英国和中国大陆建交，赫胥黎、李约瑟等都有明显的左派倾向。艾伦（Garland E. Allen）指出赫胥黎宣布德国纳粹为军国主义和民族主义的发展时，却认为苏联更人道，设立模范以为激励团体劳动生产之所需。[4] 胡适当然看不过去，所以不应牛津的教授之聘。剑桥那里也是左派的大本营。后来他跟杨的通信里对李约瑟的唯物史观很有看法，他对李的态度，也是对赫胥黎等人的态度。杨联陞谈他的剑桥之行时，郑德坤对他和李约瑟的关系用了一个词"冷和"（cold peace），不是"战"，而是"和"，相安无事而已。

迪瓦尔（Colin Divall）教授分析说赫胥黎处于维多利亚和爱德华时代，他受孔德实证主义影响，是一个唯理论者，如 H. G. 威尔斯、西德

---

[1] 见胡适纪念馆编《论学谈诗二十年：胡适杨联陞往来书札》，台北：联经出版事业公司，1998年，第136页；另见《胡适日记全集》第八册，第796页。
[2] 《胡适日记全编》第八册，第798页。
[3] 《论学谈诗二十年》，第150页。
[4] *Julian Huxley, Biologist and Statesman of Science*, 211.

尼·韦布等。[1] 而左倾的观点在 1930 年代为年轻的马克思主义科学家贝尔纳（J. D. Bernal）、霍尔丹（J. B. S. Haldane，赫胥黎的老朋友）所持有。他们认为，在资本主义下科学的真正的潜能会扭曲变形，只有社会主义方可实现科学的真正潜能。而赫胥黎不是社会主义者，他在《如果我是独裁者》（*If I were Dictator*, 1934）一书中坦率发表了对计划社会的看法，强烈反对斯大林主义。他的理想是平和的资本主义，其看法有强烈的爱德华时代唯理论者色彩。[2] 他是一个命定生活在现代社会的维多利亚时代思想家。

他并不像霍尔丹或李约瑟那样左翼或激进，西斯曼(Adam Sisman)在《休·特雷弗－罗珀传》里提到李约瑟组织英中友协并自任会长，1965 年 9 月中旬把罗珀等四人送到中国大陆来参观，罗珀回来后调查发现协会直接或间接由中国政府资助，因而在报章上披露了此事，被李约瑟等人骂为"麦卡锡分子"。[3] 但赫胥黎无疑深深地受其左倾同人的影响。他多数时候都在两可之间，他从未让自己卷入激进活动中，如霍尔丹参加英共。任何时候他从未赞成一贯的社会主义路线。他更多把马克思主义当成理解过去是为了改变未来的一种手段的科学观点而已。[4]

所以赫胥黎顶多算个中间人士，而胡适当时不承认有所谓中间派的"第三势力"，认为或拥共或反共[5]，所以他会对赫胥黎有看法。而当时大陆在 1951 年 8 月中旬以后，北大文、法两学院率先讨论"胡适思想问题"，并使中文、哲学、史学、图书馆四系联合举行控诉胡适大会。其自称有多年友情的朋友们"带头控诉"。[6] 而胡适对此说："我一百分同情

1　*Julian Huxley, Biologist and Statesman of Science*, 31.

2　Ibid., 36.

3　Adam Sisman, *Hugh Trevor-Roper: The Biography* (London: Weidenfeld & Nicolson, 2010), 362–367.

4　*Julian Huxley, Biologist and Statesman of Science*, 216–217.

5　《胡适之先生年谱长编初稿》，第 2229 页。

6　同上书，第 2188—2189 页。

这些可怜的人，可怜他们没有不说话的自由，我一点不怪他们。"[1]

1954年3月5日在台北"自由中国"社茶话会上，胡适引用一位仍在执政当局任"公务员"的朋友两年前的来信："现在最大问题：大家以为左倾是当今世界的潮流，社会主义是现代的趋向。这两句害了我们许多人。……中国士大夫阶层中，很有人认为社会主义是当今世界大势所趋，其中许多人受了费边社会主义的影响，还有一部分人是拉斯基的学生。在二十七年前，我所说的话也是这样。那时候我与这位朋友所讲的那些人有同样的错误。"[2] 看来胡适也左倾过，对左派知识分子的思想也算了解，但也有金刚怒目的时候，他1958年在《就任中央研究院院长典礼致词》里说他的朋友陈独秀没有经过民主生活习惯，没有做过科学的实验与思考，误认为马克思主义是科学的，结果被人牵着鼻子走。因而提出了"学术救国"的著名主张。[3]

1956年5月11日胡适致信杨联陞："我近来收集周作人一生的书，已近八九册，他的最近两部书是《俄罗斯的民间故事》及《乌克兰的民国[间]故事》，已经够可怜悯的了。（但序例里尚无肉麻的话，也没有引证马列诸大神！）"[4] 看来胡适对大陆那些张口马列、闭口唯物的旧友很反感，所以会觉得周作人这样的给鲁迅做注解、翻译民间故事的处境很可怜。后来还借谈到扬雄的《剧秦美新》，影射这些人求悦新主的心态，给国外学人写的信都是劝回国招安一类的话，胡适说他们"不但没有说话的自由，更重要的是人人都没有不说话的自由"[5]。他跟这些国际和大陆的左派旧友处于很冷淡的状态，也就清楚了。

---

1 《胡适之先生年谱长编初稿》，第2333页。
2 《从〈奴役之路〉说起》，载李敖编《胡适选集》第一册，台北：李敖出版社，2002年，第121—123页。
3 李又宁主编《回忆胡适之先生文集》第二集，纽约：天外出版社，1997年，第145—156页。
4 《论学谈诗二十年》，第289页。
5 《胡适之先生年谱长编初稿》，第2333页。

阿里斯托芬《鸟》的翻译及其他

茅盾曾给叶君健一信,其中说:"阿里斯托芬作品,拟请杨宪益同志译'鸟',希腊文本已借得,兹附上。罗念生提议,最好译'鸟'时参看几本英译本。(他那里没有),不知北京图书馆中有否?请查。敬礼。雁冰十一日。"[1]

此信 1997 年版和 2014 年版《茅盾全集》均失收。据罗念生回忆,1954 年,世界和平理事会中国分会在北京纪念古希腊诗人阿里斯托芬二千四百周年诞辰,他接到电话,说要出版《阿里斯托芬喜剧集》,并嘱他找杨宪益译《和平》:"我认为这部喜剧的斗争性不强,建议杨译神话剧《鸟》,这部神话喜剧写雅典人在'云中鹁鸪国'建立理想的城邦。"因为时间紧迫,他只了译《阿卡奈人》《骑士》,并建议找周作人翻译《财神》。[2] 看来此信应该是茅盾为主编《译文》杂志,而向杨宪益

---

1 赵胥编《朴庐藏珍:近现代文人学者墨迹选》,北京:中华书局,2013 年,第 175—176 页。
2 《周启明译〈希腊戏剧〉》,载陈子善编《闲话周作人》,杭州:浙江文艺出版社,1996年,第 256 页。《阿里斯托芬喜剧集》出版后不久,人文社编辑葛一虹约罗译古希腊悲剧,当时缪灵珠答应翻译埃斯库罗斯,可没有交稿。罗念索福克勒斯,周作人译欧里庇得斯。而 1955 年 1 月 10 日茅盾致戈宝权的信中还抄录了同年 1 月 6 日罗念生因人民文学出版社要出版索福克勒斯全集,而请代购或代借索福克勒斯全集等希腊戏剧苏联译著的信(见《茅盾全集》第三十六卷,北京:人民文学出版社,1997 年,第 308—309 页)。应该是罗念生在翻译索福克勒斯而进行资料准备工作,不过后来 1961 年只出了罗译《索福克勒斯悲剧二种》。

约稿。周作人1953年12月26日记，不久接到人民文学出版社寄来阿里斯托芬著《财神》(*Ploutos*)，"嘱去翻译，盖因明年世界名人纪念中有此作者，将出版也"。他于1954年1月动笔，3月译毕，合作译者罗念生、杨宪益给他提了校阅意见，周作人认为"杨君还是识者，大体尚妥"（1954年6月6日记），说罗"所提意见多庸俗粗糙，只可选择采用之"（4月4日记）。[1] 据此，茅盾该信应写于1953年12月11日，罗念生的1954年恐是误记。

杨宪益的译稿《鸟》收入人民文学出版社1954年11月结集出版的《阿里斯托芬喜剧集》（罗念生、周启明等译）。该书版本说明页列出了《鸟》翻译底本根据罗泽斯（B. B. Rogers）编订的《阿里斯托芬的〈鸟〉》[2]，看来他们从图书馆借到此书了。而国图藏有罗泽斯此书1906年初版和1930年再版本。我曾当面跟杨先生问起阿里斯托芬的事，他说还译有《和平》，都是杂志要登，可没有刊出，稿子就散失了。根据周作人回忆，他翻读《喜剧集》想起旧时不快的感觉："当时没有印书之先，本拟把原稿分别发表一些报刊上，以纪念作者的。这篇《财神》便分给了《剧本》，这刊物现在早已停办了，不知为什么却终于没有实行，只在《人民文学》以及《译文》上边刊登了两篇《阿卡奈人》和《鸟》。其实这篇《财神》足够通俗可喜的，其不被采用大约是别有看法的吧。"（《知堂回想录》）杨宪益所译《鸟》刊登于《人民文学》1954年第4期，罗念生译、周长年（按：即周作人）校《阿卡奈人》载《译文》1954年第4期。而当时中国戏剧家协会主办的《剧本》杂志1954年第9期则发表了德隆斯基的文章《阿里斯托芬》（马华译），这是摘录自德隆斯基《古代文学史》中的一节。据马华回忆，1950年开始他和罗念生通信，当时他不过二十出头的俄语系学生。同年秋他去北京人民大学俄语系做

---

[1] 止庵《周作人传》，济南：山东画报出版社，2011年，第279页。
[2] *The Birds of Aristophanes* (London: George Bell and Sons, 1950).

研究。罗寄来自己写的《希腊文学简史》手稿,请他提意见。他帮忙从俄文《古希腊文学史》中摘译了片段,供罗参考。看来德隆斯基这篇文章就是罗让其翻译后并推荐给《剧本》杂志的。[1]

周作人 1954 年 12 月 19 日给松枝茂夫信:"鄙人自解放以后为人民文学出版社继续翻译一部分希腊古典作品,已成大小十二种,近续刊出一种(阿里斯托芬[アリストパネース]喜剧集中五篇之一'富の神'),徐当于明年陆续再出也。"另 1955 年 2 月 4 日信:"拙译只寄上阿里斯托芬喜剧集一册,其中'财神'(*Ploutos*)系由我翻译,此外虽已译出エウリーピデース(引者按:欧里庇得斯)剧九篇(馀在续译中),须至秋后始可继续付印,今年内可先出一册三篇,又伊索寓言亦由原文译出一部,可能春间出版,届时当再寄奉。"[2]知堂和罗念生继续翻译欧里庇得斯,最后出了《欧里庇得斯悲剧集》三卷本(1957—1958),一共十九部悲剧,知堂独译了十三部之多。

2008 年我从隆福寺中国书店买到这本《阿里斯托芬的〈鸟〉》1930 年重印本,此书希腊文—英文对照,并有与正文相当的非常详尽的注释与补充解说,是非常理想的翻译底本。书上有"中国戏剧家协会资料室藏书"和"中国戏剧出版社资料"的朱印,这书是被该机构剔除出来的。当时还先后淘到其他阿里斯托芬的 18、19 世纪希腊文、拉丁文老版本,也是这个机构的藏书。如 1783 年《阿里斯托芬喜剧集》(*Aristophanis Comoediae*, Rich. Franc. Phil. Brunck, Argentorati, Joh. Georgii Treuttel,四卷本,前三册希腊文原文和拉丁文注释,最后一册附有拉丁文译文,我只淘到第一卷和第四卷),1805 年《阿里斯托芬作品集》(*Aristophanis*

---

[1] 《回忆点滴》,《罗念生全集》第十卷,上海:上海人民出版社,2007 年,第 166 页。罗在所写《阿里斯托芬喜剧集》导言最后一段还引了德隆斯基(原文作"德隆茨基")《古代文学史》谈阿里斯托芬的一段文字,可没有说明是谁译的。

[2] 小川利康、止庵编《周作人致松枝茂夫手札》,桂林:广西师范大学出版社,2013 年,第 152—154 页。

Opera, vol. II, Ion. Fridr. Eischeri, Giesae，希腊文，附有拉丁文注释），1821年德国翻译家弗斯（Johann Heinrich Voss）翻译的德译本《阿里斯托芬喜剧集》（*Aristofanes*, Braunschweig，三卷），1811年希腊文—德文对照本《阿里斯托芬的〈云〉》（*Aristophanes' Wolken: Eine Komodie*, Berlin），1824年希腊文《阿里斯托芬的蛙》（*Aristophanis Ranae*, Ex Recensione Guilielmi Dindorfii, Lipsiae）和1852年希腊文《阿里斯托芬喜剧集》（*Ausgewählte Komödien des Aristophanes*, erklärt von Theodor Kock, Bänd 2, Leizig）。后来在灯市口中国书店紧里间那个小屋里也看到该机构藏过的阿里斯托芬外文老书，并有人买后以高价挂到网上售卖。估计它们是当时国内收藏阿里斯托芬文献最全的机构之一，不知道杨宪益他们当时是否知晓。

　　阿里斯托芬的早期印本有 Aldus Manutius 的阿尔定版（1498），虽然不全，只收了九个剧本，却成了后来三百年的标准本。然后是最初两个佛罗伦萨 Juntine 版（1515，1525）。首次收齐了全部十一个剧本的《喜剧集》由 Cratander 于 1532 年在巴塞尔出版。1783 年 Brunck《阿里斯托芬喜剧集》根据三个巴黎抄本出了更完善的版本，是当时一大进步。而威尔逊（N. G. Wilson）认为拉文纳抄本（Ravennas 429，约 950 年，包括全部十一个剧本，也是现在最好的写本）是因维尔尼兹（Invernizi）在 18 世纪末第一个系统使用的，他编的集子 1794—1843 年在莱比锡出版。[1] 到 Bekker 1829 年本系统利用拉文纳抄本（R）和威尼斯抄本（Marcianus 474，约 11—12 世纪）才建立了现代文本的标准版。[2] 翻查《北堂书目》（*Catalogue of the Pei-T'ang Library*, Peking: Lazarist Mission,

---

1　N. G. Wilson, *Aristophanea: Studies on the Text of Aristophanes* (Oxford; New York: Oxford University Press, 2007), 5.
2　Aristophanes, *Birds*, edited with introduction and commentary by Nan Dunbar (Oxford; New York: Clarendon Press, 1995), 49–50.

1949年合订本，国家图书馆出版社2009年复制本），其中有两册阿里斯托芬早期版本：《喜剧集》（希腊文，1607年初版，Portus编，4001号）和《希腊诗歌、悲剧、喜剧、抒情诗和碑铭诗》（1614，4039号，希腊文—拉丁文对照，第一册收索福克勒斯七个悲剧、欧里庇得斯十九个悲剧、埃斯库罗斯七个悲剧、阿里斯托芬十一个喜剧。第二册有12世纪拜占庭博学者策泽斯[John Tzetzes]等人注释），都是金尼阁"七千部"之一。而《欧里庇得斯悲剧集》，北堂有一册希腊文—拉丁文对照本（1602年，法国Paulus Stephanus编，4020号，疑为金尼阁藏书）。周作人喜欢并翻译的琉善《对话录》，北堂也有（1563？希腊拉丁对照，巴塞尔，4033号，疑是金尼阁藏书），这应该是阿里斯托芬等希腊戏剧和琉善作品最早进入中国的记录，估计它们自17世纪初被金尼阁带入中国后，就没什么人读过了。当时中国士人主要青睐西洋科技图书，传教士也翻译些《尊主圣范》之类宗教作品，而西方古典文学书籍则完全被冷落了。

书痴奥斯勒

跟威廉·奥斯勒（William Osler）的缘分，值得说说。以前在中国书店秋季书市西单店的摊位，碰到一批教育部情报资料室处理出来的外文藏书，一个相熟的店员说那是教育部花一百多万美金买的。其中有本谢灵顿弟子们编的《纪念文集》，书中有篇文章介绍了神经元发现者谢灵顿的藏书事迹，还特别提到他的好友，牛津大学钦定医学教授奥斯勒，说他也和谢灵顿一样有收藏珍本书的癖好。因而谢灵顿在《奥斯勒在牛津》一文里说："一个著名的伦敦书商常说，大西洋两岸古物收藏家对于早期印本书日益增长的兴趣，奥斯勒的影响非同小可。"[2]

2005年在潘家园淘到奥斯勒的著作《平静之心》[3]，当年秋季书市上白文俊兄又把那本《一个阿拉巴马的学生及其他传记文章》[4]送给了我。这样跟奥斯勒的缘分越来越深了。

最近查阅了布里斯（Michael Bliss）的《奥斯勒传》[5]，还有库欣（Harvey

---

[1] *Sherrington, His Lfe and Thought*, ed. John C. Eccles, William C. Gibson (Berlin; New York: Springer International, 1979).

[2] "Osler at Oxford, " ibid., 211.

[3] *Aequanimitas: with Other Addresses to Medical Students, Nurses and Practitioners of Medicine*, 2nd ed., with three additional addresses (H. K. Lewis, 1932).

[4] *An Alabama Student and Other Biographical Essays* (Oxford: Henry Frowde/Clarendon Press, 1929).

[5] *William Osler: A Life in Medicine* (Oxford; New York: Oxford University Press, 2007).

Cushing)的权威传记[1]及《国际医学博物馆协会会刊：奥斯勒纪念专号》[2]，在此介绍一下奥斯勒的藏书轶事。

1902年，哈佛大学"论人类永生"讲座，艾略特校长希望由一位医生来讲。英格索尔基金会邀请了知名医生韦尔奇（William H. Welch），韦尔奇认为对于这个话题，科学上没什么可说的。艾略特坚持让他讲，韦尔奇博士说要讲的内容不用一个小时就可以打发了。艾略特说如果他放弃，那就要推荐一个人来代替，韦尔奇推荐了奥斯勒。奥斯勒最初拒绝，后来要艾略特给他一年时间准备。1904年哈佛给了他五千美元支票作为年度讲座的费用（这笔钱奥斯勒捐给了图书馆）。这个讲座前面有哲学家威廉·詹姆斯、鲁一士等五位杰出人物主讲，奥斯勒是第六位。1904年5月奥斯勒做了"科学与永生"的演讲。艾略特校长听后大表失望，本来想听有关这个题目的科学演说，结果却听到一篇精彩而引人入胜的随笔。它看起来像文学演讲而不是医学演讲。演说开头有五处引文，两处引自柏拉图，三处分别引自《鲁拜集》、丁尼生和《牧师约翰·沃德日记》。开篇四段提到了约伯、斯威夫特、拜伦、布朗、亚里士多德、莎士比亚等人物。这个讲座突出显示了奥斯勒的爱书人本色，《雅典娜神殿》杂志这样评价："这是演讲艺术的最高典范。"而后来在他成为牛津古典学会主席的那年，又于1919年5月16日在牛津神学院发表了"旧人文与新科学"的著名演讲，而他正是此时此刻讲述二者的最佳人选。[3]

奥斯勒六十岁时，已经有浓浓的书卷气了，他花大量时间研究历史

1　*The Life of Sir William Osler* (Oxford: Clarendon Press, 1926). 图书登记号：32068-9，国图藏的是第四次印刷本，精装封面内侧贴着由洛克菲勒基金会赠送给国立北平图书馆的书票。
2　Maude E. Abbott (ed.), *Sir William Osler: Memorial Number, Appreciations and Reminiscences, International Association of Medical Museums, Its Bulletin*, No. IX (Montreal: Privately issued, 1926).
3　Archibald Malloch, "Sir William Osler at Oxford," in *Sir William Osler*, 373.

文献和写作欧美伟大医学家的传记文章，这里面包括了：医生兼哲学家约翰·洛克、托马斯·布朗爵士，以及新发现的罗伯特·伯顿（Robert Burton，《忧郁的剖析》作者）。1901年他在波士顿医学图书馆的"人与书"演讲，提出了著名的文学与医学信条："书已成为我这三十年来的乐趣所在，我从中获益无穷，研究病理现象而没有书籍，如同驶向一片没有海图指引的海洋。研究书籍而没有病人，就根本无法出海了。"[1]

他真正搞图书收藏开始于1890年代后期。"我开始买书，首先是有关美国医学专业的早期图书和小册子，其次是医学和科学上伟大作家的初版本，再次是一般作者，如托马斯·布朗爵士、弥尔顿、雪莱、济慈等人的著作。"而他首次的奢侈行为是，1899年收集到了一整套托马斯·布朗《医生的宗教》的各种版本。他决定建立起一个包含一百部伟大医学著作的收藏，到1901年他买下了所有能得到的医学经典作品。他1900年年收入三万多美元，1901年是四万美元，负担得起这项开支。在一个珍贵的夜晚，约翰·霍普金斯历史俱乐部展出了五册维萨里（Vesalius）《人体结构》的初版本，它们来自奥斯勒、凯利（Howard Kelly）和库欣的收藏。奥斯勒在给库欣的信里写道："我们美国无法拥有太多版本，而一个医学图书馆少了其中一版就是不完整的。"

他在巴尔的摩创立了一个名叫"愚人船"的小型晚餐俱乐部。在他要自巴尔的摩动身前往牛津时，会员们送给了他一册著名的《赵氏孤儿》（*Henriade*, Londres, 1741），是伏尔泰签赠给他的医生德·希瓦博士（Dr.de Silva）的。正应了奥斯勒所赞赏的对他人那套慷慨而无私的行为准则："一个真正的爱书人是满怀欣喜地看到一件重要的文献在它合适的去处。"[2]

---

1 "Books and Men," *Aequanimitas*, 220, quoted in Leonard L.Mackall, "Sir William Osler as a Bibliophile," in *Sir William Osler*, 99.

2 Ibid., 99.

他1905年成为牛津大学钦定医学教授,对牛津大学博德利图书馆给予了更多关注。博德利图书馆17世纪书目显示1635年有一册莎剧第一对开本,而1674年就从书目上消失了。应该是1663年9月至1664年9月期间被图书馆当多余书剔除卖给了牛津书商理查德·戴维斯,价格低廉得只要二十四英镑。图书馆因为有第三对开本而把第一对开本废弃了。可能18世纪早期由德比郡奥古斯顿堂(Ogston Hall)的理查德·图尔布特(Richard Turbutt, d.1758)获得。他1718年早期有个图书馆,1724—1740年又增加了上千部。主要是从舰队街中部圣殿门的书商柯甘(F. Cogan)买入的。书由他儿子威廉(William Turbutt, d.1817)接手,然后经过孙子、曾孙格拉德温(Gladwin, d.1872),最后到了玄孙G. M. R. 图尔布特(G. M. R.Turbutt)手里。图尔布特1905年1月23日把该书(已有些损坏)带给博德利图书馆的高级副馆长马丹(F. Madan),向他请教书的情况。因为古老的装帧,马丹把书展示给另一位图书馆员,英国图书装帧史的主要权威之一吉布森(Strickland Gibson),吉布森立刻认出了它的牛津装帧,几分钟后发现它是博德利图书馆旧藏的证据。马丹立刻给图尔布特写信,询问博德利重新购买该书的可能,对方没有明确答复,到当年10月末图尔布特回复说他从一位伦敦书商索特兰(Henry Sotheran)那里收到了三千英镑的出价,他代表一位未透露名字的美国书商。而图尔布特答应推迟一个月时间再答复对方,以便给博德利筹够这笔钱的机会。他又慷慨地把时间延期到次年3月31日止。可到1906年3月初,只筹到了一千三百英镑。3月12日馆长E. W. B. 尼科尔森在《泰晤士报》刊发了一封长信呼吁"所有牛津毕业生和老牛津人献爱心"。就要失去国家财富的消息成了全国新闻,3月17日有份晨报还为此配发了一幅漫画。实际上是美国收藏家福尔杰(Henry Folger)通过索特兰出价三千英镑,他预期可以出到三千五百英镑。通过民众捐赠,有些捐款甚至来自遥远的纽约、南非的德兰士瓦、苏丹喀土穆,最后捐赠被认领了。捐赠人达到八百馀人之多，平均每人三英镑。不过奥斯勒传记作者的说法是："危机时刻还是奥斯勒让斯特拉斯孔纳勋爵（Lord Strathcona）和其他几个朋友出钱帮图书馆购回了该书，馆长尼科尔森感动得落下泪来。"[1]应该与事实不符。1906年3月31日这本书回到了博德利。两周后奥斯勒在信中写道，尼科尔森今天告诉他，他收到索特兰的电报，就是那个出价三千英镑的人，现在愿意付给博德利一千五百英镑，以便能终生拥有图尔布特的对开本。可博德利却不愿放弃这次机会。该书曾在1916年博德利莎士比亚展览和1964年牛津莎士比亚展览中展出。[2]

对于和罗伯特·伯顿、约翰·洛克同属基督教会学院，奥斯勒颇感自豪，他们都是他多年的挚交。他在学院图书馆里发现了429种伯顿的私人藏书，因为伯顿每本书书名页上都有"Robertus Burton"或"R. B."的签名，这是伯顿遗赠的，还有580种给了博德利图书馆。他花很多时间待在学院图书馆里整理伯顿的藏书，发现其中有86种医学书籍，还有一本1602年的莎剧《维纳斯和阿多尼斯》。[3]

好友剑桥大学钦定医学教授奥尔巴特（Thomas Clifford Allbutt）回忆："有一天，我对他说：'你找初版本，我找最新一版。'而他回答：'我两个都要。'"

奥斯勒口袋里常装着书，一有机会就在路上读。一个学生记得其中有：丁尼生的《悼念集》、济慈的诗集《恩底弥翁》、蒙田随笔、《忧郁的剖析》、莎剧和埃德温·阿诺德的《亚洲之光》。他还邀请学生到家

---

[1] *William Osler: A Life in Medicine*, 345.

[2] Anthony James West, *The Shakespeare First Folio: The History of the Book, Volume II, A New World Census of First Folios* (Oxford: Oxford University Press, 2003), 113. 另见 *The Life of Sir William Osler*, vol. II, 44-47，而更详细的叙述见 Emma Smith, *Shakespeare's First Folio: Four Centuries of an Iconic Book* (Oxford, United Kingdom: New York, NY: Oxford University Press, 2016), 72-85。

[3] *The Life of Sir William Osler*, vol. II, 200-201.

里，展示他喜欢的藏书，告诉他们关于作者和主题的历史。他讲得如此简洁而生动，听者动容，无法忘怀他当时的兴奋表情。

1908年奥斯勒到巴黎访学，去参加亨利·伯格森关于贝克莱大主教的讲座时，特意带去了贝克莱的各种老版本，伯格森看了说这些书早已绝版了。1909年去意大利佛罗伦萨等地游历，3月3日在给朋友的信中谈到在佛罗伦萨旧书店买到一本很好的1476年的亚里士多德《论动物解剖》（威尼斯版），还有一本精美的盖斯纳《希腊语—拉丁语词典》。他在罗马买了三册1543年的维萨留斯《人体结构》初版本（三百法郎），一本自己留着，一本给马里兰医学与外科学院的弗里克图书馆，一本给麦吉尔大学图书馆。麦吉尔这本初版的《人体结构》上面有奥斯勒的签名和题词："我很高兴把这本漂亮的初版本送给母校的图书馆。这里的解剖学在维萨留斯的精神指引下开展了精确而彻底的研究工作。"可他忘了，六年前已经送过一本给麦吉尔了。他对佛罗伦萨旧书店评价很高，认为奥尔斯基是欧洲最好的一家书店，书架上有五百种摇篮本，其中有本1476年的 *Silvaticus*，大对开本，是博洛尼亚最早的印刷品之一，触手如新。奥尔斯基要价一千五百法郎，他觉得还是到拍卖会上买便宜。[1]

当时医学书籍价格便宜，他买了几册1628年初版的哈维《心血运动论》，价格八到四十八英镑不等，而到20世纪末，克里斯蒂拍卖行卖到了五十五万美元。

他在自己的藏书目录中写过一段关于苏富比拍卖的题记，1907年3月23日出售美国人范·安特卫普的藏书，拍卖于下午一点开始：

---

[1] 关于奥尔斯基书店的情况参见：*Olschki 1886–1986, un secolo di editoria*, Cristina Tagliaferri, Stefano De Rosa, prefazione di Eugenio Garin. 1. La Libreria antiquaria editrice Leo. S. Olschki (1886–1945) —2. La Casa editrice Leo S. Olschki (1946–1986) (Firenze: L. S. Olschki, 1986).

拍卖师汤姆·贾奇坐在长方形桌子末端突出的凳子上主持，桌子周围坐着二十来位买家、主要英国书商委托人或代表。屋子周围有25或30个旁观者，大多坐着，也有几个站着。……

特别关注的第一个拍卖是1817年版济慈诗集，赠送版本，有济慈的题辞。从20英镑开始很快到70、80英镑，一瞬间落槌被夸里奇90英镑拍下。弥尔顿作品的珍稀版本《酒神之假面舞会》，由夸里奇出价50英镑开始，一镑一镑很快加到100英镑，最后162英镑落槌成交。什么都听不到，只是拍卖师单调的重复价格，他只看夸里奇和他对手的点头。……

然后是著名的莎剧第一对开本："威廉·莎士比亚先生的喜剧、历史剧和悲剧"，拍卖第191号，由贝德福德装帧的红色上等摩洛哥皮，装在由布拉德斯特里特制作的崭新红色摩洛哥皱皮长匣里。"我难以言表啊，先生们，"拍卖师说，"我只要求你们看看书然后出价吧。"特别关注的是博德利花3000英镑购买的价格纪录，是否能被超越。而情况特别的是，这个版本原是博德利收藏的。……之前有过第一对开本1720英镑的售出记录，3000英镑被认为是难以置信的过于昂贵的价格。……爱书人欢欣鼓舞的是听到夸里奇带头出了1000英镑，随后斯蒂文斯书店代表出价1500，然后价格攀升：1800、1900、2000、2400、2800，到3000停顿了一下。斯蒂文斯书店立即叫"50"，前面的纪录价格被超过，然后到3200。在3500英镑，斯蒂文斯书店停下来。一个纪录由夸里奇出价3600英镑获得该书而被创造出来。屋里所有的人都为他的胜利而欢呼。

第二对开本卖价只有210英镑（斯蒂文斯书店），第三对开本650英镑，第四对开本75英镑。单个剧本的对开本价格并没有达到以前拍卖的高价。

伦敦大学高级研究员安东尼·詹姆斯·韦斯特解释说莎剧这个第一对开本，代表了图书收藏的重要基准。（有四种书做过世界范围的普查，除了莎剧对开本，其他三种是《古登堡圣经》、奥杜邦《美洲鸟类》和哥白尼《天体运行论》。[1]）保罗·柯林斯在《对开本，你在哪里？》一文里提到 2006 年 7 月第一对开本的拍卖价格达到五百二十万美元（《斯密森学会月刊》，2006 年 9 月号）。

1914 年起他开始用大量时间编写自己的藏书目录（剑桥大学图书馆的查尔斯·塞尔也曾提供帮助）：

第一，科学，包括医学传记书目。
第二，关于这一主题的二手文献。
文学，关于医生或医生写的文学著作。
历史，医学史的著作。
传记。
目录学，关于书的书。
摇篮本。
手稿。

他写了不少题跋附记：

个人回忆："我曾看见达尔文……"（他父亲和达尔文都是贝格尔号考察船的成员。）

稀奇的轶事：加利克（Garrick，英国 18 世纪著名演员和戏剧

---

[1] Giles Mandelbrote (ed.), *Out of Print and into Profit: A History of the Rare and Secondhand Book Trade in Britain in the 20th Century* (London: British Library; New Castle, DE: Oak Knoll Press, 2006), 3–5.

作家）在山上写了著名的警句："医术和滑稽剧，皆非他所长／他的滑稽剧是医术，而他的医术是滑稽剧。"

如果奥斯勒活到完成他的书目笔记，那他的藏书目录会比他的课本更有可读性，更富于个人魅力和色彩。

他去世后把八千馀种珍贵藏书捐给了麦吉尔大学图书馆，其中有七千六百种医学的早期印本书。1929年牛津大学克拉伦登出版社出版了厚达786页的《奥斯勒藏书》(*Bibliotheca Osleriana*)。

说到奥斯勒和中国的渊源，奥斯勒纪念专号中收有一篇中国著名医生伍连德（Wu Lien-Teh，时任东三省防鼠疫全权总医官，中国总统特医）的文章《对英格兰威廉·奥斯勒爵士的回忆》[1]：1910—1911年，满洲发生鼠疫，五个月里满洲和中国北方有六万人死亡，1911年4月十一个国家的科学家在奉天出席万国鼠疫研究会议，伍连德作为会议主席，收到奥斯勒的来信，祝贺中国医生防治鼠疫的成就。他要伍提供有关鼠疫治疗的知识，因为当时医学界对此了解不多。伍高兴地满足了他的要求。这个信息出现在他下一版的教科书中，奥斯勒的这部著作当时已经译成了中文[2]，由此他们开始通信。1911—1912年，伍作为中国政府的代表到海牙参加鸦片会议，奥斯勒邀请伍到牛津的家中，见到了其夫人与公子（1917年在法国阵亡）。1913年8月召开国际医学大会，世界上有七千名医生参加，奥斯勒担任大会副主席之一。对于伍的大会发言，他握住伍的手表示最衷心的祝贺，说"你是位地道的心理学家"。8月6日又邀请伍参加皇家协会俱乐部的晚宴，同席的有保罗·埃尔利希等

---

[1] Wu Lien-Teh (G. L. Tuck), "Reminiscences of Sir William Osler in England," in *Sir William Osler*, 388-391.
[2] 指《医学的原理与实践》，中译为《欧氏内科学》，欧司勒（W. Osler）原著，高似兰（Philip Brunelleschi Cousland）口译，杜天一笔述，上海：中国博医会，宣统二年（1910）。

二十四位外国客人。而次年"一战"爆发,彼此的通信才中断。伍这样评价奥斯勒:"他是一个伟人,一位非凡的教师,一个全能的医生,一位公正的法官,一个忠实的朋友,一位精确的史家,一个举世无双的交谈者。"伍连德在自传《鼠疫斗士》里也提到了他跟奥斯勒这段交往,以及他受国际医学博物馆协会秘书长,加拿大麦吉尔大学的莫德·阿博德(Maude E. Abbott)女士之邀写这篇文章的经过。[1]

每次捧读奥斯勒,都被他深厚的人文主义关怀所吸引,他不但是伟大的医生,还是伟大的人文主义者。2007年广西师范大学出版社引进了台译本的《生活之道》[2],这是他关于医学的演讲选集,里面收有《人与书》《汤玛斯·布朗爵士》《旧人文与新科学》等重要文章,希望有人译介他那本谈书史的作品《一个阿拉巴马的学生》(里面有很多珍本书影),这本书将展示一个全新的爱书人奥斯勒的形象。

---

[1] *Plague Fighter: The Autobiography of A Modern Chinese Physician* (Cambridge: W. Heffer & Sons, 1959), 526-527.
[2] 威廉·奥斯勒《生活之道》,日野原重明、仁木久惠编注,邓伯宸译,桂林:广西师范大学出版社,2007年。台版为:《生活之道:现代临床医学之父奥斯勒医师生活与行医哲学》,台北:立绪文化事业有限公司,2006年。

荷兰爱书人弗修斯

说起 17 世纪荷兰黄金时代的人文主义者和藏书家艾萨克·弗修斯（Isaac Vossius，1618—1689），知道的人恐怕不多，而谈起荷兰莱顿大学图书馆和瑞典女王克里斯蒂娜的图书馆，知道的人就不会少了，莱顿大学图书馆就是在购买弗修斯藏书基础上建立起来的，而克里斯蒂娜图书馆的发展，弗修斯在其中起了重要作用。

布洛克（F. F. Blok）的著作《艾萨克·弗修斯和他的圈子》[1]，用了大量书信等第一手材料，主要叙述了艾萨克·弗修斯 1641—1644 年国外访书之旅和 1649—1655 年他在瑞典女王克里斯蒂娜宫廷生涯的两段个人历史。

家世与朋友

艾萨克·弗修斯 1618 年出生在荷兰莱顿，他父亲格拉尔杜斯·约翰内斯·弗修斯（Gerardus Johannes Vossius，1577—1649）是著名的古典学家，1632 年起任阿姆斯特丹雅典学院（Athenaeum Illustre）教

---

[1] *Isaac Vossius and His Circle: His Life until His Farewell to Queen Christina of Sweden, 1618-1655*, trans. Cis van Heertum (Leiden; Boston: Brill, 2012).

授。艾萨克·弗修斯的几个弟兄姐妹都有很高的天分，大哥狄奥尼修斯（Dionysius）是一位东方学家和历史学家，他出版过一册迈蒙尼德的《论偶像崇拜》(*De idololatria*)，希伯来原文附有拉丁译文和注释。大姐科妮莉娅（Cornelia）对音乐、素描和绘画有极高天赋，除拉丁语外，还通晓法语、意大利语和西班牙语。因为有良好的家庭教育和丰富的藏书，弗修斯兄弟可以自由学习自己感兴趣的科目。年纪轻轻，他们就以学者的面貌出现，并在文人共和国里获得认可。

有一个学者对艾萨克·弗修斯的成长有决定性作用，他就是法国古典学家萨马修斯（Claude Salmaise，1588—1653）。萨马修斯长于早期基督教历史，特别是早期教会史研究。他编辑的德尔图良《论披风》(*De pallio*，1622）和阿诺比乌斯（Arnobius）的《反对异教徒》(*Adversus nationes*，1651）有极高的成就，因而跻身第一流文献学家行列。他接受莱顿大学邀请来校做研究，1632年到莱顿不久就和斯卡林杰（Joseph Scaliger，1540—1609）的学术继承人丹尼尔·海恩修斯（Daniel Heinsius）教授起了冲突，因为海恩修斯无法接受萨马修斯获得斯卡林杰的位置，跟他的前任一样不教课，年薪还是普通教授的一倍，高达两千三百荷兰盾和一套免费住房。而老弗修斯的薪资则是两千六百荷兰盾和一套有十二间房屋的免费住宅，光这个住宅的租金每年不下八九百荷兰盾，老弗修斯是当时这个国家薪资最高的教授。[1]

萨马修斯一到莱顿，就受到老弗修斯的欢迎。两家交往密切，互相频繁走动。萨马修斯到阿姆斯特丹拜访弗修斯一家，对他们家里那个藏书丰富的书斋印象深刻，他自己的藏书就非常寒酸了，萨马修斯根据自己的需要随时可以借阅书籍。萨马修斯把老弗修斯当作自己在荷兰的唯一朋友。艾萨克和萨马修斯一家非常熟络，成为他们家的一员。艾萨

---

[1] Dirk van Miert, *Humanism in an Age of Science: The Amsterdam Athenaeum in the Golden Age, 1632-1704* (Leiden; Boston: Brill, 2009), 51.

克在萨马修斯指导下学习希腊和拉丁语,萨马修斯还把自己收藏的写本给艾萨克看,如埃斯库罗斯、萨福、朗吉努斯(Longinus)等的作品。他还慷慨地允许艾萨克把珍贵写本带回阿姆斯特丹,如他在海德堡帕拉蒂纳图书馆抄写的《希腊诗选》(*Anthologia Graeca*),这是10世纪塞法拉斯(Constantinus Cephalas)编写的希腊讽刺诗文献。艾萨克归还时不敢邮寄而是托人当面交还给萨马修斯。

在老师的帮助下,1639年艾萨克出版了一册希腊地理学家塞拉克斯(Scylax)的《远航记》(*Periplus*),该书有艾萨克的拉丁译文和校订。艾萨克还计划准备一个托勒密《地理学》的版本,附有拉丁译文和注释。萨马修斯借给他两个从帕拉蒂纳图书馆抄写的本子,舅舅朱纽斯(Franciscus Junius)又从伦敦阿隆德尔(Arundel)伯爵图书馆借来两个写本,他舅舅是那里的馆长。可这个计划最后没有实现,可能是需要掌握更多数学知识的缘故。

艾萨克的好朋友尼古拉斯·海恩修斯(Nicolas Heinsius),是著名人文学者丹尼尔·海恩修斯的儿子,他们1637年11月结识,艾萨克十九岁,尼古拉斯比他小两岁。随后他们丰富的藏书开始在彼此间流动起来,他们互相交换图书与写本。当时文献学者要依靠自己的藏书,也需要他们朋友的藏书来工作,而且他们二人都是爱书人。另一个好友塞克斯(Jan Six),是一位优秀的拉丁语和荷兰语诗人,他的悲剧《美狄亚》于1668年出版,他还收藏有很好的意大利与荷兰绘画,伦勃朗认识他,给他画过两次画像。1647年伦勃朗画了他在书房窗口读书的画像。塞克斯的藏书大多是文学作品,如西班牙、意大利和荷兰作者。他和艾萨克一样,也是个书痴。他们一起在拍卖会上给自己的书斋寻找新书。有一次艾萨克在给尼古拉斯信中说他不会再和塞克斯一起去竞拍书籍了,因为他们老是互相竞争抬价。而这样的竞争没有影响他们的友谊。艾萨克说拍卖中的大量写本都被塞克斯高价竞得,而他自己也想获得这些书。

提到他得到的写本时，艾萨克说："它们让我破费了不少，都是因为塞克斯，他从不会让我便宜得到自己想要的书。这是我从他的友谊得到的坏处，而我们毕竟是朋友，友谊还会继续保持的。"

访书之旅

艾萨克一直想到国外去拜访图书馆和翻阅写本，买书和结识学者，像其他前辈文献学者一样。

艾萨克1641年4月30日到达伦敦，老弗修斯和英国教会高级教士和大学里的学者交往颇多，1628年在坎特伯雷大主教劳德（William Laud）提议下，英王查理一世给予老弗修斯以英国公民身份。艾萨克给这些英国朋友带去父亲给他们的亲笔书信和赠书：《异教神学》（*De theologia gentili*）。艾萨克1641年5月16日给父亲信里写道："我的心已摆脱任何形式的困扰和危险，而沉浸于书本的喜悦里。"在书里，当然是在写本里了（in libris, in libris manuscriptis）。

艾萨克的舅舅朱纽斯，1620年来到英国成为阿隆德尔伯爵托马斯·霍华德的图书馆馆长，艾萨克在该图书馆看到了很多写本。他发现了塔西托的写本《日耳曼尼亚志》不同版本，并做了笔记，他还从伦敦皇家图书馆抄写了不少写本的残篇。图书馆的这些写本激起艾萨克浓厚的兴趣，他被允许在自己房间里翻阅它们，这是给予图书馆长的特权。它们主要是希腊地理学家和文法学家的作品写本。

在从伦敦发出的给他父亲第二封信里，艾萨克说他作为客人和阿马（Armagh）大主教及爱尔兰大主教厄舍尔（James Ussher）同桌吃饭。厄舍尔是劳德的盟友，也是老弗修斯的朋友。厄舍尔亲切接待了小弗修斯。他是一位聪明、有洞察力的文献学者，当时正认真准备伊格纳修斯的书信集。厄舍尔在弗罗伦萨的洛伦佐图书馆发现了一册又老又破的写本，其中有少量修订的伊格纳修斯书信希腊文本。尽管获得了官方的抄写许可，可还没有信得过的人选去佛罗伦萨去抄写。小弗修斯告诉厄舍尔他想去访问意大利的著名图书馆，包括佛罗伦萨的洛伦佐图书馆。

小弗修斯1641年8月17日来到巴黎，不久他去拜访了著名学者格劳秀斯（Hugo Grotius），时任瑞典驻巴黎大使。格劳秀斯是他父亲的好朋友，而小弗修斯早已认识格劳秀斯的夫人雷格尔斯贝赫（Maria van Reigersberch）和他的儿子彼得（Pieter）。小弗修斯也和格劳秀斯通过信，还送给他一册希腊地理学家塞拉克斯的《远航记》。信里艾萨克说想出一册托勒密的《地理学》，格劳秀斯回信说，有两个托勒密的写本，一本在巴黎皇家图书馆，一本在威尼斯一个大古董商手里。

艾萨克通过朋友萨罗（Claude Sarrau）介绍，进入科尔德（Jean de Cordes）和迪皮伊书房（Cabinet Dupuy）的图书馆。科尔德以前是里摩日的教士，有一个很大的图书馆，1642年去世后，图书馆被马扎林买下。在里戈（Nicolas Rigault）监管下的国王图书馆，也对他开放了。在给父亲的信中，艾萨克说："就这一个图书馆就比全荷兰和我们其他省的写本都多。"亚历山大·佩塔的图书馆（Petaviana），是继承自父亲，他允许学者自由进入图书馆使用图书和写本。艾萨克在里面翻阅了不少讽刺诗的写本，包括马提雅尔的作品，这是他特别研究的。后来艾萨克为斯德哥尔摩的皇家图书馆获得部分佩塔图书馆的写本。上述讽刺诗写本和其他稿本最后一道成为他自己的写本收藏。而普瓦特路（Rue des Poitevins）的德图府邸（Hotel de Thou）也有很多书和写本，这是德图兄弟（Francois-Auguste and Jacques-Auguste de Thou）的住处，他们是著名的治安法官兼史学家德图（Jacques-Auguste de Thou，1553—1617）的儿子。这所高贵的图书馆（Thuanea），由他们的侄儿迪皮伊兄弟（Pierre and Jacques Dupuy）管理，坐落于德图府邸。艾萨克可以把这些图书馆的书带回住处，给父亲信里说："我想我房间里的写本数量和我们整个家里的数量一样多了。"

德图图书馆有更好的印本书与写本收藏，巴黎很多学者把这个图书馆当作每天的聚会场所。每天晚上他们都在迪皮伊兄弟的书房碰面，在这里可以听到最新出版书的消息，也一起讨论文学、历史和哲学，评论物理实验和内外政策，以及一切他们认为重要的事。迪皮伊书房的拜访者可以参加他们的讨论。这个迪皮伊书房拥有很大的思想自由，不论罗马天主教徒，还是胡格诺教徒和自由思想者都可以彼此说心里话。耶稣会士丹内斯·佩塔（Denis Petau）、格劳秀斯和尼古拉斯·海恩修斯都是该书房著名的成员。早在1639年艾萨克就把自己介绍给了书房的学者。艾萨克把自己编的书《远航记》送给迪皮伊兄弟，也被书房学者们仔细翻阅过。没有这个自我介绍，艾萨克是不会被允许进入书房的。这个圈子的朋友当然是严格私人性的。只有获得创始成员主人迪皮伊兄弟之一的推荐，才会被允许进入图书馆，翻阅图书，和圈子里的朋友走动交谈。艾萨克经常访问书房，在他1641年停留巴黎三个月里和1643—1644年从意大利返回后结识了很多著名学者。离开巴黎时，迪皮伊兄弟为他写了一封给诺代（Gabriel Naudé）的介绍信，诺代也是书房成员，当时在罗马任红衣主教巴尼（Bagni）的图书馆馆长。

艾萨克到佛罗伦萨前路过比萨，见到了比萨大学教授高登齐奥（Paganini Gaudenzio）。通过高登齐奥与托斯卡纳大公美迪奇·费迪南二世的良好关系，艾萨克获得允许在1642年2月23日进入洛伦佐图书馆阅读书籍和抄写写本，并做笔记。2月末艾萨克开始在图书馆工作。尽管艾萨克对洛伦佐图书馆提供的服务不满意，而他处于一个有很多未刊布作品（inedita）宝藏包围中，所有这些他都想抄写下来以增加自己的藏书。他也对自己有限的能力很不高兴。"如果我是一个百手巨人（hekatoncheir），那我会认为自己是最快乐的人！而我只有一只手完成这些，抄写时怎么会那样灵巧自如呢？"

艾萨克在洛伦佐图书馆主要关注那些未发表的希腊文作品，他感到遗憾的就是没看到波菲利（Porphyry）的《反基督徒》（*Adversus Christianos*），这本反对基督教的书，写于3世纪，他认为是在基督教的罗马教皇统治下被毁了。而他成功抄写了阿里安和乌尔比西乌斯（Urbicius）论军事战术的写本，他对此感兴趣，后来还想编一部谈军事战术的论集。而艾萨克最重要的收获就是厄舍尔想得到的伊格纳修斯的书信集（美迪奇抄本 VII，7），这份稿本显然不全，因为缺少伊格纳修斯写给罗马人的信。他还不确定是否通知厄舍尔这个发现。在佛罗伦萨，他从1642年2月末待到5月初，同年9月末到12月初，还和很多佛罗伦萨著名人物成为朋友。

等艾萨克来到罗马时，诺代因为接任马扎林图书馆馆长而离开罗马，他受到红衣主教巴贝里尼（Francesco Barberni）图书馆馆长霍尔斯特尼乌斯（Lucas Holstenius）的热情接待。该图书馆收藏的书和写本极为丰富，在罗马仅次于梵蒂冈图书馆。通过霍尔斯特尼乌斯介绍，艾萨克与阿拉提修斯（Leo Allatius）认识，得以进入梵蒂冈图书馆。因为宗教节日，艾萨克没能在梵蒂冈图书馆工作太久。

9月底艾萨克离开罗马回到佛罗伦萨。因为洛伦佐图书馆的人员和他很熟悉了，这回他抄写乌尔比西乌斯每天可以允许工作八小时，后来他喜欢多久都可以。到10月中旬他确定不用三周就可以完成工作了。在抄写第十二卷，也是最后一卷时，其中有不少混乱的页码，很不好辨认识读，这又额外花了不少时间。12月6日他写给父亲的信中说："终于完成乌尔比西乌斯，我要离开佛罗伦萨了。"艾萨克为自己的图书馆获得了一大卷未发表过的作品。而老弗修斯感到自豪的是儿子的学识与礼貌可以赢得有高度教养的意大利人的赏识。

艾萨克来到威尼斯，这里有贮存红衣主教贝萨里昂收集的希腊写本的圣马可图书馆，可外国人只允许在远处看一眼，而不能阅读和抄写它们。艾萨克来到米兰，在安布罗斯图书馆工作了很短时间，他说这是"全意大利设施完备仅次于梵蒂冈的图书馆了"。该馆在人文学者中声誉很好，每天开放，对外国人也很慷慨。但艾萨克离开米兰时却很不满意，因为这里不让抄写那些没发表过的写本。后来艾萨克在几个地位很高的绅士帮助下才抄写了一点儿未刊写本。他在这里抄写了些拜占庭次要作者的作品，还有已发表的马提雅尔的三个写本。他认为重要的卡图卢斯的两个写本，他抄了其中一部。1643年7月上旬他回到巴黎。正巧格劳秀斯的秘书空缺，因而艾萨克接任秘书。他父亲也很高兴，因为他可以从格劳秀斯那里学到很多东西。而巴黎学者们好奇艾萨克离开的这两年里遭遇如何。迪皮伊书房的人热情欢迎他，可现在气氛已经很紧张了。因为1642年9月12日书房最受爱戴的成员德图（Jacques-Auguste de Thou）因为参与反对黎塞留的活动而在里昂被砍头。这一事件让书房所有成员都深受打击，尤其是黎塞留通过这次绞刑来证明即便在文人共和国里思想自由也受到限制。

巴黎学者圈对艾萨克在洛伦佐图书馆发现的写本印象深刻，1643年7月25日格劳秀斯写信给兄弟威廉（Willem de Groot）说，弗修斯看到了很好的伊格纳修斯的写本。问题来了，为什么艾萨克没有告诉他自己已经抄写了呢？一周多后里韦（André Rivet）从海牙写信给萨罗说弗修斯已经获得了这个写本。里韦还说厄舍尔也想得到它以便使伊格纳修斯书信得以完整出版。和父亲商量后，艾萨克决定不把写本给厄舍尔，而由自己在荷兰出版。

1644年8月28日艾萨克离开巴黎启程回国，行李中有两册格劳秀斯的《对旧约书的注释》（*Annotata ad Vetus Testamentum*），一本给格劳秀斯的兄弟威廉，一本给他父亲。更多的是贵重的书籍，以及对他极为重要的所有抄本、校样和笔记。10月12日艾萨克回到阿姆斯特丹，这时他已阔别家乡三年之久了。

弗修斯的收藏活动

艾萨克·弗修斯在1641—1644年期间曾有英、法、意大利的访书之旅，达三年之久。回到家后，他开始整理旅行中获得的材料，这些抄本都是他从国外图书馆抄写的未出版过的古典文献。到1645年底，他收藏了二百部以上的写本，大多是通过拍卖等渠道获得，很多费钱不多，而对他尤为重要的写本就不计价格了。到1646年底，他的写本收藏达到约四百部，而质胜于量。主要是古典文本，而东方手稿，因为他读不懂，就通过交换古典文本来卖掉。而那些有精美首字母和细密画的手绘写本，通过豪华装帧获得独特价值的版本，反而在他的藏书中不受欢迎。1646年秋在海牙，他从波希米亚女王的私人医生鲁姆普夫手里买到一部写本，其中有奥利金的作品。这是医生在沃尔姆斯（Worms）图书馆被洗劫后从一个士兵手里低价购买的。艾萨克说花了四百荷兰盾再加十到十二册次要作品。他不认为自己买奥利金写本花了高价，以他渊博的古典文学知识和对已出版的古典文献的了解，他立刻发现其中有两部这位希腊教父未出版的作品：保存的写本里大部分是奥利金对《马太福音》的注释和《祈祷辞》。后一作品仅此一个写本。艾萨克立刻确认这是可靠的奥利金的作品。这部艾萨克1646年得到的写本（现藏剑桥大学图书馆）是奥利金文献传统重要的来源。格劳秀斯希望艾萨克依次出版伊格纳修斯、他的碑铭收藏（他有三千种未发表的碑铭）和马提雅尔。因此艾萨克于1646年秋在阿姆斯特丹先出版了伊格纳修斯书信集（1680年伦敦又出了第二版）。

艾萨克与著名的阿姆斯特丹出版商布劳兄弟关系很好，他居中介绍，帮助出版了法国学者的作品，如布罗（Ismael Boulliau，1605—1694）的作品《菲洛劳斯》（*Philolaus*，1638）。他还帮助出版格劳秀斯编订的《希腊诗选》。因为格劳秀斯是一个讽刺诗人的崇拜者，他自己提供了拉丁文翻译。格劳秀斯非常信任艾萨克，在他1645年离开巴黎启程去面见瑞典女王克里斯蒂娜时，全权委托弗修斯父子帮他处理出版事宜。瑞典之行对格劳秀斯是致命的，归途中因为船只失事，他感染肺炎而于8月死于罗斯托克。后来因故该书未能出版，《希腊诗选》拉丁译文手稿保存在艾萨克手里，而格劳秀斯提供的希腊原文已经遗失，这部拉丁文手稿现藏牛津大学博德利图书馆。格劳秀斯的拉丁译文近一个世纪后才由博世用五卷四开本出版。

1648年7月，艾萨克访问尼德兰南部，拜访了布拉巴恩特和弗兰德斯。在安特卫普他与格瓦尔特斯会面，格瓦尔特斯研究1世纪拉丁诗人玛尼利乌斯（Manilius）。还给艾萨克看自己收藏的玛尼利乌斯写本，艾萨克认为其来自七个世纪前的Gembloux抄本。8月19日他来到布鲁塞尔，遇到格瓦尔特斯的学生，令人愉快和讨人喜欢的学者阿尔伯特·鲁本斯（Albert Rubens），他是画家鲁本斯的大儿子。阿尔伯特任国王领事的秘书，闲暇时研究古典语文学。这次旅行，他不但和学者会面，还拜访图书馆和购买书籍，买了不少珍稀的书籍以扩大自己的藏书，其中有少量的写本，包括一部没有出版过的阿庇安的《伊利里亚》（*Illyrica*）。

而他在1649—1655年期间曾有六年瑞典女王克里斯蒂娜希腊语教师和皇家图书馆馆长的生涯。

瑞典女王的希腊语教师

艾萨克接受古典学家，乌普萨拉大学历史教授弗雷恩舍缪斯（Johannes

Freinshemius）代表瑞典女王克里斯蒂娜发出的邀请而访问瑞典。他1649年3月21日来到斯德哥尔摩，次日女王克里斯蒂娜接见了他。此时老弗修斯已于3月17日去世，22日安葬。阿姆斯特丹市政当局希望艾萨克接替他父亲的教职，而他拒绝了。5月28日，女王签署谕旨命艾萨克在宫廷当差，年薪两千银币。因此艾萨克决定定居瑞典，并把藏书从阿姆斯特丹运到瑞典来。艾萨克这时不过三十岁左右，获得的皇家津贴比荷兰普通教授高三倍之多。他住在皇宫里，每天和二十二岁的女王友好相处。他负责指导女王的学业，尤其是希腊语。

弗雷恩舍缪斯当时任皇家图书馆馆长，艾萨克帮助他收集图书。1647年沃尔姆茨（Olmuetz）图书馆运抵斯德哥尔摩，随后尼科尔斯堡（Nikolsburg）的冯·狄特里希斯坦因（von Dietrichstein）家族丰富的藏书也合并到皇家图书馆。女王还从格劳秀斯遗孀手里花两万四千荷兰盾购买了格劳秀斯的藏书。1648年7月，瑞典军队占领布拉格伏尔培瓦河（Moldau）河左岸区域，其中的赫拉丁（Hradcin）皇家城堡，那里有日耳曼皇帝，特别是鲁道夫二世的艺术宝藏和图书与写本收藏，都被打包运到斯德哥尔摩。

弗雷恩舍缪斯、艾萨克和波克勒（Johannes Boecler）负责查看运回来的这些布拉格藏书。其中有Codices Chymici，这是一批关于炼金术的写本。突然一部写本打断了他们三人的翻阅工作，这是一部福音书抄本。这部"银色抄本"（Codex Argenteus），是4世纪由乌尔菲拉斯主教翻译成哥特体的圣经译本。原稿有336叶，现存187叶，其中大部分是四福音书残篇。这部福音书文本以纤细的字体，用银色字，有时用金色字迹，写在褪了色的紫色羊皮纸上，因而被称为"银色抄本"。这部写本在位于鲁尔河畔埃森镇的威尔顿本笃会修道院保存了多个世纪，16世纪被学者发现，到该世纪末就从该寺院消失了。最后它被布拉格的皇帝鲁道夫二世占有，而被瑞典士兵在一个布拉格圆桶里发现。

源源不断的书籍和写本涌到皇家图书馆。1649年7月后,弗雷恩舍缪斯的日常工作就是整理图书馆。图书编目工作到1650年秋在艾萨克指导下才开始。他的两个抄写员常来编目,弗修斯选了几部写本,其中包括"银色抄本",他把这部抄本放手边时常翻阅。

皇家图书馆又得到两批藏书,其中之一是已故老弗修斯的藏书,女王花两万荷兰盾从艾萨克母亲手里买到。这批藏书数量不小,因为到1622年左右,其目录已经有2452项纪录了。第二批藏书就是艾萨克自己的了,也放在皇家图书馆。这批藏书没有编目,据艾萨克说,藏书极多,古典时期的作者一个不落,有五百部写本。艾萨克并没有把全部藏书都运过来,而把其中一些重要写本留在了阿姆斯特丹的家中。

艾萨克爱好搜寻书籍和写本,特别关注把古典作者的文献补充到自己图书馆里。我们已经看到他在国外旅行期间亲自到几个图书馆抄写还没有发表的重要写本以扩充他的藏书。他还想获得国外图书馆写本收藏目录来发现重要的未发表的文本,他舅舅朱纽斯在1648年旅居瑞士期间就为他编写了巴塞尔和伯尔尼城保存的古典写本的目录。

在斯德哥尔摩,他推荐女王用同样的方法来扩充自己的图书馆。在女王支持下,他要求朋友们送来写本收藏目录,有时想全部或部分买下这些收藏,特别关注那些未发表的写本。他给伦敦的厄舍尔写信,以女王的名义要求获得其藏书里,以及罗伯特·科顿(Robert Cotton)图书馆和皇家图书馆最好的古典写本目录。他还写信给巴黎的萨罗,说女王要获得包括佩塔、黎塞留和马扎林图书馆在内的全部写本目录。1652年,尼古拉斯·海恩修斯还帮助他们实现计划,送给女王一份佛罗伦萨洛伦佐图书馆发现的未刊本目录。艾萨克和外国朋友的通信内容都是关于希腊和拉丁作者的写本。他还派人去国外抄写重要写本。

1650年夏,艾萨克离开斯德哥尔摩,经阿姆斯特丹到巴黎。艾萨克帮助女王买下了亚历山大·佩塔藏书里的写本部分,大约有两千部。价格也很高，约四万里弗。在巴黎他与诺代见了面，诺代当时担任马扎林图书馆馆长。他们二人有共同的理想，就是梦想为两位强大的统治者建立一个特大的图书馆，可以不用管资金问题而完全根据自己的眼光。诺代经过八年的艰苦努力，快要实现这个梦想了。弗修斯仍处于建造图书馆的初始阶段，斯德哥尔摩皇家图书馆的扩大规模是因为1647年其藏书大量增加才认真开始的。帕廷（Gui Patin）在1650年7月26日的信中提到，不久前，诺代让弗修斯参观了他的图书馆。弗修斯参观马扎林图书馆，无疑会考虑斯德哥尔摩图书馆的大小、结构和功能。因此他坚信不会让自己的图书馆落后于马扎林图书馆。他敢于接受这个挑战，对帕廷说："我的图书馆将是欧洲最好的图书馆，会远远超过红衣主教马扎林的图书馆。"看来尽管当时弗雷恩舍缪斯是图书馆馆长，而实际负责的则是弗修斯了。

皇家图书馆馆长

弗修斯9月初回到斯德哥尔摩，随后被任命为皇家图书馆馆长，负责书籍和写本的安置与上架。1651年5月底或6月初，弗修斯一年前在巴黎买的约一万里弗的书籍和写本运到，还有佩塔图书馆的两千部写本。另有四百部女王从高尔明（Gaulmin）那里买的东方手稿。在佩塔图书馆的写本里，弗修斯发现了萨鲁斯特《历史》的残篇，这是一部失传的五卷本，记述了公元前78—前67年期间的历史。这些残篇中记载有克里库斯（Crixus）和斯巴达克斯奴隶起义。

作为馆长，他最大任务是给印本书和写本编目，其次是整理图书馆。由弗修斯挑选的953部写本完成编目，其中有"银色抄本"和格劳秀斯《哥特史》（*Historia Gotthorum*）。其次是"坏书"，如 Codices

Chymici，弗修斯一直想通过交换古典写本来把它们处理掉。而来自不来梅（Bremen）的格尔德斯坦恩写本（Codices Goldastiani）和巴黎的佩塔写本（Codices Petaviani）也整理出来，但没有包括在编目计划里。然后最大宗的印本书等着编目，这个工作刚开始，目录第二部分只包括神学著作。

女王对马扎林图书馆兴趣很大，想整体购买。购买马扎林图书馆，其大量的印本书可以弥补她自己图书馆的缺漏。女王决定弗修斯可以继续负责写本部分，而印本书部分需要找专人来负责，因而弗修斯推荐了诺代。诺代1651年12月15日收到了弗修斯的信。他同一天回信给弗修斯。他接受了邀请，可要等红衣主教的许可。

萨马修斯的儿子克劳德向艾萨克借了不少钱。因为克劳德无法还债，艾萨克就向萨马修斯讨债，闹得双方不欢而散，势同水火。弗修斯1652年2月回荷兰探亲，因债务而把萨马修斯告上法庭。女王在5月1日给弗修斯信中发出命令，解除其图书馆馆长职位，不准他返回宫廷。因为女王认为弗修斯不听她的调停，这是对其权威的伤害。弗修斯回到阿姆斯特丹立刻撤销了对萨马修斯的诉讼，并给他写了道歉信，还把此事告知女王。而这封信，萨马修斯根本没读，直接烧了。

弗修斯这时想起他研究托勒密的文献，以及他的全部藏书，这些都在斯德哥尔摩。当萨马修斯拒绝女王的调解时，女王有些后悔，因为她不想永远失去弗修斯。女王想在合适时机再招回弗修斯。在流放期间，弗修斯编辑了卡图卢斯的作品集，后来在1684年出版，获得文人共和国的喜欢。

在弗修斯被免职后，女王邀请诺代来担任图书馆馆长。根据1651年巴黎议会决议，马扎林图书馆主要的图书被拍卖掉，诺代因而接受了任命。1652年9月13日他来到斯德哥尔摩担任图书馆馆长。诺代主要整理混乱的图书馆，到1653年4月底，写本收藏终于整齐有序一些了。

弗修斯留在斯德哥尔摩的藏书完全混在皇家图书馆里了，而皇家图书馆一片混乱，找一本书就是大海捞针。女王答复弗修斯说，如果他提供一份目录的话，那一本书也不会少。1653年3月22日冯·博宁根（Van Beuningen）跟女王汇报说收到了弗修斯留在皇家图书馆的图书清单，他把清单交给诺代，诺代答应当他碰到这些书就把它们留出来，可最后没有下文了。

5月中旬，诺代提出辞职，因而女王决定让弗修斯回来任职。而诺代和格劳秀斯、笛卡尔一样不幸，7月29日死于归途。弗修斯9月回到斯德哥尔摩，其时女王决定退位，派秘书从皇家图书馆和皇家艺术品收藏中挑选藏品，她把它们用轮船"新幸运号"带到国外。最后它们随女王被运到罗马，落脚于梵蒂冈图书馆。

因为弗修斯的藏书混到了皇家图书馆里，1654年3月，女王允许弗修斯从她的图书馆挑选，结果弗修斯就选了不少珍稀写本，运回阿姆斯特丹，整整装了十大箱。4月底，格雷维乌斯（Graevius）有机会看到这些书籍，他写信给格罗诺维乌斯说：这是多么辉煌的藏书啊，品种多么丰富，价值多么高啊！几乎所有代表了几个时代的最好拉丁作者的写本，除了希腊文、法文和德文之外，都是特别的，十分珍稀的版本。荷兰公共图书馆都没法与之相比。看来弗修斯回到斯德哥尔摩后，亲自挑选了这些藏书。

弗修斯在最后一次访问图书馆时为自己挑选了"银色抄本"。1662年，他以五百银币的价格把这部写本卖给了加尔迪（Magnus de la Gardie），加尔迪在1669年把此书捐给了乌普萨拉大学图书馆。弗修斯第二次又从皇家图书馆里面挑出了不少书运回海牙，格雷维乌斯于1654年7月17日拜访弗修斯，此时第二批书已经运抵阿姆斯特丹，他看到这些书后给格罗诺维乌斯信里说，每卷都值一千银币，特别是一卷西塞罗的哲学作品写本，在时代和质量上胜过欧洲所发现的其他写本。弗修斯说，其中没有十行,在刊行本中不被优雅地修订过,刊行本中有太多拼写变形、以讹传讹的地方了。他还有大量的未刊写本,谁看了都会欣赏和羡慕的。

女王欠弗修斯的薪资以及她答应帮萨马修斯的儿子还欠账,这些加起来总额达 5227 银币。因而弗修斯从女王图书馆里给为自己挑了五箱书。这批书从安特卫普运回海牙,他 1655 年已移居这里。1656 年 10 月 4 日弗修斯在莱顿拍卖藏书,而拍卖目录却让大家困惑了,因为拍卖的不是艾萨克自己的藏书,而是他父亲的藏书。而这些书已经卖给女王了。目录里有不下二千五百种图书,因而有人说艾萨克从女王图书馆把这些偷走了,这引起后来不少研究者和传记作者的争论。

1655 年 9 月,艾萨克与女王克里斯蒂娜告别,结束了他服务于女王的六个年头。从此,艾萨克退居海牙自己的书斋,投入著述生涯。

英国史家休·特雷弗-罗珀的世界

英国著名历史学家休·特雷弗-罗珀是 20 世纪牛津的伟大人物,属于以赛亚·伯林、汉普舍尔(Stuart Hampshire)、H. L. A. 哈特、A. J. P. 泰勒、鲍拉(Maurice Bawra)那一代著名的公共知识分子。自他 2003 年去世以来,研究者先后整理出版了多部遗著,欣内斯(Richard Davenport-Hines)出版了他的《战时日记》(*The Wartime Journals*)和书信《牛津书简》(*Letters from Oxford*)。最近他和罗珀的传记作者西斯曼(Adam Sisman)编选了《休·特雷弗-罗珀书信百封》[1],按编年顺序,在他几千封书信里精选了从 1943 年到 2001 年这五十八年的百封书信。编者在每封信开头有收信人和信件背景的介绍,并对其中所涉及的人和事加以详细注释,可以说这是罗珀的信中生涯。罗珀学术生涯辉煌,1957 年成为牛津大学钦定近代史讲座教授,1979 年受封为格兰顿的达克雷勋爵(Lord Dacre of Glanton),1980 年被任命为剑桥大学彼得豪斯学院院长。而他交游广泛,不止和欧美学界人士,和国内外政界人士也有密切交往,如英国首相哈罗德·麦克米伦、巴基斯坦总统布托(Zulfikar Ali Bhutto)等人。所以这部书信集展现了一幅广阔的人生画卷。他妙语连珠,高见纷陈,读起来也赏心悦目。书信编者认为罗珀继承了萨维尼夫

---

[1] *One Hundred Letters from Hugh Trevor-Roper* (Oxford: Oxford UP, 2014).

人的书信传统，因而他作为作家是第一位的，历史学家是第二位的，这部书信集不只有历史价值，更有文学价值。罗珀书信中的话题广泛，从读书到旅游，从对学界内幕的臧否到对政治风云的评述，都留下颇有价值的文字。因而这里结合《牛津书简》加以介绍。

读书

　　罗珀作为一位书痴，关于读书的话题成为书信里一个重要的内容。他酷爱阅读，他在1968年7月2日给经济史家诺特斯坦（Wallace Notestein）的信中讽刺老对头罗斯（A. L. Rowse）即将开始的美国讲学之旅："这是怎样的生活！我不能不羡慕他的精力和机动性。而我是如此依赖自己的书籍——我自己的书，带有索引和边注——以至于我不能在两个不同的地点生活与工作。"写信时他正阅读格劳秀斯（Hugo Grotius）稍早期的书信，格劳秀斯是他新的历史英雄，他正在按顺序通读他那"七大卷厚厚的四开本"书信集。他在其中发现了一封雅各-奥古斯特·德图（Jacques-Auguste de Thou）致格劳秀斯的精彩信件，时间是1615年5月15日。德高望重的德图说："有一件让我难过的事就是，你把自己太多的时间用于争吵了。我请求你离开那个角斗场，继续写你伟大的《历史》，它让我们所有人翘首期盼。我现在已经老朽而疲倦了，被忘恩负义之辈和这个堕落时代的嫉妒弄得心灰意冷。我现在已经停止写作，而我还要把火炬交给那些能继续这一工作的人……"对于这封父亲般的来信，格劳秀斯以恰当的谦恭态度给予答复。他为自己的论战作品辩护：他说，他为真理之争而战，他现在感谢他导师的忠告。"被你的威望所说服，也顺从我自己的癖好，从现在开始我决定避开所有无谓的论战。我继续完成我的《历史》。"这是一个好的道德故事，一个高贵的实例。而他又看到就在格劳秀斯写给德图虔诚词句的同一天,他写的另一封信,信是写给丹麦修道士瓦劳斯(Walaeus)。"尽管有很多困惑让我分心,"这位新近改过自新的哲学家说,"我禁不住诱惑读了索齐尼(Socinus)的书《仆人耶稣》……当我看到没人答复他那糟糕的论点时,我想我有责任去进行辩论。在伟大的战争中,甚至在小冲突中也要使用……"看来格劳秀斯没有听从德图的劝告,忍不住又想参战了。罗珀幽默地说:"我克制着没从这个故事里得到什么教训。可你至少看见我在努力工作、读书,我希望自己在写作,而我的笔却移动得如此勉强:我笔尖的墨水是糖浆,可我想,我想。"

他读过全部布克哈特,大部分尼采和兰克的主要作品,他也阅读大部头和难读的书,如1979年4月读司马迁的《史记》等。他还喜欢重读喜爱的书,如乔治·摩尔《欢呼与告别》、《堂吉诃德》、鲍斯威尔《约翰逊传》、《金枝》(初版两卷本,而不是后来那套不可容忍的篇幅)、《卡拉马佐夫兄弟》、道蒂(Doughty)《阿拉伯沙漠》。他说要阅读那些文学名著和写得优美的学术作品,这是他选书的标准。而他接受过古典学的训练,因而对古希腊罗马的作品非常熟悉,信中满是他信手拈来的希腊、拉丁文引语。他喜欢4到5世纪,特别是圣奥古斯丁(《忏悔录》读过三次)和圣哲罗姆。他说哲罗姆的书信很让人发笑,特别喜欢其中一封信,哲罗姆敦促虔诚的女士们用她们尖叫的孩子去让顽固不化的异教徒老公改信基督教:"'当他看到父亲时,让他跳到他的大腿上,搂着他的脖子,对他不情愿的耳朵唱**哈利路亚**。'这就是罗马上流社会场景:伟大的夫人和她们训练的阉人,以及顺服、贪婪而无拘无束的教士待在一起。而圣哲罗姆对美食的爱好也在和他的新教徒精神做斗争,而他对文学的爱好也与对音乐的憎恨做斗争,等等。伊拉斯谟喜欢他非常奇怪。而我没有读过武大加译本,也许我必须读。"

他认为彼得·布朗关于奥古斯丁的书非常好,把它选为《星期日泰晤士报》去年自己的年度图书,他"还试图让艺术协会给它发一个文学奖。它除了学术和才华不说,也写得非常好。现在英国只有很少的学者尝试写得优美(美国,当然他们要更坏了)"。

吉本与布克哈特

他最喜爱的历史学家有吉本、克拉伦敦和布克哈特。1951年1月6日给贝伦森(Bernard Berenson)信中说:"我过去认为历史事件总有深层的经济原因,而现在相信纯粹的历史闹剧占据了远为广阔的历史领域。吉本在这个主题上是比马克思更可靠的向导。我确信意大利的历史进一步证实了我的理论。"[1] 1947年10月23日给罗素的妻子艾丽丝(Alys)信中谴责"汤因比所谓的历史洋流。它是传奇故事、哲学、神学、宣传者,是你喜欢的任何东西,可就不是历史。与汤因比这类作品相比,我更喜欢大仲马《三个火枪手》或更好的瓦尔特·司各特爵士的传奇故事。不过每一代人似乎都需要他们的胡说八道"。

1992年1月21日给古典学家希尔(James Shiel)的信中他这样批评汤因比:"我认为那个'世界史'是不可能的,用他们的话来说——或者用黑格尔、兰克、斯宾格勒和马克思主义者的话。历史课程,在我看来,必须要获准走出历史:它们是复杂、推测性的和有条件的。一门'历史科学'的想法是19世纪末20世纪初的实证主义者所主张的,对我来说它就是幻想。在历史中只有习惯,而没有历史规则。所以我喜欢的历史学家是吉本(从没有采用高速的战术来尽快拖垮对手)和雅各布·布克哈特,后者的历史理解如此敏锐,以致19世纪所有历史学家

---

[1] *Letters from Oxford*, 56.

中只有他独自一人的预言成功了,他小心翼翼却准确无误。正如希罗多德所说:'这就足够了。'"

他在另一封给贝伦森信里说:"我现在正重读,已读了多次了,那位所有历史学家中最伟大的人物,我继续声明:他就是吉本。他是一位多么好的作家啊!要是现今历史学家们能像他一样写作该多好!脚注的艺术已消亡殆尽,讽刺的天赋又消失无踪!我带着一卷吉本到希腊,在伊米托斯山(Hymettus)和克里特岛上阅读。我甚至在伊塔蒂(I Tatti,引者按:指贝伦森在意大利的别墅)偷偷读他,那里其馀四万卷图书围在我身边急切吵闹着要我去读。而我到现在还是欲罢不能。那里还有另一位伟大的史家克拉伦敦,他的著作我正从头读到尾,有一百万言。"[1]

对于另一位历史家布克哈特,他 1955 年 5 月 28 日给贝伦森的信里说:"我又再次读了布克哈特。他有多么精彩的历史心智啊!我一定写写他新的英文书信选(一篇给《新政治家》的文章还未刊出),它让我读了卡普哈恩(Kaphahn)的德文版,并重读了他关于文艺复兴、君士坦丁大帝的其他作品和他的《世界历史反思录》。确实让人获得了精彩的再发现。这位 19 世纪的历史学家对历史的力量看得如此透彻!这个阅读体验还在让我激动不已。"[2] 1957 年 7 月 10 日信中又说他因为要去俄国,感到遗憾的是必须把一本读了一半的好书留下,这就是布克哈特的《历史断片》,它在卡吉(Werner Kaegi)编辑的《遗稿》中发现,该书已在威尼斯出版了,罗珀正为波士顿的贝肯(Beacon)出版社的英译本写一篇导言。"布克哈特是多么伟大啊!我怀着对他有增无减的崇敬之心读过他写的每一个字。"[3] 1958 年 8 月 13 日,他又问贝伦森读过《历史断片》没有,"我认为他是一位非凡的历史学家,直到我突然遇到了

---

1 *Letters From Oxford*, 65.
2 Ibid., 171.
3 Ibid., 237.

类似瘫痪般的胆怯,偶然在他的思想前怯场而呆住了,如他对于穆罕默德、伊拉斯谟的看法。我觉得其中有不公正的地方,如他对思想的畏惧,他对'文化'的依恋,他对毁灭性的大众的恐惧,这范围多广啊!他是否是一个悲观主义者呢——唉,我担心所有最好的历史家都是。而麦考莱不是,弗洛德(Froude)不是,俾斯麦信徒西贝尔(Sybel)不是,特赖奇克不是,米什莱也不是。而我认为他们所有人与他们庸俗的乐观主义相比要更加糟糕"[1]。而1988年5月5日至11日给历史学者查尼(Edward Chaney)信里又说:"麦考莱在我看来,其一切才智,与吉本相比已大为过时了。阅读吉本,让人感觉是在聆听一个同时代人;而对麦考莱,则是在听一个高傲自满的维多利亚人讲话。布克哈特提到过吉本,当然也读过他的著作,但很冷淡疏远。他们**十分**不同,我猜想布想表现其独立性。吉本是一个坦率的自然神论者,而布克哈特是一个已抛弃基督教信仰的有很深宗教精神的人。吉本用孟德斯鸠的方法试图回答一个伟大的哲学问题——为何帝国会兴起和衰落?而布克哈特则以歌德的精神试图分析一个伟大文化的危机——一个世界文化取代另一个。我认为他们的不同也在他们处理早期基督教的遁世修道者上面最鲜明地表现出来。吉本蔑视他们,因为他们退缩,因为他们在文明危机时缺乏**德行**;布克哈特则尊敬他们,因为他们从腐败的世界抽身而出,并重新开始。我不认为布克哈特曾对吉本的作品表达过什么看法,而我认为可以推断得出。如果我是布克哈特,你就是尼采,我曾提醒过你,布克哈特是一个稍有些胆小的老绅士,有点被可怕的尼采吓坏了(尽管从他身上学到了不少)。"[2]

他通过吉本认识到风格的重要性:历史就是一门修辞艺术。1968年3月11日在给布雷南(Gerald Brenan)的信中分析了吉本的语言才能:"我将冒险向你为吉本辩护。我并没有发觉他洋洋得意。似乎对我来说,

---

[1] *Letters From Oxford*, 256.

[2] *One Hundred Letters from Hugh Trevor-Roper*, 332–333.

在真诚相信进步背后（与其说他洋洋得意，如与麦考莱相比，可要少得多了），而且在吉本身上来说，是细微、敏感，偶尔也有忧郁，而这些（比如）伏尔泰是完全没有的。我设想，到现在，我开始习惯于这种我几乎完全忽略的正式文体，而我欣赏其中所隐藏的一切更文雅、有讽刺性和人道的特点。所以我喜爱他极为确切的语言，对词语严格遴选以表达如此微妙和含糊不清的意思。与其他英国作家（因为没人能像托马斯·布朗爵士或道蒂一样写作）相比，我想我更愿意像吉本一样写作。而且我回忆起1940年弗兰克·帕肯汉姆（Frank Pakenhanm）对我的一个评论，他说：'我正读你关于劳德的著作，它让我想起吉本……'"[1] 他1970年又编选了一卷本的吉本《罗马帝国衰亡史》，并写了热情洋溢的导言和欣赏文字。他更深入全面论述吉本和布克哈特的文章都收在《历史与启蒙》一书里。[2]

1956年4月13日给贝伦森的信中提出一个想法："我有时想，在人类历史中，在图像和书籍之间的对照上有一个很好的变革。中世纪相信图像，宗教改革者相信书籍。16世纪，他们争吵得难解难分，宗教改革者则印刷了更多的书籍——书籍在指责图像——因而天主教会发明了《禁书目录》，并焚烧这些书籍，以制作更多的图像。改革者因而被杀头、打败和摧毁。启蒙运动是一个书籍的伟大时代，今天我们生活在一个图像的世界里。因此天主教的普及主要依赖感官，而非智力。今天的新教徒是马克思主义者，他们仍然是[相信]书籍的芸芸大众。作为一个天生的新教徒，我对此感到遗憾，我遗憾的是，对书籍的崇拜退化成了一个教派——而且还是这样的一本书的宗派！"罗珀认为"文艺复兴"一词在布克哈特之前，在一个有很多限制的意义上使用。文献复兴，是指被遗失

---

[1] *One Hundred Letters from Hugh Trevor-Roper*, 143–144.

[2] *History and The Enlightenment*, edited by John Robertson (New Haven: Yale University Press, 2010).

在无人照管和中世纪的野蛮状态下古典文献的再发现。对布克哈特来说，这是一个范围太窄的概念。他认为文艺复兴作为一个时代，是"一个整体的存在"，就像古典时期本身一样，古代文献的复兴仅仅是它的一个方面。因为毕竟，这些古代文献不仅仅是被发现的，它们不只是从西方修道院落满灰尘的图书馆偶然发现的，或是拜占庭一小群流亡学者带到意大利的。它们被发现并拿来；它们被拿来，是因为意大利——一个新意大利社会——需要它们。如果它们不在那里了，如果都被蛮族毁灭了，而这个社会仍还在的话，它会以其他营养品为精神食粮，因为它是一个有创新、有机的文明。所以布克哈特认为对古典文献再发现的意义不要估计过高。[1]

伊拉斯谟

伊拉斯谟是罗珀的思想英雄，他书斋墙上就挂着一幅伊拉斯谟的肖像。他1999年3月18日给年轻的历史学者彼得·米勒信中说，他总是与伊拉斯谟情投意合，他严谨的学术研究，以及学术研究之上建立的人文主义哲学，他简易的拉丁文体和他的智慧与怀疑主义。"二战"期间他阅读了法兰西学院教授巴塔尤（Marcel Bataillon）的伟大作品《伊拉斯谟与西班牙》（1937），该书把伊拉斯谟放到一个广阔的背景下，这给他极深的印象。巴塔尤所有著作都如此，他特意去巴黎拜访了作者。通过巴塔尤，他看到伊拉斯谟是一位思想激进、有启发性的思想家，而不仅仅是一个人文主义作家。经过广泛阅读，他发现伊拉斯谟思想仍有留存，不只在新教世界，也在天主教社会，如德图（de Thou）、迪皮伊

---

[1] *History and The Enlightenment*, 254.

（Dupuy）兄弟、帕廷（Gui Patin）等人，这让他审视了17世纪思想战争重启前的那个短暂的开明时代，那个总体和平与思想正统观念放松的时期。因而他发现，通过伊拉斯谟与格劳秀斯，直到他开始写劳德时才认识到其某些特性和阿米尼乌斯派教义的渊源。

这让他对自由博学派（Libertins Erudits，指17世纪迪皮伊兄弟、帕廷的团体）产生兴趣，他在德图、格劳秀斯、培根、坎登和萨尔皮（Paolo Sarpi）作品里发现了思想独创能力。他发现法国学者潘塔尔（René Pintard）的著作《17世纪前半叶的自由博学派》（1943）已很迟了。他说此书很难找，他长久以来都想给自己找一册，徒劳地在古旧书商的书目上搜寻。

而他还阅读了关于蒙塔诺（Benito Arias Montano）的著作，并进一步阅读了关于普兰丁圈子的更多可靠作品。因而他能观察到伊拉斯谟主义在他本国，如何在反宗教改革势力的压力下通过外表的顺从与内在的异端存活下来，他也在瑞士观察到了同一现象，意大利流亡的伊拉斯谟信徒在那里寻求避难，寻求在敌对和同样压制的正统信仰压力下生存。尼德兰和瑞士两地的这些异端思想试图在英格兰会合，所以加强了本要垮掉的伊拉斯谟主义的发展。在教会里，因为转向阿米尼乌斯派教义，随后是索齐尼派，格劳秀斯和劳德一起受到指控。

而他认为有趣的是，吉本这位被卡莱尔称为"最固执己见的史家"，几乎在他那个时代看到发轫于伊拉斯谟的长时段革命性思想传统。几乎其他所有人都把伊拉斯谟当作一个被对手的正统信仰所扼杀的文质彬彬的温和学者。

对叶茨和年鉴学派的评价

罗珀对女学者叶茨（Dame Frances Yates）评价很高，在1967年12

月 2 日给她的信中，说他特别欣赏她的论文，也喜欢她写的所有作品。认为她是很少几位真正可以让过去复杂的知识气氛变得栩栩如生和明白易懂的人之一，他愿意看到叶茨作品集遍布每所图书馆。并说她写的一切都很重要，还为她推荐出版商。1968 年 3 月 11 日给布雷南信中推荐他阅读叶茨的书《布鲁诺》（*Giordano Bruno and the Hermetic Tradition*）。说这是近年来唯一一部让他非常激动的书。它为 16 世纪整个知识生活开启了一扇新窗户。说叶茨是一位卓越的人，她没有写过什么不迷人的作品。她写过如此不同的主题（总是在思想史领域）。她是瓦堡学院的一个学者，通晓一切关于文艺复兴的象征主义及其隐秘领域的知识。她写了一个再现 Valois Tapestries 的开创性卓越研究。从他们的象征主义运动出发，"一段消失的历史"，一个由美迪奇的凯瑟琳和奥兰治的威廉进行的在一个"伊拉斯谟追随者"基础上稳定尼德兰的尝试，结果失败了。然后又介绍了叶茨所写的萨尔皮、弗洛里奥（John Florio），和 16 世纪法国学术界，以及一个关于新柏拉图主义和 17 世纪新科学的诞生的主题。

1985 年 3 月 2 日罗珀给古典学家劳埃德-琼斯（Hugh Lloyd-Jones）的信中谈到对法国年鉴派的看法。他认为布罗岱尔的《菲利普二世时代的地中海和地中海世界》是一部伟大的书，尽管其中大部分地方未经过严格的审查。其中充满了思想，有恢宏的视野，大部分有详尽的引证，写得也很好。"可自那时起布罗岱尔对我似乎已经变得很糟糕了：用一排有些武断的统计数据来装饰不切实际的总结，却没有得到必要的支持。全书覆上了一层修辞的薄膜。他从费弗尔那里接手《年鉴》时，已悲哀地走上了下坡路，而他负责编辑的学生则是一群悲惨的白蚁。我十年前就放弃不看《年鉴》了。必须承认布罗岱尔本人曾告诉过我，他也发现它们已经不易读了。"布罗岱尔和他们学生的一个大错就是他们完全忽视了盎格鲁-撒克逊和日耳曼世界。不论布罗岱尔如何对英格兰进行推测，都显出自己是一个过时的无知半吊子。他的真实历史知识之间的悬殊差距：在书籍和档案间，在西班牙、法兰西、意大利、比利时之间，以及他对英格兰、斯堪的纳维亚、荷兰、德国的极度无知，是非常惊人的。而这一点在法国历史学家中很普遍："我认为宗教的分歧是无法逾越的。尽管费弗尔本人是一个日耳曼学者，并写过一本关于路德的书（可他不懂英国）。总之，我认为英国历史学家对法国的理解要比法国历史学家对改革运动之后的英国的了解要好。阿莱维（Elie Halévy）是个例外，而他当然是个犹太人。"

钦定历史教授之路

中世纪史家，牛津近代史钦定讲座教授加尔布雷斯（Vivian Galbraith）要在1957年退休，因而继任者人选被提上议事日程。他1951年就反对罗珀候选一个空缺讲席的资格。1956年7月罗珀开始进行竞选活动以战胜加尔布雷斯。他和好友，基督教会学院的政治导师罗伯特·布莱克商谈，并试探着去询问那些可能的竞争对手，如史蒂芬·朗西曼（Stephen Runciman）和伦敦国王学院的鲍克斯尔（C. R. Boxer）教授，后者对此没有任何兴趣，答复说罗珀是该职位明显的选择，而朗西曼回答说，如果给他，他是不会拒绝的。他没有去和他明显的老对手泰勒商谈。罗珀去拜访了他以前的导师，现任沃赛斯特院长马斯特曼（John Masterman），马斯特曼指着准备好的一摞标有"钦定历史讲座"的文件，用"我可不是你想的那个老傻瓜"这句话来招呼他。在与马斯特曼交谈中，罗珀不再考虑索瑟恩（Richard Southern），他是加尔布雷斯所认为的合适与自然的继承者。罗珀提到朗西曼的名字，马斯特曼在他建议下说会写信给他以前的学生斯蒂芬斯，他现在是负责给首相对该任命提供建议的有任命权的秘书。罗珀回来和夫人讲，他怀疑马斯特曼想让他参加竞选。他告诉一个学生，他付出极大的努力以保持谨慎。12月中旬，马斯特曼又和罗珀做了一次交谈。他要去伦敦看看"他们"对钦定讲座职位这一问题的意见，并让罗珀写一封信谈谈看法。而他的前沃赛斯特同事，利兹大学历史教授布里格斯（Asa Briggs）写来一封信，他说只有一个再明显不过的名字：特雷弗－罗珀，索瑟恩和玛格达伦的麦克法兰（K. B. McFarlane）眼界都太窄，而泰勒又太不负责任。（因为大家认为泰勒堂堂一个学者自贬身价去为大众报刊写稿。对一个学问人来说，当记者就是不负责任。）布里格斯的支持特别重要，因为他既非私人朋友，也非自然同盟。这次交谈让罗珀认识到马斯特曼已预先计划好提交他的名字了。

也许罗珀应马斯特曼所写的这封信可以解释为是他自己一篇掩饰性的宣言书。在这封1956年12月13日的信中，罗珀评述了牛津七位历史教授的著述情况，他认为纳米尔（Lewis Namier），这位公认的在世最伟大英国历史学家，已被排除在所有牛津讲席之外，就为了不打扰这里的安静生活。"有人认为教授显现他的水平不只是靠自己的著作，也靠他学生的工作，以及他创立的'学派'，所以一个教授尽管什么东西都没写也会发挥重要的影响。我同意，可现在牛津教授的那个学派在哪里？根本没有。这里根本没有真正组织过历史研究，没有教授有研究讨论课。学生希望的历史研究并未直面问题：他们被告知要忽略集思广益，浅尝辄止即可。真正的问题被忽略，而人的劳动和才华都被浪费在为高年级学生做会议报告一类可耻的琐事上。""我认为他们的合适位置应该是公共档案馆，而不是大学。大学里，我觉得我们有些教授应该有更高些的目标，不怕解释证据，甚至可以通过发布他们的解说，宁可冒被公众批评的风险，和后来被证实错误的风险。毕竟历史是一门科学，而科学是靠假说和批评来推进的，而不是靠积累与谦恭。它是实验室,而不是博物馆。要靠公众的辩论,而不是秘密的遗物崇拜。我也喜见牛津有影响的研究职位上的人可以看到国外所做的重要历史工作,并能促进一些有目的的研究,如纳米尔在曼彻斯特,内尔、陶尼在伦敦,汉密尔顿在芝加哥,布罗岱尔在巴黎,赫克舍尔(Heckscher)在斯德哥尔摩,萨珀里(Sapori)在佛罗伦萨,并且创立了兴盛的学派,为什么牛津没有?"他推荐朗西曼,认为他是一个合适的教授,一个著名的史家,写了那些有原创性、有学识的极为可读的作品。他是一位中世史家。而最近三位钦定教授,占据了最近的三十年,他们都是中世纪史家,还都属于同一个学院(他1957年3月22日给贝伦森信中直接称他们是"中世曼彻斯特的鼠辈",矛头直指他的老对头加尔布雷斯)。亚里士多德、伊本-赫勒敦和其他政治史家似乎都同意,一个王朝的三代[承继]总是可以的并且还很普遍。"而朗西曼和我们本地目光狭隘的中世史家相比是如此判然有别,我会毫不迟疑地宣布他们是完全不同的类型。看看朗西曼的作品——《第一个保加利亚帝国》、《中世的摩尼教》、《十字军史》(三卷)和《东方一神教》。这都是大题目,也获得了广泛处理。他是一位真正的学者,也是一个世界主义学者。其研究范围,空间上从法兰西到波斯,时间上从罗马的衰亡到拜占庭的陷落。而且他还能写作。当然历史并不是只由风格组成的,而我们现任的钦定教授会说一个写得好的历史学家**必定**是一个坏历史学家,实际上,大家所公认的伟大的历史学家,他们都有很好的风格。"因而他认为朗西曼是最佳人选。屈威廉的《英国社会史》(1944)五年卖了四十万册,而到2000年去世时,朗西曼的二十七本著作(不算译本)中有二十本仍在印行。这个成绩在学术畅销范围内只有汤因比的书可比,之前可比的则是吉本《罗马帝国衰亡史》,特别是伯里(J. B. Bury)的注释版。朗西曼自言,他为剑桥大学出版社挣的钱,"超过了除上帝之外的其他作者",而实际上据该社披露，他可能是1950—1980年代唯一击败上帝的人。[1] 他说："我对拜占庭的兴趣最初还是读[瓦尔特·司各特的]《巴黎的罗伯尔伯爵》（*Count Robert of Paris*）引起的，这部廉价小说，我直觉上感到它错误严重，因而我急忙开始研究拜占庭……还要说的是，稍后吉本也对我产生了相同的影响。"[2] 朗西曼的历史启蒙读物与兰克类似，而他对吉本的爱好，也与罗珀一样。

罗珀1957年3月22日给贝伦森信中说，考察近代史钦定讲座教授这个题目需要一部书，一部巴尔扎克写的书，在信里谈未免太短了。三年前，一个选举委员会想任命罗珀为教授时，加尔布雷斯就强烈反对。最后委员会妥协，而选了另一个"鼠辈"，此人以前没听说过，此后也没听说过。对于近代史钦定讲座教授的人选，他们认为安排索瑟恩来接任已经板上钉钉，就像一个指定的凯撒来接任在位的奥古斯都一样确定。正当他们觉得高枕无忧时，一声霹雳，一道闪电划过天空。吓得他们逃回洞里，发现他们并不能支配事态发展。那是谁支配了呢？那就是罗珀一个老朋友，新学院的史密斯院长，现在的牛津副校长。他的中意人选是泰勒。而他因为健康原因辞去副校长职务后，由马斯特曼继任，新副校长给校长海利法克斯爵士写信否决了泰勒而提名罗珀当候选人。史密斯院长写了一封怒气冲冲的信给校长，说他的继任者是一个没有原则，有很深成见的人，这封信写得很不明智，因为海利法克斯爵士是马斯特曼的终身朋友。而真正掌握任命权的是首相麦克米伦本人。而让"鼠辈们"气愤的是，伯林被任命为新的政治经济学教授，这是盖蒂派（Party of Gaiety）的胜利。罗珀打算在《邂逅》（*Encounter*）杂志发表

---

1 Anthony Bryer, "James Cochran Stevenson Runciman," in Elizabath Jeffreys (ed.), *Byzantine Style, Religion and Civilization: In Honour of Sir Steven Runciman* (Cambridge: Cambridge UP, 2006), xli–xlii.

2 Ibid., xlvi.

批评汤因比方法和哲学的题为《汤因比的黄金时代》的文章，而朋友们整日劝阻他，说不能出版，至少不是现在，而他指出那并无区别："我的朋友是坚定的朋友，我的敌人是坚定的敌人，而没有任何不确定的选票，何况首相本人也不会听说此事。伯林教授从新职位的责任出发神情严肃地发言，给我下的命令是：'即便要冒只有百分之一的千分之一的风险，'他一边在利茨宾馆（他妻子是那里的女经理）庆祝会上用圣职似的礼节抿一小口白兰地，一边声音沙哑地说，'也不能在这个关键时刻去冒险。'"因而罗珀被禁止发表该文。而到 6 月文章还是发表了，对汤因比的声誉造成了致命的打击。

罗珀 6 月 2 日给贝伦森信中说首相麦克米伦十天前给他写信说要把这个讲席给他，他上周一已回信同意接受。6 月 6 日牛津大学正式宣布罗珀接任加尔布雷斯的钦定教授职务。

对此鲍拉给一位美国友人信中说："对休的任命会引起很多烦恼，可不是我。没人会认为麦克米伦会任命泰勒。特－罗是一个非常聪明的人，一个好作家，所有学院事务上都站在正确的立场，也是一个坚强的战士。另一方面，他太不近人情。他不喜欢别人，也不想被人喜欢。他想要的是让人钦佩羡慕。这可不是获得朋友和支持者的好办法。他滑稽而愚蠢的妻子就比他有人情味，可对他不太可能有帮助。我也怀疑他是否真是一个研究者或在万不得已的情况下成为一个真正的历史学家。而他是一个好的小册子作者，一个优秀的批评家，精力旺盛，很想变得出类拔萃。"[1] 而罗斯日记里转述伯林 1950 年代对罗珀的评价是："他没有人的感觉，是玻璃和橡胶做的。"[2] 伯林 1955 年 9 月 24 日曾致信《新政治家与国民》(*New Statesman and Nation*) 杂志编辑，说罗珀在上面发表的那篇《马克思与历史研究》，认为布克哈特是比马克思更好的历史学家，

---

1 Adam Sisman, *Hugh Trevor-Roper: The Biography* (Weidenfeld & Nicolson, 2010), 288.
2 *The Diaries of A. L. Rowse*, ed. Richard Ollard (London: Allen Lane, 1993), 287.

更准确的预言家，他认为罗珀的论点对他来说似乎根本无法成立。[1]而对伯林发表的"自由的两种概念"演说，罗珀也不太欣赏。[2]

本来泰勒以为钦定讲座教授职位是他的囊中之物，没想到会败给罗珀。罗珀1994年1月12日给惠特克罗夫特（Geoffrey Wheatcroft）信中谈到，泰勒因此满怀怨恨。他对待老师纳米尔的态度让罗珀震惊，自1957年竞选失败后，他就拒绝和老师纳米尔再说话了。纳米尔告诉罗珀，当首相问他对泰勒和罗珀的看法时，他分别给出了对他们二人的意见，而无所偏袒。因为这是首相决定的：我们仅仅是被咨询的对象而已。而泰勒显然认为纳米尔有**责任**把他兜售给首相。他认为泰勒让他想起罗斯，罗斯总是认为他事业中每件意外——竞选基督教堂学院研究员失败，竞选万灵学院院长失败——都是不公正的和犯罪，应该被记住和愤恨。罗斯也像泰勒一样事后会说："当然我从没有想要这个。"罗斯惯常说这人是二流或三流的（当斯帕罗[Sparrow]竞选万灵学院院长对阵罗斯时，他就成了"一个由三流人物选出的二流人物"）。他甚至怨恨伯林的崇高声望，在那本新书《我那时代的万灵》（1993）里说伯林："他本可以为我们写三四本关于俄国思想家的重要书籍，而他并未如此，却全身心投入论文[写作]，以获取最易获得的欧洲精华。他关于马克思的小书只算得上是半本书而已。"泰勒在发表的书里把他描述成一个"社交界名人以赛亚·伯林爵士"，他因其"谈吐而封爵"，又在另一封信里说伯林是靠"谈话"获得牛津院长职务的。罗珀反问："现在看来也许伯林被赞美过度，被过度粉饰了：他成了一个国际上流犹太人里被膜拜的人物。可即便这样，又有什么？我觉得非常奇怪的是就因为这些意外会被怨恨，好像它与自然、公正与会发生意外的历史相反。这些牛

---

1 Isaiah Berlin, *Enlightening: Letters, 1946–1960*, ed. Henry Hardy and Jennifer Holmes (London: Chatto & Windus, 2009), 499–500.
2 Ibid., 653. *Letters from Oxford*, 261.

182

津的导师是多么古怪的生物!"对照罗斯日记,罗斯还是这个意见。罗斯认为伯林那本《刺猬与狐狸》,说是本小书,其实不过是一篇论文。"很明智的论文,可写得并不好,因为以赛亚写的句子足有一页长,读起来好像是用他啰嗦的说话风格在口授。"罗斯认为以伯林的天赋和才干,应该写两部大书。他应该写一部扎实的俄国社会思想史,而他却去翻译屠格涅夫的小说。罗斯说伯林妻子跟他抱怨,很多朋友和同事都强烈反对伯林发表的就职演讲"自由的两种概念",罗斯说他们这是嫉妒。[1]看来罗珀也被归入嫉妒者之列。

---

[1] *The Diaries of A. L. Rowse*, 287-288.

知堂藏书聚散考

小　引　　　　　　　　　　　　　　　　　　189

一　当年的苦雨斋藏书　　　　　　　　　　　191
　（一）书房一角　　　　　　　　　　　　191
　（二）知堂买书　　　　　　　　　　　　195
　（三）西文书店　　　　　　　　　　　　199
　（四）买书途径　　　　　　　　　　　　201
　（五）知堂卖书　　　　　　　　　　　　205

二　人在老虎桥　　　　　　　　　　　　　208
　（一）容庚的抗议　　　　　　　　　　　208
　（二）知堂被捕　　　　　　　　　　　　212
　（三）陆军监狱　　　　　　　　　　　　216
　（四）傅斯年谈话　　　　　　　　　　　220
　（五）押送南京　　　　　　　　　　　　222
　（六）老虎桥　　　　　　　　　　　　　233
　（七）保周风波　　　　　　　　　　　　234
　（八）开庭初审　　　　　　　　　　　　238

（九）胡适谈话　　246
　　（十）二次开庭　　249
　　（十一）社会舆论　　251
　　（十二）狱中采访　　254
　　（十三）初审判决　　259
　　（十四）北平家中　　264
　　（十五）作风即人　　269
　　（十六）访钱稻孙　　271
　　（十七）狱中读书　　275
　　（十八）往事回顾　　286
　　（十九）终审之后　　296
　　（二十）知堂书信　　301
　　（二十一）知堂责任　　307
　　（二十二）知堂家产　　316
　　（二十三）严批闲评　　318
　　（二十四）同情言论　　325
　　（二十五）狱中生涯　　334
　　（二十六）保释出狱　　336

三　藏书被收缴　　340
　　（一）图书损失与登记　　340
　　（二）接管敌伪图书　　346
　　（三）捐赠风波　　348
　　（四）图书清理　　352
　　（五）图书分配　　354

（六）平馆代管　　358
　　（七）太庙分馆　　360
　　（八）分配完毕　　366

四　入藏国立北平图书馆　　368
　　（一）图书充公　　368
　　（二）卖书度日　　369
　　（三）吴晓铃捐赠　　371
　　（四）常任侠购藏　　373
　　（五）鲁博拒购　　374
　　（六）北图接收　　375
　　（七）知堂遗存　　378
　　（八）知堂线装书　　380
　　（九）购书统计　　389

五　知堂外文藏书知见录　　392
　　（一）西文部分　　393
　　（二）日文部分　　520
　　（三）疑似藏书待问录　　572

小　引

书籍在周作人文章中占有特殊地位，他的不少文章都是读书札记与摘录，所以有学者通过考察周作人的买书、读书情况，结合他的文章来研究他与中外作家的关系，也是近年来周作人研究的一个关注点。[1]而且对于他的藏书去向，一直有各种猜测，说法也不尽相同。本文以他的文章、日记为线索，在北京中国国家图书馆的外文基藏库里搜寻出他的外文旧藏，并结合民国报章的报道来还原周作人藏书被没收的经过。他的藏书是作为汉奸财产被封存罚没，与其他被认定为汉奸人员的藏书一起办理的，所以考查民国政府对日伪及汉奸图书的收缴与处理，更可以明白该事件的来龙去脉。另外对于周作人被捕以及其在狱中的具体情况，他的回忆录、传记和年谱涉及不多，其家人也未公布狱中的家书，所以报纸上的报道和采访无疑就成了重要的资料，本文把相关报道搜集起来，作为资料汇编以供参考。而且，1945—1948年间全国各地大小报纸对周作人的关注与批判，一时无两，民国时期对一个知识分子如此力度的口诛笔伐，也属罕见，借用周作人本人的话讲，近似一种"猎巫"，

---

[1] 专门研究有：韓玲姬、綿抜豊昭《周作人の購入書籍に関する考察：日本文学を中心に》，《情報メディア研究》第11卷第1号（2013年3月）；子安加余子《周作人・民俗学関連書購読年表（1912—1934年）》，中央大学論集編集委員会編《中央大学論集》第40号（2019年2月）。而下面书中部分章节也有类似内容：于耀明《周作人と日本近代文学》，東京：翰林書房，2001年；具紅華《周作人と江戸庶民文芸》，東京：創土社，2005年。

很难不让人与后面发生的一系列类似事件联系起来。这个现象非常值得关注，因而本文搜集了一些批评文章，供大家参考。如果有研究者通过数据库把相关文章编制成一个更为全面的索引，就更加值得期待了。

一　当年的苦雨斋藏书

（一）书房一角

对于周作人的苦雨斋，不少人都留有文字记录，如"欣然"在《苦雨斋访问记》里说："在门口停了有五分钟的时间，让一个门焉者给迎进去了。走到一间极精微而又极雅素的大庭里面。一共是三间房，东边是满藏着书，中间大概是会客室吧，西间我想是书斋了。因为墙上挂着苦雨斋三字。我一时又想到周先生的作品上去。那么淡然而又那么隽永的东西却是在这么一种环境下写出来的，在这种环境下也就只能写出那样的东西来。然而那也就足以了。"[1]

而记者茜频写道：

> 我在很早的时候，就想去访问他（引者按：周作人），因为时机不巧，都错过了。那是可以使人留恋的深秋的傍午，我们在电话里约好的时候，走到了时常听人说道的苦雨斋，访问苦雨翁。周的

---

[1] 写于1932年6月（北平《京报》1932年6月16日第十版《沙泉》），其中提及上午9点到苦雨斋，同去者有周和少溪，到11点告辞。查知堂日记，访问时间应该是1932年5月29日，据当天日记："上午曹未风、瞿少溪、潘炳皋三君来访。"（《周作人日记》，郑州：大象出版社，1996年。为避免繁琐，下面一律简称"日记"，只注明年月日，而不标注页码。）此文作者就是潘炳皋，"欣然"是他的笔名之一。

住处，苦雨斋，在北平的西北，是一个低洼的所在，大门是一个旧式的大木门，必须要推动底下的小石轮，才能开开。二门也很大，并且有一个小门，当我进去的时候，大门都是关着的，阍人从小门进去后，我在外面等待着他开大门。那知他里面望着我不动，我明白了他的意思，也就弯着腰进去，虽然我不是一个身量很高的人。一进门便下台阶，可以想见那地方的低洼。对着门是一棵很大的白杨，像这样秋天，是他最得意的时候。院子里遍种各样的树木，仅只留着四条甬道，也被树荫遮着，我被阍者领导穿过这些树荫，而踏进北屋。首先触入我眼帘的便是中间屋子大炕，这是北方特有的东西，除了炕几以外，还有堆着许多小玩艺儿。正中悬着一个女子的像，据说便是周氏爱女若子女士的像，这里也有些西式的椅，但是我并不去注意他。

　　西边屋里挂着充满了雨气的"苦雨斋"横幅，便是驰名文坛的"苦雨斋"。"斋"房共是三间，藏满了中文日文及西文书籍。这里也有西式沙发椅，所以我想许是周氏的书房兼客厅，不过这里的清静幽闲，同几净窗明的境地，很可以使人留恋的。当我到南屋去打电话请一个同事来照像时，在那里看见了"煆药庐"的横幅。这里也是三间房，外面两间是用屏风隔开的，里面的一间也有沙发同书椟的陈设，也许是另外会客的地方。在中间屋子的角落里放着一个衣架，挂着女服，那么里边屋子里，一定是住着女眷的了。不过这里给我们的印象，也是"净几明窗"同"清静幽闲"，诚如周氏所说的，"不啻为化外之地"了。[1]

---

[1]《学人访问记：小品散文家周作人 民初即在北大任教直到现在"苦雨斋"的茶确与众不同》（三），北平《世界日报》1935年10月21日第七版《教育界》。民国报章文字的标点使用与现今不同，文中一律按原格式，下同。宋希於兄告知，据贺逸文《采写〈北平学人访问记〉的回忆》，茜频是贺逸文的笔名。见《北平学人访问记》下，北京：商务印书馆，2020年，第454—455页。

梁实秋回忆说："里院正房三间，两间是藏书用的，大约十个八个木书架，都摆满了书，有竖立的西书，有平放的中文书，光线相当暗，左手一间是书房，很爽亮，有一张大书桌，桌上文房四宝陈列齐全，竟不像是一个人勤于写作的所在。靠墙一几两椅，算是待客的地方。上面原来挂着一个小小的横匾，'苦雨斋'三字是沈尹默写的。"[1]他又在《书房》里描述道："周作人先生在北平八道湾的书房，原名苦雨斋，后改为苦茶庵，不离苦的味道。小小的一幅横额是沈尹默写的。是北平式的平房，书房占据了里院上房三间，两明一暗。里面一间是知堂老人读书写作之处，偶然也延客品茗。几净窗明，一尘不染。书桌上文房四宝，井然有致。外面两间像是书库，约有十个八个书架立在中间，图书中西兼备，日文书数量很大。"[2]

温源宁说："周先生的书房，是他工作和会客的所在，其风格，和主人公一模一样，整整齐齐，清清爽爽，处处无纤尘。……再看那些书吧，成排的玻璃橱里，多么井井有条，由性心理学以至希腊宗教，琳琅满目，文字中有中文、日文、英文，还有希腊文！洋溢在整个书房里，是宁静的好学不倦的气势，令人想到埋头勤读之乐和评书论人、娓娓而谈之乐。"[3]（高）碧云则说："书是那样整齐，不但一类类的分得很清楚，而且绝没有高低不齐或者倾斜等现象。书的最多数是日文书，中国旧的书籍，另放在两间屋里，自然比'洋书'还多。"[4]

《北平晨报》记者张铁笙1934年9月17日专门采访了刚从日本回来的知堂：

---

[1] 孙郁、黄乔生主编《回望周作人·知堂先生》，开封：河南大学出版社，2004年，第38页。
[2] 《忆周作人先生》，《梁实秋散文集》第一卷，长春：时代文艺出版社，2015年，第204页。
[3] 《周作人先生》，南星译，载刘如溪编《周作人印象》，上海：学林出版社，1997年，第39—40页。
[4] 《周作人印象记》（1931年12月23日），载黄人影编《文坛印象记》，上海：乐华图书公司，1932年，第49页。另见《周作人印象》，第21页。

周作人先生于两月前偕夫人及徐祖正赴日游历，现在炎暑已去，清秋复来，学校即将开课，周先生也在十日前返回了故国的故都。昨天下午二时，约了一位朋友，专程到周先生私邸去拜访。幸喜周先生并未外出，便在周先生的苦雨斋里，鬯谈了一个多钟头，并在苦雨斋窗外枝叶缀络的树荫下，同摄了一张小照，才和那位朋友告辞而去。

……

苦雨斋的素描

……院里满生着茨梅丁香和枝干低垂的果树。树木丛中，东西北三面，露着一列不甚高大的瓦房。进了北房的门，屋子里四壁下满放着书架，屋子正中放了一张圆桌和四把椅子。这是周先生的客厅。周先生还未走出来的时候，便看见西里间的西壁上挂着一幅长约三尺宽约尺馀的横幅，上边有沈尹默先生写的"苦雨斋"三个大字。这时我们才知道，这就是周先生文章里常常题到的"苦雨斋"了。

……

山菊花特别美

……当周先生命令工友沏茶的时候，记者乃趁机用目巡视了一遍这个"苦雨斋"。这是一间通连三间的北正房，完全中国式的建筑。东里间满列着书架，是周先生的藏书处。中间是客厅，西里间便是周先生的书房，周先生的苦雨斋也许特别指着这个西里间。在这个里间里，正中放了一张桌子，西边安放了一张长沙发，南北各置了一把圆手椅子。在南窗下，是周先生的书桌，朝西座东，光线从左边传来。书桌里边靠着东墙是一座书架，西边一个高大的黄色高厨里满装了极精致的古玩，再北又是一座书架，里面满立了厚厚的书籍。在屋子北部的东西北墙下，都列着装满了书籍的柜子，一条长长的躺床，安适地卧在东壁下书柜子的一旁。

在沙发的北端一张小桌子上，摆了一只高大的蓝花磁瓶，里面满插了正在盛开的山菊花，紫花绿叶，把全屋点缀得极其美丽。

……我们步出了苦雨斋，参观了一下周先生的藏书处，满架满格都是书籍，尤以日本书籍为多。但周先生指着他的书籍说，可惜没有闲工夫在日本的书摊里寻找，否则可以用很少的钱，买到很多很好的书籍。[1]

根据知堂当时日记，他明明去逛过几个，看来还是无法满足、意犹未尽。

（二）知堂买书

知堂在《隅田川两岸一览》（1935年10月19日）里专门谈过自己买书的嗜好：

所谓嗜好到底是什么呢？这是极平常的一件事，便是喜欢找点书看罢了。看书真是平常小事，不过我又有点小小不同，因为架上所有的旧书固然也拏出来翻阅或检查，我所喜欢的是能够得到新书，不论古今中外新刊旧印，凡是我觉得值得一看的，拏到手时很有一种愉快，古人诗云，老见异书犹眼明，或者可以说明这个意思。天下异书多矣，只要有钱本来无妨"每天一种"，然而这又不可能，让步到每周每旬，还是不能一定办到，结果是愈久等愈希

---

[1] 《苦雨斋里访问知堂老人：日本人真有他们的长处 认真苦干绝少有人投机》，《北平晨报》1934年9月18日和19日第九版《教育界》。据知堂日记，1934年9月17日："［下午］大公报杨晨报张二君来访，为照相而去。"

罕，好象吃铜槌饭者（铜槌者铜锣的槌也，乡间称一日两餐曰扁担饭，一餐则云铜槌饭，）捏起饭碗自然更显出加倍的馋痨，虽然知道有旁人笑话也都管不得了。[1]

1936年1月初，江绍原在文章中引用了知堂1月2日信中叙述元旦厂甸买书的情形：

> 民国廿五年年旦，[庵主]不免到厂甸去白相一番，结果只买了几种一毛钱一本的知不足斋，其中有吾家去非著的岭外答问……（一月二日）[2]

对于在厂甸旧书摊买书的知堂，还曾有人亲眼目睹。"蔽苙"在文章里说：

> 现在拿厂甸来做题目实在不太容易讨好；原因很简单：就是差不多所有的应当说的话都早已被知堂老人在《厂甸》和《厂甸之二》两篇文章里面先说了，并且说得那么动听，那么好。谈到买书呢，更是惭愧。一来个人究竟年纪很轻，自然没有博文卓见的经验，就是对于书籍的选择和鉴察的普通知识也还一点都谈不到，其陋也可知矣。举例来讲，在厂甸方才开始的一天，无意中在一家冷

---

1 知堂文章主要引自《周作人散文全集》（广西师范大学出版社2009年版），下面就不一一注明卷数和页码了（因为全集本编者对文字和标题修改删削之处不少，大多出了校注，但不一定都符合周作人的原意，所以引文里有些字句会参照初版本校勘，择善而从）。
2 《左右横竖 旁脊旁春 罔两方相 外加普罗以及六博》："我出门购丁蒋两书，在读苦茶庵主人手教之后。盖[引用知堂信]……绍原案：庵主试阅拙著面四九，即知岭外代答之文，我已引之。……（二十五年一月四日灯下）"《北平晨报》1936年1月14日第十一版《北晨学园》。信原件手迹见江小蕙编《江绍原藏近代名人手札》，北京：中华书局，2009年，第187页（第351页）。

摊上看见了一本题名叫做《拟禽言》的抄本（也许是稿本），下意识的拿起翻了两页，连其中的诗体是律是绝，是五是七都不曾注意就随手放下——其实我也是颇喜收集记载风土人情之类的书籍的。方一转身，就看见了周作人先生以大洋三角易之而去；想来大约总是"看了中意，便即盖上图章，算是自己的东西了"（见《苦茶随笔》中的《食味杂咏注》一文）罢。这，我并不懊丧，心中反而觉得忻愉，深为那薄薄的几页小书的得以贮入苦茶庵中的书橱庆幸。知堂老人在去年九月写过一篇文章叫做《关于禽言》的，内云"这也是我所留意考察的一件事"，今此书之归老人，岂非"物得其所"。真的，千里马常有而伯乐不常有也。闲话讲得太多了！经济的窘迫也是我买书的致命阻搁。此点大可不必细说，总之，知堂老人的"大约十元以内的书总还想设法收买，十元以上便是贵，十五元以上便很贵了"的自定标准我都是不敢尝试的。

……

一次，在厂甸的书摊和一个姓张的书肆主人闲谈，他告诉我周岂明先生沈启无先生喜欢明清的小品文籍，郑振铎先生赵万里先生收集杂剧传奇，郭绍虞先生爱读诗话，孙楷第先生性嗜裨官，唐兰马衡商承祚诸先生则是研究金石文字的专家；还有什么毛准先生做过北大的图书馆长，容庚先生喜欢书写简字，沈兼士先生走起路来总是一提一提的……。当时真能让我侧耳倾听，"为之愕然"的。

胡适之先生曾对北大的同学们讲过"这儿距离隆福寺街很近，你们应当去跑跑那里的书店的，书肆的老掌柜的不见得比大学教授懂得少呀！"此言大有道理，我常常在想。[1]

---

[1] 《从厂甸买书说起》，《北平晨报》1936年6月15日第十一版《北晨学园》。此文后来题目改为《从厂甸买书说到北平的旧书业》，收入1936年7月1日出版的《宇宙风》第二十期"北平特辑"（二），文字多有改动，如胡适的话改为："那里书店的老掌柜的并不见得

"蔽芾"又在《读周作人》里说知堂本年（1936年）在北大讲"日本文学及其背景"[1]，肖彤兄指出这个"蔽芾"就是吴晓铃[2]。

（接上页注）
比大学生懂得少呢！"，后又收入结集的陶亢德编《北平一顾》，上海：宇宙风社，1936年12月，第188—193页。宋希於兄指出，1936年5月1日出刊的《宇宙风》第十六期登有《宇宙风北平特辑征稿》广告，征文截稿日期为5月16日。6月16日出版的《宇宙风》第十九期（六月特大号）如约辟为"北平特辑"（一），该期《编辑后记》说："特辑征文非常踊跃，详细拜读之后，选用了三十馀篇，本期因篇幅所限，不能全数登出，只得分为两辑留刊下期。""蔽芾"此文即刊载于随后的1937年7月1日出刊的第二十期。据此，"蔽芾"此文应写于当年5月1日到5月16日之间。

1 《北平晨报》1936年4月10日第十三版《北晨学园》。
2 该文已收入《吴晓铃集》第二卷，石家庄：河北教育出版社，2006年，第1—4页。另据吴晓铃《现存六十种曲初印本小记》（上）："赵景深先生在今年八月二十三日上海大晚报的通俗文学周刊第九十四期发表了《玉合校勘记》，他从最近得到的六十种曲初印本的变珠记，玉合记和运瓮记三书谈到我的一篇旧文章《危城访书得失记》。《危城访书得失记》写成于民国二十九年七月十三日，是我住在云南昆明大西门外凤翥街的国立西南联合大学宿舍回忆民国二十六年夏天到二十七年冬天留居北平得书失书的纪录，后来发表在宇宙风乙刊第三十一期，当时用的是个笔名'吴芾'。"（北平《华北日报》1948年10月29日第六版《俗文学》）吴晓铃算把自己这个"蔽芾"的笔名招出一半了。《危城访书得失记》，此文刊于《宇宙风（乙刊）》第三十一期（1940年10月16日）。吴晓铃说当时自己"1935年秋季从燕京大学特别生物系（即医学预科）转入北京大学中国语言文学系三年级"（《我与北大图书馆》，《吴晓铃集》第四卷，第143—144页）。他是1933年夏考入燕大，当时在国文学系读书（蔽芾《见闻偶录》，载《燕京新闻》第一卷第十二期[1934年10月20日]第三版《副页》），1935年还是燕大一九三七班执行委员（《一九三七班执行委员已于昨日选出》，《燕京新闻》第一卷第八十九期[1935年5月28日]第二版；《编辑后记》，《燕京新闻》第一卷第七十七期[1935年4月27日]第三版）。查《燕京大学教职员学生名录（1934—1935）》（1934年10月）："吴晓铃 国文二。"他是1935年秋从燕京大学国文学系二年级转到北大中文系的。

"明明"在札记《红楼拾零》里说："周作人先生今年担任'六朝散文'一科，选者踊跃，'揩油'者尤多，每上课，必临时'加座'。"（北平《世界日报》1936年10月3日《学生生活》副刊）而废名在《三竿两竿》一文里提及："中国文章，以六朝文章最不可及。……苦茶庵长老曾为闲步见写砚，写庾信行雨山铭四句：'树入床头，花来镜里，草绿衫[衫]同，花红面似。'那天我也在茶庵，当下听着长老言道：'可见他们写文章是乱写的，四句里头两个花字。'"（北平《世界日报》1936年10月5日《明珠》副刊）。这段轶事也算知堂讲课风格的注脚。

而吴晓铃在《六朝散文》（署名"蔽芾"）里说："知堂老人本年在北大开有'六朝散文'课程，我每得暇便常去随缘旁听。老人于讲述之始，所列的书目，只是《颜氏家训》，《水经注》，《洛阳伽蓝记》及《百喻经》四种，……老人在课程提要中写了这样的几句：……"（廿六年元月后三日，北平《世界日报》1937年1月6日《明珠》副刊）

有署名"承"的在《几个收藏古书成癖的》一文里介绍说"新文学家好收藏古书,有不少位嗜之成癖的",列举了郑振铎、阿英、赵景深几人。"最后,我们该知道,知堂老人是位另有特色的爱书者,正如他的文章所示,极广极博,是一个多方面的涉猎家,自然他的藏书也是包括着多方面,尤其关于风俗学,文化人类学,传说等类文献的收藏,在中国,也许他是数一数二的呢!"[1]

(三) 西文书店

而北平专卖外文书的书店并不多,"手"在《北平书店》一文里介绍:"总计平市在书业公会入会的,换句话说,除了商务,世界,中华等几[个握]中国书业牛耳的大家外,凡有固定场所的书摊也包括在内,总计有二百九十馀家。其中古书商占了五六十家,纯粹卖西书者不到十家,其馀则全是新书铺,若按地域来说,东西琉璃厂有六十馀家,东安

(接上页注)

看来吴当时也是揩油者之一,旁听过不少知堂的课。而吴又在《六朝文》里说:"知堂老人本年在这里讲授'六朝文',不禁使我想起北大来了。三年前老人在那里也开过这门课程,……"(十七年十一月廿二日于蔚秀园东厢,《燕京新闻》第五卷第十二期[1938年11月25日]第八版《文艺副镌》第八期)文字与《六朝散文》大同小异,后半稍有删节,算是把旧文删改了一下。知堂这则"课程提要"已见于《知堂回想录》,香港:三育图书文具公司,1980年,第461—462页。

吴1938年11月3日给胡适信里说:"学生现在燕大郭绍虞师处任职,不久仍复(?)到母校去。岂老[周作人]亦在此校教六朝文及明清文,每周必见。"(《胡适遗稿及秘藏书信》第二十八册,合肥:黄山书社,1994年,第562页)而《燕大友声》报道校友吴玉昆1937年12月17日逝世时提及:"其长子吴晓铃曾肄业本校二年,现就读北京大学中国文学系四年级,颇有文名,极为胡适周作人诸教授所赏识。"(《哀讯》,《燕大友声》第三卷第四期[1937年1月15日])

1 北京《实报》1940年11月26日第四版。

市场与西单商场有一百五十馀家,其馀百馀家则分布其他各街区。"[1]

另据"景明"的文章《聚书枝谈》：

> 西书目前只有北京饭店里的法文图书馆和王府井的秀鹤图书馆，前者侧重出版，后者存书有限，营业没起色。事变前很活跃的北海大同书店，休业有年，重整旗鼓，尚有所待。这寥寥几家，较之上海自设印刷厂的别发，大量输入的中美，专门德文的壁恒，国人自办的寰球和伊文思，影印界翘楚的龙门，都有逊色。
>
> 北平号称文化城，又是五四运动的发源地，而新书业和西书业之不发达如此！是可以令人作深长思的一件事。个人以为印刷生产技术落后，智识份子购买力弱，或许是一部份原因。[2]

记者蒋鸿举也提及："东单一家秀鹤书店，专门售西文书籍，进门不见一个中文字。全系邮购自美国，书价按美金折记，最便宜的如威尔思的世界史纲袖珍本仅美金四角，最贵的高至美金数百元。该书（店）多半是洋人及大学教授，偶尔也有考虑很久，咬着牙去买一本书的大学生。"[3]

鱼返善雄也曾介绍说，北京东长安街的北京饭店有法文图书馆（French Book Store, Henri Vetch，法国人经营）出版有关中国关系的图书，天津租界的 Oriental Book Store（东方图书馆）和其他大书店外，还有 Tientsin Book and Stationery Co.（英商伊文思图书公司）主要经营中国关系书籍及欧美书籍。而上海的洋书店，有博物馆路的 Christian Literature Society（广学会——亚洲文会的前身），和南京路的别发洋

---

1 南京《新民报日刊》1947年7月11日第三版。
2 北平《益世报》1946年2月20日第二版《语林》。
3 《文化城中看文化食粮——北平书市巡礼》，天津《明星报》1947年9月11日第四版。

行，以及同在南京路的 Evans Book Co.（伊文思书局），其规模要比天津同店名的书店大得多。四川路的 ABC News Co.（华华杂志公司）、China News Co.（大华杂志公司）则以新刊为主。[1]

"与太"在《北平の古本屋》（一）里介绍，北京的洋书专门店，有东交民巷东侧的 China Book Sellers, Ltd.，而北京饭店、六国饭店有其分店，位于东单牌楼大街西侧的东亚公司，则专卖日本出版物。[2]

（四）买书途径

现在翻看周作人的文章和日记，他 1934 年以前主要通过日本丸善书店、相模屋，以及厂甸、北平东亚公司[3]、北平法文图书馆、商务印书馆分馆等处购买了不少外文书，因而积聚起非常可观的藏书。他在日记里几乎逐日记录所获外文书籍的名字与作者。

知堂在《北京的外国书价：绿洲（三）》（1923 年 1 月 30 日）里谈过在北平书店买外文书的问题，不是品种少，就是价格不合理的高。因而他主要通过国外书店寄送的书目来挑选，如 1928 年 7 月 15 日致江绍原："今日见书店目录，有 L. Kanner 的一本小书，名为 *Folklore of the Teeth*，想去

---

1 《大陸の人と言葉》其中《支那關係の洋書》一节，见魚返善雄编《大陸の言語と文學》，東京：三省堂，昭和十五年（1940）十二月，第 237—238 页。
2 《鸽笛》第一年第二号（昭和四年 [1929] 六月一日），北平：鸽笛会。布施知足在《支那关系の西籍》（一）里提及，西籍书肆，有天津印字馆（Tientsin Press, Ltd.），以及北京城内的法文图书馆（La Librairie française）。见《支那風物》第二卷第一号，北京：支那風物研究會，1927 年，第 16 页。
3 国图有一册：Georg Brandes, *Creative Spirits of the Nineteenth Century*, translated by Rasmus B. Anderson (New York: Thomas Y. Crowell Co., 1923). 棕布精装，扉页朱文方印：徐祖正章，3042662860，647088，其中夹有字条："送品票，北京东单牌楼 东亚公司 电话东局一四五〇，徐 孙未仓 8 月 17 日 思り出すんぃ 数量 1 金额 308"。其中易卜生、史文朋两篇有铅笔批注画线。这是徐祖正在东亚公司购买一册日文书的纪录。

买来一看,看了当再奉闻。"[1]1928年10月1日信:"在'平'收入尚不很少,但总苦窘乏。每月不能多买书,北平饭店(现迁在台吉厂)尤不敢去,因其一先令须算七八毛。但到底还想去找一本小书,反正被敲竹杠也还两块钱上下。"[2]1932年4月28日信:"前得德国辛默尔旧书店东方书目,已以转呈,而另写一信去要一本希腊的书目,今日得回信,大拉其买卖,云一切旧书可照码打九折,如买德文新书,尤为克己,可折收百分之十六又四分三云。除希腊书目外,并将所存各种书目又寄一份来,其中当然有'自己不看'者,止可再'转赠他人'耳。俟寄到时当并来信呈览。"[3]特别是日本的书店,当时丸善、玉英堂、东京堂等都编有定期新书目,而其他书店还有联合书目,如日本古书通信社编的《日本古書通信》《読書と文献》等期刊,按月登载各书店的书目。据知堂日记,1925年4月9日:"往邮局取丸善小包,内书一本又目录一本。"所以书店书目成为了解与购买新书的重要渠道,如江绍原1928年7月11日致知堂:

先生近来经济状况稍佳否?英伦某书店寄来廉价书目,看后拟买几种。下列数书,先生或想一阅,如然,请示知,我可嘱书店寄呈。

邮费在外 { Gogol: *Dead Souls* 原价3.60,廉价1.60
E.A.Gardner: *Religion Art in Ancient Greece* 原价2.6 廉价1$
René Lalou: *Contemporary French Lit*(1925)原价18$ 廉价6$
……[4]

---

1 《江绍原藏近代名人手札》,第55页(第280页)。江绍原1929年1月1日回信说:"Kanner的齿之俗说,我已在局中家中看了小半,于我是很有用的书,谨遵老师的命留下了,谢谢!"(张挺、江小蕙笺注《周作人早年佚简笺注》,成都:四川文艺出版社,1992年,第375页。)
2 同上书,第64页(第286页)。
3 同上书,第154—155页(第331页)。另见《周作人译文全集》第六卷(1932—1935),上海:上海人民出版社,2012年,第32页。
4 《周作人早年佚简笺注》,第359页。

知堂1929年8月2日致江绍原:"那本堀冈文吉的'国体起源之神话的研究'即拟定购,但不知系日文抑英文否耳。偶翻丸善去年旧报,见有一种德文书,似颇有用,惜其价不廉,但如兄来北平,可以请求北海图书馆购置,亦尚便当也。"[1]知堂信里指的是堀冈文吉《國體起源の神話學的研究》(培風館,昭和四年[1929]五月),不知后来是否订购。1932年2月13日致江绍原:"丸善的旬报鄙处有之,阅后便已搁置,今日偶捡出,别封寄上,以后如有寄来仍当续奉也。"[2] 2月17日信又说:"来信并书目两册,均已收到了。旧书目已找出去年下半年分,但有缺少,盖系邮寄失落也,当于日内送奉。"[3]江小蕙在该信注释里指出,根据江绍原2月15日信中提及"旬报两册,另封寄还先生。旧的可否请捡出,寄下一阅?",该书目是日本东京丸善书店《新書旬報》。[4]江绍原1933年11月2日给知堂信里说:"*When You look Back*,编者为E. Knight,1933,London,6$,见丸善目录四一九号。"[5]

丸善出版有《新書旬報》,还有《新刊月報》《丸善図書月報》等,而初为半月刊后改月刊的《學燈》,1903年1月起改名《學鐙》[6],主要登载名家读书随笔,如户川秋骨、庄司浅水、寿岳文章等人的文章,而每期还有各种西文专题推荐书目,比如耶稣会士、佛教、考古等,以及当时的新书信息。据知堂日记,从1912年1月11日到1917年3月19日他几乎每月都获得丸善所寄《學鐙》一册。

查阅国图的老《學鐙》杂志,可以发现当时知堂购买图书的价格,如知堂1929年4月19日在丸善购买的 *Four Thousand Years of Pharmacy*

---

1 《江绍原藏近代名人手札》,第119页(第311页)。
2 同上书,第139页(第324页)。
3 同上书,第142页(第325页)。
4 《周作人早年佚简笺注》,第426页。
5 同上书,第442页。
6 尹敏志告知,据当时丸善内部员工说,改名是因为"燈"火字旁不吉利,丸善以前发生过火灾,而知堂在《希腊的古歌》(1930年5月25日)里也提及过1909年这次火灾。

价格是 11.00 元，*The Concise Oxford Dictionary* 1929 年版价格 3.75 元。Philip James 的 *Children's Books of Yesterday*（"The Studio" Special Number）6.75 元。在 1933 年十二月号《學鐙》里，James G. Frazer 的 *Follore in the Old Testament* 三册 31.85 元，难怪江绍原在 1927 年 7 月 20 日给知堂信中说："过上海时买到茀来则 *Folklore in the Old Testament* 节本。专靠节本与石印本研究学问，大是不了也。"[1] 1932 年二月号上的《上海自然科學研究所彙報》第一卷第二号（1929 年 11 月）：中尾万三、木村康一《漢藥寫真集成》第一辑 1.30 元，第一卷第五号（1930 年 10 月）的《漢藥寫真集成》第二辑 1.30 元，第一卷第三号（1930 年 2 月）的《食療本草の考察》1.20 元。*The Mystic Rose*（1927）二册价格 15.00 元。Hans Licht 的 *Sexual Life in Ancient Greece* 12.75 元，邮费 0.22 元，I. Bloch：*Sex Life in England* 10.50 元，Frindley 的 *The Story of Child-birth* 9.90 元，邮费 0.22 元，Singer 的 *A Short History of Medicine*，6.35 元，邮费 0.22 元。酒井欣《日本游戏史》6.80 元，樱井秀、足立勇的《日本食物史》3.50 元。

而在《學鐙》第四十一卷四月号（1937 年 4 月 20 日）登有周作人文章《東京の思い出》，就是《东京的书店：忆东京之二》（1936 年 8 月 27 日）的译文，编者附记说：周作人编有《日本管窥》（上海，宇宙风社发行），知堂本人直接寄赠了该书给《學鐙》以便转载，此文由文学士古川喜哉译成日文（第 14—17 页）。后面"执笔诸家"一栏介绍说：周作人氏，鲁迅氏之令弟，译有日本及外国小说，其他著作有小品文集《雨天的书》（第 35 页）。

无独有偶，记者清水安三早在《周三人》一文里，把知堂称作"白话诗人仲密"、"支那之武者小路"[2]。而巧的是知堂在《"支那通"之不通》（1927 年 7 月 26 日）一文里提及他："同期的《北京周报》上又有

1　《周作人早年佚简笺注》，第 337 页。
2　《支那當代新人物》，東京：大阪屋号書店，大正十三年（1924）十一月，第 198 页。

一篇清水安三君的《三民主义之研究及批评》，我是不懂政治的，不知道他研究得好不好，批评得对不对，我只见他的结论里有几句很妙的文章。（p.853）"而唐弢在《关于周作人》里说"清水安三（日本樱梅林大学校长，鲁迅和周作人的朋友）"。泽村幸夫在《支那草木蟲魚记三续集》第五篇《禽言》里引用了周作人文章《越谚》，也在开头介绍说他是鲁迅之胞弟，对日本有深湛研究等。[1] 而素有"支那通"之称的村上知行在《北京の文人》一文里引用了周作人《喝茶》那段名文："喝茶当于瓦屋纸窗之下，清泉绿茶，用素雅的陶瓷茶具，同二三人共饮，得半日之闲，可抵十年的尘梦。"（收入《雨天的书》）说这是"北京文人中最具存在感的周作人的话"[2]。上泉秀信在《支那民族史への挑战》（1938年9月）一文里提及周作人氏所说的"东洋の没落"。在《中国文人の招聘》里提及兴亚院的文学部长人事决定推迟，所需人选要是中国文学权威，是日本和中国的深湛解释者，懂得中国风俗民情。然后推荐周作人，说他精通日本语，日本文学造诣深，精通西洋文学，因此是东亚文化界热爱的学者和作家，还名在东亚文化协议会评议员之列。[3] 而知堂1939年担任东亚文化协议会文学部长，估计与这个推荐有一定关系。村上知行、上泉秀信的评价代表一般旅华日本文人对知堂的看法了。

（五）知堂卖书

梁实秋回忆，知堂1935年给他的信里请帮助出售书籍，梁感到奇

---

[1]《支那草木蟲魚记》，東京：東亜研究会，昭和十六年（1941）十月，《支那草木蟲魚记三续集》，第25页。
[2]《古き支那 新しき支那》，東京：改造社，昭和十四年（1939）三月，第18页。
[3]《わが山河：評論随筆》，東京：羽田書店，昭和十五年（1940）三月，第8页，第15页，第314—315页。

怪："这三封信都是在二十四年写的，——第一封信是为卖书，我记得我给转达负责的人照办了。读书人卖书，自有其不得已的缘故，岂明先生非富有，但以'研究教授'所得，亦尚宽裕，我想必是庵中逼仄，容不得日益增多的书卷，否则谁肯把平凤摩娑过的东西作价出卖？究竟真相如何，我为了尊重人家的秘密，没有追问，也没有打听。"[1] 北大 1935 年度各委员会名单，其中北大图书馆委员会名单有：傅斯年（委员长）、胡适、朱光潜、周作人、梁实秋、严文郁、汤用彤等人。[2] 知堂与梁实秋同列委员，加之梁时任北大外文系主任，这些书应该是卖给北大图书馆了。知堂当时卖书是因为物价飞涨而造成的经济困难等因素。

另据知堂日记，1939 年 11 月 9 日："平白与沈心芜来，取英日文书去，共二百册以上，又杂志及中文在外。稍整理书房。"11 月 12 日："下午德友堂来，松筠阁来，与同文书局共取英日文旧书去。客室中间拓出北屋一间为食堂，今日已成，晚在此聚餐。"11 月 19 日："下午松筠阁来，交前售英日文旧书，价八十元，又以中文书予之。"[3] 这应该是当时家里人口多，所以把两间的书库整理出一间出来，处理的中外文书数量应该不小，至少三四百册开外。

1945 年日记里有多次卖书记录：

> 5 月 30 日：以《章实斋集抄本》两部及《平步青日记》托汪代售，即令人取去。又《礼记》二册，于六月一日送去。[4]
>
> 7 月 18 日：卖去《书道全集》等给文奎堂，值四万五千，又

---

1 《忆岂明老人》，《梁实秋散文集》第一卷，第 63—64 页。
2 《北大各委会委员名单公布》，《北平晨报》1935 年 11 月 23 日第九版《教育界》。
3 《1939 年周作人日记》，《中国现代文学研究丛刊》第 11 期（2016 年）。
4 周吉宜、周一茗整理《周作人 1945 年日记》，《新文学史料》2021 年第 1 期（总第 170 期，2021 年 2 月），第 168 页，第 172 页，第 176 页，第 179 页，第 181 页，第 183 页，第 186—188 页。

《碑传集》等万四千。

8月16日：上午卖书予文奎堂，计四万八千元。

9月4日：下午稻垣来，收文协事业部二千元。来熏阁陈济川来看旧书，出价三万八千元。

9月8日：下午陈济川来交馀款。

10月27日：下午稻垣来。整理旧书，以一部分拟出售，有《桂氏说文》、陆杨刻《尔雅义疏》，皆佳书也。

11月19日：上午整理旧书，以一部分拟出售。

11月23日：上午卖书三十三种予东雅堂，值十六万二千元，又杂陶器共五万元也。以一万予静子。

这里除了《书道全集》为日文书外，其馀应该都是线装书。而《平步青日记》即《栋山日记》，据谢刚主《平景荪事辑》，此书系知堂1942年秋于杭州书店所购，价近千元。"金秋过苦雨斋，……已归知堂先生书斋中。"[1] 此稿本应该没有卖出去，因而后来被没收归了平馆。[2] 而《章实斋集抄本》，知堂曾于其中抄出并发表了《文史通义逸文》，其中有《士习》及《与孙渊如观察论学十规》两篇佚文。[3]

---

[1] 文后署："民国三十一年八月二十八日，壬午中秋后六日重改定。"见《国立华北编译馆馆刊》一之三（1942年12月1日）。
[2] 已影印收入《国家图书馆藏抄稿本日记选编》第35、36、37、38、39册，北京：国家图书馆出版社，2015年。
[3] 《文史通义逸文》，知堂在文末跋曰："杭州安越堂平氏藏书，十万卷楼王氏抄本实斋全集十六册，于第五第九两册中发现逸文两篇，……因谋之瞿兑之先生。"文末署："中华民国壬午大寒节，知堂记于北京。"《国立华北编译馆馆刊》二之五（1943年5月1日）。

二　人在老虎桥

（一）容庚的抗议

抗战胜利后，日占区高校教职员的去留与对学生的安排问题就提上了议事日程，因而各校教师为此而四处奔走。据周作人日记，1945年10月6日："拟写信谕傅斯年，但亦不堪得说，故且止也。"10月7日："下午希白来。写致傅书了，以稿示绍原，但仍不拟寄去也。"10月8日："上午抄致傅书，拟仍托空邮寄去。"9日"上午抄致傅函，午了，寄给孟邻"，寄给了蒋梦麟一份。10日："抄致傅书一份拟寄朱骝先教部长一阅。下午王俊瑜来谈。又抄一份讫，拟存。"11日："寄朱骝先、傅斯年快信。"10月26日朱家骅收到周信，傅斯年应该差不多同时收到。信原稿还未发现，袁一丹在台湾"中央研究院"近代史研究所藏朱家骅档案里见到过信件摘要，其中提及："闻傅孟真君在教育复员会议中主张新定办法，学校停闭，学生重行甄别分发，稍涉苛细，如能赐予救济，万众感戴。"[1]

另据容庚日记，1945年10月22日："至北大，未上课。访沈兼士，未见。"作为教育部平津特派员的沈兼士拒绝与容庚等教师见面，更不用说解决他们的出路问题了。因而10月24日："下午至北大授课，学生属

---

[1]《周作人1945年日记》，《新文学史料》2021年第1期，第183—184页；另见袁一丹《周作人与傅斯年的交恶》，《此时怀抱向谁开》，上海：上海文艺出版社，2020年，第92—94页。

为《新生命》月刊作文。归草《与北大代理校长傅斯年先生一信［封］公开信》。"10月25日："续写前信。"10月26日："早写前信。访周作人。下午访徐宗元，同访王桐龄，托其将信转与《华北日报》发表。"容庚写了给傅斯年的万言书，也特意征询了知堂的意见。10月28日："早访钱稻孙、周作人。"他应该是与钱、周商量对策，估计已经得知《华北日报》发表公开信的希望不大，或许知堂曾建议交给他以前的老部下王古鲁编的《正报》发表。10月30日："早访钱稻孙，属代致傅斯年信。"因为知道知堂10月8日为学生处置问题曾给傅写过信，或许容庚认为作为文学院长的钱稻孙也有必要写封信，以便与傅沟通。而傅斯年却从未谈及钱稻孙的信，可能钱根本没写，因为知道傅对他没有好感，写也无益，结果不出所料，傅斯年就认为知堂此信是为自己开脱辩解。11月5日："早至学校，未授课。开各院校教职员联合会，推余为《宣言》起草员。下午起草《宣言》，底稿傅仲涛所作。"当时北平各校教师开会，决定对外发表宣言，表明他们的立场。11月5日："携《宣言》至校，访瞿兑之，属其润色。"11月7日："《正报》登载余《与傅斯年一封公开信》。至学校，开起草《宣言》委员会，通过发表，余所作者十之七，傅、瞿所作者十之三。"容庚因为国民党华北机关报《华北日报》拒绝发表才交给了王古鲁编的《正报》，而王也曾在该报11月20日第八十号上发表了驳斥北平图书馆王访渔、赵万里、顾子刚等人的万言书。据知堂11月17日记："近年所见文人中败类，卑劣无人理者，沈启无之外有赵万里、王访渔、顾子刚、沈兼士，此辈何多也，又皆是浙西与吴人，亦奇。"10月19日记："下午王古鲁来，拟为文反攻图书馆之奸徒王、赵、顾，亦快事也。"11月20日："上午《正报》八十号出版，见古鲁文。"[1] 容庚11月8日记："早至学校，商《宣言》排印事。"11月11日："三时起，写

---

[1]《周作人1945年日记》，第187—188页。

《论气节》一文。"11月12日:"早写定《论气节》一文。……晚至《正报》访王钟麟,言吾文不能再登,盖于七日登吾《与傅孟真信》大受责备也。"当时王古鲁受到了上面的很大压力。11月13日:"早钞《论气节》文二份,拟寄重庆《大公报》,未寄。"未见到重庆《大公报》刊出,或许他最后没有寄。

北大代校长傅斯年表态说:"北大原先是请全体教员内迁的,除周作人等一二人之外,未内迁之少数教员,亦均转入燕大辅仁任教,伪北大创办人钱稻孙原非北大教授,因此伪北大教授与北大毫无关系。"[1] 而他的表态早几日已经为北平所获悉。周作人12月2日记:"见报载傅斯年谈话,又闻巷内驴鸣,正是恰好,因记入文末。"[2] 容庚12月3日记:"早往北大,讨论傅斯年谓北大教职员为附逆不能再用事。"大家知道傅斯年的强硬态度后,商量的对策只有去找李宗仁解决问题了。12月5日:"早与教职员代表访李宗仁行营主任,约下午三时相见。下午复去,由参议员董某先接见,态度甚诚恳。"李宗仁应该已经得到了沈兼士的汇报,所以派人来搪塞,自己并未出面。12月6日:"揽镜自照,消瘦得多,决自今日起摆脱学校一切事务,除上课外不复多管闲事矣。"[3] 容庚见李宗

---

[1]《做个不折不扣榜样 确保干干净净声誉 北大代校长傅斯年表示》,上海《申报》1945年12月7日第二版。

[2]《周作人1945年日记》,第189页。

[3]《容庚北平日记》,北京:中华书局,2019年,第780—782页,第783页,第785页。另据日记,1945年12月13日:"草《上蒋主席书》。"次日写《上蒋书》,12月15日寄出。容庚看到只有诉诸最高当局才会有转机。25日沈兼士派于省吾叫他去,次日见面容庚得知自己不获聘任,失去了北大教席。1946年1月8日:"接蒋主席复信。"1月21日:"得郑彦棻信,代蒋主席于明天下午三时五十分约见。"蒋得到了容庚的书信有回复,应该会特意吩咐李宗仁妥善解决容庚这些人的生计与出路,所以李会派人与他见面。1月22日:"下午三时五十分往见郑彦棻,慰问甚殷。"郑应该告诉了蒋与李对他的关切,以及会妥善解决此事。1月23日:"写与蒋主席及郑信,未发。杜太太来,言郑乃其堂妹夫,为余说项不少。甚感之。"所以容要给蒋及郑写信感谢。而且得郑彦棻疏通,又经李宗仁介绍,石颖于1月27日约请容庚到广西大学任教。30日他们在行营继续谈,也见到李宗仁,因多,约明天谈。李又于31日在行营接见了容庚,还碰到了顾正容,也是约往广西大学的,李招待他们吃了午饭。

仁未必会解决他们这些教职员的问题，所以才会心灰意冷，决意不再参与此事。

而舆论对容庚的公开信有一定的共鸣与反响。如北平《世界日报》记者评论道：

> 北平临时大学补习班，光复以后，这另一个北大在法统上讲自然是伪的，所以"伪北大"，"伪学生"便习惯性地出现在报纸上，后来因为太刺激一般学生的感情，有个时期将"伪"字去掉加以引号，称之为"北大"，以与原来的北大相区别，又有一部分人称之曰"收复区北大"，以别于抗战区北大。……
>
> 他们在伪校教书，各有不得已的苦衷。容庚所写给傅斯年的公开信上，很可说明他的苦衷："……同人多西去，八妹媛亦从之而西，而庚独眷恋于北平者，亦自有故：日寇必败，无劳跋涉，一也。喜整理而绌玄想，舍书不能写作，二也。二十年来搜集之书籍，彝器，世所稀有，未忍舍弃，三也。不曰坚乎，磨而不磷；不曰白乎，涅而不缁。素性倔强，将以一试余之坚白，四也。沦陷区之人民，势不能尽室以内迁；政府军队，仓黄撤退，亦未与人民内迁之机会。荼毒蹂躏，被日寇之害为独深；大旱云霓，望政府之来为独切。"有几句话很使吃过沦陷苦的青年感动："我有子女，待教于人；人有子女，亦待教于我。则出而任教，余之责也。策日寇之必败，鼓励学生以最后胜利终属于我者亦余之责也。"

（接上页注）
当时还有杨宗翰等旧北大教授也获得广西大学的邀请。2月7日，与石谈定去广西大学任教。2月13日："石颖请晚饭，所约之客多北大旧教员。"所以他们处境的改善全赖蒋的指示，容庚自然心知肚明。同上书，第786、789—792页。王桐龄曾赠以诗曰："不知论谪缘何事，便隔蓬莱路几千。（解北大赴广西之容希白）不解大罗天上事，兰香何以过谪人间。（同上）"（王桐龄《古诗今释》，北平《北方日报》1946年11月10日第六版《博浪沙》）

至于奴化与否的问题，据教育部派来的美人某君的调查，奴化程度达百分之二，容庚的信里也有说明："当北大等校之迁于西南，而伪政府之重立三校也，课程依旧，尽先聘任留平之旧教职员。除增日籍教授每院数人，及增加日文每周数小时外，实无若何之变更。"教授们的生活，也够苦的："教授最高之月俸，曾不足以购百斤之米，或一吨之煤。故破衣恶食，斥卖书籍家具以为生者比比皆是。兼任讲师，受苦尤甚，至有步行往返四小时于道路而授课二小时者，其所得远不如卖烟拉车之辈为优。"沦陷区教授的苦楚，容庚说得也最痛快："在日寇则视吾辈为反动，在政府则视吾辈为汉奸，笑啼皆非，所谓真理，固如是乎？天乎！——尚何言哉。"……

沈兼士主持过华北文教协会，去年十月间，华北文教协会曾发表过一篇工作报告，除电台广播外，并由北平益世报转载。……容庚的信没发生什么作用，这篇报告却是中央处理沦陷区学校办法上的一件主要参考资料。[1]

（二）知堂被捕

同时上海《大公报》刊出该报记者善徽的特写《北平种种》："在文化方面，北平过去八年从文化城变成了沙漠，市面的出版物无非敌伪的宣传品。困居笼城的学人，不少隐晦忠贞，固守民族气节的，如陆志韦，张佛泉，邓之诚，俞平伯等，令人敬佩。另一方面，鼎鼎大名的周作人曾任伪华北政委会的教育总监，钱稻孙曾任伪北大校长。政府惩办汉奸时，这些人的罪恶应不在王克敏，王揖唐辈之下。"还说"国军已

---

[1] 魏麦人《沧海桑田话北大：临大·联大·补习班》，北平《世界日报》1947年11月1日、4—5日附刊《小世界》第二版《学生生活》。

到半月，肃奸工作还没有开始"。该报接连呼吁赶快逮捕汉奸。[1]长沙有报纸刊出《汉奸国贼提名》，其中周作人以"日支文协会会长"赫然在列。[2]上海《大公报》又刊出记者徐盈的采访，谈及教育部长朱家骅来平五日，与学者会面，陈垣、何其巩、陆志韦、王桐龄等先后发言。"最后记者提出，周作人自己不认自己是汉奸一事，朱笑问：'你以为是不是呢：汉奸能承认自己是汉奸吗？'教育汉奸将与政治汉奸一起拿办。"[3]而且国民政府于11月23日颁布命令，要求各地逮捕汉奸并没收其财产。[4]

知堂于1945年12月6日深夜在家中被捕，《申报》12月7日刊出消息《平津首次搜捕汉奸 王荫泰等二百四十名入网》[5]，天津《大公报》等也先后刊出消息[6]。而周作人被捕时并不承认自己是汉奸。[7]凌岱在《头

---

[1] 上海《大公报》1945年11月6日第二版。
[2] "本报资料室"《汉奸国贼提名》（二），长沙《湖南国民日报》1945年11月19日第三版。
[3] 《北平学风》（十六日），上海《大公报》1945年11月22日第二版。
[4] 《处理汉奸案件条例国府正式颁布实行》，《湖南国民日报》1945年11月24日。
[5] 《平津区大捕汉奸 殷汝耕周作人落网》："【北平八日中央社电】平津大捕汉奸，六日开始，八日大致结束。此间逮捕周作人（伪华北教育总署督办）。"长沙《湖南国民日报》1945年12月10日第二版。另见《未被逮捕之汉奸希望早日自行投案 全部名单须审讯后发表》，天津《益世报》1945年12月10日第一版。
[6] 《周作人就逮：捕奸工作继续中 名单中人全部捕获后发表》："警备司令侯镜如称，……周作人已被捕。"（天津《大公报》1945年12月9日第二版）《平津搜捕汉奸名单发表》："【中央社北平八日电】据关系方面负责人，八日晚晤记者：平津逮捕汉奸工作，六日开始，八日已大致办竣。……至于已经逮捕之汉奸，除昨电所报道之王荫泰，王克敏，王揖唐……等外。闻……周作人（伪华北教育总署督办）……等已落网。"（南京《救国日报》1945年12月10日第三版）
[7] 《汪时璟家最后晚宴 北平汉奸被捕情形 周作人抵赖不承认是汉奸》："【中央社北平八日电】北兵马司汪时璟住宅，五日晚酒绿灯红，巨奸满座。宴毕，奸逆等即全部被拘，未到场奸逆，由军警通夜分头逮捕。……周作人则坚不承认是汉奸。当局此次逮捕汉奸标准，为只问行为。截至现在止，平津两地，共有七十多人被捕。北平汉奸，分押于汪时璟宅，袁家花园等三处。"（《申报》1945年12月19日第一版）紧接着一条："六日行营令军警宪机关，在平，津两地，开始逮捕汉奸，计在平逮捕者，有王揖唐，王荫泰（伪华北政委会会长），……等七十馀名。"该报次日又报道冀高等法院开始审理汉奸："……至已经被逮捕之汉奸，除王揖唐，王荫泰……等外，尚有余晋龢（伪北京市长，华北合作事业总会理事长，建设总督办）……周作人（伪华北教育总署督办）……等。"（《平津汉奸第一审 由冀高法院审理 津捕汉奸多为敌军爪牙》，《申报》1945年12月10日第一版）

号文化"美奸"》文章开头说:"在知堂老人以汉奸在北平被逮捕的时候,从美国也传来头号文化'美奸'的被捕,押解到美京华盛顿的监狱里的消息;这就是从前以诗人驰誉美国文坛的彭德(Ezra Pound)。"[1]

"匹夫"评论道:"方群雨与周作人,皆好古敏求,不失为今之学者,方搜求古陶器及汉石经字,在学术上,颇多贡献。作人本系北大新文学运动中之中坚人物,当初原受一帮青年之信仰,乃自故邦沦陷,竟不惜认贼作父,于伪组织中掌教育大权,从此人格扫地。假使于事变前一二年即遗世,则清名令誉,永在人间,又何至如今日身败名裂耶?至群雨本系亲日派,数十年来,一贯作风,其出任伪职,固不足异也。"[2]

随后有报道称汉奸家产被封:"关于逮捕汉奸,平市自开始迄今,已有二百馀名巨奸就逮……所有在名单者已泰半捕获,且前此之汉奸,已捕或未捕者,其家产均经分别查封,除日用物品准其家属动用外,馀者均加封禁动用。"[3]知堂藏书应该就在这时被临时扣押了。另有消息:"周夫人(引者按:鲁迅夫人朱安)刚刚看过八道湾周作人的家回来,周作人入狱近二月,其日本夫人及妇女二人被赶在侧房,正房由宪兵居着。"[4]

---

[1] 上海《申报》1945年12月18日第六版《自由谈》。
[2] 《汉奸识小录》(四),《天津民国日报》1945年12月27日第三版《民园》。方群雨即天津的著名金石搜集者方若兹,后在天津被判刑七年。
[3] 《在名汉奸泰半就逮 所有逆产均已查封》【本报讯】,北平《益世报》1945年12月18日第一版。
[4] 正《访鲁迅太太 八道湾周作人家 正屋由宪兵居住》,成都《新民报晚刊》1946年3月8日第三版。该报抗战时刊有戒园《周作人》一文分析知堂变节的原因:
　周作人文章雅洁,而大节不修,有佳人作贼之叹!顾观其平日,似尚非热中名利之徒,乃竟倒行逆施,自绝于国家民族,颇可诧异。
　渝中晤孙伏园,以此叩之。据孙云作人私生活,最讲究舒适,渐渐流于颓废。有老婆为日本女人,侍奉极周到。即如理发一事,亦由此日本婆担任。久而久之,遂养成其一种惰性。
　七七变作,故都学者多南下。作人初亦有离平意,终以老婆力阻,谓奔走劳苦,不如勿动,遂决不行。浸假而认贼作父,出任伪职矣。

北平《纪事报》接连在副刊里刊载评论知堂的文章,如《周作人怎样做了汉奸:知堂文体 冲淡隽永 笔杆卖国 遗臭万年》(1946年5月24日第二版《大观》),以及艾芜《读周作人》(7月23日第三版《明园》),艾芜文中说:"好多人都说周作人读书多,学问好。据我看来,他只胡里胡涂读了许多书,造成的学问,于己于人都无好处。他在思想方面,就可以说是胡里胡涂得很。"然后批了知堂《闭户读书论》里的观点,说知堂忘掉现实的道路是绝对走不通,他最后放下手里的书本去做了日本的官,结果以"知惭愧"始,以"不知惭愧"终。而缐啸筠在《周狱辩》(7月29日第三版《明园》)里认为:"读药堂杂文第一分篇中国思想诸篇,每叹为天地间的至文。同辈的汉奸固然写不出来,即求之抗战文献中,若论思想的博大精微和文辞的斐亹有致,也怕很少可与比肩的文章罢!""华北在沦陷期间,政治说不上修明,经济也算不得稳定,唯有文化与教育界的情形是可算差强人意的。事实具在无庸讳言。抵抗奴化之说决不是欺骗。回忆知堂老人出任伪职之前,士论有谓'斯人不出,如苍生何'者,揆之当时情势,也并不是夸人。因为继知堂老人之后,苏体仁也曾觍颜继掌教署,客气一点说,可以算做狗尾续貂罢!但周苏不出,袁规也许会持刀而执文教界的牛耳的。果真如此,试想沦陷

(接上页注)

逸豫亡身,此之谓欤!(1943年7月13日第二版《出师表》)

该报1946年5月4日《出师表》副刊有讽刺文章《周作人忆此诗否》:"民国二十五年,殷逆汝耕在通州组织伪署时,宋哲元坐镇故都,莫如之何。周作人时在北平于元旦日作嘲之,中有句曰:

关门存汉帜,隔室戴尧天。

此尧天未知是指宋,抑系指殷?然宋虽无能为,犹得关门而存汉帜。若周氏者,满腹诗书,甘为敌人作役,虽欲闭门存汉帜而不可得,宋氏九泉有灵,宁不反唇相讥乎?(平)"

北平《新民报日刊》1946年4月9日第二版《北海》副刊有"旧燕"《存汉帜》一文,就是此文的改写版,作者应该是同一人。而据年谱,1938年12月24日作此诗《民廿五贺年诗》:"关门存汉腊,隔县戴尧天。"(张菊香、张铁荣编著《周作人年谱:1885—1967》,天津:天津人民出版社,2000年,第486页)另《三十二汉奸名单》列有钱稻孙的名字:"六十岁,浙江吴兴县人,伪北京大学校长。"(北平《新民报日刊》1946年4月23日第二版)

的文教界的情形又当如何？""中国文章属二周，固属人人皆知。……但我希望国家以人才为重，文教为念，留下这一只大鸟。不佞与知堂老人不相识，又不是汉奸的代言人，然读其书，想见其流风馀蕴，觉得在正面敌人已经倒地的现在，对于这将成的大狱确有一辩的必要。"而戚施厂《也论周狱》（7月31日第三版《明园》）与《辨狱的馀波》（8月17日第三版《明园》）里不同意線啸筠的评价，批驳了他文中赞誉知堂的种种说法。而線啸筠接连在《辨狱的波澜》（8月11日第三版《明园》）和《文战的恕道》（上）（8月28日第三版《明园》）、《文战的恕道》（下）（8月29日第三版《明园》）两篇文章里一一做出了有力的回应。《辨狱的波澜》里特别指出，把鲁迅与知堂对立的观点是错误的："知堂鲁迅不能混为一谈的见解，不佞以为也是十分肤浅的，未足以窥二周之堂奥。要知振臂一呼应者云集的猛士固足为青年的导师，而金银花夏枯草可以祛暑的清凉剂（见《〈药堂语录〉序》），也是青年们所切要的。医治狂呼叫嚣的病根或口号喊得发昏的人，后者尤为有用。……不佞服膺鲁迅先生已近二十年，但对于知堂的著作，却是在略经涉世之后才开始了解的。思想的深处远处昆仲本属相通，而均不可厚非，但文章的斐亶有致，忧深思远，终以知堂为胜。多读知堂文章便觉乃兄之文为拙直为粗旷。求证的方法是耐心的对读昆仲的文章，看他们对于国民性某些的攻击，究竟有什么大同异。不佞的'二周思想因缘论'便是用这种方法写成的。"

（三）陆军监狱

对于知堂在炮局胡同陆军监狱里的情况，北平《纪事报》副刊有系列报道：

在东西大间里收押的既是年老人，其中而且多数是巨字号阶级，当然，新狱里既然有这般优待，谁还能放弃这般享受？在最初的一个阶段里，这两间是最大的照顾主，后来便有些"中气不接"了，因为款子来源不畅，所以谁都量有为出。这许多年老人，别瞧大多数是巨字阶级，可是贫富悬殊，最穷的是周作人，最不在乎的推潘毓桂。据说周作人被捕之日起，家里便告断炊，那有力量由家里送钱到新狱里用？潘毓桂很讲义气，对于没有钱用的同监难友，他始终是做东道主，不仅此焉，家里还不断送进"美国罐头"，这在新狱里是"视同珍品"的，罐头打开，谁都沾光。王荫泰当年虽为"华北大头目"，用钱方面并不见得宽裕，佐食是以豆豉炒豆腐为主，因为这味素菜是最便宜的一种。刘玉书爱吃甜点心，是合作社第二号阔主顾。

讲人缘，以周作人为最好，许多看守同志对他，在私人情感上，很有些师生关系的神气，同时又知道他家里实在穷，所以不断的掏腰包给他在小厨房里叫菜，有一次，特别请他吃黄花鱼，这是周作人最爱吃的一味菜，而且把周作人叫到看守长的办公室里吃，一壁吃，一壁谈话：

"周先生：我们真替你可惜，当初为什么不咬咬牙走开这个地方？"[1]

"一言难尽，如果环境上能够让我走的话，我怎样会舍不得离开北平？"

"不离开也可以，为什么参加伪组织呢？"

"当初我如果没有蒋梦麟先生的嘱咐，负责任看护北大的校产，

---

[1] 望奸楼主《奸牢群像》（三四），北平《纪事报》1946年11月14日第三版《明园》。据知堂《炮局杂诗》第十首小注："队长熊扬武嘱为讲书。"第十一首："夜半唤吃水饺子，狱里过年亦大奇。五十年来无此事，难忘白酒与黄梨。"小注："旧除夕夜熊扬武刘景云招吃饺子。"（《老虎桥杂诗》，北京：北京十月文艺出版社，2013年，第12页）看守们就是熊扬武、刘景云等人了。

我当然会远走高飞的。"

"你不知道有许许多多的青年,为着你的'失节',在痛恨,在痛哭!"

"唉!事到如今,还有什么话说?"

"据我想,你要是到了后方,现在的你,该是什么样地位的人?"

"……………………。"[1]

4月22日,汉奸犯人开始由炮局胡同的陆军监狱解到宣武门外的河北第一监狱。而第一批人一路游街示众,车近北新桥,人山人海,夹道冷嘲热讽,还送砖头,发泄愤怒。上海《大公报》有报道:"【本报北平二十二日发专电】北平巨奸三十二名,二十二日午十二时半起解彰仪门外第一监狱。……路旁民众,知为押解巨奸,大为欢欣,儿童更鼓掌欢呼。下午一时抵监。三十人犯下车后,鹄立院中,初尚低头有羞愧色,旋即谈笑如常,且多向法警探听狱中待遇,比闻有窝头咸菜,并可由家人送食物,皆大悦。……诸奸各住一监房,名单如下:王揖唐,董康,许修直,钱稻孙……"[2]而天津《大公报》报道则是:"本月二十二日上午,一批巨奸三十二人起解。到河北第一监狱的一条两三里长的新生路,人群拥塞,汽车走了五六分钟,这该是对群奸的无声审问。"[3]

天津的报道更详细:"平市首要汉奸王揖唐,……等三十二人,二十二日上午十一时,业由北平陆军监狱连同有关文卷,正式解送河北高等法院矣。此一幕解奸趣剧,系于上午九时开始,……开启监狱铁门,当场点名,此时各巨奸,遂陆续走出,首先走出者为许修直,继之钱宗

---

1 《奸牢群像》(三五),北平《纪事报》1946年11月15日第三版《明园》。
2 《平津巨奸起解 王揖唐等移法院候审 沿途观者鼓掌欢欣》,上海《大公报》1946年4月23日第二版。
3 张高峰《从方孔看群奸》,天津《大公报》1946年4月30日第二版。

超，万兆芝，赵欣伯，钱稻孙，……将此十奸，送入第一辆卡车，……以上三十名巨奸装车后，中央医院之红十字车亦载王揖唐赶来，当将在押之病奸董康一并装入王之车内。……由陆军监狱出发，经北新桥，东四，灯市口，王府井，天安门，司法部街而至河北高等法院，此时已十二时有半。……全部巨奸仍用原车押送河北第一监狱，沿途经过前门大街，珠市口，虎坊桥，丞相胡同，于下午二时十分始到达自新路河北第一监狱。……昨日北平解奸时，一般市民多在沿途伫立，希望一睹各奸本来面目，当押解车经过时，市民多争相呼喊'杀汉奸，杀汉奸，好恶的大汉奸……'汉奸所予市民印象之恶劣，于此足可以想见云。"[1]

而有报道还顺带说："周逆作人以文人身份，一跃而为伪教育督办，其得意自不待言，顾周固文人无行者流，得势时辄以地位，利用敌人强买其左邻舍之房屋若干所，以致邻人莫不恨之入骨，下台后，又以其破旧汽车掉换伪教署之新汽车。其后任伪督办苏逆体仁曾以此事对新闻记者大发牢骚。"[2]

> 车近北新桥，但见人山人海，都是来瞻仰汉奸庐山真面目者，车行速率，开得极低，一路之上，三步一岗，五步一哨，开道车，警卫车，起解车，护送车，再加着新闻记者的坐车，大大小小三十馀辆，循序的在"夹道冷嘲热骂"中，徐徐的走着，"感情冲动"者还有人群里向起解车上游街于众的汉奸们"发送砖块"，来发泄大约八年来的积怨。这批起解，从上午十时起，直到下午三点多钟，才经过河北高检处点收手续而解到河北第一监狱。

---

[1]《平津巨奸五十馀名 昨分别解送法院 王揖唐由医院同时押解 津市大汉奸押第三监狱》【本报北平电话】，天津《益世报》1946年4月23日第四版。
[2]《大汉奸小事件 仁信间 汉奸住》【本报北平廿六日航讯】，上海《和平报》1946年4月29日第二版。

起解的情形，当晚传到新狱，给予未起解的汉奸们刺激不小，像王荫泰，周作人，潘毓桂之流，认为"面子"上太不好看，愁眉苦脸连着好几天，据说有一位"人物"为此曾具呈肃奸机关长官，请求"开恩"，给他们留一些面子。这件呈文是不是真的提出，没法证明！但是起解第二批的行车速率，因为维持交通秩序关系，确实的加快了！[1]

因而第二次起解情况就改观了："[五月]二日晨十时，……此次起解，沿途市民欢呼不及上次响亮。不知是否受日来物价影响而人心悒悒。"[2]

另有报道提及："×××报（五月二十一日）【本市讯】：'本市第一监狱中羁押之各种奸犯，因狱方准许彼等购买食品等物，故其家属，每逢探监时必携钱前往接济，其携款数目，或许由于各汉奸之多寡而颇悬殊，文化汉奸如周作人，钱稻荪等之家属每次接济款额，不过千元上下。'"[3]

（四）傅斯年谈话

傅斯年在见到记者时公开谈及周作人与钱稻孙："昨日[1946年5月5日]早晨，北京大学代理校长傅斯年对记者谈话，……周作人不知自

---

[1]《奸牢群像》（六七），北平《纪事报》1946年12月16日第三版《明园》。
[2]《北平二批巨奸起解 周大文等六十名入狱》【北平电话】，天津《大公报》1946年5月3日第二版。另据记者林华《特写：宣武门外看巨奸》，提及北平宣武门外，自新路的河北第一监狱病监。其中关押着的汉奸：管翼贤，三十五年四月二十二日入监。冷家骥，三十五年七月二日入监。王揖唐，与管同日入监。张燕卿也在其中。（天津《新星报》1947年6月3日第四版）
[3] 黄梅《周作人不如吴杞芳》，北平《纪事报》1946年5月28日第三版《明园》副刊。另据报道《文奸钱稻荪 敢情穷到出精：汉奸家庭访问之十》，记者采访了钱稻孙太太包丰保女士，她说前年丧母出现了很大亏空，把家里比较值钱的书籍和衣物都卖了，所以家里非常贫困（北平《纪事报》1946年10月6日第四版）。

拔 曾由平写信到渝：时间已经许久了，又来了几位客人。寻后傅先生谈到周作人，钱稻荪就逮的事情，傅先生谈：周作人有一封信给我。当时找了出来交给记者，上面有傅先生的红笔批语。他又补充他对周钱两个人的看法说：我认为周作人是不知自拔。钱稻荪在七七事变前二年，他就说国家对不起他，其时他那时的进款比我多。其次他有一种历史哲学，以为世界上的事没有是非。再就是与日本人的来往很多，我非常怀疑他，曾和清华当局谈过此人可疑。那时和胡先生也说过。原来傅先生是九点要出门的时间，已经九点一刻了，客人来得更多，记者便辞了出来。"[1] 另有报道："记者顷访北京大学代理校长傅斯年，兹志所谈如次：……次谈及汉奸惩处问题，傅氏表示政府对于汉奸应严予惩处，不容稍有宽假，尤其如敌伪之'新民会'方面之首脑宋介等，均死有馀辜。谈到北方文化汉奸，傅氏分其为积极与消极两类，前者如钱稻荪之流，后者为周作人等逆。傅氏称：'余在战前即感觉钱稻荪有毛病，有三点可资证明：（一）他总以为政府对他不起，（二）他的历史哲学是世界无何是非，（三）他的日本朋友太多。此事余曾向清华梅校长（贻琦）谈及，即董康之北大任教，余当时亦对胡先生（适之）谈非丢人不可，今果不幸而定[言]中。周作人之错误，则在"不能自拔"。'傅氏取出去年十月八日周寄渠长函，其内容多所辩述。记者尝询以对此函作何表示，傅氏称：余对此函之答案甚为简单，即'愁得很'三字而已。"[2]

此而傅斯年不久又发表谈话，态度有所松动：

【本报北平特讯】记者今晨往访代理北大校长傅斯年。

---

[1]《到平后第一次 傅斯年昨谈北大 胡适定本月廿七日离美 届时傅将亲赴上海迎接》，北平《世界日报》1946年5月6日第二版《教育界》。
[2]《代校长傅斯年谈北京大学新计划 决定增设医学院 与清华合办农院》【本报北平航讯】，成都《新民报晚刊》1946年6月5日第一版。

……

谈工学院

傅氏在重庆时曾说参加过伪组织的教授，概不续用，所以北平临大的教授，正在忐忑不安，听说还在酝酿对策。记者提到此问题时，傅氏说："那时的话可以不提了，总之我有我的教授，西南联大的教授，抛弃其仅有的东西每人带上十五公斤迁回北平来，为的什么？北大的教授，除去医学院外，其他学院我都已请好了，在临大医学院执教的前协和医院的人是可以留用的，因为他们学业好。"

评周作人

对于周作人作汉奸，傅氏有这样的评语："他一生也没作过一句痛快文章，甚至没有做过一件痛快事，参加伪组织也是此种作风。"而傅氏认为周作人"是大汉奸中罪过比较轻的。"对于钱稻荪的评语就不然："比起来钱稻荪便可恶多了，听说日本天皇发下降伏诏书以后，他还不信日本降伏是真的呢！"最后又谈到"五四"时的学生运动与现在的学生运动的不同，傅氏的看法是这样："五四运动，是反对卖国的北洋政府，我是亲身参加的，我知道得很清楚，但现在反对谁，反对抗战八年的政府吗？如果是那样也就是反对学校，那我没有办法同情！"……（卅五,六,三,本报特派员绍柏寄）[1]

（五）押送南京

知堂于 1946 年 5 月 26 日被押解南京，5 月 29 日由军方移解首都高

---

[1] 《傅斯年对记者谈：恢复当年的北大 似乎充满了信心——当年的五四运动是反对卖国的北洋政府 现在学生运动难道反对抗战八年的政府》，上海《申报》1946 年 6 月 7 日第五版《教育与体育》。

等法院。在起解前，知堂等与看守话别留念：

> 在诸色人等有分批起解消息以后，这许多巨字号阶级，为着对几位看守同志表示感谢照拂盛意，各就所能，留下一些纪念品，周作人的是几张册页，潘毓桂写的是屏联，江亢虎撰几篇诗赋，王荫泰题的几笔字，都有上下款，而且都特地从家里取到印章盖着。潘毓桂的中堂，一幅开头一句便是"是非邮[由]来不分明，"可以想见他满肚子装的是什么？……[1]

北平《益世报》5月27日刊出解送南京消息："二十六日……八时四十分，自监房将巨奸逐一提出。以王荫泰，江亢虎为首，陆续引至押解车前……周作人 六二岁 浙江绍兴 伪华北政务委员会常务委员兼教育总署督办。"[2] 同版还有《此生终达青云志 乘机飞京兆升天——观巨奸解赴南京后记》：

> 在这里我们更明白了伪官的发财，因为每月允许家属给他们送东西来的时候，伪官比起文化汉奸总阔得多，有的人一次送来五千元一万元为数寥寥，周作人比较最苦，还是邹泉荪听说每次送钱至少是国币五万元多至十五万元。……九时许，十四位主演汉奸列队

---

[1]《奸牢群像》(三五)，北平《纪事报》1946年11月15日第三版《明园》。
[2]《巨奸十四日昨晨解送南京》，北平《益世报》1946年5月27日第二版。《C47凌空而去 十四巨奸昨解京 邓逆文凯等军事汉奸 仍将留北平行营公审》【本报北平电话】，其中提及："'知堂老人'临'机'不愿藏老，光着头颅。"(天津《益世报》1946年5月27日第四版)望奸楼主《奸牢群像》(六九) 提及起解南京时：汪时璟，余晋龢由北兵马司解到，"周作人，江亢虎斯斯文文，始终保持冷静状态"(北平《纪事报》1946年12月18日第三版《明园》)。《奸牢群像》(七〇) 提及他们向外走出狱门时："伪教育督办的文元模，王谟，周作人，和江亢虎都是文质彬彬，颇有'乐天知命'的风度。"(《纪事报》1946年12月19日第三版《明园》)

出场,……那个时候这些巨奸们扮演的是"燕都显贵者"今日尽都是"金陵待罪人"。……这时记者忙着对这些"一代显贵"作了一次最后的访问,问他们有什么感想?下面是几个人的答记者问:

周作人说:"胜利以后,就坐在家中等待国家的制裁。现在没有什么感想"。说话时声音很低,微笑着。"周先生"消瘦了。

……"离京此去成永别"用个永字比较合适吧!"周先生"是学者,新文学造诣很深,若作首新诗,一定是"永别了!我可爱的故都。"还是用永字合适,因为车出的是永定门。[1]

而该版花絮新闻还有《汉奸起解杂掇》:

▲因为前天曾检查体格,他们已经知道要解到南京去。提出监狱的半小时前,都爬在一条长桌上写类似遗书式的东西,而片纸所书是悔,是恨,是悲是……局外人难知道,然而局外人又焉能不知道?

▲在空路解京的汉奸中,个高的便是齐燮元,唐仰杜,江亢虎也不低。只是大驼背,瘦的像痨病鬼。最矮的是周作人。王谟也不高。

▲十四名巨奸用手铐按号数编成七对,(一)王荫泰与江亢虎。(二)唐仰杜与文元谟[模]。(三)周作人与陈曾轼。……

▲在解奸车旁记者们,开始访问工作。王荫泰低下头很细心的回答记者的问。周作人始终以苦笑对记者。……

▲唐仰杜是大块头最重了九十公斤。汪时璟次之,八二公斤,周作人最轻五十二公斤,王荫泰七〇公斤。江亢虎六四。……

▲汉奸行李在机场过磅,按规定任何人所携均不得超过十五公斤(要人也如此)江亢虎没有行李,周作人最少只五公斤。……

---

[1] 另刊于上海《和平日报》1946年6月4日第五版《昔为燕都显贵者 今是金陵待罪人——观巨奸解赴南京后记》。

▲齐燮元携书甚多，殷汝耕带护身经两本。

▲在飞机中汉奸们占坐了正位，押解移送人反而横卧在行李之上。

上海《申报》同日刊出消息："巨奸王荫泰等十四名，今晨解京。群奸今晨五时被检查血压时，方知解京受审，乃慌忙写下'遗书'，留致家人。语多劝家人勿忧，而有恋恋不舍之意。汪时璟余晋龢押在汪宅，临时提来陆军监狱，集合出发。王荫泰编为'韦字第一号'，与江亢虎一铐，共分七对由狱中走出。王荫泰着灰色西服，馀皆长袍，殷汝耕罩一坎肩，有小丑状。周作人光头衣着最陈旧，最好者为汪时璟，绸袍西洋皮鞋，与周成对比。观者叹曰：'做汉奸也还是长财政的'。……上车前记者逐一问感想……周作人说：'我始终等待就捕，无感想'。周瘦多了，态度仍不失为'冷淡'。……群奸乘卡车赴机场，一路观者如堵，呼骂与呼喝之声不绝。群奸家属则站于其间落泪。上机前逐一衡量体重，大汉唐仰杜最重，九十公斤，书生周作人最轻，五十二公斤。每人许携带物十五公斤，大多为衣被书籍与针线，周携其自著之谈蚀[龙]集，余晋龢携有金刚经。十点半，群奸别离了曾作威作福的北平。另悉群奸在狱每月许接见家人一次，送点一次，送钱最多者为经济汉奸邹泉荪，每次二十万元，最小者为周作人，每次五千元。"[1]

该报另有详细报道称：

> 周作人。知堂老人在北平沦陷后，忽然不耐苦雨斋的寂寞，热心做其伪官了。他做过伪北大校长，伪华北政委员会常委兼教育总署督办。胜利以后，国法把从苦雨斋提到了"苦狱斋"，尝一尝铁窗风味。

---

[1] 《巨奸王荫泰等十四人 昨由平解京审理 古城观者如堵呼骂声不绝》【本报北平廿六日电】，上海《申报》1946年5月27日第二版。

知堂老人瘦得像猴，光头，戴黄框眼镜，着灰黄夹袍，神态颓唐。他说："胜利以后，我就坐在家中等待国家的制裁，现在没有什么感想"。说话声音很低，苦笑着。未被捕前，他在苦雨斋中向记者辩说：他做官，做校长，是在沦陷区为国家教育青年，为国家保存元气，他曾经几度向日本人交涉，不叫学生们终天去参加什么大会，免得荒废学业。在解南京的这批华北巨奸中，他的身体最轻，——仅仅五十二公斤，比着九十公斤重的伪山东省长唐仰杜，几乎差了一半。虽然做了几年伪官，但是比起别的汉奸，算他最穷。听说每月家里人到狱中去看他，只给他带一万多的零花。比起家里一次送一二十万元的邹泉荪，他差多了。他这次押解南京，行囊也最简单，一个不足十斤的小包袱，里面有两本书，一本是自己作的"谈龙集"，另一本是"朱子"。[1]

北平报道提及："（一）③ 周作人是灰黄夹袍，戴着黄框眼镜，态度颓唐得很。"[2] 上海报道则是："北方大汉奸十四名，昨晨十时半由驱逐机二架押送赴京。各奸均系于上午八时分别由住地集中陆军监狱发号……其馀多带呢帽，惟苦雨斋主周作人，则系光头，气色尚红润。"[3]

成都报纸也刊出解送当天的情形：

【本报特约记者辰链 北平通讯】前几天起解南京的华北巨奸王荫泰等十四名，起飞时那一副嘴脸，真是尴尬极了。而他们内心的

---

1 《从北平解赴南京 巨奸十四人群像》【本报廿五日北平航讯 特派员张剑梅】，上海《申报》1946 年 6 月 11 日第七版。
2 《华北巨奸十四名破空南飞 王逆荫泰等昨解京》"余晋龢知过不能改 周苦雨无官一身轻"一节，北平《新民报日刊》1946 年 5 月 27 日第四版。
3 《华北群奸解京时 王荫泰名列前茅，周作人气色红润，诸人依次登机离平》【本报北平二十七日发电】，上海《大公报》5 月 28 日第二版。

追悔又是怎样呢？记者得到一个特许机会，看到他们临飞时各人亲笔的家信，便可透视巨奸们是怎样的心境。那些家书，也可说是遗嘱。

王逆荫泰告诉他至友说："今日行矣，闻解往南京，夏季衣服等件，如能设法，请寄去……老母在堂，弱女待字，以后一切均赖大力维护。"他除了不忘生活舒适外，并有冀求免刑的哀鸣："前次索取之证明文件等，请即速备齐交此间当局，或径寄南京"。

齐燮元致其妻函："忽赴南京，殊出意外……好在自问无愧于国，尽可放心……将来仍归军审，可托××等赴事"。

江亢虎说："此行时期长短不定，家中谨慎度日，孙辈宜求自立自给，××可令自谋生计，不必等候……"

周作人这样写："信子鉴：今日即须出发……容后通信，希望各加保重，与静子及丰一夫妇照管小孩们为要！知堂老人。"

最可耻的要算殷汝耕了，他竟想："相信国家必有公平的处置，……"

刘玉书的书："……希望速寄证件……"又兴致勃勃的为他三个孙女命名："蓉女名昌龄，亮女为昌佑，昭女为昌静……心即无愧，一切故安……"他是廿二年天津事变便衣队，还要"证件"而求"无愧"。

……（五月三十一日）[1]

随后有周作人机中与人唱和的消息："平巨奸王荫泰、汪时璟、周

---

[1] 《华北巨奸起解日 留书语语作秋声 搜集证明文件 还想法外留情》，成都《新民报晚刊》1946年6月12日第一版。徐彬《从片段家书中研究华北巨奸们的心理》"周逆作人不忘信子"一节，北平《新民报日刊》1946年6月4日第四版。《华北汉奸家书展览》，上海《和平日报》1946年6月9日第五版。

作人等十三人,军方二十九日移解首都高院,……周作人在机中曾赋诗赠押解渠等之倪处长超凡与文主任强。诗云:'年年乞巧徒成拙,乌鹊填桥事大难。犹是世尊悲悯意,不如市井斗盂蓝[兰]。'文强亦答诗一首:'问君今又悔何迟?叱咤风云忆昔时。共步国门应有愧,陵园苞放自由枝。'周为之赧然。"[1]知堂此诗其实是旧作,见《苦茶庵打油诗》,作于"民国三十一年七月十八日"。[2]

郑振铎发表《惜周作人》一文,其中说:

周作人是在五四时代长成起来的。他倡导"人的文学",译过不少的俄国小说,他的对于希腊文学的素养也是近人所罕及的;他的诗和散文,都曾有过很大的影响。他的《小河》,至今还有人在吟味着。他确在新文学上尽过很大的力量。虽然他后来已经是显得落伍了,但他始终是代表着中国文坛上的另一派。假如我们说,

---

[1] 《巨奸王荫泰等十三人 昨移解首都高院 齐逆燮元移解军法执行部 周作人机中与文强有诗唱和》【本报南京二十九日】,北平《世界日报》1946年5月30日第一版。"非文"《周作人的"回忆"》,谈读《药堂杂文》的感受以及批知堂附逆的问题,旁边配有周作人用钢笔写的这首《七夕》诗的手书,并注明"旧作",应该是该记者请知堂写的(《南京人报》1946年6月14日第二版《南华经》副刊)。

[2] 《老虎桥杂诗》,北京:北京十月文艺出版社,2013年,第101页。而据君匡(袁殊笔名)的文章《八道湾访知堂老人》,他1941年(应为1942年)秋北平之行,亲自到苦雨斋(现在苦茶庵)拜访了知堂,"临别前,承用有'和楮'(日本制的专为题赠用的纸片)录了一首近作给我,这恐怕是还不曾发表的":"年年乞巧徒成拙,乌鹊填桥事大难。犹是世尊悲悯意,不如市井闹盂阑[兰]。"见《周作人を访ふ》,《大陆往来》第四卷第一号,昭和十八年(1943)一月一日,第17页;又《古城的迟暮》,载《袁殊文集》,南京:南京出版社,1992年,第165页。据年谱,此诗写于1942年7月18日,见《周作人年谱:1885—1967》,第638页。上海《中华日报》1942年11月26日《中华副刊》刊载了知堂《赋得七夕》三首诗,最后一首就是此诗,并有题词:"此一首壬午年作,小雪前四日,抄出寄奉雨生先生,以博一笑。"然后手书上版。柳雨生在《中國新文學的曙光》一文里也引用了知堂这首《七夕》(《大陆往来》第四卷第三号,昭和十八年[1943]三月八日,第85页)。看来应该是知堂得意之作。杜景沼在《买书记》一文里谈及为重庆朋友在北平前门书摊花了五百元买周作人《药堂杂文》《秉烛夜谈》的经过,还不忘顺带批判一通知堂,见北平《新民报日刊》1946年6月1日第二版《北海》副刊。

五四以来的中国文学有什么成就，无疑的，我们应该说，鲁迅先生和他是两个颠扑不破的巨石重镇；没有了他们，新文学史上便要黯然失光。

鲁迅先生是很爱护他的，尽管他们俩晚年失和，但鲁迅先生口中从来没有一句责难他的话。"知弟莫若兄。"鲁迅先生十分的知道他的癖气和性格。[1]

郑对周作人颇有恕辞，因而颇引起一些人的议论以致批评来。而周作人对他是心存感激的，后来在回忆录里说："古来有句话，索解人难得，若是西谛可以算是一个解人，但是现在可是已经不可再得了。"[2]

张鸣春在《再惜周作人》里回应说：

抗战期间，每当有人告诉我周作人快要附逆的时候，我始终不相信，义务律师似的总替他辩护道："你们放心，我对他虽素昧平生，这个人无论如何不会做汉奸的，欲问何以见得，因为我读其书，知其人，信其言。"结果，唉，那知结果出人意表，他真的下海了！

笔者不愿惋惜任何汉奸，事实上亦无可惋惜的汉奸，一是一，二是二，汉奸便是汉奸，不能也不准有任何借口与托词；然而我却心惜周作人而口不敢言。

过去读到周报十九期上郑振铎先生的惜周作人，颇有同感。笔者仍觉周氏另有可惜的地方，拉杂书出，以就正于有览斯文者。

就周氏的文化地位说，他的附逆，给予中国文化人心理方面的恶影响，实在不小；惟就他作恶的行为说，也许抵不到一个伪乡

---

1 《周报》第十九期（1946年1月12日）。
2 《知堂回想录》，第613—614页。

长一个月的"胡来",一个伪军准尉副官一星期的"乱搅",或由天空飞来大员的一次接受!又查他在附逆后的著作,如"风雨后谈","秉烛后谈","书房一角","苦口甘口","立春以前"诸书看来,却没有阿谀过日本,嘲讽过中央。在他的演讲词里,(就南方伪报所发表的说)就连"同生共死,同甘共苦","国必统一,党不可分","与友邦携手迈进,共同完遂大东亚圣战"这一类肉麻话,也少发现。但是他是华北教育总监,道地汉奸,为了国家民族前途计,只有惩治他。十四年徒刑,实是活该。周氏还说:"量刑未免过重,画饼岂可充饥",老先生你要知道这已经相当客气了。"一失足"并不是作冲淡小品题目呀。

郑先生说:"他后来已经是变得落伍了"。诚然他是落伍了,但他的言论,确也有明智可取的地方,现在极随便的举一个例罢。他的"道义要事功化,伦理要生物化"的主张,是很精粹的。关于后一句话的意义,他申述道,世上没有一部经典,可以千百年来当做人类的教训的,生物学的知识,可以作为整个人生问题之参考,藉定人类行为的标准。在"谈中国的思想问题"中,他更进一步说,饮食以求个体之生存,男女以求种族之生存,这本是一切生物的本能,进化论者所谓意志。人也是动物,所以这本能自然也是有的,不过一般生物的求生是单纯的只要达到生存的目的,便不问手段,只要自己能够生存,便不惜危害别个的生存。人则不然,他与生物同样的要求生存,但最初觉得单独不能达到目的,须得与别个连络,互相扶助,方能好好的生存;随后又感到别人也与自己同样的有好恶,设法圆满的相处。前者是生存的方法,动物中也有能够做到的;后者乃是人所独有的生存道德。古人云"人之所以异于禽兽者几希"盖即此也。接着他说,中国国民的中心思想之最高点为仁,即是此原始的生存道德所发达而成功,如不从生物学的立脚地来看，不能了解其意义之深厚，这些都是很明净的雅言，我恐怕他诸如此类不可胜举的议论，将随他汉奸的污名而遭唾弃，随时间而渐湮没。中国的古训"不人以废言"，而历史上的事实正相反不仅以人废言，并将废及其人之其他长处的。朱熹临模[摹]曹操的字，颇遭友人议刺。苏州黄门弟子钟某，欲印行严嵩的钤山堂集子，同门反对，至于互殴。兴化有严世蕃所书"状元镜"三字大匾，字体高妙，后人因不值世蕃其人，就将下款锯去，若非长老提示，已不知为谁人手笔了。

至于王觉斯，阮大铖，赵文华辈，皆以其人格有缺，而缩小了他们艺术文章应得的流播范围。最显著的，今日郑孝胥的字，已耻悬壁上；汪兆铭的书，都羞置案头；周佛海在江苏各校所题碑匾之类，其本人姓字尽遭磨洗了。周作人的著作与书法，自非汪周诸人所能望其项背，然而其命运是可以想像的道[到]，不是值得我们可惜的事吗？

依郑先生的汉奸分类，周作人应属于教育文化汉奸。教育文化汉奸，除去陈彬龢，袁殊，沈启无等，比较其他政治的，军事的，经济的汉奸，都一般的可怜。他们做汉奸后的生活，并不若何优裕，有的且照常贫困。他们决不比其他方面的汉奸，能享富贵荣华，招摇过市。天日重光后，而首遭检举与抨击的是教育文化汉奸，因为教育文化界最讲是非，专好讥评，而首中笔端与舌端的则是本界的败类。这是教育文化界值得骄傲同时也是可怜的地方，实在这一类汉奸，自动的摇身一变的法术较差；被动的被庇护着的机会较少；非常易于措置。试问那些政治上，军事上，经济上的，到目前还未落网的汉奸，与正被有力者包庇着的汉奸，徒抱正义感的文化人能奈何他们什么呢？

所以文教界的人，只能拔去自己眼中的刺，不能拔去别人眼中的梁木,不亦大可哀乎!

　　至于如何处置周作人,我是非常同意郑先生的主张的,就是"用一个特别的办法,囚禁着他,但使他工作着,从事翻译希腊文学什么的。"周作人在三十三年八月,在其所作希腊神话引言中有云:"不佞少时,喜弄笔墨,不意地坠入文人道中,有如堕民,虽欲歇业,无由解免,念之痛心,历有年所矣。或者翻译家可与文坛稍远,如真不能免为白丁,则愿折笔改业为译人,亦彼善于此。完成神话的译注,为自己的义务工作,自当尽先做去。此外东西贤哲,嘉言懿行,不可计量,随缘抄录,一章半偈,亦是法施。"据此以观,郑先生的提议,也许是很适于周氏的罢。[1]

同样也有人呼吁以翻译抵罪:

　　……

　　文化汉奸周作人近据电讯已起解来京,公审之期,谅亦不远。对知堂老人之落水,不能全其晚节,的确是可惜。自五四运动以来,周氏总不失为中国文坛之重镇,对新文化之建树,却有不少汗马功劳,就是落水以后,也不失为粪坑中较大之蛆虫,便是现时丑诋其为"臭文人"之文人,其文恐也多少受到其影响,所以除对周氏本身觉得可惜外,且为中国文化可惜,像他研究学术精博的人,委实太少了。而太少的学术研究精博的人,竟为中国文化留下污点,怎不为中国文化可惜。

　　这并非是为周作人辩护,说他是无罪,他曾做过伪华北教育督办,伪国府委员等特任官,三岁孩子也要以为他是汉奸。虽是汉

---

[1] 上海《申报》1947年2月11日第十一版《春秋》。

奸，不过在调查其罪行后，我要建议当局，不必除[处]死，代之以无期徒刑，令其译出全部希腊文学史以自赎。

这部著作，是周逆久拟着笔而未开工者，而周逆对希腊文学之研究精深确有为流辈所不及之处，如由其全部译出，定有不少精彩。对中国贫弱的译文坛，亦不无小补。

孙子刖足而传兵法，司马迁腐刑而著史记，如死刑仅以隔离社会为目的，则周逆如能处终身监禁，狱中无不肖的弟子包围，当可完成其翻译的初愿。[1]

（六）老虎桥

有报道提及周作人等将受审："南京[6月]五日电，北平解交之巨奸王荫泰等十四人，日来正由军法方面及首都高院分别侦查，不久将先后提起公诉。王荫泰，齐燮元，周作人，余晋龢，王谟，江亢虎，汪时璟，刘玉书等。"[2] 朱儒《知堂南行》一文，批评他七七后，胡适、郭沫若等人劝他南下，不去，这回却坐上飞机南行，前途未卜。[3]

周作人还为梁小姐题诗："周逆作人，脸色萎黄，精神颓唐，没精

---

1 曹作汉《周作人如何科刑》，上海《申报》1946年6月4日第八版。
2 《沪高等法院初审梁鸿志 兔死狐悲储逆吊陈公博 王荫泰周作人等受审》，长沙《国民日报》1946年6月6日第二版。
3 北平《新民报日刊》1946年6月8日第二版《北海》副刊。成都《新民报日刊》1946年6月11日第四版以《知堂南来》为题刊登了此文。成都《新民报日刊》1946年6月12日第四版又刊登了朱儒《周作人又在欺老外了》一文，指出知堂机中唱和的这首《七夕》是旧作，已收入《立春以前》。"老头子"在《周作人老命难留》一文里说：
这是二十九年间的事了，友人张君接着周作人的一首诗：
正似群鱼脱故渊，草间煎沫剧堪怜。四方引领失归路，何处将身托愿船？漫策断株追日没，孰持煎饼补天穿？狂歌岂必能当哭，夜色苍凉未忍眠？
我们可以说，在苦雨斋的著作中，是没有这样苍凉的音节的。"漫策断株追日没"，是

打彩，显形于色，渠曾循各报记者及高院职员要求，三度签名题诗，其为高院梁小姐题：'春去秋来年复年，鸟啼花落亦堪怜！于今桑下成三宿，惭愧浮屠一梦缘。'下注'旧作'、'作人'等字样。"[1]

狱中报道还有："华北巨奸周作人，在狱中除读书外，并替人书写对联，周逆匆匆押解南京，图章未及携带，刻已函请北平友人带京，俾在对联上留下印迹，遗臭万年。"[2]

（七）保周风波

北平的大学生为周作人作保请释的信件就达二百封。[3] 北平临时大学补习班教授徐祖正、杨丙辰等五十四人也向南京高等法院递交呈文，其附件一《周作人服务伪组织之经过》（1946 年 6 月 18 日）里说知堂为北大图书馆增加了很多图书："周氏甚至捐其私人图书杂志，共计

（接上页注）

周氏非不知日本之将失败，然而，可怜，"执持煎饼补天穿"，周氏是"一失足成千古恨"了。然而，即使为了文艺的翻译着想，全中国能翻拉丁文的恐怕只有周氏一人，也无法留他这条老命了。（成都《新民报晚刊》1946 年 6 月 2 日《出师表》）

据袁一丹考证，此诗题为《偶作用六松堂韵》，一名为《己卯秋日和六松老人韵》，作于 1939 年 9 月 12 日。"1940 年 3 月周作人曾将这首诗抄赠给其在绍兴教书时的学生张一渠，随后特地交待：'务请勿以任何形式发表，不但旧诗本不会做，近来亦不想有所揭载，徒供人作骂资也。'"（《汤尔和：民国学术圈的"里子"》，《东方早报》2015 年 4 月 19 日）另吴德铎《知堂佚诗一首》："一九四六年五月二十七日，周作人被用飞机押解来南京，在机上他曾口占一律，这首诗我从上海一报纸上见到（报纸名已记不出），记了下来。"见王仲三笺注《周作人诗全编笺注》，上海：学林出版社，1995 年，第 318 页。

1　《王荫泰在京见记者笑容满面 周作人为梁小姐题诗 江亢虎默坐一言不发》，北平《世界日报》1946 年 6 月 14 日。另刊于《青岛时报》1946 年 6 月 21 日第二版。
2　《尚制遗臭 文奸周作人 为人写对联》【南京廿八日专电】，《青岛晚报》1946 年 7 月 29 日第一版。
3　记者《今日北平：大学生穷极生智当劫犯 为周作人请释函如雪飞》，贵阳《贵州日报》1946 年 3 月 2 日增刊第四版。

四百七十九册，以上各书均已编入伪北大图书馆书目中。"[1]《北京大学为周作人作证致首都高等法院函》(1946年9月6日)，附二《北京大学图书馆书籍统计》："伪北大时期添购及受赠中文书六四二五一册，日文书九一七七册，西文书六二三册，总计七四零五一册。"

为保周作人，北平还闹出一场风波，这要从北平临大说起。"教育部根据此项决议，经呈政院核定，于平津沪京四处，各设临时大学补习班一所，南京王书林，上海李寿雍，天津王孔高，北平陈雪屏，短期内即可分别前往筹备。"[2] 北平接收情况是：

> 昨（[1945年11月]二十日）教育部平津区特派员办公处，已开始将伪北京大学本部和文理两学院接收竣事。由沈特派员偕同接收委员董洗凡陈雪屏郑天挺诸氏，十一时至东城松公府夹道伪北京大学本部，当由伪北大校长鲍鉴清出面交待一切。
>
> ……午后二时半至文学院，由院长钱稻荪亲自交待至此，伪北京大学本部及文理两学院正式接受竣事，当由教育部平津区特派员办公处布告周知，谓："伪北京大学即日起着即解散，大学补习班即于次日正式开课，并派陈雪屏为第一补习班主任，郑天挺为第二补习班主任，职教员等暂不更动……"[3]

北平临时大学第一、第二补习班于1945年11月21日正式开课。

另据郑天挺1946年1月8日日记，北平临时大学补习班第二分班国文系请了俞平伯："晚饭后余让之来，谓平伯自炫于外，言初得讲师

---

1 《徐祖正等为保周作人致首都高等法院呈》(1946年6月22日)，《回望周作人·国难声中》，第218页。
2 《临时大学补习班主任人选已派定》【重庆十五日中央社电】，北平《益世报》1945年10月19日第二版。
3 《北大文理两院昨接收师大接收未顺利进行》，北平《益世报》1945年11月21日第二版。

聘书,辞不就,遂议兼任教授,又不就,复改名誉教授,闻之者若孙蜀丞等大不满,以为如此云云,直使人难堪,有辞意。此次请平伯,本出余顾念其八年不出之节。始议之际,兼士先生即以其曾在殷同家教书及与知堂老人太密为病,而班务会议,余推之主持一年级国文,邓叔存先生即不谓然,余持之乃定,何必自炫如此,殊不可解。"[1]

北平《益世报》刊有简讯:"据悉:陈雪屏等十馀人,近具函呈送法院,对周作人附逆罪状,有所辩解,内容述说日寇并不满周逆作风,称渠阻碍'大东亚政策'之实施,并述及周逆学生沈启无与周辩论等事。以为旁证。"[2] 次日又有消息说:"本报昨日刊载本市陈雪屏等十馀人具函法院为周逆作人辩解一讯,今日陈雪屏氏对该项消息有所说明,据称该函系由平市教育界名流十馀人发起,陈氏已签名赞助,此举系以私人立场,希望政府宽大处理,免除周逆死刑云。"[3]

该报6月19日刊出社论《竟有人为周逆作人辩解》:

> 自从本报十六十七两日刊载陈雪屏等具函法院为周逆作人辩解消息刊出后,连日收到读者来函数十件询问事实真象并表示万分愤慨。
>
> 抗战胜利以来,参政会、二中全会一再主张严办汉奸,以慰民心。蒋主席抵平之后即刻设立密告箱希望人民多替政府检举汉奸。明是非,辩真伪,在今日是极必要的,蒋主席这一英明措置我们正当以全力促其实现,不幸,在文化的故都竟有"教育界名流"发起

---

[1] 《郑天挺西南联大日记》,北京:中华书局,2018年,第1129页。与沈兼士一起负责接收北大,时任教育部北平临时大学补习班第二分班主任兼代总务长、教育部平津区教育复员辅导委员会委员的郑天挺,对知堂也感情复杂,据其1945年10月16日日记:"阅周作人《书房一角》,皆附逆前后所作,有癸未新序,前年所作也。序引语云'人非圣贤,孰能无过',又云'过则勿惮改'之语,岂有所悔悟,求谅于后人耶?"同上书,第1113页。
[2] 《陈雪屏等为周逆作人辩论》【本市讯】,北平《益世报》1946年6月16日第二版。
[3] 《希望免除周作人死刑 陈雪屏称仅签名赞助》【本报讯】,北平《益世报》1946年6月17日第二版。

希望政府对教育文化巨奸周逆作人宽大处理。

周逆作人的滔天大罪,至少是北平的人民所熟知的,用不到我们重述。周逆作人的罪该死该活当由法院判决,我们不愿下断语。但是我们敢问这些"教育界"名流,你们怎么这样大胆敢违抗政府严惩汉奸的国策,敢违抗全国人民的意旨要求宽大处理巨奸周逆作人?

尤其使我们惊奇的是临大补习班主任陈雪屏氏也竟赞助这件丑事。我们不知道是否陈主任将在请求法院免除周逆死刑之后,聘为临大教授?抑是代表临大八个分班三千馀学子七百八十位教员一千馀位职员欢迎周逆重返北平?

记得半年以前,某些飞来的贵客到了北平不分青红皂白,就骂"伪教授","伪学生",不想曾几何时,竟来为国人人人唾弃的汉奸周逆作人辩解!

重庆文化教育界曾一致声讨周逆作人,教育部亦曾明令各级学校教科书不得采用周逆作人作品,在北平的"反共灭党大会"上,周逆作人发表荒谬演讲之后,当场焚毁约十分之一二共知产[产党]书籍,十分之八九国民党书籍,临大主任陈雪屏氏当不会不知此事吧!

为了人类的正义,为了本报广大读者的要求,我们奉劝这些发起以及赞助为汉奸周逆作人辩解的"名流"翻然悔过。

如果这些"发起及赞助者"认为他们有他们的理由,那么何妨正大光明在报章刊登启事征求更多人来签名,何必如此鬼鬼祟祟。

社论边配发一则消息《平名流多人签名 为周逆作人辩解 各方正义人士极为愤慨》:"【本报讯】平市名流为周逆作人辩解事,发起人正向各方征求赞助,闻周逆近日签名者,又有数十人,此事已引起若干正义人士不满,平市文化界连日频有议论,因周逆附敌之后,全国口诛笔伐，业有定评，闻已将此项消息分别报导上海，南京，重庆各地，并将发起广大声讨云。"

因而郑天挺在6月20日日记里说："上星期有人作好，请保周作人，呈文分头送请签名。已签者沈兼士、董洗凡、张怀，后由鲍文蔚送请雪屏签，俞平伯送请佛泉签，文蔚复送交余签，余以呈文措辞未尽善，婉辞之。（周于伪职任内，对于北大、清华图书仪器，确有保全之功，余亦愿保，但其他方面不必强为之说。）闻陈援庵亦未签。连日北平《益世报》数登其事，昨日竟有社论攻击，专涉雪屏。此报为公教所办，社长原为英千里，现主编马氏为辅仁学生，与沈、董、张关系甚密，不知何以独攻雪屏，岂为沈氏诸公讳耶？然此事沈氏签名在前，雪屏实追随者也。雪屏甚愤慨。"[1]当时北平《益世报》社长是马在天，而且北平这些人反感并抗议陈雪屏的原因恐怕与陈等对留平师生的歧视性态度有关，在沈兼士这些接收大员看来，留平的教授都有汉奸嫌疑，而学生则被视为"汉奸学生"，因而北平《益世报》借题发挥，攻击陈雪屏，也是对沈等表示不满。

（八）开庭初审

1946年7月17日，傅斯年写信给司法行政部部长谢冠生提醒："文化汉奸逆稻孙，在北平有特殊势力，似可一并调京审讯。"[2]傅这是怕在北平审讯会有干扰，才建议把钱稻孙押解南京审讯，对知堂应该也有同样考量。不过钱稻孙一直是在北平受审与坐监。

随后报上刊出周作人受审消息："周逆作人［七月］十九日晨十时

---

[1] 《郑天挺西南联大日记》，第1189页。
[2] 《傅斯年遗札》第三卷，台北："中央研究院"历史语言研究所，2011年，第1697页。

在首都高院受审,……周逆昔年小有文名,今日旁听席上,特多男女青年。……述及附逆动机,狡称系在'维持教育,抵抗奴化',庭长当庭斥以身为人师,岂可失节?周逆答辩,谓'头二等的教育家都走了,像我这种三四等的人不出来,勉为其难,岂不让五六等的坏人愈弄愈糟。'并称:'二十六年秋留平不去,系因年迈,奉北大校长蒋梦麟之嘱,为留平四教授之一,照料北大者。'惟对其后二十八年之任伪北大文学院长,聘用日籍教授,三十年一月之任伪华北政务委员会常委兼教育总署督办,以及东亚文化协议会会长,华北综合研究所理事长,伪新民会委员,伪华北新报社理事等职,则期期艾艾,对答之间,颇感尴尬,但仍东扯西拉,以二十八年元旦之'中国中心思想问题'之论战,以及胜利后朱校[部]长家骅之华北观感等,作为渠有利抗战之证据。"[1]

隋汴在《严惩周作人!》一文里要求把知堂"明正典刑"[2],而董今狐在文章《关于周作人》里评论道:

> 周作人起解到南京以后,已经公审过一堂,法院方面为着周逆能充分搜集证据起见,当决定八月九日再审。
>
> 从这次公审所发表的答辩书来看,周作人是会弄一大批"身在番邦心在汉"的"证"件出来的,而且社会人士对周多少总存有一点"怜才"之意,何况在世乱道衰的今日,窃钩者窃国者尽可逍遥法外,而必欲对一个可怜的文化汉奸课以重典,似乎也不大公允,但我总以为对周与一般汉奸尚有不同之处。
>
> 中央社报道这条新闻,对周有一句类似介绍的话:"周逆昔年小有文名",这其实是错误的,周作人昔年,岂止"小有文名"而

---

[1] 《文化界败类周作人受鞫 述及附逆动机恬不知羞 谓在维持教育抵抗奴化》【南京十九日中央社电】,长沙《湖南国民日报》1946年7月20日第二版。
[2] 上海《和平日报》1946年7月21日第七版。

已,其文章,感人之深,即今日"旁听席上特多青年男女"这一点也可想及,正唯其有名,也正因为其有名而又附逆,故对社会人心的影响也特别大,一旦被捕受审,乃至最后定谳[谳],关心此事者决不仅止于今世而已!

周作人的答辩中,有几句话颇耐人寻味,—"以廿年北大文科教授之久任自傲",再说:"头二等的教育家都走了,像我这种三四等的人,不出来勉为其难,不致让五六等的坏人,愈弄愈糟"。这两句话前者只是他卖身投靠的本钱。至于后者,倒是周作人的自欺,对于敌伪所主办的教育,我们宁愿让五六等的坏人去愈弄愈糟,雅不欲第一流名家去训练出第一二流的奴才!事实上奴得更巧妙,对于我们自己的国家是毫无益处的。

再者周逆解释其附逆而未参与实际工作,有谓:"如三十三年冬受聘为伪'中日文化协会华北分会'理事长,事前既无所闻,挂了招牌以后亦无经费及人员,仅有其名而已。"聪明练达如周作人,竟连主子豢养奴才的作用这一点都弄不清楚,居然斤斤以实权,无怪乎今日对簿公庭,尚敢觍颜居功,矫言伪行,实足证其罪责耳!

周作人附逆之当时,确曾震动过士林,而且周会做汉奸,也出人之意外,现在事过境迁,但回想当时全民气节凛然,那种神态,的确可使贪夫廉,懦夫有立志,而今,已经离得远远地了,胜利以后的中国,百鬼夜行,贪顽并立,我在胜利后不久,看到上海报纸上关于梅兰芳的记载,曾写过一篇题名叫"雷海青和梅兰芳"的东西,当时我觉得蛰居洋场,以气节自恃,八年如一日的梅兰芳,和唐代骂贼死节的乐工雷海青,实可后先媲美。而梅兰芳和周作人,一忠一奸,又是一个鲜明的对照。

周作人和梅兰芳的社会地位,本不可同日而语,虽然,近廿年来,梅兰芳的红,已经登峰造极,但仔细分析起来,却是很可悲的，中国人虽自诩为有高度精神文明，但如真正想以艺术见知以世，那反会得到鄙薄，梅兰芳以他艺术上的造诣而赢得不少观众，然而这仅仅是在他伶人身份以内，除此也就一无所有。

周作人的情形也却不同了，他是属于传统的四民之首底士人，以常理言，民族大义，周比梅在感觉上应该更其敏锐，即使再退一步言，上海与北平的环境，前者的物质诱惑力比较来得大，要苦节独行，也比较艰难，再以职业言；一个舞台艺人的生命，八年其实和一个世纪差不多，但一个著作人却完全不同，所以梅兰芳的守节，应该是我们民族一种光荣，反过来周作人底附逆，也是我们民族的一大耻辱，文天祥衣带铭曰："读圣贤书，所为何事。"然而读圣贤书的周作人，却继承了钱谦益，洪承畴的衣钵，士节的堕落，至此极矣！

大凡一个国家在外患紧迫的关头，民族气焰高张，严夷夏，辨忠奸，丝毫不苟，但渐渐便模糊了！清初士人，深感家国之痛，以仕清为耻，然到异族的统治势力一稳固，便开始模棱，终至以耻为荣，产生了如曾国藩等混蛋们；现在大战甫毕，疮痍未复，但群小跳梁，蝇营狗苟之徒，早已忘掉了艰苦的来路，里通外国似乎成了时髦名词，然而也在同一时候，审讯了大批汉奸，昔日的文宗知堂老人，亦在民族大义的面前，低头受鞫，现在我们尚不能臆测这民族耻辱底象征者将如何了局，然而我们有权要求不要为我们的时代留下瑕疵！[1]

评论里针对的是该报 7 月 20 日第二版消息《首都高等法院公审周逆作人 周逆厚颜狡辩 状甚尴尬 庭谕定八月九日再公审》，下面几乎都是

---

[1] 上海《和平日报》1946 年 7 月 27 日第七版《和平副刊》。

一般的庭审消息。[1]

而这些关于知堂的庭审报道中,《南京人报》写得最生动与全面,这里全文录出:

"万世师表"大匾下 周逆作人昨受审
提出十一点辩护理由 高院定下月九日再审

【本报讯】六十三岁之文化汉奸"知堂老人"周作人,昨经首都高院首次公开审讯。周逆曩任北大教授有年,文名彰著,与乃兄树人(即鲁迅)乃弟建人并驾文坛,惜晚年失节,竟甘心附逆。昨日首次公审于十一时刻开始,葛庭长之覃主审,辩护律师吴万生,周逆于审讯前三分钟由法警二人押来,先坐于左首排椅中,聆听王逆允卿宣判后,始行受讯。周逆体弱,更露老态,昨日渠衣纺绸大褂,着黑缎鞋,戴老式金丝眼镜,鼻下一丛胡髭,身材短小,上堂后,频挥摺扇,双肩时时耸动,并几次仰望法堂正中高悬之"万世师表"大匾,似有所感。葛庭长于周逆押到后,首询以年龄籍贯履历,周逆以浙江官话作答,语音极低,据供称:年六十三岁,浙江绍兴人,光绪二十七年入南京水师学堂读书,六年后赴平,经考赴日本留学,改习文科,辛亥返国,即在家乡中学教书,民国六年

---

[1]《高院昨审周作人 自己跳染缸诬赖别人拖他下水 接受伪职还说是"抵抗奴化"》,南京《大刚报》1946年7月20日第三版。南京《大刚报》1946年8月10日第五版《高院昨审周作人 周提出证据自诩有功 书信八件交记者传阅》:周作人向法庭提交了蒋梦麟1946年7月22日信,以及顾随、郭绍虞信。《周逆长子代父鸣冤 十二理由具呈蒋主席》:"北平各大学教授沈兼士、俞平伯等数十人,学生百馀人都致函高院,证明周作人抵抗奴化教育的事实。"该报9月20日第五版《首都高院 昨三审周作人 证人未齐 还押再审》,以及11月10日第五版《高院昨四审周作人 庭谕定十六日宣判 周作人辩称:学校可伪 学生不可伪 政府是伪 教育不是伪》。而其中也涉及钱稻孙,《古城审奸趣闻多 丈夫狱中听时事太太犹在争风醋 王逆揖唐登广告爱女不肯签个字 伪北大校长自辩"愚公移山"!》:"治安强化运动事件,钱稻孙说:我在那个时候只不过是与农学院的同学做了一点'愚公移山'的事而已!"(南京《大刚报》1946年10月16日第四版《各地通讯》)

后，任北大教授，迄今已达二十馀年。庭上继询以七七事变后留平情形，周逆娓娓作答，先表示抗战后未随学校内迁，乃因年老及受前北大校长蒋梦麟之托，嘱留平保管校产之故，据云：当时北大内迁，蒋校长要我与孟森、冯祖荪、马裕藻四人勿走，并言明每月由昆明汇款五十元，以为津贴。周逆继又提出蒋校长致渠电报及保管校产成绩，庭上以无证据，均予驳回。

想起了当年事

在北平闻枪丧胆 燕大教职仅半年

嗣询以民廿七年冬兼燕京大学教职，原聘一年，为何只教半年？周逆乃追述渠于廿八年初在平寓被刺情形，谓凶手着口罩、戴帽子、连发手枪几响，幸枪弹打中钮扣，仅擦伤皮肤，为安全计，乃不得已而辍教。其时推测，多分为日人所为。至此，庭上转询以参加伪府经过，周逆顿显慌张，汗流浃背，不时垫起脚尖，急切陈情，

失足

略云：被刺后为求保护，又感生命堪虞，乃应伪北大校长汤尔和之邀，出任燕〔北〕大图书馆长，后复兼文学院长，先教西洋文学，最后教日本文学，此时即与昆明燕〔北〕大失去联络，而委身事敌矣。卅一年，汤尔和病故，渠乃接任汤职，任伪教育总署督办二年。后伪华北政委会改组，渠改任政委，惟仍兼任"剿共委员""新民会委员"等职，并曾兼任华北新报股份公司理事。庭上反复对以上各点询问多时，周逆一一答辩，惟似不胜其苦，语音愈低。

抵抗奴化，如此云云

其辩词约可归纳为十一点：①任伪职系求掩护。②北大文学院聘日人教授不多，且系校方整个事务，渠仅负邀请之责。③任伪教育督办，向以"维持教育，抵抗奴化"为宗旨。④主持伪中日文

协华北分会仅开会一次，挂一木牌，未做他事。⑤任伪华北综合调查所副理事长，仅主管文化部门，未问经济之事，故未助敌榨取。⑥华北新报有专人主持，渠为理事，并未参预。⑦改编教科书乃日人总其成，除文科外，理科毫无更易。⑧在督办任内，未令学生做工，仅某年派学生修平郊公路，做工一星期。⑨北平青年未受奴化，朱家骅部长在平有谈话刊华北日报，可为佐证。⑩大东亚文学者大会上，日人片冈铁兵提议打倒"中国反动作家"，系针对彼所著"中国之思想问题"一书，认彼为敌。⑪任北大图书馆长，旨在保存图书。答辩至此，已可告一段落。

做汉奸也有准绳

庭上乃询以任伪职之感想，周逆谓："我参加伪府，是以'学校可伪、学生不可伪，政府虽伪、教员不可伪'为准绳，八年中，假若我不管，让日本人来，那更不堪设想。"庭上又询是否因欲过官瘾才任伪职，周逆初不置答，坚询之，乃呐呐[讷讷]而言，谓向以淡泊明志，岂有贪官之理？最后周逆提出其所作"中国的思想问题"一书为辩，庭上还谕，高诵其"人生不过饮食男女"之句，旁听席多人因此发笑，紧张之空气遂稍松懈。

提到鲁迅 弟弟伤心了

最后当询及周逆家庭，并提及乃兄鲁迅时，为之泫然，庭上以本案尚待调查，遂改期于八月九日上午九时再审，谕令将周逆还押。当周自法庭里押回看守室时，群众蜂涌围观，周逆默首未旁顾，仅在某记者交其签字之纸上，写墨子句"己亦在人中"五字，未有他言，此一幕戏剧性之审判遂于焉告终。（戊）

该报道旁印有周作人的钢笔签名。[1]

周作人的逻辑

郁影

曾任华北政务委员会常委及教育督办特任官，由南京伪政府发表其他所兼职务不下六七个的周作人，还很谦虚地说："都没有什么事，算不了什么！"

这位自以为陶渊明的人物，"淡泊"得实在惊人。

笔者曾和周建人先生谈起周作人的生活思想，建人先生认为他的结局，是按着他的思想道路而发展着的。

注定了周作人的命运的，是：

①他的物质欲太强。——习惯于北平的窗明几净的生活，坐拥书城，舒适自如，一旦要他离开北平，无异是剥夺了他的一切享受。

②他的诤友或畏友都死的死了，走的走了，如钱玄同等人仍然活着，我相信他在觍颜事敌时，多少还有点顾忌。但事实上当时的北平只剩下了沈启无之流，在奴才们的包围下，他的变节也就可想而知。

③最重要的自然是他自己的世界观人生观决定了他的生活态度，谈性灵，吃苦茶，和上战阵，掷投枪显然是两条路。他追不上时代，时代自然遗弃了他。

对于周作人，诚然谈不上什么好感，但我一向以为他还有点自知之明的，现在才知道不然。试看他的逻辑法吧：

"中国人终是中国人，决不甘心帮敌国的忙，胜利后朱教育部长家骅莅平，曾谓华北人民并未为敌人奴化，华北日报曾刊其言，

---

[1]《南京人报》1946年7月20日。成都《新民报日刊》1946年7月29日《雄辩》副刊有一则讽刺文《杜牧之大律师受任周作人常年法律顾问启事》，9月17日又刊出"青一"《被侮辱的梅花》讥讽"周公作人"的梅花诗。

足见日本奴化教育之失败。"

他的逻辑是：日本的奴化教育既失败，主办奴化教育的人也可告无罪了。——他不知道，这其实有两种看法：其一是华北人民人心不死；其一是周作人等的无能，而"无能"并不等于"无害"。其行无能，其心可诛，因此即采取郑振铎的建议——处以无期徒刑，要他专事翻译希腊文学——也还是便宜了他的。[1]

（九）胡适谈话

胡适对于知堂受审态度审慎："①曾作诗劝周作人。胡适表示：他不对周作人作批评，因为'在今天对曾为多少年的老朋友说什么话都是痛心的'！尤当此正审判的时候。胡氏说抗战之初，他曾作诗寄给周，劝他到后方去，周也曾以诗回答，表示现在走不掉，但望相信他不会做出对不起朋友们的事，两诗周作人都曾发表在报上。"[2]

---

[1] 上海《东南日报》1946年7月28日第七版《长春》副刊。
[2] 《阔别九载 胡适返故都》（本报驻平记者宋绍柏），上海《申报》1946年8月2日第六版。《"我一向主张思想自由"——胡适谈片 容忍就是对不同的见解有容忍的雅量》：[7月30日]午后五时，中研院平办事处古典式的客厅里，胡适与记者们会面。"提到周作人，胡氏谓：'在审讯期间，我不愿意发表意见，以免因私人意见影响审判的进行，不过我记得离平时，周对我说过，不做对不起胡先生的事。'"（北平《经世日报》1946年7月30日第三版）胡适所提到的他与知堂的唱和诗作最早发表于《燕京新闻》第五卷第四期（1938年9月30日）第六版《文艺副镌》第一期《方外唱和诗钞》：编者按语："前北京大学教授周作人先生，现任本校客座教授，承他将他与藏晖居士的唱和诗给我们发表，这是很难得的。"胡适诗作于1938年8月4日。知堂批注："右系藏晖居士从英伦寄来的信，于九月二十日到北平。"而他的和诗后署："廿七年九月廿一日，知堂于苦住庵吟，略仿藏晖体，却寄居士美洲。"随后胡、周唱和诗以《故都新讯》为题刊登于1938年10月16日的香港《星岛日报》的《星座副刊》（署名"燕石"，这是金克木的笔名，或许他是从邓广铭处得来的诗，见《周作人与胡适的"方外唱和"》，《此时怀抱向谁开》，第65页）。吉力（周黎庵）在《遗民之今昔》（1938年10月25日，刊1938年10月31日《申报·自由谈》）里提及胡适"致平友书"，并引了诗中"飘萧一仗天南行"一句。风子（唐弢）在《"老僧"的诗缘》（1938年11月5日）

胡适1946年7月30日正午到了北平机场，傅斯年亲自迎接，下午五点接受了多位记者的采访。"自己要自由 让别人自由：……谈到周作人的附逆，胡氏不想发表意见，周是他几十年的老友，二十七年胡氏写信劝他回南，得到的答复是走不掉，'相信我不曾作，对不起胡先生的事'，现在朋友还是朋友，我没有看到他详细的诉状，按西洋规则，在审判时旁人不能发表意见，不能使私人见解影响法庭，希望原谅我的不

（接上页注）

一文里抄录了胡适及知堂的赠答诗，说是北平的一位先生寄给香港友人的。吉力又在《关于周作人先生的事》（1938年11月1日）里说友人自香港寄来刊在《星座》上的那两首诗，上海报纸也有转载《星岛日报》的，然后就抄录了知堂北平友人的这封信，以及胡适与知堂的唱和诗作。信里说，他到苦雨斋，知堂将一封信递给他，里面是胡适与自己的答诗，然后陆续到的许多客人一一传观。"斋主并已分抄数纸寄与此间友人，据其意盖欲借此辩解前此一切传说。即席又有所表示云，前此之所以应允某事，盖以某人不干预为条件，其后'徐公'诸人（吉按：当系指徐祖正钱稻孙）即均碰有满面灰尘而告退，则自己当不再上当矣。"作者认为这是知堂自剖心迹的诗。当时不少人认为知堂已经附逆了，而作者在10月15日《申报·自由谈》发表的《找屋之馀》，里面在提及周作人时加了"先生"的称呼而惹来一番很有春秋笔法的讨伐，他愤慨地说："对于事实还未昭然的人物如周作人先生（抱歉得很，我这里还是不能适如尊意）连国民时代最普通的称呼都不许加上，笔法虽然是森严的，但这样的促狭气度，我们常用以加在另一民族身上，不料也出现于'泱泱大国'的国民中，真觉得有些阴森森可怕了。"（上海《文献》丛刊卷之三，1938年12月10日，第657—659页）当时报纸上提到钱稻孙时已经在姓后加"逆"字了。不过等稍后几个月，内地有的报纸提到知堂也要加上"周逆作人"的字样了。北平的这位友人是在知堂收到胡适信后的一两天到苦雨斋拜访的，时间应该在9月22日之后几天，应该是知堂特意通知这些朋友来的。陶亢德回忆，抗日战争初起，他在香港时收到过知堂的信，其中有答胡适的一首白话诗，时间应该是1938年9月底到10月初的，估计知堂也寄给了其他友人（陶洁《"我们的通讯早已有些'越轨'"——我的父亲陶亢德与周作人先生》，载《掌故》第四集，北京：中华书局，2018年，第128页）。而抗战胜利后，有人批周黎庵也要捎带上知堂，如林辰在文章《不灭的口碑——读文奸周黎庵的〈吴钩集〉》里说，最近看到已投入敌伪怀抱的周黎庵与"老派汉奸朱朴合编《古今》杂志"，才想起他来，说周黎庵文风承袭知堂与林语堂的衣钵。引用了周文中提倡气节、骂汉奸的文字，并提及周以钱谦益为主角的历史故事《迎降》是为香港《星岛日报》所作。文末还提了一句："想一想他的祖师'华北教育督办'周作人老爷吧。"（天津《大公报》1946年3月4日第四版《综合》）据此，刊登胡适与知堂的唱和诗作的那期《星座》应该是《星岛日报》编辑直接寄给周黎庵的。或许他文章里全文引录也是事先征得过知堂同意，或者直接收到了知堂抄录诗作的信也未可知。

谈，言下似不胜伤心。……"[1] 采访中，傅斯年陪同在侧，有时还插话。而傅10月12日致函胡适，说看到报纸报道，提及胡适在北平与记者谈话里说"我与周仍旧是朋友"，认为这是报纸故意找茬。这是傅对胡适给予警告了。而南京《大刚报》曾刊发报道，其中"博士做事欠思量 庇护汉奸为那桩"一节讽刺胡适为周作人辩护，而"隐匿古董字画 闹得满城风雨"一节则提及傅斯年为沈兼士辩护事。[2] 傅斯年应该是看了这些报道才给胡适写的信。

傅斯年又发表谈话说："至周作人与钱稻荪，亦曾任伪北大校长，周为消极性之文化汉奸，钱为积极性之文化汉奸，钱于七七事变前后，已明显表示其亲日之态度，当时周作人尚在高谈阔论。最近法院于审理周作人案件时，曾咨询北大在战时损失情形，本人实不知其用意何在，当七七事变后，蒋梦麟校长匆忙内迁时，确曾委托周作人等四教授代为照应，但并未示意彼等任伪职以保护校产，其后内迁各教授曾促其早日南下，并曾汇寄旅费。惟彼迄未成行，覆书中对内迁各友人之关心表示感谢，并以种种借口，表明离平之困难，复自称决不作丢人之事。各项函件，仍存蒋梦麟与章廷谦处云。"[3]

---

1 《胡适校长一席谈：离国九载处处愿做小学生》（北平通讯，本报记者冯仲，七月三十日寄），上海《东南日报》1946年8月5日第六版。
2 《故都秋色寒意浓 清查"劫搜"古物案中出"打手"川岛芳子马连良受审》，南京《大刚报》1946年10月6日第四版《各地通讯》。
3 《傅斯年返京谈北大》，《天津民国日报》1946年9月30日第三版。《傅斯年昨离平抵京 在京对记者畅谈北大情况 对北方文化汉奸有所议论》："中央社南京二十九日电，傅斯年二十九日下午三时半由平抵京。傅氏于抵京后，在中央研究院接见中央社记者时谈。"北平《经世日报》1946年9月30日第四版《教育与体育》。

（十）二次开庭

不久有消息说知堂第二次出庭受审：

【本报讯】昨日上午首都高等法院提审文化巨奸周逆作人，上午八时，高院旁听席上即满座，以被告律师到院稍迟，延至十时四十分开庭。审判长葛之覃，陪审推事葛召棠，杨雨田，检察官王文俊，被告周逆作人着纺绸长衫，织贡呢鞋，手持备忘笔录一本，法警随后。审判长询明被告姓氏后，旋问："你有个儿子叫什么"？答："名丰一，在执教以前，曾于北平孔德学校教过书"。周逆旋以预备之证件呈庭，说明该项文件系证明被告于沦陷后于国家有功于人民有利之事实，并叙述被告之第一件证明文件，即系节译日本文学报国会代表片冈铁兵致其私人函，指其所著中国思想问题一文（登载改造文艺杂志），内有反对大东亚思想言论。被告并谓：本人既被指为汉奸，复被日人认为思想反动，绝无两面为敌之理。葛庭长以此尚未到辩论时期，令被告不必作辩语，可为事实之直接叙述。

蒋梦麟证明保管校产

被告乃继续说明其呈庭之第二文件，即前任北京大学校长蒋梦麟于本年七月二十日所具证明函一通，由证明蒋校长曾函托孟森、冯祖荀［荀］、马裕藻、及被告四人，（孟冯马三人已故）负责保管北大校产；第三项文件即民国三十一年终三十二年初被告曾对英千里董洗凡二人有过尽力营救事实，并由前北平燕京大学讲师现任中央大学副教授刘厚滋先生具函证明；第四五六七八各项文件，有现任北平辅仁大学教授顾随，现任之江大学教授郭绍虞，国立西北大学杨永芳，刘叔琴两教授，及三民主义青年团北平分团团员吴中行等证明文件多封，证明被告于沦陷期间对于我国文化界教育界所尽之维护力量，以及抗战期间被告对于地下工作人员活动所施之掩护力量。

法庭引论饮食男女问题

葛庭长候被告陈述完毕，一面将周逆所呈各项文件，由法警转至各报旁听记者，一面谓本院为澈底使案情公开明了起见，特将被告所呈文件公开，以资大白于世。昨日被告发言机会特多，似为院方对于文化巨奸特有之宽容。葛庭长当庭并引上海刊行之《七日谈》所发表之言论以示被告，谓该刊登载被告曾引据焦理堂引其先君子之语："[人生不过]饮食[男女]，[非饮食无以]大之求生，[非]男女[无以]大之求生生，[唯]我欲生，人亦欲生"一语以自白并谓法院今后将据此以论被告之罪诚为大谬，实则此语脱自圣人"饮食男女，人之大欲存焉"一语，在席各记者不致有此不经之误解，于是被告继请庭上对其受日人片冈铁兵之攻击以及教部朱家骅部长胜利赴平考察教育所发表之谈话内容加以注意。

平文化界被敌搜捕 周谓他也在内

葛庭长复以民国三十二年北平日人大事搜捕文化教育界人士之情形相询，被告谓当时所捕人数甚众，就记忆所知兼士及董洗凡二人以及被告均在内。时至正午，葛庭长乃转问被告辩护律师王龙有无补充之证明提出，王律师起立谓候被告人有力证明文件齐备请求再审。葛庭长准其所请乃宣告退庭。（荫）

【又讯】昨日审毕周逆作人后，被告辩护律师王龙语记者：被告之子周丰一曾列举证据十二条，签呈蒋主席，现闻蒋主席已将该呈文批交司法行政部，不日即将转到高院。[1]

---

[1]《当庭提出证据八项 周逆作人再受审 周子亦提有利证据十二条 签呈蒋主席已批部转高院》，《南京人报》1946年8月10日。其中引焦理堂一语有错误，无法阅读，故在文中进行了修正。

记者曾在采访蒋梦麟时问及知堂：8月26日黄昏时候，在北京大学孑民纪念堂举行茶会欢迎北大前校长蒋梦麟。"……记者要求和蒋氏作两三分钟谈话，蒋氏说'没有什么可谈呀！'但是问题终于问了过去：'文化汉奸周作人说他在抗战期间未去后方是因为蒋先生来信让他和孟心史等另外三位教授留守在北平，可有这回事？'蒋氏回答说：'有的呀有的，不过孟心史等三位教授都已故去，活着的只有他一个人哩！'"[1]

（十一）社会舆论

"墙外行人"在《致郑振铎论周作人书》里说："我们不相见，于今八年了。……最近在第十九期周报上，读到你的'惜周作人'这篇文字，却使我不胜惶惑。""[郑]甚至认为他[周作人]和鲁迅先生是两个颠扑不破的巨石重镇。"他对郑振铎提出严重抗议，认为知堂不值得原谅。"从前董卓伏诛，蔡邕哭之。王允要杀蔡，蔡邕请以修史赎罪，允不听，卒正典刑。'希腊文学什么的'，固然比不上一代的史书的重要，可是叫一个出卖自己灵魂出卖自己祖国的人来翻译它，究竟对于新文学能够增加或许的光荣呢？""如俞平伯之流，纵为法律所不及，仍非清议所能容"，认为知堂等人是"玷辱新文学的败类"。[2]

此文作者"墙外行人"，就是刘永濬的笔名。他在《东南日报》1948年8月29日以"墙外行人"发表的《记朱佩弦同年》一文里说：写成

---

[1] 《孑民堂昨茶会 北大师生亲切握手 蒋梦麟一封信 周作人留在沦陷区》，《北平日报》1946年8月27日第四版。

[2] 福州《中央日报（福建）》1946年2月19日第五版《中央副刊》。墙外行人曾在《毛泽东和周作人》一文里抄录了一遍1938年胡适与知堂唱和诗作，福州《中央日报（福建）》1946年8月19日第五版《中央副刊》。

一篇《比兴论词》，登在本报"文史"。[1] 而《比兴论词》署名就是"刘永濟"。[2] 他民国三年入北大预科，民国九年北大毕业，抗战中任教于福建永安的国立音乐专科学校，抗战胜利后随校迁福州。算起来，知堂应该是他的师长辈。[3]

他又在文章《从薄伎说到希腊文学》里说：

……

或人以为鲜卑语是死语言，不可与活跃于二十世纪的相提并论。那么，请以"希腊文学"易之。

请问在我们这东方古国里，精通西方古国希腊的文学的，能有几人？于是物以希为贵，"希腊文学"便起了妙用。当苦茶老人口苏武而心李陵的时候，便借翻译希腊作品做烟幕。他在二十八年致周黎庵信里，曾说到：

鄙人此一年来，唯以翻译为事。希腊神话已写有二十余万字，大约至秋间可以毕事矣，以后拟再译别的希腊作品，赫洛陀多斯怕太多，故暂定路吉亚诺斯也。

等到他荣任教育督办，觉忙得很，自然对于这些早已无暇顾及。可是已有人代他注意，等到树倒猢狲散，他不得不离苦雨庵而锒铛入狱，便出来仗义执言，认他和鲁迅先生是两个颠扑不破的巨

---

[1] 上海《东南日报》1948年8月29日第七版。
[2] 上海《东南日报》1948年1月7日第七版《文史》第七十三期。
[3] "墙外行人"在《忆沈兼士先生》一文里回忆："我在民国三年入北大预科，这时候预科的国文教学，都在章门——太严先生——弟子之手。中国文学最初是马幼渔（裕藻）先生讲授而尹默先生继之，文字学则最后由兼士先生讲授而钱玄同先生继之。我受尹默先生的教益最深，而对于兼士先生却印象较浅。……章门弟子在沦陷期间依然身在北方者，除身李陵而口苏武的苦茶老人和从事地下工作而为敌伪所陷害的吴检斋（承仕）先生恰成正反对外。玄同先生和兼士先生都能清苦自守，表出'富贵不能淫，威武不能屈'的大丈夫气概。虽然，一死于胜利之前，一死于胜利以后，都不失为两间的正气。……'盖先为天下恸，而后以哭其私。'"（上海《东南日报》1947年9月6日第七版《长春》）

石重镇,他的失足实在使人十分的惋惜,十分的痛恨,同时却又觉得总想能够保全他。保全他的办法呢?是想用一个特别的办法,囚禁着他,使他工作着,翻译希腊文字什么的。究竟翻译希腊文字什么呢?大约也无非路吉亚诺斯和赫洛陀多斯罢?——自然也不会怕太多了。翻译希腊文学作品,竟可代一个出卖自己灵魂并出卖国家的赎他莫大的罪愆,虽非易习之伎,却也难能可贵了。可是国法尊严,这位李陵依然免不了同玉堂春苏三小姐一般,起解会审,一幕幕地显现在我们眼前。他自有他一番的谬论,强辩饰非,但不知也曾说到他当年的翻译希腊文学作品计划否也?至于吾侪小人将来是否得有领略他希腊文学的译文的眼福,这只好静候法律解决了,企予望之。[1]

而"水煤"在《关于周狱》里评论说:

近来听友人说,有为"周狱"而辩者,亦有覆辩者。颇使人莫名所以云云。余意还是不辩的好,也无论是善意或是恶意。我并非没有理由,其一为据报载,前些时,南京有不少人争先恐后向周请求题字或签署扇面;其二亦据报载,胡适刚到故都,对各报记者谈话间,有提及周者,胡谓"我们是多年的老朋友,现在我们依然是老朋友。"并且又说个人不便发表意见,以免影响法庭云云。我想,这就够了,足够我们不必再辩的理由了。盖周并未因"狱"而损及其原来声誉,易言之,他毕竟还是一个文人。

窃以为不如将"辩"的心力用于他的近数年以来的著述上;换一句话说,便是与其做意气之辩,还不如从学术上去对他做一番

---

[1] 上海《东南日报》1946年9月15日第七版《长春》副刊。文中所引致周黎庵的信写于1938年5月27日。

衡量，或是用研究学术的态度去对他近几年的著述做一番批判工作——这大约还比较得有一点意义。如往大处说，则如"不以人废言"的话，对于将来中国新文学大系的编辑亦不无裨益吧——这其实是已经有人提议过的。

要之，叫嚣的时期已经过去。现在该是切切实实地做一点事情的时候了。[1]

（十二）狱中采访

1946年8月下旬，时任《文汇报》记者的黄裳访问狱中的知堂："最后的话题转到苦雨斋的藏书，我问他是否都已封掉，他答不知。……好像后来苦雨斋也在大批的收书，也颇有些善本，照纪果庵所说满架琳琅，很是可观的。他说这也没有什么好东西，他的买书与别人的藏书不同，他所买大抵在别人是不要的，一些西洋书也大抵是生冷的货色。"[2]知堂当时还不知道藏书被封的事。而唐弢回忆："日本投降，他（引者按：周作人）以汉奸罪在南京服刑，友人将他三十首《往昔》诗抄给我，末附《狂人》、《天才》等杂诗九首，我录了一份，却不想在自己主编的《笔会》上发表，只登了黄裳同志的一篇《老虎桥边看'知堂'》。"[3]不过《文汇报》曾在1946年11月3日刊有知堂诗作《偶作寄呈王龙律师》（10

---

1 北平《经世日报》1946年9月12日第四版《经世副刊》。
2 《老虎桥边看"知堂"》（1946年8月27日夜）。
3 《关于周作人》（1987年3月18日），载刘纳编选《唐弢文论选》，北京：人民文学出版社，2009年，第383页。

月15日作）。[1] 而当时知堂积极寻求发表作品的管道，都被拒绝了，对比之下，南京《新民报》1948年2月20日刊发他那封亲笔信算是破例了。

而知堂狱中情况是："记者于今日下午赴老虎桥看守所……记者更顺便参观同监诸巨奸，江逆亢虎押三号内，正在看书，王逆荫泰戴眼镜穿蓝短袖衬衫，坐而读书。周逆作人与王逆同号，赤足穿白短衫裤，向里而卧，陈逆君慧于看书时，以手抓头，林逆柏生穿白短衫裤，戴眼镜，虽已死期不远，仍坐地上，倚小帆布箱批点相命书。"[2]

另有记者对知堂进行了专访：

周作人狱中打油

镇日关门听草长，有时临水羡鱼游

当我同周作人在老虎桥看守所里握手的时候，我似乎有一种怅惘的感觉，很自然的便想起当年在北平听他讲演时的情状，那时的听众对他是睁着多少只敬仰的眼睛啊！也难怪今天他见到我有点难以为情了。

周作人有点局促不安，头微微低着，两只手摸来摸去，脸上倒

---

1 《周作人年谱：1885—1967》，第713页。查阅重庆《大公晚报》，黄裳此文发表于1946年8月31日第二版《小公园》副刊上。宋希於查到，此文稍后于9月2日刊于上海《文汇报》第七版副刊《笔会》。不少知堂研究者被黄裳文末注明的日期所误导（1948年应为1946年之误），以为访问时间在1948年8月下旬呢。而张菊香、张铁荣编著的《周作人年谱》则把访问的正确时间系于"约八月下旬"（第711页）。重庆《大公晚报》分别刊登黄裳批知堂文章：《更谈周作人：暑热草之一》（1946年7月7—8日）、《关于命运：暑热草之二》（7月11—12日）、《更谈周作人：暑热草之四》（8月13—14日），而宋兄进一步查到《更谈周作人》还刊载于《文汇报》8月10日第七版副刊《笔会》，这些文章后来都结集收入《锦帆集外》。他还写有通讯《三审周逆作人》刊于1946年9月21日《文汇报》第五版。
2 《周逆佛海等移押看守后 与两小偷同居 周作人赤足午睡 林柏生批点相书》【本报南京二十四日航讯】，北平《世界日报》1946年9月28日。北平《新民报日刊》1946年10月20日第四版有消息《钱稻荪昨公审》，该报1946年10月26日第四版《金璧辉病中受审 钱稻荪十年铁窗》"汉奸的塑像"一节提及："老迈年高的伪北大校长钱稻荪，每日仍然读书与作诗。"

是笑着的,我看来有些惶惑,无言半响[晌],我才开始同他谈话,我明白此刻周作人的心境,我也不愿意使他心理上再受窘。

首先提到他的生活,他笑着说在看守所里很好,自从去年十二月六日在北平被捕,是今年五月二十六日才押来南京的,在看守所中看看唐诗,写写扇面,到也不寂寞。他最后特别声明说:"我教了三十年书,也搞了几年政治,对这些也看得很平淡了,决没有感到无聊。"

话头一开他似乎也相当高兴,大概平常他也没有多少机会可以同外人谈话的。他说"觉得自己留在北平写点抗战的文章,倒比在昆明联大教书的用处大些"。他在伪教育总署督办任内,他用四句话来表明心境:"学校可伪,学生不伪,政府虽伪,教育不可使伪",并且引证朱家骅的话来证明北方教育并未奴化,他还很高兴的说:"今年联大招考,平津区学生的水准,据说也并不低于别的地方啊!"

我问他对于胡适之出长北大有什么看法;他说:"我由民国六年就在北大教书,我觉得胡先生是蔡子民先生以来最合适的人选"。一提到胡先生,也连带提到傅斯年先生,周作人不笑了,他向我说:"听说傅先生骂我骂得很厉害?在今天,这些都不提了,我是给傅先生写过一封信,不过那封信根本就没有提到我自己什么事,更没有为自己洗刷过,完全是为学生处置问题。"他又补充一句:"我同傅先生认识,是由于新潮社,那时有俞平伯在一起,现在俞平伯又回北大了。"

"在北平几年,精神上也极苦闷,自己绝对没有做对不起国家的事;出任伪职,也是救济青年,即使出席什么大东亚文学会议,那是所谓文学救国会主催的,他们在三十二年就曾说过,我是东亚建设的障碍。"说到这里,他停了一停,又改变了话题,"在这里没有报看,外面的消息也不知道,听说郑振铎有一篇论我的文章,可是也看不到。"

我问他对北平的文化汉奸处置有什么感想?他说:"听说孙世

庆判得很重（记者按：伪北京市教育局长）至于罗庆山，骂他的人太多，该判十五年。"我又问他对王模[谟]，钱稻荪他们呢！他笑笑不语，我明白了他不言语的原因，自然也不再往下问了。

看看快开饭的时间了，我匆匆的请周作人题几字，他很踌躇的说："你们记者们要把这几个字拿出去公开的，不大方便。"

我笑着把前几天周佛海的题字拿给他看，他说："我决不写替自己辩护的话。"于是他先给我的纪念册上题了一首诗："镇日关门听草长，有时临水羡鱼游，朝来扶杖入城市，但见居人相向愁。"署名知堂。他说"前次给高[黄]裳题了一首旧诗，被人胡乱批评，以致惹起很多误会。"

时间差不多了，道声"珍重"，这位苦雨斋主人被两名法警由办公室押回忠字号监房了。[1]

知堂以为"今年联大招考，平津区学生的水准，据说也并不低于别的地方"，应该是消息有误，而且傅斯年和胡适也不会同意。有记者在中央研究院北平分院办公处采访了傅斯年，傅说："自五四运动到现在，青年的教育程度是进步了，水准提高了，但也很有限，因赶上了抗战，学校的设备太简陋，图书仪器又没有多少，加上教员的素质又太差，大家马虎。像在大后方办的那些个学校私用的那些个国定的教科书本，简

---

[1] 长沙《大公报》，1946年11月30日第四版《先驱》，此报所刊文字较他报精确。另见：《"镇日关门听草长，有时临水羡鱼游；朝来扶杖入城市，但见居人相向愁。"——周作人狱中题诗，谁说诗中能表人真意？》【南京通讯】（冯平十月三十日），昆明《中央日报》1946年11月16日第五版；《镇日关门听草长，有时临水羡鱼游；朝来扶杖入城市，但见居人相向愁：周作人狱中打油》【南京通讯】，上海《侨声报》1946年11月12日第三版。知堂说狱中看不到报，而当时只要用钱其实也可以，而且老虎桥就发生了一起看守人员的舞弊案，《首都司法界一污点——老虎桥监狱二级看守长发"汉奸财"家属送衣物全凭买通 高院接密报方才发觉》："老虎桥看守所二级看守长涂宝兰，藉职务上之便利，行舞弊之事。""汉奸阅报，本为禁例，涂则每日供给报纸一份，每份索款一万元，代奸逆送信或送一字条，每次索十万元。"（北平《纪事报》1946年12月23日第一版）

直糟透了,所以这次北大,清华,南开,三校联合招考新生的试卷,会坏到这地步。数学卷有百分之四十零分,总成绩以武汉广州的最坏,太不像话了。"[1] 傅9月29日在南京时又谈及:"蒋主席前莅年北大、清华、南开三校联合招考,……(北大)第二次已于二十八日在北平发榜,……以招考程度言,以上海最佳,重庆次之,北平广州最坏。北平学生水准,原为全国之冠,今一落千丈,殊令人痛心。本人到北方后,所得印象即青年朴实可爱。中等学校教职员待遇颇难维持最低生活。"[2] 知堂采访中提及8月下旬黄裳采访他后所发表的旧诗,应该是指《老虎桥边看"知堂"》一文里所提及的一段文字:

他(引者按:知堂)想了一会说有一次在监中为一位朋友题画的诗,写了下来:

墨梅画出凭人看,笔下神情费估量;恰似乌台诗狱里,东坡风貌不寻常。

为友人题画梅知堂。

读了这诗颇使我"有感"。正如他说过的一句话,虽然是在说别人,也难免不涉及自己,这里"笔下神情费估量",正是写"自白书"时的写照罢?居然"风貌不寻常",这在我一些也看不出来,只觉得这个"老人"的愈益丑恶而已。很奇怪,这诗没有衰颓之音,而反倒颇有"火气",岂真是愈老愈要"向世味上浓一番"乎?

难怪知堂后来得知该报道后很生气,觉得被黄裳出卖了。另据1946

---

[1] 本报记者徐子《傅斯年先生访问记》;傅斯年因病耽搁,定于1946年9月22日启程去南京,再转四川,主持中央研究院复员工作。见北平《北方日报》1946年9月19日第三版《教育与体育》。
[2] 《傅斯年昨离平抵京 在京对记者畅谈北大情况 对北方文化汉奸有所议论》,北平《经世日报》1946年9月30日第四版《教育与体育》。

年 10 月 12 日傅斯年致信胡适，附有《大刚报》的剪报《胡适之和周作人的藤葛》，其中说"又据最近《大公晚报》黄裳作的《老虎桥边看知堂》一文，写他到监狱里去看周，并要周写了一首为人题画的旧诗。（引者按：诗略）'笔下神情费估量'，作者认为是写'自白书'时的写照，而'风貌不寻常'却一些看不出来，谁想现在有了胡适之这一证明，倒被我找到'不寻常'的注脚了，你说他如果'寻常'的话，何知有这么大的魅力，引动了我们的胡大校长到职之后，放下校务尽可不管，首先第一要务，急急忙忙的替他办证明公文？'不寻常'真正'不寻常'啊！"[1] 当时报上因而有人发文批评知堂此诗。对于私立北方中学校长、伪教育分会会长罗庆山的罪行与判刑十五年的情况，以及敌伪时期北京市教育局局长孙世庆曾任师大第二附小主任，三十年并未做过官，其任伪教育局局长是为保障全市中小学，并非甘心附逆，却被初审判刑十年，复审改判七年，报上都有介绍。[2]

（十三）初审判决

知堂高院受审："'苦茶斋'汉奸周逆作人，九日在高院受审，上午十时半周逆自老虎桥看守所押抵高院，十时三刻，庭长葛之覃……开合议庭于大成殿。五分钟后，周逆步登被告席，着藏青直贡呢袷袍，虾青哗叽中式裤，灰袜，黑圆口便鞋，戴眼镜，头发斑驳，而精神殊

---

[1]《傅斯年遗札》第三卷，第 1717—1718 页。
[2]《伪教育分会长 罗庆山昨被捕》，北平《民强报》1945 年 12 月 24 日第四版。《文化汉奸罗庆山 判徒刑十五年 曾维护东北流亡青年故得减刑》，《民强报》1946 年 7 月 11 日第四版。《作校长三十年 忽然作了伪官 孙世庆昨日受审 一介书生真可怜》，《民强报》1946 年 7 月 12 日第四版。《孙世庆处徒刑十年》：敌伪时期北京市教育局局长孙世庆，嘉兴《嘉区民国日报》1946 年 7 月 20 日第二版。《孙世庆减刑七年》，《民强报》1947 年 1 月 19 日第四版。

佳。……日人梅娘及金子所著'青姑娘的梦'一书小序，乃系为伪新民书局青年文库图画创作丛书所作之总序云云。"[1]

《南京人报》11月17日的报道更加详细：

周作人宣判
失足千古恨 铁窗十四年

【本报讯】昨天高等法院宣判"知堂老人"周逆作人案，记者在九点多钟就跑去了，大成殿是出乎意外的冷落，第一法庭正在审理着一件房屋纠纷，由两对恰似劳莱哈台似的大律师在那里大战口舌。记者跑到刑事候审室去探望，周逆正倚窗而坐，浏览着当天的日报，报上差不多都有周作人汉奸案宣判的新闻，这"老人"烦躁地一份份很快的看过去，并将他的眼镜取在手上，后来细细的看起广告来了，他的胡子已经花白了，虽然他是安坐着，在神情上是相当紧张的。

第一法庭的口舌战直到十点三十五分才终止，十点五十分，才由葛之覃庭长升庭，周逆穿着蓝布大袍，黑布便鞋，一手提着大褂，走到被告栏内站着，经庭上照例讯明年龄籍贯后，即起立宣读判决书，周逆以"共同通谋敌国，图谋反抗本国，处有期徒刑十四年，褫夺公权十年，全部财产除酌留家属必需生活费外没收"。……周逆闻判后，不发一语，默默而退。（贝）

布茞在文章《文化汉奸钱稻孙》里说：

一度任为北大校长的文化汉奸钱稻孙，民国二十年前后，曾任

---

[1] 《周作人案审结 昨在法院所供无非文过饰非 经辩论后庭谕定十六日宣判》【本报南京九日电】，上海《申报》1946年11月10日第二版。

国立北平图书馆采访组的组长，采访组的职掌是采购及调查图书。他常戴无边眼镜，蓄希特勒式小胡，留日有年，日友很多，是彻头彻尾的一个亲日分子。

他对于古籍版本极有研究，很受当时北平图书馆副馆长袁同礼的倚重。（正馆长是蔡子民先生，实际负责的是袁。）有一件事情，可见钱对于古书研究之精。按北平图书馆收藏的书籍中，有的篇页散佚的，必须搜觅旧书中的空白纸页，着善写古宋字的人，参照别本补抄，以成完帙。善写宋字的人，描写之精，非仔细辨认，不能看出是抄补的。北平琉璃厂的旧书肆主人，每从古籍中抽出空白的书页，搜集若干之后，便持往北平图书馆去求售，久之，因为搜集不易，便巧为赝品，诈骗高价。法用醋喷新纸，再用硫磺熏之，则古迹斑斓，不辨真伪了。有一次某书肆主人拿了几十张旧纸前往兜售，索价很高。钱稻孙仔细辨别之后，断为赝品。书肆主人不服，谓如果是伪造，情愿受罚，钱则笑谓，如果不是伪造，则加倍给其纸价。双方言定，钱乃用切刀横断其纸，断处显出新纸的白渣。原来如果年代久远的旧纸，其表里一致，均显黄色，书肆主人遂哑口无言而去。

坦斋笔衡载："刘稻后，得雨，复抽馀穗，谓之稻孙。"钱氏也许是个"晚生儿子"，故如此取名。

阅报见傅斯年先生谓周作人为消极的文化汉奸，钱稻孙为积极的文化汉奸，故知，以为秋夜谈助。[1]

该报又登载"墙外行人"文章："胡校长到南京了，据报载：他曾说过：'沈兼士，俞平伯，孙楷第诸先生在敌伪时代"清苦自守"，现

---

[1] 上海《东南日报》1946年10月24日第七版《长春》副刊；又载重庆《大公晚报》1946年10月12日第二版。

在也重回北大。'……以平伯和苦茶老人的关系，我们对他始终不能无疑。……可为他到底有没有以有毒的思想，听苦茶老人麻醉民众，借以取悦——至少是取容——敌伪，却是他功罪所在。……俞呢？近不过周作人的弟子，远也不过金圣叹的模拟者。"[1]俞平伯因为和知堂关系密切也受到了怀疑。

杜平又有《周作人的狱中诗》一文：

日昨京中有个朋友，抄到了周作人最近在狱中作的一首七律，寄给我看：

但凭一苇横江至，风雨如磐前路赊。是处中山逢老狞，不堪伊索话僵蛇。左庶立语缘非偶，东郭生还望转奢。我欲新编游侠传，文人今日有朱家。

在上海的读者，还记得当周逆在北平被刺未中之后，曾在"古今"上写过一篇刻毒的文章，詈骂刺他的人为忘恩负义，反噬东郭的中山狼。这回诗中不但重提了旧事，而且骂到老树老狞，乃至把狼比作伊索寓言中一个樵夫曾以怀中的温暖来救护过，而终于为所反啮的毒蛇。狱中无镜子，他竟躬自厚爱，心伤天遣好人之不公若此！

诗是写给为他义务辩护的王龙律师看的。据诗尾小跋所云，在南京高院——朝天宫的左庑旧址，邂逅王龙，立谈数语，王乃允为辩护。所以还有一层意思，对王暗示他年"东郭生还"之后，必将感恩图报，编游侠传以表扬之。这才是诗的本旨。

我以为周在狱中，也许因忧思过度，神经有点衰弱，出语乃不免厚颜而不知耻。因为倘若自信自己是东郭，樵夫一样的大大好人，则人之褒贬，不能加损于我之荣辱，无须对辩护律师痛哭流

---

[1] "墙外行人"《俞平伯"清苦自守"？》，上海《东南日报》1946年11月1日第七版《长春》。

涕，若不胜情。

跋中复悻悻于他的门生之向其落井下石者，大有人在。这又忘了自己做过的事情了：周早岁因不同意于他的老师章太炎晚年之为学做人的态度，曾经为文"谢本师"与之绝交。这原是学太炎先生谢绝本师俞樾的故事。太炎先生从未做过卖国求荣的事情，对周的绝交，并无一句责备之言，而周逆对门生之加诛伐于他叛国之后，竟悻悻不止，而骂之为狼为蛇，真像丈八灯台，照得见人家，只照不见自己了。

诗虽是仍用十年前苦雨斋里高吟过的六麻韵，风格情调却已经大不相同。如果说鲁迅的诗中有酒味，则那时他的诗里还有一点茶味。如果说鲁迅的诗中有披甲的战士风，则那时他的诗中还有一点外着袈裟、内藏酒肉的野狐禅味。酒杯甲胄之旁，能见真性；茶炉清呗场中，只有清谈的伪君子。看现在这首诗中，满篇猥葸贪生的伧夫口吻，把曾经哄人一时的炉香入定的老居士面具，完完全全丢光了。

什么"一苇横江"，什么"风雨如磐"，如果不看下文，真以为不是个出蜀时"江汉共澄此心"的蔡锷，便是"望门投止，忍死须臾"的张俭写的。看了下文，才叫人好似掩鼻而嗅涤脚水，中人欲呕！

听说钱稻荪只判处徒刑十年，则可以料想，周逆的徒刑必在十年以下。

我到希望政府不要判处他以徒刑。他自己希望出狱后写游侠传。我以为，倘若叫他重修贰臣传，或专门从事历代汉奸心理研究，积其成绩，一定会有好文章可看。[1]

---

[1] 上海《东南日报》1946年11月4日第七版《长春》。

据肖彤兄告知，杜平就是陈向平，他在《东南日报》上的这些文章已结集收入《春天在雪里》。[1]

（十四）北平家中

北平报上刊有一篇北平八道湾周宅访问记：

封条满布灰尘厚　且到寒斋听苦情
知堂老人南京打官司
一家八口北平渡难关
——汉奸家庭访问记之一

在一个风沙扑面中秋节的下午，被一辆拥满人群的公共汽车，载到了新街口，走进八道湾小巷，远远望十一号门前，站着个精神奕奕的青年宪兵，那个宅子便是全国知名的老作家，为附逆被捕周作人的宅子，那个宅子外院，现在是西城宪兵派遣所借用。

向驻守负责人，述明了来意，走进了红色大门，经过了两层院落，走向了西跨院，会见了周氏的少君，周丰一，他接到记者名刺，很兴奋的让进座西的客厅里，靠在屋门，摆着一个屏风，那北半部，亦就是周家的宿舍。

"今天是中秋节遭逢这不幸的事，意外的感觉苦闷。亲友们也不敢来往了。我的门前冷落。徒令人倍增悽凉，今幸而先生光临，我真高兴极了。"丰一是个身穿着西服的三旬开外的中年人，但是看到他满面而郁郁不快的神色，知道他正在为他的父亲事情发愁。

---

[1]《春天在雪里》，上海：上海古籍出版社，2001年，第276—278页。

"知堂老人，是一代名著作家，为了气节不坚，遭逢了这个罪行，一般人都为他可惜，现在外边传说，他的案子，经首都高等法院判决了无期徒刑，家里边得到了这个消息没有？"我吸着一枝香烟，首先的这样问。

"是吗？家里并没有得到这个信息。"他很惊讶的回答："家严差不多常有信来，他每年在秋节，常闹热伤风打喷嚏的毛病，据在最近来信说，今年首都秋老虎热的厉害，而且在狱中又急又烦，所以又犯老毛病，但是没有多大关系，前几天来信提到，自从检察官起诉后，在七月十五日，和七月十九日，两次向司法当局呈递辩诉状，对于参加伪组织经过的苦衷，有所陈述呢？"丰一又继续这样说。

"辩诉状大意一：缕述自民国元年至二十六年，在北大任教授二十年，在燕大任副教授十年，华北沦陷学校南迁，北大校长蒋梦麟，特别认可周作人，及已故孟森，冯祖荀，马裕藻等四人，为留平教授，保管校产，后敌军占用理学院，经周冯设法保全，至周氏任北大文学院长，及教育总署督办，为保存国家元气，及抵抗敌方奴化教育起见，二，参加伪组织先后六年，无日不与敌兴亚院，新民会相摩擦，民三十一年间，周曾著有论文'论中国思想问题'谓中国国民固有中心思想，在于求民族生存，不能损己误人，经日本文学报国会长片冈铁兵，提出攻击，目为反动的老作家，在二十八年元旦，周曾一度被敌唆使暴徒行刺，又于参加伪组织之前，日宪兵目为中国方面间谍，二次被捕等情"，丰一这样说，并且拿出辩诉状给我看：

"那么为何不在沦陷时期，设法到后方去呢？"我问。

"那时我祖母在世，而且先伯鲁迅的妻子和家叔建人都在一起过而且家父的岳丈羽太夫妇又是日籍人，都住在这里，家妹丈杨永芳（现任西北大学教授）夫妇亦寄居在这里，全家二三十口人，都依仗着家父一人支持生活，那如何能走的了。"丰一这样说。

"周先生自从解到南京后,家里的人,到那儿接见过没有?他的近况如何?"我问。

"自从家父被解到首都去,没有什么人去接见,监狱里倒准许可以向家中发信,所以常常接到他的来信,提说身体很好,不过临走的时候,带的东西很少,现在天渐渐冷了,棉衣没有带去,现在为了这件事情正发愁呢!"他回答说。

"现在府上生活状况如何呢?"

"我们仅有的产业。十一号约有房四十馀间,在民国八年,经家父兄弟化了三千多块钱合置的,后来又买了十三号董姓房子十间,十五号李姓房子五间,除了仅留西院几间房子,由我们家属居住之外,差不多都查封了,家伯母早搬走了,家叔建人全家亦去上海了,家父的岳丈羽太亦故去了,妹夫杨永芳昨天亦将家妹静子及两个外甥,接走了去陕西,现在只有家父的岳母,现在病了,还有家母羽太信子(六十岁)和内人炎青[焱芳](二十七岁),我的两个女孩子美和(六岁),美瑜(四岁),并两个仆人,我现在在汇闻[文]职业学校,帮一点忙,每月仅仅得到几万块钱,这八口之家的担负,真够受的……"他说到这里,有些凄然了。

"那么怎么办呢?"

"只有卖东西吧!幸而家父一般朋友帮忙,昨天胡适先生送来五万块钱,以为家用,孙瑞芹先生亦不断的帮忙,咳!穷教书的,落得这么狼狈,有什么法子呢?这都是家父一念之差。"他低下头去。有些伤心了。

他的女儿美和走出了,请他到这边有事,记者亦只好告辞,在我临走出两层院落,看见在每个房门上,都有十字叉的封条,窗户上亦满布着尘土。这时太阳躲在白云里边,惟有风,吹得树叶儿乱摆。"周先生所有的古书呢",我想起这个问题一壁走着一壁问了这么一句。

"都被封起来了!"他回答我这样说。

静悄悄的走出大门,和丰一握了握手,我独自一个人,手里拿着周作人最末次的作品一本《立春以前》走出了僻静小巷。

许可,三五,九,十一[1]

"南人"《周作人狱中赋诗》提及:"近从南京寄来周作人在狱中寄给他的义务辩护律师王龙的一首七律,附有小跋,原文如下:<u>偶作寄呈王龙律师</u>:……鄙人于去冬被逮,于今已十阅月,寒门拙老,素鲜亲族,三十年来不少旧学生,有三数人尚见存问,而下井投石,或跳踉叫号,如欲搏噬者,亦不无其人。……近闻某生又复叫号,此声余固已稔问[闻],未免毛戴。……三十五年十月十五日知堂。"下面记者附注:"第二点是诗中所提起的'某生',据说即是新潮时代与罗家伦同为一时健将,后来同得南洋烟草公司的资助留学,现在则是社会贤达了。记者曾听周作人说胜利后曾以一书致'某生'并非为个人的事相溺,而是为了东北[北平]教育界的问题云云。这封信据说曾被'某生',大加批注,宣示于众,力斥其妄云云。后来记者又曾看过这位'某生',他曾说周作人是他的先生,现在则只好断绝了云云,言下颇有忸怩之态,并不如批注痛斥时之激昂。至于他们之间为什么会如此,也还有一段渊源,则不详。"[2] 跋中的"某生"指傅斯年。

1946年11月16日,首都高等法院判处知堂十四年徒刑,"全部财产除酌留家属必须生活费外没收"。对于知堂北平寓所情况,有报道

---

[1] 北平《纪事报》1946年9月12日第四版。《东南日报》1946年11月9日第七版《长春》副刊也刊载了此文:许可《苦茶斋访问记》,内容有些删节。上海《和平日报》1946年9月15日第二版也全文刊出:《访苦茶斋落难公子周丰一:铁窗已在秋风里,九月衣裳未曾递,平居家属贫困,胡适孙瑞芹偶有馈赠》。另见许可《记苦茶斋听苦情》(三五年九月十日在北平),昆明《中央日报》1946年9月22日第五版。

[2] 北平《北方日报》1946年11月9日第六版《博浪沙》。此诗已收入《老虎桥杂诗》,上海:三联书店,2018年,第150—151页。

说:"华北文化巨奸周逆作人被判处有期徒刑十四年后,是否上诉将为一般人士最饶兴趣之事,记者特赴其在北平之寓所访问,见其宅内已由宪兵驻守,双扉紧闭,人所知名者苦雨斋与苦茶庵内,书籍已存于它室,家俱全被拉走,已成空房,庭院一片落叶,景象更显凄凉。周妻信子谓日军入城时,彼曾劝周南去,只鲁迅原配之妻及[周]建人妻经济皆由周负责赡养,而全走又非经济许可,致未能出走,周入狱后,家中生活除由周子教读所得维持生活外,其馀则赖亲友赠助,最近卖树四株,得洋四十万元,并将食用器具及其他什物卖掉,得洋一万元,常此以往,将来生活不堪设想,言下不胜唏嘘。并称:'周逆所判徒刑,认为过重,决定上诉,而最后定谳,必在上海执行,故全家亦定迁沪,以便有所照应,此次胡适赴京出席国大会议,曾托其为周逆带去毛毯及零用物品',周逆已有信致家中,谓:'来信收到,胡先生带来之毛毯连包袱,亦已于昨日派人送来,被的问题,可以解决了。衣服亦可够用,惟尚缺少稍厚的袜子,不知家中有毛绒袜否?如有即便寄来。现所内可衬单袴,洗换自不成问题,我身体亦安适,可请母亲勿念!'文词充满冲淡气味。"[1]

---

[1]《访北平周作人宅 庭院落叶景象悽凉 双扉紧闭家俱搬走》【大同社北平二十一日航讯】,《南京人报》1946年11月24日。另见北平《益世报》1946年11月29日第四版《周逆作人定谳后 家人将赴京上诉》,前面文字稍有不同,接受记者采访的是周丰一,而且后面还有一段:"又悉:现鲁迅原配之妻每月生活费用由许广平寄送,但对周作人吃官司事并不过问,想亦恶其作汉奸之故,本市现入严冬,已是暖室啜苦茗最好时候,周逆静处狱中,未知尚有闲情思及此乐否?"而南京《朝报》1946年11月24日第一版《苦茶庵落叶萧萧 知堂狱中怕冷 胡适为送寒衣》【大同社北平航讯】,其中"此次胡适赴京"后有一句"出席国大会议","我身体亦安适"前有一句"南京近一二日颇冷,想北平亦当如此"。"文词充满冲淡气味"后一段为:"周妻谓余早知即有今日,现鲁迅原配之妻,每月生活费由许广平寄送,但许与周京沪虽相距甚近,对周作人吃官司事并不过问,要必不满周过去之附逆,现家中已决定上诉,一代文奸,一步之差,如[此]结果,周逆狱中静思,想必悔不如当初

(十五) 作风即人

李长之在《周作人自比陶渊明》里说：

> 周作人在有一个时候自居为陶渊明，也很有人认为他是陶渊明。
>
> 这样一来，人们不免想，假若陶渊明处在周作人的环境，要怎末办？——陶渊明若被这样猜想着的时候，陶渊明却是蒙冤了。
>
> 两人很不同，周作人一来清高，仿佛一尘不染，可是终于落了水，洗也洗不清。陶渊明正相反，一上来仿佛妥协，可是"在官八十馀日"，终于想到"纡辔诚可学，违己讵非迷"，挂冠走了。这原因是陶渊明终有一个自我，终有一种否定的力量在，周作人呢，一切好玩儿，一切圆浑浑，一切清淡，于是把自己也冲淡得没有了。否定的力量也化为轻烟了，危险的在这里！
>
> 凡是没有棱角的人都是可怕的，写着软绵绵的字的赵子昂毕竟和写着愣头愣脑的字的颜真卿是两种人。
>
> 至于周作人之所以有些人人爱惜他，而实在是由早年的反抗精神。一旦这反抗精神转而为恭顺——由棱角转而为冲淡时，他就已经为人所唾弃了。——自然也有在这方面反而捧的人，但那些人被证明是：比周作人失足还要早一步。
>
> 否定的力量就是生命，自我就是生命，周作人那里能和陶渊明比？如果真的话，我想还是假撇清的妙玉，或者哭哭啼啼，终于上

(接上页注)

也。"（此则由黄恽先生提供）另有：《周逆作人决上诉 在平眷属或全部南迁》，北平《世界日报》1946年11月20日。《苦雨斋落叶满阶 周作人索要毛袜 定谳必在上海执行 家人决将迁沪照应》【时报社讯】，北平《经世日报》1946年11月29日第四版。《苦茶庵里啜茗人去 书籍尘封落叶满庭：周逆作人寓所访问》【时报社讯】，北平《纪事报》1946年11月29日第四版。另"打油诗人"《致苦茶斋主》还谈及民国二十五年元旦知堂作诗讽刺宋哲元的事，北平《新民报日刊》1946年12月3日第二版《北海》副刊。

了轿的袭人吧。

我们说这话并非为打落水狗，落水狗是值不得打的。现在只是为一些将要作妙玉或者袭人之流的人，找出一面镜子而已。[1]

对比以前李长之的评价："周先生最爱讲趣味，我看他的文字，便是非常趣味的。这意思是说，并不太正式的意味。记得西方古哲有句话，'含笑谈真理，又有何妨'，周先生正是这样一个态度。"[2] 简直一个天上一个地下了。

"子翼"在文章《作风即人：兼谈周逆作人》里说：

"作风即人"，这是一句格言。

也有些人，并不否认这句话的意义，然而也不无条件地赞同，他们认为文品并不能完全如实地表现人品。从历史与现实中，持这一意见的人，曾举出这些著名的例子，如：严分宜的钤山堂集，阮大钺[铖]的咏怀堂集及燕子笺……再就是周逆作人的散文。

……我们应该从另一方面去着眼。从作者的思想方法上去探求，从其作品的意识形态及其基础上去发掘。其标准是为民族及为人民。

这标准犹如上官婉儿的衡文尺。在为民族及为人民的考验下，钤山堂集失败了，咏怀堂集崩溃了，周逆作人的散文破产了。

……

周逆作人的作品也经不起这炽烈的考验。陶渊明的冲淡是制

---

[1] 上海《东南日报》1946年11月17日第九版《长春》，另刊于台南《中华日报》1946年10月30日第四版《海风》。而此文原刊于上海《侨声报》1946年8月19日第四版《星河》的标题是《妙玉与袭人之流》。
[2] 《读〈中国新文学的源流〉》（九月十八日沉痛纪念），《北平晨报》1932年10月4日第十二版《北晨学园》。

造品，但那是在如磐夜气重压之下，并未放弃他与新朝的对立的冲淡，因之"刑天舞干戚，猛志固常在。"周逆作人的冲淡也是制造品，但这是我向你投降的冲淡。

……

那么，他的不甘寂寞，热中于教育督办，也不足为异了。因为，这是在他的冲淡范围之外的。而且，一个已叛变人民利益的智识份子，既可卖身于甲，也可卖身于乙，只要顾主是屠户。与娼妓谈贞节，我尚不致于如此忠厚。[1]

（十六）访钱稻孙

还有记者专门采访了河北第一监狱中的钱稻孙：

许多人都说钱逆稻荪，不愿见新闻记者，而且也不愿多说话，这恐怕是所有汉奸们的通病，因为他们做错了事，生怕别人去质问，一问便无话可答，自然他们不愿看到新闻记者。

我去访问他，完全被一个好奇心的驱使，我要从他的谈话和表情上去发现他究竟是个怎样的坏人，而且也愿意知道他一人狱中的生活情形，好报导给一般读者。

钱逆住在第二十七号监的二百号监房里，是本年五月二号抓进来的，他单独地住一间房，床上堆满了书籍，有拉丁文，也有日文和英文，书桌上堆积着他译好的许多稿纸，有"万叶集"，也有一些什么"入狱记"之类的零乱散文。他的个子很矮，面容憔悴，头

---

[1] 上海《东南日报》1946 年 11 月 20 日第九版《长春》副刊。

发蓄得很长，穿着深灰色长袍，带着深度的近视眼镜，见我走进他的监房，经过吴典狱长的介绍后，他连连说着："惭愧，惭愧！我太惭愧了！"

他低着头，似乎是很难为情的样子，我问起他当伪北大校长时候的北平教育界情形，他说：

"现在政府加我的罪名，是不该当伪北大校长，其实我是受了汤尔和嘱托才去的，当时很想好好地保持北大的原来面目，不使他奴化，同时想利用伪北大图书馆撰述一点'西藏语文法'和'千叶诗'，没想到环境太恶劣，有许多我们不愿做的事，也逼着我们去做，到现在真是后悔也来不及了。"

还不错，他居然知道后悔，不像别的汉奸一般无理强辩，这也许是他比别的汉奸要高一等的地方。

"抗战爆发后，你为什么不逃走呢？"

"唉！唉！都是为了家庭之累，家庭之累！我的母亲今年八十多岁了，五男五女，一家十多口怎么逃得去呢？没有钱，走不动呀！"

他带着颤抖的声音说，眼睛里的泪珠几乎要流下了。

"其实那时你一个人逃到后方去就好了，周作人也是和你同样的情形，你们两位过去在文化界都有很高的成就，现在呢？未免太可惜了！"我也帮着他长叹了一声。

"唉！惭愧！惭愧！我们对不起国家！"

"钱先生的学问很好，现在虽然关在监房里，仍然是每天写作不停的。"

吴典狱长特别介绍他，他现得很窘的样子，用着异常谦虚的语气说：

"没有什么，没有什么。"

他的确是个学者的风度，因为态度的谦虚，每句话里都含着忏悔的意思，所以使人不忍责备他而只觉得他可怜、可惜！假如他不做伪北大校长，不担任伪东亚文化评议会的主任委员，不发表叛国宣言，不主张文人应用笔杆协力参加"友邦皇军"的"圣城[战]"，不领导学生参加"治安强化运动"，不写文章诋毁领袖，他何至于有今天。

这里有一个关于他的评语，有人问傅斯年道：

"傅先生对于钱稻孙的看法如何？"

他笑而不答，停了半响，他突然回答说：

"他是生来的汉奸坯子！"

由此可知钱逆走错了路以后，是如何地得不到人的同情。

他在狱中的生活是很舒服的，家里可以送菜来，监狱里也可替他煮一两样可口的菜，他今年六十岁了，当我问及他的年龄时，他特别感到惭愧，的确一个六十岁的老人，如果不附敌，做起寿来儿孙满堂，宾客盈门，该有多么热闹，如今呢？……[1]

相比知堂的多次狱中采访，这是目前在报上所见的唯一一篇对钱的采访，其馀都是在报道王揖唐、王荫泰等人之馀，才稍带提及他的现况。而钱稻孙在狱中的诗作也有流出，可以想见其激愤的心情：

钱稻孙狱中诗

前几天接得友人由北平中寄来一信，内附录伪北京大学校校长钱稻孙近在狱中所作的诗三首，阅毕之后，不觉有所感想，现先照录该诗如下：

---

[1] 冰莹《狱中访问钱逆稻孙》，《天津民国日报》1946年11月27日第四版。后来钱稻孙一直申请保外就医，并曾获得批准（《钱稻孙保外就医案》，北平《经世日报》1947年9月19日第四版）。

谁谓性本善，几微存天真；曾不如狗彘，残忍偏向人。造兵屠同种，制币绲自身；所灵于万物，巧能杀君亲。请室即去室，今生已往生；不劳门户计，先享子孙诚。麦饭朝朝供，冥钱属属倾；三宵一庐墓，七日雨清明。恨泪频年几斛吞，还教垂老遇艰屯；何当上诉求真宰？一雪人间不白冤。

按钱稻孙的名声，虽不及周作人的大，但也早年留学日本，大学毕业回国后，历在清华，北京，师范等各大学担任日文教授。家中藏书甚多，平时多与日人往还，精通日本语言文学，即日人也多有不及，早有日本通之誉。可是生平廉介，不肯苟取，尝闻友人说："他在教育部任事时，有一次派出差视察，事毕回部，所有一切舟车费用，实报实销，绝无一文苟且。其后部中被派出差的人，所有费用，也不敢虚报，因为恐怕万一比较查出作伪，反为不美，故当日同事中，多有恨他不近人情，不为他人着想"，就这一事看来，也颇可见他的做人了。

这次中日战争，闻有素知其人者说："当北平沦陷期间，他初时也想随众西行，只因他的父亲逝世之后，剩得一个七十多岁的老母，风烛之年，他不忍离开她而远出。及北平沦陷后，遂为日本人所挟持，派兵在他的家中监视着他，强迫他出来作事，否则有不利于他的说话。他因为上有老母，下有妻子，和自己生命关系的原故，贪生畏死，一念之差，便不能不出来做事。"

日昨报载，他已经被北平高等法院审讯之后，判处有期徒刑十年，褫夺公权六年。照近来各个汉奸经判处后，无论罪的大小，多是不服而请求上诉的，那么，我猜他也必不服然后请求上诉。可是俗语有说："早知今日，何必当初。"现在他已噬脐莫及了。但是我人据他平时的为人看来，又未免有些，"卿本佳人，奈何做贼"的感想哩。

至于他的诗的好否？那是另一件事，现在可以不必深论。[1]

（十七）狱中读书

周作人等还是模范犯人："老虎桥群奸闹监事，近续有所闻，周逆佛海曾要求所方准予阅报，大发其牢骚曰：'判死刑，犯罪和看报有什么关系，管国事与关心国事是两回事，我们不能管国事，连关心国事都不允许吗？'经所方加以解释后，始作罢论。又'流氓汉奸'余逆少亭时对所方无理取闹，昨日并大骂高院金世闻庭长。周逆作人，江逆亢虎，则以'文化汉奸'清高自在，从无越规行为，颇为所方所称许。"[2]

有报道称："文化巨奸周逆作人，近感狱中寂寞，特函致其在平家属索阅英文博物史及希腊文书籍等，以便狱中阅读。顷周逆在平家属，以博物史一书，因被封存不能照寄外，其他书籍业已由平寄京。"[3]以及狱中情形："……五十一间囚房，住了九百多囚犯，想想看怎么住的，这里先看忠字监的汉奸们，他们四人一间，顶多六人一间，虽然没有床，地板可就拖的光亮，周作人周佛海罗君强几个大汉奸，家里送来的鸭绒被子，弹簧枕头，康乐园的面包，更是成条成条的放在床头，五磅长城牌热水瓶储藏着开水，一尘不染的黑布鞋，一列挂在门上，像列兵样地看齐。今天忠字监特别安静大概大赦令下了，宽了他们的心，知堂老人将腿拥在被子里，在用毛笔节录法国文学史，周佛海端坐床头写日记，

---

[1]《天津工商日报》1947年1月31日第三版。震《钱稻孙狱中诗》，成都《民声周报》1946年11月19日第四版。另见上海《侨声报》1946年11月14日第五版《南风》。录文参照三报文字核对增补，择善而从。
[2]《华北巨奸齐燮元伏法 周佛海不甘寂寞，狱中居然大发牢骚，说关心国事要看报》【本报南京十五日航讯】，长沙《湖南国民日报》1946年12月19日第二版。
[3]《监牢寂寞 知堂索书》【大同社讯】，南京《新民报》1946年12月30日第三版。

刘玉书埋头研究诗经,丁默邨,默默地睡闷头觉,罗君强抄写英文,一个医生来替他看病,他从容地说:'不是我病呵',他的紫红睡衣悬在墙上,为屋里添一份鲜艳。老牌汉奸殷汝耕正在静心写小楷,……别的囚房最多的住到四十五个人,不是铺挨着铺,而是人挨着人,肉贴着肉了。……照这情形看来,还是做汉奸上算些,即便吃牢饭,也还是做汉奸的得天独厚。(肖)"[1]

该报又刊登了一篇文章:

狱中读书

文贝

去年首都最高法院审判周作人的时候,曾经吸引了不少的观众。当周作人判处徒刑之后,一面向最高法院请求复判,企图减刑,一面感觉到狱中的寂寞,"特函致其在平家属索阅英文博物史及希腊文书籍等,以便狱中阅读。……博物史一书,因被封存不能照寄外,其他书籍业已由平寄京云"(卅五年十二月卅日大同社讯)。

我不是记者,没有机会去访问他,不知道他狱中读书的心境,较之在苦茶庵吟诗时如何?

手头凑巧有他一本"立春以前",里面就收进一篇"苦茶庵打油诗",是他的"述怀",内中说:"吾侪小人诚不足与语仁勇,唯忧生悯乱,正是人情之常,而能惧思之人亦复为君子所取,然则忧惧或与知惭愧相类,未始非[人]生八[入]德之门乎"。文末记明民国甲申,九月十日。书是卅四年八月出版的,那时已有了末路之感也未可知。

还有一篇论宽容的文字,题目是"关于宽容",繁征博引一番,

---

[1] 《周佛海狱中写日记 丁默邨梦里忆豪华 老虎桥巨奸群像》,南京《新民报》1947年1月6日第三版。

写出了宽容归根亦是傲慢的创见，以为"一部份主张省事的人却也不可少"。

"知惭愧"的隐士竟变成文化巨奸，"宽容"到对敌人屈膝，这倒"少有的事"。终于是"忧惧"也不能"省事"，结果还是要狱里去读书。

周作人当年从文坛退隐之后，如果真正是知惭愧和忧生悯乱，又何必去附逆？在动荡的时代里，即使他继续写些"与抗战无关"的冲淡的散文，介绍日本的文字[字]，谈谈希腊英国的学术思想，一时想不至于遇到人们的不宽容，这在他也还不失为明达的办法。

过去有人写"辞本师的周作人"，也有人称他的附逆是"老人的胡闹"，以曾写"辞本师章太炎"的周作人又被人辞师，以五四时代的战士的身份发展为胡闹的老人，难道这真是历史的悲剧吗？

在寂寞的狱中，读书写作还有自由，但不知此后周作人是否再写关于草木虫鱼，民俗世故一类的诗文耳；倘若发表，也不知看的人是否还有以前那样的心情！[1]

而曾在狱中采访过知堂的记者"马平"此时又写了一篇长文，对报上一些关于知堂不实的传闻进行了纠正：

周作人铁窗十四年

镇日关门听草长，有时临水羡鱼游；

朝来扶杖入城市，但见居人相向愁。

还是去年秋天在重庆的时候，就想以周作人为题，写一篇文章，可是正要动笔，便先后在大公晚报上看到"论周作人"，以及

---

[1] 南京《新民报》1947年1月7日第二版《新民副刊》。

"再论周作人"两篇文章。于是我也打销了原意。来南京后，曾去老虎桥同周作人做了两度较长时间谈话，也曾参与过几次审问周作人的旁听。前天在旧书摊上又买到了他的散文集"立春以前"，（三十四年春天出版），文采依然，人事却非，读后不能无感。昨天又接到南开同学寄来的公能报，上面有我的老师刘兆吉先生的一篇短文，题目是"善为遁辞的周作人"，顾名思义，内容就可见一斑。刘先生固然写的很对，可是在事实上却有所出入，我也就我所知道的周作人随便写一写。

这次周作人被判处有期徒刑十四年，依情理来讲，的确不能算重，不过也诚如他自己所说："对于六十三岁之被告，量刑并未减刑，等于画饼充饥。"现在正由他及王龙律师申请覆判，能否减刑，自然很难猜测。周作人虽然也是头号汉奸，但他到底出身"文人"，只是利欲熏心，才半路出家，就事论事，虽也罪不容赦，但也并没有到刘兆吉先生所说的"国人皆曰可杀"的地步。

我去老虎桥的那天，正在周作人二审之后，在看守所的办公室里，会见到了别来五年的"苦雨斋主人"。人海沧桑，当日在北平我那会想到我在此时此地看到他？当我同他握手的时候，很是一种伤往的感觉，而他更是侷促不安，头微微的低着，无言的坐下。半天冷寂，他两只手摸来摸去，脸上浮出一种不自然的笑。显然的，他是想藉此来掩饰心理上的不安。那付神情，真如黄裳先生所言，极像"审头刺汤"的汤裱背。关于那两次的谈话，我大半都已在上海侨声报以及重庆新民报上写过，在这里不想赘述，只是再想重复重复两句话："演戏好几年，有很多小丑姿态。"当他说那两句诗时，有一种很难描摹的表情，白发斑斑，满脸辛酸，周作人真是老景堪哀。

想像得到，在看守所中他是闷得可以，平常自然也很少机会同人谈话，尽管他起先就同我说："我教了三十几年书，也搞了几年政治，对这些也看得很平淡了，决没有感到无聊"。可是在谈吐之间，流露出了无限感慨，对生活上的单调更感不惯。他尽管说："我绝不说替自己辩护的话。"事实上同我也说了不少，例如他屡次重复的说："我只是个文人，我也只能写文章，我觉得我留在北平写几篇积极的文章来鼓舞青年，其效用反而比去昆明在联大教书的益处大些，何况自己也绝没有做对不起国家的事。"以及什么："学校虽伪，但学生不伪，政府虽伪，但教育不可伪。"之类，这些话后来在法庭上，他也都说出来了。

我曾在沦陷后的北平住了四年，那时我常同他见面，更听过他多次的讲演，那时他已"出山"了，出任堂堂的"教育总署督办"，他虽然是"大官"，可是毫无"官派"，到也是文人"本色"。当抗战初期，周作人未曾随着北大西迁，在今天他自己是以蒋梦麟校长之托保管校产为理由，但这只是藉口而已。追根溯源，的确如刘兆吉先生所说，是舍不得北平的安适生活，也不敢违反他那日本夫人的命令。不过刘先生却遗忘了最重要的一点，便是他这只能躲在苦雨庵中躲雨的消沉派，对抗战是没有一点信心，他才放弃了为国家教育英才，为民族保持气节的大责任。假如当日他也对抗日抱有信心，聪明如周作人者，他自然也不肯留在北平，蒋校长托他保管校产，他也绝不肯干。那知八年的抗战，也是八年的锻炼，事实竟出于"知堂老人"的想像，也难怪他今日有悔不当初之感了。

其实，当初周作人显然对抗战没有信心，而想在北平苟安下去，也未尝不想自守其身。他是聪明人，自然也不肯冒冒然的便揭去外衣。起初他到是很想销声匿迹的，可是在当日北平那样的环境之下，资望又如周作人，自然是不可能的事，回避尚且不及，何况又不十分想回避？疾风知劲草，板荡识忠奸，周作人在敌人的威迫利诱之下，显得是太没有骨头了。一失足成千古恨，"知堂老人"的无上文名，也就在这一念之差中宣告了"死刑"，（在"善为遁辞的周作人"一文中，刘兆吉先生写道："可是这利欲熏心的伪君子，一旦有机可乘，有利可图，便不顾一切的在敌人的卵翼之下，做了叛国的举动，他参加过富于阴谋性质的'更生中国文化建设座谈会'，替北平伪市府审查教科书，又任伪北大文学院院长等职，于是群情怨怒，一时报章杂志，交相责斥，目之为文化汉奸，文坛败类。急进的爱国份子，几次想以手枪刺杀他……"以上俱引自原文，见十二月二十五日重庆公能报。与事实前后有所颠倒，周作人之出任伪职，是在被刺之后，并且那次刺周的主谋人，一直到今天依然是个谜。据周作人自己说："到现在还弄不清楚，我很怀疑是日本人预订的计划。"周自己的话，固然无足置信，但若以当日北平日本人的作风看来，此种说法也有很大的可能。至于说急进的爱国份子预备刺杀他，依我直觉的看来，周作人当日的罪迹并未昭彰，若同其他大小汉奸相较，周作人是没有什么机密与重要性。要说杀汉奸，也有轻重缓急，也似乎用不着拿并不重要的周来开刀。刘先生认为是爱国志士的枪杀，未免失于武断。）

沦陷后的北平，环境是极其恶劣的，意志不坚定的周作人留在那儿，自然是很可顾虑。不过，他的掩饰手段是高明的，在他初与敌人眉目传情的时候，的确有很多人都不相信。依他自己的话来演绎下去："戏演得好，"他虽然深沉得令人摸不到边，但无风不起浪，自然使很多老朋友替他着急，更为他惋惜。有的督促他南下，有的也责以大义。周作人在那时还来一套"苦肉计"，在上海的杂志上，发表了好几篇文章，字里行间像是有许多难言之苦，有鱼目混珠的目的在，也许难免，若说全系假话，倒也未必。我虽然不敢如同章士钊先生替周佛海辩护时说的那样大胆与偏袒，（就有如

"身在曹营，心存汉室"之类，）但却可以说，至少周作人在他伪职任内，他是尽他可能的站在中国人的立场上办事。不能说他办得好，但假若换了别人也许更糟。他也以"虽任伪职，但无逆迹"的理由来申求减刑，这两句话固然是自惩治汉奸条例上援引下来，至于周作人案能否适用，自然很易回答，因为事实上尽管如同朱家骅部长所说的："华北教育并未奴化，"他自己也丑表功似的说："日本人也认为我是东亚建设的障碍，是大东亚思想之敌。事实上，一个人绝对不会两面为敌的。再说今年联大招考，平津区学生的水准，也不低于后方啊！"但无论如何，千秋史册，对他是绝对少不了一个文化汉奸的"臭名了。"

然而就文章来论文章，周作人的确是今日中国优秀的散文作家，一直到现在，还是有很多人喜欢他那平淡而深远的风格。就在前几天，我还曾接到一位在北洋大学读书的朋友来信，他说："不管周作人的行为怎样，他的学问和文章真可赞服。最近又重看他的'苦口甘口，'以及'立春以前'两本散文随笔，真是读了令人痛快，说什么气节不气节，都是一个胚胎。"这位朋友的话，或许有些偏激，但这也是以表示还是有很多人爱读周作人的文章。也因为这样，周作人会招来更多的同情，就如同刘兆吉先生所引录的覆胡适之先生的那首怪诗：

老僧假装好吃苦茶。

实在的情形还是苦雨。

近来屋漏地上又浸湿。

结果只好改苦住。

夜间拼起蒲团想睡觉。

忽然接到一封远方的信。

海天万里八行诗。

多谢藏晖居士的问安。

我谢谢你很厚的情意。

只可惜我行脚不能做到。

并不是出了家特地忙。

因为庵里住的好些老小。

我还只能关门敲木鱼念经。

出门托钵募化些米面。

老僧始终是个老僧。

希望将来见得居士的面。

只看这首诗,虽是写得有些怪,但的确是至情至性,含蓄深远,看后自然以为他是有非常的苦闷与苦衷,不但会寄与同情,并且予以谅解,由此看来,周作人的确是精于掩饰。他的成名固然不是偶然,而他的附逆,自然也有其来源。不过,有一点他在汉奸群中是"不同凡响"的,便是他的苦茶庵中,的确是四壁萧然。在伪职任内,他也依然故态,一直到被捕入狱,由北平到南京,在看守所中,他也显得是最寒酸。而他在北平的家属,那"庵里的好些老小",倒亏得胡适之先生时常接济。当日周作人"托钵出门募化",可惜找错了"施主",虽然当时给他些米面,那只赖以生活的"钵"却被扎下了——当日情况惨,今日情况更惨。

在今日,对周作人批评的论调,自然也是"严惩汉奸",但也就因为这一大前提,而忽略了很多重要的因素,而多了牵强附会的"传说"。关于一些无稽的传闻,周作人虽然在狱中,他多少也听到一些,他曾无可奈何似的对我说:"要骂我,也得骂得对才好。事实上,我自然免不了有罪,但这也只是法律上的事,但不能乱编事实来徒快口舌啊;"所以当我请他题诗的时候,他曾踌躇再三的说:"前些天因为一句'东坡风骨不寻常'的诗句,就有人骂我是自己吹嘘,那才是真叫冤枉。因为那是给朋友题梅花的,那知外人断章取义,我也没有办法。"后来他写着:"镇日关门听草长,有时临水羡鱼游,朝来扶杖入城市,但见居人相向愁。"署名"知堂",并且标明"南京"两字,我不知道这首诗是新作或是旧作,但一种寂寞的心灵,已跃于纸上了。

时间残酷,历史无情,看样子周作人要在铁窗中渡过其未了馀年。知堂老矣,晚景堪哀,希望他在狱中能沉心静气的写出些优秀的作品,虽然仍负有汉奸之名,但也总算有一点成绩表现,也无负十四年的铁窗生涯了。

三十六年元旦日南京小楼,窗外好太阳[1]

另有报纸速写:老虎桥地院看守所,记者昨日(引者按:1947年1月7日)去参观一番,于下午一时许抵达。忠字监"五号中'知堂老人'半躺半坐地靠在被子上,手里捧着一本二寸厚的精装书,面部庄严异常,如果易地而处,你一定会当他是一个大哲学家"[2]。

北平报道中说苦雨斋中一片凄凉:"文化巨奸周作人,被处十四年徒刑后,周不服上诉。但迄今仍无复审确期。周在狱中百无聊赖。前曾向其家中,索阅英文书籍,已由其家属寄去。最近时有诗柬,寄交北大冯文炳教授,内多忏悔之作,其八道湾家中,已被查封。苦雨斋中尘埃满室,双扉紧闭,一片荒凉。后院现由其家属居住,每日以当卖为生,据周子称,全家为照顾周逆,原拟迁沪,后来生活皆成问题,路费更无法措置,此议业已作罢。家中存书,约万馀册,俱已被封。拟最近呈请启封,以便阅读。胡适此次去京出席国大时,原定去狱中探视,因忙未去。周在敌伪任内,因非官场中人,薪水之外,无其他所得。解京

---

1 重庆《新闻天地》第二十期(1947年2月1日)。
2 阎文青《大赦期中探群奸》,南京《大刚报》1947年1月8日第五版。

之后，周逆所需，纯赖胡适等友人略予接济。现物价高涨，春节将至，全家更难以为生。言下，不胜凄凉之感。"[1] 而该报后面又提及："周作人用心看书，灯光微弱，双眼几乎凑到书上。"[2] 随后该报又刊出详细报道："旧历年除夕的前夜（引者按：1947年1月20日），记者怀着一种追求奇异的心情，又到老虎桥监所看了一次汉奸群。汉奸们过年是怎样的过法呢？……下午四点多钟的时候，终于又到了老虎桥。……周作人倒是真正用心在看书，在微弱的灯光下，他的眼距书只有寸许，并看见他目光随着上下，记者在窗口停了两三分钟，也看见他翻动书页，书的名字看不见，但看得清楚书是精装的，绛色封面，可能是翻译的东西。……（按：此讯已由专电简略报告，载二十一日本报）"[3]

北平另有报道提及周作人读圣经："……记者昨日上午十一时，踏着融雪后泥泞道路，跑到老虎桥高院看守所，……'周作人读圣经'另外，只见到周作人手捧小册圣经，凝神细看，状至悠闲。"[4]

康茵《谈汉奸绝食求赦》："据说在南京老虎桥监狱里的汉奸们，因为没有均沾这次政府大赦的恩惠，于是愤慨激昂，绝食抗议。"[5]

上海则刊登消息说：

---

1 《周逆作人平寓 苦雨斋中一片凄凉——春节将至 全家难以为生 周常有诗束寄来多忏悔之作》，北平《世界日报》1947年1月11日第三版。另节略版见《知堂老人无聊赖 狱中作诗寄忏悔》【时期社讯】，北平《游艺报》1947年1月11日第二版。《张学良无出山说 周作人有忏悔诗》，长沙《湖南国民日报》1947年1月27日第四版《天南地北》。
2 《群奸无意过年 家属有心送菜：唱戏看书消遣各有不同 除夕前夕老虎桥探奸记》【本报南京二十日下午七时四十五分专电】，北平《世界日报》1947年1月21日第二版。
3 本报特派员郭明远《除夕前夕老虎桥探奸纪详》【本报南京二十一日航讯】，北平《世界日报》1947年1月26日第二版；另见《除夕前夜的汉奸群 老虎桥探监纪实——潘毓桂唱快书 邹泉苏唱二簧 王荫泰周佛海看英文杂志》（本报驻京特派员郭明远）（旧历除夕寄），北平《世界晚报》1947年1月25日。
4 《死期不远心跳利害 周逆佛海突病重：老虎桥记者"探监"记》，北平《益世报》1947年2月1日第一版。
5 《湖南国民日报》1947年2月1日第四版《国民公园》。

老虎桥边看

大赦不赦的汉奸群

忠字监里不像受罪倒像享福
木工房中小汉奸也在抱不平

中大法律系同学参观首都监狱记

【南京通信】二月三日,中央大学法律系及司法组学生约百人,由林振镛教授率领,到老虎桥首都监狱参观。……最后到忠字监参观。忠字监是伪组织大汉奸的囚所,笔者参观之后,对这些叛国害民的汉奸,书愤于后:……

忠字监 第四号住着大汉奸周逆佛海。……

第五号住着文化汉奸周逆作人,正在翻阅英文书,光线颇不充足的地方,还在看书,似乎很用功。可是,谁叫你作汉奸呢?日暮途穷的今日,虽然装模做样地啃书,可惜悔之晚矣!

"很像鲁迅。"同学们交谈着,是的,他躺着的样子,颇像鲁迅。但是,鲁迅是被人崇拜的作家,而他却是被人咒骂的汉奸。面貌上虽像,灵魂上却相反。兄弟异途,若是其大!

我正想看其他房间时,一位同学告诉我说,丁逆默邨在外面。这位特务头子,杀人魔王,我是非看看他的下场头不可。

丁逆头……

此外还有王逆荫泰,江逆亢虎,殷逆汝耕等等,也不便一一描写,大多数在睡觉,有些在看书,有些在闭目养神。

最奇怪的,使我感觉到他们的生活环境竟有那么好,不像受罪,倒像享福!

先说吃吧,忠字监的每间屋里,克宁奶粉、罐头、起司等等,至少也有几十筒,堆得半人高。而且,每间门口,放着十多个五磅温水瓶,装满开水。还有油炉为他们布置着,让他们自己煮吃,鸡蛋冲奶粉，吃蛋糕度日，是多么好的日子啊！

再说住吧，虽说睡地板，其实，高垫尺馀的军毯，比软沙发还强。地板也异常清洁。一切一切，显得他们不是在受罪。

在忠字监逛约半点钟，我们退出来，转到

木工房……

从木工房，绕原道出了监门口，抵达刑场。不久以前，林逆柏生，梅逆思平都死在这里，不久以后，周逆佛海也将到这里送命。汉奸啊，你们叛国害民，现在的收获，该偿了你们的宿愿吧！（易水四日寄）[1]

另有狱中消息："自国府命令周佛海减为无期徒刑后，在押之巨奸，连日为周佛海贺。有奸并经数度商定后，由罗君强发起为庆祝周佛海获赦聚餐会，狱中巨奸周学昌，丁默邨，周作人各捐资三万元。于今午十二时，假忠字监第四号监狱举行，到周佛海，罗君强，丁默邨，周学昌，周作人，江亢虎等六巨奸。……群奸亦皆起立大呼干杯不止，独周作人慨叹甚多，即席吟诗一首：诗云'浮生功过付春秋，成败英雄皆白头，且喜南柯惊梦后，金陵春意未全收'。"[2]

（十八）往事回顾

北平《益世报》刊有未署名的记者文章：

---

[1] 上海《大公报》1947年2月8日第九版《地方通信》。
[2] 《周逆佛海贺减刑 殷逆美妾随人去》【南京讯】，贵阳《贵州商报》1947年4月20日第一版。

……

周作人素来隐逸恬退，师法陶渊明；周佛海，我虽未识其人，尽管是伤脑经的人；竟愿变成一丘之貉，让我们一同编入汉奸列传，真是始料不及此。

自诩守贞如苏武 孰知同流更合污

二十一年元旦，那时正当九一八事变之后榆关紧急，平津骚然，记者很关心周作人的行止，特寄一信。他的回信说："元旦手书敬悉，榆关事起，平津骚然，照例逃难如仪。十日来要或能逃者多已逃了，似乎又静了一点下来；如不佞等觉得无可逃，则仍未逃耳。中国大难，恐未有已，上下虚骄之气太甚，窃意丧败无妨，只要能自反省，知道自己的缺点何在，可望复兴。我们不必远引[勾王践]范丞相，即辛亥之小就，鄙意以为原因即在甲午后之恐惧振作；而欧战后渐自满以至于今日，不但重新觉得政治法律道德思想各方面都已完全，即军备也是大刀队胜于空军，打拳可敌坦克矣。五四时代自己谴责最急进者，如独秀……都变成如此，他可知矣！他们虽似极左，而实在乃是极右的一种国粹的狂信者。不佞平常为遗传学说（古人所谓"业"）所恐胁，观此更为慄然；中国如亡，其原因当然很多，而其一则断然为此国粹的狂信与八股的言论，可无疑也。此刻现在，何处可找理性哉！且坐看洪水——来或不来，此或亦虚无主义之一支配！"不但洞达事变之理，而且模[摸]着民族的症结，痛加针砭。像他这般明理的人，竟会鬼迷了心为虎作伥，谁也不会相信。平津初陷，改造社社长山本实彦曾经到过华北，和他见过面，山本回国以后，便说要在文化界发生一点作用，如周某其人最为适当；但他早已淡于俗尘，决不肯出来相当什么工作的（其后不久，胡适先生关怀他的安全寄书慰问，他复信也以苏武自比，这位今代苏武也将在冰天雪地守节十九年，谁知到了后来看,苏武变成了李陵,淡于俗尘的变为出山之泉,不独胡适不敢相信,连山本也不敢相信自己的眼睛。)

……

一个教育督办 一个大学校长 迷梦醒矣 悔之晚矣

你看,周作人登上"北大校长","华北政务委员会,教育总署督办"的宝座,……所以我们不要看周作人的新文集,那只是代表他的灵魂的一面,我们得看周委员长下江南的声威(见杂志)才可以明白他的灵魂是另一面,是什么呢![1]

文中此信已刊于曹聚仁《跋知堂两信》一文中,信写于1932年1月14日,可见作者就是曹聚仁了。[2] 而知堂在1932年5月29日对来访者说:"我们问他(引者按:周作人)现在写了点东西没有,他说现在总是写不出来那种滋味,我们拿笔试作的人也都分尝过。他又说这二年的风气是比那二年不同了。写作的既然少,读者也不踊跃,这还得归罪于社会,社会给我们的刺激太多了。作者和读者也都在这种刺激中麻木

---

1 《周作人樊仲云为什么落水》,北平《益世报》1947年5月1日第二版。
2 可以对读曹聚仁《跋知堂两信》里的评论:"启明先生的思想,一面是宽容,又一面是憎恨。他憎恨萨满教的礼教思想,憎恨自以为毫无过失洁白如鸽子,而以攻击别人为天职的君子,憎恨相信大刀队胜于空军,打拳可胜坦克的国粹狂信者。"见人间世社编《人间小品:甲集》,上海:上海良友图书公司,1935年,第143—144页。此文中有一句"五四时代自己谴责最急进者,如独秀……都变成如此,他可知矣!"此信发表于《人间世》第十四期(1934年10月20日)时则是"五四时代自己谴责最急进者,□□□□□都变成如此,他可知矣!"而据宋希於查曹后来的文章《一封旧信》,里面所录原信就是"如独秀"(《天一阁人物谭》,北京:生活、读书、新知三联书店,2007年,第139页)。而身在北平的"荷生"发表了一篇"北平特约通讯":《敌寇在北平的奴化工作》,"周□□先生回答一个请他出面和敌人合作开办一个研究东方文明的大学的日本记者的话:'……日本拿到中国来的是飞机大炮坦克车。中国比不过日本的也是这个,而不是东方旧有的文化。所以这次中日战争的胜绩谁属,先不必管它,东方文明总是已经死定了!大学也不必再办。'"刊于重庆国民政府教育部主办的《教育通讯》第三十九期(1938年12月17日),其中"周□□先生"即为周作人,他明确反对日本的武力征服。

了。我们又问他近来从事于那种工做，他说打算翻译。自己写是写不出来，虽然可写的东西是层出不穷，然而却感得没的可写。从前以为可写的，现在也不愿意写了。问到国内的大事他说，按历史的过程，这无疑还是一个转变的时代，但是经过了去年西北的旱灾东南的水灾，东北的事变，可虑的是民众连反抗的力量都没有了。……他又谈到中国的国民性，阿Q式的性格，仍然存在。比如看见杀人的事，一定要围一圈子人看，所为这是世界上有的事，轮到自己被杀了他也以为这是世界上有的事。比如军人欺侮平民，侮者被侮者都认为是平常事。一旦见了外国人，欺人者立时变成被欺者，也以为是平常事，这次东北事变不就是这个样子么？鲁迅先生说的不错，羊和凶兽原来是一个东西，见了羊就变成凶兽，见了凶兽立时就变成羊，中国人里面是有好些个这样的。"[1] 他1942年10月25日在接受上海《中华日报》通讯主任薛慧子的专访时也曾说："七七事变前夕，胡适之先生和我说：中日一定要打，打仗无法避免，非打不可，为什么？打败了，犹可博得民族英雄的光荣，和平呢？和不了就要容易给人唾骂。所以，至今一般人坚持抗战，而不肯言和，还是抱着和谈的观念而已。"[2]

另南京报道周作人狱中抄旧作："……'怅望山南大水漫 周作人没有感想'：在老虎桥看守所，记者看见了五四当年的'战士'，周作人为着新文艺新思想而战的人，提起五四，不堪回首话当年的情感，使他摆起那纤秀的书生手连连说：'我没有什么感想，我没有呵！可以去找找他们别人谈谈。五四的时候，我在北大教书，我们办了一个刊物，名叫新青年，刊物的主张是对旧思想加以批判。编辑人差不多都死了，只有胡适之，还有一个高语罕（他不晓得高先生逝世的消息）。我们那时

---

[1] 欣然《苦雨斋访问记》，北平《京报》1932年6月16日第十版《沙泉》。
[2] 薛慧子《北国纵横谈（二）：苦茶庵·周作人一席谈》（卅一年十月廿二日），上海《中华日报》1942年11月24日第二版。

援助学生，校长蔡元培辞职，我们要保护学校。'记者请他写首五四即景诗，他再三的说：'不写吧！写了别人误会，又断章取义，还是不写吧！'经不住记者再三的要他写，他只好抄了一首旧作：'野老生涯是种园，闲啣烟管立黄昏，豆花未落瓜生蔓，怅望山南大水云。（书旧作）周作人五月四日。'"[1]

而"螽而斯"文章里说："近代读书人像郑孝胥，梁鸿志，周作人辈，文学上的造诣虽深，'骨气'二字，却就谈不上了。"[2] 牛文青在纪念钱玄同的文章里提及："'伪师范学院'上场，汉奸院长王谟，得意忘形，竟坐着汽车三次亲自邀请两先生出山教书，……汉奸周作人，本是先生老朋友，他知道王谟的办法太笨，于是采用软磨法，常弄些日本人来求先生写字，却不料他终于把先生血压逼得增高，而至于不治。"[3] 对知堂的这个指控就非常严厉了。

伯容则说："……最近本报记者去老虎桥边探了一次监，向读者报导群奸的生活，关于周作人者：'周作人出身苦雨斋，一向生活并不优裕，不过还嗜一杯苦茶吧了，他在狱中的初期替人写对写扇面很多。借此发洩些腹中牢骚。最近一个月，他的性情也变了，不时抱怨自己多识几个字，几乎苦了一世，要不出文名，也没有人拖他下水了，做个没道理的伪教育督办，享受不到什么，到如今只落到苦中加苦。'"然后文章比较了金圣叹与周作人对不做文人的不同态度，对知堂的附逆行为进行了批评。[4]

---

[1] 肖瑞《廿八年风雨飘摇 五四人物话当年 傅斯年谈赵家楼 罗隆基考据丘九 吴世昌说科学化 周作人感慨赋诗》，南京《新民报》1947年5月4日第三版。知堂这首《春日偶咏》，已刊于上海《中华日报》1943年4月11日《中华副刊》，题词说："民国三十二年三月二十日，写旧作之华先生正。"之华是《中华日报》社的杨之华。

[2] 《读书人的骨气》，上海《东南日报》1947年4月8日第七版《长春》副刊。

[3] （牛）文青《忆钱玄同高步瀛两先生》，北平《华北日报》1947年5月25日第三版。

[4] 伯容《金圣叹与周作人》，南京《新民报》1947年8月14日第二版。北平《益世报》1947年11月4日第三版又刊登了这篇文章，署名是"郁影"，然后次日在第二版《集纳》

董今狐在《谈钱谦益》里说:"提到钱谦益,容易使我想起周作人,然而'千古艰难惟一死',前后三百年,两登贰臣传,亦可嗟叹也。(六月四日)"[1] 而盛宝法在回应文章《读"谈钱谦益"》里反驳说:读书人"'我入地狱',以及周作人所乐道的'舍身饲虎'的精神,即使终有自圆其说之嫌,恐怕也并非绝无。……这样的人,不止钱谦益一个,钱谦益是一个。周作人也正是一个。周作人的投伪,被逼的成分很少,他是自己先想穿了,也就是把自己说服了,于是自暴自弃听天由命地坐在苦雨斋中被逼,等待被逼。而作为华北伪教育督办的他,作为中国的思想者作家的他的确也曾破口大骂日本,骂的日本人跳了起来,要清算他,认为'天下哪有这样的奴才'!他只好重又回到他的苦雨斋去,去恍然大悟地咀嚼着那味终究还是毒药的滋味,等待罪衣上身。……(三十六年六月八日下午)"[2] 而董今狐在《再谈钱谦益及周作人》里回复说:"周作人所乐道的'舍身饲虎'的精神,……拆穿了还是为虎作伥!……(六月十五日)"[3] "东流"的掌故文章《帘边随笔》,其中一条"半个隐士 半个叛徒"里说:"看到一

(接上页注)

副刊的《人物志》专栏,换了标题《要是不出名 也就没有人拖他下水了:周作人悔为文人》又重登了一次。另刊于兰州《甘肃民国日报》1949 年 7 月 16 日第二版《百叶窗》。有消息说知堂为他人题字写扇面收钱:"周作人狱中鬻字,以收入贴补伙食费。"(外史氏《周作人鬻字贴膳费》,上海《铁报》1947 年 9 月 2 日第二版)而据"小丁"《汉奸文学的市价》一文说:"上海监狱里的汉奸设立文艺劳作组,订了润例,对联中堂书画每幅二万,扇面一万,诗词赋传序跋二百字内一万,散文小说千字五千,翻译编纂另定。"(天津《新星报》1947 年 8 月 9 日第二版《海星》)这个"文艺劳作组"应该算 1949 年后的"清河翻译组"、"五七干校翻译组"的前辈。

1 上海《和平日报》1947 年 6 月 10 日第六版《和平副刊》。
2 上海《和平日报》1947 年 6 月 11 日第六版《和平副刊》。
3 上海《和平日报》1947 年 6 月 17 日第六版《和平副刊》。该报 6 月 19 日第四版有徐群的特写《闲话北大》(四):"周作人不做汉奸,那末北大又可多一个优秀的教授,然而现在的周先生,却身羁囹圄,空有他那枝冲淡隽永的一枝笔,真是太可惋惜的一件事!但愿他静心悔过,经过相当时日的惩罚,重为我文学修养上优良的导师,是我们所盼望的!"

篇短文，内提及周作人的旧事。"[1]里面又对知堂批评了一番。

知堂曾出庭为王谟作证："高院昨［10月14日］下午二时更审伪华北教育督办王模［谟］，庭传周作人作证，据王模［谟］原判十五年，经最高法院发回更讯，王曾继周后出任伪职，周作证人为王辩护。称王爱护教育，对莘莘学子从未注入敌伪思想，一审未结改期再讯。周作人在候审室为人题辛稼词一首云：'悠悠万世功，矻矻当年苦。鱼自入深渊，人自居平土，红日又西沉，白浪长东去，不是望金山，我自思量禹。'"[2]

而刘永湝评论道：

周作人以禹自况
墙外行人

悠悠万世功，矻矻当年苦。鱼自入深渊，人自居平土。 红日又西沉，白浪长东去。不是望金山，我自思量禹。 辛弃疾：生查子

苦茶老人毕竟不凡，到老虎桥去的记者们总不免带些此老的消息昭告大众。十四年的光阴不为不长，纵然得与一般罪犯一视同仁，要假释也得吃个七八年。以七八年的岁月，别说路吉亚诺斯，便是赫洛陀多斯的作品，应该也不会怕太多。我以为他正好从事翻译希腊作品，以慰爱他如西谛先生们的愿望。然而不然，他却时常代人写字，不知道是趣味转变，还是吾从众，也不免"以吾从大夫——莽大夫——之后"呢！我们无法恭求墨宝，以光蓬荜，自然不无怅怅。他挥洒之馀还读读词。上面一首，便是他写示某记者的。说他"不为无益之事，何以遣有涯之生"，固然可以，可是我想他不会没有用

---

1 南京《新民报》1947年8月10日第二版《新民副刊》。这篇文章里有的话与上海《大公报》1948年8月23日第八版《大公园》副刊里洛昧《鲁迅与周作人——客窗偶录之四》里的不少话几乎完全相同，作者应该是同一个人。
2 《王谟昨更审 周作人题诗》，南京《新民报》1947年10月15日第四版。

意。"悠悠万世功，矻矻当年苦"，他的功罪如何，我们无须多说。当年的苦心，说什么"身在曹营心在汉"，说什么"欲得当以报汉"，不但崐曲"昭君出塞"里那位国舅已代此老表白过一番，还有老虎总长也曾写过好多乌柳文，代一般歌功诵德，自然也无待赘述。兴波作浪的鱼类，目下固然不得不潜伏深渊，人们也姑且算是得以安居，但这位托词家小之累，便不肯"飘萧一杖天南天[行]"的庵主，俨然以三过其门而不入的神禹自比，要人们思量，实在要太无聊了。不过这首词经他提出，我也觉得不无可取。我们喜的是那有点推背图烧饼歌意味的"红日又西沉，白浪长东去"这些词句。本来词出公羊，龚定庵曾经这样说过，这自然是词常州派的说法。经今文学家所求的微言大义或是非常可怪之义，往往难以谶纬。他们以寄托说词，我以谶纬说词，都无非是商度隐语，猜猜谜儿罢了。扶桑落日，既是为西方之人（诗：彼美人兮，西方之人兮）所击沉，以是白色人种，便在远东汹涌起来了万里波涛。但是要想平定这风波，却不是可望之今日的金元帝国，（我侨胞既自称唐山，以金元称霸世界的自可目为金山，且不论新金山旧金山之凤已著称）。今人不免想起了罗斯福总统。以禹来比他，不会太过分罢！"悠悠万世功，矻矻当年苦"，盖棺论定，他的功德自可传之万世，便是他当年的苦心孤诣，自然也与天下以共见。不过兴波作浪的鱼儿，虽然暂时潜伏深渊，将来会不会再承隙而兴风作浪，却正难言。凡我下民，何日才能安居，乐业，真本无杞人之忧。我这样的解释，竟把辛稼轩当作我家青田公，罪过！罪过！但是较之苦茶老人的悉然以禹自比，似乎还算不得厚诬古人罢。[1]

1　上海《东南日报》1947年11月29日第七版《长春》，另刊于天津《新星报》1948年1月12日第二版《海星》副刊。《东南日报》又在1947年12月14日第七版《长春》刊出方木《不"知惭愧"的周作人：作家小故事之三十七》，把知堂批判一番。此文以《周作人"知惭愧"》为题另刊于天津《新星报》1948年1月16日第二版《海星》，又以《不知惭愧的周作人》为题刊于南京《大刚报》1948年12月24日第二版。

《新民报》记者张慧剑也曾访问苦雨斋：

二十四月以前，周作人在北平被抓，是天刚毛亮，几个人翻了墙头进去的。据说，周当时还很镇静，说："你们要我去，来个电话就行了，用不着这样……"

回想起战前，最后一次到八道湾去看周的时候，"苦雨斋"没有现在这样漂亮。他的房子本来就比鲁迅在宫门口的房子好，前后院都很大，几棵安详的老树，荫住了居中的一套小三间，就是周的书室。

这次我再跑去看，从大门起就改了样子，门旁添了汽车间，进去一条半弧形的洋灰跑道。所有的房屋窗槛，还残存着"教育督办"时代漆过的朱彩。"苦雨斋"和书室，和左右两大套屋，都已为不知来自何处的"军眷"所"借"住。

周现时在平的眷属，是他的日本太太，丰一夫妇，两个孙女，被指定住在西偏院的一排房子里，这是他做了"教育督办"以后新建的。半日本风的狭长的浅屋，散置着几张床，几个书架几本日本书，少数的小摆饰：墙上是周作人的全家照片，齐白石画的。沈尹默书小条幅，如此而已。

周的日本太太在生病，要她的子妇出应客，丰一上班去了，（他在日本图书的机构中工作），他的妻，相当机警，带我去看封存周的书籍的屋子，满满的两大间，据说书目在中央信托局，门外加上好几层封条，两年多了，还没有处置的办法，大约还要喂一个时期老鼠再说。[1]

---

1 辰子《周作人的北平故宅 苦雨斋前老树不知何处去也 庭院深处白发旧仆闲话当年》，张家口《商业日报》1947年10月17日第二版《生意经》。

另有狱中报道：

> 周作人这个苦命的文化汉奸，记者去时，他正趺坐在铁床上，手上捧着一本文字学的著作在看。记者和他谈话，他羞红着脸，拘谨地用低微的声音说："没没有……没有什么，住得还好……"在他的低微的颤声中费力地才提到这几个语音，稍后，他的神色自然了一些，才说："今年春天，翻译了一部希腊童[神]话，打算作为儿童读物。最近想做一点研究工作，但因为手头没有参考书，所以又搁置下来。"他穿着一件深绿色的哔叽裌袍，湖绸裌裤，床前是一双黑布鞋，还是过去平常样儿。监房里一张小书桌上，堆着一叠叠的线装书，陪衬着监房里那一片肃静的氛围，这便是一九四七年的"苦雨斋"了。[1]

另据殷秋越《汉奸近闻》：<u>蔡培狱中发诗兴 知堂遣忧译童话</u>："文奸周知堂（作人）纪果庵，同因京监，周以本寓寄去之希腊童话书籍为日常消遣，间亦译成中文。"[2] 当时知堂翻译的应该是回忆录里所说的罗斯（W. H. D. Rouse）的《希腊的神话与神与人》。

而北大校史展览上还出现了知堂手迹："北大自治会委托史学会及中文系主办的校史展览，今天在大学图书馆揭幕。……'我们的先生'，有刘半农，鲁迅，孟心史，马叙伦，冯文炳，周作人，梁遇春等，以及

---

1 《狱中汉奸群像 周佛海卧病已三月 江亢虎有板鸭雪梨 周作人想做点研究》【本报南京廿二日航讯】，北平《世界晚报》1947年10月25日第四版。下面各报都转载了这篇报道：江枫《老虎桥的群奸》【本报南京通讯】，上海《和平日报》1947年11月18日第二版。《邹泉荪拒穿囚衣 周佛海恨叫姓名 首都奸狱 小奸联名求假释 大奸接踵进病监 周作人羞羞答答 卢英急来抱佛脚》【本报南京航信】，北平《纪事报》1947年11月24日第一版。《金圣叹与周作人——两人的得失》一文批判了知堂的文人无骨气，见天津《新星报》1947年12月6日第二版《海星》。
2 上海《铁报》1947年1月17日第二版。

他们的手迹和照片。……（宝）"[1] 这时北大校史展有周作人，也算难得。

（十九）终审之后

1947年12月19日最高法院改判知堂十年徒刑。有报道说：

寒流甫行掠过，旧历岁末即临的一天上午，记者到八道湾北区宪兵队的驻址，也就是当年的苦雨斋，去探望周的长子丰一君。

"苦雨斋"……一会一位文弱的少妇领着一个三四岁的小女孩出来，询问记者的来意。因为丰一君到太庙日文图书馆上班去了，所以便由丰一君的太太引我到他们现在住的后院西厢房里去。

房子虽很狭小，便被日本文学书籍占据了大半个房间，外间是客厅，书房及小孩的用功地。里间屋便是卧室，南墙上悬着一幅横轴，是周作人坐读的画像。

狱中生活 谈起周最近在南京狱中的现状，据说最近曾有人看到他，似乎苍老了一点，但因为他生性好静，而且以前在家时，也很少出去，只常在院中散散步或在书房中读写，所以狱中生活，对他倒并无特殊不适。

记者问起他是不是在狱中，曾被允许从事译作？据说因为手边工具书不便，并且受心情影响，并没有译作，只有时做做诗、题题字。记者曾想索要一两首周最近的诗作，拿来发表。但据说周在京

---

[1]《北大校史展览室巡礼》，北平《新民报日刊》1947年12月17日第四版。吉加《北大史料展览会 有博物馆看不到的文献 有五四时代的人物照片》：北大四十九年周年纪念日，展出了"鲁迅在北大教书时教中国小说史略的讲义，孟心史的手稿，……汉奸周作人的书信"（《经世日报》1947年12月17日第四版）。

作的诗,并没寄回家来过。这里还是丰一在报上看见抄下来的。最近只有一封信寄来,里面约略谈及京市狱中情况。信承周少奶奶找出,择要抄在下面。

一封家信 家信第七七号,十一日所发信已收到,美和(周之长孙女)考试成绩很好,现在想已将放寒假了吧,假中可以让她好好的玩几天。……译稿不知已寄给王先生否?来信未曾说及,以后信中有须回答的事,我当旁边加圈,收到时可记出,于写回信时答覆为要。近来南京亦不冷,似比去冬为佳,我身体安适,可请母亲勿念。物价则上涨不止,闻鸡蛋须一万元买三个,北平想亦差不多。现在伙食费每月二十四万,加添开水上下午各一次约五万元,不出三十万元也就够了。这星期存款尚够用五个月,每月寄款现时寄存作购物之用。

丰一书,父字一月十九日(爱监二七六)。

请覆判吗 字迹仍是大家熟悉的一笔不苟的字体。从编号及嘱咐回信看来,周是很细心的。信里的"译稿不知已寄给王先生否"一句,旁边加的有圈,"译稿"据说是丰一君的。

……

现在他们全家只住在后院的五六间北房和西房。周原来的书房现在已由别人住用。书籍均在北大图书馆中。周的夫人已六十一岁了,天天早起念佛,上供,帮同操持家务。

一线希望 现在家用由丰一君维持,胡适校长曾在去年八月节时,派人送去几万元,到现在并没有旁人去过。

周少奶奶并且问到上次报载行宪时政府将颁布特赦令,不知现在如何了?似乎这消息会使他们兴奋,现在还抱着一线希望。

谈了许久,丰一的大女儿美和,啼哭着从外面跑了进来,因为与邻居的儿童吵了架。原来这院内住的儿童将近三十个。她在若石小学读书，很知用功，每次总是考在第一。辞出时，周少奶奶抱着她的最小的孩子，送至院中。冬日的夕阳斜射在枯桠的枝头，丰一君大约也快下班，可是我因为还有别处要去，便不能等他了。[1]

这时知堂藏书还剩下一部分，以日文书为主，而且是以周丰一所有的名义保留下来的。另外报道里说书籍"均在北大图书馆中"，不确，已归国立北平图书馆保管。

北平同日刊出访问周家的采访：

第 77 号家信报告
周作人狱中测蛋价

故都周宅一片黯淡的景象　与鲁迅之子海婴无信往还

【本报专访】一失足而落了水，现在尚寄押在首都监狱的"启明老人"——周作人，关于他的一切，想是为大多数人们所关心的吧。

记者在昨天到启明周的家里，访问他的家属和探听有关他的最近消息。在故都一个偏僻的角落而且是一个湾［弯］曲的小胡同里——新街口八道湾十一号——，那里就是这位苦茶诗人的寓所。一个四层宽大院落的诗人园地，现在则是被空虚和黯淡的空气笼罩着了。

一位安静满含着智慧眼睛的夫人，她接待记者走进这个阔深的院落，到第三层院子的三间西屋落坐。那三间屋子大半面积是排满了书格里的日文书，一个像三四岁的小姑娘，烫着头发正在那里翻

---

1 《岁暮天寒里访问"苦雨斋"》（本报记者不群），《世界日报》1948 年 2 月 2 日第三版。载肖伊绯《苦雨斋鳞爪：周作人新探》，福州：福建教育出版社，2015 年，第 213 页，第 215 页。笔者找来原报缩微胶卷，补齐了遗漏文字。周丰一是 1947 年 2 月到北平图书馆的太庙日文书库上班的（《北京图书馆史资料汇编（二）：1949—1965》，北京：北京图书馆出版社，1997 年，第 1759 页）。

阅一本带画的日文书，这三间屋子就是"启明老人"的惟一的长子周丰一的卧室，那位女人，就是丰一的夫人，也就是"启明老人"惟一的儿媳。

现在周家的情形，据小周夫人说：我们生活很困难，只仰仗丰一在北平图书馆作事挣来的薪水，因为交通不便，家里人没有到南京去看我父亲。关于他的近况，倒是常听到由南京回来的朋友转告我们，说他很好，精神身体都还不错，这一点我们也会相信他不会在狱中太感到苦恼，因为他一向是喜欢清静的。我家里的人口，我们现在有三个女孩，大孩子叫美和，现在初小二年级上学。母亲（指老周夫人原日籍）每天清早五点多钟就起来，自己作饭操作，剩下时间多半是念经供佛的了。

鲁迅先生有一个男孩子现在已经有二十岁了吧！他不大与我们有来往，也没有通信，听说他过去到过香港，现在在上海，大概身体常常闹病，没有上学。鲁迅的北平旧居，现由一个远门亲戚给照管着，近几年来，我们这里很少有人来往，在前年中秋节前，胡适先生倒还派人送给我们几万块钱，让我们过节的。记者问到"周老先生"的苦茶书房时，她说：那房子已经什么都没有了，现在由一个朋友借住着。原藏二万多册书籍经查封后，已有一万多册送到北平图书馆了。

记者又问到"周老先生"最近的近况，她当时拿出刚刚由南京寄来的一封家信给记者看。字迹仍是一丝不苟，细心的地方让人感叹。信里面表现出来的内心情绪，并不十分苦闷，只是关心物价而已。信封上写着周丰一君收，下款是寄自首都监狱爱监三七六号。信纸上左角注明家信第七七号，原信择志如下。

"十一日所发信已收到，美和考试成绩很好，现在想已将放寒假了吧，假中可以让她好好的玩几天……。译稿，不知已寄给王先生否？来信未曾说及，以后信中有须回答的事，我当旁边加圈，收到时可记出，于写回信时答覆，为要。近来南京亦不冷，似比去冬为佳，我身体安适，可请母亲勿念。物价则上涨不止，闻鸡蛋须一万元买三个，北平想亦差不多。现在伙食费我每月二十四万，加添开水上下午各一次约五万元，不出三十万元也就够了。这星期存款尚够用五个月，每月寄款现时寄存购物之用。丰一览，父字。"记者问起"'周老先生'是否要上诉呢？"她说："那只有父亲自己决定了。"（耳）[1]

周家这时剩下的书至少也有几千册。

而报上继续关注老虎桥监狱情况："……一天大风雪，气温骤然降到零下七度，……为冰雪封锁着的老虎桥首都监狱的十五个监房里，满住着一千〇五十名囚犯。……进了监门，靠右首第一个就是'爱'字监，一扇铁门之隔，里面住的都是南北群奸。……寒伧的周作人穿着件灰布棉袍子，衣服上斑斑油渍，举着笔似乎在为人题字似的。"[2]

悱村在文章《阴历新年想到周作人之流》里说：

……

周作人林语堂之流在他们写作史的前期，都不愧是思想革命的先驱，到得后期，大都回转头去，提倡语录体，赞美旧事物起来；这反动的原因在那儿呢？原因自然很多，其中之一，我看恐怕就在他们不明白中国高嚷革命几十年，旧思想习俗的势力实在丝毫未动。他们端坐书斋，只看报章杂志，未见民间实情。……他们就以

---

[1] 北平《新民报日刊》1948年2月2日第四版。
[2] 《雪拥冰封老虎桥 巨奸们轻裘厚被状甚愉快 小囚犯御寒衣单苦脸愁眉》【南京航讯】，北平《益世报》1948年2月5日第二版《集纳》。

为阳历已经代替了阴历，白话文业已战胜了文言，穷人已经压迫了富人，于是乎或为标新，或为立异，或为主张 Fair play，或为发思古之幽情，纷纷起来反动，向新的进步力量进攻了。殊不知事实与纸上绝不相同：阴历仍在跋扈，文言仍在横行，而穷人与其代言的进步作家也仍在受着苦刑虐待！

总而言之，周作人林语堂之流不知道他们反对过的旧思想旧习俗至今还是根深蒂固的种在民间，他们的妥协的"恕道"与狷傲的"戆劲"显然出笼得太早了一些。[1]

（二十）知堂书信

南京则发表了知堂一封书信：

周作人与希腊学术

编者按：周作人在中国学术上的造诣与文艺方面的成就久为世知，至其对于希腊学术方面的研究则外界知者较少，最近周氏曾有一函致本报周绶章先生，自述其研究希腊学术之经过甚详，爰为刊布，以飨读者。

绶章先生左右：去年夏天传闻先生有文章发表，主张量移鄙人于中央研究院安置，至日前承蒙枉顾，始得见全文，对于盛意至为

---

[1] 上海《东南日报》1948年2月14日第七版《长春》，另刊于天津《新星报》1948年2月23日第二版《海星》。该文后收入应排村《石下草》，上海：海天出版社，1949年，第17—18页。宋希於指出：排村就是应排村。他后来以"老鹰"的笔名在《亦报》发文，知堂当时也是该报作者之一。1950年11月9日，《亦报》发表知堂文章《辛稼轩词句》，提到"老鹰先生"对文章风格的看法；1952年1月6日又发表知堂文章《刘天华的南胡》，提到"老鹰先生"讲述的与二胡的故事。不知道这时的"老鹰先生"对知堂的看法是否有变化。

感荷。唯文中稍有错误之处，鄙人并非专攻拉丁语文者，只是古希腊语曾经读过几年，虽然也曾读过一点新约所用的那种希腊古代白话文。当初所学的原是柏拉图克什诺封的正宗古典语，但私心所喜的还是后世颓废时代的作品，如亚历山大时代的牧歌拟曲，希腊罗马时代的神话，希腊拟曲已译出刊行，希腊原本的神话亦已译出，只有注释未曾完成。希腊神话集现代英德学者有很好的编著。可以有更为达雅的译本，而鄙人不自量力从事于此者，亦自有故。

鄙人于此所私淑的学者为英国之安特路朗氏（Andrew Lang），他是一个弄杂学的人，于希腊文学外，又开创人类学派的神话学，对于神话及礼俗有正确的新解释，研究编集童话儿歌，写诗文随笔，换句话说乃是多能鄙事的。

我的希腊学力实在有限得很，但是自信对于希腊精神与神话意义的了解却有一点，这也就是从杂学出来的，因此觉得还有愚者之一得，或者比较别人有点不同。

这两年在幽囚之中，也未尝不想利用闲暇，来写一点东西，译述一种科学整理过的希腊神话集，或是儿童的神话故事，但是参考书不可得，终于只好搁起。

鄙人所有的研究参考用书籍悉被查封，去年在大文发表的两月后，移至北平图书馆，当时小儿不曾相告，由上海友人间接告知，颇表示不平之意，鄙人其时也曾想对法院声请，其理由是所谓财产原列有书画一项但书籍并不在内，二是书籍非是古董，至少鄙人所有的中文书明板也绝少。外国文书并无珍本，却只是参考用书，可以说是职业用的工具，不当在没收之列。但是反复考虑之后声请的意思也就打消了。

前年我出过几次庭之后，有新闻记者问我，从前称许倪云林被张士信所打，绝口不说话，以为一说便俗，为什么这回如此不惮烦絮的辩解,我答说这回是对于政府的辩诉,所以不相同。可是这一次,我决心不再多说了,因为觉得说也没用,而且为了些书籍而为此喋喋,不免无聊,也就是云林的所谓俗。

近十年来的大战祸里,有多少的生命财产被牺牲了,这一点儿算得什么,现在不曾被炮火毁尽,寇盗抢光,还能够保存在图书馆里,可以供有志者的阅览,这真是十分幸运的事了。我只感觉一点抱歉,便是这些书恐怕不大能供给学人利用。中文书都只是普通刊本,只有近三十年中所蒐集的清代山阴会稽两县乡贤的著作共约三百五十部,如不散失或者于图书馆可以有点用处。外国书也没有什么贵重书,而且因了我偏颇的杂学关系,这些书大抵于别人没有什么用的,有如关于欧洲的巫术的,特别是那英国怪人散茂士的著书,如巫术史,巫术地理,僵尸和变狼人等。剑桥大学出版的一本汤姆普生教授的希腊鸟名辞汇,虽然于我当时做神话注释颇有用处,恐怕不见得有人会要查它,或者那一个图书馆会得购置的吧。

希腊先贤的著作中,我最佩服的是欧利比台斯的悲剧,特别是那一篇"忒洛亚的女人们"。翻译的志愿怀抱了二十年,终于未能也不敢动手,参考书也未能多得,其原文全集,只有两部,其一送给了北京大学,其一则在北平图书馆了。因为承先生提及,文中有错误,故略为说明,不觉说了许多废话,尚望鉴原是幸。草草即请 近安。

二月,十日。作人启。[1]

---

1 南京《新民报》1948年2月20日第二版《新民副刊·二月篇》。此文也刊于北平《新民报日刊》1948年2月26日第三版《周作人狱中生活 自述其杂学研究》,另于1948年3月4日被长沙《湖南国民日报》第三版《文教版》转载:《周作人致书友人:概述狱中治学生活 对法院没收书籍大发牢骚》:"【本报上海十六日航讯】周逆作人在狱中研究杂学,最近致函其友人,原函如下……"

看来知堂于藏书被收缴不久就得知消息了。知堂此文，相关文集都未收入，因而在这里把全文登出。据年谱：知堂1948年7月作《〈呐喊〉索隐》，刊于8月31日《子曰》丛刊第三辑，署名王寿遐。[1]这篇文章以本名发表，也是1946年后所仅见。无独有偶，1955年1月23日，卡尔·施米特在给恩斯特·云格尔信中说，"美国人在1945年没收了我的部分藏书，1952年还给了我，1954年，我把它们卖给了法兰克福的凯尔斯特旧书店。我虽然很伤心，但最终也没有别的办法。书的命运跟随主人的命运，这也是很自然的事情。现在卖掉的这些书，具有一定的历史珍藏价值，因为它们全都盖上了一个'美国合法分割部，德国图书分部，卡尔·施米特教授藏书'的精美印章，上面还有一个漂亮的白色S字母，分别被编上了号码。很遗憾，没有为您保留一本作纪念，假如我还能弄到一本合适的，那我将为您留下"[2]。施米特的心态与知堂类似。

而据萧雯佳考证，知堂以"东郭生"为笔名，一连在银行内部刊物《聚星月刊》[3]上发表了七篇文章，最早一篇《修养的读书》发表于《聚星月刊》复刊第1卷第6期（1947年12月15日），《修养与消闲》发表于该刊复刊第1卷第8期（1948年2月15日），而最后一篇《新文学的缺限》发表于复刊第2卷第7期（1949年1月25日）。知堂在其中的《历史的压力》一文提及："三伏中借书看消遣，见到美国人类学家贝纳迭克忒（Ruth Benedict）女士所著的一本书，名叫《文化的模型》，里边有几句话，我觉得很有意思。……"[4]《新文学的缺限》（1949年1月）提及：

---

1 《周作人年谱：1885—1967》，第724页。
2 赫尔穆特·基泽尔编著《卡尔·施米特/恩斯特·云格尔书信集，1930年—1983年》，郭金荣译，上海：上海人民出版社，2014年，第416—417页。
3 《聚星月刊》是由汉口聚兴诚银行总管理处编辑出版的，见萧雯佳《周作人集外文辑录》，《现代中文学刊》2018年第6期。
4 《聚星月刊》复刊第2卷第3期（1948年9月15日）。

"近来看到美国派赴日本教育团报告的译本,中文名为《东方白》。"[1]这都是知堂当时在狱中所读的书籍。

而江绍原随后发文称:

> 现在南京老虎桥,首都监狱爱字三七六号之周作人氏,于本年上月十日致同城某报周绶章氏一函,自述其生平对于古希腊神话及文学的研究,十九日该报刊布全函,二十四日晚我在北平读到。我想说的话当然很多,今天先说两桩而已。(一)作人师云:"所有的研究参考用书籍均被查封,去年……移至北平图书馆,当时小儿不曾见告,由上海友人间接告知。……近十年来的大战祸里,有多少生命财产被牺牲了,这一点儿(中外文书籍)算得什么,现在不曾被砲火毁尽,寇盗抢光,还能够保存在图书馆里,可以供有志者的阅览,这真是十分幸运的事了。"实则据我目睹耳闻,周氏藏书是先被监禁在他家后院一间大屋子里,后被装箱运到国立图书馆(以上目睹,以上耳闻),而至今保存在木头书牢中。书被种种文武男女人摸弄过是真,供有志者阅览则决无其事。周公本身的徒刑虽已一再定期,周公的书却尚在文津街书狱中等候宣判。安有机会为国家社会服务,安有自由接见有志的阅览人?(二)老夫子又说:"我只感觉一点抱歉,便是这些书恐怕不大能供给学人利用。中文书都只是普通刊本,只有近三十年所蒐集的清代山阴会稽两县先贤的著作共约三百五十部,如不散失或者于图书馆可有点用处。外国书也

---

[1] 对于"美国派赴日本教育团报告",南京《大刚报》1947年11月13日有报道《赛鲍尔报告:改造日本教育》。《申报》1948年2月19日第八版《出版界》刊有杨同芳的书评《读〈东方白〉——美国派赴日本教育团报告书》(郑晓沧译,三十六年一月商务印书馆初版)。而天津《大公报》1948年3月12日第四版《图书周刊》刊有王乘绪《读〈东方白〉——美国派赴日本教育团报告书》:"*Report on the United States Education Mission to Japan*,郑宗海(晓沧)译述,三十六年十一月上海商务印书馆出版,每部二元。本书七十二页。"知堂在此书出版一年有余才得到一册阅读。

没有什么贵重者,而且因了我偏颇的杂学关系,这些书大抵于别人没有什么用的,有如关于欧洲巫术的(下特举'英国怪人散茂士'所著三书为例)。剑桥大学出版的一本汤姆普生教授的希腊鸟名辞汇,虽然于我当时做神话注释确有用处,恐怕不见得有人会要查它,或者那一个图书馆会得购置的吧!"然而据我所知,至少北平有个怪人,此刻正天天想查希腊鸟名辞汇之类的书籍而不可得。此人已经把多年前中法大学重印的一本法文上古神话集译成英文,所缺仅五分之一,此外他还计划把德国喜陶埃丁教授的小著希腊罗马神话学(增订第五版,一九一九)也译出供初学者研读之用。例如昨日他所译的那条,讲晨光女神之子 Memnon 死后化为 Memnonides,这究竟是什么鸟,他不请教汤姆普生请教谁?然而其书正在文津街坐监房,此人又安能不望洋兴叹?活人坐牢,活书也坐牢,不坐牢的人呢,天天发现整个世界便是一座大樊笼,大牢狱。好在——物极必反,解脱有日,此事诚然一说便俗,我是俗人,而又不怕一切,说它出来好了。"近十年来的大战祸里,有多少生命财产被牺牲了,这一点儿算得什么?"虽然算不得什么到头总有清算之日。此所以不信因果,"佛,菩萨"救你不得,而希腊的英雄"先思"(Prometheus)也终于得到解救也。卅七,二,廿五。

悠悠万世功,矻矻当年苦,鱼自入深渊,人自居平土。红日又西沉,白浪长东去,不是望金山,我自思量禹。——去年夏季,有新闻记者把此作电传到平,云是周公作人近作。后承老夫子函告,乃数百年前辛稼轩旧作耳。借来的稿纸尚馀数行空白,就此代请更正。[1]

---

[1] 《读周作人致周绶章函——有感于活书坐牢》,北平《世界日报》1948年3月1日第三版《教育界》,已收入《苦雨斋鳞爪:周作人新探》,第216—217页。

江绍原当时家里面临断炊，频频登报呼吁求助，却还在为老师辩护，也算对得起师生情谊。[1] 因而知堂说："鄙人于去冬被逮，于今已十阅月。寒门拙老，素鲜亲族，三十年来不少旧学生，有三数人尚见存问，而下井投石，或跳踉叫号，如欲搏噬者，亦不无其人。"[2] 江绍原就属于这"尚见存问"的"三数人"之列。

（二十一）知堂责任

石丁生在《周作人论秦桧》里说：

> 现在老虎桥"养晦韬光"的周作人，在抗战初起他还没有做汉奸的时候，就曾替汉奸做过辩护。他在"再谈油炸鬼"一文中说："秦桧原不是好人……岂非所谓物必自腐而后虫生者耶！"
> 这里虽没有直接为秦桧辩护，却把仇视奸恶的国民洒了个狗血喷头，实际已做了那种辩护。其言是否出于预谋固未可知，要之由

---

[1]《私大教授的悲哀：江绍原来函求职——四个月只拿到薪金四百多万》：记者昨天（二十七日）接江绍原信，其中说"我现任本市某私立学院教授，本学期八至十一月共四个月，所得薪金才四五六万元，配给物品，几等于零，微论旧欠不理，即本月发薪，亦无确讯，不甘冻馁，广告求职"。地址是"西城新街口八道湾十五号"，这是江绍原二十六日来信。江系中国学院西语系教授，记者因而于昨天特意访问了他（北平《世界日报》1947年12月28日第三版）。另据该报1948年1月1日报道《江绍原求职信发表后，中院展开敬师运动，发起募捐以作街头讲演》。

[2] 上海《文汇报》1946年11月3日。另有报道《周作人家属诉说苦况》："【本报南京四日专电】平电：记者访周作人儿媳丰[一]夫人。据称，生活困难，周逆日籍夫人，自己操作，暇则念佛，鲁迅之子，不时与北平有信来往，苦茶书房已出租，原藏书两万册查封。按周逆最近自京来书，内称：京市鸡蛋一万元买三个，北平想亦差不多，现伙食费每月廿四万元，外添开水费约五万元，存款尚够用五个月。"（台南《中华日报》1948年2月5日第一版）

周作人看来,是"国民欲自存,须学周作人",可无疑义。[1]

而"师士相"在文章《五四招魂》提及知堂等五四人士时说:

……

但,更残酷的是:在五四之后,昔日的开路先锋,竟是今日老虎桥边的上客,昔日发号施令的统帅,竟是今日的过河卒,昔日负创长嗥的狼竟是今日的乘龙快婿。

历史又具体地道破了一个真理,所谓智识份子者,感情既可以沸如烈火,如烈火时,是叛徒,是逆子。感情又可以冷到零下,冷到零下时,是奸细,是贰臣。他投降时的勇敢,并不亚于进攻之时。所以,任何改革易为智识份子所启发,又易为智识份子所唾弃。[2]

芹曝在《北方文化思痛录》一文里认为:

看了王达先生的"沦陷时期上海出版界之追忆"一文,不禁引起许多感想。……

---

[1] 上海《东南日报》1948年4月12日第七版《长春》,天津《新星报》1948年4月22日第二版《海星》又以"丁生"为名刊出。

[2] 南京《新民报》1948年5月4日第四版《新民副刊》。当时景宋(许广平)在书评《许寿裳著〈亡友鲁迅印象记〉》里说:"……除了许先生,还有一位共同生活了数十年,或者更宜于写回忆的自然是周作人了,事实却不尽然。……去年十月我到北平,在整理鲁迅藏书中发见一封信外只写'鲁迅先生'四字的一封信,内容是:'[即知堂与鲁迅绝交书]……七月十八日,作人。'这是一个颇为重要的发见,在研究鲁迅上,我以为。因为没有这信,我们仅只从旁人推论无从判定他们兄弟究竟失和到什么程度……"(上海《大公报》1947年10月30日第九版《出版界》)

文化攻势展开 无聊文人效力

......

这刊物（"华文大阪每日"，创刊号好像是廿七年春天出版的）发行了不久，引起了一部分与日人有来往而不甘寂寞的人之动机，第一个纯文艺性的刊物就是"朔风"，由方纪生氏主持，内容与从前的"风"派刊物多少近似，避现实而作空谈，封面编排，一如"宇宙风"。我们在这上面开始与苦雨斋主人重逢，在每篇"清淡"的文字后面，都附了几句感慨的话，那意思还是很歉欷的，正所谓麦秀黍离的意思，虽然仅仅一点火光，也可以使冰窖里的人感觉到温暖的。旧日作家作文章的人，只见到过闻国新。之后没有多久，台湾人张深切办了一种大型月刊"中国文艺"，小说、散文、论文、译作都有的，知堂老人也在上面发表东西。……

周作人跳入泥沼

廿八年苦雨主人变节出仕，北平的识与不识，人人惜之。原来在出仕以前，他已担任了伪"北京大学"文学院长之职，部下喽啰，以沈启无的奔走为最力。徐祖正容庚等，都来任课。二十七年冬天的刺杀案，到如今还弄不清头脑，日本人说是地下工作者欲得而甘心焉，如今在法庭上似乎又变成日人的诡计威胁，总之，这一刺不要紧，苦雨主人正式化为钱牧斋龚芝麓，而沈某因为替"恩师"吃了一枪，大有居功之意，也就伏下后来"破门"的预兆。

关于苦雨主人之下海以后的批判太多了，也不必我再来渲染。使我们感觉特异的，就是，如果中国政府不倒霉，日本没有"入主中国"的当儿，这样的"老人"之流出任政治，我们都有些感到不调和，如今真的亡了国，自令清流之人，居然跳入烂泥塘，委实有点令人不解。不过看了明亡之后那些名士纷纷应了鸿博，像"己未词科录"所说的丑态，其实也是"古已有之"的了。以周氏的种种造作之气看来，倒也没什么稀罕。这里最宝贝的还是沈启无之流，大约他以为周氏登场，起码也得让他有些油水，像管管"总务"之类，不料他始终当着那不咸不淡的国文系主任，这就更加促进了那幕师生交斗丑局的爆发。

……

周沈合演丑剧

周的意思好像还自居于浊流中之佼佼者，对于弟子之叛离师门，颇不开心，很有干涉沈氏之意。不料沈氏却连连开炮，起初是由部下群众化名来骂，后来就在国民杂志上公开的攻击，骂周为清谈之士，不协力大东亚战争，也就是反动分子。在东京召集的所谓"大东亚文学会议"席上，日本作家片冈铁兵更毫不客气的提出扫荡老作家的口号，周氏闻知，乃去函质问，好像跟这些人很闹了一通，作了几篇文字把经过直托出来，也正在此时，周氏为了表示不服老，自己编了一个叫做"艺文"的大型杂志，由新民印书馆发行；（此际周的乌纱，倒早已被王揖唐给摘下去了，也许，脱了袈裟又穿袍褂的隐者，到底禁不起朱轮华毂的诱惑，因而甚不开心，火气大发，兹或亦其一因。）而沈氏也对抗的编了一种"文学集刊"，同时在新民印书馆发行。沈更在另外的刊物上，直接了当指摘周的阴私，并大骂"艺文"的不行，于是周氏乃印了"破门声明"，用明信片寄到各处，大意说"沈启无即沈扬，从前曾受业于我，并蒙我的提携，今乃叛师反噬，故脱离师生关系"云云，这个要算北方文化界丑剧中的滑稽插曲。

事情最不可开交的时候，沈甚至在南方的小报上把周氏家庭私事多弄出来，周氏还曾南游一次，由京而苏，未至沪上，大约是有点愧对长兄幼弟之故罢？（其侄丰三，听说因不满家庭而自杀了，这孩子是始终在八道湾的苦雨斋中的，压根儿没到过上海。）对照着华北文化书局的丛书,周氏也主编了艺文丛书,其中他自己的东西有"书房一角""秉烛后谈""药堂杂文"等,而在上海的太平书局,还印行了"立春以前"等书,艺文丛书之前,在北平新民印书馆出版的,还有"药味集"一种,是刊在"朔风"及"中国文艺"上的东西,印刷,装帧,完全日本作风,后来的"药堂杂文",封面上是武者小路画的画,题了几个假名,有些令人不舒服。

……[1]

于鹤年在《北方文化思痛录补》一文回应说:

……

最后我要将我对于周作人功罪的感想稍为陈述。周作人的罪就是与敌人合作,至于祸国殃民是谈不到的。日本投降之后各方对他的批评很多,大致都是就私人道德方面着眼。这种批评如果出自讲究旧伦理,保存旧道德,尊重纲常名教的人物之口,那是对的。现在批评者都是新时代的人物,乃亦只逞理伦,不顾事实,未免令我不佩服。周氏主持华北方面的教育行政,第一件可称的是未十分变更教育的秩序,差不多仍是抗战以前的原样。第二件是扩大北京大学,将停办学校的馀烬都容纳在北京大学之内。当北大复员的时候,大家都说联大中的清华和南开都没有了,唯有北大却增多了,不知道这是谁的力量呢?第三件是保护北平图书馆,使它减少敌人所加的损害。周氏对于此事的努力见于日本投降以后,北平图书馆复员的时候,周氏所派负责维持馆务的王锺麟因对于馆中原有干部职员言语不合事实在北平正报所披露的两节公开抗辩的文中。王氏

---

[1] 上海《大公报》1947年11月20日第九版《出版界》

就是最近商务印书馆所印行的全像古今小说的编校人王古鲁。王氏二文直截了当，指陈事实，毫不客气，为一般辩论文字中所少见。其对方亦皆知名之士，竟未置答，足见并非纯出意气。可惜全文太长，无法摘录。本来日本投降之后，北方人士箪食壶浆以迎王师，不料复员者来到，别的部门先不谈，即以学术机关而论，竟有以眼还眼，以牙还牙的现象，（例如故沈兼士先生在北平办接收时即有令人不满之处。）岂不太令人伤心！所以王氏之文足使可怜虫们读之大快。周氏之罪固属应得，而其功亦不可没。[1]

作者认为批评知堂的人大多属于人身攻击，在他们眼里知堂为人处世、读书作文几乎一无是处，所以"文奸""败类"等词全用上了，这就是知堂眼里的"猎巫"。如"了音"在《周氏兄弟：闲话杂志（三）》里说："周作人，岂明为人，自名世故老人，七·七事变之后，胡适之屡函催南归，以诗报之，未以行动应也。迨狐群狗党之照片赫然现于报端，乃无法遁词相饰。今则觍然苟活于世，晚节不终，虽初期对我国文化启蒙工作不乏贡献，亦从此一笔抹煞。"[2] 另有文章通过书店老板之口开出了"大大为大东亚新秩序吹过喇叭，到东京去亲善过好几回"的"文奸"名单：周作人、周越然、柳雨生、陶亢德、潘予且、陶晶孙、文载道（金性尧）、苏青、潘柳黛、关露。而《扫妖特辑》里引用了"袁逆殊"主办的《杂志》复刊第二十号上记载："[1943年]二月十二日，本社社长袁殊先生招待上海作家游苏，被邀参加者有潘予且，谭惟翰，实斋，苏青，谭正璧，班公（即周班侯），钱公侠，卢施福，关露，江栋

1　上海《大公报》1948年1月29日第九版《出版界》。而芹曝在《北方文化痛录》里也提及："最有趣的就是国文，中华本高中国文曾选宋史岳飞传，后面的题解一项有'本课主旨，在提高学生抗敌御侮的精神'的话，伪本也如法炮制的印了进去，（可能是编者故意如此）无怪过了两年之后，日本主子觉察出来这部课本不妥当，又饬令'教育总署'改编了。"
2　上海《中央日报》1946年6月11日第八版《黑白》。

良，文载道诸先生，因事不克参加者有周作人，周越然，柳雨生，周黎庵，张爱玲诸先生。"[1] 所以这些左翼文人要求在文化各界检举揭发汉奸，并且又开列出"文奸"的反面，即"苦斗"的文人，如徐开垒在《留沪作家苦斗录》连载里列出的名单有：夏丐尊、章锡琛、周予同、郑振铎、王统照、李健吾、许广平、陆蠡、唐弢、芦焚、徐调孚、季非等。[2] 而北平当时还有人要树立陈垣为爱国学者的代表，被陈垣所拒绝。[3] 不过因为内战以及随后的特赦等，这些事就被压了下来，可是到以后又会被重新翻出来。而当时国立中央图书馆的馆员昌彼得认为："一个汉奸的认定，我个人的看法不在他任伪职的大小，要看他是否有残害老百姓的记录。"[4] 所以他对国民政府的汉奸认定标准颇有质疑。

其实细品1932年5月29日知堂对来访者的谈话，需要审视他自1930年以来到1936年的几册文集。《闭户读书论》等多篇文章里面都是激愤之语，为何让人解读成了躲进书斋读书，说明他的解人太少，很多人只看文辞表面，而且还抓着肤浅的理解去找知堂所谓"当汉奸"的缘由，这种就是典型的以结果反推动机的罗织思维。《看云集》里面的文字也触目惊心，都是反讽与批判，可是为什么被那么多人看成什么"闲适冲淡"？那些批判者到他文集中寻找所谓投敌的思想根源，只看到他学陶渊明，喝茶写诗，认为他既没有右倾当官，也没有左倾革命，所以完全成了时代落伍者，因而堕落成了汉奸，没看到人家对专制集权的批判与揭露的深刻程度，有时并不比乃兄差。这些文章不少都是振聋发聩的，可是当看到知堂以平和的语气道出，就没有认真对待，那就是读者

---

1 聚仁《恭贺"文奸"登陆》，段之眉《摘下这颗妖珠！》，上海《中央日报》1946年5月17日第七版《地方通讯》。
2 上海《中央日报》自1945年8月30日第二版《黑白》开始连载，到9月13日分十二篇登完。当时不止文化界，还有戏剧界也要求检举汉奸。
3 方豪《爱国史家陈援庵先生》，在北平《益世报》1946年2月24日第二版《学生界》开始连载，到3月2日第二版《语林》结束。
4 《"国家"图书馆馆讯》2008年第4期（2008年11月），第7页。

的眼力问题了。因而知堂自己调侃说:"年纪大起来了,觉得应该能够写出一点冲淡的文章来吧。如今反而写得那么剑拔弩张,自己固然不中意,又怕看官也不喜欢,更是过意不去。"[1]而《苦竹杂记》里,如《关于活埋》(1935年9月)[2]、《北大的支路》(1930年12月11日)等好几篇,在看似平和的行文里藏着莫大的被克制的悲痛与对被残杀者的同情,这才是"于无声处听惊雷"。

鲁迅在致友人信中谈及知堂五十自寿诗时说:"周作人自寿诗,诚有讽世之意,然此种微辞,已为今之青年所不憭,群公相和则多近于肉麻,于是火上浇油,遂成众矢之的;而不作此等攻击文字,此外近日亦无可言。此亦古已有之,文人美女必负亡国之责,近似亦有人觉国之将亡,已在卸责于清流或舆论矣。"(1934年4月30日致曹聚仁)后来又在信中提及:"至于周作人之诗,其实是还藏些对于现状的不平的,但太隐晦,已为一般读者所不憭。"(1934年5月6日致杨霁云)[3]知堂在《知堂回想录》里说因为自寿诗被人批评,"林语堂赶紧写文章辩护,说什么寄沉痛于悠闲,……批评最为适当的,乃是鲁迅的两封信",引用了鲁迅致曹聚仁一信,然后说:"那打油诗里虽然略有讽世之意,其实是不很多的,因为那时对于打油诗使用还不很纯熟,不知道寒山体的五言之更能表达,到得十二三年之后才摸到一点门路。一九四七年九月在《老虎桥杂诗题记》里说道:……我前曾说过,平常喜欢和淡的文字思想,有时亦嗜极辛辣的,有掐臂见血的痛感,此即为喜那'英国狂生'斯威夫德之一理由,上文的发想或者非意识的由其'育婴刍议'中出来亦为可知,唯索解人殊不易得,昔日鲁迅在时最能知此意,今不知

---

1 《悲天悯人》附记(1935年10月3日)。
2 知堂也对这类文章比较满意:"据我自己的看法,在那些说道理和讲趣味的之外,有几篇古怪题目的如《赋得猫》,《关于活埋》,《荣光之手》这些,似乎也还别致。"《知堂回想录》,第719页。
3 《鲁迅全集》第13卷,北京:人民文学出版社,2005年版,第87页,第93页。

尚有何人耳。"下面他引了自己高度评价、认为比自寿诗进步纯熟得多的《修禊》一诗。[1] 此诗被解读为是讽刺傅斯年,但也可以看作是讽刺那些对他落井下石、写文批评他的人。鲁迅信里那句"此亦古已有之,文人美女必负亡国之责,近似亦有人觉国之将亡,已在卸责于清流或舆论矣",正是让他感动并引为知己的话。批评他的人把所谓卖国责任都推到他身上,认为他失节而犯了十恶不赦的罪行,而像傅斯年一类靠吃人腊而渡江逃跑的欺世盗名之辈反而成了守节的"忠义""正气"的典型,世道不公如此。而且知堂在诗中把南京政府视作南宋小朝廷,他们这些人则类似沦陷于金的遗民。[2] 所以他更不会承认法院给他定的所谓叛国罪了。

知堂不少文章也是对现实不平的讽世之作。他在《看云集》自序(1932年7月26日)里说:"书里边的意思已经在书里边了,我觉得不必再来重复的说,书外边的或者还有点意思罢。可是说也奇怪,近来老是写不出文章,也并不想写,而其原因则都在于没有什么意思要说。"提醒读者意在言外,而对照1932年5月29日知堂的谈话:"自己写是写不出来,虽然可写的东西是层出不穷,然而却感得没的可写。从前以为可写的,现在也不愿意写了。问到国内的大事他说,按历史的过程,这无疑还是一个转变的时代,但是经过了去年西北的旱灾东南的水灾,东北的事变,可虑的是民众连反抗的力量都没有了。"知堂的意思就显豁多了。而且翻读其中《伟大的捕风》《关于征兵》诸篇,意思已经明明白白写在那里了。他又在《哑吧礼赞》(1929年11月13日)结尾说:"世道衰微,人心不古,现今哑吧也居然装手势说起话来。不过这在黑暗中还是不能用,不能说话。孔子曰:'邦无道,危行言逊。'哑吧其犹

---

1 《知堂回想录》,第557—558页。
2 知堂在《骑驴》一诗自注里直接点出讽刺傅斯年:"仓卒骑驴出北平,新潮徐响久销沉。凭君箧载登莱腊,西上巴山作义民。"(《周作人诗全编笺注》,第49页)

行古之道也欤。"可知堂并没有当哑巴,还是在文章里说了,还有些颇不隐晦,这也是尽一个有良知的知识分子的责任。因而鲁迅晚年喜读知堂文章,喜欢的也该是他这类文字。

(二十二) 知堂家产

另有南京狱中报道:

……经记者再三请求,就被允许到"爱"字监去,探视周佛海,那时候正当放风,爱字监的长廊上,大小奸逆,拢袖聊天,空气非常快活,看到有记者来了,江亢虎和罗君强,首先撤退到号里去,周作人依然潇洒而不在乎地,曳起长衫把自己关近[进]"二号"。……

在这半个钟头里,所有爱字监里大小一共二十来个汉奸,都像煞有介事面壁读书了,顺着号门上的通风眼里看过去,他们大半都是一人独居一间,新鲜空气从纱窗中透进去,在石粉刷得亮眼的墙壁上,不是挂一付对联,就是佛家警语,还有的挂着古装美女壁画,小屋里都摆着一张小写字桌子,如果有的是木板搭的,那完全看他在号里的地位了。各人的布置来看就一目了然,周佛海床前堆着吃的东西,和好几个热水瓶,他拥有鸭戎被和鸭戎垫子,拿周作人屋里的寒伧,和时时冻得流清鼻涕的可怜相来和周佛海相比,前者真的是苦雨斋里的苦瓜了。

周作人倒并不怕记者,他那过分的谦虚和清癯的脸孔,不由的叫人带着怜悯来看待他。

……

当记者经过接见室时,正碰到一个中年女人,像是受过高等教育，她还戴着眼镜，她送信给周作人，一包吃的东西和一件绒衣，周作人像小孩子得到糖果样的，喜欢的抱着那包东西跟着警卫走出来。……[1]

法院还曾查问过周作人老家的家产："文化汉奸周逆作人原籍绍兴，现在已经首都最高法院判处徒刑十年，财产除酌留家属必需生活费外；没收。绍兴县政府奉到最高法院的公函，从事调查周逆在绍财产，经越王镇第十九保保长许成煦查复说：周作人虽然是绍兴人，在覆盆桥有他的老家，但从没有回到故乡来，户籍上没有他的名字，也没有他的财产。县府已把这情形函覆最高法院。"[2]

另有狱中消息："**囚犯动静：周作人题联解嘲：**张科长导引我参观爱字号囚笼，二号中的周作人正在吃饭，看见记者，连忙把头转过去。他胖了，穿着一身白夏布短衫，留着一撮灰白色的胡髭，看上去，真像一个'活鲁迅'。桌子上四碟菜，咸鱼，干丝，牛肉，盐菜，碗里的饭也是雪白的，监里没有这样伙食，看守告诉我是外面送来的。文人本色，此老在室中还挂有隶字对联一副：'令色絪缊如将不尽。超神冶妙缔造自然'。"[3]

有北平记者"昨天［10月18日］曾到先生［鲁迅］的故居——八道湾十一号——作了一次回访"，"周老太太因不堪独居的寂寞，又搬回八道湾去。""知堂老人的大公子周丰一先生的夫人"接待记者，"她说因为有友人来邀，周老太太出去了。于是我和她谈下去。……周丰

---

[1] 民益《南京狱中探群奸》【南京通讯】，长沙《湖南国民日报》1948年2月3日第二版。
[2] 《周逆作人无产 绍兴县以此覆法院》【本报绍兴通信】（不磷十九日寄），上海《大公报》1948年5月21日第六版《地方通信》。
[3] 本报记者沈其如《它巍峨森严令人凛畏 多少罪犯曾渐泪相迎：老虎桥监狱巡礼》，南京《中央日报》1948年6月30日第五版（据宋希於告知）。另见《首都监狱看周作人 他身体发胖了像个活鲁迅 有人送来一餐相当讲究》【南京航讯】，文后还有一句："首都监狱中的文人很多，周作人可以算是'监狱文坛'的祭酒了。"（《北平日报》1948年7月2日第一版）

一也是蜚声文坛的,他现在在北平图书馆太庙分馆服务。……顺便我又打听一下知堂老人的讯息:最近'有信吗?'她说:'常常来信,可是除去问到家里的情形,什么也不谈。'在谈话中,我听到的是轻微的太息。"[1]

(二十三) 严批闲评

"妙手"在文章《记鲁迅周作人交恶事》里说:"周作人之为人,表面上悠然自得,淡泊孤高,而实际待人处事上,却极自私自利,这自私自利早就引起鲁迅的不满,直到一件小事发生,才成为兄弟决裂的导火线。"[2] 文中说因鲁迅误拆知堂书信而导致兄弟交恶。

而上海《大公报》在副刊《大公园》刊登了洛眛的系列专栏文章《客窗偶录》,以评论鲁迅为人行事和作品为主,周作人就成了对照和靶子。

闲谈周作人
——客窗偶录之二
洛眛

周作人近来仍在南京老虎桥边的囚牢中"养性",据记者报导,他最近为附庸风雅者流书写扇面字联等极多,闲适冲淡之态,依然如故。若干立委提议大赦囚犯案如被通过,周作人不知是否在被赦之列,看样子,他颇可能重新爬登中国文坛,因为中国是个最适宜

---

[1] 记者范水《访鲁迅先生故居——荒凉的院落里只留下两株枣树任人凭吊》,上海《大公报》1948年10月19日第四版。
[2] 上海《东南日报》1948年6月13日第七版《长春》。

于"死灰复燃""沉滓复浮"的国度。

①鲁迅与周作人

日前翻读旧书,发现了一篇附录的周作人的"先母事略",当周作人落笔时,大约就准备把它当作哀启的。其中述及"先母"的名姓,"先君"之病、之死,及周氏兄弟出外求学的种种经过,相当详尽。

他在"先母事略"中述其临终之状,云:

"作人蒙 国民政府选任为委员,当赴首都谒 主席,见先母饮食如常,乃禀命出发,及半月后,自南京返,则肺炎复发,据医师言病本不剧,而年老气虚,虑不能胜。先母见作人归,即曰:'这回与汝永别了',复述两次,作人深讶其语之不祥,而不图竟实现于五日之内也。……享寿八十七岁。"(引者按:文中空格,均依原文格式。)

这里更活活地画出了周作人以被"选任"伪国府委员自傲的姿态,也活活地画出了他晋谒汪逆精卫为不胜"荣幸"的奴才相。有人说:"周作人与鲁迅先生这一对兄弟,论貌,论文,论谈吐,都真是同胞手足,即略有不同之处,如以酒来作譬,也只是鲁迅先[生]是不加其他饮料的原制威士忌,而周作人则是渗了点荷兰水的威士忌而已。"要驳斥这一段话,最适当的办法就是反问他:在一部"鲁迅全集"中,你能找得出类乎周作人所写的"先母事略"中的肉麻文句否?

②偷吃冷饭的故事

在整篇"先母事略"中,较感人的是周作人叙述其母遣樟寿、槐寿、松寿(周树人、作人、建人)出外求学的一段文字中。这段文字是值得与鲁迅先生的若干回忆文对照了读的。在周氏兄弟出外求学的前后,也正是周氏家道最式微的时候,所以周作人晚年也常爱讲起他少时寓居杭州偷吃冷饭的故事。他曾说:

"我跟祖父住在杭州。祖父的姨太太总把吃剩的冷饭盛在竹饭篮中悬空挂起,以免鼠窃。那知好多次拿下来时总是少了好几块,觉得非常奇怪。原来是我在肚子发饿没有点心吃时偷吃的。"

这些话大约不假。

③鲁迅死讯传来时

周氏兄弟之勃豁原因,知者甚鲜,两人在文字上也很少谈及,要推究原因,本质上当然是为了思想道路的发展,距离愈来愈远;其他如鲁迅误拆了周作人的一封信呀,周作人讥嘲鲁迅不顾家庭呀,之类,均只是细微末节,不足重视。试想一个"横眉冷对千夫指"的耿介者,怎能和一个"窗前通年[明]学画蛇"的伪道学彼此间毫无介蒂呢?鲁迅先生晚年的若干篇杂文,对林语堂的倡导幽默颇有抨击,自然也同时对"闲适派"带了一笔,这"带了一笔"自然也是使周作人之流颇不开心的。

因此而想起了鲁迅先生死讯传至北平时的周作人的表情来。

一九四[三]六年十月十九日上午,登载了鲁迅病逝的消息的报纸传入北京大学,其时周作人正在上课,同学们闻鲁迅先生逝世,大为震悼,而周作人则继续在课堂上讲颜黄门家训,终席未作一课外语。授课毕,始徐云:"鲁迅死,余将归省其太夫人。"他的镇定姿态,据说后来颇为一般好讲冲淡闲适的文人所称道。柳雨生之流甚至说:"尤以苦雨翁冲淡之怀,益可见其真悲耳。"——其实当时周作人的心境究如何,除了他自己,恐怕是没有人知道的。[1]

1　上海《大公报》1948年8月1日第八版《大公园》,此文又刊于广东兴宁《时事日报》1948年8月27日第四版《副刊》,以及《青岛晚报》1948年8月25日、26日第二版《观象山》。对于鲁迅逝世后,知堂的反应,当时曾有记者采访过他:"昨天(引者按:1936年10月20日)早晨……当笔者走到了宫门口三条二十一号时……这院子倒并不怎么大,三间北屋坐着鲁迅母亲和他的元配夫人……[鲁迅夫人]和鲁迅有三年多没有见面,在她谈到这里时,恰巧他的令弟知堂老人也在这里……据周作人先生谈:'鲁迅的死,在当日八时由他的弟弟建人(现任商务印书馆编辑)给这里打的电报,关于他生前的事情因为他的个性偏强,所以

此文中提及的《先母事略》一文，刊于上海《中华日报》1943年5月2日《中华副刊》，原文格式确实如文中所说。

洛昧在《鲁迅与林语堂：客窗偶录之三》一文里，通过与鲁迅的对比，对周作人和林语堂进行了一通批判，还说林语堂讲幽默和冲淡，抗日时号召青年人读易，还对鲁迅鞭过一次尸。[1]

鲁迅与周作人
——客窗偶录之四
洛昧

  日前曾在"闲谈周作人"一文中说及有人将鲁迅譬为原制威士忌，把周作人譬如冲了荷兰水的威士忌，友人某读后，说这譬喻极妙，其实和这类似的譬喻甚多，较使我欢喜的倒是胡兰成的一段话。他说鲁迅象征了风暴的力，风暴的愤怒与悲哀，其精神的最深

（接上页注）

少有人向他询问事情的，他在文学界中的批评如何，我不愿意说，外方人士比我认识着较甚清楚的。他生平的著作一共十多本，他在上海的景况如何，我也是不如何清楚的。如今他死了。北平的文学界现有人拟为他举行追悼会，本人因他上海方面已有家眷，对于那里的景况如何，也不明了。故自有海上文学界和建人就近在那里为他主持，所以本人也不再去沪的了。'末后我们又谈到他得病的原因，他说：'鲁迅在教育部任金事时身体很好，以后因写作用心过度，竟转成一种心脏病，今年春天原打算赴日移地治疗，以后病有起色，乃打消计划'。谈及此笔者便辞出。"（介夫《中国名作家鲁迅夫人访问记》，《北平晨报》1936年10月21日第九版《教育》）南京《新民报》1936年10月23日第二版刊发了记者19日对知堂与朱安的专访《鲁迅在沪与世长逝后 鲁迅元配夫人会见记者 她和鲁迅已有四年没有见面 谈到悲怆处几乎说不出话来》，知堂谈及鲁迅时说："说到他思想方面，最起初可以说是受了尼采的影响很深，就是树立个人主义，希望超人的实现。可是最近又有点转到虚无主义上去了，因此，他对一切事，仿佛都很悲观⋯⋯可是对于中国人的前途，却看不到一点希望没有。"因而叶公超在《鲁迅》一文里谈及："前些日子，上海的报纸都登过周岂明先生的一段谈话，好像他也这样地感觉。他说鲁迅是个虚无主义者。这大概是比较接近真实的看法。⋯⋯二十五，十二，八。"（《北平晨报》1937年1月25日第七版《文艺》第三期）

1 上海《大公报》1948年8月8日第八版，此文又刊于上海《东南日报》1948年9月19日第六版《长春》副刊。

处,惟有高尔基笔下的"海燕"最神似。周作人则是骨子里喜爱着希腊风的庄严,海水一般晴朗的一面,因为要回避庄严的另一面——风暴的力,风暴的愤怒与悲哀,所以接近了道家的严冷,又为严冷所惊,走到了儒家的严肃。……自然,这话也许还太回护了周作人,可是多少也道着了周作人的本来面目。

从回避风暴,怯于直面惨淡的人生开始,乃倾向严冷、淡泊、闲适,甚至轻飘飘的虚无观念……这正是周作人晚年的道路。何其芳说,他曾给周作人排过流年,在"周作人这人及其思想"这小题目下写了这样两条大纲:

A. 新文化运动之一员——人道主义者——中庸主义者——隐士。

B. 日本的生活——希腊的知识——哈佛拉克·蔼理斯的见解——含糊的悲观论(历史循环论)——无所谓的"言志"。

在第一条下面续一个"文化汉奸",在第二条下面续一个"觍颜附逆",都并不是不可能的。所以何其芳说,在别人也许会为周作人的归宿震惊,他则毫不骇异,(语见"星火集"二〇页)。从一个人的思想的轨迹去推测他的前途,结果常能正确,许杰先生战前在"文学"上发表的"周作人论",不是也早有了相似的预言吗?

……

我极喜欢某记者在比较了鲁迅和某文豪的人生观、爱憎观之馀,所下的结论:

"一个人老了,就不免慢慢地讲中庸之道,也不再坚持他从前的种种改革主张了。像托尔斯泰那样,像鲁迅那样不因年长而消灭他们旺盛的精神生活的,到底是'善'和'美'的精英,在人类中百不一见的杰出的灵魂!"

拿鲁迅和周作人较,情形也正一样。在盛世,只要时代的挽转不太快,以致周作人一时看不真切,则他在表面上也尚不失为糅杂了儒道两家精神的"智者";但在乱世,敢于直面风暴而不失其明辨之心的鲁迅,就比较凸出了;嵇康式的嫉恶和愤激,常常更为人们所景仰,正是一例。何况在事实上,鲁迅之可敬,固不仅仅限于嫉恶和愤激而已![1]

洛昧在《周作人论〈阿Q正传〉:客窗偶录之五》里又说:"日前在新民晚报副刊中读到一篇'周作人买过阿Q的赃物',作者说,根据周作人的回忆,阿Q确有其人,姓谢名阿桂。他有一个胞兄,叫阿有,专给人家舂米,勤苦度日,大家都很欢喜他……又说根据民国四年十一月周作人的日记,周作人还买过阿Q偷来的古砖,共两块,价格是银洋一元。民国八年,周作人迁居北平,即将那块永和十年砖托俞平伯转赠另一友人;在'苦口甘口'杂文集中,周作人也曾说将'元康九年'古砖一块(砚瓦形)赠日本武者小路实笃(武者后来回报他一幅富冈铁斋的画),不知道这块古砖是否阿Q的赃物之一,倒很难查考了。"[2]而洛昧另一篇文章题目是《鲁迅与羽太信子:客窗偶录之六》:"羽太信子,日本籍,是周作人的太太。有人说周作人之终于'落水',羽太信子的拖与拉,是有相当'功绩'的。近读许寿裳先生之'亡友鲁迅印象记',始发觉在鲁迅先生与羽太信子之间,也有过一甫公案。鲁迅与周作人之不和,原来也起因于羽太信子。"[3]以上《大公报》所刊登的洛昧系列文章

---

[1] 上海《大公报》1948年8月23日第八版《大公园》,洛昧此文,另刊于《回望周作人·周氏兄弟》,第33—35页。
[2] 上海《大公报》1948年9月8日第八版《大公园》。
[3] 上海《大公报》1948年10月3日第八版《大公园》。博奋在《周作人和林语堂》一文里也说:"最近,在一个刊物上读到一篇田汉先生的'从周作人,林语堂谈起',……郭沫若先生说:'周作人到日本时曾到千叶去访问过他,当时觉得他相当朴实,日本话也说得并不太好。但他的日本太太对他支配很有力。据说某日同他太太上街买衣料,任他太太挑选摆布他默不一语。他的性格是这样懦弱,易为环境转移,又对抗战估计过低,以为几个月就可以结束。这些恐怕都是他失足的心理根据。'"(天津《益世报》1946年6月8日第三版《副刊》)

对知堂持有明显的批评态度。

"愚方"在文章《北窗小志：周作人旧游木渎诗》里继续批知堂：

偶然从旧物摊上翻到一张三十二年上海报，载有知堂（周作人）南游苏州木渎绝句三章。

（一）赠木渎石家饭店老板安仁云：

多谢石家豆腐羹，得尝南味慰离情。吾乡亦有姚[伋]家菜，禹庙开时归未成。

（二）赠木渎警察局长云：

生小东南学放牛，水边林下任嬉游。廿年关在书房里，欲看山光不自由。

河水阴寒酒味酸，乡居况味不堪言。开门偶共邻家话，窥见庵中黑一团。

今日重新看看，觉得他自造了如许幽默资料，正不必提倡什么幽默小品了。他曾自诩其诗文之冲淡，大约在"廿年关在书房里，欲看山光不自由"这些句子中可以表出，不过是可怜见的早已成为诗谶罢了。假如把"书房"改为"囚房"，则未来二十年不自由的日子着实不容易打发过去！想起当年"水边林下"，放牛生涯，该是多么快活！"华亭鹤唳，可得复闻乎？""上蔡苍鹰，已不克再为玩好。"陆云陆机，李斯辈，都是他的好榜样，可惜他懊悔嫌迟了！

如今只有希望大赦的命令下颁了。

至于诗的末句"窥见庵中黑一团"，这个庵也许正是他自己的苦茶庵。今人一提起苦茶庵，好像这三个字是他注过册的商标，不知苦茶庵三字也是剽窃自古人的。清初有一个有名的和尚名叫圆信，一名雪峤大师，又号苦茶庵和尚。查为仁莲坡诗话载雪峤大师一绝云：

帘卷春风啼晓鸦，闲情无过是吾家。青山个个伸头看，看我庵中吃苦茶。

这是真正"苦茶庵",比较冒牌的苦茶庵随笔的作者所云:"旁人不解其中意,且到寒斋吃苦茶",便大有仙凡之别了。[1]

(二十四) 同情言论

而柏正文一文对知堂充满同情:

读"药堂杂文"

沦陷期间,出版界甚为凋零,无书可读,所以对于周作人的书养成偏嗜。他用一些札记式的文章来述说自己的感想,有时很有些看似平凡实际却发人深省的议论,不过有时候要讲好多版本的闲话,我们不懂的人就觉得啰嗦生厌。在他所有的著作里面,我觉得最好的是"药堂杂文"。

他用药堂作笔名的时候,曾写过一篇"药草堂记",里面说未敢妄拟神农,不过效草头郎中的所为,摊几种草药于桌案上权当货色而已,但却隐含有良药苦口利于病的意思在内。本书共收三部分,第一部分四篇,汉文字的传统,中国的思想问题,中国文学上的两种思想,汉文学的前途。在二十九年发表的时候,曾被日本人

---

1 上海《东南日报》1948年8月2日第六版《长春》,另见:愚方《苦茶庵的诗》,台南《中华日报》1949年8月23日第八版《海风》。"生小东南学放牛"一诗最早见于薛慧子《周作人先生近作——旅邸夜读钞之一》一文,刊于《中华日报》1943年3月10日《中华副刊》,已收入杨之华编《文坛史料》,上海:中华日报社,1944年4月1日三版,第111页。该报1943年4月14日载有杨杰的文章《知堂老人在苏州》(三),其中说知堂木渎之游,在石家饭店为老板石安仁写了这三首诗,"这三首诗是知堂老人酒后为石老板等挥毫的"。而据知堂此诗自注:"三十二年四月十日至苏州游灵岩山,在木渎午饭,石家饭店主人索题。"(《苦茶庵打油诗》[1944年9月10日],收入《立春以前》)

评为反动，其实它里面都是一些平凡而又平凡的意见。不过他虽似乎在写读文学的文章，却实在涉及了政治，尤其谈到了国计民生，只孟子"五亩之宅，树之以桑"的话，差不多每篇都曾引用过，在中国的思想的问题里，他很精审地谈到了中国的乱：

我尝查考中国的史书，体察中国的思想，于是归纳的感到中国最可怕的是乱；而这乱都是人民求生意志的反动，并不由于什么主义或理论之所导引，乃是因为人民欲望之被阻碍或不能满足而然。我们只就近世而论，明末之张李，清季之洪杨，虽然读史者的批评各异，但同为一种动乱，其残毁的经过至今犹令谈者色变，论其原因也都由于民不聊生，此实足为殷鉴。中国人民平常爱好和平，有时似乎过于忍受，但是到了横决的时候，却又变了模样，将原来的思想态度完全抛在九霄云外，反对的发挥出野性来，可是这又怪谁来呢？俗语云：相骂无好言，相打无好拳。以不仁召不仁，不亦宜乎。现在我们重复的说，中国思想别无问题，重要的只是在防乱，而防乱则首在防造乱，此其责盖在政治而不在教化。再用孟子的话来说，我们的力量不能使七十者衣帛食肉，黎民不饥不寒，也总竭力要使得不至于仰不足以事父母，俯不足以蓄妻子，乐岁终身苦，凶年不免于死亡。不去造成乱的机会与条件，这虽然消极的工作，但其功验要比肃正思想大得多。这虽然与外国的理论未必合，但是从中国千百年的史书里得来的经验，至少在本国要更为适切相宜。过去的史书真是国家之至宝，在这本总账上国民的健康与疾病都一一记录着，看了流寇始末，知道中了什么毒，但是想到王安石的新法反而病民，又觉得补药用的不得法也会致命的。古人以史书比作镜鉴，又或冠此资治，真是说的十分恰当。我们读史书，又以经子诗文均作史料，从这里直接去抽取结论，往往只是极平凡的一句话，却是极真实，真是国家的脉案和药方，比伟大的高调空论要好得多多。

我们由此一段不但可以窥见周氏思想之一斑，而当亦可明了何以日寇目之反动的原因。盖统治者的眼中不分古今中外，其能顾及国计民生者可谓微乎其微，对自己的措施不喝彩就是反动，亦是作风相同。实际上真可以说是良药苦口而利于病，即在今日负戡乱责任的先生们，对此亦应深自反省者也。

第二部分十三篇，有一半是谈妇女问题的文章，虽非专门性质的研究，但时有可喜的发现。例如他认为女子受教育应作为装饰品看，猛然看来，颇似惊人之说，但看过他的解释以后，才明白这是深思熟虑的话。本来中国三十年来建设毫无，生产事业简直没有，读书的人出路只有做官，办报，教书三种，所以他说：

现在女子求教育，不可从职业着想，如作为装饰看，倒还不错。列位不要以为这里含有甚么讽刺，实在是如家谈的老实话，至于因为老实而稍似唐突，或也难免。所谓装饰，不必将学位证书装框高悬，或如世间所说，大学文凭可以作嫁妆的一部分。其实只是凭了学问与教养的力，使姿态与品格自然增高，是极好精神上的装饰，在个人是值得用了十载寒窗的苦工去换了来的，国民间有教养的人多，岂不也是国家的名誉。

现在华北学生多到北平来流亡，中小学生的费用是以面粉计，读书已成富人的专利品，连男子求教育也要成为装饰品了。

最后部分，留学的回忆还是他过去几篇"日本管窥"里的一些旧材料。当时本是为应酬日本人们写的。里面还有几篇抄录式的东西，虽有考证价值，如专为读书起见，对之则不感兴趣。这里面我却很喜欢那一篇"怀废名"，因为苦雨翁写忆旧文章，常有一种至情尽礼的自然感情流露，如他过去所写的志摩纪念，半农纪念都是。例如本篇，他在叙述他的学生的一切以后，最末收尾时说：

照我个人的意见说来，废名读中国文章与思想确有其妙处，若舍而读过，殊为可惜。废名曾撰联语见赠云：微言欣其知之为海[悔]，道心恻于人不胜天。今日找出来抄录于此。废名所赞虽是过量，但他实在是知道我的意思之一人，现在想起来，不但有今昔之感，亦觉得至可怀念也。

很自然地说出来怀念之情，废名年来在文章中对乃师仍不胜倾慕，当不为无因。

周氏附逆一事，在名利上可说无何野心，风烛残年，而难免守[牢]狱之灾，诚然可悯。但他之错误实在不自知，盖一个伟大的政治家，不惟需有博爱的精神，也需有魄力及手腕，而他却只是一个能作文章的学者而已。无益于国，有害于己，"投身饲饿虎"乃是讲不通的，不过，不能以人而废言，他的著作，确是值得一读的。[1]

其中点出来知堂言论中看似平常而最有震撼力的一点就是统治者要"顾及国计民生"，否则中外统治者不过都是一丘之貉而已，结果知堂被日人视为反动，也被国民党目为汉奸，两方面都不讨好，这就是独立知识分子的困境与宿命。

柏正文又在另一文中说：

前些天在某报上看到一则花边新闻，说是上海新出的"子曰"丛刊，里面有一篇署名"王寿遐"的"红楼内外"，是周作人化名写的。政府虽有汉奸惩罪条例多少款，但却并没有汉奸不许写文章之一条，即不化名，又有何关系？日前偶然在朋友处见到这篇文章，署名特意制了锌版，笔迹确像苦雨翁。读过全文以后，以我自

---

[1]《北平日报》1948年8月26日第二版《凯旋门》副刊。

己的判断，认为确是周氏手笔无疑。因为其回忆中的北大的旧事旧人，如提到蔡元培刘半农诸先生时，与他过去的文字都有关联，尤为明证。不过，其文章似乎又到了一个新的阶段，周氏散文自然卓成一家，平淡如流水，但却与人以苦闷之感，而此篇却开朗得多了。古人说："生死亦大矣，岂不痛哉？"想来在老虎桥狱中之心境，非比与世无争的喝苦茶的时候了。文学家讲究多经历，此或正是难得的机遇。

因此，我却又想起了汉奸的事来，虽然，老百姓于今日连以此作谈助的兴趣，都已经被衣食二字所剥夺，许多名言笃论常常是历史上的梦呓之谈，后之观今亦犹今之视昔，自不仅汉奸一事而已。例如，汪精卫已成历史陈迹，日后也不过是南宋时代的张邦昌，但是，假使日子并不太多，人仍旧免不掉回忆。

前年抽汉奸曾风行一时，弟弟们下学之余，常弄一个陀螺"抽汉奸"玩耍。巷中一个老太太编了几句流口辙唱道：

抽汉奸，

抽汉奸，

看看老阳儿看看青天。

气往平处壮，

水往平处端，

对不起百姓就是汉奸，

没见过汉奸审汉奸。

记得一个西洋哲学家说过："历史上任何时代，必有一个正统的思想。"而所谓"正统"也者，不过"权势"之别名而已。老太太的话虽然俚俗，但这才是真正的人民之声。但我在此不是在包庇汉奸，善良的百姓，今日神经已成为麻木，道路以目的环境实已变为冷嘲。年前"人心思汉"的畸形心理，并非真是汉奸们搞的好，实在是因为中央大员们接收的太糟了。

日来,以文化城著名的北平亦在风声鹤唳,草木皆兵。监狱里因没有高头囚衣,大批汉奸亦将出狱。行见政简刑轻,牢狱生青草的故事复见于今日,此真尧舜之世,漪欤盛哉![1]

文章所指的是《子曰》丛刊第四辑里的知堂文章。一开始老百姓对国民党搞出来的审汉奸戏码看得有滋有味,因为正好报了日据时被他们统治压迫的仇,可是面临各地接收大员的劫掠,物价飞涨,衣食无着,以及当权者对学生运动的残酷镇压,各种抓人打人,舆论面临严厉的新闻审查乃至逮捕封报,结果闹得言论自由程度还不如沦陷时期了,因而出现了"人心思汉"的愤懑心理,导致人们看穿了这套审汉奸的闹剧:你们政府跟那些汉奸也没啥两样,而且还变本加厉、倒行逆施。所以作者通过那个老太太编的顺口溜"对不起百姓就是汉奸,没见过汉奸审汉奸",已经道出实情,当时人们和昌彼得想的一样,做对不起老百姓事的人就是汉奸,所以你们哪有什么资格审汉奸,只有老百姓才有资格,同样老百姓也有资格审你们这帮祸害老百姓的人。这时因为国民党政权已经风雨飘摇,北平已在围城之中,国民党的大小官吏纷纷出逃,也导致新闻审查无形中被取消了,所以作者这篇一吐心声的文章才可以发表出来。

而下面一篇文章干脆指出知堂写文章就是在消极抵抗日本的侵略,而且他敢于在日据时发表那篇《中国的思想问题》,无惧被日寇视为反动,而抗战胜利后在接收大员接收下,"沦陷竟被目为罪恶",把沦陷区的民众几乎都视同汉奸了,所以这些"审汉奸"闹剧很快就被戳穿了,"人心思汉",大家被逼得都怀念起以前在日人及汉奸统治下相对太平一

---

[1] 《由周作人谈汉奸》,《北平日报》1948年12月10日第二版《凯旋门》。该文又以《由周作人说起——汉奸并无写文之罪》为题发表于《南京人报》1948年12月14日。

点儿的日子了，可见其统治是如何不得人心，所以文章直接挑明了"民不聊生的结果，一定就是革命"，难怪很快统治就崩溃了。下面就是这篇写于北平开城前夕的文章。

在书房里之一：苦口甘口

苍剑

"苦口甘口"是周作人氏沦陷时重要的结集之一。因为它里面有一篇两万多言的"我的杂学"，述说他自己读书的演变过程，可说是研究苦雨翁思想的重要文献。

故钱玄同先生曾对知堂文章备致赞扬，他以为对读者们实在"开卷有益"。其实周氏从廿三年自谓"文学小铺"关门之后，即曾表示过要沙里澄金，从所读的书里检选好的思想，所以，他以后的文章多是札记式的。而他也曾自谦却深信地认为对青年们有益。盖作者的学问，器识……都是必要也。周氏读书之多，令人惊异。他在"我的杂学"一文中开首有几句"夫子自道"云：

我自己所写的东西好坏自知，可是听到世间的是非褒贬往往不尽相符，有针小棒大之感，觉得有点奇怪，到后来却也明白了。人家不满意，本是极当然的，因为讲的是不中的举业，不知道揣摩，虽圣人也没有用，何况吾辈凡人。至于说好的，自然要感谢，其实也何尝真有什么长处，至多是不大说谎，以及多本于常谈而已。

周氏早就说过自己是少信的人。他的所谓少信，就是凡事都要亲自看过，想过，然后以情理定其是非，在一切都讲究"差不多"的国家，这实在是我们最缺乏的科学态度。因此，他不相信五色玻璃似的假道学的摆设，只相信为生与生生而有的道德本义才是一块水晶，因为只有以此作根据的道德律，才能不产生矛盾。至于对他影响最大的思想家们，约略是：哈理孙，安特路朗，蔼理斯，李卓吾，俞正燮……几个人。他的人生观是总汇佛家，儒家的思想，参照人类历史的过程，并经过文学美术的洗练而成，平实而却博大。不怪钱玄同先生赞扬他的文章于人有益，至少因他的博学，可使我们多识于鸟兽草木之名。

对日战争应该是民族的劫难，凡知识份子当无不特别受到刺激而有所领会，周氏并不例外。"文艺复兴之梦"一文中叙述过欧洲文艺复兴的史实以后，他慨叹说中国今日受外来文化的影响，危险在于有国旗的影子在后，隐隐即指称日本的侵略，反抗虽是消极，但铁蹄之下，血气之勇空言就足实祸了。

他因多究"国家治乱之原，生民根本之计"，而被日寇目为反动，统治者嘴脸之丑恶正是中外一面。"惨胜"之初飞来客劫搜之气焰万丈，沦陷竟被目为罪恶，今日虽已成为历史的陈迹，但存留于国民心理上悲哀及愤怒的阴影，怕多少年亦难去掉。"天下一家"今日当然还算梦想，但如以人类的生活目的来看。本书"灯下读书论"一篇中，周氏曾说："史书有如医案，历历记着证候与结果，我们看了未必找得出方剂，可以去病除根，但至少总可以自肃自戒，不要犯这种的病，我自己还说不出读史有何所得，消极的警戒，人不可化为狼，当然是其一，积极的方面亦有一二，如政府不可使民不聊生，如士人不可结社，不可讲学，这后边都有过很大的不幸做实证，但是正面说来只是老生常谈，永远是空言而已。"禹稷人溺己溺之实行，固是大难，但民不聊生的结果，一定就是革命，即不讲民主的理论，政府也不得辞其咎。历史真是无情，虽只短短的三年，昔日的"重庆人"们，现在却又"无暇自哀"了，令旁观者之感触为何如耶？[1]

---

[1] 《北平日报》1948年12月31日第二版《旋花》。

风子在《晦庵书话：谈封面画》里说："周作人所著书籍封面饰画，喜欢采自域外，《自己的园地》、《过去的生命》、《玛加尔的梦》和《冥土旅行》，莫不皆然，而以《冥土旅行》（图二）最足代表。这种把图画插在封面顶端，如《瓦釜集》、《冥土旅行》等所用的格式，新文艺书籍中极为普遍。……君匋长图案，取材多采用植物，如禾穗，树苗，花叶之类，周作人《空大鼓》、《两条血痕》……都没有跳出这个范围。"文章配有插图：图二《冥土旅行》。[1] 他又在《晦庵书话：偏于知识的童话》里提及："新潮社文艺丛书里有本童话，书名《两条腿》，丹麦卡尔爱华耳特作，由李小峰译出，一九二五年五月出版，周作人在序文里介绍说：……小峰翻译此书，由于周作人的劝告，听说周曾动手译过几段，因事忙搁置，后来就介绍给小峰翻译了。他们根据的是麦妥思英译本，而由鲁迅对照德文本校正。书中插图多幅，每章前面并饰眉画，出勃里特和可勃司手笔，画面既美，印刷易[亦]佳。又有《雨景》一幅，为丹麦画家原本，周作人极爱此，不但插入书内，并且还放大作为封面。"[2] 随后上海《大公报》又刊登了风子的文章《谈藏书印》："苦雨斋所用藏书印有三种，即'苦雨斋藏书'（图六），'岂明读书'（图七）和'会稽周氏凤凰砖斋藏'（图八），以后者最为有趣，字体醇朴，饶有汉魏风味。岂明用泥极讲究，曾见其所用日本印泥，作金黄色，钤诸旧纸，倍觉悦目。"其中配有知堂藏书印三幅。[3] 前面专栏《晦庵书话》都署名"风

1　上海《大公报》1949年1月10日第六版《大公园》。
2　上海《大公报》1949年1月17日第六版《大公园》。
3　上海《大公报》1949年1月18日第六版《大公园》。而1947年11月11日第十版《大公园》曾刊登一则补白《关于"晦庵"》特意解释道："晦庵是个藏书家，不是批评家，晦庵是唐弢，这位先生除了'晦庵'外，尚有可与女作家风子媲美的笔名——'风子'。他的藏书甚多，所以能写出人所不能写的'书话'。（齐门）"

子"作,这是唐弢的笔名。[1]

(二十五)狱中生涯

周作人狱中无聊

只在斗室中翻翻资治通鉴 至今还不认自己是汉奸

【南京通讯】周作人自被抓出"象牙之塔"关进铁笼以后,算来已经三个年头了最近他给一个朋友写了一幅单条,其录的是陶渊明的旧作:

种豆南山下,草盛豆苗稀,晨兴理荒秽,带月荷锄归,道狭草木长,夕露沾我衣,沾衣(引者按:原文如此)不足惜,但使愿无违。

虽然他已经隐没人间三载,足可与陶公同跻"隐士"之列,但说起实际景况来却大不同了,他这间忠字五号的单人监房只有三公尺长八十五公分宽,室外有一条大概只要踱十五个方步就可以走完了的甬道,除了放风的时间以外,他就只能在斗室中翻翻资治通鉴,说文解字叙来消磨时间,而倦则卧,及至黄粱一觉,则一碗青菜汤,一碟黄米饭只由狱卒端进室内,如果他不摸出一些绍兴霉干菜,柯桥豆腐干或咸鱼干来,实在难以下咽,当今秋令,想起陶公昔年,正在菊畦之畔,持爵痛饮,杯酒高歌的情形,周作人老是无可伦比了,即使也有兴高歌,而狱卒马上便要来禁止,酒呢,他根

---

1 相关文字收入唐弢《书话》(北京:北京出版社,1962年)后,《藏书印》一文中知堂藏书印图片只剩"会稽周氏凤皇专斋藏"一印。里面提及知堂藏书印处修改为:"有的人用泥也极讲究,曾见一种日本印泥,作金黄色,钤诸旧纸,倍觉悦目。"后面增加一段文字:"金石家中,张樾丞所镌藏书印风格浑厚,我觉得他的'会稽周氏凤凰砖斋藏'一印刻得很好。"(第108页)而《封面画》一文删去关于知堂封面的文字。到北京三联书店1980年版《晦庵书话》里,《藏书印》也没有恢复原文,《谈封面画》也一样。

本不会喝。

今年六十五 徒刑十五春

陶潜当年隐居瀛下，只要政治清平，依然仍有出山的希望，而周作老是已经完了，他判的是十五年徒刑，而今年高寿已经六十有五，如果经过十五年的牢狱生活（现在已经执行了三年），实在很使人想像。还可以再有什么作为，就是他自己也是这样想法，中秋夕前，有一位记者到老虎桥首都监狱去访问他，问起他将来出狱后将作何打算，不意作老竟喟然叹曰："能够巴望活着出去就好了。"更使他伤心，中秋节个个囚犯家属照例都要热烈地探监一番，而他独无，因为他的家庭都还在北平，一家生活都靠他在北平图书馆做事的长子在负担，当然谁也无力南下来看他了。在南京，他没有一个亲属，朋友门生虽多，但现在他都不屑一顾，仅仅只有一个北大的学生，现在在财政部当职员，倒还常常来看他，接济他一点钱，可是"长病无孝子"，还有遥遥十二年，就算人事没有变迁，谁又能有这样的恒心呢？提起这一点，怪不得作老两泪潸潸，而担心能不能活着出去了。

江亢虎罗君强都要比他快活

江亢虎，罗君强这些大汉奸，都是他忠字号的邻居，他们这些人，尽管已是打死了的老虎，皮毛却还值几个钱，所以虽然在狱中，吃的是美国罐头，吸的是白锡包，一到接见之期还可穿一套毕挺西服在接见室中和打扮得花枝招展的姨太太打几个哈哈。半个月来监房寂寞，竟可为之全消，怪不得江亢虎要说："能够坐一天牢，一年也可以坐了，坐下一年以后，终身监禁，又算得怎么回事呢"？他们看得周作老可怜，既同为难友，往时倒还想周济他，可是经不起作老虽在狱中，仍然还保有迂腐之气，觉得与他们"道不同不相为谋"而断然拒绝，直到现在，除在放风的时候，或则在只

335

能踱十五方步的甬道里见面时点一下头以外,平时概无交往,见时也不交一语。

今春已翻完了一部希腊神话

江亢虎的吃官司逻辑,对于无期徒刑却是看来无所谓,至于周作人,他的感觉却完全相反,今年春天,还翻完了一部希腊童话。直到如今,心情愈坏,除了替人家题题字,看看一生消闲的线装书外,他这一间一九四八的连雨声听不到的"苦雨斋"中。周作人已十足成了一个苦命老儿了。

昔日不得已 媚敌求偷生

周作人他是始终不承认是汉奸,如果去访问他,人不小心而漏出"汉奸"二字,他便马上会拂袖而退,如果你要追问他当日大东亚文化协会的事,他照例会含着痛苦之态向你朗读陶渊明的那首诗:"道狭草木长,夕露沾我衣,衣沾不足惜,但使愿无违",他说这首诗的意思,不但是告诉你昔日"不得已"媚敌的经过,同时也说明了今日的心情,不过这种心情显然是故作坦然,如不信,我们可以想起他昔日出席大东亚文协时的那种气态,就可知道今日他屈身阶下,实在不得不这样哀鸣,以博取社会给他的一点同情。

周作人,就是这样一个顽强,苦命的老头子。[1]

(二十六)保释出狱

知堂于1949年1月26日保释出狱,次日离开南京,28日到上海。[2]

---

[1] 昆明《中央日报》1948年11月27日第七版《各地通讯》。
[2] 陈克文在日记中记载,1949年1月26日:"老虎桥监狱犯人今日释放。"(陈方正编辑、校订《陈克文日记1937—1952》,北京:社会科学文献出版社,2014年,第1143页)而当

秋翁在《秋斋谈丛：历史性的书简》里谈及：

> 我所编的"作家书简"集中，有很多"历史性的手札"，如邹韬奋和胡也频的二通，都是从监狱里寄给他们的至友的，言词极沉痛，使人读了非常的感奋。他如鲁迅先生，也能够从文字中间看出他倔强的个性，和俏皮的吐属来。他在某一封信里说："倘有人骂我，我当回骂之。其实错与被骂，在中国现代并不相干。错未必被骂，被骂的未必便错。凡枭首示众者，岂尽'汉奸'也欤哉？"又在另一封信里说："稿子如不用，请即寄还，因为倘一遗失，文章的身价立增。"文字既很风趣，倔强的神情也跃然纸上。又如知堂老人的一封信，告诉海上友人在北平怎样被刺客突入家中行刺："当一颗子弹飞来，打在胸前，忽被衣服上一粒钮子抵挡回去，天幸丝毫没有伤害。随后从地上检到这粒子弹时，尚还辨认得出子弹的尖端上，印有深深的螺纹，这与钮子上的螺纹丝毫无二，显然是给这粒钮子挡下了的。"读了这一段叙述，觉得非常奇怪，一粒钮子居然救了他的主人。但当时有一名车夫一名当差的，不幸都被击中，一死一伤。可称无妄之灾。[1]

（接上页注）

时报上还有些关于知堂的错误传闻：《大批男女汉奸要犯 江亢虎等移解抵沪》："首都高等法院昨日将已定谳之汉奸及重犯，昨日解沪，共计五十四人，其中男犯之十人，女犯四人，均经判处死刑及无期徒刑之重刑者。……下午五时五十分抵沪。昨日抵上海之汉奸包括江亢虎、王荫泰、罗君强、虞幼庵、周学昌、潘毓桂、周隆庠、周作人等。……据悉即将移解台湾。"所附照片："右图为到沪押出车站之周隆庠，江亢虎，潘毓桂，罗君强（后面戴眼镜者）。中国社摄。"（《申报》1949年1月17日第四版）《上海监狱陆续释人犯 周作人传已出狱》："【本报讯】……又闻伪华北教育总署督办著名文学家周作人，前由南京解来上海监狱后，已于日前保释，据闻周刻仍暂居沪上。"（《申报》1949年2月10日第四版）

[1] 上海《铁报》1949年3月8日第三版。（陈）蝶衣在《珍本藏书》一文里提及"平秋翁《秋斋笔谈》"，平秋翁即平襟亚，见上海《铁报》1949年5月3日第三版。

有报道说:"周氏出狱后,写作甚少,惟见《未晚》副刊'吃人肉的方法',署'鹤生'笔名,称引精审,就是苦茶庵的风格也。"下面就全文抄录了该文,也是一种变相转载。[1] 而高唐在《高唐散记:关于知堂》里转载了一封详细介绍知堂出狱后境况的信函:

我写了一篇"知堂老人墨迹"后,沈凝华先生写一封信给我,都是关于知堂的事,兹照录于下,函中可以略窥周氏近况也。

"苦雨翁自老虎桥释出后,即来海上,现住其弟子尤炳圻家中。(此人大概在剧校执教,住北四川路。)写作方面,除已译竣'希腊神话'外,关于'北大'等掌故的文章,也写了不少,大都刊于黄萍苏编的'子曰'上,署名为王寿遐,已发表者有'呐喊索隐''红楼内外'等。先生如有兴欣赏,我可以检出奉阅。诚如先生所言:'知堂文章,足垂千古!'可惜几年来的闭户读书,越读越糊涂,而测黑观的循环论使他落到如此下场。此与'牡丹多刺''清泉濯足',同为书生恨事,知堂前后期著作,寒斋已得十之八九,距完璧为数虽少,而为期遥遥,已得中有'玉虫缘''红星佚史''点滴''陀螺''永日集''码加尔的梦''狂言十番'等,或刊行既久,传本遂稀如星凤,时至今日,已不容易经常见到的了。我亦久想往访知翁,惟乏熟人介绍,冒昧前去,恐遭见拒。知翁系狱时,曾为人写了不少书件,我的一位朋友,也得到了一帧,是陶渊明的几首五律,精裱后,现在就挂在他的书房中。顷读先生大作,悉先生关心其人,爱记所知,奉告如上。"[2]

---

[1] 《周作人出狱后第一篇散文 吃人肉的方法》,福州《中央日报》1949年4月12日第三版《天下事》。

[2] 上海《铁报》1949年5月3日第三版,另据宋希於兄告知,沈凝华即沈鹏年。

知堂1949年7月6日得方纪生代购的英文版《希腊的神与英雄》一册。1949年7月28日上海《亦报》在题为《胡适之硬拉周作人》报道里说："周在上海时就僦居斗室，日读希腊神话与塞尔朋自然史自娱。"结合前面南京《新民报》的报道，可以判断知堂1946年底向家里索要的"英文博物史"其实应该是《塞尔朋自然史》，估计后来家属找到而寄去此书。另据宋希於兄告知，知堂所读《塞尔朋自然史》的来历，据未刊的陶亢德回忆录片段："但他（指周作人）有他的譬解之道，这于他的闲步四川路在地摊上购得一旧书《塞尔本自然史》送我一事，可以窥豹一斑。"或许知堂重读后送给了陶，或者他手头已经有了一册而把这本新淘的送给了陶。[1]

知堂8月14日返京，10月18日回到八道湾故宅，发现"唯书物悉荡然无存，有些归了图书馆，有些则不可问矣。所以文中（引者按：《旧书回想录》）所记的书籍，已十不存一，萧老公云，自我得之，自我失之，亦复何恨"[2]。

---

1 周作人在老虎桥时，还托陶亢德买过美国现代文库版《一千零一夜》。见《掌故》第四集，第128页。
2 《知堂回想录》，第717页。

三 藏书被收缴

（一）图书损失与登记

其实说起知堂藏书被收缴，还要从源头说起。因为战时，公私藏书都损失惨重。据时任兴亚院华中联络部文化局长的伊东隆治提及，光日人在华中地区，对上海、南京、杭州、苏州等地进行图书文物的接收，其中有故宫博物院的南迁文物，还有大学教授的私人藏书，图书文献总量就达八十馀万册。[1]而上海自然科学研究所编译室调查报告，其中有日军对接收江浙一带图书文物情况的详细统计。[2]另据该刊统计，上海、南京、杭州等处图书馆的残馀情况，其中占领区图书文件接收委员会的南京委员会管理保管的图书达六十四万册，据推算，事变前该地区图书总量不下一百二三十万册。[3]日本学者一直关注图书文物的现状，庆应义

---

1 《占領區域に於ける文化建設——日本はかくの如く中國の文化資料擁護した》"一、圖書文獻の蒐集と整理"及"結び"，《大陸往来》第二卷第六号，昭和十六年（1941）六月一日，第7页注1，第20页。
2 《事變後に於はる研究並に一般文化機關》其中"丁 圖書館並に圖書室"，上海自然科学研究所编《中國文化情報》第六号（1938年4月）。
3 《中支戰區內に於はる文化財の保存工作》（正、续），《中國文化情報》第七号（1938年5月）及第十号（1938年9月）。而据战前统计，江苏全省藏书共二百餘万册，其中西文书六万七千九百八十一册（《江苏全省藏书共二百餘万册》，《北平晨报》1937年1月21日第九版《教育界》）。

塾大学文学部派遣由史学系师生组成的史学旅行队三班于 1938 年 5 月 17 日到南京访问了中央研究院史语所等处，在上海自然科学调查所所长新城新藏指导下，他们先后考察了图书文物的整理状况，南京有中研院史语所、陶瓷实验所、古物保存所、六朝墓等，到杭州调查了西湖博物馆、古荡石虎山遗迹，上海则有亚细亚协会博物馆。后来还参与杭州古荡的发掘工作。[1]而榎一雄、市古宙三《中国文献之现存状况》（超任译）"概说"提及："昭和十四年八月二十日后，约四十日，陪同东京帝大教授和田清博士至华北，华中，蒙疆之主要都市，已将中国文献之现存状态调查一过。""（乙）华中文献保存现状"之"I 南京"一节提及"事变后残存书籍，移华中资料建设整理事务所（原地质调查所地质矿产陈列馆）整理约六十万册。惟调查内容则国学图之善本皆早迁出，所馀之十五万册，亦不足道者。"[2]

上海《中华日报》1941 年 3 月 28 日报道《实践中日条约精神 我国府还都纪念前 日方返还工厂文物》【中央社南京二十七日电】：日本交还在南京杭州及上海保管之图书杂志及其他出版物，其中"图书（上海）六万册，（杭州）二万册，（南京）八十万册，合计八十馀万册"。

抗战期间的 1943 年 8 月 16 日，重庆教育部要求国立北平图书馆报告损失情况："教育部密电第 39495 号，令速报国立北平图书馆战时损失情况。9 月 20 日，袁同礼具文密呈教育部报告战时损失情况。"[3]当时日本败象已露，覆亡在即，国民政府开始考虑战后向日本提出战争赔偿的问题。另有报道："教育部近为收集战后向敌国索取赔偿费之根据起见，

---

[1] 松本信廣《江南踏查（昭和十三年度）》，慶應義塾大学文学部史学科研究報告甲種第一册，東京：三田史學會，昭和十六年（1941）十一月，第 7—40 頁。
[2] 《中和月刊》，第三卷第十一期（1942 年 11 月），文后注明："本文译自东亚论丛第二辑（东京文求堂，昭和十五年版）。"另见榎一雄、市古宙三《支那に於ける文獻の現存状態》，載《東亞論叢》第二輯，東京：文求堂書店，昭和十五年（1940）二月，第 221 頁。
[3] 《北京图书馆馆史资料汇编：1909—1949》，北京：书目文献出版社，1992 年，第 764 页。

特于日前通令各校查报因抗战而引起之一切公私损失。(文，十，卅)"[1] 据顾颉刚日记，1945年1月31日："政府来调查教育人员财产损失，因书下表。"[2] 这时已经开始登记教育界的损失情况了。

报上刊出要进行全国文物损失登记的消息："教部清理战时文物损失委会，负责调查全国公私文物损失，俾向敌方追偿，前已分区派遣代表及筹组赴日调查团实施调查，近拟举办全国文物损失登记，其办法如下：(一)凡公私文物及个人在战事期间遭受文物损失者，均可向中央研究院内该会登记，以上所称文物，包括一切具有历史，艺术价值之建筑，器物，图书，美术品等。……(三)登记时间，定于三十四年十二月底截止，(四)登记者经该会审查后，除转报内政部抗战损失调查委员会外，并呈请政府办理文物追偿事宜。"[3] 该报又刊出消息："本年(引者按：1945年)三月，教育部奉行政院令，组织区文物保存委员会，由教育部次长杭立武任主任委员，梁思成，李济之副之，八月中旬，抗战胜利后，改称收复区文物保存委员会，十月一日又奉令改称清理战时文物损失委员会，将全国分为平津，京沪，粤港，武汉四区，各设办事处，派代表及副代表分驻各区，专司调查我国历年文物损失，及接收敌伪机关文物事宜，平津区办事处代表由教育部特派员沈兼士兼任，副代表为王世襄。"[4] 不久"慎之"在《京都文物》(上)一文里提及：

> 无论如何，截止目前为止，任何人没有办法获知封存的内容和

---

[1] 《教部调查学校损失 准备向敌索赔偿》，《燕京新闻》(成都版)第十卷第七期(1943年11月6日)。
[2] 《顾颉刚日记》第五卷，台北：联经出版事业股份有限公司，2007年，第401页。
[3] 《教部清理战时文物损失委会举办文物损失登记》【重庆二十七日中央社电】，北平《益世报》1945年10月28日第一版。
[4] 《清理战时文物损失委员会平津区办事处成立》【中央社讯】，北平《益世报》1945年12月8日第二版。《全国文物损失登记定于本月底截止》："(三)登记时间于三十四年十二月三十一日截止。"北平《益世报》1945年12月10日第二版。

损失情形，除非战区文物清理损失调查委员会的工作能照预定计划，在下月开始，或者可以有初步结果。……

对于清理工作，教育部方面已经主持组织了上述的清理委员会，由杭立武次长任主任委员，它的性质似乎是侧重在准备要日方赔偿一方面，因此它的任务便格外繁重。[1]

而报纸也刊出消息："教育部清理战时文物损失委员会，举办全国公私文物损失登记办法，已由省教育厅转发各有关机关，依照办法内容，将自九一八战事以来，所受文物损失，自行列表，径寄重庆国府路中央研究院该会请予登记，登记日期，原定三十四年年底截止，已由教厅函请延展。兹采录原办法于左：……"[2]

南京有报道说："教育部清理战时文物损失委员会，为调查日本劫夺我国文物情形，以便追偿，前经派李济，张凤举，以盟国对日委员会中国代表团顾问及专门委员名义，随同朱团长世明于三月底赴日工作。兹以李氏还国，该会将于本月十八日在教部举行还国后第一次会议，聆取报告。据称，我中央图书馆，战前存留香港之书籍，为日本运往其国内之图书百馀箱，业经东京麦帅总部转令日政府交还，目前正清点中，两月内可运回。……一面则赶编战时损失重要之文物目录，便交麦帅总部。唯该会所收各方登记损失函件，多乏具体说明与确切证件，以致调查又涉时，诸多困难，望申请者特别注意。"[3]

李济回国后发表谈话："我国派赴日本，调查我国在日本情形之李济教授，于三月三十一日抵达东京，在日工作一月，完成初步任务。已

---

1 廿三日于南京，上海《申报》1945年12月1日第一版。
2 《全国公私文物损失可向教部申请登记 省教厅将办法转发有关机关》，长沙《湖南国民日报》1946年1月10日第三版。
3 《日方劫我文物 即可合浦珠还》【中央社南京十九日电】，长沙《中央日报（湖南）》1946年5月20日第二版。

于日前返国抵京。昨接见本报记者,谈此次调查经过情形。略谓:甲午以来,我国之珍贵文物,流落在日本甚多。此项文物有因战事关系,为日本所掠去者(如北京人骨骼,中央图书馆之善本书籍等);……经李氏在东京与盟军总部之责任人士商讨结果,凡属七七以来,为日人掠去之我国文物,如周口店器物,中央图书馆被劫之三十馀万册善本图书等,确实备有具体目录者,均可运还中国。其馀在日尚未查出之我国文物亦可由中国详开目录前往调查。……政府现正通知各有关方面开列目录并进行在日文物之追索运返工作。"[1]

另有我方将交涉索回被掠文物的消息:"教部清理战时文物损失委员会,[1946年11月]四日上午在教部会议室举行第十次会议,杭次长立武委员,傅斯年马衡等十馀人中,由杭次长主席,报告之主要事项有下列数端,(一)前□□《赔偿我国在日文物意见书》,已分咨远东顾问委员会与麦帅总部,(二)请外交部向义交涉收回庚子之役夺自我国之文物,(三)向日交涉发还上海亚洲文会与中山南开两大学之藏书三万册,(四)根据李济元《日人历年发掘东北文物清单》交涉追回,(五)《公私交易文物损失分类简目》初稿已编就,(六)《被敌掠夺文物目录》在编辑中,即将呈送行政院赔偿委员会分设各地之办事处,最近工作概况,至下午一时许散会。"[2] 另有报道:"又自甲午以来至胜利止,我国流入日本之文物目录,教部顷已编妥,俟翻译后即将请外交部经由盟军总

---

1 《战时日掠我文物 查出者均可运还 在国内被毁者以物赔偿》【本报讯】,南京《中央日报》1946年5月26日第二版。《中央圕古书十箱 将由日空运返国》:"【中央社东京一日专电】战时为日军掠去之我国珍贵古书十箱,今晨经麦帅总部平民财产保管处送还我政府代表。按日军曾于一九四二年二月,自香港掳去中央图书馆书籍三万五千册,上项古书,即其中之一部,存贮东京帝国大学,将于下周由我航空队运输机载运返国。我驻盟军总部代表团长朱世明,或将押同书籍返国。"长沙《中央日报(湖南)》1946年6月2日第三版)《古书十箱自日运还我国》,昆明《中央日报》1946年6月3日第四版。
2 《被日掠夺文物 我将交涉收回战时文物损失委会正在编辑损失目录》【南京五日中央社电】,北平《益世报》1946年11月6日第四版。《追偿敌国略我文物 清理文物损失委会第十次会 议决分向日义两国交涉追还》,北平《经世日报》1946年11月6日《教育与体育》。

部或外交途径索回。"[1] 教育部清理战时文化财损失委员会所编《「中華民國」よりの掠奪文化財總目錄：中国戦時文物損失数量及估価目録凡例・中国戦時文物損失数量及估価総目》(1946—1947年刊)[2] 统计，中山大学损失藏书189329册，岭南大学损失中文书籍331050册，西文书籍43960册，厦门大学288394册，北平图书馆损失中文2477，西文3787册（在香港沦陷时被劫，后绝大部分追回）。而个人藏书损失最多的是顾颉刚，有四万册（后来寻回一部分），傅斯年在长沙时也损失了书籍1192册。所以日本投降后，对敌伪图书的收缴就提到议事日程上来。

而身在美国的胡适1945年9月27日致王重民信中谈及对日人图书的收缴："对于莫里逊文库的建议，我没有积极意见。我个人以为此种用私家钱购买去的，或可不必讨回。如北平东厂胡同之东方文化图书馆，是用庚款建立的，既在北平，可以没收；上海之两三个研究所，也是用庚款建立的，也可以没收。其馀用庚款建立维持的文化机关，若不在中国，——如京都帝大之东方文化研究所，——也就不必问了。此项研究机关，我们似宜鼓励日本继续维持。"[3] 他明显不支持对日追索的极端做法，而且对于没收日人自华所购私人藏书的做法也有保留。王重民1947年12月7日致函胡适，赞成胡适明春到日本走一趟。理由是：

1. 我们学术界常常有到日本索赔偿、搬取古物古书的喊声，日本的学界也时时怕我们去搬古物古书，可是事实上有个法律，都不那样容易。最好我们要少喊，他们也不必害怕。

2. ……希望日本的学术界，应继续向学术努力，来和我们合作。

---

1 上海《东南日报》1947年11月12日第七版《文史》副刊之《文史消息》。
2 此目录应该编写于1945年10月28日之后，完成于1947年11月12日之前，而日文本翻译应在此之后。
3 《胡适王重民先生往来书信集》，北京：国家图书馆出版社；合肥：安徽教育出版社，2009年，第421页。

巴黎有个"世界文化合作",曾把普法之战到一九一八的凡尔赛和会,凡有关于战后古物的归还与分配编成法律。如果成行,我们应当说明,并希望他们自己保存,惟应公开,更应设法流传。……[1]

王重民的看法比较理性,也符合国际惯例。

(二)接管敌伪图书

傅斯年 1945 年 10 月 11 日致函教育部长朱家骅提出:"北平日本人所办之东方文化研究所,依其性质应由中央研究院接收,其中所藏中国善本古籍,至关重要,即以日本庚款所购也。……拟由中央研究院与北京大学共同接收之,改办'蔡元培先生纪念图书馆'。"请其电令教育部平津特派员沈兼士转告北大教务长郑天挺代表中研院与北大接收。[2] 北平《世界晚报》1946 年 1 月 9 日消息,《日人掠我之书籍已经接收 清华燕大两校书籍 经整理后分别发还》【本报讯】:"在平日人自投降后,曾将过去所掠夺之书籍,及一部分日人所存之书籍,收集于东兴楼旧址,并成立一图书保存会,现已由教部平津区特派员办公处接收,征用日人桥川时雄负责清理。所存书籍甚多,现正每日以载重汽车运往特派员办公处中,尚须四五日后方可全部运竣。其清理办法,系将过去清华,燕京两大学之书籍,经整理后分别发还,其他书籍则编制详细目录呈报教部,听候处理。"据北平《益世报》1945 年 10 月 25 日消息:"教育部

---

[1]《胡适王重民先生往来书信集》,第 491 页。
[2]《傅斯年遗札》第三卷,第 1635—1636 页。陈垣 1945 年 12 月 13 日致其子陈乐素信:"兼丈(沈兼士)北来,首先注意东方图书馆,……敌人二十年所搜罗,不啻为吾人积也,岂非一大快事!"(陈智超编注《陈垣来往书信集》,上海:上海古籍出版社,1990 年,第 683 页)

平津区特派员办公处,于昨日(二十四日)接收西城翠花街东方文化协议会。"[1]傅斯年1946年6月23日又致函朱家骅、萨本栋提出:"为呈报调查北平旧日人东方文化研究所各节,并拟具意见事。查日人东方文化研究所有房三百馀间(北平计算将走廊前檐算入可称五百间),中国旧书十六万馀册(有目)。此事前由行政院核准,由本院接收并接办业务,目下仍由沈特派员为甄审及整理图书之用。斯年到北平后,深觉此事甚为复杂,如本院不接办其业务,则依政府法令,即应由敌伪产业处理局拍卖,如接办其业务,在本院又是一大担负。兹权衡轻重,拟请准设历史语言研究所北平图书史料整理处,以接办其业务。……再,东方文化研究所图书馆外,尚有近代科学图书馆书七万馀册,沈先生主张应并由本院接收,此外尚有搜集日人各方图书四十馀万册,似可由本院继续沈[先]生之工作,加以整理,然后由本院、北平图书馆、北大、清华共分之,并拟办法,陈请鉴核。"[2]

根据平津区教育部特派员办公处报告,其中接收图书包括六部分:1.东方文化事业总会人文科学图书馆,拨归中央研究院管理,该馆自有书籍,中文书18679部,194876册,舆图碑拓本等5668件,续修四库提要33733篇,寄存掠取书籍中有北平图书馆、北大、清华及各中学和政治学会西文书万馀册。2.近代科学图书馆。3.伪教育总署。4.日本图书保存会,"该会为日人投降后桑原用二郎桥川时雄发起成立,专事收集

---

[1]《接收消息一束》,北平《益世报》1945年10月25日第二版。而上海的敌伪图书收缴也在同时进行,据金城银行总经理周作民日记,1945年11月11日:"吴伯明君衔邓葆光之命来访,略谓:日本大使馆及商工会议所藏书籍资料业经接收,拟联合金融界办理研究所,并询庆三前允筹措之五十万元月费是否可靠。余答以联合办理甚表赞同……"(彭晓亮编注《周作民日记书信集:影印版》,上海:上海远东出版社,2014年,第55页)邓葆光时任上海敌产处理局逆产组长,其时正筹备国防保密局东方经济研究所,到1947年7月7日设立了东方经济图书馆。
[2]《傅斯年遗札》第三卷,第1690—1691页,另此事,苏同炳《手植桢楠已成荫:傅斯年与中研院史语所》(台北:台湾学生书局有限公司,2012年)第九章"由复员、迁都到再度播迁",丙"北平图书史料整理处"一节有专门叙述,见第358—359页。

日侨图书。庋藏东安门大街东兴楼。其后警备司令部征用东兴楼房舍，该日人等乃将书籍自动献与教育部接管。日文书四十一万册（据报该日人等尚购有中文书，本处正查访中）。"5. 东亚文化协议会图书馆。6. 伪华北行政学院图书 113023 册。[1]

（三）捐赠风波

当时傅增湘看到董康、知堂和钱稻孙被逮捕和收缴藏书的下场，估计也怕自己被追究汉奸的罪名[2]，因而在 1947 年把所藏 337 种 3581 册古书善本捐赠政府，而获得傅斯年的赞赏和教育部的嘉奖。

无独有偶，曾贩卖古董文物的日人小谷晴亮也是怕被问罪而于 1945 年 11 月向天津接收委员捐赠了书籍字画。不过后来发生了一段插曲：平津特派员办公处把这批字画移交给北平艺专后，1946 年 9 月 28 日校长徐悲鸿举行记者招待会，说经鉴定这 144 件古书画均系赝品，都是薛慎微售给小谷的。[3] 傅斯年对北平文教案发表意见："傅斯年在完成其

---

[1] 《平津区图书清理——教部特派员办公处之报告》，天津《大公报》1946 年 1 月 28 日第三版。据湾柏《被人忽略了的宝藏——中国政治学会图书馆简介》：南池子民声胡同里的中国政治学会图书馆，由陆徵祥和前驻华美使瑞恩思（Paul S. Reinsch）民四年在外交部创办，经费来自庚子赔款，民九搬现址。藏书二万多册。"七七"后，主持该馆的陈尺楼先生守了一年多。去年十一月奉命接收，日据时收藏在东昌胡同东方文化学会里有一万六千多册。陈后来又在一个汉奸家里找回一千多册社会科学百科全书，损失不过十分之一（北平《和平日报》1946 年 11 月 22 日第四版《禹贡周刊》第十五号）。

[2] 汤尔和死后，华北教育督办的人选最初属意傅增湘，后来因为其私德问题才换上了周作人，见翟志贤《汪伪政权时代三小丑——褚民谊、傅增湘与江朝宗》，收入蔡登山编《汪精卫集团》，台北：独立作家，2014 年，第 256 页。

[3] 《艺专昨日招待记者 报告该校组系学制》，《华北日报》1946 年 9 月 29 日第三版。另据《世界日报》记者王锦瑞采访国立北平艺专校长徐悲鸿，他到东城根东总部胡同的国立北平艺专，在"作画室"的屋子里见到徐校长：

原来徐校长还在那里看书画，一卷一卷的约百三四十件，堆积在两张桌子上。徐先生

'北京大学前进指挥所'任务，即将离平南返前，报上刊出傅氏两件大事：……②清查团团员苏珽，指责《大公报》及北平《益世报》，不刊关于该团发表之有关教部特派员沈兼士属下接收日人小谷晴亮古书画舞弊消息后，傅斯年特致函清查团，认为苏珽在未发表确认有过失前，不应作此指责。"[1]又有报道说小谷晴亮让薛慎微负责捐献字画古董，结果发现伪造。随后清查团会同检察官和警察搜查了薛的住处，又起获多件伪造的古字画。最终确认这些古字画都是薛临摹伪造的。[2]而苏珽骂傅斯年是打手[3]，傅斯年随后进行了回击[4]。

1946年9月30日南京《中央日报》北平通讯报道了此事以及清查

（接上页注）

见了记者，非常欢迎的握了手说："我正在这里看画，是日本人小谷晴亮的……"记者当即请徐先生继续鉴赏，我也站在旁边，随了徐先生一幅一卷的看去。徐先生一边看一边说："这个没意思！""这个还可看！"于是把可看的放在另一张桌子的左边，没意思的放在右边。这些画在徐先生**深厚艺术修养**眼光底下，已确切的鉴别出优劣了。

不一会儿，徐先生停止了看画，便和记者坐在桌旁的小凳上谈道："这些画有五分之一还不错，五分之四要不得，都是假东西。日本人到中国来胡抢乱抢，那里真懂得什么好坏！这些画是清查团从薛慎微那里查出来的，暂时由艺专保管，以后怎样处置还不知道。若是由我们保存，那坏的便该扔掉不要。"（《学人访问记：国立北平艺专校长徐悲鸿（一）：热挚温厚的世界名画家 艺术和科学教育目的相同》，北平《世界日报》1946年10月5日第二版《教育界》）

1 《北平文教两大案 傅斯年分别提出意见》【本报北平廿三日电】，上海《申报》1946年9月11日第六版。
2 《隐匿日人大批珍玩古董 主犯薛慎微已押法院 清查团在平起出四百馀件》【本报北平十五日专电】，《天津民国日报》1946年9月16日第四版。该报9月18日第四版又报道说：《隐匿文玩案又一告密 国宝大钟何处去 经薛慎微李华堂由晋运来 伪省长为此曾大伤脑筋》【本报北平十七日专电】。
3 《古物案外风波 傅斯年胡为充打手 苏挺委员不胜骇愕》："冀热察绥区接收处理敌伪物资工作清查团苏挺委员见本月二十二日大公报刊载傅斯年致函清查团一事后……（耳）"北平《新民报刊》1946年9月25日第四版。
4 《混薛沈作一团 傅斯年不取也 古物案风波续闻》："昨日傅氏发表书面谈话……（耳）"北平《新民报日刊》1946年9月26日第四版。

团在北平的工作情况,其中古物案涉及沈兼士。[1] 10月3日南京《中央日报》刊登《关于北平古物案:傅斯年氏致函本报》,编辑加按语说:"教育部平津特派员办公处,所接收日人小谷(晴亮)之古玩字画等,一部分遗失,一部分被薛慎微吞没隐匿。"并全文刊出了傅斯年为沈兼士的辩护。10月5日该报又刊出傅斯年致该报编辑的声明说:前编者引原北平投书,与事实不符。小谷晴亮为日本浪人,薛慎微"乃日人小谷之合作者,薛隐匿在沦陷期间与日人合作所得之物,自为薛之案件。……不能因薛某在日人手中侵吞,即指沈君在官员立场隐匿。此事不先证明薛某侵吞为沈特派员所过问、所经手,然后构成沈之罪名,然清查团所公布,并无是也"。自小谷提出捐赠后,其图书字画,全部登记造册,有全部原始清册在,他在北平行营见之,未闻遗失。其图书今存特派员办公处,字画今存艺术专校。[2] 据信后所附《教育部特派员办公处"小谷晴亮捐献案"说明》(1946年9月8日):"日人小谷晴亮所捐献书籍字画原始清册共计三本,计字画目录一册,共计一百四十件;西文书籍目录一册,共计一千零七十三本;中文书籍目录一册,共计一百二十八种,其中并无古玩。"[3] 傅这是为教育部,也是为沈兼士辩护,还他的清白。

而上海《大公报》对该事件进行了情况汇总:中央处理工作清查团团员苏珽([1946年]九月)十九日对记者团批评天津《大公报》与北平《益世报》不刊登沈兼士贪污的消息。二十日天津《大公报》以社论《答清查团》进行答复,二十二日《大公报》刊出傅斯年公开信,认为

---

1 鉴湖《高奏凯旋歌 清查团在平津》"七个例证:孤掌难鸣 得罪众官"一节之六"文化接收遗失案 薛慎微吞没隐匿 脏物四百馀件价值惊人 沈特派员洗刷推翻全案"。见南京《中央日报》1946年9月30日第十版《教育与文化》。
2 《关于平津古物案 傅斯年昨再函本报》,南京《中央日报》1946年10月5日第四版《教育与文化》,另见《傅斯年遗札》第三卷,第1706—1707页。
3 同上书,第1711页。

薛慎微隐匿古董字画,却无证据证实特派员沈兼士所过问或经手,因而罪名嫌疑不过是传闻而已。二十五日各报刊载苏珽的答复,说傅斯年是打手。二十六日各报刊出傅斯年的书面谈话,问薛所犯罪行有何牵及沈之处,须先有证据。[1] 而随着沈兼士的去世此事就不了了之了。

而据常风回忆,1945年日本投降后不久,"当天《华北日报》,在头版头条刊登了国民政府发表的任命接收平津两地的大员名单。……周作人问我看过当天的报纸没有,我答看过了,他说:'兼士是文教部门的接收大员(兼士即沈兼士),如果能见到他,我倒想让他派我到日本接收被劫走的文物。'其实,我并不认识沈兼士,在以往的我们的谈话中也没有提到此人,但周说话的口气,似乎好像沈是我们共同的熟人。他说这话时态度自然坦率,一如以往那样面带微笑,似乎全然没有想到会有什么样的命运正等待着他。"[2] 而知堂后来说沈兼士在任特派员期间,"发挥国民党的作风,第一去接收棉业改进会等,被经济部追讨回来,成为笑柄"[3]。另一文又说:"抗日胜利后任国民党的教育部专员,因为与朱家骅是小同乡,所以很得他的信任,回北京后在接收文物方面颇有些问题,不久就病故了。"[4] 对于沈不念旧情、派人抄他的家,还是馀恨难消,不忘讽刺一下。

---

1 《清查中的插曲》【本报特派员徐盈寄自北平】(九月二十六日),上海《大公报》1946年10月4日第八版《大公园》。
2 《周作人印象》,第132页。此事发生于1945年12月5日,据陈思和《关于周作人的传记》一文说:"记得几年前我在太原访问常先生,常先生告诉我一件事,抗战胜利时,沈兼士任国民党在北平的文化接收大员,周曾对常风表示,他认为沈兼士可以派他到日本去负责清点从日本归还的文物工作。可是第二天他就被国民党逮捕了。"转引自《周作人年谱:1885—1967》,第703页。
3 《关于沈尹默》(1950年8月18日)。
4 《关于沈尹默兄弟》(1959年12月15日)。

(四) 图书清理

教育部派沈兼士1945年9月17日到北平接收国立北平图书馆,10月17日接收完毕。1946年3月20日,平馆派员参加清点平津地区敌伪图书工作。同年6月22日教育部公函第1260号,通知伪经济总署督办汪时璟存中山公园书版十三箱暂存平馆保存。8月19日,河北平津敌伪产业处理局致函平馆,接受王揖唐存书。10月25日,教育部训令第748号,令平馆暂存伪教育总署档案及图书。[1]报上又有平馆点收王揖唐藏书的消息:"华北巨奸王逆揖唐,已定本月[1946年8月]三十日开始公审。该逆所藏中文古籍佛典甚夥,当局已令国立北平圕,负责保管。该馆已于昨(二十一)日下午,由总务王主任,率同采访部同人至王逆家中,清查点收。"[2]另有消息称:"北平圕所接收汉奸王揖唐书籍,一批七百馀种,一批一百另数箱,因王逆尚未正式定谳(王逆已判死刑仅待覆判),目前仅为暂代保管,故尚不能分类课编目,此批书,全系线装书。"[3]估计这前后,周作人藏书也一并由平馆点收。

而敌伪图书清理发还情况是:"教育部平津区特派员办公处结束后,即奉令办理图书档案清理工作,盖敌伪于民国二十七年藉词检查抗日及社会主义书籍,自国立北平图书馆,北京,清华,师大,平市各中等学校,中国政治协会等处,及在平之中外学者家中,掠去各种图书杂志等为数甚夥,分别移存于敌人之东方文化事业总会,及近代科学图书馆中。抗战胜利后该特派员办公处即奉令将该两机构及所存之图书约四十六万二千〇二十三册接收,该项图书计有(一)东方文化事业总

---

[1] 《中国国家图书馆馆百年纪事:1909—2009》,北京:国家图书馆出版社,2009年,第35—36页;《北京图书馆史资料汇编:1909—1949》,第801页。
[2] 《王逆揖唐藏书国立圕昨点收》【本报讯】,北平《经世日报》1946年8月22日第四版。
[3] 《北平图书馆 王逆书籍未编目 胶卷图书灯损坏》,北平《北方日报》9月21日第三版。

会一九四八五三册。（二）近代科学图书馆九六四〇册。（三）伪华北行政学院一一三〇二三册。（四）伪教育总署一九二二五册。（五）兴亚院华北联络部调查所一四八七一册。（六）东亚文化协议会二七八五册。（七）桥川时雄献部汉籍一九六八六册。（八）久下司献部图书三〇〇八册。（九）小谷晴亮献部图书二一六八册。此外该处并接收日本图书保存会日文图书四十二万册，共计八十八万六千零二十三册，上项图书及伪教署档案自去年十二月中旬开始清理以来，截至目前除日本图书保存会之全部图书，自五月十三日开始整理，分总类，哲学，宗教，社会科学，语言，文字，自然科学，应用技术，艺术八类，已经整理出十五万六千五百三十三册，其馀可于本年九月底整理完竣外，至其他九单位之图书四十六万馀册，均已清理完竣。"[1]

另外各大学图书馆也积极地从厂肆及旧书店购回流失的书刊，如有回忆文章提及："在'七·七'事变前后，北京图书馆、北京大学图书馆、北京师范大学图书馆所藏的图书大量流失，东安市场春明书店收尽盖有这些图书馆馆章的书刊后，就专设一书库保存起来。一九四五年日寇投降后，这些图书都归还了原藏单位。"[2]当时清华大学图书馆馆长潘光旦就从北平旧书店购回大量该图书馆散失的藏书。

---

[1] 《敌伪图书清理发还》，上海《民国日报》1946年8月25日第六版《觉悟》副刊之《图书消息汇志》。北平《经世日报》1946年8月17日第四版也刊登了这篇报道：《接收敌伪图书积极清理中 除发还者外所馀四十馀万册组委员会处理》。另有报道："有客自台湾归来称：在台北市之国立台湾大学，为台湾省之最高学府，有极丰富完备之图书馆，藏书多我国历代之极有价值之善本，我国京沪一带以及沦陷区各大学图书馆所失踪之古本，陆续在该馆被发现。"（长沙《湖南国民日报》1946年11月4日第二版《天南地北》）
[2] 宗泉超《东安市场的过去和现在》，《文史资料选编》第十二辑，北京：北京出版社，1982年，第195—196页。

（五）图书分配

1946年11月5日，朱家骅致信胡适、傅斯年、沈兼士、袁同礼等洽商兴亚院、东方文化协议会等五单位图书分配方案，提出：《清实录》《明实录》两书分拨北平图书馆与历史语言研究所，因平馆及北大图书馆藏书颇多，而东北各省及山东等地图书缺乏，东北大学、长春大学、长白师院已恢复图书设备，以五单位图书的百分之二十交清华外，统筹分配各校及山东大学较为合理。日本图书保存会之正本移交北平图书馆整理后成立日本研究室及日文书库，其中所有复本，分配东北、长春、长白三院校。[1]

据报道："国立清华大学图书馆，战前收藏图书杂志三十馀万册，平市沦陷后即流散各处，大部书籍由伪北大保管，近代科学图书馆亦有一部，报章杂志大部为伪新民会攫走，光复后所存伪北大及近代科学图书馆等处之书籍，已于本年七月底陆续收回，数量尚不及原有三分之

---

1 《北京图书馆馆史资料汇编：1909—1949》，第849页。根据报道，长春大学缺少书籍：《东北敌伪图书拨交长大使用》："先后接收敌伪各级机关藏书，共达六万两千馀册。以日文书为最多，英汉文等次之。……兹已奉令悉数赠与长大使用，刻正赶造表册中。"(《申报》1947年4月11日第五版)《关外新学府 长春大学》："书本与教授，在长大都是问题。书本供应困难，除日文书籍外，根本没有参考书。"(本报沈阳记者赵辰，四月十四日于长春，《申报》1947年4月20日第五版)当时也从上海等处给长大等校分配了书籍，有报道称：上海三十馀万册书籍分配给了东北、长春、英士等大学。而平津四十馀万册，平津图书处理委员会把拨交的日文书籍成立"日本文库"，"其中英文复本分配图书过少之国立院校"。见《充实各国立图书馆设备教育部拨发无主书籍 十一单位共得四十万册》，《申报》1948年1月5日第六版。东北大学也同样如此，据《复员后的东北大学（二）：二十四周年纪念特稿》："九 设备（一）图书馆 现有图书统计七万三千一百册，……以上中文书占五万一千四百册，英文书占九千二百册，日文书占一万二千四百册，所有各项刊物均在整理中。上列图书，均系由西安三台等处积年辛苦蒐集之数，近经教育部战时文物损失整理委员会京沪区代表办事处，分配东大书籍三万三千〇三册，已经派员前往起运。"(沈阳《东北民报》1947年4月27日第三版）

一，且大部已残缺不全，多数成套书籍已不能成帙，现正加以整理中。"[1] 梅贻琦在《复员后之清华》（1947年3月15日）里说："战前藏书数目，中日文书二十五万馀册，西文书八万馀册，合订本期刊三万馀册。兹复员之后，自北平各处收回书籍，约中日文书十三万五千馀册，西文书四万三千馀册，合订本期刊二万馀册。以册数而言，损失约为一半，但收回者往往残缺，配补困难，则损失实在一半以上。故图书之补充，实为复校后重要问题之一。"[2] 而据《复员后之清华（续）》（1947年4月25日）统计说：馆中藏书，计有中日文书158591册，西文书52749册，装订本期刊30470册。[3] 而中央社记者蒋志芳报道说，北大图书馆，从抗战前十馀万册升到五十万册，仅次于国立北平图书馆。"'北大得天独厚'，这是冯友兰教授回北平后对北大的评语，他还说：'北大现在是四壁琳琅，美不胜数，而清华则是疮痍满目，惨不忍睹了。'"[4] 秋云在报道里说："上月去清华园探望陈寅恪先生的眼疾。他笑着对我说：'北大现在特别阔起来了，接收了许多新财产，好像新发了财的样子。清华里面弄得破破烂烂，楼里面全是空的，好像抄了家的大观园的样子。'这位大师哈哈的笑了，一个这样深沉的纯粹学者，有时候一个比方，会这样的幽默有趣。"[5] 这也是朱家骅要把部分图书拨给清华的原因。时任清华大学图书馆主任的潘光旦1947年4月10日致信梅贻琦谈分配敌伪图书事。信中说五单位藏书四万二千册，原来决议是全部分配给清华，可过了半年，到去年9月又改为八二分：清华十分之八，平馆十分之二；中研院却得三十万册，北大十一万册，"而本校戋戋三四万册，至今未分得片

---

1 《梅贻琦谈清华校务 校舍赶修中 双十节开学 文法理工四院增设五系 清华图书馆损失极严重》，《华北日报》1946年9月14日第三版《教育与文化》。
2 《清华大学史料选编》第四卷，北京：清华大学出版社，1994年，第31页。
3 《清华大学史料选编》第四卷，第68页。
4 《复员中的北平大学教育》（上），长沙《湖南国民日报》1947年1月14日第三版。
5 《北大琐谈》（下），上海《中央日报》1947年1月29日第七版《教育》。

纸"。现在潘要去交涉，提出就按最初胡适所议全部拨交，而非八二分。[1]在图书分配问题上，清华与北大、平馆都产生了一定矛盾。[2]

因而1946年根据平津区敌伪图书处理委员会第三次会议决议，委托北平图书馆移运中日文书籍。有报道说平馆接管四十万册日文书："记者昨晤教育部平津敌伪图书处理委员会委员沈兼士，谈及日文书四十一万六千馀册处置问题。据称：前经各委员议决之办法中有一项，为此项书籍由国立北平图书馆接管。其有同本者，经检出后，分配各校，目前正在检查制就之卡片。此次袁同礼馆长返平，必携回教部核示之办法。北平图书馆将设立日本研究室，故此大批日文书，由北平图书馆接管，此举实最合理。此批日文书，现存东城东昌胡同北大文科研究

---

[1] 《潘光旦文集》第十一卷，北京：北京大学出版社，2000年，第196页。
[2] 当时北大接收了大量敌伪图书：1946年北京古学院（后为国学院）全部藏书22293册，奉教育部令移交北大，多为国学古书。1947年沈阳博物馆配赠《清实录》一部。1948年1月日本军部调查班（绥靖总署）藏书全部移交北大，共计12263册。据《文化汇报》（三一）：北大图书馆，中文350151册，日文24288册，西文71499册，总计445938册，敌伪时曾藏有七十一万四千册（上海《民国日报》1946年9月15日第四版《觉悟》）。田希圣在《北京大学图书馆概况》里说，北大图书馆书籍共计五十馀万册，最近接收、采购的新书，尚未包括在内，中文书345794册，西文书70938册，日文书23757册。"以上所说全是北大图书馆的本馆，因为农医两院，先修班距此甚远，所以都有图书分馆。尤以先修班的图书分馆为佳，藏书十一万卷有奇。"载《教育短波》复刊第一卷第五期（1947年2月15日）；另见吴梒编著《北京大学图书馆九十年记略》，北京：北京大学出版社，1992年，第200页。而魏麦人在《沧海桑田话北大（十一）：北大的图书馆（上）》一文里提及："事变时，他的藏书不到三十万册，而目下已拥有将近五十万册的图书。这个数字，写的再详细一点，是中文书三十四万五千七百九十四册，杂志四千三百五十七册，日文书二万三千七百一十五册，杂志五百七十三册。西文书七万零九百三十八册，杂志五百六十一册，合计数字是四十四万五千九百三十八册。但有一部份散本杂志没计算在内，同时还有在理学院和农学院的书籍，最近也可收回，说拥有五十万册图书，并没有丝毫夸大的意味。"（北平《世界日报》1946年10月25日附刊《小世界》第三版《学生生活》）。又《北大图书委会 开会决议两项 设常设会处理事务》："【本报讯】北大图书委员会前天下午在孑民纪念堂开会，到有委员王重民、朱光潜、胡筠、李涛、毛准、周炳琳、饶毓泰、沈雋淇、王铁崖等九人，由王铁崖主席。先报告北大图书委员会的经过，大略说：……复员以后，接收平大和其他学校书籍，没有编目的有三十多万册，另外四院还有五六十万册没有编目，现在已经编目的中文书有十万册，西文书有九万册。"（北平《世界日报》1948年1月2日第三版《教育界》）

所，该所需用房舍甚急，目前在堆积之数间房屋内，清理编目，乃不可能之事。"[1]《世界日报》又在1946年12月1日刊登消息《袁同礼谈图书馆三事》："袁同礼昨对记者称……（三）教育部平津特派员办公处接收日文书四十馀万册，已呈请教部拨五千万为整理等费用，目前先制书架。该批日文书设置□，曾与静生生物调查所交涉，存放该所，现则决定放在太庙。"又12月5日报道《国立北平图书馆增七专门阅览室》："……（六）日本研究所，设在太庙，图书尚存放在东城北大文科研究所，日来该馆赶制书架，并派馆员四人，赴太庙预备整理该批日文书籍工作。"

平馆1947年1月呈递给教育部的《北平图书馆接收移运中日文书籍报告》里说："故都平津区特派员办公处保管之中日文图书原存东昌胡同一号，前由平津区敌伪图书处理委员会委托本馆接收移运。本馆旋与故宫博物院商洽借用太庙房屋集中整理，自三十五年十二月十六日起至十二月三十一日止，共运中日文书籍三〇七四箱。"[2]而据平津区敌伪图书处理委员会所拟《教育部特派员办公处移交书籍整理计划草案》："此项书籍包括日本图书保存会、东方文化协议会、久下司、桥川时雄、小谷晴亮、兴亚院六单位之藏书，约共在四十万册以上。……若有复本，剔出另装箱，即请教育部处理分配。"[3]而分配方案是："除中文书前经本会建议，以十分之八归清华大学，十分之二归北平图书馆。其日文书籍之复本拟随时剔出，分别整理……按教育部办法分批分配各院校及研究机关。……九、日本研究室：凡日文书籍仅有一部而无复本者，拟交北平图书馆成立日本研究会，公开阅览。"[4]另有消息说："北平日人所设东方

---

[1]《四十万册日文书 将由北平圕接管 沈兼士谈此举最合理》，北平《世界日报》1946年11月9日第二版《教育界》。
[2]《北京图书馆馆史资料汇编：1909—1949》，第870页。
[3] 同上书，第871页。
[4] 同上书，第872—873页。

文化事业总委员会所藏中国旧籍一万一千四百馀种，碑文拓片五千六百馀张，汉熹平石经残石一百块，暨续四库提要三万三千七百馀篇，顷经教部移交北平图书馆。"[1]

北平图书馆馆长袁同礼还专门谈起"日本研究室"的意义："袁同礼昨天（引者按：1947年1月15日）谈……（二）四十一万馀册日文书已移至太庙，正由馆方派十馀人积极整理中。内有副本十馀万册，俟教部令到即遵照分发各学校单位。此批图书极多参考材料，亦多军事国防资料。胜利后一般人不屑于研究日本，实乃错误，政府应鼓励各校研究日本。此批书籍整理完竣即设'日本研究室'。将请北大、清华、辅大、燕大、师院及该馆六机关，任日本研究室顾问委员会，但系指导性质。该会在月底前可成立。"[2]

（六）平馆代管

另有消息谈及汉奸家产情况："汉奸逆产清册，现正由敌伪产业处理局移交冀高院监察处办理。……另悉：王荫泰逆产中，以珍贵古玩占大宗，周作人、董康逆产中，以书籍占大宗，张仁蠡逆产数字亦甚可惊，金条手饰约一箱，皆系伪天津市长任内搜刮者，夏肃初、钱稻孙、罗锦等逆最穷，仅有少数破烂家具，及旧三轮车各一辆，汪时璟、张仲

---

[1] 上海《东南日报》1947年1月9日第十版《文史》第二十五期《文史消息》。
[2] 《袁同礼谈北平图书馆务 日本研究室月底成立 西文书已到百三十箱》，《世界日报》1947年1月16日第三版《教育界》。《华北日报》也在同一天第三版《教育与文化》刊登了这则发自中央社的消息《北平图书馆近状》，而"南心"在文章《谁能保证日本不再侵犯中国？国人应急起研究日本》里赞同袁同礼"胜利以后，一般人不屑于研究日本，实乃错误，政府应鼓励各校研究日本"这句话，并说明了研究日本以防其再次侵略的意义（《华北日报》1947年1月20日第六版《华北副刊》）。

直两逆西服大衣最多,闻最近即可拍卖。"[1]

因而郭墨狼1948年4月6日致函胡适:"报载周作人先生书籍即予拍卖,诚觉可惜,因作小文呼吁。"他认为周作人的书不应拍卖,应加保存,并说他给胡寄了剪报是因为"鄙人因与周先生有一面之雅,且以文化学术立场,不觉多事"。信后附有题为"周作人的书不应该拍卖应加保存"的剪报,署名"墨狼",其中说:"周作人的财产要拍卖了,连书籍箱也在内。……应该有一个补救的办法,使这些珍贵书籍不致有散失之虞。……不过站在文化学术的立场来说话,总觉得周的藏书轻描淡写地因此拍卖而散失了去来,总是一种很大的损失。我们主张周的书籍最好是由国家明令交给北平图书馆或北平大学,最为妥当。如果北平法院当局认为这些书籍可以拍卖很多钱,那末我以为胡先生也应该而来设法一起收买了下来。……为什么,因为周的书籍颇多海内孤本,不能让因拍卖而散失。"[2]

1947年5月14日北平图书馆复原后第一次馆务会议讨论"接收各汉奸书籍案。决议:听取杨殿珣君报告后即行移运来馆,现须先事预备者为交通工具、书箱、麻绳、照料人员及存放地址等。交通工具拟借北大卡车或改雇排子车,照料人员须多派几人,地址先借本馆旧满蒙藏文书库存放,如不能容,再借团城后院各房存放。已与文整会函商,必要时可托该会俞同奎协助。"[3] 杨殿珣时任平馆中文采访组组长。

另有消息说:"△王逆揖唐所藏珍贵图书一百□十箱,已由北平图书馆接收。陈逆群所藏在战前即价值五十万元之善本图书,亦已由中央

---

[1] 《冀高院整肃法纪 严禁各汉奸装病保外就医 每周调查董康马连良一次》【本报北平通讯】,南京《新民报》1947年3月18日第二版。
[2] 《胡适来往书信选》下册,北京:中华书局,1980年,第194页。剪报见南京《社会日报》1948年4月5日第三版《十字街头》。所以《书信选》把郭墨狼此信的日期系于1947年4月6日是错误的。
[3] 《北京图书馆馆史资料汇编:1909—1949》,第881页。

图书馆接收云。"[1]而《北平日报》刊出消息：

> 【本报讯】司法界消息：中信局平分局顷奉行政院电令负责查检扣押之汉奸所有图书，文玩，分别移转北平图书馆，古物陈列所保管，中信局奉于二十一日着手进行，首日查验之对象为老奸董康，昨日为伪天津市长张仁蠡，今日为伪北大校长钱稻荪，明日为伪教育总署督办周作人，但仅系移转保管而非处分，闻董康所藏碑帖，板本颇多，张仁蠡收藏之图章板本亦甚夥。[2]

因而知堂藏书于6月24日被查验无误后即移交北平图书馆保管了。《国立北平图书馆复员情形报告（文稿）》（1947年7月4日）里说："（一）建设……兼有新购入或受赠之善本及特藏书籍，又接收敌伪及各汉奸之藏书多种，其中可供研究参考者资料甚多。"[3]

（七）太庙分馆

北平《新民报日刊》报道称：

1　上海《东南日报》1946年9月19日第六版《文史》第十二期《文史消息》。而据邓之诚日记，1947年1月18日："阅报，南京查封逆产清单，褚民谊有书十馀箱，又四千馀册。褚昔年曾以五千金购宋本《史记》，想十馀箱中，当有佳书不少。梁鸿志则有书万二千馀册，又四十馀箱，多于我所有也。"（邓瑞整理《邓之诚文史札记》修订本，南京：凤凰出版社，2016年，第406页）当时不少人关注着这些藏书的下落。
2　《中信局奉令查验汉奸文玩图书》，《北平日报》1947年6月23日第四版。
3　《北京图书馆史资料汇编：1909—1949》，第881页。

研究日本的权威机构 平津区图书处理会

——它拥有日文图书四十万册

【本报专访】抗战胜利日本投降，在北平敌军缴械的同时，接收了一大批日文图书。这些书最初堆在东昌胡同沈兼士宅，后来教育部令胡适，梅贻琦，陈垣，沈兼士等组织了教育部平津区图书处理委员会，于去年冬觅得了一个宽敞安静的去处——太庙，开始整理；太庙两配殿三十间大屋子都装满了，至今尚未能统计出卷数，据估约在四十万卷以上，这是我国第一大日文书库，记者昨日前往参观，进到两配殿里重重叠叠的书架子之间，四周上下是无数卷的日文书了，这会立刻使你感到日本人在文化工作上如何努力。伸手拿起一册翻翻，它的印刷进步，装订的精美，我们战胜国截至目前止，还相差得很远。

这一大批图书，可分两大类，一是"学术性"的，一是"侵略性"的，学术性的里面自然科学，社会科学，著作的翻译，包括很广，侵略性的，关于"日，满，华"和"大东亚"之类的也很不少。处理委员会的分类，首先把关于最切身我们的中国部分的整理出来。据该会负责人称：用了人力物力全部整理完了，至少要一年，我们尽先把中国部分整理好了开放了。日本人研究我们太详细了，这一部分图书约有二千多种，内中文史方面从四书五经，春秋左传，古文观止以至后来的小说，连官场现形记都翻译过去了。地理部分，我东北光写"满洲国境"就是多少部，至于蒙古台湾更是数不胜数了。风土方面就是"支那民歌"和"京剧入门"都包括在内。这些书的出处问题，正本多是要交北平图书馆，其馀复本还很多，打算分配给各处图书馆。为了这些书吧，以处理委员会的工作人员为主体，最近在太庙内成立了一个日文讲习班，多学一国文字多得不少好处，同时日本人的文化工作的努力，由此可见！

该会主席万斯年先生是远东问题专家，他对整理这一大批图书发生了很大的兴趣，河南大学聘他为教授，他把聘书退还，太庙因是古建筑不能生火，去年冬天冷得伸不出手来他不怕。他对记者说："这大批书是日本人组织了个图书保存会，怕散佚了从私人处搜集起来的，在世界上除了日本，这算第三个日文书库了。"（宝）[1]

1947年11月13日，教育部致函平津图书处理委员会同意袁同礼分配办法，其实就是按照朱家骅的办法：兴亚院五单位书籍，除了交给平馆和史语所的《清实录》《明实录》两套大书，馀以百分之二十拨交清华大学，百分之八十分配于东北大学、长春大学、长白师范学院及山东大学。又日本保存会之复本书分配于东北、长春、长白三院校。……其正本转交北平图书馆整理后成立"日本文库"。[2]因此平馆藏书数量和质量都突飞猛进，据1949年《国立北平图书馆藏书统计概数》记载：代人接管书概数250000册。中文135000册，西文20000册，日本研究室接管89655册，共约250000册。[3]由中文采访股接收者，计有121311册100轴6489函20宗1266张18卷26件7束1086种。其来源计有下列二十二单位，其中敌伪机关：工务总署、山中商会、中日实业公司、朝鲜银行、畜牧实验所、天津纺织公司、联银图书室；个人：王揖唐、张仁蠡、王荫泰、董康、钱稻孙、汪时璟、周作人、殷汝耕、柯政和、许修直、池宗墨、郭立志、陈静斋、管翼贤、孙润宇15人。由西文采访股接收者计有："西文11719册，360函 又一木匣。期刊等2621册，地图14册又二张。档案等2480件，家具等127件。其来源计有下列三单位及其他：一 正金银行，二 日本图书保存会，三 日本大使馆。"[4]代接管

---

[1] 北平《新民报日刊》1947年7月6日第四版。
[2] 《北京图书馆馆史资料汇编：1909—1949》，第906页。
[3] 同上书，第1107—1108、1110页。
[4] 《北京图书馆馆史资料汇编：1909—1949》，第1116—1119页。

书主要指接收日本侵华各机构以及汉奸等人的藏书，知堂的藏书就包括在其中。家具里应该包括被收缴的知堂书箱和苦雨斋牌匾了，而代管西文书来源里的"其他"，自然包括知堂等人的西文藏书了。

另有报道称："战时日本自北平所窃去之图书六千零七十一册，及杂志报章一万四千七百三十四份，将于最近归还中国政府，该图书杂志等由中国窃去后，被置于东京大学（即前东京帝国大学）之图书馆中，迄今皆由日政府保管。"[1]以及《日劫存我国书籍万馀册 盟总允全部归还 短期内将运返上海点收》："【本报南京廿三日电】日本东京政治研究所内东亚研究所，存有劫自我国之书籍，共计一五，四七〇册，其中有'古书'五，九三一册，'万有文库'二，二九三册，'图书集成'一，九九〇册，杂志五，二五六册。"[2]这是日本较晚归还的书籍了。

根据教育部分配方案，要把中文书和日文复本都分配出来交给其他院校。北平报道："国立北平图书馆长袁同礼昨对记者称：……本馆自胜利后，藏书已由战前一百万册增至一百五十万册以上，书库书架均不敷用。增加五十万册以上之书籍，系有各种来源，包括购置等项。至北平图书馆代管教育部在平接收之日文图书及一部中文图书，已分配东北，长春，山东三大学，及长白师范学院。东北大学分配之图书，由北平蒙藏学校代收。山东大学者已寄出，其馀三大学正在平点收，每一校分配

---

1 《日窃我之图书将于最近归还》【中央社东京六日专电】，长沙《湖南国民日报》1948年2月7日第四版。另有消息："抗战期间在香港为敌人掠去之中央图书馆善本书一〇七箱，及中山，南开两大学，亚洲文会，中华图书馆协会及个人在港被日劫去之书，顷已全部索回，俟由教部清理后发还。"（上海《东南日报》1947年11月12日第七版《文史》第六十五期《文史消息》）长泽规矩也在《古书与我》一文里提及，日军在香港大学冯平山图书馆所获的那批要运去美国的中央图书馆古籍，运到东京后交给上野的帝国图书馆处理，由他负责整理编目并撰写每本书的提要。日本投降后，这批书被国民政府驻日代表部张凤举（引者按：张凤举系盟国对日委员会中国代表团专门委员）查到而索回。见林景渊编译《扶桑书物语》第二辑，新北：远景出版社，2020年，第294—295页。
2 《申报》1948年3月24日第六版。《又一批书籍将自日运沪》，北平《世界日报》1948年3月24日第三版《教育界》。

之书，在一万册以上。另有中文书一万二千册，分配清华大学。分配所馀书籍，亦造册呈部核定。……"[1] 随后又报道："北平图书馆馆长袁同礼昨（七日）对记者称：教育部接收敌伪图书委员会，已将所有图书分配完竣，大部分配东北来平各院校。"[2]

而北平则刊出记者胡冰的专访：

> 胜利以前，敌人在平的文献，分别汇萃在兴亚院，文化协议会，东方文化事业总会和近代科学图书馆等几个机构里，当时虽然没有正确的统计数字，大约总在百万册以上。另外几家私人藏书——如桥川时雄，小谷晴亮等——数量也相当可观。……教育部特派员办公处接收的日文图书，除了图书保存会一处之外，还有兴亚院文化协议会等机关的藏书和桥川时雄，小谷晴亮等私人藏书，总数约达四十一万册书籍，接收当时都集中在东兴楼，后来又搬至北大文科研究所，去年一月，教育部特派员办公处宣告结束才又由国立北平图书馆接收，全部迁到太庙，成立了一个日文书库。
>
> 教育部特派员办公处只是接收并没有整理，整理工作是在搬到太庙以后才开始的。担任这项工作的仅仅四个人，（周作人的长子周丰一便是其中之一），由万斯年作主任。……
>
> 他们的工作分三部份，一，编目。二，整理。三，分配。
>
> 编目方面，从去年一月到现在，四十一万册中的六万册中文书都已经编好，正在编制中的有日文参考书目（约二千册）和日本研究中国书目（约万馀册），普通的日文书一目，也将开始编制。

---

1 《北平圕藏书增五十万册 接受日文书已分配东北长春等五院校》【本市讯】，北平《世界日报》1948 年 5 月 13 日第三版。
2 《接收敌伪图书 均已分配完竣——袁同礼昨对记者谈》【本市讯】，北平《世界日报》1948 年 7 月 8 日第三版《教育界》。

整理工作主要是分出复本。因为这些书籍是各方面联合起来的，所以重复的本子很多，尤其是文学书。复本最多的达一百册以上。将来整理竣事后，正本收归北平图书馆日文书库保存，副本完全分配给各学校。

由于编目和整理工作的迟滞，因而影响了分配，分配的主要对象是国立各院校图书馆，已经分配出去的有清华大学图书馆中文书一万馀册，长大和东大也可以分到一万多册。按照他们的预定计划，暑假以前，中文书可以完全分配出去。

日文书库的开放还没有确期，不过北平图书馆的日本研究室却早已成立了，北平图书馆所藏有关日本问题的西文书籍都已移往该室，另外该馆还有旧藏的日文书三万馀册，假如还有人想在这时候研究日本问题，这里到还有一些可以利用的资料。

除了北平图书馆日文书库外，还有一处也是日文书的渊薮，就是中央研究院历史语言研究所北平图书史料整理处，这里面存有敌伪北京近代科学图书馆，北平人文科学研究所，东方文化事业总委员会等处藏书。北京东方文化事业总会藏书约十七万册，科学图书馆十一万册，前者百分之九十以上是线装书，后者多半是自然科学书籍。另外还有松崎鹤雄私人藏书数千册，科学图书馆西城分馆藏书三万册，满铁图书馆藏书二万馀册。接收的情形东方文化总会这部分最好，只遗失了两三本，近代科学图书馆遗失的较多。整理工作是从去年七月开始的，由余逊教授和李孝定氏主持。[1]

另关于史语所北平史料整理处的工作进展情况："国立中央研究院历史语言研究所北平史料整理处，自胜利以后奉命在北平成立以来，到

---

[1] 《敌人留下的文献——记北平图书馆日文书库及其他》（上），北平《平明日报》1948年7月3、4日第四版。

现在已经两年多，一共接收'日本东方文化事业委员会'及'近代科学图书馆'图书三十馀万册，因为卡片零乱，册籍散佚，经过长时间整理检查，预定今年二月内正式成立一个有系统的"日本文库"。此批图书中的复本和少数中英文书，则将分配给各国立大学图书馆。"[1]

（八）分配完毕

所以清华大学、北京大学、山东大学等校都分得了部分图书。据《国立清华大学图书馆概况》（1947年4月）："北平接收之图书，现集中于太庙，在整理中，本校分得一部分。"[2]1948年1月，清华大学接收了教育部平津区图书处理委员会分配的中文书1849部2166种，12000册，日文书3245册，当时清华还编有接收目录，如《国立清华大学受领教育部平津区图书处理委员会拨交日文图书目录》等。因为接收敌伪图书和购入新书，到1948年4月清华大学馆藏书有中日文书219436册，西文书92615册。新中国成立前夕中外文书有38万多册，中外文期刊3万多册。[3]而院系调整后，清华曾向外校调拨出大量图书。[4]

---

[1]《日文书库接收日文书 即将整理竣事》，北平《世界日报》1948年1月8日第三版。
[2]《清华大学史料选编》第四卷，第522页。
[3] 韦庆媛、邓景康《清华大学图书馆百年图史》，北京：清华大学出版社，2013年，第182页，第191页注。
[4] 而"1952年，清华图书馆文理、航空、地质、石油等专业图书，随着外调院系调整到外校，其中有中文书3290册，俄文书493册，西文书9896册，共计13679册。1953年院系调整后，第一次大规模外调图书，向东北大学调去文史类古籍线装书16788册，此后每年有书籍外调，到1957年初，共计调出31335册，占1952年原藏数量的1/16。1958年，第二次大规模图书外调，向内蒙古大学、人民大学、延安大学等14个单位调出中西日文书16万馀册，总计外调近20万册书刊"。清华现在存有外拨图书目录。"文理科图书调出清华图书馆后，但在校长蒋南翔、馆长兼副校长陈士骅、副校长刘仙洲等保护下，20多万册古籍得以保留。"同上书，第206—207页。

据现在披露的北大图书馆藏的一些中文古籍有知堂藏印和题记以及"国立北京大学藏书"印章来判断，当时有一部分藏书已经到了北大图书馆。[1]

而当时北大不止想要图书，连文物也想要。有报道说："国立北京大学决设立博物馆，馆址已决定国会街，并推定胡适，汤用彤，梅文中，杨振声，唐兰等九人为筹备委员。"[2] 北大1947年6月13日致函河北平津敌伪产业处理局提出："查汉奸嫌疑犯张仁蠡收藏文物中石刻碑版等项，已由行政院电令本校接收保管在案。按平津各汉奸嫌疑犯收藏图书部分，已完全由国立北平图书馆接收保管，此外各犯所藏文物应保存者尚多。本校所设博物馆储藏丰富，可资比较研究，拟请将此类文物依照图书部分办法，一并移交本校接收保管。"[3] 而行政院河北平津区敌伪产业处理局8月11日回函说："查各汉奸多尚未经法院判决确定，前准行政院秘书处函，以奉院长谕'汉奸古玩图书应俟判决确定没收后，拨交教育部一并处理'嘱查照等由，贵校拟接管各汉奸所藏文物一节，在未呈准行政院前，歉难照办。"同年11月3日，中央信托局北平分局致函北京大学，说他们由敌伪产业处理局接收了张仁蠡所藏石刻碑版后，已移交北大，数月前已由唐兰负责查收在案了。不知其他人所藏的文物是否交予了北大博物馆。[4]

---

1 朱珊《新见周作人藏书题识三则述要：兼录周作人旧藏尺牍总集三种》，《图书馆理论与实践》2014年第12期。
2 上海《东南日报》1947年4月30日第七版《文史》第四十期《文史消息》。
3 《北京大学史料》第四卷，北京：北京大学出版社，2000年，第818页。
4 有报道《北大博物馆为充实内容 收集有关历史物品 希能成为一比较完善系统 韩寿萱对记者谈》："北大博物馆筹备处以及在前几天成立"，馆长为韩寿萱（北平《世界日报》1948年2月28日第三版《教育界》）。另《北大博物馆已正式开放 尚需十年始能完备》：北大博物馆委员会三位委员为唐兰，杨振声，沈从文（北平《世界日报》1948年4月5日第三版《教育界》）。

四　入藏国立北平图书馆

（一）图书充公

徐淦回忆说：知堂"藏书（约两万馀册）被国民党没收后装了几十箱，先存北大图书馆，后来存放北海图书馆尘封着，周作人译古典著作及注释，需要参考书，必须开了书单，申请核准，才能开箱取出一部分来使用。想买新书、外文书，但买不到买不起，这真是有苦说不出"[1]。徐所说的存北大图书馆不确，其实是交由北平图书馆保存。钱理群在知堂传记里说："藏书大部分（约两万馀册），一九五〇年充公，在以周作人之子丰一的名义所留的图书中，可供他吟味的不过是《阅微草堂笔记》。"[2]而木山英雄谈及："周作人的藏书现存北京图书馆（但并非完整一体的保存而是分散于各处，且没有目录），就是拍卖的结果。据遗属讲，藏书约一万种一万五千馀册。没收时所制目录不知放在图书馆的什么地方了，一直没有找到。"[3]不过当时知堂藏书根本没有拍卖，先由北平图书馆替教育部保管，到1949年后才归北图所有。而且根据北平《新民报

---

1 《忘年交琐忆》，《闲话周作人》，杭州：浙江文艺出版社，1996年，第137页。
2 《凡人的悲哀：周作人传》，台北：业强出版社，1991年，第272页。
3 《北京苦住庵记：日中战争时代的周作人》，赵京华译，北京：生活·读书·新知三联书店，2009年，第247页补注8；《周作人「对日協力」の顛末：補注『北京苦住庵記』ならびに後日編》，東京：岩波書店，2004年，第313页补注8。

日刊》1948年2月2日的采访，知堂儿媳说："原藏二万多册书籍经查封后，已有一万多册送到北平图书馆了。"那就是一万五千馀册藏书被平馆没收，其馀还剩下至少五千册左右。这是当时有规定要"酌留汉奸财产1—20%为家属生活费用标准"，而且是以周丰一所有的名义，以日文书为主，也就是周丰一住处"那三间屋子大半面积是排满了书格里的日文书"。这部分藏书后来也因他斥卖以维持家计而逐渐散去。

据时任人民文学出版社副社长的楼适夷回忆，周作人被国民政府没收的书籍，曾经囤积在故宫神武门的后楼上，知堂几次向有关部门提出要求予以发还，他也曾经帮交涉过，但始终未解决。楼适夷存神武门后楼的说法不确，把知堂的藏书混同于存放太庙的兴亚院等五单位的藏书了，这批书其实都装箱存放于北平图书馆，江绍原的文章里已经写明。而且北图没有上面的命令，当然不会归还了。钱稻孙当时也去北图和中科院图书馆寻找自己的藏书，图书馆方面不会提供帮助，也是空手而归。

（二）卖书度日

不过国图所存的知堂藏书只是其中一部分，谢蔚明说：他1956年走访知堂前，在戏剧家马彦祥处看到几本线装木刻的书，扉页上钤有周作人印章，"马先生说，北平解放前后，周作人因为经济拮据，有一段日子靠卖珍本藏书维持生计，流失在外的不少，他就是旧书肆上买来的，这话是可信的，他记得阿英也有周氏印章的古书"[1]。看来知堂藏书1949年前后就有流出。当时北平周家只靠周丰一一人的薪金生活，他在北平图书馆的工资每月大约一百万元左右，根本不够家里开销，所以会

---

1 《我和知堂老人的一段交往》，《闲话周作人》，第197页。

把家里的树卖掉，又给《华北日报》写专栏挣稿费[1]，但还是远远不够，就只能把家里剩下的一部分书拿到德胜门晓市去卖。[2] 当时一个教会学校老师，每月教书挣一百万块，根本不够生活，他就到德胜门晓市摆摊，反而收入超过了薪资。[3] 所以收入更加低微的周丰一主要靠卖书来维持家里生活，因而马彦祥等会买到不少知堂旧藏。另外马彦祥于1948年6月底离开北平去石家庄，于1949年2月2日返回北平城，所以他购买知堂藏书的时间应该在1948年6月底以前及1949年以后。

_____

1 《华北日报》从1947年1月14日到8月22日在第六版《华北副刊》刊登了"之迪"几十篇文章，根据他《谈数学》《慈善病房》《往昔》等一系列文章透露的个人信息，可以确定就是周丰一所写，他字之迪。他还为报纸翻译了获原井泉水、高滨虚子的《俳谐师》，以及内田百闲等作品，所用的底本应该就是抄家后所遗留的日文书籍。

2 陶亢德回忆："他回到北京……经济相当困难，听说他的唯一儿子丰一曾去晓市摆过地摊。"引自陶洁《我们的通讯早已有些'越轨'》——我的父亲陶亢德与周作人先生》，《掌故》第四集，第129页。当时北平有德胜门北晓市与哈德门南晓市，见汪介夫《北平的晓市》，《华北日报》1937年6月11日第十二版《咖啡座》；另参看全厚《德胜门小市》，北平《新民报日刊》1947年7月7日第五版《北京人》。

3 "耳"《孜孜粉笔徒清苦"晓市"生涯胜教书》，北平《新民报日刊》1948年1月18日第四版。据心波《访问潘光旦教授》，当时清华大学教授潘光旦一个月薪金三百二十万，另有两袋面粉，也不过勉强维持生计而已（北平《新民报日刊》1948年1月8日第四版）。"令"《私立大学生呼吁 争取合理待遇》：王桐龄老教授每周十六小时的课程，他的报酬是一百六十万元，加上他在中院的薪金六十二万元，每月二百余万的总收入，要维持五口之家的生活。中法的教授和朝阳的一样，天天打发穷日子，兼课教授每周一小时，一月才得九万元的报酬。俞平伯教授住在西城，所得薪金不够往返车钱（北平《新民报日刊》1948年2月19日第四版）。[彭]子冈在《秋风里访教授们》的采访里说，北大教授闻家驷，一百四十五万维持一家六口的生计，他因为身体太弱要吃好一点，每天菜钱就要二万，而在学校的大孩子，午餐四千元，还吃不饱，要带馒头。常风到北大做事一年了，底薪三百八，目前薪水是一百一十九万。太太在清华作讲师，月入八十万。他帮朱光潜编商务印书馆的《文学杂志》，每月有编辑费五十万，三十万作杂项开支，二十万常先生支用，所得还不够买一袋面的。沈从文的月薪是一百四十九万，仍难以维持一家四口的生计。北大经济系教授周作仁月薪一百六十多万，一家七口月需米一百五十斤，生活也很困难。当时三四吨煤要三四百万。而向达1947年9月底就要到南京去。去年本应出国，但因美国国会图书馆经费裁减，撤销了向先生的机会。他在北大已经借支了三百万，不能再透支了。而今年冬天的三四吨煤就压倒了向先生的双肩，上半年他在中法大学兼课两小时，每月薪水不过六万元。所以向夫人说："因此我说要把他当到南京去了，当他一年。"（天津《大公报》1947年9月16日第二版、17日第三版）

（三）吴晓铃捐赠

马彦祥大雅堂藏书已经都捐给了首都图书馆，或许查阅其古籍书目会有收获。而现藏首图的《山海经释义》十八卷信息如下：（晋）郭璞注（明）王崇庆释义（明）董汉儒校订，明万历刻本，一函六册，钤朱文印：苦雨斋藏书印，阴阳合璧印：周丰一。[1] 这就是吴晓铃捐赠的藏书之一，查《首都图书馆藏绥中吴氏赠书目录》，找到八种吴的知堂旧藏如下，除《山海经释义》外[2]，其馀七种是：

《燕说》四卷，（清）史梦兰，清同治六年（1867），钤"苦雨斋藏书印"朱文印、"吴"朱文印、"晓铃臧书"朱文印。（第1页）

《南宋杂事诗》，（清）沈嘉辙等，武林：芹香斋，清，钤"苦雨斋藏书印"朱文印、"晓铃臧书"朱文印。（第7页）

《新镌草木花诗谱》，（明）黄凤池撰并绘，明天启元年（1621），有周作人题识，钤"晓铃臧书"朱文印。（第21页）

《新镌注释出像皇明千家诗》，（明）汪万顷选注，日本：萃庆堂，日本贞享二年（1685），钤"周丰一"印（阴阳合璧）、"周伯上"朱文印、"苦雨斋藏书印"朱文印、"晓铃臧书"朱文印。（第31页）

《媚幽阁文娱》，（明）郑元勋选，明崇祯，仿刻明崇祯三年本，有马廉题识。钤"越周作人"朱文印、"会稽周氏凤皇专斋藏"朱文印、"岂明"朱文印、"荣木山房"朱文印、"马廉白文印"、"吴如堂印"白文印、"绿云山馆"朱文印、"晓铃臧书"朱文印。（第33页）

---

[1] 《首都图书馆古籍善本书目》，北京：国家图书馆出版社，2011年，第426页。
[2] 首都图书馆编《首都图书馆藏绥中吴氏赠书目录》，北京：国家图书馆出版社，2014年，第50页。

《姚镜塘先生全集》,(清)姚学塽,东阳:尊经阁,清光绪九年(1883),有知堂跋,钤"知堂"朱文印,"知堂书记"朱文印,"苦雨斋藏书印"朱文印,"晓铃臧书"朱文印。(第41页)

《笠翁词韵》四卷,(清)李渔辑,清康熙(1662—1722),有知堂(周作人)跋。钤"知堂书记"朱文印、"吴郎之书"朱文印。(第79页)

吴应该是当时或之后买到了这些知堂藏书。吴撰文说:"《一岁货声》一函一册,函面题签作'闲步庵藏'及'知堂题',下钤阳文篆字'周作人'小章。按:闲步庵系沈启无书斋名。沈氏,江苏淮阴人,燕京大学国文学系毕业,时周作人在该校兼课,故得跻身苦雨斋门墙,名列'三大弟子'之殿。……此书后归周氏。开国初,周氏生活艰难,竟至斥书度日,时余在中国社会科学院语言研究所,乃走访周氏,购求其藏书之与语言及民俗有关者,《一岁货声》遂归公有。余于1956年转入文学研究所,挚友相声大师侯宝林兄适有整理传统段子《改行》中叫卖蔬菜部分台词之想,亟欲参阅此书,乃由余转请语言研究所实验语音专家周殿福兄借出,搁置侯府数载。1991年,殿福以八十高龄逝去,语言研究所图书馆清查殿福借书,催余索还此书。时宝林亦患沉疴卧床不能起坐,乃嘱其三子耀文自藏书中觅出送来。余为复印二部,一贻宝林,一自存之,即此本也。余所以不耽烦琐,详述此书辗转流散经过,盖以说明古籍及存佚之幸与不幸,冀有识者及有心人共加护持之意耳。"[1]看来吴晓铃的都是1949年后在知堂处买的。

另首图还有:《越城周氏支谱》不分卷,(清)周以均撰,(清)周锡嘉编订,周氏宁寿堂,清光绪三年(1877),马廉题记、周作人题跋。钤

---

[1] 《一岁货声》,《吴晓铃集》第二卷,第238页。

"马廉"白文印、"越周作人"朱文印、"北平孔德学校之章"朱文印。这是接收自孔德学校的藏书。

（四）常任侠购藏

常任侠曾在 1940 年 2 月 8 日给周作人的信中作了自我介绍，说自己买了周的大部分作品，只是买不到《黄蔷薇》等书。[1] 他是知堂的忠实读者。据常任侠日记，1952 年 3 月 16 日："上午未出门，整理过去的书籍，取出周作人的书三十二本。"[2]1952 年 5 月 9 日："买《苦竹杂记》一册 三．〇〇〇。"[3] 这时他的知堂著作收藏已达三十三册之多了。常任侠在《回忆周作人先生》里说，他 1951 年任中央美术学院图书馆馆长时，入库书六千册，多是日文书，因为分类问题，向藏书家请教，周为其中之一。当时逢年过节，周丰一都会送来图书一大包，他让图书馆议价收下，周还赠送了一些版画。[4] 看来中央美院也有些知堂的日文旧藏。另据常任侠日记，1952 年 4 月 25 日："上午八时赴馆，周作人之子丰一送来《Art of Greece》一册，《アイヌ芸術》两册，前书由李桦买去。"1952 年 4 月 26 日："上午九时赴馆，将《虾夷艺术》二册还吴晓铃转周丰一，其《希腊艺术》一册，售与李桦，价八万元，并带去。"[5]1952 年 8 月 2 日："至东安市场书摊买《五十年来之中国文学》一册，系胡适赠周作人物，人贱物亦鄙，价四．〇〇〇元。"[6] 8 月 14 日：

1　沈宁整理《常任侠书信集》，郑州：大象出版社，2008 年，第 319 页。
2　郭淑芬整理、沈宁编《常任侠日记集：春城纪事 1949—1953》，台北：秀威资讯科技股份有限公司，2013 年，第 488 页。
3　同上书，第 510 页。
4　《闲话周作人》，第 268 页。
5　《常任侠日记集：春城纪事 1949—1953》，第 503 页。
6　同上书，第 541 页。

"至八道湾访周遐寿,此君藏书已散,尚有馀者,将以易米,拟择其善者购入。谈良久,赠山宝拓印《宋以后古镜拓影集》一册。"[1]这正是知堂卖书度日的最艰难时期。

而据老友高山杉告知,社科院哲学所图书馆也有十多册周作人的外文藏书,大多是图书馆从东安市场买的。这些书或许是周作人因贴补家用而卖出来的。

(五) 鲁博拒购

王士菁回忆:"大约是在一九五一年,北京图书馆寄给我们一份'周作人的藏书目录',说是他要把这批书卖给国家。理由是他'缺钱用',不得不把书卖出来。我把这份目录和鲁迅的藏书目录对照了一下,发现其中有许多是完全相同的。当时我们还没有时间清理鲁迅的藏书,更没有时间把周作人的书目和鲁迅藏书的目录仔细核对,无法作出判断:这批书是周作人自己的?还是鲁迅在一九二三年被赶出时留在八道湾11号的?因此也就没有考虑怎样去和他打交道了。"[2]其实这部分藏书就是知堂藏书所馀的那部分,并非鲁迅藏书。当时他想卖书给鲁迅博物馆,可因工作人员的疏忽而未能如愿。1951年《北京图书馆工作总结》说中外文编目股人员参加鲁迅故居工作,参加展览工作等,应该是那时整理了鲁迅故居的藏书,进行了编目工作。对照当时已编好鲁迅中外文藏书目录,只要稍稍用心,就可以对知堂藏书价值做出判断。《知堂回

---

[1]《常任侠日记集:春城纪事1949—1953》,第545页。按:录文"山宝"有误,作者是"山室三良",曾担任过北京近代科学图书馆馆长。此书为:山室三良《宋代以降を主とせる古鏡拓影集》(北京近代科学図書館編,北京:北京近代科学図書館,昭和十七年[1942]七月),和装,帙入,図版83枚,限定15冊。
[2]《关于周作人》,《南开学报(哲学社会科学版)》1986年第3期。

想录》里说1951年12月到1952年10月"三反运动"的困难时期,他把国民党所抢剩的书物"约斤"卖了好些。无法卖给鲁博,只好论斤卖给收废纸的而去了造纸厂化纸浆,这是知堂藏书中命运最可悲的部分。现任北京鲁迅博物馆副馆长黄乔生说:"周丰一1947年入北平图书馆,几年前,鲁博工作人员在这家外文藏书库看到盖有周作人藏书章的图书,可能是通过当时周丰一捐献或出售给图书馆的。"[1] "[知堂藏书]今天能在北京大学图书馆和北京(国家)图书馆见到,不过已经零散。"[2] 他误以为国图和北大图书馆的知堂藏书是他捐献或出售的,其实忽略了相关藏书被收缴的记录。

(六)北图接收

据《北京图书馆被接管后大事表(自三十八年二月十二日起至七月三十一日止)》记载:"[1949年]六月十七日,华北高等教育委员会准本馆接管敌伪机关及汉奸图书。本馆自三十四年以来接管之敌伪机关及汉奸图书,始终为暂时保管性质,至是始奉令准由本馆所有。"[3] 1950年北图工作总结说:本年收到中西文书刊435676册(本年收到的图书),日文书二十八万馀册,尚未完全登记外,其馀书刊已登记。"中文采访整理了一部分汉奸书籍,西文采访整理了西文复本书。"日本研究会部分:完成了复本分配工作,计分配单位81个,分配复本书共126293册,所馀282644册由北图保存。[4] 1949年6月6日北图举

---

1 《八道湾十一号》,北京:生活·读书·新知三联书店,2015年,第303页。
2 同上书,第265页。
3 《北京图书馆馆史资料汇编(二):1949—1965》,北京:北京图书馆出版社,1997年,第878页。
4 同上书,第604—605页。

行分配日文书籍座谈会，主要是分配存于太庙的日文书，有劳大等19个单位参加。当时北图还在整理太庙的日文书库。另《北平图书馆被接管大事表》："七月十三日：考试临时职员部分　除发到暑期学生参加日文书工作外，并考选临时职员九名，本日举行考试。""十七日：复试整理日文书临时职员部分　为慎重起见，整理日文书临时职员部分再举行考试，结果录取八名。学生部分取三十一名，到职二十七名。"[1]而据宋希於提供的《北大、师大、清华三校同学整理日文图书纪念册》（1949年暑期，还有徽记：北平圕日文书库整理图书完成纪念），时任北平图书馆代理馆长的王重民在《序一》（1949年9月14日）里说：自1949年七月初暑假开始，"北平图书馆向北大清华师大三个国立大学的学生会招请了六十几位同学，把太庙寄存的四十多万册日文书清整出来"。把这四十多万册书清理出一套正副本来由北平图书馆公开阅览，剩的副本分配给其他文化机关，只用了两个月工夫。而阅览部副主任贾芳在《序二》（1949年9月15日）里说："前后二次共聘同学六十九人临时职员八人全部工作人员计前后九十五人。自七月十五日开始，至九月十五日止，编制卡片工作，全部如期完成。……每日每人平均编制一百五十种以上，个人尚有达到三百七十馀种的最高纪录。"后面附有参与整理的人员名录，其中日文书库职员有周丰一、贾芳、王立达等十五人，以及三校师生名录，而纪念册后面还有参加者的签名。

1956年又根据文化部《关于清理公共图书馆现存旧书成立交换书库问题》，设立了复本旧书的交换书库。而1963年12月17日北图对外调拨图书期刊数字统计表记载，把图书一共发给了80个单位。

这样大量的图书交换，知堂与北图重复的一部分藏书或许因此而被分到了其他图书馆。这一点在国图查找时感觉特别明显，当时按知堂日

---

[1] 《北京图书馆馆史资料汇编（二）：1949—1965》，第882—883页。

记和文章，调查他有系统收藏的专题和作者，等提出书来一一查核，发现大多不是，都是平馆原有的藏书，或者是后来入藏的。那这些书的去向，应该差不多清楚了。他和钱稻孙等人的书，以及收缴的敌伪机关的藏书当时一起被平馆接收后，虽然是暂时代管，但馆员进行了登记，以及剔除复本的过程，只有一册的书放一处，而复本书则另外存放。等1949年后被确定归北图所有后，北图开始进行编目上架工作，这个可以从现存外文藏书上盖的"国立北平图书馆藏"印章和登记号判断出来。当然还有一部分盖有"北京图书馆"朱文圆印，这部分应该是1951年7月6日改名"北京图书馆"后编目上架的。1950年外文组也采访整理了外文复本书，主要都是那批接管敌伪机关及汉奸的书，估计会单独存放。查看国图现藏的知堂外文藏书，英文书登记号一般都是11万多号以后，那上架时间应该在1949年以后，日文书上架也是在这个时候，当然进度不一，日文书登记号相互间隔要差好几年时间。1956年文化部通知复本书可以各图书馆交换，北图的很多复本就这样交换了出去，知堂的部分藏书可能就这样到了其他图书馆。

据宋希於兄提供消息，谢其章在《知堂的故物》里提及，曾买到 Arthur Symons 的 *Figures of Several Centuries*（London: Constable and Co. Ltd., 1916），黑布精装，毛边顶金，扉页朱文印：周作人印，正文首页朱文印：苦雨斋藏书印。另外有三枚陕西师范大学图书馆印。这本《数世纪的人物》为知堂1917年12月30日购。[1] 此书国图有一册，估计就是交换出去的复本。当然也有可能购自京中旧书店，如曹旅宁提及，陕西师范大学图书馆有一套周作人旧藏《说文解字义证》原刻本，也是上海古籍出版社影印所据底本。[2] 据知堂1945年日记，10月27日："下

---

1 《绕室旅行记》，北京：商务印书馆，2016年，第7页，第133—134页有藏书印图片。
2 《跋〈说文〉版本中稀有之桂馥〈说文解字义证〉原刻本》，《黄永年与心太平盦》，西安：三秦出版社，2015年，第154页。

午稻垣来。整理旧书,以一部分拟出售,有《桂氏说文》、陆杨刻《尔雅义疏》,皆佳书也。"11月23日:"上午卖书三十三种予东雅堂,值十六万二千元,又杂陶器共五万元也。"[1]陕西师范大学图书馆这套《说文解字义证》应该得自北平旧书店。

(七)知堂遗存

失去了藏书后知堂的情况,据叶圣陶1950年1月23日记:"饭后两时,携乔峰灿然访周启明于八道湾。启明于日本投降后,以汉奸罪拘系于南京,后不知以何因缘由国民党政府释出,居于上海,去年冬,初返居北京,闻已得当局谅解。渠与乔峰以家庭事故不睦,来京后乔峰迄未往访,今以灿然之提议,勉一往。晤见时觉其丰采依然,较乔峰为壮健。室中似颇萧条,想见境况非佳。询其有无译书计划,无确定答复,唯言希腊神话希腊悲剧或可从事,但手头参考书不备,亦难遽为,盖其藏书于拘系时没收,存于北平图书馆也。谈四十分钟而辞出。"[2]知堂在回想录里提及此事说叶让他翻译希腊文作品,几天后郑振铎帮他从中法大学图书馆借来一册希腊—法文对照的《伊索寓言》,后来还掉,再版时想再借复校时,不知道该大学的书去了哪个图书馆,他说在北京找参考书不易。"其实《伊索寓言》的原本在西洋大概是很普通的,很容易得到,不过在我们个人的手头是没有罢了。"这是因此想起以前的藏书而发出的感叹。施亮在《新发现周作人一笺》一文里说,因《伊索寓言》再版,知堂1963年2月21日致信人民文学出版社编辑,说《伊索寓言》

---

[1] 《周作人1945年日记》,第186、188页。
[2] 《北游日记甲钞》,《叶圣陶集》第二十二卷,南京:江苏教育出版社,2004年,第91页。

原文本是在中法大学图书馆借的,后来归了北大,已经装箱无法寻找。[1]

不过知堂也留存了一些外文书籍,如知堂在《亚坡罗陀洛斯〈希腊神话〉引言》(1944年8月20日)里说:"这最值得记忆的是汤普生教授的《希腊鸟类名汇》,一九三六年重订本,价十二先令半。此书系一八九五年初板,一直没有重印,而平常讲到古典文学中的鸟兽总是非参考他不可,在四十多年之后,又是远隔重洋,想要搜求这本偏僻的书,深怕有点近于妄念吧。姑且托东京的丸善书店去一调查,居然在四十年后初次出了增订板,这真是想不到的运气,这本书现在站在我的书橱里,虽然与别的新书排在一起,实在要算是我西书中珍本之一了。……我到书橱前去每看见这本书,心里总感到一种不安,仿佛对于这书很有点对不起,一部分也是对于自己的惭愧与抱歉。……我的愿望是在一年之内把[《希腊神话》的]注释做完,《鸟类名汇》等书恭而敬之的奉送给图书馆,虽然那时就是高阁在书架上看了也并无不安了,但总之还是送他到应该去的地方为是。"这部"除了为做注释的参考用以外无甚用处的书籍",知堂1956年4月到6月在翻译《疯狂的赫剌克勒斯》并做注释时又用到了:"汤姆卜孙(D'Arcy W.Thompson)在《希腊鸟类名汇》中列举古代传说,但结果以为各种天鹅均不歌唱,天鹅之歌的故事并非事实,恐另有神话的典故关系,今未能详。"[2] 查国图无此书,或许就是劫后馀物,所以知堂可以拿来作注释。

另据宋希於兄提供材料,知堂1950年1月20日在《大报》上发表的《古药方》中曾谈道:"美国人所写的《药学四千年》,是一本通俗的科学史,各时代都写的有兴趣……"1月22日又在该报发表的《华佗的麻醉药》提到"拉瓦耳的《医学四千年》中说……"云云,2月26日在《亦报》发表的《中古的医院》中又提到"一本讲世界医药史的书中,

---

[1] 《今晚报》2017年12月7日,宋希於兄提供。
[2] 《欧里庇得斯悲剧集》(二),北京:人民文学出版社,1957年,第462—463页。

说及……"云云,似亦指此书。4月21日在《亦报》发表的《麻沸汤的成分》中再次提到"美国人拉瓦耳的《药学史》"。1949—1952年知堂在《亦报》与《大报》上所撰文章提及的西书极少,而对此书一而再再而三地提及,可见是他手头为数不多的西书"漏网之鱼"。

据文洁若《苦雨斋主人的晚年》:"1949年以后,周作人没什么馀钱买书了,然而有友人以及日本岩波书店还常有书寄赠,日积月累,又有了数千册。其中,他最稀罕的还是所馀无几的旧书,有空就翻看,他开玩笑说:'这是炒冷饭。'"[1]

现在收藏于国图的知堂藏书应该是其藏书的主要部分,据王锡荣回忆:"笔者上世纪80年代在北京图书馆查阅图书,发现不少周作人的藏书,例如鲁迅曾经影绘过,周作人曾经介绍的《曲成图谱》,就藏在北京图书馆。"[2]而通过国图网站的目录查询系统,用关键词"苦雨斋藏书印"、"苦雨斋"搜,就可以发现五六十种古籍钤有该印章或题记。用"凤凰专斋"还可搜出:《思古斋双钩汉碑篆额》三册,(清)何澄辑,清光绪九年(1883)。附注里有:钤"赵之谦印"、"赵之谦"、"会稽周氏凤凰专斋藏"、"煆药庐"等印。所以如果去古籍馆系统查找,一定会发现不少知堂藏书。

(八)知堂线装书

查《国家图书馆古籍藏书印选编》[3],知堂古籍旧藏就有如下多种:

---

1 《回望周作人·知堂先生》,第187页。
2 《周作人生平疑案》,桂林:广西师范大学出版社,2005,第341页注1。
3 孙学雷、董光和主编,国家图书馆分馆普通古籍组编《国家图书馆古籍藏书印选编》,北京:线装书局,2004年。

第 2 册

1.《新方言》，章太炎，光绪三十四年，白文：周作人（第 47 页）

2.《新刊素女经》一卷 双梅阁，清光绪二十九年[1903]，双梅景闇丛书，且以永日，苦雨斋藏书印（第 166 页）

3.《湘管斋寓赏编》六卷，（清）陈焯撰，吴兴陈氏听香读画楼，清乾隆间，十堂私印，吴英私印（第 172 页）

4.《前尘梦影录》二卷，（清）徐康撰，元和江标，清光绪二十三年[1897]元和江氏丛书，苦雨斋藏书印，畏天悯人，反书朱文：周作人印（第 173 页）

5.《桐阴论画》二卷，卷首一卷 桐阴画诀 论画小传（清）秦祖永撰，朱墨套印，清同治五年[1866]，苦雨斋藏书印，李侯氏鉴赏书画之章，开卷有益（第 243 页）

6.《冬心先生自写真题记》，清抄本，苦雨斋藏书印，苦雨翁玺，陶绍原印（第 250 页）

第 5 册

7.《宝颜堂订正黾采馆清课》二卷，（明）费元禄纂，明万历间[1573—1620]，白文印：以酒为衣，煅药庐（第 21 页）

8.《佛尔雅》八卷，（清）周春撰，种榆仙馆，清嘉庆二十一年[1816]，苦雨斋藏书印，小秋黄金（第 80 页）

9.《陶诗集注》四卷，（晋）陶潜撰（清）詹夔锡辑，清康熙间[1662—1722]，苦雨斋藏书印，曾留海隅归氏寿与读书室（第 111 页）

10.《靖节先生集》十卷，序录一卷，（晋）陶潜撰（清）陶澍集注，江苏书局，清光绪九年[1883]，有酒学仙无酒学佛（第 125 页）

另一叶：悲天悯人，苦茶庵（第 126 页）

11.《靖节先生集钞》，陶及申抄本，会稽周氏，陶及申印，式南

另一叶：知堂所藏越人著作，会稽陶氏家传（第133—134页）

12.《唐李长吉诗集》四卷 外诗集 一卷，（唐）李贺撰（明）徐渭，（明）董懋策批注，附录一卷，明万历四十一年[1613]，苦雨斋藏书印，高龄，叶德辉奂彬甫藏阅书（第219页）

另一叶：子木，叶氏德辉鉴藏，知堂眼学，鸣野山房，观古堂（第220页）

第7册

13.《秋塍三州诗钞》四卷，（清）鲁曾煜撰，清乾隆间，朱文印：知堂收藏越人著作，白文印：苦雨老人（第89页）

14.《澹宁斋集》，清乾隆间，朱文印：知堂收藏越人著作，越周作人，苦雨斋藏书印（第109页）

15.《敬思堂文集》六卷，（清）梁国治撰，清刻本，蓝文印：苦雨斋藏书印，白文印：龙山憨庐藏书之章，朱文印：古莘陈氏子子孙孙永宝用（第159页）

16.《存素堂诗初集录存》二十四卷 存素堂诗稿 一卷 存素堂诗二集八卷 存素堂续集 一卷，（清）法式善撰，湖北德安萍乡王墉，清嘉庆十二—十八年[1807—1813]，苦雨斋藏书印，竹铭藏书，竹铭宝之，竹铭藏书之印，马佳世杰私印（第191页）

17.《历代名媛杂咏》三卷（清）邵帆撰，清嘉庆间，骆驼书屋所藏，朱文：苦雨斋印，西山鹤道人印，芸（第209页）

另一叶：昆山徐氏之书，会稽周氏凤凰砖斋藏，徐祖正，若子纪念，芸（第210页）

第8册

18.《竹里诗存》，（清）王惠撰 清同治间[1862—1874]，苦雨斋藏书印，十堂私印。

19.《习苦斋古文》四卷,(清)戴熙撰 钱塘戴氏,清同治六年[1867],大雅,苦雨斋藏书印,曹秉章,杜宜(第78页)

20.《补勤子诗存》十二卷,卷首一卷,(清)陈锦撰,抄本,乌丝栏,清末[1851—1911],知堂题跋:陈昼卿为先祖介甫公业师,幼时屡闻先祖说及,至今不忘,蒐得其全集藏之,后又在绍兴大路旧书铺得此本,多存先生手迹,尤可宝也。民国十九年九月二十五日展观敬题,于北平煆药庐 周作人,钤朱文印:越周作人,知堂收藏越人著作(第126页)

21.《鸭东四时杂词》,(日本)画饼居士撰;(日本)绫洲山人注,日本,日本文政九年[1826],毛笔题跋:廿八年三月廿一日张次溪君见赠,云得之于厂甸。朱文印:周氏知堂(第226页)

第9册

22.《四妇人集》,(清)沈绮云辑,云间沈氏古倪园,清嘉庆十五年,潘,醉花庵,苦雨斋藏书印,小嬾嬛馆(第14页)

23.《六朝文絜》四卷,(清)许梿辑,朱墨套印,读有用书斋,清光绪三年[1877],嬴州,苦雨斋藏书印,白文印:苦雨老人(第38页)

另一叶:白文印:煆药庐,苦雨斋(第39页)

24.《唐宋四家诗选》,(清)俞伯岩编,康熙刻本,苦雨斋藏书印,复堂所藏,中义仁(第53页)

25.《河岳英灵集》二卷,(唐)殷璠辑,扬州:辽阳赖丰烈,清光绪四年[1878],据独山莫氏藏宋本仿刻,秀斋鉴过,苦雨斋藏书印,曹氏曾藏(第65页)

26.《清诗初集》十二卷,(清)蒋鑛,(清)翁介眉选,金陵邓执中,清康熙间,徐恕,苦雨斋藏书印,梁园遗客(第102页)

27.《清百家绝句》三卷,(日本)后藤机世张等辑,日本文化

十二年[1815]，池野藏书，苦雨斋藏书印（第129页）

28.《会稽掇英总集》二十卷，（宋）孔延之编，山阴杜丙杰浣花宗塾刻本，清道光元年[1821]，苦雨斋藏书印（第164页）

29.《艺苑名言》八卷，（清）蒋澜辑，清乾隆间，蓝文方印：十药草堂（第263页）

第10册

30.《心日斋词集》，（清）周之琦，道光间刻本，朱文篆字：苦茶庵，笃素堂张晓渔校藏图籍之印（第51页）

另一叶：朱文印：苦雨斋藏书印，皖南张师亮筱渔氏校书于笃素堂（第52页）

31.《虞苑东斋词钞》，（清）陈良玉，同治间刻本，苦雨斋藏书印，徐乃昌马韵芬夫妇印（第56页）

32.《金缕曲廿四叠均》，（清）俞樾，光绪十三年刻本，苦雨斋藏书印，王同之印（第61页）

33.《词旨》，（元）陆行直著，（清）胡元仪释，光绪三十年刻本，苦雨斋藏书印，山阳谭氏（第156页）

34.《都门竹枝词》，（清）扬静亭撰，光绪三年刻本，朱文方印：只图遮眼（第162页）

35.《开卷一笑》二卷，（明）李贽撰；（日本）张鹿鸣野人译，日本：浪华称觫堂，浪华杨芳堂，日本宝历五年[1755]，二册，序言朱文方印：周作人印（第166页）

另一叶：《开卷一笑》,《娼妓赋》，岂明读书，末都曾乃之记（第167页）

36.《蛾术堂集》，（清）沈榆，道光十八年刻本，苦雨斋藏书印，长乐郑振铎西谛藏书，孤鸿和尚（第227页）

李圭《思痛记》，知堂是见一本收一本，最多的时候曾有十一册。到 1944 年还有九册之多。查国图古籍馆有知堂墨笔题记的有四册：

第一种：《思痛记》二卷，（清）李圭撰，李氏师一斋，清光绪六年（1880），9 行 23 字白口四周双边单鱼尾，索书号：71768，牌记题：光绪六年冬十二月师一斋锓版。

前衬页毛笔字：第四本。廿九年五月在北平得此册，较别本多黄慎之序一篇，价二元半也。廿八日，知堂记。朱文长印：知堂五十五以后所作。序文叶白文方印：吾作所用。

序："君尝陷黄虬青犊中者凡三（朱笔改：二）十有二（朱笔改：九）月……光绪五年己卯秋八月仁和高鼎拜手撰时同客甬上。"卷上首叶朱文方印：苦雨斋藏书印。

卷下第二十二叶："计自被难至今，阅月凡三（朱笔改：二）十有二（朱笔改：九），不可谓不久矣。"末尾叶毛笔题字：丙申九月筱园读于沪滨，朱文篆字方印：小园。

第二种：《思痛记》二卷，（清）李圭撰，李氏师一斋，清光绪六年（1880），9 行 23 字白口四周双边单鱼尾，索书号：71760，牌记题：光绪六年冬十二月师一斋锓版

前衬页毛笔字：中华民国三十一年三月十六日上海得来，此为思痛记第九本，价法币五元，约值此地通行币二元也。知堂记。朱文圆印：作人。

序里那句"三十有二月"未改。卷上首叶朱文方印：苦雨斋藏书印。其中夹有卡片：入史 287.9. 89404.。

第三种：《思痛记》二卷，（清）李圭撰，李氏师一斋，清光绪十三年（1887），9 行 23 字白口四周双边单鱼尾，索书号：71819。牌记题：光绪六年冬十二月师一斋锓版。卷首有光绪十三年黄思永

序，据清光绪六年（1880）李氏师一斋刻版补刻。

前衬页一墨笔题记：中华民国三十一年四月得自杭州，十月寄到，价法币五元，此思痛记第十本也。十二日。知堂记。朱文圆印：作人。

序一：光绪十三年岁在丁亥九月下浣同里黄思永序于京师知止轩。

序二：光绪五年己卯秋八月仁和高鼎拜手撰时同客甬上。其中"三十有二月"未改。

卷上首叶朱文方印：苦雨斋藏书印。

叶八：尤不可说业儒，闻贼中亦重读书人，凡被掳即收入贼巢司笔墨，不易脱逃。

跋：光绪六年季秋同里金遗谨跋。

第四种：《思痛记》二卷，（清）李圭撰，李氏师一斋，清光绪十三年（1887），9行23字白口四周双边单鱼尾，索书号：76601。牌记题：光绪六年冬十二月师一斋锓版。卷首有光绪十三年黄思永序，据清光绪六年（1880）李氏师一斋刻版补刻。

前衬页二墨笔题记：廿九年六月十六日，从杭州花牌楼书店得来，价值三元。此为第五本也，次日订讫。记此。知堂，朱文长印：知堂五十五以后所作。

有黄思永、高鼎序。

卷上首叶朱文方印：苦雨斋藏书印。

叶二十三：被难至今，阅月凡二十有九。光绪六年季秋同里金遗谨跋。

另外国图古籍馆有：《墨林今话十八卷续编一卷》，（清）蒋宝龄撰，（清）蒋茞生续编，续编缺末页；书名页题咸丰二年秋九月，蓝色书衣，清咸丰二年（1852），索书号：18328，六册，钤朱文印：苦雨斋藏书印。

《杨子日记》，（清）杨因撰，清康熙四十六年（1707），白文方印：汉太师伯起公五十二世孙。跋尾系墨笔题记：民国三十年九月十五日乡后学周作人敬观，并借抄一本。朱文方印：周作人印。

《古泉山馆诗集》十四卷，（清）瞿中溶撰，四册，清咸丰九年（1859），金阊稿 练祁稿 楚游吟 归田园居钞，索书号：94257。金阊稿卷一有朱文方印：苦雨斋藏书印，蓝文长印：蕢轩。

《金陵待徵录》十卷，（清）金鳌辑，金陵，清光绪二年（1876），二册，部六、部七为周作人苦雨斋藏书，部六且有周作人墨笔题记，部七缺卷九、卷十，一册。索书号：地220.11／9366／部六。序首朱文长印：知堂书记。卷一叶一：朱文方印：苦雨斋藏书印，朱文长印：会稽周氏。末叶墨笔题跋：民国廿五年五月廿六日在琉璃厂书店得此书，距刻书之年正甲子一周矣。知堂。白文方印：作人。

《如梦录》，（明）佚名撰，（清）常茂徕订，牌记题：河南省图书馆重刊，索书号：地150.33／9278.1。前衬页一毛笔：廿四年七月十五日，绍原来谈，自开封购来见赠，次日改订讫记。知堂。此盖即三怡堂丛刻之一种。朱文长印：知堂。原序首叶朱文长印：会稽周氏。正文首叶朱文方印：苦雨斋藏书印。

孙作云《泰山之礼俗的研究》二篇，附录四篇（国立北京大学文学院，版心题：中国古代神话研究，版心下题：国三选，索书号：54280），书目次页前衬页有毛笔字："此文之得以写成，端赖知堂先生之诱掖，书此志谢并祈教政。学生孙作云呈赠。三十一年六月。"下钤白文方印：孙作云印。篇上《封禅考》，篇下《禅让考》，另有附录四篇。书末有云："此稿篇上封禅考，草于民国三十年春，且前在读书会中报告一次；篇下及附录成于三十年秋及三十一年春，至四月十八日始完全脱稿。云识。"

范家相《范蘅洲先生文稿》稿本，有墨笔题记："计文十八篇三十二叶，三十二年一月重订，知堂所藏"，钤朱文印：知堂书记。目次页都是知堂所抄，钤有朱文印：知堂书记。卷后跋语："右范蘅洲文稿一卷，从杭州书店收得，篇首盖有栋山印，盖系伪为者。此卷疑亦从皇甫庄范氏散出也。民国壬午大寒后二日，知堂识于北京。"并有朱文印：苦雨斋藏书印，知堂收藏越人著作。[1]

《庙制考义》一卷图一卷，四册（《四库总目》卷二十五）（北图），明嘉靖间刻本。卷内有"苦雨斋藏书印"等印记。[2]

另有《舌击编》五卷五册，会稽粟山沈储稿，清咸丰九年（1859），索书号：6062，卷一钤朱文印：苦雨斋藏书印，知堂收藏越人著作。《绍兴县馆纪略》，曾厚章编，民国九年（1920）共和印刷局，索书号：地 240.119 / 9413，钤朱文印：苦雨斋藏书印，知堂收藏越人著作。

这几种都属于知堂 1948 年 2 月 10 日信里所说的"近三十年所蒐集的清代山阴会稽两县先贤的著作共约三百五十部"的一部分。知堂在《〈桑下丛谈〉小引》（1943 年 3 月 8 日）里说："偶见越人著作，随时买得一二，亦未能恣意收罗，但以山阴会稽两邑为限，得清朝人所著书才三百五十部，欲编书目提要，尚未成功。"中文古籍国图还特意著录了收藏信息，而民国平装书和外文书就没有这个待遇了。国图的图书馆员曾发文公布了部分知堂古籍题记。[3] 而外文部分，未见有人专门研究过。

---

1 《国家图书馆藏钞稿本乾嘉名人别集丛刊》第九册，北京：国家图书馆出版社，2010 年，第 621 页，第 623—625 页。
2 王重民《中国善本书提要》，上海：上海古籍出版社，1983 年，第 21 页右。此则承栾伟平示知。
3 谢冬荣、石光明《周作人藏书题记辑录》，载《文献》2009 年 10 月第 4 期；杨靖《周作人未刊藏书题记六则》，载《文献》2014 年 7 月第 4 期。胡文辉曾提议系统调查国图古籍阅览室收藏的知堂旧藏线装书，这个工作量很大，只有留诸日后了。

(九) 购书统计

我们没有知堂 1906—1911 年在日本期间的购书数据,而据知堂日记统计,1912 年购日文西文书约 29 种(外文杂志不包括在内),1913 年 102 种,1914 年 86 种,1915 年 33 种,1916 年 18 种。1912—1916 年期间购买了约 268 种外文书。自 1917—1934 年(其间缺了 1928 年和 1931 年数据)共买了西文书 918 种,日文 1502 种,共 2420 种(也有他人赠送和赠予别人的),以下是知堂日记里所记的每年购书统计数据:

	英	日	总
1917	35	16	51
1918	66	92	158
1919	58	141	199
1920	74	89	163
1921	11	25	36 种 39 册
1922	111	61	172 种 174 册
1923	125	94	219 种 285 册
1924	81	97	155(应为 178)
1925	51(英德)	115	166
1926	25	115	140
1927	66	98	164
1929	89	119	208
1930	47	76	123
1932	24	66	90
1933	21	150	171
1934	34	148	182
总 计	918	1502	2420

1939 年得外文书 15 册,其中 4 册自购,其馀为赠送。

因 1935—1938 年,1940—1944 年期间日记未公布,缺少这九年的买书数据,不过知堂 1937—1945 年期间所购西文书较少,因为他在《〈书房一角〉原序》(1940 年 2 月 26 日)里说:"近来三四年久不买外国书了。"在《买洋书》(1940 年 4 月 13 日)里也说:"近来差不多有两三年没有买外国书了。……近来之所以不买,自然并不是因为忽然厌倦,却有别的几种理由。这里边最重要的一个理由,说出来平淡无奇,但是极正当,便是因为书价太贵。……近时金价大涨,一两值五百六七十元。在以前的十倍以上,外币的价格随之上升,那六先令的书恐怕非三十元不可了吧。这个年头儿买洋书谈何容易,于是以不买了之,倒似乎是最简便之一法了。……话虽如此,不买也并不是绝对的,不过买得非常之少总是实情,即如去年里一本都没买,然而在前年却也曾买过几本:其中最值得记忆的是汤姆普生(D'Arcy W. Thompson)《希腊鸟名汇》(*Glossary of Greek Birds*)。"在《〈旧书的回想〉引言》(1940 年 11 月 11 日)里更进一步解释道:"旧书固然以线装书为大宗,外国书也并不是没有,不过以金圆论价,如何买得起,假如我有买一册现代丛书的钱,也就可以买一部藕香零拾来,一堆三十二本,足够好些日子的翻阅了。从前买的洋书,原来是出板不久的新本,安放在架上,有些看过早已忘了,有些还未细看,但总有点爱恋,不肯卖掉或是送人,看看一年年的过去,一算已是二三十年,自然就变成了旧书,正如人也变成老人一样。这种在书架上放旧了的书,往往比买来的更会觉得有意思,因为和他有一段历史,所以成为多少回想的资料。但是这也与书的内容有关系,如或有一部书看了特别佩服或欢喜,那么历史虽短,情分也可以很深,有时想到,也想执笔记述几行,以为纪念,新旧中外都无一定,今统称之曰旧书,止表示与新刊介绍不同云耳。"《萤火》(1944 年 11 月 2 日)里说起来更有理由:"近年多看中国旧书,因为外国书买不到,线装书也很贵,却还能入手,又卷帙轻便,躺着看时,拿了不吃力,字大悦目,也较为容易懂。"知堂倒会自我安慰。而在《和纸之美》(1944年12月1日)里谈及1944年左右的买书情况:"至于外国书,英文书是买不起也无从去买,日文书价目公道,可是其无从去买则是一样。在《读卖新闻》上看到出板消息或广告,赶紧写信去定购,大抵十不得一,这种情形在去年已是如此,所以只好知难而退,看看书名就算满足了。……不过话虽如此,我查年度日记,收到的日本出板的书也有六十五册,其中一部分是别人见赠,一部分是居留东京的友人替我代搜集的,有的原是我所委托,有的是友人看见此书,觉得于我当有点用处,因此给我寄来的,这一类书在数量上实在比我托买的还要多,这位友人的好意很可感激。"这位友人应该指方纪生。而《华北政务委员会各总署督办素描》(四)提及周作人督办:"每日起床很早,上午十时就到教育总署办公。所有公事都可很充裕的筹办,下午回家后就读书写文章会客。每日公务虽然那样繁忙,但他仍是始终不懈的读他所爱读的书,他的读书癖,真是一般人所不能及的,周先生所爱读的书差不多都是中国旧式线装的书籍,像琉璃厂的那些书铺,常常过几天就拿了一批书送到周督办的公馆里去,拿周督办作他们常年的主顾。"[1]另据知堂1945年日记,4月20日:"多田、吉冈来访,赠吉冈所著《白雲観の道教》一册。"这是指吉冈义丰《白雲観の道教》(東方民俗叢書2,北京:新民印書館,1945年2月)11月1日:"下午伊东遣人送赠《和歌集》手卷一帧。"[2]伊东裕一为《华北新报》的记者,是通过姚鉴介绍与知堂认识的。

综上所述,知堂1938年只买了几册西文书,1939年买了4册,1944年日文书65册,1945年得日文赠书2册。所以初步估算这九年按500种计算,这三十馀年所购外文书共计3270种左右。

---

[1] 《新民报》(河北版)1942年4月3日第三版。
[2] 《周作人1945年日记》,第189页。

五　知堂外文藏书知见录

　　这里主要根据知堂日记、文章和书信的相关记载，在国图外文基藏库里（也有其他地方）寻找其旧藏。有时通过某一类作者、专题以及出版社来搜寻，并一本本提出来，因为有的书复本好几种，需要逐册核对。目前查找到有知堂藏记的外文图书，计西文 277 种 287 册，日文 136 种 167 册，共 453 册；疑似藏书中，西文 127 种 147 册，日文 31 种 56 册，共 158 种 203 册。这里所找到的不过是知堂外文藏书的六分之一而已。

　　下面书目里，西文部分，先将几位重要作者的著作单列，再按类别分类，类别中按作者姓氏字母顺序排序，日文部分按类别分类，类别里按作者名日文汉字首字汉语拼音顺序排列。另外，一般书目都注明书的页数以及尺寸，而这些数据国图网站都可以查到，所以这里一概省略。书目里摘引了知堂作品中涉及此书及作者的文章段落并标明出处。[1] 与其

---

[1]　一般日文人名都是用五十音图（现代假名）或以第一个汉字笔画序排列，但也有"著者名索引"采用汉语拼音顺序，如：東京大学東洋文化研究所附属東洋学文献センター編集《東京大学東洋文化研究所仁井田文庫漢籍目録：附和洋書》，東洋学文献センター叢刊 別輯 24，東京：東京大学東洋文化研究所附属東洋学文献センター，平成十一年（1999）三月。藏书目录里摘引藏主作品并标明出处的有《亚当·斯密藏书目录》，而且该目录也著录了斯密在自己作品中所提到过的藏书：*Adam Smith's Library: A Catalogue*, compiled and edited with an introduction and notes by Hiroshi Mizuta (Oxford: Clarendon Press; New York: Oxford University Press, 2004)。而北大、社科院、中央美院等处图书馆所藏的知堂旧藏，还需要有心人来调查。因而真正完整的知堂藏书及收藏地点的目录，要等以后的有心人来做了。

在中文线装书里用墨笔写题记相比，知堂几乎不在外文书里写批注，目前只有偶尔几册有题记或边注，目录里会一一注明。而且图书的购藏日期一般都是根据知堂日记判定，少量根据年谱与文章。[1]

知堂在《〈书房一角〉原序》里说："从前有人说过，自己的书斋不可给人家看见，因为这是危险的事，怕被看去了自己的心思。这话是颇有几分道理的，一个人做文章，说好听话，都并不难，只一看他所读的书，至少便颠出一点斤两来了。我自己很不凑巧，既无书斋，亦无客厅，平常只可在一间堆书的房子里，放了几把椅子，接见来客，有时自己觉得像是小市的旧书摊的掌柜，未免有点惶恐。本来客人不多，大抵只是极熟的几个朋友，但亦不无例外，有些熟人介绍同来的，自然不能不见。……可是，偶然女客枉顾，特别是女作家，我看对着她的玻璃书厨中立着奥国医师鲍耶尔的著书，名曰'女人你是什么'，便也觉得有点失敬了，生怕客人或者要不喜欢。这时候，我就深信前人的话不错，书房的确不该开放，虽然这里我所顾虑的是别人的不高兴，并不是为了自己的出丑之故，因为在这一点我是向来不大介意的。"这个目录权当浏览知堂的书斋了。

（一）西文部分

知堂在《读书的经验——新光抄（一）》（1940年2月）里说："外国书读得很少，不敢随便说，但取舍也总有的。……我所找着的，在文

---

[1] 另外查《日文善本书选目》（北京图书馆东方语文编目组编，1959年7月油印本），其中有不少日文书在国图网站目录里无法搜到，如：《池大雅名畫譜》（恩赐京都博物館编，昭和八年，京都：便利堂）、《大同石佛寫真集》（田中俊逸编，北平：東華照相材料行撮影部，大正十一年，影片118张）、《爽籟館欣賞：第一輯》三册（阿部房次郎编，大阪：博文堂，昭和五年），所以应该还有一些知堂旧藏没有编目录入到网站数据库里去。

字批评是丹麦勃阑兑思，乡土研究是日本的柳田国男，文化人类学是英国茀来则，性的心理是蔼理斯。这都是世界的学术大家，对于那些专门学问我不能伸下个指头下去，可是拿他们的著作来略为涉猎，未始没有益处。"下面分别列举现在所发现的知堂旧藏勃兰兑斯、弗雷泽、蔼理斯等人的英文著作，而柳田国男就放到日文类里。

勃兰兑斯

知堂在《我是猫》（1935年5月）里说："我在东京的头两年，虽然在学日文，但是平常读的却多是英文书，因为那时还是英文书比较便宜，一方面对于日本的文学作品也还未甚了解。手头有几块钱的时候常去的地方不是东京堂而是中西屋，丸善自然更是可喜，不但书多而且态度很好，不比中西屋常有小伙计跟着监视。我读林译《说部丛书》的影响还是存在，一方面又注意于所谓弱小民族的文学，此外俄法两国小说的英译本也想收罗，可是每月三十一圆的留学费实在不能买书，所以往往像小孩走过耍货摊只好废然而返。一九〇六至八年中间翻译过三部小说，现在印出的有英国哈葛得与安度阑二氏合著的《红星佚史》，有丁未二月的序，又匈加利育珂摩耳的《匈奴奇士录》，有戊申五月的序。这种书稿卖价至多两文钱一个字，但于我却不无小补，迦纳忒夫人译《屠介涅夫集》十五册以及勃阑特思博士的《波阑印象记》这些英书都是用这款买来的。还有一部译本是别一托尔斯泰的小说《银公爵》，改题'劲草'，是司各德式的很有趣味的历史小说，没有能卖掉，后来连原稿都弄丢了。"《关于自己》（1937年7月22日）："勃阑兑思著作极多，我只见到英译的一部分。除大部的《十九世纪文学主潮》外，有《莎士比亚》，《易卜生》，《拉萨勒》，《尼采》，《耶稣》，《十九世纪的名人》，《希腊》，《俄国印象记》，《波兰印象记》等。《十九世纪的名人》原书大约即是《现代精神》吧，由美国前丹麦公使安得生辑译，后加增订，改称《创造的精神》，这两种本子我都有。"知堂列举的这些书他都有，其中 1925 年 2 月 26 日自丸善购《十九世纪的创造精神》（ブランデス）。1918 年 1 月 30 日在丸善买过《十九世纪文学主潮》英译本第三卷，同年 3 月 15 日在丸善买过第六卷。

1. Brandes, Georg, *Creative Spirits of the Nineteenth Century*, translated by Rasmus B. Anderson, Essay Index Series, New York: Thomas Y. Crowell Co., 1923. 棕布精装，前衬页二蓝文方印：周作人印，扉页朱文方印：苦雨斋藏书印，图书登记号：115435，条码号：3126192453，封底内侧铅笔：750。

按：这个铅笔所写的就是该书定价，可以知道知堂当时买书的价格，下面各书也会一一记录。另国图只有一册的书这里不记录条码号，如有复本就记下条码号以备区别辨认。

1925 年 2 月 26 日丸善购。

2. Brandes, Georg, *Ferdinand Lassalle*, London: William Heinemann; New York: The Macmillan Company, 1911. 红布精装，前衬页一铅笔：cloh 450，前衬页三朱文方印：周作人印，扉页朱文方印：苦雨斋藏书印，115455。

3. Brandes, George, *Friedrich Nietzsche*, translated by A. G. Chater, London: William Heinemann, 1915. 蓝布精装，前衬页一铅笔：cloh 450，前衬页三朱文方印：会稽周氏凤皇专斋藏书，扉页朱文方印：周作人印，正文首页朱文方印：苦雨斋藏书印，115456，3120190230。

4. Brandes, Georg, *Jesus: A Myth*, translated from the Danish by Edwin Björkman, New York: Albert & Charles Boni, 1926. 灰布精装，扉页朱文方印：苦雨斋藏书印，115468，封底内侧铅笔：420Z。

据日记，1927 年 5 月购。

5. Brandes, George, *Impressions of Russia*, translated by Samuel C.

Eastman, London: Walter Scott, 1889. 蓝布烫金精装，扉页蓝文方印：周作人印，115453，封底内侧铅笔：メレテカヤ。

据日记，1927年3月所购。而1919年5月9日在东京本乡的书店购有此书日译本：《露西亚文學印象記》（ブランデス著　瀨戶義直訳，東京：中興館書店，大正三年[1914]）。

《〈苦雨斋小书〉序》（1927年2月28日）："久想翻译的勃阑特思（Georg Brandes，只可惜他已于二月二十日去世，享年八十五）的《加利波的论》，还未动手，真是太懒了。"康嗣群在《周作人先生》（1933年11月10日刊）一文里回忆："记得我最初见他的时候，已经是七八年前了，是由尹默先生写了介绍信去的，那时我还是一个小孩子呢（虽然现在也未见得是大人了。）第一次是很有些莫名其妙的，只记得很小心，归来时借了一册Brandes博士的《俄国印象记》，因为那时正热心的在读屠格涅夫和托尔斯泰。不久，把书送回去时又谈了一次，大半是关于所借的书的话。随后，我便离开北京了。"

6. Brandes, Georg, *Poland: A Study of the Land, People, and Literature*, London: William Heinemann, 1904. 绿布精装，前衬页一铅笔：（Dup. 6113），扉页蓝文方印：周作人印，正文首页朱文方印：苦雨斋藏书印，125033，3120245877。

知堂在《文章之力》（1907年10月30日刊）里说："丹麦文豪勃阑兑斯（G. Brandes）游波阑，作文录云……"又在《斯拉夫民歌》（1914年2月1日刊）提及："丹麦勃阑兑思（Brandes）著《波阑文学论》，所引有一章云……"《波阑之小说：一篑轩杂录（八）》（1917年4月刊）："丹麦人勃阑兑思著《波阑文学论》曰……"《新中国的女子》（1926年3月31日）："这诗载在勃阑特思（Georg Brandes）所著《十九世纪波兰文学论》，是有名的复仇诗人密子克微支（Adam Mickiewicz）所作，题名《与波兰的母亲》。……勃阑特思在《波兰印象记》第二卷所说。"《关于〈炭画〉》(1926年6月6日)提及"(五)评论,对于显克微支,勃兰兑思则深称美其短篇而不满于历史小说,《波兰印象记》云……"。

《我是猫》(1935年5月):"一九〇六至八年中间翻译过三部小说,现在印出的有英国哈葛得与安度阑二氏合著的《红星佚史》,有丁未二月的序,又匈加利育珂摩耳的《匈奴奇士录》,有戊申五月的序。这种书稿卖价至多两文钱一个字,但于我却不无小补,伽纳忒夫人译《屠介涅夫集》十五册以及勃阑特思博士的《波阑印象记》这些英书都是用这款买来的。"

知堂后来回忆说,1907年在日本时,"此外又看见出板的广告,见有丹麦的勃阑兑斯的《波阑印象记》在英国出板,也就托丸善书店去订购一册,这书是伦敦的海纳曼所出,与屠介涅夫选集是同一书店印行的。勃阑兑斯大概是犹太系的丹麦人,所以有点离经畔道,同情那些革命的诗人,但这于我们却是很有用的。他有一册《俄国印象记》,在很早以前就有英译了,在东京也很容易得到。"[1]

按:"(Dup. 6113)"应该是1947—1948年教育部拨给国立北平图书馆保存的外文图书的登记号。有一册:*The Legacy of India*, edited by G. T. Garratt; with an introduction by the Marquess of Zetland, Oxford: Clarendon Press, 1938. 1937年初版,1938年重印,3120259514,125371。前衬页一铅笔:(Dup.392) g les/4 00,朱文平馆英文圆印,后衬页铅笔:Stechert case #17 Carton # 34 Shai case # 12 Recid Apr. 9, 1947。1947年4月9日收到。另有:Daoud S. Kasir, *The Algebra of Omar Khayyam*, Contributions to Education, no. 385, New York City: Teachers College, Columbia University, 1931. 前衬页铅笔:(Dup. 3493),朱文平馆英文印,121341,后衬页铅笔:Gift. v. Apr. 15, 1948 10/-。1948年4月15日应该是此书的入库登记时间,另有:*A Dic-*

---

[1] 《七八 翻译小说》(下),《知堂回想录》,第210页。

tionary of Chinese Buddhist Terms, with Sanskrit and English equivalents and a Sanskrit-Pali index, compiled by William Edward Soothill and Lewis Hodous (London: Kegan Paul Trench, Trübner & Co., Ltd., 1937). 棕色布面 8 开精装，扉页紫色椭圆印：图书季刊编辑部 北平 Quarterly Bulletin of Chinese Bibliography Peiping，朱文平馆英文圆印。3140388566，117440。1934 年作者序，牛津大学中文教授 Lewis Hodous 1937 年序，后衬页上角铅笔：顾子刚先生交来，Aug. 3, 1948。此书缴库时间稍晚，可编目时间要早一些。而另一册：C. M. Bowra, From Virgil to Milton, Macmillan, 1945. 红布精装，前衬页一铅笔：（Dup. 3636），3126198195，124882，封底衬页一铅笔：G. Ministy of Edu. Sept. 22. 1948。1948 年 9 月 22 日教育部赠送并入库。因而《波阑印象记》的登记编目时间比第一册稍早，而比后面三册书要晚一些。这些书应该是 1947—1948 年间陆续分批登记入库，不过只是暂时保管而已，因而没有随到随编目。而开始编目时间则已是 1949 年 6 月 17 日正式奉令准由平馆所有之后。

7. Boyesen, Hjalmar Hjorth, Essays on Scandinavian Literature, New York: Charles Scribner's Sons, 1895. 蓝布精装，封面内侧蓝色东京郁文堂书店标：The Ikubundo Co. Ltd and Publishers & Stationers Tokyo Osaka & Kyoto。前衬页一：November 8th, o8 M. Abe.，扉页朱文方印：周作人印，正文首页朱文方印：苦雨斋藏书印，115454，封底内侧铅笔：1184 イノケハス。其中安徒生一文见第 155—196 页，勃兰兑斯一文见第 199—216 页。

知堂在《东京的书店》里说他在郁文堂买了"一册勃阑兑思的《十九世纪名人论》，上盖一椭圆小印朱文曰胜弥，一方印白文曰孤蝶，知系马场氏旧藏。又一册《斯干地那微亚文学论集》，丹麦波耶生（H. H. Boyesen）用英文所著，卷首有罗马字题曰：November 8th. o8 M. Abe. 则不知是哪一个阿部君之物也。两书中均有安徒生论一篇，我之能够懂得一点安徒生差不多全是由于这两篇文章的启示。"

蔼里斯

知堂在《蔼理斯的话》(1924年2月23日刊)里说:"蔼理斯(Havelock Ellis)是我所最佩服的一个思想家。"在《关于自己》(1937年7月22日)里说:"蔼理斯是医师,是性的心理研究专家,所著书自七大册的《性的心理》以至文学思想社会问题都有,一共有三十册以上,我所得的从《新精神》至去年所出的《选集》共只二十七册。《新精神》出在'司各得文库'中,是一本小册子,其中论惠德曼处已有明智的意见给予我们,但是读到《断言》中的《论加沙诺伐》,《论圣芳济及其他》,这才使我了悟。生活之艺术原来即是那难似易的中庸。"《中国文艺》杂志第一卷第三期(1939年11月1日)刊有陈迎的《海外出版界近讯》,其中"性心理学家蔼理斯之自传即将在美国出版"条说自传"今年冬季即可问世",估计那时知堂就开始注意并要购买蔼理斯自传了。《买洋书》(1940年4月13日):"今年在最近一个月里却又得到了两本好书,第一点是价钱不贵,原价共计美金七元馀,放在北京饭店恐怕不要一百五十元之谱么,我从丸善买来。连邮费只化了三十元,可谓廉矣。第二,这两部书都是蔼理斯(Havelock Ellis)所做的。蔼理斯在去年以八十高龄去世,听说有自叙传,由波士顿的好顿密弗林书店出版,这回弄到手,即是六百五十叶的大册《我的生涯》(*My Life*),看了很是高兴,却还没有工夫细读。此外一册是他讲法国的论文集,名曰《从卢梭到普鲁斯忒》(*From Rousseau to Proust*),还是一九三五年出板的书。往常听说普鲁斯忒难懂,一时不想找评论来读,但是后来觉得缺这一册也不好,终于把他买了来。……这如在《断言》(*Affirmations*)中的《论加沙诺伐》,《论圣芳济及其他》,都不是别人的书所能见到的文章,每翻阅时不禁感谢作者,亦自庆幸英文之未为白学也。我少买洋书,唯好在三年中得到三册满意的书,则亦足以自豪矣。"这样来看,到1940年,知堂所藏蔼理斯的书至少有三十册之多,而现在只找到十七册。

8. Ellis, Havelock, *The Art of Life: Gleanings from the Works of Havelock Ellis*, collected by Mrs. S. Herbert, Constable's Miscellany of Original & Selected Publications in Literature, London: Constable and Co., Ltd., 1929. 灰布袖珍小本，前衬页二朱文方印：会稽周氏凤皇专斋藏，扉页白文方印：煅药庐，115530，正文首页朱文方印：苦雨斋藏书印，其中有不少红色、黑色铅笔画线批注。封底内侧铅笔：185R。

1929 年 5 月 29 日台吉厂购，5 月 31 日丸善又寄到一册，就送给了张凤举。

9. Ellis, Havelock, *The Criminal*, 5th ed. rev. and enl., with 40 illustrations, The Contemporary Science Series, London: Walter Scott Publishing Co., Ltd., 1914. 棕布精装，书脊下贴有白纸朱印：参考，115527。封底内侧铅笔：360 NK。

按：贴有白纸朱印："参考"，这是被北京图书馆放到了参考书阅览室供内部阅览，不外借。

1923 年 6 月 15 日丸善购《罪人论》(*The Criminal*)。

10. Ellis, Havelock, *The Dance of Life*, fourth impression, Boston: Houghton Mifflin, 1923. 蓝布精装，前衬页一铅笔：(Dup. 6114)，前衬页二朱文方印：周作人印。序言朱文方印：苦雨斋藏书印，125034，3115388914。

1924 年 2 月 4 日北京饭店中法图书馆购，另 1930 年 4 月 30 日自丸善也购过一册。《花炮的趣味》(1924 年 2 月 4 日)里提及"蔼理斯《人生之舞蹈》(1923)第一章里有这样一节话……"，并翻译了那段文字。

11. Ellis, Havelock, *Essays in War-Time*, fifth impression, London: Constable and Company, 1917. 红布精装，扉页朱文方印：周作人印，115504，序言首页朱文方印：苦雨斋藏书印。

1929 年 2 月 18 日丸善购。

12. Ellis, Havelock, *From Rousseau to Proust*, Boston: Houghton Mifflin,1935. 黑布精装，前衬页一铅笔：（Dup. 6131），扉页朱文方印：周作人印，125049，正文首页朱文方印：苦雨斋藏书印，封底内侧铅笔：1200。

13. Ellis, Havelock, *Impressions and Comments*, Second Series 1914-1920, Boston: Houghton Mifflin Company, 1923. 蓝布精装毛边，前衬页一铅笔：（Dup. 6116），扉页蓝色方印：周作人印。正文首页朱文长印：苦雨斋藏书印，125037，3115388823。

1924年4月11日丸善购。《可怜悯者》（1922年10月5日刊）："蔼理斯，所著《新精神》是世界著名的一部文学评论。今天读他的《感想录》，看到有这一节话。"并译了这节话。这是《感想录》第一卷（*Impressions and Comments*, First Series），1919年3月3日在丸善购。《猥亵论》（1923年2月1日刊）里提到"近来读他的《随感录》（*Impressions and Comments* 1914）"云云，并选译一节。知堂选译了《蔼理斯〈随感杂录〉抄》（1925年1月30日），末云："蔼理斯（Havelock Ellis）生于一八五九年。《感想录》（*Impressions and Comments*）共三卷，集录一九一三年以来十年间的感想。今从三卷中各选译两则，尚有第一卷论猥亵的一则曾收在《自己的园地》里，不再录入。"（收入《永日集》）1925年1月19日东交民巷万国图书公司购《感想录》第三卷（*Impressions and Comments*, Third Series）。

14. Ellis, Havelock, *My Confessional: Question of Our Day*, London: John Lane the Bodly Head, 1934. 草绿色精装，书脊下贴有白纸朱印：参考，扉页朱文方印：周作人印，115954，《斯宾诺莎》一文提及Oliver Schreiner 小姐的《非洲农场》。

1934年11月27日丸善购。《关于读圣书：关于十九篇（三）》（1934年11月29日）："前两天买到蔼理斯的几本新刊书，计论文集初二集，又一册名《我的告白》(*My Confessional*)，内计小文七十一篇，大抵答复别人的问，谈论现实的诸问题。"《一九三四年我所爱读的书》(1935年1月5日)列入第二种。知堂书买得及时，文章也写得及时。胡风在《〈蔼理斯的时代〉问题》(1935年2月1日)里说"一月二十一日《大公报》文艺副刊，刊有周作人《蔼理斯的时代》"，他因而反驳知堂借用的蔼理斯观点。最后说："借用知堂先生底话，'人非圣贤岂能全知'，我对于蔼理斯毫无研究，较之藏有二十六册的苦雨斋主人只有惭愧。"[1] 1923年7月10日买过 Oliver Schreiner 的两部著作《梦》(*Dreams*)和《妇女与劳动》(*Woman and Labour*)。

15. Ellis, Havelock, *My Life: Autobiography of Havelock Ellis*, Boston: Houghton Mifflin Company, 1939. 大16开白布精装，扉页朱文方印：周作人印，115498，正文首页朱文方印：苦雨斋藏书印，后面封底内侧铅笔：1685。

张中行在《再谈苦雨斋》里回忆说，知堂"还有一次，谈起我买到蔼理斯的自传，他说他还没见过，希望借给他看看。我送去，只几天就还我，说看完了"[2]。

16. Ellis, Havelock, *More Essays of Love and Virtue*, London: Constable and Company, 1931. 蓝布精装，书脊下贴有白纸朱印：参考，前衬页一铅笔：(Dup. 6130)，扉页朱文方印：周作人印，3126181464，正文首页朱文方印：苦雨斋藏书印，125048，封底内侧铅笔：375K。

1932年1月13日丸善购。《性的心理》(1933年8月18日)："近来买到一本今年新出的蔼理斯所著《性的心理》，……蔼理斯的《性的心理》第一卷出板于一八九八年，就被英国政府所禁止，后来改由美国书局出板才算没事，至一九二八年共出七卷，为世界性学上一大名著，可

---

[1] 《文学》月刊第四卷第三期(1935年)。
[2] 《周作人印象》，第96页。

是大不列颠博物馆不肯收藏，在有些美国图书馆里也都不肯借给人看，而且原书购买又只限于医生和法官律师等，差不多也就成为一种禁书，至少像是一种什么毒药。这是盎格鲁撒克逊的常态罢，本来也不必大惊小怪的。但是到了今年忽然刊行了一册简本《性的心理》，是纽约一家书店的'现代思想的新方面'丛书的第一册，（英国怎么样未详，）价金三元，这回售买并无限制，在书名之下还题一行字云学生用本，虽然显然是说医学生，但是这书总可以公开颁布了。"1923年7月2日丸善购《性的心理研究》三四五卷，9月3日丸善购《性的心理研究》一二卷，9月11日买《性的心理研究》六卷，这样当时已出的六册已购全，12日开始阅读。

17. Ellis, Havelock, *The New Spirit,* third edition, Scott Library, London: The Walter Scott Publishing, 1892. 红布袖珍本，封面内侧上角有绿色店标（日文叫书店票）：Maruzen Company Limited Books and General Stationery Tokyo Osaka Kyoto Fukuoka 丸善株式会社，前衬页一铅笔：（Dup. 6129），前衬页二有蓝色方印：周作人印，125047。

1918年1月18日丸善购。1923年9月22日周建人帮购过一册。[1]

《随感录三十四》（1918年10月15日刊）："蔼理斯又著有《新精神》（*The New Spirit*）一书，其中评论美国诗人惠特曼……"《蔼理斯的话》（1924年2月23日刊）："我最初所见的是他的《新精神》，系《司各得丛书》之一，价一先令，近来收在美国的《现代丛书》里。其次是《随

---

[1] 周建人当时代收周作人在沪的稿费并帮其买书，如他1933年3月29日致函周作人："二十三日信已收到，受古书店书只有一种，已早寄出，想已收到。《南北史捃华》已买到一种，非书目上者（已售去），但似尚佳，故买之（据言内容一样）。今日'封关'，明日当可寄出。"见《鲁迅研究资料》12，天津：天津人民出版社，1983年，第81页。陶洁在《"我们的通讯早已有些'越轨'"——我的父亲陶亢德与周作人先生》一文中引用其父陶亢德回忆录，其中说："记得还在抗日战争之前，有天接到他一封信，说以后拙作稿费，不要再送舍弟云云。原来他在我刊写稿的稿费，一向送与他介弟收，为他作沪杭购旧书之费，忽然不送，其故何在，他信上写得明明白白，惜乎我记性不好全忘记了。只记得他是可以含胡过去不道其详的。"见《掌故》第四集，第125页。这就是周建人帮知堂代买并邮寄图书的情况。

感录》及《断言》。"又在《科学小说：沟沿通信（三）》（1924年9月3日刊）提及"蔼理斯在《凯沙诺伐论》里……"，他翻译了蔼理斯《论左拉》(*Affirmations*, pp. 131-157, 1898)，刊1926年7月26日北京《骆驼》第一期，收入《艺术与生活》。

《关于妖术》（1928年12月27日）："前日细读蔼理斯著的《新精神》，见在《惠特曼论》里论及索罗在山林中所过的生活，说在不曾有这种经验的人这世界当有许多的不必要的神秘与不少的不必要的苦恼。"《东京的书店》（1936年8月27日）里说《性心理之研究》七册是他启蒙之书："蔼理思的著作自《新精神》以至《现代诸问题》都从丸善购得，今日因为西班牙的反革命运动消息的联想又取出他的一册《西班牙之魂灵》来一读，特别是《吉诃德先生》与《西班牙女人》两章，重复感叹，对于西班牙与蔼理斯与丸善都不禁各有一种好意也。"

知堂1930年11月27日致俞平伯信中说："承询书籍，华文者殊无可道，但有夷书一二册耳，蔼理斯之《梦之世界及其他论文》，又某之《梦之历史》，则系述梦之解析之变迁者也。"[1]《梦之历史》指：A. J. J. Ratcliff 的 *A History of Dreams: A Brief Account of the Evolution of Dream Theories, with a Chapter on the Dream in Literature*，系1924年2月22日在北京饭店中法图书馆所购。《梦之世界》购于1923年4月4日，同年5月1日丸善购《男与女》(*Man and Woman*)，1924年4月19日周建人寄到《社会卫生之工作》，4月21日丸善寄到《西班牙之精神》（日记里购书目录误为19日）。1930年1月17日购《断言》。

1918年2月27日自中西屋还购买过一册日文译本：《歐米新思潮論》。

18. Ellis, Havelock, *The New Spirit*, The Modern Library of the World's

---

[1] 《周作人俞平伯往来通信集》（修订版），上海：上海译文出版社，2014年，第160页。

Best Books, New York: Boni and Liveright, 1926. 绿布袖珍本，前衬页一铅笔：（Dup. 6115），扉页朱文方印：若子纪念，白文方印：越周作人，125041，正文首页朱文方印：苦雨斋藏书印。

1930 年 2 月 14 日周建人帮购。"若子纪念"石印系 1929 年 11 月 27 日同古堂所刻。

19. Ellis, Havelock, *The Philosophy of Conflict and Other Essays in Wartime*, Second Seriers, London: Constable and Company, 1919. 棕布精装，书脊下贴有白纸朱印：参考，扉页朱文方印：周作人印。p. 7 朱文方印：苦雨斋藏书印，115505。

1924 年 4 月 21 日丸善寄到，1929 年 2 月 18 日又从丸善购过一册。

20. Ellis, Havelock, *Questions of Our Day*, London: John Lane, 1936. 棕布精装，扉页朱文方印：周作人印，115924，封底内侧铅笔：720。

21. Ellis, Havelock, *Views and Reviews: A Selection of Uncollected Articles, First Series: 1884－1919*, London: Desmond Harmsworth, 1932. 灰布精装，书脊下贴有白纸朱印：参考，扉页朱文方印：周作人印，115499。

22. Ellis, Havelock, *Views and Reviews: A Selection of Uncollected Articles, Second Series: 1920－1932*, London: Desmond Harmsworth, 1932. 灰布精装，书脊下贴有白纸朱印：参考，扉页朱文方印：周作人印，115500，封底内侧铅笔：840。

1934 年 11 月 22 日自丸善购此两集。

23. Mrs. Ellis, Havelock, *James Hinton: A Sketch*, London: Stanley Paul, 1918. 蓝布精装，前衬页二朱文方印：周作人印。序言首页朱文方印：苦雨斋藏书印，115925。

1925 年 4 月 22 日丸善购。

24. Mrs. Ellis, Havelock, *The New Horizon in Love and Life*, with a preface by Edward Carpenter and an introduction by Marguerite Tracy,

London: A. & C. Black Ltd., 1921. 蓝布精装，书脊下贴有白纸朱印：参考，前衬页一铅笔：＄5.50。前衬页二朱文方印：周作人印，序言首页朱文方印：苦雨斋藏书印，115501。

1924 年 2 月 17 日北京饭店购。

法布尔

《自然：我的杂学之九》（1944 年 7 月 2 日）："但是近代的书自然更能供给我们新的知识，于目下的问题也更有关系，这里可以举出汤木孙与法勃耳二人来，因为他们于学问之外，都能写得很好的文章，这于外行的读者是颇有益处的。汤木孙的英文书收了几种，法勃耳的《昆虫记》只有全集日译三种，英译分类本七八册而已。"

25. Fabre, J. Henri, *The Life of the Scorpion*, translated by Alexander Teixeira de Mattos and Bernard Miall, London: Hodder and Stoughton, 1923. 绿布精装，前衬页一铅笔：500，正文首页朱文方印：苦雨斋藏书印，115508。

1923 年 12 月 17 日交民巷购，译为《乾蝎的生活》。

26. Fabre, J. Henri, *The Life of the Weevil*, translated by Alexander Teixeira de Mattos, The Works of J. H. Fabre, London: Hodder and Stoughton, 1922. 绿布精装，前衬页一铅笔：4-，正文首页朱文方印：苦雨斋藏书印，115509。

1922 年 12 月 27 日东交民巷购，译为《米螺之生活》。

27. Fabre, J. H., *Social Life in the Insect World*, tr. by Bernard Miall, New Readers Library, London: Duckworth, 1927. 蓝布袖珍本，前衬页一铅笔：（Dup. 6136），扉页朱文方印：岂明，正文首页朱文方印：苦雨斋藏书印，125055，3140245832，封底内侧铅笔：175 s。

1932 年 5 月 10 日在北京饭店还购有 *The Life of Spider*，未见。

28. Fabre, J. H., *The Wonders of Instinct: Chapters in the Psychology of*

Insects, with 16 plates from photographs by Paul H. Fabre, tr. by Alexander Teixeira de Mattos and Bernard Miall, New Readers Library, London: Duckworth, 1928. 蓝布精装，前衬页一：（Dup. 6137），扉页朱文方印：岂明，正文首页朱文方印：苦雨斋藏书印，125053。

1919年5月8日，知堂曾在东京古本屋购有该书的早期版本，不过这册是后来买的。1919年2月26日自东京堂购有：《蜘蛛の生活》（ジー・アンリー・ファブル著 英義雄訳，東京：洛陽堂，大正八年[1919]一月），1920年2月10日自丸善购：《昆虫的生活与恋爱》（*Life and Love of the Insect*, tr. by Alexander Teixeira de Mattos, London: A. and C. Black, 1911），当日即阅读。

《法布耳〈昆虫记〉》（1923年1月26日）："《昆虫记》先有十一册，我只见到英译《本能之惊异》、《昆虫的恋爱与生活》、《橡虫的生活》，和从全书中摘辑给学生读的《昆虫的奇事》，日本译《自然科学故事》、《蜘蛛的生活》以及全译《昆虫记》第一卷罢了。"1923年1月14日："得丛文阁寄《昆虫记》一本。"即大杉荣的《昆虫记》日译本第一册。1月又买了《昆虫之冒险》。6月19日丸善购有《自然科学の话》（大杉荣与安成四郎共译），11月得《科学的故事书》（《自然科学の話》，大杉栄安城四郎訳，アルス科学知識叢書第一編，東京：アルス，大正十二年[1923]）。1924年11月21日东亚公司买了日译本《昆虫记》第二卷（椎名其二訳，東京：叢文閣）。1925年8月1日以法布尔一本书送给了孔德学校，11月14日东亚购法布尔传记：《科學の詩人：ファブルの生涯》（ヂェ・ヴェ・ルグロ [Georges Victor Legros] 著 椎名其二訳，東京：叢文閣，大正十四年[1925]），12月29日东亚购《昆虫记》日译本第三卷（椎名其二訳）。1929年1月7日购《昆虫记》日译本第四卷（椎名其二訳），2月7日在东亚公司又购了一册。1930年8月29日东亚公司购《昆虫记》日译本第七卷（全集十二册之一），9月15日："杜逢辰君来，借去ファブル传一册（《科學の詩人》，10月20日还），又赠予《昆虫记》四册。"这应该是送的《昆虫记》日译本。1934年10月9日人人书店购改造文库《昆虫记》三册，10月20日购改造文库《昆虫记》第十二册。

他1923年6月25日至8月25日译过法布尔《爱昆虫的小孩》等四篇作品。知堂说他有法布尔英译本七八册，而《周作人散文钞》中《苍蝇》（1924年7月）篇注释里提及："法勃耳关于苍蝇各文，英译集为一册，名 The Life of Fly，又收入 People's Library 中。"[1] 这里只找到四册。

法朗士

29. France, Anatole, *Crainqueville, Putois, Riquet and Other Profitable Tales*, tr. by Winifred Stephens, London: John Lane, Bodley Head Limited, 1923. 黄布袖珍本，前衬页一铅笔：1.50，蓝色平馆圆印，115964。

30. France, Anatole, *The Garden of Epicurus*, translated by Alfred Allinson, London: John Lane, 1923. 黄布袖珍本，扉页蓝文方印：周作人印，115965。

1923年8月23日丸善购。知堂《青年必读书十部》（1925年2月14日）一文里推荐的第十部书。据鲁迅1927年11月14日致江绍原："如前回在《语丝》上所谈之《达旖丝》，实是一部好书，倘译成中文，当有读者，且不至于白读也。半农译法国小说，似有择其短者而译之之趋势，我以为不大好。"[2] 鲁迅1927年11月20日信："但即以在《语丝》发表过议论的 Thais 而论，我以为实在是一部好书。但我的注意并不在飨宴的情形，而在这位修士的内心的苦痛。非法朗士，真是作不出来。这

---

1 章锡琛编注《周作人散文钞》，上海：开明书店，1933年6月三版，第127页。尽管书里广告说各篇注释是编者章锡琛做的，但是可以看出来，明显知堂提供了主要的材料，恐怕不少就是知堂所写。

2 《江绍原藏近代名人手札》，第14页（第255页）。

书有历史气,少年文豪,是不会译的(也讲得听点,是不屑译),先生能译,而太长。我想,倘译起来,可以先在一种月刊上陆续发表,而留住版权以为后日计。"[1] 对于法朗士,兄弟二人有同好。

31. France, Anatole, *The Latin Genius*, a translation by Wilfrid S. Jackson, London: John Lane; New York: Dodd, Mead and Company, 1924. 大32开红布精装,前衬页铅笔:570,115544。

1925年1月19日东交民巷购。

32. France, Anatole, *My Friend's Book,* a translation by J. Lewis May, London: John Lane, 1913. 大32开红布精装,前衬页二朱文方印:周作人印,115545,封底内侧铅笔:340。

1923年8月23日丸善购。知堂在《科学小说:沟沿通信(三)》(1924年9月1日)里说:"阿那多尔·法兰西(Anatole France)是一个文人,……《我的朋友的书》是他早年的杰作,第二编《苏珊之卷》里有一篇《与D夫人书》,发表他的许多聪明公正的见解。"随后译了其中一段话。1923年10月购有《蜜蜂》(*Bee: The Princess of the Dwarfs*),1925年8月11日购《克利奥》(*Clio & The château de Vaux-le-Vicomte*),1929年12月30日购《拉伯雷》(*Rabelais*, tr. by E. Boyd)。

33. France, Anatole, *The Merrie Tales of Jacques Tournebroche, and Child life in Town and Country*, a translation by Alfred Allinson, London: John Lane Company, 1919. 大32开红布精装,封面内侧左上角有蓝色标:Maruzen Co. Ltd Tokyo,115546,封底内侧有左上角铅笔:340N。

1923年8月23日丸善购。

34. France, Anatole, *Mother of Pearl*, translated by Frederic Chapman, Lon-

---

[1] 《江绍原藏近代名人手札》,第17、18页(第257页)。另见《鲁迅全集》第12卷,第91页。《江绍原藏近代名人手札》编者将此信系于1928年,《鲁迅全集》编者则系于1927年,当以后者为是。

don: John Lane/The Bodley Head, 1923. 初版 1908 年，1923 年 3 月 Crown 版，1923 年 9 月重印。黄布袖珍本，扉页蓝文方印：周作人印，115507。

1924 年 5 月 7 日丸善购。

35. France, Anatole, *On Life and Letters*, First Series, a translation by A. W. Evans, London: John Lane, 1911. 大 32 开红布精装，前衬页二朱文方印：周作人印，115547。

1923 年 1 月 13 日在商务买书一本："文学与生活匚儿[夕]尤厶 [France]"，应即此书。这套法郎士英译作品集（*The Works of Anatole France in An English Translation*, edited by Frederic Chapman and James Lewis May）三十五卷，其中分图书馆版、插图版（十种）和新普及版（三种）。另有写法郎士的作品三种。

36. France, Anatole, *On Life and Letters*, Second Series, a translation by A. W. Evans, London: John Lane, 1914. 大 32 开红布精装，前衬页二朱文方印：周作人印，115548。

37. France, Anatole, *On Life and Letters*, Third Series, translation by D. B. Stewart, London: John Lane, 1922. 大 32 开红布精装，前衬页二朱文方印：周作人印，115549。封底铅笔：6<u>50</u>。

1923 年 6 月 15 日丸善购。

38. France, Anatole, *On Life and Letters*, Fourth Series, translation by Bernard Miall, London: John Lane, Bodley Head, Ltd., 1924. 大 32 开红布精装，前衬页一铅笔：＄11-，115550，其中有一篇 An Apology for Plagiarism，还有帕斯卡、朱利安皇帝诸篇。

1924 年 4 月 29 日北京饭店购。

39. France, Anatole, *The Opinions of Jérôme Coignard*, a translation by Wilfred Jackson, London: John Lane, 1913. 大 32 开红布精装，115551，封底内侧左上角铅笔：3<u>40</u>。

1923年8月23日丸善购。

40. France, Anatole, *Penguin Island*, a translation by A.W. Evans, New York; Dodd: The Bodley Head, 1923. 蓝色布面装，毛边已裁，前衬页二有蓝文方印：周作人印，封底铅笔：3.85。

1923年11月28日东交民巷购。

41. France, Anatole, *Pierre Nozière*, translated by J. Lewis May, London: John Lane, 1923. 黄色布面袖珍本，115970。

42. France, Anatole, *Rabelais*, translated and with an introduction by Ernest Boyd, New York: Henry Holt and Company, 1929. 大16开蓝布精装，多幅木刻插图，前衬页二朱文方印：会稽周氏凤凰专斋藏，扉页篆字朱文方印：周作人印，115539，其中有多幅木刻插图。封底内侧左上角有：9.90 R。

1929年12月30日自邮局取丸善的书，其中有此书。

43. France, Anatole, *The Seven Wives of Bluebeard & Other Marvellous Tales*, translated by D. B. Stewart, London: John Lane, 1925. 棕色布面袖珍本，前衬页一铅笔：1.50，115986。

44. France, Anatole, *Thaïs*, a translation by Robert B. Douglas, New York: Dodd, Mead & Company, 1923. 蓝布毛边修正版，前衬页二蓝文方印：周作人印，铅笔：385，115506。

1923年12月1日交民巷购。

45. France, Anatole, *The Well of Saint Clare*, translated by Alfred Allinson, London: John Lane, 1923. 黄布袖珍本，扉页蓝文方印：周作人印，115969。

1924年5月7日丸善购。

46. George, W. L., *Anatole France*, Writers of the Day, London: Nisbet & Co., Ltd., 1915. 蓝布袖珍本，封面内侧蓝色图标：Maruzen Co.Ltd. Book Department Tokyo，115519，封底内侧铅笔：85Net。

1919 年 2 月 15 日收中西屋寄来的书："亡夕尢厶 [France] 评传儿飞 リ [George]"，即此书。

47. *Anatole France and His Circle: being his table-talk*, collected & recorded by Paul Gsell, illustrated from paintings by Pierre Calmettes, authorised translation by Frederic Lees, London: John Lane; The Bodley Head, 1922. 大 32 开红布精装，前衬页二朱文方印：周作人印，红布面图书馆版，115552，封底内侧左上角有：340n。扉页前有法朗士在书斋里的照片。

1923 年 7 月 23 日丸善购。另有两种未找到，很可能是知堂的旧藏：*Clio, & The château de Vaux-le-Vicomte*, translated by Winifred Stephens（London: John Lane; The Bodley Head Limited, 1925）、*At the Sign of the Reine Pedauque*, tr. by Wilfrid Jackson, with an introduction by William J. Locke（London: John Lane; Bodley Head Limited, 1925）。

48. Couchoud, Paul-Louis, *Japanese Impressions with a Note on Confucius*, translated by Frances Rumsay, London: John Lane; The Bodley Head, 1921. 红布精装，前衬页铅笔：650，扉页蓝文方印：周作人印，115948，1920 年 1 月法朗士为该书作序，说 Paul-Louis Couchoud 曾在巴黎高师读书，是哲学教授和医学博士，同时也是法郎士的私人医生兼弟子。

1923 年 5 月 14 日台吉厂购。

知堂在《谈日本文化书之二》（1936 年 10 月 1 日）里把其名译为古修，说他和小泉八云、摩拉蔼思（W. de Moraes）都是热爱日本的西洋人。

弗雷泽及人类学

49. Frazer, Sir James George, *Adonis: A Study in the History of Oriental Religion*, Thinker's Library, London: Watts & Co., 1932. 褐色布面袖珍本，前衬页一铅笔：（Dup. 6139），扉页朱文方印：周作人印，出版于 1932 年 6 月，125057，3120027663。

知堂 1932 年 10 月 3 日购。

50. Frazer, Sir James George, *The Fear of the Dead in Primitive Religion:Lectures delivered on the William Wyse Foundation at Trinity College, Cambridge 1932−1933*, London: Macmillan and Co. Limited, 1933. 扉页朱文方印：周作人印。p. 3 朱文方印：苦雨斋藏书印，封底内侧铅笔：8.90，绿布面顶金。

1934 年 1 月 5 日丸善购。

51. Frazer, Sir James George, *Garnered Sheaves: Essays, Addresses, and Reviews*, Macmillan, 1931. 绿布面顶金，毛边，扉页朱文方印：会稽周氏凤皇专斋藏，白文方印：周作人，115543，封底内侧左上角有铅笔：1050L。

关于藏书印的"凤皇专斋"，据日记，1915 年 5 月 17 日："在马五桥下小店得残专一文曰凤皇三年七（下缺）又一专完好无文但作泉纹，下午拓凤皇专文二纸，盖吴时物，阅古砖图释。"8 月 18 日："得北京十四日函并示陈师曾仿砖文刻名印曰周作，颇佳。"9 月 17 日："取北京五日寄小包，印三方，一曰周建，其二曰周作，皆陈师曾君所刻。"知堂因为这块"凤皇砖"，而给自己书房命名。在《专斋漫谈序》（1928 年 12 月 1 日）里还调侃了半天"专斋"这个名字。康嗣群在《周作人先生》里说："斋中书架上放着一块砖，那便是凤凰砖，我曾写信说再去时要看看，而到里看见它好好的躺着，却又觉得似乎不要去搬动它好了。"[1]

52. Frazer, Sir James George, *Leaves from the Golden Bough*, culled by Lady Frazer, with drawing by H. M. Brock, London: Macmillan and Co. Limited, 1924. 蓝布面顶金，卷首与书里有十六幅木刻插图，前衬页二大朱文方印：会稽周氏凤皇专斋藏，小朱文长印：周信子。扉页朱文方

---

[1]《周作人印象》，第 28 页。

印：苦雨斋藏书印，115439，版权页贴有一纸钢笔题字："此苦雨斋翁周知堂藏书也，曾有小介在夜读抄中。周氏译此卷为金枝上的叶子。余则改题为金枝数叶，今已译成若干，惜难如氏之流利耳。信子即其夫人名。钦斋纪。"（原文无标点）不知这个钦斋何许人。

1929年3月30日记："羽太信子印两枚，至同古堂取印。"把夫人名盖书上，似有夫妻共有之意。《金枝上的叶子》（1934年2月7日）："《金枝上的叶子》是弗来则夫人（Lilly Frazer）所编的一本小书。提起金枝，大家总会想到弗来则博士的大著，而且这所说的也正是那《金枝》。这部比较宗教的大著在一八九〇年出板，当初只有两本，二十年后增广至八卷十二册，其影响之大确如《泰晤士报》所说，当超过十九世纪的任何书，只有达尔文斯宾塞二人可以除外……话虽如此说，这十二册的大书我却终于没有买，只得了一册的节本，此外，更使我觉得喜欢的，则是这一小本《金枝上的叶子》。此书里共分六部，一《基督降诞节与寄生树》，二《怪物》，三《异俗》，四《神话与传说》，五《故事》，六《景色》，有插画十六叶。"后来知堂还考虑翻译此书。

53. Frazer, Sir James George, *The Golden Bough: A Study in Magic and Religion*, in one Volume, abridged edition, London: Macmillan and Co. Limited, 1926. 一卷节本，蓝布精装，卷首有 J. M. W. Turner 绘的《金枝》插画，扉页二朱文方印：会稽周氏凤皇专斋藏　周作人印，3120027606，125058，其中有铅笔画线，p. 13 有铅笔画线并边注："春秋时也有类似的做法，画敌国王画像以射之。"

1927年4月购。而1923年5月29日在厂甸也买过一册节本《金枝》。江绍原1927年3月13日致知堂："《金枝》《南印度树神》《道德发展论》均带走；《希腊民俗》《野蛮人戏剧》《清嘉录》三书托玉珂送还。"[1] 江从

---

[1] 《周作人早年佚简笺注》，第334页。

知堂处借过该书。知堂在《荣光之手》（1928年9月2日）里提及《金枝》节本第三节谈法术感应的地方。《赋得猫》（1937年1月26日）里摘引了此节本《金枝》中的一段。知堂在1934年12月8日致江绍原信里提及："金枝全本，北平圕无此书乎？不佞历年希冀得此，而尚未能得，实太贵也。"[1]不过平馆拥有第三版（1925—1930）的全套十二册，根据图书登记号判断：83566—83577，应该是1935年6月以后入藏登记的，所以当时平馆还没有全套书。1929年7月24日从丸善订购《人，神与不死》(*Man, God and Immortality: Thoughts on Human Progress*, 15/-)，8月17日寄到。

按：知堂很少去图书馆借书看，一般都是自己买，其实是不满意图书馆，借不到自己想看的书。

下面说一段轶事：据《北京大学日刊》（1931年3月21日）披露，当时北大图书馆积欠未还的图书已超过四千册，个别人借书已达二三百本之多，有的图书馆书刊流失校外，竟在旧书摊出售，令人气愤。傅斯年致函蒋梦麟："昨天在厂甸摊上买到北大图书馆书一本，这是我到北平二十二个月中第三次遇见小摊上卖北大的书的事。以我经年不逛小摊，很少走东安市场，然竟遇到三次，则北大书之流落当是很普及的事了，朋友们几乎人人都有这个经验。……北大图书馆今日的状态，实在是北大从古以来第一件可耻的事。"（《北京大学日刊》1931年3月4日）不少师生出谋划策，《北京大学日刊》1931年3月6日刊登了周作人致傅斯年的信（写于3月5日），其中分析说为防止图书馆藏书失散，有治标和治本两种办法，要治本就要筹建新图书馆，"使大家多来馆阅览，少借书出去。……现在图书馆的地方实在不太行，书也不见得很够罢，平常便都不大想到那里去坐。"[2]知堂又说："即以鄙人而论，无学无术，

---

1 《江绍原藏近代名人手札》，第185页（第350页）。
2 《北京大学图书馆九十年记略》，第64页。

够不上讲什么研究，但是偶然想要看看以广见识，或者想写两三千字的小文，找点参考资料的时候，往往难得找到适当的帮助，结果还只好回敝庐来翻自己买的几本旧书，（近来金价太贵，新书买不起了。）于是一下课就得驰驱回来了。借书券已有六七年没有拿了吧，这或者说是我自甘暴弃也行，实在我不喜欢坐在那里看书，又不喜欢借书，虽然鄙人是必定还的——这是说有书的话，何况想看的又未必有呢？鄙人以为北大图书馆必须增加刊物扩充地方这才办得好，这才能够使大家去多看书少借书，而后可耻的现象可以减少消灭。"[1]

而当时国立北平图书馆的服务也未必佳，如楮冠（黄裳）在《蠹鱼篇》里说：

> 记得前几年的"文学"上有巴金先生的一篇题作"书"的散文，里边很对国立北平图书馆发了几句不敬的牢骚。这座宫殿式的图书馆，我在几年前也曾经去瞻拜过。是春假里到北平旅行时去看的，沾了团体的光，被招待到楼上的善本室去"转"了一下，一册册的古书，都摆在玻璃柜里，上面贴着不许翻动的禁条，其实，柜子是已经锁起来了的。那里边就放着外国人、大官、豪绅所捡剩下来的敦煌卷子，我轻轻地一掠，看着那古色古香的纸色，浑厚的唐人笔迹，已觉得非常满意了。好像是见了只有大官和外国人才配看的东西，真是"三生有幸"。不过那部"金瓶梅词话"有没有摆出来，记不清了。也许是为了"风化"的关系不曾拿出来也不一定。总之，那时，我已经为敦煌卷子所震，有些"神志不清"了。
>
> 不过据常住北平的朋友们说，他们市民是没有资格看这些古书

---

[1] 傅斯年此信，《傅斯年遗札》未收，新版《傅斯年文集》第七卷（欧阳哲生编，北京：中华书局，2017年，第153页）收录了。知堂此信，《周作人散文全集》（广西师范大学出版社2009年版）也未收。

的；除了教授及特认的学者以外。而杂志室所陈列的中西杂志都是三四月以前的，因为新到的画报之类，先要由馆长、主任的少爷小姐少奶奶……去看，是的，这也是当然的。[1]

除了1917年4月14日到次年3月11日，知堂频繁在北大图书馆和京师图书分馆借书外，之后就很少见他去图书馆借书看了。（1929年3月16日曾通过北海图书馆的宋紫佩借过一本书，18日就还了。）

54. Frazer, Sir James George, *The Gorgon's Head and Other Literary Pieces*, with a preface by Anatole France and a portrait of the author from the bust by Antoine Bourdelle, London: Macmillan & Co., Ltd., 1927. 蓝布面顶金，毛边已裁。前衬页一有铅笔：（Dup. 6121），前衬页二有朱文方印：会稽周氏凤皇专斋藏。扉页朱文方印：周作人印，正文首页朱文方印：苦雨斋藏书印，125039，3115348579，封底内侧铅笔：9.90 R。后面收有 My Old Study, A Dream of Cambridge, Memoires of Youth, Life Fitful Fever, Beyond The Shadows 等隽永的小品文，最后是弗雷泽十五种作品的广告。

《〈一岁货声〉之馀》（1934年2月10日）："近日翻阅茀来则博士的文集，其中有《小普利尼时代的罗马生活》与《爱迪生时代的伦敦生活》两篇很觉得可喜，在《伦敦生活》篇中讲到伦敦呼声，虽然都即根据《旁观报》，说的很简略，却也足供参考，今译出于下。"知堂所引的就是这本书，《小普利尼时代的罗马生活》与《爱迪生时代的伦敦生活》两篇颇长，有一百页，几占全书四分之一。知堂在《金枝上的叶子》里说："茀来则博士文章之好似乎确是事实而并非单是夫人的宣传。我有他的一本文集，一九二七年出版，题云《戈耳共的头及其他文章》，他

---

[1] 《古今》创刊号（1942年3月），第25页。

417

编过诗人古柏的信,写了一篇传记,又编亚迪生的论文,写了一篇序,均收入集内,又仿十八世纪文体写了六篇文章,说是'旁观社'的存稿,读者竟有人信以为真,至于《戈耳共的头》一篇以希腊神话为材料,几乎是故意去和庚斯莱(Kingsley)比赛了。大约也未必因为是苏格兰人的缘故罢,在这一点上却很令人想起安特路朗(Andrew Lang)来。"《希腊的神与英雄与人》(1935年1月28日):"我爱希腊神话,也喜欢看希腊神话的故事。庚斯莱的《希腊英雄》,霍桑的《奇书》都已是古典了。茀来则《戈耳共的头》稍微别致,因为这是人类学者的一种游艺,劳斯的《古希腊的神与英雄与人》亦是此类作品之一。"

55. Frazer, James George, *Lectures on the Early History of the Kingship*, London: New York: Macmillan, 1905. 蓝布精装,前衬页一右上角铅笔:＄550,扉页朱文方印:会稽周氏凤凰专斋藏,白文方印:周公之作,正文首页朱文方印:苦雨斋藏书印,115542,封底内侧左下角蓝色标签:北京天津法文图书馆 La Librairie Française Pékin-Tientsin.

《王与术士:闲话拾遗(十七)》(1927年4月2日):"在'此刻现在'这个黑色的北京,还有这样馀裕与馀暇,拿五六块钱买一本茀来则(J. G. Frazer)的《古代王位史讲义》来读,真可以说有点近于奢侈了。但是这一笔支出倘若于钱袋上的影响不算很轻,几天的灯下的翻阅却也得了不少的悦乐。这是一九〇五年在坎不列治三一学院演讲的稿本,第三板《金枝》中说的更为详尽,其第一份《法术与王的进化》两册,即是专讲这个问题的,但那一部大书我们真是嗅也不敢嗅,所以只好找这九篇讲义来替代,好像是吞一颗戒烟丸。"还翻译了第三节一段,并提及哈利孙女士的《希腊宗教研究序论》,摘译了"法术与神皇"一节。

56. Frazer, James George, *Psyche's Task: A Discourse Concerning the Influence of Superstition on the Growth of Institutions*, 2d ed., rev. and enl. to which is added The Scope of Social Anthropology, An Inaugural Lecture, Lon-

don: Macmillan and Co. Limited, 1920. 蓝布精装，前衬页二朱文方印：周作人印，扉页朱文方印：会稽周氏凤凰专斋藏，p. 3 朱文方印：苦雨斋藏书印，115540。后面广告是弗雷泽编著和翻译的十一种著作。

1924 年 12 月 6 日丸善购。据日记，1917 年 6 月 14 日："向大学假 Frazer: *Psyche's Task* 一本归。"6 月 15 日："阅 Frazer 书，下午了。晚摘抄材料。……Frazer 书系言迷信有利于社会者，举政府结昏财产生命四端，书名以喻作事之不易，本（辨别）Psyche 东分谷子（……），卷首引ミルトン[Milton]文可以知之也。"当时是借看北大图书馆的藏书。

知堂在《野蛮民族的礼法》（1921 年 1 月 1 日刊）里说："三年前的笔记里有这样的一条，系阅英国茀来则所著《普须该的工作》（*Psyche's Task*）时所记之一：……"然后摘译了其中一段文字。又在《狗抓地毯》（1924 年 12 月 1 日刊）里说："茀来则博士的《金枝》（J. G. Frazer, *The Golden Bough*——我所有的只是一卷节本）……（在所著 *Psyche's Task* 中亦举例甚多。）"一卷节本《金枝》是 1923 年 5 月 29 日在厂甸所购。

《通信：致乾华》（1924 年 12 月 15 日刊）说明《狗抓地毯》"干涉恋爱事件由于蛮性的遗留，并不在摩耳书中，而在《普徐该的工作》（*Psyche's Task*，1913 年第二板）第二章讲迷信与婚姻的关系处说的颇详。八年前日记中曾有一节说明书名的意义。……是一部兼有实益与趣味的书。价六先令，英国麦欧伦公司出板。十二月十一日"。《萨满教的礼教思想》（1925 年 9 月 2 日）提及 "茀来则博士在所著《普续该的工作》第三章迷信与两性关系上说……"。《回丧与买水：茶话（七）》（1926 年 1 月 25 日刊）提及 "英国茀来则博士著《普续嘿之工作》第五章云"，并翻译了一段。《乡村与道教思想：酒后主语（九）》（1926 年 10 月 9 日刊）："英国茀来则教授著《普续该的工作》里的《社会人类学的范围》文中的话，要抄录他几句。"

哈里森

《希腊神话一》（1934 年 1 月 24 日）：

哈理孙女士（Jane Ellen Harrison）生于一八五〇年，现在该有八十四岁了，看她过了七十还开始学波斯文，还从俄文翻译两种书，那么可见向来是很康健的罢。我最初读到哈理孙的书是在民国二年，英国的家庭大学丛书中出了一本《古代艺术与仪式》（*Ancient Art and Ritual*, 1913），觉得他借了希腊戏曲说明艺术从仪式转变过来的情形非常有意思，虽然末尾大讲些文学理论，仿佛有点儿鹘突，《希腊的原始文化》的著者罗士（R. T. Rose）对于她著作表示不满也是为此。但是这也正因为大胆的缘故，能够在沉闷的希腊神话及宗教学界上放进若干新鲜的空气，引起一般读者的兴趣，这是我们非专门家所不得不感谢她的地方了。

哈理孙是希腊宗教的专门学者，重要著作我所有的有这几部，《希腊宗教研究绪论》（*Prolegomena to the Study of Greek Religion*, 1922 三板）。《德米思》（*Themis*, 1927 二板），《希腊宗教研究结论》（*Epilegomena*, 1921），其 *Alpha and Omega*（或可译作《一与亥》乎？）一种未得，此外又有三册小书，大抵即根据上述诸书所编，更简要可诵。一为"我们对于希腊罗马的负债"丛书（*Our Debt to Greece and Rome*）的第二十六编《神话》（*Mythology*, 1914），虽只是百五十页的小册，却说的很得要领，因为他不讲故事，只解说诸神的起源及其变迁，是神话学而非神话集的性质，于了解神话上极有用处。二为"古今宗教"丛书中的《古代希腊的宗教》（*Religion of Ancient Greece*, 1905），寥寥五六十页，分神话仪式秘法三节，很简练地说明希腊宗教的性质及其成分。三为《希腊罗马的神话》（*Myths of Greece and Rome*, 1927），是彭恩六便士丛书之一，差不多是以上二书的集合，分十二小节，对于阿林坡思诸神加以解释，虽别无新意，但小册廉价易得，于读者亦不无便利。好的希腊神话集在英文中固然仓卒不容易找，好的希腊神话学更为难求，哈理孙的这些小书或者可以算是有用的入门书罢。

57. Harrison, Jane Ellen, *Prolegomena to the Study of Greek Religion*, 3rd ed., Cambridge: Cambridge University Press, 1922. 大 32 开黑布精装，顶金，前衬页三蓝文方印：周作人印，扉页大朱文方印：会稽周氏凤皇专斋藏书，序言首页朱文方印：苦雨斋藏书印，115937。

1924 年 7 月 18 日北京饭店购。知堂在《〈拟曲五章〉引言》（1916 年 6 月刊）提及"英国哈利森女士著《古代仪式与艺术》"。知堂在所译《希腊神话引言》（1926 年 8 月 2 日）附言说："这已是一年前的事了，我译了哈利孙（Jane Harrison）女士的《希腊神话》第三章的一节，题名作'鬼脸'，登在第四十二期的《语丝》上，译文末尾附有说明，其中有这几句话：'原书在一九二四年出板，为"我们对于希腊罗马的负债"（*Our Debt to Greece and Rome*）丛书的第二十六编，哈利孙女士生于一八五〇年，是有名的希腊学者，著有《希腊宗教研究序论》，《古代艺术与仪式》等书多种。这本《希腊神话》，虽只是一册百五十页的小书，却说的很得要领，因为他不讲故事，只解说诸经的起源及其变迁，是神话学而非神话集的性质，于了解神话上极有用处。'这是我的爱读书之一。"《希腊神话》1925 年 4 月 20 日自丸善寄到。

知堂另译有《论山母》（1927 年 12 月 11 日）一文，译文一并收入了 1929 年 5 月出版的《永日集》。

58. Harrison, Jane Ellen, *Themis: A Study of the Social Origins of Greek Religion*, with an Excursus on the Ritual Forms presreved in Greek Tragedy by Professor Gilbert Murray and a Chapter on the Origin of the Olympic

Games by Mr. F. M. Cornford, with preface and supplementary notes, 2nd ed. rev., Cambridge: Cambridge University Press, 1927. 大 32 开红布精装，前衬页二朱文方印：周作人印，扉页大朱文方印：会稽周氏凤凰专斋藏书，序言首页朱文方印：苦雨斋藏书印，115976。

1927 年 8 月购。据日记，1916 年 3 月 23 日："伊文思廿一日寄 Ancient Art & Ritual. 一本。"1920 年 9 月 20 日："台吉厂买《古代艺术与仪式》。"1926 年 11 月 16 日在东亚又买过一册，共买过三部。1925 年 4 月 20 日丸善购《希腊神话》，1926 年 11 月 14 日在北京饭店买了：Reminiscence of Student's Life，11 月 19 日北京饭店买了：Mythology，1927 年 12 月 15 日购《古代希腊的宗教》（Religion of Ancient Greece）。知堂藏有哈里森的作品六部，现在只找到两部。

育珂摩尔

知堂回忆："恰巧在书店里买到一册殖民地版的小说，是匈牙利育凯所著；此人乃是革命家，也是有名的文人，被称为匈牙利的司各得，擅长历史小说，他的英译著作，我们也有蒐藏。"[1]

59. Jókai, Maurus, *Halil the Pedlar (The White Rose): A Tale of Old Stambul*, 5th ed., tr. from the Hungarian by R. Nisbet Bain, London: Jarrold & Sons, 1901. 精装封面国图已重装，顶金，正文开篇朱文方印：苦雨斋藏书印，115591。

按：就是知堂的那册《白蔷薇》。

60. Jókai, Maurus, *Tales from Jókai*, tr. from the Hungarian by R. Nisbet Bain, with complete biography and photogravure portrait of Maurus Jókai, London: Jarrold & Sons, 1904. 蓝布顶金，育珂传略首页朱文方印：苦雨

---

[1]《知堂回想录》，第 211—212 页。

斋藏书印，卷首有版刻作者铜版肖像画，115596，封底内侧左上角铅笔：3.25。

《黄蔷薇》（1928）："倍因所译育珂的小说都由伦敦书店 Jarrold and Sons 出板，这家书店似乎很热心于刊行这种异书，而且装订十分讲究，我有倍因译的《育珂短篇集》……此外又刊有奥匈人赖希博士（Emil Reich）的《匈加利文学史论》，这在戈斯所编《万国文学史丛书》中理特耳（F. Riedl）教授之译本未出以前，恐怕要算讲匈加利文学的英文书中唯一善本了。"

61. Jokái, Maurus, *Told by the Death's Head: A Romantic Tale*, translated by S. E. Boggs, Akron, O.; Chicago: The Saalfield Publishing Company, 1902. 红布顶金，精装布面上烫白字书名与作者名。封底布面上有多处黑色斑点的痕迹，衬页一有题字：K. Tokutomi, Tokio Japan. Jun. 12th. 1904. (17)，下面朱文方印：周作人印，钢笔字：1906 & 1919。p.5 Part I 有朱文方印：苦雨斋藏书印，封底内侧左上角有铅笔字：サへ 12. 3，115592。

据日记，此书是 1919 年 7 月 17 日买的："晚在本乡南阳堂得ヨノユイ小说（书目译为《死人头语》），系十年前旧物。"知堂在《东京的书店》里说 1906 年秋在相模居旧书店，初次"买了一册旧小说，就是匈加利育珂原作美国薄格思译的，书名曰《骷髅所说》(*Told by the Death's Head*)，卷首有罗马字题曰：K. Tokutomi, Tokio Japan. Jun. 12th. 1904。一看就知是《不如归》的著者德富健次郎的书，觉得很是可以宝贵的，到了辛亥归国的时候忽然把他和别的旧书一起卖掉了，不知为什么缘故，或者因为育珂这长篇传奇小说无翻译的可能，又或对于德富氏晚年笃旧的倾向有点不满罢。但是事后追思有时也还觉得可惜。民八春秋两去东京，在大学前的南阳堂架上忽又遇见，似乎他直立在那里有八九年之久了，赶紧又买了回来了。至今藏在寒斋，与育珂别的小说《黄蔷薇》等作伴"。知堂在书上写的"1906 & 1919"就是纪念他与该书的缘分。该文又说:"这里倒特别可以提出来的有育珂摩耳(Jókai Mór)的小说,不但是东西写得好,有匈加利的司各得之称,还是革命家,英译本的印刷装订又十分讲究,至今还可算是我的藏书中之佳品,只可惜在绍兴放了四年,书面上因为潮湿生了好些霉菌的斑点。"那书上的黑色霉迹就是这么来的。《北平的好坏》(1936年5月9日):"民国初年我在绍兴的时候,每到夏天,玻璃箱里的几本洋书都长上白毛,有些很费心思去搜求来的如育珂《白蔷薇》,因此书面上便有了'白云风'似的瘢痕,至今看了还是不高兴。搬到北平来以后,这种毛病是没有了,虽然瘢痕不会消灭,那也是没法的事。"《玛伽耳人的诗:旧书回想记(二)》(1940年12月2日):"提到洋文旧书,我第一想起来的总是那匈加利育珂摩耳的一本小说,名曰《髑髅所说》。这是我于一九〇六年到东京后在本乡真砂町所买的第一本旧书,因此不但认识了相模屋旧书店,也就与匈加利文学发生了关系。"《匈加利小说:旧书回想记(五)》(1940年11月25日):"这里边最不能忘记的是匈加利的小说。贾洛耳特书店出板的小说不知道为什么印的那么讲究,瓦忒曼似的纸,金顶,布装,朴素优美而且结实,民初在浙东水乡放了几年,有些都长过霉,书面仿佛是白云风的样子了,但是育珂摩耳的短篇集一册,还有波阑洛什微支女士的小说《笨人》,总算幸而免,真是可喜的事。"此事一提而再提,可见知堂对这套书的重视。

62. Jókai, Maurus, *The Yellow Rose*, translated by Beatrice Danford, London: Jarrold & Sons. 红布精装,封面烫金,有浮雕式作者画像与签名,以及 The Yellow Rose 字样,硬皮内侧有蓝色图标:Maruzen Co. Ltd. Book Department Tokyo,卷首是版刻作者铜版肖像画,p. 7 朱文方印:苦雨斋藏书印,116030。

知堂1910年12月写有《育珂摩耳传》一文,其中说:"录英人倍因氏作传,并采二文史家言(引者按:即赖息《匈加利文学史论》和理特耳《匈加利艺文史》），传育珂人物文章如上。"知堂译过此书，名为《黄蔷薇》（1910年译，1920年8月商务印书馆出版），此书就是翻译底本。《荣光之手》（1928年9月2日）提及《黄蔷薇》第二章末尾一段话。知堂在《黄蔷薇》（1929年1月作）里说：

> 《黄蔷薇》（原文 A Sarga Rózsa，英译 The Yellow Rose），匈加利育珂摩耳（Jókai Mór）著，我的文言译小说的最后一种，于去年冬在上海出板了。这是一九一〇年所译，一九二〇年托蔡孑民先生卖给商务印书馆。……
>
> 育珂摩耳——欧洲普通称他作 Dr. Maurus Jókai，因为他们看不惯匈加利人的先姓后名，但在我们似乎还是照他本来的叫法为是，——十九世纪的传奇小说大家，著书有二百馀部，由我转译成中文的此外有一部《匈奴奇士录》，原名《神是一位》（Rgy az Isten），英译改为 Mids[t] the wild Carpathians，——《黄蔷薇》的英译者为丹福特女士（Beatrice Danford），这书的英译者是倍因先生（R. Nisbet Bain）。《匈奴奇士录》上有我的戊申五月的序，大约在一九〇九年出板，是《说部丛书》里的一册。
>
> 这些旧译实在已经不值重提，现在所令我不能忘记者却是那位倍因先生，我的对于弱小奇怪的民族文学的兴味差不多全是因了他的译书而唤起的。我不知道他是什么人，但见坎勃列治大学出板的近代史中有一册北欧是倍因所著的，可见他是这方面的一个学者，在不列颠博物馆办事，据他的《哥萨克童话集》自序仿佛是个言语学者。这些事都没有什么关系，重要的乃是他的译书。他懂得的语言真多！北欧的三国不必说了，我有一本他所译的《安徒生童话》，他又著有《安徒生传》一巨册，据戈斯（Edmund Gosse）说是英文里唯一可凭的评传，可惜十六年前我去购求时已经绝板，得

不到了。俄国的东西他有《托尔斯泰集》两册,《高尔基集》一册,《俄国童话》一册是译伯烈伟(Polevoi)的,《哥萨克童话》一册系选译古理须(Kulish)等三种辑本而成,还有一册《土耳其童话》,则转译古诺思博士(Ignacz Kunos)的匈加利语译本,又从伊思比勒斯古(Ispirescu)辑本选译罗马尼亚童话六篇,附在后面。芬兰哀禾(Juhani Aho)的小说有四篇经他译出,收在 T. Fisher Unwin 书店的《假名丛书》中,名曰《海耳曼老爷及其他》,卷头有一篇论文叙述芬兰小说发达概略,这很使我向往于乞丐诗人沛维林多(Päivärinta),可是英译本至今未见,虽然在德国的 Reclam 丛刊中早就有他小说的全译了。此外倍因翻译最多的书便是育珂摩耳的小说,——倍因在论哀禾的时候很不满意于自然主义的文学,其爱好"匈加利的司各得"之小说正是当然的,虽然这种反左拉热多是出于绅士的偏见,于文学批评上未免不适宜,但给我们介绍许多异书,引起我们的好奇心,这个功劳却也很大。在我个人,这是由于倍因,使我知道文艺上有匈加利,正如由于勃兰特思(Brandes)而知道有波兰。倍因所译育珂的小说都由伦敦书店 Jarrold and Sons 出板,这家书店似乎很热心于刊行这种异书,而且装订十分讲究,我有倍因译的《育珂短篇集》,又长篇《白蔷薇》(原文 A Feher Rozsa,英译改称 Halil the Pedlar),及波兰洛什微支女士(Marya Rodziewicz)的小说各一册,都是六先令本,但极为精美,在小说类中殊为少见。匈加利密克扎特(Kálmán Mikszáth)小说《圣彼得的雨伞》译本,有倍因的序,波思尼亚穆拉淑微支女士(Milena Mrazovic)小说集《问讯》,亦是这书店的出板,此外又刊有奥匈人赖希博士(Emil Reich)的《匈加利文学史论》,这在戈斯所编《万国文学史丛书》中理特耳(F. Riedl)教授之译本未出以前,恐怕要算讲匈加利文学的英文书中唯一善本了。好几年前听说这位倍因先生已经死了，Jarrold and Sons 的书店不知道还开着没有，——即使开着，恐怕也不再出那样奇怪而精美可喜的书了罢？但是我总不能忘记他们。倘若教我识字的是我的先生，教我知道读书的也应该是，无论见不见过面，那么 R. Nisbet Bain 就不得不算一位，因为他教我爱好弱小民族的不见经传的作品，使我在文艺里找出一点滋味来，得到一块安息的地方，——倘若不如此，此刻我或者是在什么地方做军法官之流也说不定罢？

安德鲁·朗

《神话学与安特路朗：我的杂学（七）》（1944 年 6 月 18 日）："安特路朗是个多方面的学者文人，他的著书很多，我只有其中的文学史及评论类，古典翻译介绍类，童话儿歌研究类，最重要的是神话学类，此外也有些杂文。但是如《垂钓漫录》以及诗集却终于未曾收罗。这里边于我影响最多的是神话学类中之《习俗与神话》《神话仪式与宗教》这两部书，因为我由此知道神话的正当解释，传说与童话的研究也于是有了门路了。"

63. Lang, Andrew, *Adventures among Books*, third impression, London: Longmans, Green, and Co., 1912. 蓝布精装，扉页朱文方印：会稽周作人，正文朱文方印：苦雨斋藏书印，115620。

1917 年 10 月 15 日在广学会购过，1927 年 8 月又购过一册。《〈花束〉序》（1927 年 12 月 31 日刊）提及"安特路阑《神话仪式与宗教》"。《荣光之手》（1928 年 9 月 2 日）提及"安特路阑《习俗与神话》中一篇论文《摩吕与曼陀罗》"。《习俗与神话》（1933 年 12 月 11 日）："一九〇七年即清光绪丁未在日本，始翻译英国哈葛德安度阑二人合著小说，原名《世界欲》(*The World's Desire*)。改题曰《红星佚史》，在上海出板。那时哈葛德的神怪冒险各小说经侯官林氏译出，风行一世，我的选择也就逃不出这个范围，但是特别选取这册《世界欲》的原因却又别有所在，这就是那合著者安度阑其人。安度阑即安特路朗（Andrew Lang，1844—1912），是人类学派的神话学家的祖师。他的著作很多，那时我所有的是《银文库》本的一册《习俗与神话》（Custom and Myth）和两册《神话仪式与宗教》（Myth Ritual and Religion），还有一小册得阿克利多斯牧歌译本。"《歌谣的书》（1940年12月23日）："英文本的儿歌搜了没有多少种，后来也不曾引伸到民歌里去，可是这里有一册书我还是很欢喜，这是安特路朗所编的《儿歌之书》。此书出板于一八九七年，有勃路克的好些插画，分类编排，共十四类，有序言及后记，很有意思。因为朗氏是人类学派的神话学家，又是有苏格阑特色的文人，我的佩服他这里或者有点偏向也未可知。"

64. Lang, Andrew, *Books and Bookmen*, Longmans' Pockert Library, London; New York: Longmans, Green, and Co., 1913. 36开蓝布袖珍本，前衬页一铅笔：（dup. 6158），朱印：北京图书馆图书馆学资料专用章，扉页朱文方印：苦雨斋藏书印，朱印：北京图书馆图书馆学资料专用章，127612，印：图资：C520号。封底内侧上角铅笔：175W。

65. Lang, Andrew, *Essays in Little*, new impression, London; New York: Longmans, Green and Co., 1912. 黑布袖珍本，扉页朱文方印：会稽周作人，115618。

1917年12月3日在广学会购。

66. Lang, Andrew, *Historical Mysteries*, New York: Longmans, Green & Co.; London: Smith, Elder, & Co., 1904. 蓝布顶金，扉页朱文椭圆印：周作人，正文钢笔签名：H. R. Knight。

1925年9月16日下午在市场买旧书一本，即此书。

《习俗与神话》（1933年12月1日）："朗氏著作中有一卷《历史的怪事件》（Historical Mysteries），一共十六篇，我以前很喜欢看以至于今，这是一种偏好罢。"

67. Lang, Andrew, *History of English Literature from "Beowulf" to Swinburne*, new impression, London: Longmans, Green and Co., 1921. 红布精装，扉页朱文方印：周作人印，正文首页朱文方印：苦雨斋藏书印，115619。

1917 年 12 月 3 日购过一册，这是后来买的一册。

68. *The Iliad of Homer*, The Globe Edition, revisied edition, done into English prose by Andrew Lang, Walter Leaf and Ernest Myers, London: Macmillan and Co., Ltd., 1925. 蓝布精装，前衬页铅笔：（Dup. 6154），扉页朱文方印：周作人印，125067，封底内侧铅笔：225。

1927 年 9 月购。

69. *The Odyssey of Homer*, done into English prose by S. H. Butcher and A. Lang, London: Macmillan and Co., Ltd., 1924. 蓝布精装，扉页朱文方印：周作人印，115440。

1923 年 2 月 16 日曾在伊文思购过一册。

70. Lang, Andrew, *Old Friends: Essays in Epistolary Parody*, new impression, Longmans's Pocket Library, London: Longmans, Green & Co., 1913. 蓝布袖珍本，扉页朱文方印：苦雨斋藏书印，封底铅笔：175w，115626。

1927 年 9 月购。

71. Lang, Andrew, *New & Old Letters to Dead Authors*, London: Longmans, Green, & Co., 1907. 蓝布袖珍文库本，扉页朱文方印：周作人印，苦雨斋藏书印，115627。

1927 年 9 月购。

72. Lang, Andrew, *The World of Homer*, London; New York: Longmans, Green, and Co., 1910. 绿布精装，扉页篆字朱文方印：周作人印，序言朱文方印：苦雨斋藏书印，115938。

圣茨伯里

73. Saintsbury, George, *A First Book of English Literature*, First Books of Literature, London: Macmillan, 1914. 蓝布袖珍本，封面内侧绿色书店标：Maruzen Company Limited Books and General Stationery Tokyo Osaka Kyoto Fukuoka 丸善株式会社，115720，封底内侧：<u>75</u>。

1915 年 2 月 26 日相模屋购。

74. Saintsbury, George, *A History of Elizabeth Literature*, London: Macmillan and Co. Limited, 1912. 蓝布顶金，前衬页二蓝文方印：周作人印，138492。

75. Saintsbury, George, *A History of Nineteenth Century Literature (1780–1895)*, History of English Literature, London: Macmillan and Co. Limited, 1913. 蓝布顶金，封面内侧铅笔：45，前衬页二蓝文方印：周作人印，138494。

《东京的书店》："我于一九〇六年八月到东京，在丸善所买最初的书是圣兹伯利（G. Saintsbury）的《英文学小史》一册与泰纳的英译本四册，书架上现今还有这两部，但已不是那时买的原书了。"据 1915 年 2 月 26 日记，相模屋购 Saintsbury: *First Book of English Literature*，27 日上午阅读。1919 年 4 月 2 日在上海虹口日本堂买了：《仏蘭西文学史》下卷（文芸叢書第三輯，センツベリー著，久保正夫訳，東京：向陵社，大正五年 [1916]）。同年 5 月 9 日上午在日本东京本乡买了：《仏蘭西文学史》上卷（文芸叢書第二輯，センツベリー著，久保正夫訳，東京：向陵社，大正五年 [1916]），即 *A Short History of French Literature* 一书日译本。1921 年 11 月 9 日在商务印书馆北京分馆买了英文本。

1929 年 10 月 30 日另购 *Short History of English Literature*。《荣光之手》（1928 年 9 月 2 日）："《印戈耳支比家传故事集》（*The Ingoldsby Legends*），这是多马印戈耳支比所作，但他实在是叫巴楞木（R. B.

Barham，1788—1845），是个规矩的教士，却做的上好的滑稽诗。圣支伯利（G. Saintsbury）教授很赏识他，虽然在别家的文学史上都少说及。圣支伯利的《英文学小史》还在注里揄扬这位无比的滑稽诗家，但在《十九世纪英文学史》说的更为详细一点。"

76. Saintsbury, George, *A Last Scrap Book*, London: Macmillan and Co., Limited, 1924. 棕布精装，前衬页一铅笔：4.50，前衬页三蓝文方印：周作人印，115699，其中有《两个卡蒙斯：两位书商》以及安德鲁·朗购书事迹。

1925 年 3 月 1 日北京饭店购。

77. Saintsbury, George, *A Letter Book*, selected with an introduction on the History and Art of Letter-Writing, London: G. Bell and Sons, Ltd.; New York: Harcourt, Brace and Co., 1922. 棕布袖珍本，封面内侧铅笔：R/OC 400，前衬页二朱文方印：周作人印，115990，序首页朱文方印：苦雨斋藏书印。

萨福

《〈希腊女诗人萨波〉序言》（1949 年 8 月 2 日）："介绍希腊女诗人萨波到中国来的心愿，我是怀的很久了。最初得到一九〇八年英国华耳敦编《萨波诗集》，我很喜欢，写了一篇古文的《希腊女诗人》，发表在以前的《小说月报》上边。这还是民国初年的事，荏苒二十年，华耳敦的书已经古旧了，另外得到一册一九二六年海恩斯编的集子，加入了好些近年在埃及发现，新整理出来的断片，比较更为完善。可是事实上还是没有办法，外国诗不知道怎么译好，希腊语（而且是萨波的）之美也不能怎么有理解，何况传达，此其一。许多半句几个字的断片，照译殊无意味，即使硬把全部写了出来，一总只有寥寥几页，订不成一本小册子，此其二。末了又搜求到了一九三二年韦格耳的《勒斯婆思的萨波，她的生活与其时代》，这才发现了一种介绍的新方法。他是英国人，曾任埃及政府古物总检查官，著书甚多，有《法老史》三册，《埃及王亚革那顿、女王克勒阿帕忒拉、罗马皇帝宜禄各人之生活与其时代》，关于希腊者只此一书。这是一种新式的传记，特别也因为萨波的资料太少的缘故吧，很致力于时代环境的描写，大概要占十分之八九，但是借了这做底子，他把萨波遗诗之稍成片断的差不多都安插在里面，可以说是传记中兼附有诗集，这是很妙的办法。一九一二年帕忒利克女士的《萨波与勒斯婆思岛》也有这个意思，可是她真的把诗另附在后面，本文也写得简单，所以我从前虽然也觉得可喜，却不曾想要翻译它。"知堂所节译的《希腊女诗人萨波》（上海：上海出版公司，1951年8月）一书所用底本为：Arthur Weigall, *Sappho of Lesbos: Her Life and Times*, Garden City: Garden City Publishing Co., Inc., 1932.

78. Wharton, Henry Thornton, *Sappho: Memoir, Text, Selected Renderings, and a Literal Translation*, 4th ed., London: Simpkin, Marshall, Hamilton, Kent & Co., Ltd., 1907. 蓝布袖珍本，毛边顶金，封面有竖琴的烫金图案，纸色斑驳，古色古香。开篇萨福小传，后面是希腊文和各种英文译文，最后有1879年带到柏林、1880破译的Fayum纸草残片照片。封面内侧蓝色店标：The Maruzen-Kabushiki-Kaisha Book and General Stationery Tokyo Osaka Kyoto 丸善株式会社，前衬页一朱文长印：会稽周氏藏本，第三版序首页朱文方印：苦雨斋藏书印，115793。

据日记，1912年11月1日："又廿四日寄 Wharton: *Sappho*。"11月3日："夜读 *Sappho* 中传既。"11月4日："夜读 *Sappho* 诗，似其断篇多佳者，似比 Εἰς Ἐρώμεναν 为胜，G. Murray 曾云……"11月5日："会读 *Sappho* 了。"而知堂1926年11月14日在北京饭店又购了一册：*Sappho's Poems*, ed. by Wharton。

他在《欧洲古代文学上的妇女观》（1921年7月21日）里说："希腊的抒情诗虽然流存的很少，但因为一个女诗人萨普福（Sappho），便占了世界第一的地位。……我们所能看见的女诗人的遗作，只剩了古代文法字典上所引用的断片，一共不过百二十则，其中略成篇章的不及什一了。但便是这一点断片，也正如《希腊诗选》的编者 Meleagros 说，'花虽不多，都是蔷薇'。"在《希腊女诗人》（1926 年 3 月 9 日）提及此书作者等为求真起见，为萨福更正了许多流言。《〈赠所欢〉》（1925 年 3 月 17 日，初稿刊于 1925 年 3 月 27 日《语丝》第二十期，后删改发表于 1927 年 11 月）又提及原诗系据华敦的《萨普福集》第四版重印本（Wharton: *Sappho*, 1907）。知堂《蔷薇颊的故事》（1931 年 3 月 7 日）里曾引"英国华顿（H. R. Wharton）的《莎孚小传》"中的材料作介绍，其中提到那本"英国 Haines 编《莎孚遗诗》"。知堂在《〈日本诗歌选〉跋》（1941 年 1 月 11 日）里说："华顿等人编希腊女诗人萨坡逸稿，于原诗及散文译之后并附列古今各家韵文译本，或庶几稍近于理想欤。"[1] 而钟叔河在《周作人散文全集》里把此文标题署为《钱译〈万叶集〉跋》，说 1941 年 4 月 3 日刊于《新中国报》，而此文最早刊于《書淰》，随后发表于钱稻孙翻译的《日本詩歌選》（東京：文求堂書店，昭和十六年[1941]四月）一书中，该文标题自然以《〈日本诗歌选〉跋》为是。

《萨波原诗的译文 二：希腊女诗人萨波（十一）》（1951 年 8 月）："萨波遗诗的集子，我只有两本。其一是英国华耳敦（H. T. Wharton）本，一八八五年初版，我所存的是一九零八年增订本，已经是四十年前的东西了，其时埃及发掘的结果'阿克叙棱戈思芦纸'第一卷已于一八九八年刊行，所以集中收有一叶芦纸残稿的照片，可是有些重要的新发见的断片还未能收入，其二是海恩斯（C. R. Haines）本，一九二六年出版，他也是英国人，是阿克叙棱戈思芦纸校订者二人之一摩忒教授的老师，他的资格大约是很老的了。此外还有呃特蒙士（J. M. Edmonds）

---

[1] 《書淰：北京近代科學圖書館月報》第二五号，昭和十六年（1941）一月号。

的'希腊的竖琴',收在英国勒勃古典丛书中,一九二二年版,我未曾得到,而华耳敦的那册精致的小书可惜于兵火盗劫之中失掉了。幸而海恩斯的那书,在小引中说是继承华耳敦的工作的,所以有了这册,也就勉强的可以应用了。"知堂对此书还是念念不忘。

79. Patrick, Mary Mills, *Sappho and the Island of Lesbos*, with twenty-six illustrations, re-issue with a new appendix, London: Methuen & Co., Ltd., 1927. 绿布袖珍本,前衬页二朱文方印:会稽周氏凤皇专斋藏,扉页朱文方印:越周作人,序言首页朱文方印:苦雨斋藏书印,115673。书序言提及 J. M. Edmonds 编辑新发现的萨福残篇,并允许作者翻译了这些残篇。都是奥克西林库斯纸草。第 154、155、159、162 页残篇有铅笔画的圆圈记号。

1930 年 4 月 11 日南阳堂购。

80. Robinson, David M., *Sappho and Her Influence*, Our Debts to Greece and Rome, London: George G. Harrap & Co. Ltd., 1924. 蓝布袖珍本,顶金,前衬页铅笔:3-,扉页白文方印:周公之作,正文首页朱文方印:苦雨斋藏书印,115867,3126323868。

1925 年 7 月 5 日北京饭店购。《支那民族性》(1926 年 7 月):"我一眼看到桌上放着的一本'我们对于希腊罗马的负债'丛书,美国哈特教授的《希腊宗教及其遗风》,不禁发生好些感慨,人们的度量竟有这样的不同么!"知堂所买的这本是:Walter Woodburn Hyde, *Greek Religion*, Our Debt to Greece and Rome, 24 (London: George G. Harrap & Co., Ltd.). Walter Woodburn Hyde 时任宾夕法尼亚大学教授。当时孔德学校图书馆也买了一套(有些收藏于国图),恐怕与知堂的推荐有关。

辛格

81. Singer, Charles, *Greek Biology & Greek Medicine*, Oxford: The

Clarendon Press, 1922. 褐布袖珍本，扉页朱文方印：苦雨斋印，115721。

江绍原1928年6月1日给知堂信里说："Halliday的小著，早已看完。除第二章因我向无研究不很得其要领外，馀均使我感到兴趣。同丛书第卅五种及注十五所说Singer之书，现在也颇想一读了。我有一本'解剖学史'（存京），似亦为此君著作。"[1] 知堂6月20日回信："'希罗债'丛书中35我有之，另封寄去，借给你一看。Singer（'胜家'）氏之书未有。Oxford大学出版之 *Legacy of Greece* 中有该氏二文，一讲生物学，一讲医学，似亦有价值。Taylor书中尝说及它。"[2] 知堂提及的Taylor书指Henry Osborn Taylor的 *Greek Biology and Medicine*，曾寄给江阅读。江1928年6月27日信中说："六月廿日手谕、八元汇票及Taylor著'希腊生物学及医学'一册，均于今日收到。书阅后即可寄还。"[3] 又1928年9月4日："Taylor著'希腊生物学医学'一书，另封寄还，请查收。如先生有旁的书借我看，我顶高兴。（9月1日写）"[4]

知堂为丙寅医学社特刊所写的《新旧医学斗争与复古》（1928年8月30日）："据英国肯斯敦博士所著《医学史》（C. G. Cumston, *The History of Medicine*, 1926）说医学发达有四个时期……"而知堂1928年11月17日致函江："Cumston的书当系'文明史'丛书中本，另有Ch. Singer的一本想亦必佳，但一时买不到手，只得托书店去带去了。"[5] 江11月23日回信说："十七日手谕及丙寅社特刊，同日收到。著'医学史'之Cumston，美国版外包皮云系美籍。Singer的一本未见。商务馆总发行所还有某氏的一薄本，售价几与文明史丛书相等而页数不及其半，故未买。又Cumston之书，似不甚适宜于普通读者，尤其是末了数章。我想

---

1 《周作人早年佚简笺注》，第352页。
2 《江绍原藏近代名人手札》，第52—53页（第279页）。
3 《周作人早年佚简笺注》，第356页。
4 同上书，第351页。此段信为9月1日所写。
5 《江绍原藏近代名人手札》，第72页（第290页）。

我们该留时留心，若遇见好的医史，必设法将它译出，一个人如无此耐心或时间，则合数人为之，而由先生主编。"[1]知堂12月18日信："去买LaWell之'医药四千年'未得，但Singer之'医学小史'却将寄到。又买到Kanner之'牙齿之民俗'（？）日内当寄上，如于兄有用即可收下，倘无甚用则阅后还我亦可，请不客气地决定。"[2]又1929年1月5日信："买书之兴仍不浅，只可惜钱仍不够，日前买到'胜家'博士之'医学小史'，似亦颇佳，Cumston的详于古代，至十八世纪为止，此书则略古详今，讲十八世纪以后者占全书之半。又此公之'从法术至科学'亦已寄来。但尚未到，大约须再等一个星期才有希望。Rivers之《法术、医学与宗教》则已寄到，今日差人往邮局去取去了。'医学四千年'已卖去，只好等从西洋去取来再看。"[3] 1月13日信说："胜家（Singer）教授之'从法术到科学'已到北平（邮局），价为十四元之谱（连邮费等），所以在不至于被科罚金之期限内尚不拟去取。其'医学小史'虽颇喜欢，亦只偶一摩挲，所读者不过起头一二章而已。"[4]知堂因而于1月14日在杉田书店购买了胜家的 From Magic to Science: Essays on the Scientific Twilight（London: Ernest Benn, Ltd., 1928），1月18日在北京图书公司又买了胜家的 Religion and Science，然后把此书寄赠给了江。知堂1月21日信："胜家博士的书已取来，篇幅不多，而甚庞大，觉得邮寄为难，（得丸善书店那样地包寄殊不容易，）所以一时恐未能寄奉。日前到台吉厂书店（前北京饭店的）一游，见有Benn六便士丛书，挑得两三种，其中English Folklore有两本，以其一寄上，但未必有什么用处。"[5]——知堂寄赠的这册是Arthur Robertson Wright的 English Folklore（Ernest

---

1 《周作人早年佚简笺注》，第370页。
2 《江绍原藏近代名人手札》，第78页（第293页）。
3 同上书，第81页（第294—295页）。
4 同上书，第82页（第296页）。
5 同上书，第84页（第297页）。

Benn, 1928），江 1929 年 1 月 27 日回信说："*English Folklore* 一册也收到了。"[1] 后来把它译出并出版《现代英吉利谣俗及谣俗学》（上海：中华书局，1932 年），知堂 1931 年 7 月 9 日还为其作了序。[2]

知堂 1929 年 2 月 5 日收到丸善寄书：Th. Meyer-Steineg and Karl Sudhoff, *Geschichte der Medizin im Überblick mit Abbildungen*, 2d ed.（Jena: Gustav Fischer, 1922），2 月 7 日给江信中提及："我近又买了一本看不懂（非内容，连文字亦不懂？）的书，乃 Meyer-Steineg 与 Sudhoff 两教授合著之医学史，该两公系德人，故此书亦德文也！我因知道此书中插图甚多，（二百十七）故买来看，实在只是看'绣像'而已。"[3] 江 2 月 15 日回信说："Sudhoff 之医学史，似甚有名，先生如果不是非要它不可，何妨让给我，其价及邮费，当如数奉缴。我的德文差不多已忘光，及早温习并精研一下，亦大佳。此系奉商性质，不敢强先生割爱也。"[4] 知堂在 2 月 21 日信中说要把此书寄赠[5]，25 日寄出。知堂 2 月 13 日记："以'从法术至科学'一册托巽伯带交绍原。"2 月 24 日又送给了江一册 J. L. Heiberg 的 *Ancient Science*。江 2 月 22 日信说："查 Benn 六便士丛书内，尚有胜

---

1 《周作人早年佚简笺注》，第 378 页。同年 2 月 11 日江信："*English Folklore* 已译完两章，逆料本月内，全书可译毕。"同上书，第 382 页。
2 江绍原 1929 年 2 月 4 日致知堂："顷将 Wright 之 *English Folklore* 第二章译文寄上海春潮月刊，文中 Folklore 一字，译为'谣俗'，当否仍乞指示。"（《周作人早年佚简笺注》，第 380 页）而胡适 1929 年 9 月 21 日给江的明信片里说："你的'英吉利谣俗'及剑岳的'粤语一斑'都已收到了。现正代询出版事，决定后当奉告。"胡适 1930 年 2 月 2 日明信片又说，新月书店拟出《歌谣丛书》，拟名"新国风丛书"，想请江编辑，其中列入了《英吉利谣俗》、《粤语一斑》二书。见《江绍原藏近代名人手札》，第 201 页（第 359 页）。而此书最后放到了中华书局出版。另胡适藏书目录第 2185 号：江绍原编译《现代英吉利谣俗及谣俗学》（上海：中华书局，1932 年）有译者的题识："适之先生教正，最近才晓得'谣俗'有作'繇俗'者，实即'由俗'。我另有考，惜不及印入矣。廿一，八，廿三。北平。"见北京大学图书馆、台湾"中央研究院"近代史研究所胡适纪念馆编纂《胡适藏书目录》，桂林：广西师范大学出版社，2013 年，第 422 页。
3 《江绍原藏近代名人手札》，第 91 页（第 299 页）。
4 《周作人早年佚简笺注》，第 383 页。
5 《江绍原藏近代名人手札》，第 97 页（第 301 页）。

437

家博士之'宗教与科学'一种（No. 169），拟敬恳先生便中代买一本。"[1] 知堂 3 月 1 日把 Religion and Science 寄出，同时在当日信里说："'宗教与科学'适有一册，便以奉赠，又小丛书中一册'古代科学'系接'希腊医学及生物学'者（亦胜家博士著），原拟奉送，唯上一册尚未到，今乘便先将该古代科学附上，请察收。"[2] 江 2 月 26 日回信："胜家博士的书，将来有便人北上时，一准奉还，我也不愿意让它离开苦雨斋太久也。Sudhoff 的书，寄到后一定留下，假使您让我将书值还您。"[3] 又 3 月 8 日回信："连接到德文'医学小史'、胜家博士'宗教与科学'及'古代数学理学'。先生买书的钱也不见得多，我屡承厚赐，微觉不安。……（附言）：伦敦 Kegan Paul 公司新出版了一本'History of the Devil'。"[4]

知堂 1929 年 3 月 14 日信又说："近日去信定买'和汉药考'（前后编），不知有何材料可得。Singer 的医学史见在北京饭店（现迁至台吉厂）有一册，但该处卖价太贵耳。"[5] 信中所说的《和汉药考》指小泉荣次郎编的《和漢藥考：前編、後編》（東京：南江堂書店，昭和二年[1927]五月增訂第四版），他 3 月 9 月从东亚公司买到该作者的《日本醫藥隨筆集成》（東京：富倉書店，昭和四年[1929]二月），不知《和汉药考》是否买到。3 月 18 日信："胜家博士之'宗教与科学'一书，在现在中国似尚不十分切要，故鄙意以为译述可缓。该博士在'医学小史'序上似自言是生机主义者云。日前收到一本 W. G. Black 著 *Folk-medicine*，系 Folklore Society（一八八三年）出板，尚在不佞降生之前，乃居然尚能买到，亦可喜也。此书不知于兄有什么用处否，日内略一翻检后当由邮寄上，借给兄一看也。Bury 之书似乎大值得'广播'，但据

---

1 《周作人早年佚简笺注》，第 385 页。
2 《江绍原藏近代名人手札》，第 99 页（第 302 页）。
3 《周作人早年佚简笺注》，第 386 页。
4 同上书，第 390 页。
5 《江绍原藏近代名人手札》，第 101 页（第 303 页）。

说中有略去之处（两译本皆为此），虽然系关于 Spi（缺字）的哲学，或无大关系。曾见 E. Clodd 的 *Pioneers of Evolution*（六小本，已失掉了），似更猛烈地取攻势也。"[1] 江 2 月 26 日回信说："胜家博士的书，将来有便人北上时，一准奉还，我也不愿意让它离开苦雨斋太久吧。Sudhoff 的书，寄到后一定留下，假使您让我将书值还你。"又江 2 月 28 日信："昨夜读胜家博士书，发见亚历斯大德也曾以为肝居左，注云出他著的 *Parts of Animals*, ii, C2（Part Two, Chapter Two?）。杭州没有此公的全集，北平不知有否，如便，也请代查。——我又想将此事写信托上海友人，先生如不能代查，不要紧的。"[2] 知堂 5 月 31 日又送了江一册胜家的 *Greek Biology & Greek Medicine*，6 月 2 日下午把书寄走，又于 6 月 13 日在琉璃厂买了一册。江 6 月 6 日回信："六月一日手谕及所赐胜家博士'希腊生物学医学'，今日旁晚一同收到。我的先生这样帮我看书，我心里非常感激。Crawley 的遗著，上海中美图书公司售价七元馀，我正想去买。Summers 的两本书，本来也预备购置，今读手谕，方知不值得重看。"[3] 知堂 9 月 15 日在商务印书馆北平分馆又买了一册胜家的 *Religion and Science*。而江 1929 年 9 月 27 日信里又说："先生屡次借我的书，这次都带来还您。不久便可在苦雨斋领教，思之殊为高兴。"[4] 据知堂 10 月 20 日记："下午绍原来还法术与科学一本。"这是江把胜家的 *From Magic to Science* 借阅后归还了。

知堂 1930 年 5 月 15 日信："有一本'希腊医学'（系汇译希腊关于医药的文章）在邮局，日内当取来，因丸善书店迟来，我前已买到一册，今故重出，拟以奉赠，特先行奉闻。"江小蕙在该信注释里认为是

---

1 《江绍原藏近代名人手札》，第 102—103 页（第 304 页）。
2 《周作人早年佚简笺注》，第 388—389 页。
3 同上书，第 394 页。
4 同上书，第 401 页。

胜家的作品[1]，其实不是，因为胜家此书是专著而非翻译资料集。查知堂日记：1929年3月16日自丸善购：A. J. Brock, *Greek Medicine*。1930年3月5日："下午得启无寄赠书一本。A. J. Brock, *Greek Medicine*。"此书正是译注的希腊医学作品：*Greek Medicine: Being Extracts Illustrative of Medical Writers from Hippocrates to Galen*, translated and annotated by Arthur J. Brock, M.D. (London: J. M. Dent and Sons, 1929)，符合知堂信里对该书性质的描述。据日记，1930年5月18日："以英文希拉医学（重出）赠予绍原。"把多出来的一本A. J. Brock的*Greek Medicine*送给了江。江6月26日回信："尊价拿去的西书五十册，至少有两种是先生的。*Folklore Medicine*与'野蛮民族的戏剧'，请收回，虽则将来许再要借。还有*Big Blue Book*数册，日内可送还。"[2]

82. Singer, Charles, *A Short History of Medicine, Introducing Medical Principles to Students and Non-Medical Readers*, Oxford: The Clarendon Press, 1928. 牛津蓝布面精装，前衬页一铅笔：（Dup. 6243），扉页二枚朱文方印：会稽周氏凤凰专斋藏，岂明读书，p. vii 序言朱文方印：苦雨斋藏书印，p. xv 序言上有白文方印：煆药庐，125112。

《〈书房一角〉原序》（1940年2月26日）："只有医学史这一项，虽然我很有偏好，英国胜家与日本富士川的书十年来还是放在座右，却不曾有机会让我作一两回文抄公，现在想起来还觉得十分可惜。"1933年9月8日东亚公司购富士川游《日本医学史綱要》。知堂后来写了几篇文章介绍此书，如《医与巫：我的杂学之十三》（1944年8月）："医学史现有英文本八册，觉得胜家博士（Charles Singer）的最好，日本文三册，富士川游著《日本医学史》是一部巨著，但是《医学史纲要》似更为适用，也便于阅览。""煆药庐"印，1930年10月4日在同古堂所刻。

---

1 《江绍原藏近代名人手札》，第130页（第318—319页）。
2 《周作人早年佚简笺注》，第412页。

契诃夫

83. Tchehov, Anton, *The Cherry Orchard and Other Plays*, from the Russian by Constance Garnett, The Plays of Tchehov, vol. I, London: Chatto & Windus, 1923, St. Martin's Library Edition. 蓝布袖珍本，前衬页二蓝文方印：周作人印，115762。

84. Tchehov, Anton, *The Three Sisters and Other Plays*, from the Russian by Constance Garnett, The Plays of Tchehov, vol. II, London: Chatto & Windus, 1923. 蓝布袖珍本，前衬页二蓝文方印：周作人印，115763。

以上两册戏剧集是1924年9月1日在北京饭店所购。

85. Tchehov, Anton, *The Darling and Other Stories,* from the Russian by Constance Garnett, with introduction by Edward Garnett, The Tales of Tchehov, vol. I, London: Chatto & Windus, 1916. 蓝布袖珍本，封面内侧蓝色图标：Maruzen Co. Ltd. Book Department Tokyo，丛书页蓝文方印：周作人印，扉页朱文方印：周作人，115764。

知堂和鲁迅在日本时买过契诃夫一些小说。知堂还翻译了《塞外》《戚施》两篇，收入《域外小说集》。又翻译了契诃夫的《可爱的人》，收入1920年编印的《点滴》，以及1928年的改订本《空大鼓》。

86. Tchehov, Anton, *The Duel and Other Stories*, from the Russian by Constance Garnett, The Tales of Tchehov, vol. II, London: Chatto & Windus, 1916. 蓝布袖珍本，封面内侧蓝色图标：Maruzen Co. Ltd. Book Department Tokyo，扉页朱文方印：周作人，115765，封底内侧铅笔：110Net。

87. Tchehov, Anton, *The Lady with the Dog and Other Stories*, from the Russian by Constance Garnett, The Tales of Tchehov, vol. III, London: Chatto & Windus, 1919. 蓝布袖珍本，封面内侧黄色书店标：中西屋书店 The Nakanishiya Tokyo，扉页朱文方印：周作人，115766，封底内侧铅笔：

165 N。

88. Tchehov, Anton, *The Party and Other Stories*, from the Russian by Constance Garnett, The Tales of Tchehov, vol. IV, London: Chatto & Windus, 1917. 蓝布袖珍本，封面内侧黄色书店标：中西屋书店 The Nakanishiya Tokyo，扉页朱文方印：周作人，115767，封底内侧铅笔：165 N。

89. Tchehov, Anton, *Wife and Other Stories*, from the Russian by Constance Garnett, The Tales of Tchehov , vol. V, London: Chatto & Windus, 1918. 蓝布袖珍本，封面内侧黄色书店标：中西屋书店 The Nakanishiya Tokyo，扉页朱文方印：周作人，15768，封底内侧铅笔：165 N。

90. Tchehov, Anton, *The Witch and Other Stories,* from the Russian by Constance Garnett, The Tales of Tchehov, vol. VI, London: Chatto & Windus, 1921. 蓝布袖珍本，封面内侧蓝色图标：Maruzen Co. Ltd. Book Department Tokyo，扉页朱文方印：周作人，115769，封底内侧铅笔：135 Net。

91. Tchehov, Anton, *The Bishop, and Other Stories*, from the Russian by Constance Garnett, The Tales of Tchehov, vol. VII, London: Chatto & Windus, 1919. 蓝布袖珍本，封面内侧蓝色图标：Maruzen Co. Ltd. Book Department Tokyo，115770，封底内侧铅笔：175 N。

1919 年 4 月 28 日上午，知堂在东京神田丸善店内购买了契诃夫小说四册，上面 1919 年以内出版的几册应该是此时所购。

92. Tchehov, Anton, *The Chorus Girl and Other Stories*, from the Russian by Constance Garnett, The Tales of Tchehov, vol. VIII, London: Chatto & Windus, 1920. 蓝布袖珍本，封面内侧蓝色图标：Maruzen Co. Ltd. Book Department Tokyo，115771。

1922 年 2 月 21 日丸善购。

93. Tchehov, Anton, *The Schoolmistress and Other Stories*, from the Russian by Constance Garnett, The Tales of Tchehov, vol. IX, London: Chatto

& Windus, 1920. 蓝布袖珍本，封面内侧蓝色图标：Maruzen Co. Ltd. Book Department Tokyo，115772。

1922 年 7 月 29 日丸善购。

94. Tchehov, Anton, *The Horse-Stealers and Other Stories*, from the Russian by Constance Garnett, The Tales of Tchehov, vol. X, London: Chatto & Windus, 1921. 蓝布袖珍本，封面内侧蓝色图标：Maruzen Co. Ltd. Book Department Tokyo，115773。

1922 年 7 月 29 日丸善购。

95. Tchehov, Anton, *The Schoolmaster and Other Stories*, from the Russian by Constance Garnett, The Tales of Tchehov, vol. XI, London: Chatto & Windus, 1921. 蓝布袖珍本，封面内侧蓝色图标：Maruzen Co. Ltd. Book Department Tokyo，115774。

1922 年 2 月 21 日丸善购。

96. Tchehov, Anton, *The Cook's Wedding and Other Stories*, from the Russian by Constance Garnett, The Tales of Tchehov, vol. XII, London: Chatto & Windus, 1922. 蓝布袖珍本，封面内侧蓝色图标：Maruzen Co. Ltd. Book Department Tokyo，115775。

1922 年 9 月 11 日厂甸购。

97. Tchehov, Anton, *Love and Other Stories*, from the Russian by Constance Garnett, The Tales of Tchehov, vol. XIII, London: Chatto & Windus, 1922. 蓝布袖珍本，封面内侧铅笔：G /NC 275，115776。

1923 年 1 月 24 日台吉厂购，此时全集十五册已经买全了。《北京的外国的书价：绿洲（三）》（1923 年 1 月 30 日刊）："我曾经在台吉厂用二元七角买过一本三先令半的契诃夫小说集，可以说是最高纪录，别的同价的书籍大抵算作两元一角以至五角罢了。"

98. Tchehov, Anton Pavlovich, *Letters of Anton Tchehov to His Family*

and Friends, translated from the Russian by Constance Garnett, London: Chatto & Windus, 1920. 蓝布精装，前衬页一铅笔：<u>660</u>，前衬页三蓝文方印：周作人印，115756，里面有些红铅笔画线。

1924年10月2日北京饭店购，10月5日阅读。《生活之艺术》（1924年11月17日刊）："契诃夫（Tschekhov）书简集中有一节道（那时他在爱珲附近旅行）……"《日记与尺牍》（1925年3月9日刊）："从英译《契诃夫书简集》中抄译的一封信。契诃夫与妹书 一八九〇年六月二十七日……"

99. Gerhardi, William, *Anton Chehov: A Critical Study*, London: Richard Cobden-Sanderson, 1923. 蓝布精装，前衬页一铅笔：（Dup.6255），扉页蓝文方印：周作人印，3126327356，124638，里面有些铅笔勾画。封底内侧铅笔：<u>415</u>。

1925年3月18日丸善购。

文学

100. *Jewish Children*, translated from the Yiddish of "Sholom Aleichen" by Hannah Berman; introduction by Dorothy Canfield, Borzoi Pocket Books, New York: Alfred A. Knopf, 1926. 蓝布袖珍本，前衬页二背面丛书名页朱文方印：岂明经手，116035。

1929年2月16日台吉厂购。据《慈悲》附识（1929年2月21日），知堂翻译的"犹太嗦隆亚来咁（Sholom Aleichen）"这篇小说所据底本是"汉那贝尔曼英译本，一九二二年在美国出板"。

101. Arnold, Matthew, *Essays in Criticism*, with an Introduction by Clement A. Miles, and Notes by Leonard Smith, Oxford: Clarendon Press, 1918. 绿布精装袖珍本，扉页朱文方印：岂明读书，115904。

据日记，1920年4月26日在厂甸观音寺街等处得：评论文集丫彡

ㄜㄌㄉ [Arnold]。1920 年 10 月 6 日在灯市口购：古爱阑文学研究（ㄚㄋㄜㄌㄉ），即 *On the Study of Celtic Literature*。1929 年 10 月 1 日在商务还购有：*Essays on Literature*, Edited by L. Smith。

102. Boccaccio, Giovanni, *The Decameron, or Ten Days Entertainment of Boccaccio*, fine-paper edition, London: Chatto & Windus, 1920. 封面内侧有书店标：Maruzen Co. Ltd. Book Department Tokyo，前衬页一铅笔：（Dup. 6179），125081，前衬页二蓝文方印：周作人印。

1920 年 3 月 17 日从丸善购有一册薄伽丘传。1922 年 6 月 8 日在丸善购有《十日谈》一册，应即此书。1930 年 4 月 8 日在琉璃厂购 Rigg 译本，没有找到。

103. Brooke, Stopford A., *English Literature from the Beginning to the Norman Conquest*, New York: Macmillan Co., 1914. 蓝布顶金，前衬页二蓝文方印：周作人印，黑色国立北京图书馆英文圆印，138495，后衬页有铅笔字被涂：LES 375。

据知堂日记，1914 年 6 月 11 日："由中校转购 Brooke: *English Literature* 一本。"1915 年 1 月 6 日："下午得サガミヤ[相模屋] 廿八日寄英国文学史。"此本应购于此时。

知堂在《杂译诗二十九首》的《鹪鹩》一诗后记（1922 年 9 月 30 日）里提及"勃路克（S. Brooke）著《英国文学史略》第三十三节论抒情诗里说"，摘译了其中一段。

104. Carroll, Lewis, *A Selection from the Letters of Lewis Carroll (the Rev. Charles Lutwidge Dodgson) to his Child-friends*, together with "Eight or nine wise words about letter-writing", edited, with an introduction and notes, by Evelyn M. Hatch, London: Macmillan and Co. Limited, 1933. 蓝布顶金，扉页朱文方印：周作人印，115480，正文首页前朱文方印：苦雨斋藏书印。

1934 年 10 月 23 日购。

105. Chesterton, G. K., *All Things Considered*, fifth edition, London: Methuen & Co., Ltd., 1924. 青布袖珍本，目录页朱文方印：苦雨斋藏书印，115468。

1930 年 12 月 30 日购。

106. *Beowulf and the Finnesburh Fragment*, edited by Clarence Griffin Child, The Riverside Literature Series, no. 159, Boston; New York: Houghton, Mifflin and Company, 1904. 绿布精装，扉页白文方印：周作人，115466。

1915 年 3 月 19 日伊文思购。

《一部英国文选》（1925 年 7 月）里提及："因了勃洛克的《古代英文学史》引起我对于《贝奥武夫》（Beowulf 意云蜂狼，即熊，为史诗中主人公名）的兴味，好奇的去找哈利孙校订的原本。"不过他 1914 年 7 月 31 日在广学会买过一册 John Earle 编的 *The Deeds of Beowulf: An English Epic of the Eighth Century done into Modern Prose*。在《英国最古之诗歌》（1914 年 12 月刊）一文里专门介绍了这部《培阿邬尔夫》（*Beowulf*）。

107. Crawford, Virginia M., *Studies in Foreign Literature*, London: Duckworth & Co., 1899. 目录：The Present Decadence in France.—Cyrano de Bergerac.—Alphonse Daudet.—J. K. Huysmans.—Emile Verhaeren.—Maurice Maeterlinck.—A Singer of Bruges.—Gabriele d'Annunzio.—Antonio Fogazzaro.—Henryk Sienkiewicz.—War and Peace。褐布顶金，扉页朱文方印：周作人印，115486，封底内侧铅笔：2<u>50</u>。

108. Eeden, Frederik van, *Little Johannes*, translated from the Dutch of Frederik van Eeden by Clara Bell, with an introductory Essay by Andrew Lang, London: William Heinemann, 1895. 米黄布面毛边，前衬页一朱文方印：周作人印，115535。其中纸页发脆，有些已经折了。

知堂在《梦》（1923 年 7 月 15 日）提及"又或如蔼覃（F. van Eeden）

的《小约翰》及穆德林克（Maeterlinck）的《青鸟》之象征譬喻，也是可以的。"

109. Flaubert, Gustave, *Stories*, translated by Frederic Whyte, The World's Story Tellers, London；Edinburgh: T. C. & E. C. Jack, 1910. 黄色布面袖珍精装，封面内侧蓝色图标：Maruzen Co. Ltd. Book Department Tokyo，前衬页三篆文朱文方印：启明，115514。封底内侧铅笔：50 Net。

1919年4月28日知堂在日本神田东京丸善书店内所购。1922年2月1日："买ボワリ夫人一册。"这册《包法利夫人》(*Madame Bovary*)未见。

110. Hearn, Lafcadio, *Stray Leaves from Strange Literature: Stories Reconstructed from the Anvari-Soheïli, Baitál Pachisi, Mahabharata, Pantchatantra, Gulistan, Talmud, Kalewala, etc.*, New York: Houghton Mifflin Co., 1912. 绿布精装，前衬页三毛笔题字：To 启民兄 凤举，115579。这是张凤举赠送给知堂的书。

据日记，1923年5月24日："凤举赠英书一本。"购书目录："异国文学之零叶 ㄏㄝㄦㄣ [Hearn] 凤举赠"，即为此书。张凤举1926年还送过他R. Adlington 的 *Voltaire*，1933年1月7日送过 Longus 的 *Daphnis et Chloe*。1933年8月31日赠 *Aesopi Phrysis Fabulae Graece et Latine*，日记其馀多处有互赠英、法、日文书刊的记录。据日记，1912年12月29日："小泉八云 L. Hearn 著作当购读，但以入日本后者为重。"后来知堂买了不少小泉的作品。1922年10月5日东交民巷购《日本之瞥见》(*Glimpses of Unfamiliar Japan*, 2 v.)，10月9日购《佛田之拾穗》(*Gleanings in Buddha-fields: Studies of Hand and Soul in the Far East*)，10月11日灯市口买《怪谈》(*Kwaidan: Stories and Studies of Strange Things*)，12月7日东交民巷买《从东方》("*Out of the East.": Reveries and Studies in New Japan*)。1923年9月11日："交民巷买书一本，在第

一楼得旧书一本（八云《日本杂记》价七角）。"即为：*A Japanese Miscellany*（London: Kegan Paul Trench, Trübner & Co., 1905），11月23日东亚公司购《怪談》（小泉八雲文集第九編，田部隆次訳，北星堂書店，大正十二年[1923]）。

111. Gide, André, *Dostoevsky*, translated from the French by Arnold Bennett, London: J. M. Dents and Sons, 1925. 前衬页一铅笔：（Dup. 6144），360，扉页朱文方印：周作人印，125061，3081114237，目录页白文长印：悲天悯人，正文首页朱文方印：苦雨斋藏书印。封底内侧铅笔：大书库。

1927年3月购。

112. *Letters of George Gissing to Members of his Family*, collected and arranged by Algernon and Ellen Gissing, London: Constable & Company, 1927. 绿布精装，顶金，扉页朱文方印：会稽周氏凤凰专斋藏，白文方印：越周作人，扉页前有硬纸板吉辛照片，封底内侧左上侧有铅笔：990 L，正文首页朱文方印：苦雨斋藏书印，115983，正文前有一封吉辛信件的复制品。此书按其生平、著作，把书信和日记组织到一起。

1929年11月8日丸善购。

113. Gissing, George, *The Private Papers of Henry Ryecroft*, London: Constable & Co. Ltd., 1928. 灰布袖珍本，前衬页一铅笔：（Dup. 6147），扉页白文方印：越周作人，127607。

1929年11月8日购自丸善。另1922年3月25日在灯市口买："为夃ㄎ几ㄛㄈㄊ[Ryecroft]的笔记《丨厶乚[Gissing]"，这是第一次购买记录。《喝茶》（1924年12月29日）："喝茶以绿茶为正宗。红茶已经没有什么意味，何况又加糖——与牛奶？葛辛（George Gissing）的《草堂随笔》（原名 *The Private Papers of Henry Ryecroft*）确是很有趣味的书，但冬之卷里说及饮茶，以为英国家庭里下午的红茶与黄油面包是一日中最大的乐事，支那饮茶已历千百年，未必能领略此种乐趣与实益的万分之一，则我殊不以为然。……"

114. Gogol, Nikolay, *Evenings on a Farm near Dikanka*, translated by Constance Garnett, The Collected Works of Nickolay Gogol, New York: Alfred A. Knopf, 1926. 棕布精装，前衬页一铅笔：（Dup. 6143），625，扉页朱文方印：周作人印，125060，3126478803。

1927年2月购。1917年2月28日在丸善买过《死魂灵》。江绍原1928年7月11日给知堂信里说："先生近来经济状况稍佳否？英伦某书店寄来廉价书目，看后拟买几种。下列数书，先生或想一阅，如然，请示知，我可嘱书店寄呈。邮费在外丨Gogol: *Dead Souls* 原价 3.60，廉价 1.60。……"[1] 知堂1928年7月19日回信："承示廉价书中 Gogol 之'死灵魂'，如你去买书时，望代为一并买来，否则亦不必特地去买。我的经济状况总是如此，只是老板的款不能如约寄下，因此不免时时发生困难耳。"[2] 不知最后知堂是否买成了。

115. Gogol, Nikolay, *The Overcoat and Other Stories*, translated by Constance Garnett, The Collected Works of Nikolay Gogol, New York: Alfred A. Knopf, 1923. 棕布精装，前衬页一铅笔：（Dup. 6141）4.40，扉页朱文方印：周作人印，125059。

116. Goldberg, Isaac, *The Fine Art of Living: An Approach to Life and the Arts*, Boston: The Stratford Company, 1930. 红布精装，扉页黄文方印：浴禅堂印，朱文方印：周作人印，封底内侧铅笔：710g，115553。

1932年3月4日购。"浴禅堂印"刻于1932年4月13日，因而开始加盖书籍。

117. Gosse, Edmund, *Modern English Literature: A Short History*, with

---

[1] 《周作人早年佚简笺注》，第359页。
[2] 《江绍原藏近代名人手札》，第56页（第282页）。

seventy-two plates. new and rev. ed., London: William Heinemann, 1905. 棕布顶金，插图本，其中有多幅文学名家肖像插图，前衬页白文方印：会稽周氏，前衬页二蓝文方印：周作人印，正文首页朱文方印：苦雨斋藏书印，115522，封底内侧铅笔：サンクヲ。

《塞耳彭自然史》（1934年4月24日）："《塞耳彭自然史》……英国戈斯（Edmund Gosse）所著《十八世纪文学史》第九章中有一节讲这书及其著者。"

118. Gosse, Sir Edmund, *Silhouettes*, London: William Heinemann Ltd., 1925. 棕布精装，毛边，前衬页一铅笔：5-，扉页朱文方印：周作，15526。

1926年2月3日张凤举赠。《习俗与神话》（1933年12月11日）："英国批评家戈斯在论文集《影画》（Edmund Gosse, *Silhouettes*）中论郎氏的诗的一篇文章上也说……"

119. Grahame, Kenneth, *The Wind in the Willows*, fortieth edition, illustrated by Ernest H. Shepard, London: Methuen & Co., Ltd., 1932. 蓝布精装，插图本。扉页朱文方印：周作人，目录页朱文方印：苦雨斋藏书印。

1932年11月30日丸善购。《杨柳风》（1930年8月4日）："去年冬天在一个朋友那里见到英国密伦（A. A. Milne）的著作，论文和儿歌，觉得喜欢，便也去定购了一本论文集，名叫《这没有关系》（*Not That is Matters*，1928九版）。其中有一篇《金鱼》，我拟作了一篇，几乎闯了祸，这固然是晦气，但是从这里得来的益处却也并不是没有。集里又有一篇文章，名《家常书》，乃是介绍格来亨（Kenneth Grahame）所作的《杨柳风》（*The Wind in the Willows*, 1908）的。关于格来亨，我简直无所知，除了华克（Hugh Walker）教授在《英国论文及其作者》中说及：'密特耳顿（Richard Middleton）的论文自有它的地位，在那里是差不多没有敌手的，除了格来亨君的几本书之外。'密特耳顿著有论文集

《前天》，是讲儿童生活的，所以这里所引的格来亨大约也是他的这一类的书，如《黄金时代》等，但总不是我所想要知道的《杨柳风》，结果还只得回来听密伦的话才能明白。可是，他也不肯说得怎么明白，他说：'我不来形容这书，形容是无用的。我只说这句话，这是我所谓家常书的便是。'他在上边又说：'近十年来我在保荐它。我初次和生客会见常谈到这书。这是我的开场白，正如你的是关于天气的什么空话。我如起头没有说到，我就把它挤在末尾。'我听了介绍者的话，就信用了他，又去托书店定购一本格来亨的《杨柳风》。但是我没有信用他到底，我只定了一本三先令半的，虽然明知道有沛恩（Wyndham Payne）的插画本，因为要贵三先令，所以没有要，自己也觉得很小气似的。到了上月中旬，这本书寄来了，我不禁大呼愚人不止，——我真懊悔，不该吝惜这三九两块七的钱，不买那插画本的《杨柳风》。……《杨柳风》于一九〇八年出板，我得到的是一九二九年本，已是三十一版了，卷首广告密伦的新著剧本《癞施堂的癞施》，注明即是根据《杨柳风》改编的。恰巧天津有一位小朋友知道我爱那《杨柳风》，便买了这本剧本来送我，省得我再花钱去定，使我非常感激。"看来知堂1929年买过一册没有插图版的《杨柳风》。

知堂之孙周吉宜说，有位青年李海澄要翻译此书，因而知堂1931年11月7日把《杨柳风》与《癞施堂的癞施》英文本寄给他使用。李后来没有把书译出来，于1932年11月5日将《癞施堂的癞施》寄还，而把《杨柳风》留下。同年11月30日，知堂又从丸善买了一册。[1] 也就是国图这册插图本。天津的朋友是指王辛笛。

另有 Patrick R. Chalmers, *Kenneth Grahame: Life, Letters and Unpublished Work*, with 15 illustrations, 2 facsimile letters and a pedigree, London:

---

1 《周作人与〈杨柳风〉》，《新文学史料》2016年第3期。此处承刘铮兄指示。

Methuen & Co., Ltd., 1933. 浅蓝布面精装，115485，其中内文有红色铅笔画线。另有领收书，此书是尤炳圻（淀桥区诹访町二五双树庄内）1934 年 12 月 26 日向丸善株式会社订购，1935 年 3 月 6 日领到书，价格 8.90 元，扣除预付金 4.50 元，付了 4.40 元，这是尤炳圻的藏书。

《北平晨报》1935 年 7 月 9 日第十一版《北晨学园》登载有尤炳圻《〈杨柳风〉译本序》（1935 年 4 月于东京），说他已经译出《杨柳风》，而编者按说："周岂明有《杨柳风》散文一篇刊于《骆驼草》第十五期，译者来信，所译之稿已经寄交周岂明先生，书内选取插图十幅，大约在开明书店出版。"知堂收到尤的译稿后，为该书作序《谈土拨鼠：为尤炳圻君题〈杨柳风〉译本》（1935 年 11 月 23 日）："我将所藏的西巴特（Shepard）插画本《杨柳风》，兄所借给我的查麦士（Chalmers）著《格莱亨传》，都拿了出来翻阅一阵，可是不相干。材料虽有而我想写的意思都没有。"尤炳圻是 6 月底或 7 月初回国，这本传应该是此后不久他特意拿给知堂作序参考的。知堂借看未还或为尤所赠送，因而随藏书一同被收缴。

120. Kebbel, T. E., *Life and Writings of George Crabbe*, Great Writers, London: The Walter Scott Publishing Co. 蓝布袖珍本，115613，后衬页一行竖写毛笔题字：一九三四年八月十八日在本乡郁文堂购得。

121. Klausner, Joseph, *A History of Modern Hebrew Literature (1785-1930)*, authorized translation from the Hebrew by Herbert Danby, edited by Leon Simon, London: M. L. Cailingold, 1932. 红布烫金，扉页朱文方印：周作人印，正文首页朱文方印：苦雨斋藏书印，115608。

1933 年 5 月 5 日去信购买，9 月 5 日寄到。

122. Lamb, Charles, *Essays of Elia. First Series*, edited with introduction, notes, and questions by George Armstrong Wauchope, Standard English Classics, Boston: Ginn and Company, 1905. 绿布精装，封面内侧铅笔：

1.77，扉页白文方印：越周作人，115985。

1913年7月7日相模屋购，1929年12月4日在景山书社也购有一册。1916年4月30日："得伊文思廿七日寄Lamb: *Tale*[*s*] *from Shakespeare* 一册。"1923年4月12日厂甸购有：*Essays of Charles Lamb*, selected and ed. with introduction and notes, by George Armstrong Wauchope, Standard English Classics (Boston: Ginn & Company, 1904).

123. Loane, George G., *A Short Handbook of Literary Terms*, New York: Macmillan Company, 1923. 32开蓝布精装，前衬页一铅笔：380，扉页白文方印：越周作人。115621。

1924年9月1日在北京饭店购。《论剽窃》（1930年6月22日）："拿出英国乔治隆（George Loane）所编的一本《文学语小词典》来，想查一个词，偶然翻到Plagiarism，看见它的注解很有意思。"知堂专门翻译了这个词条，pp.139－140就是Plagiarism词条。

124. Lamandé, André, *Montaigne: Grave and Gay*, translated from the French by Alfred van Ameyden van Duym, New York: Henry Holt and Company, 1928. 16开蓝布顶金精装，扉页篆体朱文方印：周作人印，正文首页朱文方印：苦雨斋藏书印，115630。

1930年5月8日购。据1929年2月28日记："周作人印 遣人取同古堂牙银章各一来。"此印文，知堂刻过篆体、楷体好几枚，刻的这枚是篆体，与书上的印相同。

125. La Rochefoucauld, François de, *Maxims of le duc de La Rochefoucauld*, translated by John Heard, Jr., Boston: Houghton Milfflin Co., 1917. This edition consists of five hundred and fifty copies, of which five hundred are for sale. This is number 548. 纸面袖珍本，前衬页一铅笔：200，前衬页二朱文方印：周作人印，115636，正文首页朱文方印：苦雨斋藏书印，p. 8，24—27四条，p. 9，30—31两条也有铅笔记号，后衬页有铅笔：p. 8，

封底内侧下方法文图书馆标签：La Librairie Française Pékin (Chine)。

1924 年 5 月 1 日北京饭店购。

126. Lavrin, Janko, *Gogol*, The Republic of Letters, London: George Routledge & Sons, Ltd.; New York: E. P. Dutton & Co., 1925. 红布精装，前衬页一：（Dup. 6233），扉页白文方印：周公之作。

1927 年 2 月购。

127. Lucas, E. V., *A Fronded Isle and Other Essays*, London: Methuen & Co., Ltd., 1927. 红布精装，扉页有毛笔题字：二十二年二月九日　叶公超君所赠，白文方印：作人，115617。

据 1933 年 2 月 9 日记："E. V. Lucas, *A Fonder Isle* 公超赠。"《赋得猫：猫与巫术》："次又读外国小品文，如林特（R. Lynd），密伦（A. A. Milne），却贝克（K. Capek）等，公超又以路加思（E. V. Lucas）文集一册见赠，使我得见所著谈动物诸人，尤为可感。"叶公超所赠的卢卡斯文集应该就是这册书，因为最后一部分《致老友书简》，就是七则谈动物的短文，所谈动物有马、奶牛、鸭子、猫、猪、兔子和狗。据常风回忆："大约在一九三九年春天，叶公超叔父叶恭绰先生在上海的产业遭到抢劫，叶先生叔父让叶到上海为他办理此事，叶就从昆明绕道香港赴上海主持讼事，结果由于叶恭绰之妾诬告而被日本侵略军逮捕入狱，判以间谍罪，囚于日本宪兵部，叶公超身陷囹圄，被日本宪兵毒刑拷打，吃尽了苦头。叶公超出狱后身无分文，写信给我嘱我将寄放在我家的英文藏书代他找周作人卖给伪北大文学院，当时周任伪北大文学院院长，由他出面代校方收购了叶公超的藏书，替叶解了燃眉之急。"[1]而梁实秋在《叶公超二三事》里说得更明白："他的叔父叶恭绰先生收藏甚富，包括其祖外公赵之谦的法书在内。抗战期间这一批收藏存于一家银行仓库，

---

[1]《周作人印象》，第 129 页。

家人某勾结伪组织特务人员图谋染指，叶公超在昆明教书，奉乃叔父电召赴港转沪寻谋处置之道，不幸遭敌伪陷害入狱，后来取得和解方得开释，据悉这部分收藏现在海外。而公超离开学校教席亦自此始。"[1]

128. Lynd, Robert ("Y. Y."), *The Goldfish*, second edition, London: Methuen & Co. Ltd., 1929. 黄布顶金，115624，目录页朱文方印：苦雨斋藏书印。

1930 年 12 月 30 日购。

129. Lynd, Robert ("Y. Y."), *The Peal of Bells*, fourth edition, London: Methuen & Co., Ltd., 1927. 黄布顶金，115623，目录页朱文方印：苦雨斋藏书印。

1930 年 12 月 30 日购。

130. Maeterlinck, Maurice, *Pigeons and Spiders* (*The Water Spider*), translated by Bernard Miall, London: George Allen & Unwin Ltd., 1935. 绿布精装，扉页朱文方印：周作人印，115657，封底内侧铅笔：385。

131. Maeterlinck, Maurice, *The Treasure of the Humble*, tr. by Alfred Sutro, with introduction by A. B. Walkley, London: George Allen & Unwin Ltd., 1924. 绿布烫金，前衬页一铅笔：（Dup. 6156），蓝印：不退换。扉页朱文方印：周作人印，127610。

132. Maeterlinck, Maurice, *The Life of the White Ant*, translated by Alfred Sutro, London: George Allen & Unwin Ltd., 1927. 绿布烫金，扉页白文方印：越周作人，扉页铅笔：cheap edition, July 1929，115647。

据知堂日记，1930 年 4 月 13 日："至商务买书三册，共一九.八八，未付。"这是其中一册。

133. Magnus, Laurie, *A General Sketch of European Literature in the*

---

[1] 《梁实秋散文集》第六卷，第 488 页。

Centuries of Romance, London: Kegan Paul, Trench, Trübner & Co., Ltd., 1918. 蓝色布面精装，封面内侧蓝色图标：Maruzen Co.Ltd. Book Department Tokyo，扉页朱文方印：周作人印，241168，封底内侧铅笔：540。

1919年4月28日上午知堂在东京神田丸善店内所购。《阿丽丝漫游奇境记：自己的园地（七）》（1922年3月12日）："麦格纳斯在《十九世纪英国文学论》上说……"文中提及的作者这本 *English Literature in the Nineteenth Century: An Essay in Criticism* (London: A. Melrose, 1909)，未找到。

134. Mickiewicz, Adam, *Pan Tadeusz, or The Last Foray in Lithuania; a Story of Life among Polish Gentlefolk in the Years 1811 and 1812*, tr. from the Polish by George Rapall Noyes, London ; Toronto; New York: J. M. Dent & Sons, Ltd.; E. P. Dutton & Co., 1920. 绿布精装，封面内侧铅笔：$1-，扉页朱文方印：周作人印，还用曲别针别了一个纸条，上有一行工整清秀的钢笔字："塔杜须先生（英文译本）伦敦 一九二〇"，封底内侧下角标：北京天津法文图书馆 La Librairie française, Pékin-Tientsin, 115654。

1926年11月14日北京饭店购。《新中国的女子》（1926年3月31日）："这诗载在勃阑特思（Georg Brandes）所著《十九世纪波兰文学论》，是有名的复仇诗人密子克微支（Adam Mickiewicz）所作，题名《与波兰的母亲》。"

135. Milne, A. A., *Those Were the Days: The Day's Play; The Holiday Round; Once a Week; The Sunny Side*, second edition, London: Methuen & Co. Ltd., 1929. 天蓝色布面精装，前衬页一铅笔：6-，扉页朱文方印：苦雨斋藏书印，115649。

1930年7月31日沈启无所赠。

136. Milne, A. A., *Toad of Toad Hall: A Play from Kenneth Grahame's Book "The Wind in the Willows"*, London: Methuen & Co. Ltd., 1929. 天蓝

色布面精装，顶金，前衬页三毛笔字：王心笛君所赠，扉页反书朱文方印：周作人印。序言页朱文方印：苦雨斋藏书印，115650。

据日记，1930年8月1日："下午启无来代交王辛笛兄赠书一册。"下面书目又注明：王君赠。8月6日记："下午在书房盖藏书印，手为之废。"这几册密伦的书都是一起盖的印。知堂的答礼是8月20日："遣人往厂甸取所裱条幅拟赠王心笛君者。"10月18日："遣人送字三幅石章一方至启无处。"这是答谢王心笛和沈启无赠书的谢礼了。

137. Milne, A. A., *Not That it Matters*, Ninth ed., London: Methuen & Co., 1928. 天蓝色布面精装，顶金，前衬页一铅笔：（Dup. 6174），扉页白文方印：越周作人，125088。

1930年3月6日丸善购。"A Household Book"那篇就谈了《杨柳风》。

138. Mirsky, Prince D. S., *Contemporary Russian Literature: 1881–1925*, New York: Alfred A. Knopf, 1926. 草绿布面精装，书脊下贴有白纸朱印：参考，前衬页一铅笔：（Dup. 6236），钢笔字：启明哥惠存 廷芳敬赠 一九二八秋 第二次海外归来日。扉页朱文方印：岂明读书，3126319239，125108。

139. Montaigne, Michel de, *The Essays of Montaigne*, 2 v. in 1, translated by E. J. Trechmann, with an introduction by the Rt. Hon. J. M. Robertson, Oxford: Oxford University Press, 1927. 大32开蓝布顶金，印度纸印刷，扉页朱文反书方印：周作人印，正文首页朱文方印：苦雨斋藏书印，115879。

1930年7月23日丸善购。这枚反书印是1930年7月11日同古堂所刻。1929年1月5日曾购有J. Florio's tr., Montaigne's Essays, vol. I, 此书未见。

140. Morfill, W. R., *Slavonic Literature*, The Dawn of European Liter-

ature, London: Society for Promoting Christian Knowledge, 1883. 蓝布袖珍本，扉页蓝色方印：周作人印，正文首页朱文方印：苦雨斋藏书印，115951。

《外国小说：我的杂学（五）》（1944年6月4日刊）："摩斐耳的《斯拉夫文学小史》，克罗巴金的《俄国文学史》，勃兰特思的《波兰印象记》，赖息的《匈加利文学史论》，这些都是四五十年前的旧书，于我却是很有情分，回想当日读书的感激，历历如昨日，给予我的好处亦终未亡失。"摩斐耳的《斯拉夫文学小史》即此书。

141. Nicolson, Harold, *Paul Verlaine*, London: Constable & Co., Ltd., 1921. 蓝布精装，毛边，前衬页二朱文方印：会稽周氏凤凰专斋藏，扉页朱文方印：苦雨斋印，正文首页朱文方印：苦雨斋藏书印，115667。

1927年5月17日购。

142. Pater, Walter, *Appreciations with An Essay on Style*, London: Macmillan and Co. Limited, 1924. 32开蓝布精装，书前衬页一铅笔：9.80，衬页二朱文方印：周作人印，3126292618。

1924年7月18日在北京饭店购过一册，赠送给了张凤举。

143. Rodziewicz, Marya, *Anim Vilis: A Tale of the Great Siberian Steppe*, translated by S. C. de Soissons, London: Jarrold & Sons. 蓝布毛边，顶金，第一章开头朱文方印：苦雨斋藏书印。115866。

品相非常好，难怪知堂称赏。

144. Schofield, William Henry, *Chivalry in English Literature: Chaucer, Malory, Spencer and Shakespeare*, Harvard Studies in Comparative Literature, II, Cambridge, Mass.: Harvard University Press, 1912. 棕色漆布精装，前衬页一铅笔：7.75, p. 68，前衬页二毛笔：启明兄所赠书，朱文方印：祖正，扉页朱文方印：周作人印，647046。

据日记，1922年6月7日厂甸购，当时译为《英文学上的骑士道》。

1927 年 5 月 9 日购有作者的 *English Literature, from the Norman Conquest to Chaucer* (London: Macmillan Co., 1925)，未见。知堂在给徐旭生（徐炳昶）信（1925 年 5 月 2 日）里提及"据 W. H. Schofield 在《英文学中的武士道》（*Chivalry in English Literature*, 1912）上说，这个字与法文的（gentilhomme）含义不同，虽然语源上是出于法文……"[1] 应该是之后送给了老友徐祖正。另查到一册：*English Poets of Eighteenth Century*, selected and edited with an introduction by Ernest Bernbaum, The Modern Student's Library (New York: Charles Scribner's Sons, 1918). 黑布精装，前衬页一毛笔：此册小书乃一九三〇年一月二十五日为余之诞生纪念日购此者。朱文印：徐祖正印，646517。据知堂日记，1930 年 1 月 23 日："耀辰赠英书一本。"这应该是徐祖正买了两册，一册作为自己生日礼物，一册送给了知堂。知堂日记里有多处彼此互赠书刊的记录。徐祖正 1978 年去世后，全部藏书分别赠送给了北大和北图，这回和知堂的藏书共居一处了。徐一生藏书六千馀册，据董馥荣《徐祖正骆驼书屋所藏"闺闱丛珍"》一文介绍，徐祖正捐赠给北图的中文线装书有 661 种 627 部，约 1400 馀册[2]，但没有提及他的西文藏书。目前我在国图已经找到他的西文旧藏 60 馀种，待以后写专文再谈。

145. Shanks, Lewis Piaget, *Flaubert's Youth, 1821–1845*, Johns Hopkins University, Semicentennial Publications, 1876–1926, Baltimore: Johns Hopkins Press, 1927. 蓝布精装，顶金，前衬页一：$ 560，扉页篆字朱文方印：周作人印，正文首页朱文方印：苦雨斋藏书印，116029。

1929 年 3 月 11 日台吉厂购。

---

[1] 陈子善、张铁荣编《周作人集外文：1904～1948》，海口：海南国际新闻出版中心，1995 年，第 696—697 页，该书编者所加标题为《致徐旭生》，《周作人散文全集》编者则改为《论绅士》。
[2] 《文献》2007 年 4 月第二期。

146. Sologub, Feodor, *The Created Legend*, authorized translation from the Russian by John Cournos, London: Martin Secker, 1916. 蓝布精装，蓝色丸善株式会社标签：Maruzen Co. Ltd. Book Department Tokyo，116002。封底内侧铅笔：275 cent。

此书也应购于 1918 年。

147. Sologub, Feodor, *The Little Demon*, authorised translation by John Cournos and Richard Aldington. New York: Alfred A. Knopf, 1916. 棕布精装，封面内侧蓝色标签：Maruzen Co. Ltd. Book Department Tokyo，前衬页二蓝文方印：周作人印，116003。

据日记，1918 年 4 月 24 日取丸善寄书："古イ家ソログープ"，即：Feodor Sologub, *The Old House, and Other Tales*, authorised translation from the Russian by John Cournos (London: Martin Secker). 此书未见，另 1922 年 12 月 28 日得桥川君赠送一册。5 月 18 日："得丸善寄ソログープ小说一册。"5 月 20 日："阅ソログープ著小サキ鬼，甚有兴味。"5 月 18 日所购即为 *The Little Demon*。鲁迅与周作人在《域外小说集》里就译过梭罗古勃（Sologub）的小说《小鬼》《路与光》。而梭罗古勃的作品还影响到鲁迅《狂人日记》的创作。[1]

148. *The Sir Roger de Coverley Papers from "The Spectator"*, edited with introduction, notes, and questions, by Mary E. Litchfield, Standard English Classics, Boston, Mass.: Ginn and Company, 1925. 绿布袖珍本，封面内侧铅笔：1.46，扉页白文方印：越周作人，115956。

1929 年 10 月 30 日景山书社购。1929 年 10 月 1 日曾在商务分馆买过一册：*The Spectator, Essays I–L*, with an introduction and notes by John

---

[1] 長堀祐造《鲁迅「狂人日記」材源考：周氏兄弟とソログープ》，伊藤徳也編《周作人と日中文化史：周作人における思想と文学》[アジア遊学 164]，東京：勉誠出版，2013 年 5 月，第 199—213 頁。

Morrison et al. (London: Macmillan and Co., Limited, 1909). 未见。

149. Topsöe-Jensen, H.G., *Scandinavian Literature from Brandes to Our Day*, translated from the Danish by Isaac Anderson, Scandinavian Classics v. 32, London: American-Scandinavian Foundation, 1929. 大 32 开黄布精装，前衬页一钢笔：

  To Prof. J. S. Chou, University of Peking
    Presented by
    Y. Pan
    as a token of his remembrance & respect
    During his stay in Great Britian from
    Oct. 1926 to Dec. 1930
  University College
    Gower St. London
    1st. Dec. 1930

中间钢笔：企莘所赠，十九年十一月十三日收到，朱文方印：周作人，正文首页朱文方印：苦雨斋藏书印，115757。

据日记，1930 年 12 月 13 日："得企莘一日寄赠书两册。"这是其中一册，另一册 R. B. Johnson, ed., *Ballads of All Nations* 未见。这是潘渊送给知堂的书。潘渊，字企莘，他与鲁迅和知堂都有密切交往。他和知堂是绍兴省立第五中学时的同事，日记里多有他们往还的记录。1926 年他在鲁迅、周作人等的合力推荐下考取官费赴英留学，先入爱丁堡大学攻读教育学学位，1930 年 7 月获伦敦大学心理学博士学位。赠书正是在他博士毕业后，要离开英国前夕。

150. Sterne, Laurence, *A Sentimental Journey through France and Italy*,

with an introduction by Virginia Woolf, The World's Classics, Oxford: Oxford University Press, 1928. 绿布袖珍本，扉页朱文方印：苦雨翁玺，115718。

151. Swift, Jonathan, *Gulliver's Travels: The Prose Works of Jonathan Swift, D. D.: vol. VIII*, edited by G. Ravenscroft Dennis, Bonn's Standard Library, London: George Bell and Sons, 1922. 棕布精装，前衬页三朱文方印：会稽周氏凤皇专斋藏，扉页朱文方印：苦雨斋印，116004。

1929年5月17日丸善购。1926年2月5日也曾在北京饭店购："ガツリヴェル旅行記 スキフト"，《死法》（1926年5月）引过《格里佛游记》卷三[1]，应即此书。

152. Swift, Jonathan, *Literary Essays*: *The Prose Works of Jonathan Swift, D. D.: vol. XI*, ed. by Temple Scott, Bonn's Standard Library, London: George Bell and Sons, 1907. 棕布精装，前衬页一铅笔：350，前衬页三朱文方印：会稽周氏凤皇专斋藏，蓝文方印：周作人印，115710。收有《婢仆须知》。

1924年11月27日北京饭店购，知堂译过其中的一篇《〈婢仆须知〉抄》（1924年12月20日）。1927年9月也曾买过一册 *Prose Works*，或许为此书：*Prose Writings of Swift*, with an introduction by Walter Lewin (London: Walter Scott Publishing Co., Ltd). 国图有，但无法提出。

153. *Swift: Selections from His Works*, 2 v., ed., with life, introductions, and notes by Henry Craik, Oxford: Clarendon Press, 1892–1893. 蓝布顶金，V. I，1892，前衬页一铅笔：S 50，前衬页二朱文方印：周作人印，115482；V. II，1893，前衬页一铅笔：11.00 for 2 vols.，115482。A Modern Proposal to the Public（1729）一篇每页都有不少铅笔画线，即知堂翻译的那篇《育婴刍议》。

---

[1] 《周作人散文钞》，第129页。

1923年7月21日得乔风寄书二本，知堂在《育婴刍议》（1923年9月5日）译后记里说："但说也惭愧，它的全文终于未见，直到今年在上海买到了一部《斯威夫特选集》的时候。"这部选集就是此书。

154. Tolstóy, Leo, *The Private Diary of Leo Tolstóy, 1853–1857*, edited by Aylmer Maude, translated by Louise and Aylmer Maude, London: William Heinemann, 1927. 红布精装，扉页朱文方印：周作人印，115759。

1922年10月5日东交民巷曾购过一册"《讬尔斯太日记》"（*The Journal of Leo Tolstoi: First Volume: 1895–1899*, translated from the Russian by Rose Strunsky, The Newest Borzoi Books, New York; London: Alfred A. Knopf, 1917），此册为后来所购。

155. Unamuno, Miguel de, *The Life of Don Quixote and Sancho*, according to Miguel de Cervantes Saavedra, expounded with comment by Miguel de Unamuno, translated by Homer P. Earle, New York; London: Alfred A. Knopf, 1927. 原西班牙文版出版于1905年，1927年英译。米黄色布面精装，前衬页一铅笔：12.50，前衬页二篆文朱文方印：启明经手。扉页朱文方印：会稽周氏凤皇专斋藏，山上水手。p. 3第一章左上角朱文方印：苦雨斋藏书印。115484。

1929年3月11日在台吉厂所购。知堂曾用笔名"山上水手"，于1928年11月10日在《开明》第一卷第五号发表过《希腊恋歌》。他1929年2月22日在同古堂刻了"山上水手"、"岂明经手"、"且以永日"三方。9月5日，魏建功刻有另一枚"岂明经手"印。书上此印为3月11日所刻那枚。而据知堂1926年2月26日致江绍原信提及自己"唯在南京当'山上的水手'时"，江小蕙在该信注释里解释为："周作人早年因在南京水师学堂读书，自称在山上的水手，表示无用武之地，也表示自己是出身于南京狮子山上的江南水师学堂的水手。有以'山上水手'

为印文的两枚闲章，即取意于此。"[1] 1923 年 10 月 11 日在同古堂刻过一枚类似的"江南水师出身"的印章。1927 年 2 月知堂买过《堂吉诃德》英译本两卷。知堂《魔侠传：自己的园地（十八）》（1922 年 9 月 4 日刊）里引用过"斯密士 1914 版英译本"片段，并说："英译本自十七世纪以来虽然种类颇多，但好的也少，十九世纪末的阿姆斯比（Ormsby）的四卷本，华支（Watt）的五卷本，和近来斯密士（Smith）的一卷本，算是最为可靠，只可惜不能兼有陀勒（Doré）的插图。"

《西班牙的古城》（1930 年 5 月 26 日刊）："英国学者们做的《西万提斯传》与乌纳木诺解说的《吉诃德先生的生活》，我读了同样地感到兴趣与意义，虽然乌纳木诺的解释有些都是主观的，借了吉诃德先生来骂现代资本主义的一切罪恶，但是我想整个的精神上总是不错的。"

156. Walker, Hugh, *The English Essay and Essayists*, The Channels of English Literature, London: J. M. Dent & Sons Ltd.; New York: E. P. Dutton & Co., 1923. 深蓝布面精装，前衬页二朱文方印：苦雨斋藏书印，扉页朱文方印：周作人印，序言页朱文方印：苦雨斋藏书印，115736。

按：第 12 章"Some Essayists of Yesterday"提及 Andrew Lang，还有小泉八云、吉辛、Thompson 等，第 331 页提及 Richard Middledon，第 332 页就是知堂在《杨柳风》里引的那段谈格雷厄姆的话。

157. Watts, Henry Edward, *Life and Writings of Miguel de Cervantes*, Great Writers, London: The Walter Scott Publishing Co. 蓝布袖珍本，封面内侧蓝色店标：Maruzen-Kabushiki-Kaisha Books and General Stationery Tokyo Osaka Kyoto 丸善株式会社，扉页朱文方印：周作人印，116016，封底内侧铅笔：50 N。第 13 页就是知堂文章《塞文狄斯》里所引的一段话。

---

1 《江绍原藏近代名人手札》，第 24 页（第 261 页）。

1914年3月16日相模屋购，3月17、18日与20日阅读该传。《魔侠传：自己的园地（十八）》里提及"华支《西万提司评传》"。《塞文狄斯》（1925年12月5日）："《吉诃德先生》（全名《拉曼差的聪敏的绅士吉诃德先生》）是我所很喜欢的书之一种，我在宣统年前读过一遍，近十多年中没有再读，但随时翻拢翻开，不晓得有几十回，这于我比《水浒》还要亲近。某'西儒'说，'一个文人著作最好的注释是他自己的生活。'但在塞文狄斯又是特别如此，因为如又一'西儒'说，'有人著作小说，有人经历小说，塞文狄斯则兼此二者而有之。'你如果读《吉诃德先生》，你一定会对于塞文狄斯的传记感到兴趣。"还提及 Henry Edward Watts 的传记里引用 Mariano Tomás 的 *Life and Misadventures of Miguel de Cervantes* 的轶事，后一书知堂1934年6月28日买了，所提及 Fitzmaurice-Kelly 的传记，也于1925年12月3日由丸善寄到。1920年1月15日丸善购 Fitzmaurice-Kelly 的《西班牙文学史》（*A History of Spanish Literature*, New York: D. Appleton, 1898）。

158. White, Gilbert, *The Natural History of Selborne*, World's Classics, Oxford: Oxford University Press, 1904. 绿布袖珍本，扉页朱文方印：启明读书，正文首页朱文方印：苦雨斋藏书印，115791。

据日记，1930年3月28日在景山书社购有一册，根据备注 W. Cl. 应为此书。而早在1920年3月5日也曾在厂甸购过一册。1934年1月22日曾在丸善购有 M. Woodward 编的本子，同年3月26日购 Grant Allen 编订本。《塞耳彭自然史》（1934年4月24日）：

《塞耳彭自然史》——这个名称一看有点生硬，仿佛是乡土志里讲博物的一部分，虽然或者写得明细，可以多识鸟兽草木之名，总之未必是文艺部类的佳作罢。然而不然。我们如写出他的原名来，*The Natural History of Selborne*，再加上著者的姓名 Gilbert

White，大家就立刻明白，这是十八世纪英国文学中的一异彩，出板一百五十年来流传不绝，收入各种丛书中，老老小小，爱读不厌。这是一小册子，用的是尺牍体，所说的却是草木虫鱼，这在我觉得是很有兴味的事。英国戈斯（Edmund Gosse）所著《十八世纪文学史》第九章中有一节讲这书及其著者，文云……

《塞耳彭自然史》的印本很多，好的要值一几尼以至三镑，我都没有能买到，现在所有的只是"司各得丛书"，"万人丛书"，"奥斯福的世界名著"各本，大抵只有本文或加上一篇简单的引言而已。近来新得亚伦（Grant Allen）编订本，小注颇多，又有纽氏插图百八十幅，为大本中最可喜的一册。亚伦亦是生物学者，又曾居塞耳彭村，熟知其地之自然者也。伍特华德（Marcus Woodward）编少年少女用本，本文稍改简略，而说明极多，甚便幼学，中国惜无此种书。

他先后有"司各得丛书"（Scott）、"万人丛书"（Everyman's Library）、"奥斯福的世界名著"（Oxford World's Classics）三种本，本书就是第三种。

据日记，1934年3月26日他购有Grant Allen编订本，未见。《五杂组》（1934年6月30日刊）："写自然事物的小文向来不多，其佳者更难得。英国怀德（Gilbert White）之《自然史》，可谓至矣，举世无匹。"《科学小品》（1935年4月）也提及此书与法布尔《昆虫记》："这两部书在现今都已成为古典了，在中国知道的人也已很多，虽然还不见有可靠的译本，大约这事真不太容易，《自然史》在日本也终于未曾译出，《昆虫记》则译本有三种了。"1932年3月25日曾向丸善订购Walter Johnson, *Gilbert White: Pioneer, Poet, and Stylist* (London: John Murray, 1928)，4月9日寄到。

159. Zweig, Stefan, *Adepts in Self-Portraiture: Casanova, Stendhal,*

Tolstoy, translated from the German by Eden and Cedar Paul, His Master Builders, V. III, New York: The Viking Press, 1928. 蓝布精装，前衬页二朱文方印：会稽周氏凤皇专斋藏，扉页篆字朱文方印：周作人印，正文首页朱文方印：苦雨斋藏书印，115947，封底内侧：660 £。

1929 年 3 月 7 日购。知堂还送过张凤举一册：Joseph Le Gras, *Casanova, Adventurer & Lover*, translated from the French by A. Francis Steuart with eight illustrations (New York: Dodd, Mead and Company, 1923). 扉页朱文方印：周作人印，白文：定璜，朱文方印：巴金藏书，知堂毛笔小楷：赠凤举兄，钢笔：C. F. K.。此书由辛德勇购于新街口中国书店。

160. Zweig, Stefan, *Émile Verhaeren*, translated from the German by Jethro Bithell, Boston; New York: Houghton Mifflin Co., 1914. 绿布顶金，扉页朱文方印：周作人印，115740，Part I 篇章页朱文方印：苦雨斋藏书印，封底内侧铅笔：250。

1929 年 7 月 17 日丸善购。

希腊、罗马

161. Apuleius, Lucius, *The Story of Cupid and Psyche*, translated into English by William Adlington, The Temple Classics: Latin and English, London: J. M. Dent & Co., 1903. 蓝布袖珍本，扉页白文方印：越周作人，115470。

1930 年 3 月 11 日购。

162. Aurelius, Marcus, *The Golden Book of Marcus Aurelius*, 7th ed., The Temple Classics, London: J. M. Dent and Co., 1906. 蓝布袖珍本，顶金，扉页白文方印：越周作人，115656，3120111806。

1917 年 11 月 9 日："往广学会购 Marcus Aurelius 一本。"应即此书。1923 年 3 月 26 日在交民巷也购过一册 George Long 的英译本，1930 年 3

月 11 日自丸善又购过一册。

163. Bulfinch, Thomas, *The Age of Fable*, Everyman's Library for Young People, no. 472, London: J. M. Dent; New York: E. P. Dutton, 1916. 蓝布精装，序言首页朱文方印：苦雨斋藏书印，139023。

1924 年 4 月 5 日周建人寄。知堂在翻译哈里森小姐《论山母》（1927 年 12 月 11 日）一文附记里提到读过该书，而在《希腊神话二》（1934 年 3 月）里说："因为这些缘故，我对于希腊神话特别有好感，好久就想翻译一册到中国，可是这也很不容易。第一为难的是底本的选择。我最初所有的是一本该莱（C. M. Gayley）所编的《英国文学上的古典神话》，无出板年月，我买这书在一九〇六年初到日本的时候，其目的便是为文学典故的参考。这不是一卷纯粹的神话集，只以柏耳芬志（T. Bulfinch）的《传说的时代》作蓝本，加以增补，引许多英国诗文以为例证，虽适宜于读英文学者的翻阅，全部译成汉文是劳而无功的事情。其次再看《传说的时代》，此书著于七十年前，却至今销行，我的一册是'人人丛书'本，一九一〇年新板，文章写得很有趣味，日本有野上弥生子的译本，近来又收入岩波文库中，可以想见这书的价值，不过我也不想译他。这为什么缘故呢？当时我看了一点人类学派的神话解释，总觉得旧说不对。因此也嫌这里边有些说法欠妥帖。又为了同一原因，也就不满意于德国的两种小册子。这都叫作《希腊罗马神话》，其一是斯妥伊丁（H. Steuding）著，英译有两种，一是英国本，巴纳忒（L. D. Barnett）译，收在邓普耳初步丛书里，一是美国本，哈林顿与妥耳曼（Harrington and Tolman）二人译，哈理孙女士举参考书时曾提及。这本小书我也颇喜欢，因为他不专讲故事而多论其异同及意义，又常说明神话中人名的字义，皆非普通神话书所有，但毛病也就出在这里，就是那旧式的天文气象的解释。其二是惹曼（O. Seemann）所著的，英译有比安奇（Bianchi）本，其毛病与上边相同，虽然未全备那些好处。哈理孙女士的两册，即'希腊罗马的负债'丛书中的《神话》与彭恩六便士丛书中的《希腊罗马的神话》，解释是好的了，但有说明而无本事，与詹姆士（H. R. James）的《我们的希腊遗产》中所讲略同，这总得在先有了一本神话集之后才能有用。菲厄板克思（A. Fairbanks，一九〇六）的一册是以作西洋美术和文艺的参考为主的，塔忒洛克女士（J. M. Tatlock，一九一六）的讲给学生听也很漂亮，这都有可取。福克思（W. S. Fox，一九一六）的是'各民族神话丛书'之一，内容丰富确实，又洛士（R. J. Rose）的《希腊神话要览》（一九二八）算最晚出，叙录故事之外又有研究资料，我觉得这是一部很好的书，但是，要翻译却又似乎太多一点了。关于选择这一件事情上总是疑惑不决，虽然当时如决心起手译了塔忒洛克或福克思也就不错。"1933 年 1 月 19 日在东亚公司买过：《希臘羅馬神話：伝説の時代》（バルフィンチ著，野上弥生子訳，東京：岩波書店，昭和四年 [1929]）。1929 年 5 月 9 日丸善购 W. S. Fox 的 *Greek and Roman Mythology*，1929 年 10 月 20 日记："（谷）万川携去 Tatlock《希腊神话》一册抄，即予之。"

知堂文中 Otto Seemann 的 *Greek and Roman Mythology*（tr. G. H. Bianchi），也是 1924 年 4 月 7 日周建人所寄。而 Steuding 的《希腊罗马神话》L. D. Barnett 英译本指：*Greek and Roman Mythology & Heroic Legend*, Hermann Steuding, translated from the German and edited by Lionel D. Barnett, The Temple Primers，据日记，他 1915 年 5 月 8 日 "上午在校阅 Steuding 希腊神话"。江绍原 1948 年 3 月 1 日在《世界日报》上所刊《读周作人致周绶章函》一文里曾说当时计划翻译 "德国喜陶埃丁教授的小著《希腊罗马神话学》（增订第五版，一九一九）"，就是此书。

164. *The Hellenistic Age: Aspects of Hellenistic Civilization*, second edition, treated by J. B. Bury, E. A. Barber, Edwyn Bevan and W. W. Tarn, Cambridge: Cambridge University Press, 1925. 白布书脊精装，毛边，扉页朱文

方印：周作人印，正文首页朱文方印：苦雨斋藏书印，115436。

1927 年 4 月购。

165. Buschor, Ernst, *Greek Vase-Painting*, translated by G. C. Richards, with a Preface by Percy Gardner, London: Chatto & Windus, 1921. 译自德文 *Griechische Vasenmalerei*。16 开黑布烫金精装，顶金毛边，160 幅黑白图片插页，封面烫金瓶画，封面内侧右上角：Maruzen Co. Ltd. Book Department Tokyo，前衬页二朱文方印：周作人印，241159，知堂所选《醉酒图》出自图版 LXIX 的图 116,《陀螺图》出自图版 LXXX 的图 133，封底内侧右上角铅笔：1125 n，3126270937。

据日记，1922 年 6 月 28 日丸善购，译为《希腊陶瓶绘》。《希腊陶器画两幅：说明》（1925 年 1 月 5 日）提及："《陀螺图》与《解酒图》，这两张画都从德国部淑耳（Ernst Buschor）的《希腊陶器画》（一九二一年英译本）中选用。除出自部淑耳著书外，多采取英国加特纳教授（Percy Gardner）所著《希腊美术要义》（*Principles of Greek Art*）中的话。"

166. Butcher, S. H., *Some Aspects of the Greek Genius*, London: Macmillan and Co., 1916. 扉页白文方印：周公之作，第一篇朱文方印：苦雨斋藏书印。封底内侧铅笔：415。

1925 年 8 月 10 日购，1923 年 6 月 19 日在丸善购有日译本：《希臘天才の諸相》（エス・エチ・ブチアー著 田中秀央、和辻哲郎共訳，東京：岩波書店，大正十二年 [1923]）。知堂在《论做鸡蛋糕》（1926 年 7 月 20 日）里说："据英国故部丘（S. H. Butcher）教授说，希腊的'多识'（Polymathié）一语别有含义，系指一堆事实，记在心里，未曾经过理知的整理之谓。"《关于〈希腊人之哀歌〉》（1927 年 8 月 10 日）："英国部邱（S. H. Butcher）教授著论文集《希腊天才之诸相》（*Some Aspects of the Greek Genius*）是一部很有意义的书，日本已有译本，可惜在中国还没有人介绍。"又说："《小说月报》十八卷四号，见有张水淇先生的一篇

《希腊人之哀歌》的抄译，是书中《希腊人之忧郁》的节译，又从同书中《希腊诗上之浪漫主义的曙光》上采取了三首墓铭"，是译自日译本《希臘天才の諸相》。《古希腊拟曲》（1930年9月刊）亦提及。1930年4月2日购有该作者的 *Poetics of Aristoteles*，未见。

167. *The Golden Legend or, Lives of the Saints*, 7 vols, as Englished by William Caxton, edited by F. S. Ellis, The Temple Classics, London: J. M. Dent and Co., 1900/1922. 袖珍蓝布顶金，扉页白文方印：越周作人，115926—115932。第一卷是1922年印，其馀都是1900年印。

1930年3月11日丸善购。

168. Chambers, Charles D., *The Greek War of Independence 1821–1827, Being a Greek text for Beginners, with Notes, Exercises, Vocabularies and Maps,* second edition, London: Swan Sonnenschein and Co., 1911. 棕色漆布精装，扉页钤朱文方印：周作人印，115478。

1927年4月购。《读本拔萃》（1927年3月21日）："阅美国亚伦教授的《第一年希腊文》，是一本很好的大学用教科书，从字母讲起，但末了便可接读克什诺封（Xenophon）的《行军记》。"知堂青睐好的希腊语课本，所以写完此文不久就买了此书。因而章廷谦（川岛）1928年4月28日致知堂信有云："*The First Greek Book* 我已托[李]小峰去买，但还没有买到。承指示，谢谢。听说，你叫绍原在买书，没有买到。"[1]《希腊拟曲》序（1932年6月24日）："一九〇八年起首学习古希腊语，读的还是那些克什诺芬（Xenophon）的《行军记》和柏拉图（Platōn）的答问，我的目的却是想要翻译《新约》，至少是《四福音书》。"

169. Dickinson, Goldsworthy Lowes, *The Greek View of Life*, 14th ed., London: Methuen & Co., 1922. 蓝布精装，前衬页一铅笔：（Dup. 6119），

---

[1] 《鲁迅研究资料》12，第102页；另见《回望周作人·致周作人》，第270页。

980，正文首页朱文方印：苦雨斋藏书印，125036。

1924 年 2 月 11 日北京饭店购。

170. *The Greek Bucolic Poets*, with an English translation by J. M. Edmonds, The Loeb Classical Library, London: William Heinemann; New York: G. P. Putnam's Sons,1923. 绿布顶金，前衬页一铅笔：＄550，丛书页朱文方印：周作人印。序言首页朱文方印：苦雨斋藏书印。封底内侧下角：La Librairie Française Pékin (Chine)。115533。

1924 年 2 月 2 日北京饭店法文图书馆购《希腊牧歌集》。《牧神之恐怖》（1926 年 5 月）引用了谛阿克列多思（Theokritos）《牧歌》第一章。1924 年暑期翻译的《希腊牧歌抄》里"情歌"、"私语"两篇的底本也是此书，"农夫"一篇是几年前根据安德鲁·朗英译重译过，这次又根据原文校改，收入《骆驼》丛刊（1926 年 6 月 6 日）。《希腊拟曲》例言（1932 年 6 月 23 日）提及"谛阿克列多思系用蔼特芒士（J. M. Edmonds）编《洛勃古典丛书》本"，知堂翻译用的就是这个本子。

171. *Euripides*, Four Volumes, with an English translation by Arthur S. Way, The Loeb Classical Library, London: William Heinemann; New York: G. P. Putnam's Sons, 1919－1924.

Volume I，绿布顶金，前衬页一铅笔：（Pub. 6125）4 Vols. 2.5，条码号：3126310188，红色平馆英文圆印，1920，125043，前言首页朱文方印：苦雨斋藏书印。

Volume II，绿布顶金，前衬页一铅笔：（Dup. 6126），4 Vols. 2.5，条码号：3126310170，1924，125044，序言开篇第一页朱文方印：苦雨斋藏书印。

Volume III，绿布顶金，前衬页一铅笔：（Dup. 6127），4 Vols. 2.5，条码号：3126309396，1919，125045，序言开篇第一页朱文方印：苦雨斋藏书印。

Volume IV，绿布顶金，前衬页一铅笔：（Dup. 6128），4 Vols. 2.5。条码号：3126309032，1922，125046，ION 开篇右侧第一页朱文方印：苦雨斋藏书印。

1925 年 6 月 4 日丸善寄到："希腊文悲剧集三册 ㄡㄅㄧㄉㄧㄉㄜㄙ [Euripides]"，这是买了勒布丛书本《欧里庇得斯悲剧集》的前三卷。也就是《周作人与希腊学术》一文里知堂提及在"北平图书馆"里的那套欧里庇得斯原文全集之一了。1926 年 11 月 9 日："往孔德代收赊来希腊文四册。"购书目录上："ㄡㄅㄟㄉㄧㄉㄜㄙ剧原文四册 ㄉㄜㄙㄑ [Loeb] 丛书本"，这是买了第二套《欧里庇得斯悲剧集》。后来捐给了北大图书馆。

知堂 1917 年 11 月 3 日记："下午访紫佩借古代希腊哲学ユリピデス传各一册。"这部是从西茶仓胡同图书分馆借阅的欧里庇得斯（エウリピデス）传，版本不详。11 月 17 日："丸善十日寄书一包，内文艺复兴及现代独逸诗选ユリピデス剧各一册。"这是本欧里庇得斯剧作集。当时他正写作《希腊文学史》讲义（即商务印书馆 1918 年 10 月出版的《欧洲文学史》）。另外 1918 年 10 月 2 日："往琉璃厂买エーリピデス剧二册"，这是购买了两册英文的欧里庇得斯戏剧，很可能就是买了现代文库版：*The Plays of Euripides in English*, 2 v., Everyman's Library, London: J. M. Dent & Sons, Ltd., v. 1, 1906; v. 2, 1911。《欧洲古代文学上的妇女观》（1921 年 7 月 21 日）："但思想最特别的，要算欧立比台斯（Euripides）。"知堂还翻译过《忒罗亚的妇女》（1924 年 8 月 10 日刊），后记说："译本系依据穆雷韵文译本，手头没有原文可以对照。"所依据的就是 Gilbert Murray 的 *The Trojan Women* 英译本。

172. Fletcher, Jefferson Butler, *The Religion of Beauty in Woman, and Other Essays on Platonic Love in Poetry and Society*, New York: Macmillan Co., 1911. 蓝布烫金，顶金，书脊贴有红色"参考"字样的纸条，前衬页二朱文方印：周作人印，115513，封底内侧铅笔：275。

473

据日记，1918 年 4 月 17 日购自中西屋：美の宗教 英文 フレッチェ。《欧洲古代文学上的妇女观》（1921 年 7 月 21 日）："但是如英国弗勒丘（J. B. Fletcher）在《妇人美的宗教》里说……"

173. James, H. R., *Our Hellenic Heritage*, 2 v. in 3, London: Macmillan and Co., Limited, 1921-1924. 两册，蓝布顶金，扉页朱文方印：周作人印，正文首页朱文方印：苦雨斋藏书印，115594—115595。

1927 年 6 月购。知堂在《希腊神话二》（1934 年 3 月）里提及此书。

174. Heiberg, J. L., *Mathematics and Physical Science in Classical Antiquity*, tr. from the German of J. L. Heiberg by D. C. Macgregor, Oxford: Oxford University Press, 1922. 棕布袖珍本，扉页朱文方印：岂明读书，115977，属于 Charles Singer 主编的 Chapters in the History of Science 丛书之 II。

据日记，知堂 1929 年 2 月 24 日送过一册 Heiberg 的 *Ancient Science* 给江绍原，即 1929 年 3 月 8 日江信里提及的《古代数学理学》。

175. *Hesiod, the Homeric Hymns, and Homerica*, with an English translation by Hugh G. Evelyn-White, The Loeb Classical Library, London: William Heinemann; New York: The Macmillan Co., 1926. 绿布袖珍本，顶金，前衬页一铅笔：（Dup. 6247），前衬页二丛书名页朱文方印：周作人印，前言首页朱文方印：苦雨斋藏书印，125117，3126309255。

1927 年 8 月购。

176. *A Greek-English Lexicon*, 8th ed., comp. by Henry George Liddell and Robert Scott., rev. and augm. throughout with the cooperation of Prof. Drisler, Oxford: The Clarendon Press, 1897. 大 8 开棕皮面精装，与 *OED* 初版一样的装帧，正文首页朱文方印：苦雨斋藏书印，3104513142，116020。第 748 页有钢笔写的希腊词，不少地方有红色铅笔、钢笔等画线与使用记号。

据日记，知堂 1927 年 4 月还购买过 Wordhouse 编的《英希字典》，即：S. C. Wordhouse, M. A., *English-Greek Dictionary: A Vocabulary of the Attic Language*, London: George Routledge & Sons, Limited, 1910. 1953 年 2 月 27 日记："罗念生来访，送来其所译希腊悲剧稿及《希英大字典》等书，约为校译。"[1] 因知堂此书已被没收，只有托罗念生帮借一册了。知堂很注意购买希腊语、英语、日语等各种外文辞典，日记里有各种购买记录，如 1929 年 8 月 14 日自丸善邮购了一册：*The Concise Oxford Dictionary of Current English*。知堂在《半封回信》（1930 年 4 月 30 日）里说："Secondly 这一字我查不出'而后'的意义来，虽然我只查了 C. O. D. 和 P. O. D. 这两本小字典。"又在《翻译与字典》（1951 年 4 月 15 日刊）里说："《奥斯福简要字典》从前只要三先令半，也就很不差。"因而他在《工具书与旧学者》（1957 年 3 月 23 日）里呼吁："工具书里包括的种类很多，只就文史方面来说，史地也且除外，本国语文一边就希望有一部'牛津'式的历史语源的大字典，一部比《辞源》等更是丰富确实的百科辞典，此外再有一册通用的国语辞典。这可以说是最低的要求，虽然要完成（特别是那大字典），就非得要许多年，以十计数的年月不可，举办这样的大事业，动员新锐力量当然很重要，但我以为利用老年的旧学者的知识也是必要，而且还不可再缓，因为他们都已经老了。"他这个愿望到现在也没有实现。

177. *The Legacy of Greece: Essays*, ed. by R. W. Livingstone, Oxford: The Clarendon Press, 1923. 序言页有朱文方印：苦雨斋藏书印。

1924 年 10 月 2 日北京饭店购：希腊之遗产（ㄨㄉㄟㄆㄧㄉㄝㄙ等）。知堂 1928 年 6 月 20 日信中所说的 *The Legacy of Greece*，国图已把此书放到普通古籍阅览室里，以前借过的高山杉留有复印件。

---

1 《周作人年谱：1885—1967》，第 825 页。

178. *The Pageant of Greece*, edited by R. W. Livingstone, Oxford: The Clarendon Press, 1924. 红布精装，前衬页铅笔：480，扉页朱文方印：周作人印，序言首页朱文方印：苦雨斋藏书印，115982。

1927年2月购。

179. Lucas, F. L., *Euripides and His Influence*, introduction by R. W. Livingstone, Our Debt to Greece and Rome, London: George G. Harrap & Co., Ltd. 此书因为水浸而变形，书页有霉痕，蓝布顶金袖珍本，前衬页一铅笔：3-，扉页白文方印：周公之作，正文首页朱文方印：苦雨斋藏书印，115939。后面二页是这套 Our Debt to Greece and Rome 书目，共52种，出版地先在波士顿，后来移到纽约，出版时间在1922—1935年间。

1926年11月9日北京饭店购。

按：此印为马衡所刻，仿"庚公之斯"之例，印文为"周公之作"。江小蕙在1926年7月6日信里释读为"周文之作"有误。[1]

180. Lucian, *Trips to the Moon*, from the Greek by Thomas Francklin, Cassell's National Library, London: Cassell & Company, Ltd., 1887. 平装小36开本，前衬页一蓝色笔：竹知园主人，115639。

编者 Henry Morley 介绍说，Lucian 希腊语拼为 Loukianos，Thomas Francklin 曾任剑桥大学希腊语教授。正文：The True History。正文第一卷开头译者简介，p.77，p.78 三处有蓝色笔画线。共192页。

知堂翻译琉善，1921年根据 Fowler 兄弟英译本转译，1922与1930年又根据英译本转译，到1962年6月、1965年3月据希腊文翻译，并参考了高津春繁《游女之对话》日文译本。而他生前译稿未能出版，到1991年人民文学出版社才出版了《卢奇安对话集》。

---

[1] 《江绍原藏近代名人手札》，第263页。

知堂在所译《论居丧》附记（1930年3月15日）里说："我曾译过一篇《冥土旅行》，又《倡女问答》三篇收在《陀螺》中。原本我只有《信史》等数篇，今均据奥斯福大学英译本译出。关于此篇，福娄氏（Fowler）序文中曾云……"《敝帚自珍》（1960年代初作）："路吉阿诺斯，民国十年买到'奥斯福译本丛书'，曾经陆续译出《妓女的故事》中的两篇，《冥土旅行》和《论居丧》各一篇。"《关于路吉阿诺斯》（1965年4月20日）："临了还得将我与路吉阿诺斯的关系说一下。这已是五十多年前的事了，那时我还在东京念书，偶然在旧书店里买到一本英国加塞尔（Cassel）书店所出的丛刊，是袖珍平装的小册子，新的时候也不过是两角钱一本，所以这在书摊上找到也不过只有几分钱罢了。书名已经记不大清楚，仿佛是《月界旅行》（*A Trip to Moon*）之类，里边乃是路吉阿诺斯讲到月亮里去的文章，是《伊卡洛墨涅波斯》和《真实的故事》，大概是翻印一八二〇年图克（Tooke）的旧译吧。我才知道路吉阿诺斯以及《真实的故事》对于后世文学的影响，文艺复兴时期的法国拉勃来（Rabelais）和十八世纪的英国斯威夫特（Swift），都是我所佩服的人，也都受到他的影响。事隔多年之后，我乃找到了英国福娄（Fowler）兄弟所译文集，这是奥斯福翻译丛书的一种，共有四册，差不多译了全体之八了。但是原文总还没有法子去找，只在柏尔书局的'有图的古典教本'中得到一册《真实的故事》，书名用拉丁文写作Vera Historia。以后遂陆续依据英文，译出《妓女对话》中的三则，论文《关于丧事》，易名为《论居丧》，又对话《过渡》，易名为《冥土旅行》，相继发表，但因找不到原文，所以这工作未能进行。"[1] 知堂这里所说的Cassell丛刊 *A Trip to Moon*，"大概是翻印一八二〇年图克（Tooke）的旧译"，有误，其实是Thomas Francklin 1780年的译本，原书名为 *Trips*

---

[1]《周作人译文全集》第四卷，第646页。

to the Moon。1926 年 9 月知堂买过一册 Loukianos 的《希腊小说》，版本不详。

181. *Luciani vera historia*, ed. with introduction and notes for the use of middle forms in schools by C. S. Jerram, Oxford: Clarendon Press, 1880. 棕布精装，小 32 开，1880 年第二版。扉页朱文方印：周作人印，115597。古希腊原文，每段附有英文段落大意，后面是对希腊语字词的英文注释。

1929 年 1 月 19 日丸善购，这是《真实的故事》的希腊原文本，附有英语段落大意与后面详尽注释。

知堂在《翻译计划的一项目》（1951 年 5 月 15 日刊）里所列古典书目希腊部分，提及杂文小说，路吉阿诺斯的那些文章，"其《信史》（Alethes Historia）一篇几乎是小说体裁，在后世的影响很大，英国斯威夫忒的《格利佛游记》是最有名的例子。"

182. Mackail, J. W., *Lectures on Greek Poetry*, new edition, London; New York: Longmans, Green and Co., 1926. 前衬页铅笔：（Dup. 6175），扉页朱文方印：周作人印，125076，引言开头朱文方印：苦雨斋藏书印，封底内侧铅笔：525.。

1927 年 5 月购。《象牙与羊脚骨》（1927 年 8 月 17 日）与《〈希腊拟曲〉例言》（1932 年 6 月 23 日）参考文献里提及此书。《翻译与字典》（1951 年 4 月 15 日刊）："让我先来抄引英国麦开耳（J. W. Mackail）的一节话，他在《希腊诗讲义》中讲德阿克里妥斯（Theokritos）与其牧歌。"

183. *Select Epigrams from the Greek Anthology*, 3rd ed. rev., tr. by J. W. Mackail, London: Longmans, Green and Co., 1911，大 32 开绿布精装，前衬页三朱文方印：周作人印，扉页朱文方印：会稽周氏凤皇专斋藏，正文首页朱文方印：苦雨斋藏书印，115975。希腊文与英文翻译。

知堂 1924 年 4 月 21 日在丸善购《希腊诗选》。其中收有柏拉图诗十三首：

    p. 138, XXII, Plato, To Aphrodite, by Laïs

    p. 152, XI Plato, On the eretrian exiles in Persia

    p. 153, XII Plato, On the Same

    p. 154, XVII Plato, On a shipwrecked Sailor

    p. 155, XVIII Plato, On the Same

    p. 179, XIV Plato, Aristophanes

    p. 192, XLV Plato, On a Sleeping Satyr

    p. 205, VII Plato, the Garden of Pan

    p. 204, V Plato, Beneath the Pine

    p. 227, V Plato, the Kiss

        VII Plato, The Star-Gazer

On the Star thou gazest, my Star; would I were heaven to look at thee with many eyes.

    p. 245, XXXI Plato, Reversal

    p. 284, LIII Plato, The Light of the Dead

知堂《杂译希腊古诗二十一首》（1924年五六月中）翻译了希腊古诗十八首，后面三首是1924年11月所译，就是依据此书（已收入《陀螺》）。《死之默想》（1924年12月）："希腊厌世诗人巴拉达思作有一首小诗道，（Polla laleis, anthrope-Palladas）'你太饶舌了，人呵，不久将睡在地下；住口罢，你生存时且思索那死。'"也是译自本书第302页：XII. 47 The Last Word。而《希腊小诗二》（1926年2月17日）"戏译柏拉图诗"一节里的翻译也是。"四 古诗"（1927年5月28日刊）："近来又患喉痛，躲在家里，无聊时只能找出旧书来消遣，有一本《希腊古诗选》，翻开讲坟墓与死的一部分来看，有些实在非常之好，心想译他出来，反复试了几遍，终于不成功。"及"五 希腊抒情诗六首"（1927年9

月 15 日）两节也是。另《养猪》（1926 年 10 月 7 日）信中提及：

> 我不禁想起希腊悲观诗人巴拉达思（Palladas）的一首小诗来：
>
> Pantes tōi thanatōi teroumetha kai trephometha
>
> hōs agelē khoirōn sphazomenon alogōs.
>
> 大意云，我们都被看管，被喂养着，像是一群猪，给死神随意地宰杀。

184. *Greek Ethical Thought from Homer to the Stoics*, comp. by Hilda D. Oakeley, The Library of Greek Thought, London; Toronto: J. M. Dent & Sons, Ltd.; New York: E. P. Dutton & Co., 1925. 绿布精装，前衬页铅笔：2.80，序言正文页朱文方印：苦雨斋藏书印。116031。

1926 年 7 月 24 日北京饭店购。

185. *Petronius*, with an English translation by Michael Heseltine. Seneca, *Apocolocyntosis*, translation by W. H. D. Rouse, The Loeb Classical Library, London: William Heinemann, 1930. 红布袖珍本，顶金，前衬页一铅笔：（Dup. 6163），前衬页三有两行毛笔题记：民国癸未旧十二月朔日 杨伯屏君所赠 知堂，扉页朱文方印：竹东园，后衬页一有中原书店蓝色长印：Chung Yuan Bookstore Peking China，125071，3126345481。

此书是 1943 年 12 月 27 日（旧历十二月初一）杨伯屏所赠。《违碍字样》（1926 年 10 月）里谈到："至于古典文字或者因为译者多少有点学究气，对于原本总想忠实，所以多不径自删削而采用伏字的办法。……还有一回子威君借来贝忒洛纽思（Petronius，即《你往何处去》里的卑东）的一卷小说，也是这样，有两三章简直全体是拉丁文。"应该是杨伯屏看到知堂喜欢此书就相赠了。

186. Moore, George Foot, *The Birth and Growth of Religion: Being the*

Morse Lectures of 1922, New York: Charles Scribner's Sons, 1923. 绿布精装，前衬页一铅笔：3.30，扉页朱文印：周作人印，115646。

1925 年 7 月 3 日购。

187. Nilsson, Martin P., *A History of Greek Religion*, translated from the Swedish by F. J. Feilden, Oxford: The Clarendon Press, 1925. 黄布精装，扉页印有二方，朱文方印：会稽周氏凤皇专斋藏，周作人印，p. 9 朱文方印：苦雨斋藏书印，125072，封底内侧左上角有铅笔：625 x。

据日记，1927 年 12 月 15 日丸善、玉英堂寄到。知堂 1927 年 11 月 1 日致江绍原："近日少买书，但亦不能戒净，稍蒐三四种关于希腊文学宗教的书，虽在黄连树下，亦颇不能忘弹琴也。"[1] 1927 年 12 月 14 日信："此外应了北新半月刊之邀请译了一篇小文，乃是哈利孙（Miss）著希腊神话中论'Mountain-Mother'者，……近日只读了一小本'希腊罗马 Folklore'，乃'Our Debt to G & R'丛书之一也。Nilsson 之希腊宗教史，Murray 之希腊宗教之五期，均已蒙书店寄来，但尚搁在邮局，未曾赎出也。"[2] 次日便去邮局取来。又 1928 年 1 月 13 日信："'希腊宗教之五期'已经买到，但只读了数十页因事中止，现在尚未续看，Nilsson 之宗教史则约略翻了一遍。"[3]

188. Plato, *The Four Socratic Dialogues of Plato*, translated into English with analyses and introductions by Benjamin Jowett, With a preface by Edward Caird, Oxford: The Clarendon Press, 1924. 绿布袖珍本，扉页朱文方印：周作人印，115944。

1927 年 2 月购。

189. Rose, H. J., *Primitive Culture in Greece*, London: Methuen & Co.,

---

1 《江绍原藏近代名人手札》，第 33 页（第 268 页）。
2 同上书，第 35 页（第 269 页）。
3 同上书，第 39 页（第 271 页）。

1925. 天蓝色布面精装。据高山杉告知，此书中国社会科学院图书馆藏，内文首页朱文方印：苦雨斋藏书印。

1929 年 9 月 23 日丸善购。

190. Schwob, Marcel, *Mimes*, with a prologue and epilogue, done into English by A. Lenalie, Portland, Or.: Thomas B. Mosher, 1901. 硬纸面精装，毛边厚纸印，前衬页二朱文印：周作，前衬页三蓝文方印：周作人印。Van Gelder 手工纸印五百部。有须华勃（Marcel Schwob）的肖像画，扉页朱文方印：苦雨斋藏书印，封底内侧铅笔：315net。115715。

知堂译了《拟曲》其中五篇，初刊 1916 年《叒社丛刊》第三期，并在《〈拟曲五章〉引言》(1916 年 6 月刊) 里说："唯存海罗达思作七章，余曾译其《媒媪》《塾师》二篇，载诸杂志。今所录者，为法国须华勃著。"并写有《〈拟曲〉序》，刊 1912 年《越社丛刊》一集，其中说："须华百去古二千馀载，绍续绝调，造作是书，前人载记，比类丽辞，不越耳目之表，故物无遁。后文教殊方，化感既隔，而欲追附其志，自非神思独运，艺境偏至者，无能为矣。其书二十一篇，凡所图写，则风土物色，民生恒思，逸代文明，神事幽閟，靡不具备。"这五篇译文经修改删削后收入 1921 年上海群益书社新版《域外小说集》，著者事略介绍说："须华勃（Marcel Schwob），《拟曲》(*Mimes*) 一卷，一八九四年刊行，尤为文坛所赏。……须华勃仿之而作，唯形式稍异，改问答为叙述，而精神则一。全书二十一章，皆古艳可喜，再造情景，而心境即寓焉，与平常仿古者，故复不同也。"知堂又翻译了须华勃《拟曲》里的《木燕》(1922 年 9 月)，收入《杂译诗二十五首》，附记说："《拟曲》一卷二十一章。……这一篇据英国勒那理（A. Lenalie）译本译出，是原书第三章。"又在《妒妇：古希腊拟曲（一）》一文谈及此书。《希腊的古歌》(1930 年 5 月 25 日)："法国比埃尔路易的《美的性生活》，原名《亚芙罗蒂特》(*Aphrodite*) 的便是。关于这本书，想起二十年前的一件事：

那时在东京丸善书店见到一本英译，译得颇草草，而定价须日金九圆，虽然很想买却是拿不出这些钱，只得作罢，买了须华勃《拟曲》的译文回来，是 Mosher 的印本，觉得还不差，但是总不能忘记路易那本小说，不料过了几天丸善失火，就此一起烧掉了。"

191. Seltman, Charles T., *Attic Vase-Painting*, Martin Classical Lectures, vol. III, Cambridge, Mass.: Harvard University Press, 1933. 大 32 开蓝布精装，顶金毛边，扉页朱文方印：苦雨斋藏书印，115705。图版 26b 就是《醉酒图》。书内一半介绍文字，一半 37 幅黑白图片。

1934 年 4 月 9 日丸善购。

192. Sheppard, J. T., *Aeschylus & Sopholes: Their Work and Influence*, Our Debt to Greece and Rome, London: George G. Harrap & Co., Ltd. 蓝布顶金袖珍本，扉页朱文方印：周作人印，正文首页朱文方印：苦雨斋藏书印，115941。

据日记，1927 年 10 月所购。1917 年 11 月 8 日："阅シェバルド 希腊悲剧论。"当时读的是 J. T. Sheppard（シェファード）的 *Greek Tragedy*, Cambridge Manuals of Science and Literature (Cambridge: Cambridge University Press, 1911)。

193. Spence, Lewis, *An Introduction to Mythology*, London: George G. Harrap & Company Ltd., 1921. 绿布精装，前衬页一铅笔：tco.（Dup. 6167）$ 550。前衬页二朱文方印：周作人印，扉页朱文方印：苦雨斋藏书印，125073，封底内侧下角：La Librairie Française Pékin (Chine)。

1924 年 1 月 29 日北京饭店内中法图书馆购。《续神话的辩护》（1924 年 4 月 10 日刊）里面提及 Max Müller 的言语学派神话解释法时说："但据斯宾思（Spence）的《神话学概论》上说：'这派在现今已不见信任，可以说是没有一个信徒。'"

194. Symonds, John Addington, *Studies of the Greek Poets*, 3d ed.,

2vols., London: Adam and Charles Black, 1902. 棕布精装，封面内侧蓝色书店图标：The Maruzen Kabushiki Kaisha [Z. Maruya & Co., Ltd] Booksellers & Stationer Tokyo Osaka Kyoto，扉页朱文方印：周作人印，115944—115945，封底内侧铅笔：2 vols. 1375。

据日记，1919年7月17日丸善购，1920年3月27日："晚大风，阅《希腊诗人之研究》。"知堂在《杂译诗二十九首》中的《燕子》一诗后记（1922年9月30日）里说："《燕子歌》（Khelidonisma），这一首经雅典那思（Athenaeus）书中征引，保存至今。现在据英国西蒙士（J. A. Symonds）著《希腊诗人研究》卷一第十章所引译出。"

195. Thomas, à Kempis, *Musica Ecclesiastica: The Imitation of Christ*, preface by the late H. P. Liddon, London: Robert Scott, 1889. 蓝布袖珍本，顶金，前衬页一蓝铅笔：1.40，前衬页三朱文方印：周作人印，116015。

据日记，1923年3月1日至灯市口买书一本：《基督之模仿》，应即此书。知堂在《为"悭比斯"讼冤》（1923年12月16日刊）里说因为看张非怯文章《新鲜的呼声》，是给高滋《夏芝的太戈尔观》译文纠错，其中引了一句英语原文，张对此加以改译，"但是我觉得奇怪，为什么悭比斯会讲这灵肉一致的话，便起手从事查考。悭比斯的著作，可惜我只有一种 Imitation of Christ，但普通征引的大抵是这一册书。我先查 Everyman's Library 里的十六世纪旧译本，果然没有，又拿一八八九年 Liddon 编的分行本来查，终于也是没有，——然而因此我的两个小时已经费去了。我真觉得奇怪，心想这莫非……于是找出 Tauchnitz edition 的《吉檀迦利》细细核查，（老实说，我是不太喜欢太戈尔的，买了他几本纸面的诗文，差不多不曾读过，所以很是生疏，非细细的查不可），翻到第九十五首，Eureka！只见第四节下半正是这两句话。"

知堂还写有介绍《遵主圣范》中文译本的文章（1925年10月）："前几天在东安市场旧书摊上见到一册洋装小本的书，名曰《遵主圣范》，拿起来一看，原来乃是 Imitatio Christi 的译本。这是一九一二年的有光纸重印本，系北京救世堂（西什库北堂）出板，前有一八七五年主教田类斯的序文。这部《遵主圣范》是我所喜欢的一种书（我所见的是两种英译），虽然我不是天主教徒。我听说这是中世纪基督教思想的一部代表的著作，却没有道学家的那种严厉气，而且它的宗旨又近于神秘主义，使我们觉得很有趣味。从文学方面讲，它也是很有价值的书。"

196. *Greek Historical Thought from Homer to the Age of Heraclius*, introduction & translation by Arnold J. Toynbee, with two pieces newly translated by Gilbert Murray, The Library of Greek Thought, London; Toronto: J. M. Dent; New York: E. P. Dutton, 1924. 前衬页铅笔：9.80，序言正文页朱文方印：苦雨斋藏书印。116033。

1925 年 6 月 28 日北京饭店购。

197. Whibley, Charles, *Studies in Frankness*, London: Macmillan and Co., Ltd., 1926. 黑布精装，前衬页一铅笔：450，扉页白文方印：周公之作，引言开头朱文方印：苦雨斋藏书印，115782。

据日记，1926 年 6 月 14 日北京饭店购，译为《坦白之研究》。《古希腊〈拟曲〉：专斋随笔（四）》（1930 年 9 月 15 日刊）提及"威伯来（Charles Whibley）在所著《坦白之研究》（*Studies in Frankness*）第五章"，翻译了其中一段批评海罗达斯的文字。

198. *Greek Social Life*, comp. by F. A. Wright, M. A., The Library of Greek Thought, London; Toronto: J. M. Dent & Sons, Ltd.; New York: E. P. Dutton & Co., 1925. 绿布精装，序言正文页朱文方印：苦雨斋藏书印，115783。

1926 年 7 月 24 日北京饭店购。

199. Wright, F. A., *History of Later Greek Literature from the Death of Alexander in 323 B.C. to the Death of Justinian in 565 A.D.,* London: George Routledge & Sons, Ltd., 1932. 天蓝布面精装，前衬页一铅笔：S-5-20，前衬页二朱文

方印：周丰一印，扉页朱文方印：周作人印，签赠页黄底白文方印：哑人作通事，正文首页朱文方印：苦雨斋藏书印，243561，3126379985。

1932年6月14丸善购。《希腊神话二》（1934年3月）提及："读英国俄来德（F. A. Wright）的《希腊晚世文学史》，卷二讲到阿坡罗陀洛斯（Apollodorus）的著作云……""哑人作通事"，万松老人语，1932年1月22日派人取同古堂所刻印，即此。

200. Zeller, Dr. Edward, *Outlines of the History of Greek Philosophy*, new impression, tr. by Sarah Frances Alleyne and Evelyn Abbott, London: Longmans, Green and Co., 1922. 棕布精装，扉页朱文方印：周作人印，115742，3030566941。

据日记，1927年7月购有 *Short History of GK. Philosophy*，应即此书。

201. Zielinski, Thaddeus, *The Religion of Ancient Greece: An Outline*, translated from the Polish with Author's co-operation by George Rapall Noyes, Oxford: Oxford University Press, 1926. 蓝布精装，前衬页一铅笔：525，扉页朱文方印：会稽周氏凤皇专斋藏，周作人印，序言首页朱文方印：苦雨斋藏书印，115741。

1927年10月所购。

民俗、童话

202. *Cossack Fairy Tales and Folk-Tales*, new ed., selected, edited, and translated by R. Nisbet Bain, illustrated by E. W. Mitchell, London: A. H. Bullen, 1902. 红布顶金，扉页朱印：周作人印，115669，正文首页朱文方印：苦雨斋藏书印，十多幅木刻插图，封底内侧左上角铅笔：サン。

《乌克兰民间故事》（英国倍因编译），香港大公书局1953年1月第一版。《乌克兰民间故事》凡例（1952年5月10日）："本书所依据的是英国倍因（R. N. Bain）所编译的《可萨克童话与民话》（*Cossack*

Fairy Tales and Folk-Tales）一九〇二年新版。"英文目录页：十六篇（算序言），其中十二篇故事名前有铅笔记号，知堂译本篇目包括序言译了十三篇，应是知堂翻译的底本。里面有几处有铅笔画线。其中有五页木刻插图夹有纸条做标记。

203. *Russian Fairy Tales from the Skazki of Polevoi*, 3rd ed., selected and translated by R. Nisbet Bain, illustrated by C. M. Gere, London: A. H. Bullen, 1901, Narodnyĭa russkīĭa skazki. English. Selections. 黄布精装，书口三面涂金，扉页朱文方印：周作人印，115668，正文首页朱印：苦雨斋藏书印，五幅木刻插图。封底内侧左上角铅笔：サ。

《俄罗斯民间故事》（英国倍因编译），香港大公书局 1952 年 11 月第一版。据《俄罗斯民间故事》序言（1952 年 6 月 10 日）："我译了一册可萨克的故事，是果戈里故乡的出品，这里再译了一册俄国的故事，有几篇可能是那里的文人所曾听说过的。凡例：本书所依据的是英国倍因（R. N. Bain）编译的《俄罗斯童话》(*Russian Fairy Tales*，一九〇一年)，……倍因所依据的乃是柏烈伟（P. N. Polevoi）的《俄罗斯民间故事》(*Narodnyĭa Russkīĭa Skazki*)。"查英文目录页：二十四篇，其中十二篇故事名前有铅笔记号，与知堂译本篇目相符，应该是知堂翻译的底本。其中有一页木刻插图夹有纸条做标记，应该是印书时考虑复制插图的。知堂当时为翻译《俄罗斯民间故事》与《乌克兰民间故事》而专门从北京图书馆借阅了这两本，为徐淦《忘年交琐忆》一文所说的情况添一佐证。据陈思（曹聚仁）《一本书的传奇：一个新闻记者的独白》："知堂老人交给大公书局的几种译稿，除了《俄罗斯民间故事》已经出版，还有一种叫《银茶匙（？）》因为书店停了业，店中校对余扬声便拿去卖给 S 报，刊在该报副刊上。"[1] 这就是知堂在香港大公书局出版的《俄

---

[1] 《回望周作人·其文其书》，第 178 页。

罗斯民间故事》，复制插图应该为此书所用。

柳存仁在《知堂纪念》一文里对于此事来龙去脉交代得更清楚：

一九五二年我在香港教书，和徐少眉先生私人经营的大公书局有些往来。少眉是绍兴人，在香港经营书业已好几十年，还出版一些文艺书籍。徐先生听说岂明先生的著作，很有兴趣，初意以为是外间传说先生正在翻译的希腊悲剧、神话这些。我去信代为问询，先生七月九日来信云：

二月手书诵悉。……此外有根据英译本之可萨克及俄国民间故事（夹注：亦称童话，似不很适切。）如可以请徐君一看，乞费神接洽。可萨克稿在沪，已去索回，日内当一并寄上。可萨克约六万馀字，俄国则只五万言，如可出版，条件则无一定，只是版税远水不救近火，故如可能，自希望售稿也。

七月十日晚另一笺，说明《伊索寓言》、希腊神话、悲剧等不克寄港的原因：

今日寄出一信，并稿本一册，旋得四日手书，诵悉一切。大公盛意甚感，唯所说诸书均无可设法，印《伊索》及《神话》板权俱售给开明，《悲剧》三部亦预支版税，数目过于开明的售额。……

……但是《俄罗斯民间故事》和《乌克兰民间故事》（即可萨克）都为大公书局接受，于一九五三年一月和四月间在香港印行。岂明先生五二年八月八日的来信说"徐君买马骨，高谊难得，涸鱼亦遂有稣生之感"。盖徐先生购稿，对这两册《民间故事》电汇给先生三千元港币的稿费，这在当时算是较大的数目。可是岂明先生虽然感激，心里是很不安的，一九五三年七月二十四日来信，就自己提出一个建议：

前寄信想已到。今有别一件事，请兄便中转告徐少眉君，请其考虑示复。去年承徐君好意，接受两种《民间故事》，厚谊至今无以为酬，耿耿于怀。……

……同年十一月十八日的信，又提到这两册《民间故事》，云"此书国内未能销行，于书局亦是损失，对于徐君好意，亦觉有负。近有天津人民出版社提议重印"，打算重印成时退还书局港币两千元。……

……

岂明先生最后的二十年译著生涯里，有一些作品，是他自己特别喜欢的，这在他的回忆录里，多已提到，上述的两种《民间故事》里，他就说可萨克故事的内容"比俄为佳，……其实书店如可印一种，则还以此种为胜耳"（一九五二年七月十五日信）。[1]

204. *Turkish Fairy Tales and Folk-tales*, collected by Dr. Ignácz Kúnos, translated from the Hungarian version by R. Nisbet Bain, illustrated by Celia Levetus, London: A. H. Bullen, 1901. 黄布顶金，扉页朱文方印：周作人印，116012，正文首页朱文方印：苦雨斋藏书印，八幅木刻插图。封底内侧左上角铅笔：サ。

《童话：旧书回想记（四）》（1940年11月21日）：

因为当时注意的也是西欧以外的文学，所以童话用了同样的看法，最看重要的是东北欧方面的出品，这些在英译本中当然不会多。

---

[1] 《道家与道术：和风堂文集续编》，上海：上海古籍出版社，1999年，第326—330页。另据宋希於兄告知：张子文《魏子云教授赠书追记》（台湾《国家图书馆讯》1995年第2期，2006年5月出版）说，魏子云2003年把部分藏书捐给台湾"国家图书馆"，内有《俄罗斯民间故事》《乌克兰民间故事》"毛笔手书清稿本"各一册。作者也不知这两部手稿何以流落台湾。《俄罗斯民间故事》，书号26102；《乌克兰民间故事》，书号26103；现藏于台湾"国家图书馆"善本书库，该馆网站上可以浏览这两册书稿的图像。

恰巧在十九世纪末期出了一个怪人，名为尼斯贝忒培因，他专翻译许多奇怪国语的书，我买到他所译匈加利芬兰丹麦俄国的小说，童话集中最可喜的三种也正都是他的译本。一是俄国，二是哥萨克，三是土耳其，根据匈加利文译出，后附罗马尼亚的一部分。他懂的方言真不少，也肯不辞劳苦的多译，想起来还觉得可以佩服感谢。

这三册书各价六先令，本不算贵，当时省节学费买来，却也着实不容易，虽然陀耳译的俄国童话有复制着色的比利平插画，价美金二圆，要高出四分之一，也终于勉力买到，至今并为我书架的镇守。民国以后格林一类的书也要蒐集了，觉得哈忒兰的分类编法很有意义，他的《童话之科学》与麦克洛支的《小说之童年》二书成为童话的最好参考书，别方面的安徒生也另行搜集，虽然童话全集英译以克莱格夫妇本为佳，培因却亦有译本，又据说英文《安徒生传》也以培因所著为最，可惜我未曾得到，虽有别的二三本，大率平平，或不及勃兰特斯之长论更能得要领也。

《神话学与安特路朗：我的杂学（七）》（1944年6月18日）："就又去搜寻各种童话，不过这里的目的还是偏重在后者，虽然知道野蛮民族的也有价值，所收的却多是欧亚诸国，自然以少见为贵，如土耳其，哥萨克，俄国等。"《乌克兰民间故事》中《法宝蛋》译者按语里提及"倍因译《土耳其民间故事》中有《马妖与巫婆》一篇"，《俄罗斯民间故事》中《沙公主无限美》译者按语（1952年5月）里提及"在倍因译《土耳其民间故事》中，有《灰孩子》一篇，说他骑在安卡鸟上，情形与这正相像"。估计当时翻译《乌克兰民间故事》与《俄罗斯民间故事》时，也借出了此书做参考，或许还有翻译的打算。

205. Baring-Gould, S., *Strange Survivals: Some Chapters in the History*

of Man, third edition, London: Methuen & Co., 1905. 蓝布精装，扉页朱文方印：周作人印，正文首页朱文方印：苦雨斋藏书印，115461。

1914年6月19日伊文思购。据知堂日记，1914年4月13日："サガミヤ[相模屋]五日笺又 Baring-Gould: *A Book of Folklore* 一册。"同年6月19日记："得伊文思十七日函 Baring-Gould: *Strange Survivals* 一本，向伦敦注文，二月而至，颇速。"同年7月24日相模屋购 Baring-Gould: *Curious Myths of Middle Ages*。同年8月7日："上午阅 *Curious Myths of Middle Ages*。"1915年3月14日："伊文思十二日寄 Baring-Gould: *Cornwall* 一本。"同年6月5日："在校阅 *A Book of Folklore*。"1916年2月9日："下午微有日光，阅 Baring-Gould 民俗研究。"同年3月4日："上午在校校阅民俗研究。"1917年8月19日："得十四日家寄英书一包，内民俗研究、善种学各一册。"8月29日："阅民俗研究 Baring-Gould 著。"同年8月31日："下午翻阅民俗研究了。"

知堂对这位作者早有研究，在《条顿神话：一簑轩杂录（二）》（1916年6月刊）提及"培林戈尔特著《民俗研究》"。在《王尔德童话：自己的园地（十）》（1922年4月2日刊）一文里提及"贝林戈尔特的《康瓦尔地志》"。《谜语》（1922年7月1日）："据英国贝林戈尔特（Baring-Gould）在《奇异的遗迹》中的研究，在有史前的社会里谜语大约是一种智力测量的标准，裁判人的运命的指针。"而在《关于活埋》（1935年10月）里介绍作者说："英国贝林戈耳特老牧师生于一八三四年，到今年整整一百零一岁了，但他实在已于一九二四年去世，寿九十。所著《民俗志》小书系民国初年出板，其第五章'论牺牲'中讲到古时埋人于屋基下的事，是欧洲的实例。在一八九二年出板《奇异的遗俗》中有'论基础'一章专说此事，更为详尽，今录一二于后……"知堂所译的《杂译诗》，第九首"鹧鸪"，选自 S. Baring-Gould 所编的《英国民歌集》，第十首"鹧鸪"就是"英贝林戈尔特"所作。

206. Baudouin, Charles, *The Mind of the Child: A Psychoanalytical Study*, New York: Dodd, Mead, 1933. 蓝布精装，扉页朱文方印：周作人印，115909，作者附记页朱文方印：苦雨斋藏书印。

1933 年 5 月 27 日丸善购。

207. Bett, Henry, *The Games of Children, Their Origin and History*, London: Methuen & Co. Ltd., 1929. 绿布精装，前衬页一铅笔：400，前衬页三朱文方印：只图遮眼，扉页朱文方印：周作人，国立北京图书馆英文圆印，138986，正文首页朱文方印：苦雨斋藏书印。

208. Bett, Henry, *Nursery Rhymes and Tales: Their Origin and History*, London: Methuen & Co. Ltd., 1924. 蓝布精装，前衬页三朱文方印：只图遮眼，扉页朱文方印：周作人印，115441，正文首页朱文方印：苦雨斋藏书印。

1926 年 1 月 7 日购。《约翰巴耳》（1926 年）："（右见 Henry Bett 的《儿歌的起源与其历史》，第三章讲'数与记忆'，说及约翰巴耳的故事在现今的儿歌中尚有馀留。）'当初亚当种田，夏娃织布，那时有谁是绅士富户？'"

209. Black, William George, *Folk-Medicine: A Chapter in the History of Culture*, The Folk-lore Society Publications XII, London: Publication for the Folk-Lore Society by E. Stock, 1883. 大 16 开棕布精装，前衬页一铅笔：（Dup. 6202）Rare，前衬页二朱文方印：凤皇专斋，扉页篆字朱文方印：周作人印。正文首页朱文方印：苦雨斋藏书印，125099，3120309921，封底衬页一铅笔：[13/6n]。

1929 年 3 月 16 日所购。知堂 1929 年 3 月 18 日致江绍原："日前收到一本 W. G. Black 著 *Folk-Medicine*，系 Folklore Society（一八八三年）出板，尚在不佞降生之前，乃居然尚能买到，亦可喜也。此书不知于兄有什么用处否，日内略一翻检后当由邮寄上，借给兄一看也。"[1]而据1929年3月15日记："十一时回家，遣齐坤往取同古堂刻印。"纪事栏有："同古堂取右章：凤皇专斋。"此印刻于此时，这是同古堂张樾丞所刻。得印次日就给此书盖章了。而3月22日记："平伯赠铜印一方，文曰凤皇专斋。""凤皇专斋"印至少有两枚。3月20日把此书寄给江绍原一册。

210. Chambers, Robert, *Popular Rhymes of Scotland*, new edition, Edinburgh; London: W. & R. Chambers, 1858. 红布精装，封面内侧蓝色书店标：Maruzen-Kabushiki-Kaisha Books and General Stationery Tokyo Osaka Kyoto 丸善株式会社，前衬页三蓝文方印：周作人印，115481。

1913年3月7日得相模屋寄书。

211. Crawley, Ernest, *The Mystic Rose: A Study of Primitive Marriage and of Primitive Thought in Its Bearing on Marriage*, vol. I-II, a new ed., rev. and greatly enl. by Theodore Besterman, London: Methuen & Co., Ltd., 1927. 第一卷，褐布精装，前衬页铅笔：(Dup. 6108)，扉页朱文方印：会稽周氏凤皇专斋藏，篆字朱文方印：周作人印。正文首页朱文方印：苦雨斋藏书印，127599。第二卷，前衬页一白文方印：周丰一，扉页朱文方印：会稽周氏凤皇专斋藏，篆字朱文方印：周作人印，周之迪印，正文首页朱文方印：苦雨斋藏书印，219757，封底内侧铅笔：2 vol. 1590 R。

1929年6月27日丸善购。《女子的文字：随感录（九六）》（1928年2月9日刊）："Crawley大约是那有名的《神秘的蔷薇》(*The Mystic Rose*)的著者，不过关于东方事情未免也有点弄不清楚，往往把他们看得太是《一千一夜》式的，有如雾里看花，虽美而总不很真也。"江绍原1929年6月6日信提及："Crawley的遗著，上海中美图书公司售价七元馀，我正想去买。"[2]知堂6月21日致江绍原："Summers的两本书如

---

1 《江绍原藏近代名人手札》，第102页（第304页）。
2 《周作人早年佚简笺注》，第394页。

493

有须参考时,可以借给你看,买则大可不必。我近买的一本 Crawley 的增订本 *Mystic Rose*,但目下尚未寄到,又得一部'道德观念发达史',你借去的那一部旧书,可请留用,不必还我了。"[1]6 月 27 日 *Mystic Rose* 寄到。江 9 月 13 日信:"Crawley 之《野人与两性研究》,新从上海买到一本,连邮费共用去'墨洋'七元九角馀,可谓贵矣。页一二七有一段,与芫荽性喜秽语问题有关,请看一遍,并给我一点意见。页一○五第一段亦极重要。"[2]知堂 5 月 29 日在台吉厂已买了这册 Ernest Crawley 的 *Studies of Savages & Sex*。《论骂人》(1930 年 11 月 3 日刊):"我看英国克洛来(E. Crawley)所著《性与野蛮之研究》中一篇文章。"

212. *The Traditional Games of England, Scotland, and Ireland, with Tunes, Singing-rhymes, and Methods of Playing according to the Variants Extant and Recorded in Different Parts of the Kingdom*, 2 v., collected and annotated by Alice Bertha Gomme, A Dictionary of British Folk-Lore, Part I, Traditional Games, London: David Nutt, 1894－1898. 棕布精装。

第一册:封面内侧蓝色书店标:Maruzen-Kabushiki-Kaisha Books and General Stationery Tokyo Osaka Kyoto 丸善株式会社,前衬页一白文方印:会稽周氏,扉页朱文方印:会稽周氏凤皇专斋藏。黑色北京图书馆英文圆印,140706。

第二册:封面内侧蓝色书店标:Maruzen-Kabushiki-Kaisha Books and General Stationery Tokyo Osaka Kyoto 丸善株式会社,前衬页一白文方印:会稽周氏,扉页朱文方印:会稽周氏凤皇专斋藏。黑色北京图书馆英文圆印,140707。

据日记,1913 年 6 月 2 日:"取サガミヤ[相模屋]十六日所寄小包内 A. B. Gomme: *Traditional Games* 二册。"

---

[1]《江绍原藏近代名人手札》,第 110 页(第 307 页)。
[2]《周作人早年佚简笺注》,第 400 页。

213. Gomme, George Laurence, *Ethnology in Folklore*, Modern Science Series, London: Kegan Paul, Trench, Trübner & Co. Ltd., 1892. 绿布精装，封面内侧蓝色店标：Maruzen-Kabushiki-Kaisha Books & Stationery Tokyo Osaka Kyoto 丸善株式会社，前衬页一铅笔：（Dup. 6155），钢笔：Apr. 1912，扉页朱文方印：周作人印，正文首页朱文方印：苦雨斋藏书印，125068，3120303502。

1912 年 11 月 1 日："又サガミヤ［相模屋］廿四寄 Gomme: *Ethnology in Folklore*"，应该是知堂同年 4 月去信向相模屋订购的。1914 年 7 月 4 日阅读。

214. Gummere, Francis B., *The Popular Ballad*, The Types of English Literature, Boston; New York: Houghton, Mifflin and Company, 1907. 绿布精装，封面内侧店标：Maruzen-Kabushiki-Kaisha Books & Stationery Tokyo Osaka Kyoto 丸善株式会社，扉页朱文方印：周作人印，115515。

1913 年 6 月 9 日相模屋购。知堂在《杂译诗二十九首》小记几则（1922 年 9 月 30 日）里提及："美国庚弥耳（F. B. Gummere）在他的《民歌论》（*The Popular Ballad*）第二章挽歌与超自然的民歌项下说"，然后翻译了其中一段文字。

215. Haddon, Alfred C., *Head-Hunters: Black, White, and Brown*, abridged edition, The Thinker's Library No. 26, London: Watts & Co., 1932. 棕色纸面精装袖珍本，扉页朱文方印：周作人印，115528。

1932 年 11 月 14 日丸善购。知堂 1913 年 8 月 22 日曾于相模屋邮购过一册 A. C. Haddon: *Magic and Fetichism* (London: A. Constable & Co. Ltd., 1906)。

216. Halliday, W. R., *Indo-European Folk-Tales and Greek Legend*, Gray Lectures 1932, Cambridge: Cambridge University Press, 1933. 棕布精装，扉页朱文方印：周作人印，第一章开头朱文方印：苦雨斋藏书印，

115571，封底铅笔：615。

1933年8月15日购。1927年12月购买过 Greek and Roman Folklore。江绍原1928年5月8日信："今日得四月卅日手书及所寄'希罗民俗'，大慰。……希罗民俗小书，今晨已看完导言。……希腊文书籍的价钱既如此之贵，似应由礼部派书手五百人到欧洲去抄十年！"[1] 知堂4月30日给江寄过一册W. R. Halliday的 Greek and Roman Folklore。江另一封信（1928年5月11日开始写，6月1日写完）里说："Halliday的小著，早已看完。除第二章因我向无研究不很得其要领外，馀均使我感到兴趣。"[2]

217. Halliday, W. R., *Folklore Studies: Ancient and Modern*, London: Methuen & Co., Ltd., 1924. 红布精装，扉页朱文方印：周作人印，第一章开头朱文方印：苦雨斋藏书印，115570。

1925年6月30日商务分馆购。《重刊〈霓裳序谱〉：专斋随笔（七）》（1930年10月14日）提及"英国好立得教授（W. R. Halliday）的《民俗研究》(*Folklore Studies*) 序"，还有"美国庚弥耳教授（F. B. Gummere）论英国叙事的民歌"。

218. *English Fairy and Other Folk Tales*, selected and edited, with an introduction by Edwin Sidney Hartland, The Scott Library, London: Walter Scott, 1890. 深绿色布面烫金，32开顶金，四角镶金边，封面内侧右上角蓝色店标：Maruzen Co. Ltd. Book Department Tokyo 丸善株式会社，扉页朱文方印：周作人印，115578，目录页：'Tom Tit Tot'，Jack and the Bean-Stalk, The Tulip Bed, The History of Tom Thumb 四篇有铅笔打勾。正文首页朱文方印：苦雨斋藏书印，Jack and the Bean-Stalk 与 The History of Tom Thumb 都选自 *Chap-books*。

1916年7月24日记："阅Hartland关于民俗论文二篇。"《桃太郎之

---

[1] 《周作人早年佚简笺注》，第350页。
[2] 同上书，第352页。

神话》（1925 年 2 月 6 日）："童话的参考书据我所知道，简要的英文著作在教育方面有克纳提（Kneady）的《童话研究》，学术方面有哈忒阑（Hartland）的《童话学》最好，可惜北大图书馆里未必有，虽然我不曾去细细找过。"《谈〈谈谈《诗经》〉》（1925 年 12 月 31 日）提及"《狐先生》见哈忒阑著《英国童话集》第二十五页"。

219. Hartland, E. Sidney, *Primitive Law*, London: Methuen & Co., Ltd., 1924. 绿布精装，小 32 开，前衬页铅笔：（Dup. 6120），扉页篆字朱文方印：周作人印，125038，正文首页朱文方印：苦雨斋藏书印，封底内侧铅笔：4-R。

1929 年 9 月 23 日丸善购。

220. Hartland, Edwin Sidney, *Primitive Society: The Beginnings of the Family & The Reckoning of Descent*, London: Methuen & Co. Ltd., 1921. 褐布精装，小 32 开，扉页篆字朱文方印：周作人印，115572，正文首页朱文方印：苦雨斋藏书印，封底内侧铅笔：3-L。

据日记，1913 年 6 月 9 日："得サガミヤ［相模屋］一日笺又 Gummere: *The Popular Ballad*. Hartland: *Chinese Mother Goose Rhymes*. 各一册。"哈特兰此书未见。

221. James, E. O., *Primitive Ritual and Belief: An Anthropological Essay*, with an introduction by R. R. Marett, London: Methuen & Co., Ltd., 1917. 红布精装，扉页篆字朱文方印：周作人印，115593。

1930 年 1 月 25 日购。

222. Kidson, Frank and Mary Neal, *English Folk-Song and Dance*, Cambridge: Cambridge University Press, 1915. 其中收有两部作品：*English Folk-Song*, by Frank Kidson 和 *English Folk-Dance*, by Mary Neal。灰布精装，毛边，前衬页二白文方印：周作人，115612，前言首页朱文方印：苦雨斋藏书印。

据日记，1915 年 4 月 17 日："伊文思十四日寄 *English Folk Songs and Dance*. 一本。"4 月 18 日："阅 *English Folk Songs* by F. Kidson。"在《〈江阴船歌〉序》（1919 年 9 月 1 日）提及："按照英国 Frank Kidson，《英国民歌论》第一章……"《歌谣：自己的园地（十一）》（1922 年 4 月 13 日刊）："民谣的界说，据英国吉特生（Kidson）说（见所著《英国民歌论》第一章）是一种诗歌……"

223. Kittredge, George Lyman, *Witchcraft in Old and New England*, Cambridge, Mass.: Harvard University Press, 1929. 红布精装，顶金，前衬页二朱文方印：会稽周氏凤皇专斋藏，扉页朱文方印：周作人印，115614。正文首页朱文方印：苦雨斋藏书印，封底内侧铅笔：1350 p。

1929 年 10 月 8 日购。

224. Lawson, John Cuthbert, *Modern Greek Folklore and Ancient Greek Religion: A Study in Survivals*, Cambridge: Cambridge University Press, 1910. 黑布精装，前衬页一朱文方印：会稽周氏藏本，前衬页二白文方印：周作人，正文首页朱文方印：苦雨斋藏书印，115973。

据日记，1916 年 3 月 17 日："寄伊文思函洋四元托购 Lawson 著书一本十二先令。"6 月 9 日收到书，6 月 10 日："在校阅 Lawson 书。"同年 11 月 14 日："下午风，阅近代希腊民俗与古宗教"。1917 年 7 月 24 日："下午阅 Lawson 希腊民俗与古宗教"。知堂在翻译英国劳斯（W. H. D. Rouse）的《在希腊诸岛》（1921 年 8 月 16 日）译注 2 里提及："英国洛生（T. C. Lawson）的《现代希腊民俗与古代希腊宗教》亦引此歌，但其后尚有七节，今补译于下……"《新希腊与中国》（1921 年 9 月）提及："近来无事，略看关于新希腊的文艺和宗教思想的书，觉得很有点与中国相像。"下面一段都是引此书内容。《教训之无用》（1924 年 2 月），与《舍伦的故事》（1924 年 9 月 28 日）附言里，以及《牧神之恐怖：茶话（十五）》（1926 年 5 月 17 日）都提及该书。《〈花束〉序》（1927 年 12

月31日刊）提及"《希腊现代民俗与古宗教》的作者洛孙（J. O. Lawson）"。知堂1928年4月10日致江绍原："有一册讲希腊古今民俗的小书，我已买到而书店又寄来一本，寄还稍麻烦，所以就想送给你，大抵一礼拜来当到京，即转寄上。豫先说一声，或者寄书时不另寄了。"[1] 知堂应该是又买了一册而转赠给了江。

225. Macculloch, J. A., *The Childhood of Fiction: A Study of Folk Tales and Primitive Thought*, London: John Murray, 1905. 青布烫金，顶金，书已散页，需要重订，封面内侧红色书店标：From The Maruzen Kabushiki Kaisha 东京 大阪 丸善株式会社，前衬页一白文方印：会稽周氏，扉页朱文方印：会稽周氏藏本，正文首页朱文方印：苦雨斋藏书印，116024，封底内侧铅笔：650 net。

《荷马史诗：一蒉轩杂录》（1916年6月刊）："英国麦恺洛克著《小说之起源》，哈德阑著《童话之科学》，阐陈此谊，至为浅显。欲明古文学中神话传说之意义者，于此求之，有馀师矣。"《童话的讨论一》（1922年1月21日）："英国麦加洛克（Macculloch）著了一本童话研究，称作《小说的童年》。"知堂1938年1月30日记："阅论童话诸书，其中《小说之童年》最佳，Rose在《希腊之原始文化》中亦称之，将来拟译出，与《希腊神话考证》可互作参考也。"《希腊神话考证》即弗雷泽《希腊神话比较研究》。[2]《童话：旧书回想记（四）》（1940年11月21日）里说："民国以后格林一类的书也要蒐集了，觉得哈屼兰的分类编法很有意义，他的《童话之科学》与麦克洛支的《小说之童年》二书成为童话的最好参考书。"而《神话学：我的杂学之七》（1944年6月18日）也提及。

226. Smith, G. Elliot, *In the Beginning: The Origin of Civilization*, new ed., rev. and enl., The Thinker's Library No. 29, London: Watts & Co., 1932.

---

1 《江绍原藏近代名人手札》，第49页（第277页）。
2 止庵《周作人传》，济南：山东画报出版社，2009年，第202页注释2。

棕色纸面精装袖珍本，扉页朱文方印：周作人印，115718。

1932年11月14日购。与1928年初版不同，此书附有八幅图片。知堂在《医师礼赞》（1945年8月）一文里说："据史家伊略脱斯密士在《世界之初》中说，创始耕种灌溉的人成为最初的王，在他死后便被尊崇为最初的神，还附有五千多年前的埃及石刻画，表示古圣王在开掘沟渠，这也说的很有意思。"所说的图片就是该书扉页前插图，引文就是图片说明文字。此石刻画像是 J. E. Quibell 发现于1897—1898年，作于约公元前3400年。

227. Sully, James, *Studies of Childhood*, new ed., with corrections and additions, New York; London: D. Appleton and Co., 1914. 深灰漆布精装，扉页朱文方印：周作人印，115993，正文首页朱文方印：苦雨斋藏书印。

1923年1月25日或26日购于灯市口。

《北京的外国书价：绿洲（三）》（1923年1月30日刊）："我在灯市口西头的一家书店见到一本塞利著的《儿童时代的研究》，问多少钱，答说八元四角六分。我看书上写着定价美金二元半，便问他为什么折算得这样的贵，他答得极妙：'我们不知道这些事，票上写着要卖多少钱，就要卖多少。'……那一本儿童研究的书因为实在看了喜欢，终于买了，但是一圆美金要算到三元四角弱，恐怕是自有美金以来的未曾有过的高价了。"《知堂回想录：二〇一 拾遗（丑）》："塞莱（Sully）的《幼儿时期之研究》虽已经是古旧的书，我却很是珍重，至今还时常想起。"[1]

228. Summers, Montague, *A History of Witchcraft and Demonology*, The History of Civilization: Subject Histories, London: Kegan Paul, Trench, Trübner & Co., Ltd.; New York: Alfred A. Knopf, 1926. 蓝布16开精装，前衬页铅笔：（Dup. 6226），扉页朱文方印：周作人印，125102。

---

[1] 《知堂回想录》，第691页。

知堂 1928 年 7 月 19 日致江绍原："昨买到'文明史'丛书中，M. Summers 的一本'魔术史'，似尚有意思，此外有一本'魔术地志'，又 C. G. Cumston 医师的'医学史'，自法老时代至十八世纪末，亦颇想托丸善去购。见日本旧书目中有'日本医学史'，唯需价三十二元，因函稻孙请北京图书馆购入，俾可借阅，如有材料当抄奉。"[1] 此书是 1928 年 7 月 18 日所购，钱稻孙时任北京图书馆采访组组长。同年 8 月 8 日信："日本医学史已托北海图书馆去买，尚未到来。日前承朱季青（丙寅医学社）君为从协和医院借来一本，得翻阅一下。原书内容丰富，有一千页之多。但只叙述历代医学的情形，在维新时只说旧医以夷夏之说反对西医，至某时官学始完全用西医而废旧法。（汉医输入前之日本古医学却可以译出发表。）别无详细记载，竟无甚可取的材料。"[2] 知堂此处所谈的《日本医学史》是富士川游的代表作（明治三十七年 [1904]，裳華房）[3]，可国图只有昭和十六年版：《日本醫學史》（東京：日新書院，昭和十六年 [1941]），看来当时并未购得。而根据伊藤行男《船醫手帖：隨筆》（東京：日新書院，昭和十六年 [1941] 三月）书后广告提及，直到 1941 年日新书院才出版决定版富士川游《日本医学史》，因为该书绝版后市价叫到百二十五元，入手困难，因而决定重版，定价金十五元。知堂在《日本新旧医学的兴废》（1930 年 5 月 13 日刊）又提及："近两三年来中国新旧医学之争，忽然兴起，因为觉得这与反动的一般旧势力之复活，很有连带关系，虽然自己是医学的门外汉，却也有点儿注意。想到日本以前情形，有好些与中国相像，很想调查明治维新时代医学改革

---

1 《江绍原藏近代名人手札》，第 56 页（第 282 页）。
2 同上书，第 63 页（第 285 页）。
3 陈垣 1928 年 3 月 15 日致叶恭绰函："富士川先生，名游，字子长，本汉医学世家，然笃好治史。……著《日本医学史》巨帙，考据精详，条理缜密，为东方医学界空前杰作，真不愧子长者也。"并有阚铎《影写〈医籍考〉纪事》一文，谈及叶恭绰嘱咐人到日本蒐访《医籍考》以及陈垣来信介绍去见富士川游获见《医籍考》抄本的经过。见《陈援庵致叶遐庵函二》，《北海图书馆月刊》第二卷第六号（1929 年 6 月），第 553 页。

的状况,给中国人做个比较参考,可是借了富士川博士所著的《日本医学史》来翻过一遍,关于新旧之争,说的太简单了,有点不得要领。只得暂时搁起。"

知堂 1928 年 7 月 20 日信:"魔术史看了一部分,甚为失望,因为著者'夏'先生似是教会的'忠实同志',他相信撒但来同 Witch 睡觉,又引什么精神之'物质化'为证。他又竭力攻击人类学派的研究,以为只有神学者(!)才能知道巫术的本义!不知该'文化史'丛书中何以收这样的正统思想的著作。我只因它还有点材料可看,故忍耐看之。至于用字上之春秋笔法,则每每发指也。"[1]

《关于妖术》(1928 年 12 月 27 日):"英国散茂斯(Montague Summers)所著的《妖术史》和《妖术地理》系 Kegan Paul 出版的'文明史'丛书的两种,一九二七年刊行,定价是十二先令半和十八先令。因为这种丛书是颇有名的,而我又颇喜打听一点魔法妖术的事情,所以奋发一下子把他去买了来。……他痛骂茂来女士(A. M. Murray)所著的《西欧的巫教》,以为'根本地并且完全地错误'。为什么呢?因为茂来女士的著作是从人类学的见地来考察这起源于上古而传讹堕落的宗教,他却是相信历史——尤其是卫道的教徒所记的历史的。……我所读的书真是有限,但在我出钱买了来的书里却没有见过一本这样胡说的,叫人气闷的书。"知堂 1930 年 3 月 11 日购得 *Vampire: His Kith and Kin*,3 月 19 日致江信又说:"新近买了一本讲 Vampire(佛经的起尸鬼?)的书,仍是那位 Rev. Summers(Witchcraft 史及地理的著者)做的。正统景教气太重,但材料似尚不少耳。"[2]知堂 1934 年 1 月 31 日丸善购得 *The Werewolf*。在《拾遗(卯)》里说:"至于妖术恐怕说来有些鹘突,亦未可知。但在我却是很正经的一件事。也颇费心收罗资料,如散茂士(Summers)的

---

[1]《江绍原藏近代名人手札》,第 58 页(第 283 页)。
[2] 同上书,第 123 页(第 314 页)。

四大著，即妖术史与妖术地理、僵尸、人狼，均是寒斋珍本也。"《赋得猫：猫与巫术》（1937年1月26日）："多年前我读英国克洛特（E. Clodd）的《进化论之先驱》与勒吉（W. E. H. Lecky）的《欧洲唯理思想史》，才对于中古的巫术案觉得有注意的价值，就能力所及略为涉猎，一面对那时政教的权威很生反感，一面也深感危惧，看了心惊眼跳，不能有隔岸观火之乐，盖人类原是一个，我们也有文字狱思想狱。这与巫术案本是同一类也。"

《妖术史：旧书回想录（八）》（1941年1月7日）："我耽读这一类书已是十年以前的事，除一般说及法术者外，我所喜欢的有吉忒勒其教授的《新旧英伦的妖术》，茂来女士的《西欧的巫教》，二者皆是学术的著作，案汤姆生的《魔鬼史》与斯本思的《不列颠之密教》均谓妖术乃是古代土著宗教之残留，论旨与茂来女士相同，当可信用。但是最特别的总要算是散茂士的著书了。我所有的只有四种，照出板年代排列，即是《妖术史》《妖术地理》《僵尸》《人狼》，在一九二六至三三年中所刊行，共计六十三先令半，若论时价当在二百五十元之上了。……所以我至今还宝重他，至于《僵尸》与《人狼》二册尤可珍重，其中奇事怪画颇多，如不怕会做噩梦，大可供枕上读书之用也。"其馀三册未见。《无生老母的信息》（1945年6月20日）："我以前涉览西欧的妖术史，对于被迫害的妖人们很有点同情，因为我不但看教会的正宗的书，也查考现代学术的著述，他们不曾把妖术一切画的整个漆黑。据茂来女士著《西欧的巫教》等书，所谓妖术即是古代土著宗教的遗留，大抵与古希腊的地母祭相近，只是被后来基督教所压倒，变成秘密结社，被目为撒但之徒，痛加剿除，这就是中世有名的神圣审问，直到十七世纪末才渐停止。"这就是知堂看妖术史，以及笔祸史的目的。

229. Thompson, R. Lowe, *The History of the Devil: The Horned God of the West*, London: Kegan Paul, Trench, Trübner & Co., Ltd., 1929. 绿布精装，

毛边，扉页朱文方印：会稽周氏凤皇专斋藏，作人长年。正文首页朱文方印：苦雨斋藏书印，125074，3120211028。

据日记，"作人长年"印系同古堂所刻，1929年7月6日取回。此书1929年6月7日订购，8月22日寄到。因江绍原1929年3月8日给知堂信里附言提到："伦敦Kegan Paul公司新出板了一本'History of the Devil'。"[1] 知堂3月14日回信说："Kegan Paul出的'魔鬼史'，我疑心又是Summers先生做的，他老先生是Inquisition的热心的辩护士，我有点不大能够相信。但如系别人，则亦想一看，祈将著者及定价示知。"[2] 结果作者不是那位Summers先生，所以知堂才买了。

心理学、性学

230. *Types of Children's Literature: A Collection of the World's Best Literature for Children, for Use in Colleges, Normal Schools and Library Schools*, collected and ed. by Walter Barnes, Yonders-on-Hudson, N.Y.: World Book Company, 1919. 棕布精装，扉页朱文方印：周作人印，115745，后衬页内侧铅笔：5.25。

1923年1月25日灯市口购。

231. Baudouin, Charles, *The Mind of the Child: A Psychoanalytical Study*, New York: Dodd, Mead, 1933. 蓝布精装，扉页朱文方印：周作人印，开篇作者注记朱文方印：苦雨斋藏书印，115909。

1933年5月27日丸善购。

232. Bauer, Dr. Bernhard A., *Woman (Wie bist du Weib?): A Treatise on the Anatomy, Physiology, Psychology, and Sexual Life of Woman with an appendix on Prostitution*, translated by E.S. Jerdan and Norman Haire and

---

1 《周作人早年佚简笺注》，第390页。
2 《江绍原藏近代名人手札》，第100页（第303页）。

edited, with an introduction by the latter, London: Jonathan Cape, Ltd., 1927. 16 开蓝布精装，书脊下贴有白纸朱印：参考，前衬页二朱文方印：会稽周氏凤皇专斋藏，扉页朱文方印：荣木山房，周作人印，正文首页朱文方印：苦雨斋藏书印，115922。

1927 年 8 月购。"荣木山房"印是 1929 年 7 月 6 日同古堂所刻。《性的解放：北沟沿通信》（1926 年 11 月 6 日）："还有一部书是维也纳妇医学博士鲍耶尔（B. A. Bauer）所著的《妇女论》，是英国两个医生所译。声明是专卖给从事于医学及其他高等职业的人与心理学社会学的成年学生的，我不知道可以有那一类的资格，却承书店认我是一个 Sexologiste，也售给我一本，得以翻读一过。"其中谈女人的性欲，还有恋爱、结婚，最后附录是妓女。难怪知堂在《〈书房一角〉原序》（1940 年 2 月 26 日）里说："可是，偶然女客枉顾，特别是女作家，我看对着她的玻璃书厨中立着奥国医师鲍耶尔的著书，名曰'女人你是什么'，便也觉得有点失敬了，生怕客人或者要不喜欢。"

233. Briffault, Robert, *Sin and Sex*, with an introduction by Bertrand Russell, London: George Allen & Unwin Ltd., 1931. 红布精装，前衬页一铅笔：8/H，扉页朱印被磨去，应该是朱文方印：周作人印，黑色国立北京图书馆英文圆印，正文首页朱文方印：苦雨斋藏书印，140705。

据日记，1932 年 5 月 10 日："下午至北京饭店买书二册。"这是其中之一。

234. Dingwall, Eric John, *The Girdle of Chastity: A Medicohistorical Study*, London: George Routledge & Sons, Ltd., 1931. 棕布精装，扉页朱文方印：周作人印，第一章开头朱文方印：苦雨斋藏书印，115496，其中有多幅贞操带照片。

据日记，1932 年 6 月 15 日给书店汇款购买，9 月 17 日收到丸善寄书。知堂 1932 年 9 月 30 日致函江绍原："近得一册 *Girdle of Chastity*，颇想写一小文曰'穷袴',但尚未知何日有暇耳。"[1]知堂在10月1日写成文章的《穷袴》(1932年11月1日刊)专门介绍了这部书。

235. Fehlinger, H., *Sexual Life of Primitive People*, tr. by S. Herbert and Mrs. S. Herbert., London: A. & C. Black, Ltd., 1921. Translation of *Das Geschlechtsleben der Naturvölker*. 32开蓝布精装,扉页朱文方印:周作人印,正文首页朱文方印:苦雨斋藏书印,115511。

1925年5月21日丸善购。《读〈性的崇拜〉:随感录(二七)》(1927年8月):"又德人H. Fehlinger的小册《原始民族的性生活》等亦甚有益,很有可以使我们的道学家反省的地方。"

对于译者,知堂在《论做鸡蛋糕》(1926年7月20日)提及:"侯勃忒夫人(Mrs. S. Herbert)的《两性志》(*Sex-lore*, A. & C. Black)与《儿童志》(*Childlore*, Methuen & Co.)二书可以一读。"

236. Findley, Palmer, *The Story of Childbirth*, Garden City, N. Y.: Doubleday, Doran & Company, Inc., 1933. 蓝布精装,扉页朱文方印:周作人印,124幅黑白插图,115541,封底内侧铅笔:990。

1934年11月6日丸善购。《关于分娩》(1934年12月10日刊):"从外国书店买来一本书,名叫《分娩的故事》(*The Story of Childbirth*),是芬特莱博士所著,一九三三年版。只可惜是美国出板,定价要三块多金洋,虽然有二百二十多幅插图,印刷纸张都不大好,令人看了不满意。"

237. Hall, G. Stanley, and Some of His Pupils, *Aspects of Child Life and Education*, ed. by Theodate L. Smith, Boston: Ginn & Co., 1912. 红布精装,封面内侧店标:Maruzen-Kabushiki-Kaisha Books & Stationery Tokyo Osaka Kyoto 丸善株式会社,扉页朱文方印:周作人印,115747,封底内侧铅笔:3-N。

---

[1]《江绍原藏近代名人手札》,第159页(第334页)。

据日记，1913 年 2 月 1 日相模屋购，2 月 19—21 日都在阅读此书并读完。《感慨》（1921 年 9 月 22 日刊）："十年前在《儿童生活与教育的各方面》（*Aspects of Child Life and Education*，斯丹来霍耳博士编）上，一篇论儿童的所有观念的论文里，记得他说儿童没有人我的观念的时候……"《知堂回想录：二〇一 拾遗（丑）》："斯丹莱贺尔（Stanley Hall）博士在西洋为斯学（引者按：儿童学）之祖师，所以后来参考的书多是英文的。"[1]

238. Mrs. Herbert, S., *Sex-lore: A Primer on Courtship, Marriage, and Parenthood*, with a Frontispiece and Fifty-four Other Illustrations, London: A. & C. Black, Ltd., 1918. 32 开绿布精装，54 幅插图，扉页朱文方印：周作人印，115573，序言首页朱文方印：苦雨斋藏书印。

1925 年 10 月 28 日自邮局取来。

239. Mrs. Herbert, S., *Child-lore: A Study in Folk-lore and Psychology*, London: Methuen & Co., 1925. 32 开天蓝色布面精装，扉页朱文反书方印：周作人印，115749，序言首页朱文方印：苦雨斋藏书印。

1925 年 7 月 16 日北京饭店购。在《古朴的名字：苦雨斋尺牍（十）》（1926 年 11 月 20 日）致江绍原信里说："近日翻阅英国赫伯式夫人的《儿童志》（Mrs. S. Herbert, *Childlore*, 1925），见其中有这样一节话……"

240. Hirschfeld, Magnus, *Man and Women: The World Journey of A Sexologist*, English Version by O. P. Green, New York: G. P. Putnam's Sons, 1935. 大 32 开黑布书脊精装，扉页朱文方印：周作人印，正文首页朱文方印：苦雨斋藏书印，封底内侧红色书店标：上海商务印书馆 The Commercial Press. Ltd. Shanghai，115933。其中 Hirschfeld 谈了他 1931 年访问中国北平、上海、南京、广州、杭州等地的经历。同年 4 月他在日本

---

[1] 《知堂回想录》，第 691 页。

东京，他离开中国后去了马来西亚、印度、埃及等地。此书刊有一整幅梅兰芳的照片，作者还遗憾未能与梅碰面，因为他在南方，梅在北方，而等他到了北方，梅却去了南方。

知堂在《尾久事件》（1936年6月6日）里说："幸亏中国不是法西斯的民主国，还不妨引用德国希耳息弗耳特博士（Dr. Magnus Hirschfeld）的话做说明。他在一九三一年作东方之游，从美国经过夏威夷菲列滨日本中国爪哇印度埃及以至帕勒斯丁与叙利亚，作有游记百二十八节，题曰《男与女》，副题曰'一性学家之世界旅行'。我所见的是一九三五年的英译本，第十二至二十九节都是讲中国的，十七节记述他在南京与卫生部长刘博士谈话，有关于卖淫的一段很有意思，抄录于下……"随后在《急进的妓女：风雨后谈（六）》（1936年7月25日，收入《瓜豆集》改名为《鬼怒川事件》）里说："我最佩服德国性学大师希耳须弗耳特在东方游记《男与女》里所说的话。"并摘译了其中几段对妓女有深切人道主义关怀的段落，又说："无论在日本的《江户繁昌记》或是中国的《秦淮画舫录》里，都找不出这类文章，'西儒'终不可及也。半生所读书中，性学书给我影响最大，蔼理斯，福勒耳，勃洛赫，鲍耶尔，凡佛耳台，希耳须弗耳特之流，皆我师也。他们所给的益处比圣经贤传为大，使我心眼开扩，懂得人情物理。"

知堂在《二十五年我的爱读书》（1937年1月11日）一文里把此书列入自己年度的爱读书。后来又在《谈卓文君》（1937年5月25日刊）和《男人与女人》（1944年9月12日）里也推介此书。

而据《北平晨报》1931年5月29日第六版报道《性学公开演讲：解决青春烦恼 指示正当途径》："何士斐特博士 Dr. Magnus Hirschfeld，为世界性学大师，在德京柏林，主办性学研究院，久已闻名世界。著有两性病理学三巨册行世，为近代研究性学之圭臬。一九二九年，曾提出'性的改进'一文于国际联盟，当蒙采用其'限制生育'，'人种优生学'，及'性教育'诸端。近方周游世界，曾在美日等国，讲演数十次，听众满坑满谷，备受欢迎。此次道经上海，曾公开讲演十八次之多，听众摩肩擦背，举市若狂。此次来平，中华医学会特请其讲演'两性间之最近趋势'，并请人译成国语，以便听众，另备幻灯指示。定期为五月三十日（星期六）下午八点半，在后孙公园北平大学医学院。闻此次演讲，系公开性质，凡对性学智识有需要者，皆可自由入座。"可惜知堂1931年日记不存，不知当时他是否亲自去听讲。

241. Howard, Clifford, *Sex Worship: An Exposition of the Phallic Origin of Religion*, fifth edition, Chicago: Chicago Medical Book Company, 1909. 棕布精装，顶金毛边，书脊下贴有白纸朱印：参考，封面内侧蓝色书店标已被重装的白衬页贴住，就是：Maruzen-Kabushiki-Kaisha Books & Stationery Tokyo Osaka Kyoto 丸善株式会社，前衬页二铅笔：6，前衬页三朱文长印：周作，上面覆盖蓝文印：周作人印，序言首页朱文方印：苦雨斋藏书印，115563。

据1913年8月17日日记："サガミヤ[相模屋]十日寄C. Howard: *Sex Worship* 一册。下午阅Howard书九章，颇有趣，味禹陵之空石人投石以求兆，亦其遗志也。"《神话的典故》（1924年9月7日）一文里也提及此书。

242. *Man into Woman: An Authentic Record of a Change of Sex*, edited by Niels Hoyer [i.e. E. Harthern], translated from the German by H. J. Stenning; introd. by Norman Haire, London: Jarrolds Publisher's, 1933. Original Danish ed. published in 1931 under title: Fra mand til kvinde. 蓝布精装，前衬页二有钢笔字：Feng-y-Chou，引言开头朱文印：苦雨斋藏书印，封底内侧左上角：880，140703。

据日记，1933年5月5日写信购，1934年1月5日丸善寄到。知堂在《男化女》（1934年5月12日）专门介绍过此书。

243. Kimmins, C. W., *The Child's Attitude to Life: A Study of Children's Stories*, London: Methuen & Co., Ltd., 1926. 蓝布精装，前衬页三朱文方印：只图遮眼，扉页反文朱文方印：周作人印，正文首页朱文方印：苦雨斋藏书印，115746。

1930 年 7 月 11 日购。《关于圣书：关于十九篇（三）》（1934 年 12 月 5 日）："我觉得最有兴趣的是蔼理斯的称扬式外尼兹（Karlde Schweinitz）的那本小书。《婴孩怎么产生》（*How a Baby is Born*）是一本九十五页的小册子，本文七章，却只实占三十四页，此外有图十九面，伦敦市教育局前总视学侵明士博士的序一篇。我因了他的这篇序，再去找侵明士（C. W. Kimmins）博士的书，结果只买到一种，书名《儿童对于人生的态度》，一九二六年出板，是从小孩所写的故事论文里来研究儿童心理的，此外有《儿童的梦》一种可惜绝板了买不到。"知堂在 1933 年 1 月 22 日日记里"豫记"一栏注明：C. W. Kimmins, *Children's Dreams*, O. P., 应该是考虑买这本书。

244. Le Bon, Gustave, *The Crowd: A Study of the Popular Mind*, London: T. Fisher Unwin, 1920. 红布精装，书脊下贴有白纸朱印：参考，扉页白文方印：周公之作，115631。

1927 年 9 月购。《随感录三十八》（1918 年 11 月 15 日刊）："民族根性造成以后，无论好坏，改变都不容易的。法国 G. Le Bon 著《民族进化的心理》中，说及此事道……"

《性的解放：北沟沿通信》（1926 年 11 月 6 日）："其中的一部是法国吕滂（G. Le Bon）著《群众心理》，中国已有译本，虽然我未曾见，我所读的第一次是日文本，还在十七八年前，现在读的乃是英译本。"

245. Lucka, Emil, *The Evolution of Love*, translated by Ellie Schleussner, London: George Allen & Unwin, 1922. 绿布精装，前衬页一铅笔：（Dup. 6157），550，前衬页二蓝文方印：周作人印，127611，封底内侧下方法

文图书馆标签：La Librairie Française Pékin (Chine)。

1924 年 1 月 31 日北京饭店购。

246. Michels, Robert, *Sexual Ethics: A Study of Borderland Questions*, The Contemporary Science Series, London: The Walter Scott Publishing Co., Ltd.; New York: Charles Scribner's Sons, 1914. 棕布精装，书脊下贴有白纸朱印：参考，前衬页二有朱文方印：周作人印，116044。

1923 年 9 月 18 日乔风寄。

这套 The Contemporary Science Series 主编是蔼理斯。后面广告，塞万提斯传就是 Watts 的，*Crabbe* 的是 Kebbel，*Life of Arthur Schopenhauer* 是 W. Wallace，幽默文库八种，最后一种就是俄罗斯幽默，*The Humour of Russia*, Translated by E. L. Voynich and introduction by Stepniak, 50 illustrations by Paul Frénzeny。这就是知堂买过的那个里面收有谢德林童话的幽默故事集。

The Contemporary Science Series，有蔼理斯的 *The Criminal*，还有 Gomme 的 *Village Community*，Charles Mercier 的 *Saint and Insanity*，Albert Moll 的 *Hypnotism*，哈特利《童话科学》，Élie Reclus 的 *Primitive Folk*。

《性的解放：北沟沿通信》（1926 年 11 月 6 日）："义大利经济学家密乞耳思（Robert Michels）著《性的伦理》（英译在'现代科学丛书'中）引用威尼思地方的谚语。"

247. Portigliotti, Giuseppe, *Some Fascinating Women of the Renaissance*, translated by Bernard Miall, London: George Allen & Unwin, 1929. 蓝布精装，毛边，封面内侧蓝色店标：China Booksellers Ltd Peking，前衬页一铅笔：880，扉页白文方印：越周作人，116040。

1929 年 12 月 5 日沈启无所赠。

248. Pycraft, W. P., *The Courtship of Animals*, 2nd ed., Hutchinson's Nature Library, London: Hutchinson & Co., 1914. 绿布精装，前衬页三朱文方

印：周作人印。

1924年3月15日丸善购。

249. Ratcliff, A. J. J., *A History of Dreams: A Brief Account of the Evolution of Dream Theories, with a Chapter on the Dream in Literature*, with an introduction by Godfrey Hilton Thomson, London: Grant Richards Ltd., 1923. 黑布精装，前衬页一铅笔：4-，前衬页二朱文方印：周作人印，扉页蓝底白文篆字印：周作人印，115691。

1924年2月22日北京饭店购。

250. Rivers, W. H. R., *Medicine, Magic, and Religion: The Fitz Patrick Lectures delivered before the Royal College of Physicians of London in 1915 and 1916*, with a preface by G. Elliot Smith, F. R. S, International Library of Psychology, Philosophy and Scientific Method, London: Kegan Paul Trench, Trübner & Co., Ltd.; New York: Harcourt, Brace & Co., Inc., 1927. 蓝布精装，前衬页一铅笔：（Dup. 6178），扉页朱文方印：周作人印，125082。

1929年1月5日丸善购。1929年1月5日致江绍原："Rivers之《法术、医学与宗教》则已寄到，今日差人往邮局去取。"[1]

251. Schweinitz, K. de, *How A Baby is Born: What Every Child should Know*, with an Appreciation by Dr. C.W. Kimmins, London: George Routledge & Sons, 1931. 蓝灰精装袖珍本，书脊下贴有白纸朱印：参考，扉页朱文方印：苦雨斋藏书印，115606。

《关于圣书：关于十九篇（三）》（1934年12月5日刊）提及该书，《博物：十堂笔谈（六）》（1945年1月7日）："手头有两册西文的小书，其一名曰《性是什么》，……其一名曰《小孩是怎么生的》。"

252. Scott, George Ryley, *Sex and Its Mysteries*, London: John Bale,

---

[1] 《江绍原藏近代名人手札》，第295页。

Sons & Danielsson, Ltd. 32 开青布精装，书脊下贴有白纸朱印：参考，扉页朱文方印：会稽周氏凤凰专斋藏，序言首页朱文方印：苦雨斋藏书印，115999。

1930 年 4 月 11 日南阳堂购。

253. Westermarck, Edward, *A Short History of Marriage*, New York: Macmillan Company, 1926. 红布精装，书脊下贴有白纸朱印：参考，前衬页一：（Dup. 6245），扉页朱文方印：周作人印，正文首页朱文方印：苦雨斋藏书印，125115，3126182686。

1927 年 4 月购。1917 年 6 月 21 日记："上午往大学，……午返。还书，借来 Westermarck 著道德观念之起原及发达一部。"1923 年 11 月 25 日记："在宾宴楼得《道德发达史》二册一部，洋七元。"他买了这部书：*The Origin and Development of the Moral Ideas* (Macmillan Company, 1906). 知堂曾在《青年必读书十部》（1925 年 2 月 14 日）推荐的第六部就是《道德发达史》，他 1929 年 6 月 27 日又在丸善买了一部。《我的杂学：五》（1944 年 6 月 5 日）："此外还有一位原籍芬兰而寄居英国的威思忒玛克教授，他的大著《道德感起源发达史》两册，于我影响也很深。弗来则在《金枝》第二分序言中曾说明各民族的道德法律均常在变动，其道德观念与行为亦遂不同。威思忒玛克的书便是阐明这道德观念的流动的专著，使我们确实明了的知道了道德的真相……威思忒玛克的专门巨著还有一部《人类婚姻史》，我所有的只有一册小史，又六便士丛书中有一种《结婚》，只是八十叶的小册子，却是很得要领。"《结婚》（*Marriage*）一书，知堂 1930 年 3 月 30 日购得。

254. Wright, Helena, *What is Sex?: An Outline for Young People*, with an introduction by George C. Turner, London: Noel Douglas, 1932. 32 开蓝布精装，扉页朱文方印：周作人印，115785，封底内侧铅笔：4.--。

1934 年 12 月 25 日丸善购。

自然史

255. Derennes, Charles, *The Life of the Bat: The Sentimental Bestiary*, translated from the French by Louise Collier Willcox, New York; London: Harper & Brothers, 1924. 绿布精装，封面印有蝙蝠在金色星月间飞行的图案，前衬页一铅笔：440，扉页朱文方印：周作人印，115488。

《关于蝙蝠》(1930 年 7 月 23 日)："《蝙蝠的生活》，很有文学的趣味，是法国 Charles Derennes 所著，Willcox 女士于一九二四年译成英文，我所见的便是这一种译本。"知堂摘译了其中一段。

256. Knapp-Fisher, H. C., *The World of Nature*, with an introduction by E. W. MacBride and illustrations of more than 500 forms of life by Joan Harrison, London: Victor Gollancz Ltd., 1935. 蓝布精装，扉页朱文方印：周作人印，书后铅笔：510，115605。

知堂在《二十五年我的爱读书》(1937 年 1 月 11 日) 一文里列了该书。

257. Smith, R. Bosworth, *Bird Life and Bird Lore*, with illustrations, Popular Edition, London: John Murray, 1909. 蓝布精装，扉页朱文方印：周作人印，正文首页朱文方印：苦雨斋藏书印，115995，书中有乌鸦、猫头鹰、喜鹊等 16 幅插图，并大量征引古今诗文等作品。

据日记，1920 年 2 月 18 日在广学会购：鸟的生活与故事 ㄥㄇㅣㄥ [Smith]。

知堂在《鸟声》(1925 年 4 月 6 日刊) 里提及 "据斯密士的《鸟的生活与故事》第一章所说系小猫头鹰。"《猫头鹰》(1935 年 5 月)："斯密士（R. B. Smith）著《鸟生活与鸟志》，凡文十章皆可读，第一章谈猫头鹰，叙其食鼠法甚妙。"下面同样摘译了其中颇长一段文字。

258. Thomson, J. Arthur, *The Bible of Nature: Five Lectures delivered before Lake Forest College on the Foundation of the late William Bross, The Bross Lectures, 1907*, Bross Library, Volume IV, Edinburgh: T. & T. Clark,

1913. 32 开蓝布精装，前衬页二铅笔：3̲2̲5̲，前衬页三白文方印：周建，115729。

知堂翻译了《蚂蚁的客土之盘筵（九）》（1924年1月16日刊），附记里说："这一篇系英国汤姆生作，为《自然史研究》（*Natural History Studies*, 1921）之第十五章，今译其上半。"

259. Thomson, J. Arthur, *Nature all the Year Round*, with fifty-two illustrations by Alice M. Davidson, London: The Pilgrim Press, 1921. 大16开绿布精装，有彩色及黑白五十二幅插图，J. Arthur Thomson，阿伯丁大学自然史教授。扉页朱文方印：周作人印，115755，正文首页朱文方印：苦雨斋藏书印，封底内侧左上角铅笔：6.35被划掉，下写：SP2-4。

本书分春夏秋冬四大部分。最后第四十八章为"圣经中的动物"。据作者序，此书取代此前的 *Natural History of the Year*（1896），因而篇幅更大。知堂在《书籍绍介：广学会书》（1914年6月20日刊《绍兴县教育会月刊》第九号）里说："上海广学会以书籍来展览于承天学校，一往观焉。《格物概论》，汤穆森著，原名《科学导言》，价五角。……又有《宇宙进化论》，亦译汤氏原著，价三角。"在《科学小品》（1935年4月）提及此书与法布尔《昆虫记》："这两部书在现今都已成为古典了，在中国知道的人也已很多，虽然还不见有可靠的译本，大约这事真不太容易，《自然史》在日本也终于未曾译出，《昆虫记》则译本有三种了。此外我个人觉得喜欢的还有英国新近去世的汤木生（J. A. Thomson）教授，他是动物学专门的，著作很多，我只有他最普通的五六种，其中两种最有意思，即《动物生活的秘密》与《自然史研究》。这还是一九一九至二一年刊行，又都是美国版，可是我仍旧看重他。有时拿出来翻翻，有时还想怎样翻译一点出来也好，看看那暗黑难看的金字真悔不早点译出几篇来，可是这是徒然的。"他翻译了其中第三部秋第一和第二十五篇关于落叶的片段。1923年12月20日交民巷购《动物生活的秘密》，12月28日东亚公司购《自然史研究》。

哲学、语言及其他

260. Anderson, William, *Japanese Wood Engravings: Their History, Technique, and Characteristics*, new & rev. ed., London: Seeley and Co., Ltd., 1908. 蓝布袖珍本，五十多幅插图，前衬页二蓝文方印：周作人印，115431。

1924年7月20日北京饭店购。

261. Duclaux, Mary (A. Mary F. Robinson), *Portrait of Pascal*, London: T. Fisher Unwin, 1927. 紫罗兰色布面精装，毛边，前衬页二朱文方印：会稽周氏凤皇专斋藏，扉页朱文方印：周作人印，p. 13朱文方印：苦雨斋藏书印，115487。

1927年12月12日北京饭店购。

262. St. Cyres, Viscount, *Pascal*, London: John Murray, 1909. 红布烫金精装，扉页朱文方印：周作人印，116011。

《伟大的捕风》（1929年5月13日）："法儒巴思加耳（Pascal）在他的《感想录》上曾经说过：'人只是一根芦苇，世界上最脆弱的东西，但他是一根会思想的芦苇。这不必要世间武装起来，才能毁坏他。只须一阵风，一滴水，便足以弄死他了。但即使宇宙害了他，人总比他的加害者还要高贵，因为他知道他是将要死了，知道宇宙的优胜，宇宙却一点不知道这些。'"

1932年11月14日丸善购Pascal's Pensées。

263. Ts'un-Yan Liu（柳存仁），*Buddhist and Taoist Influences on Chinese Novels, Vol. I: The Authorship of the Feng Shen Yen I*, Wiesbaden: Otto Harrassowitz, 1962. 大16开，国图改精装，359983。

1962年8月29日记："以安藤著鉴真传之研究，雨生著封神传考三书令丰一捐赠图书馆。"

264. Hibben, Thomas, *The Carpenter's Tool Chest*, illustrated by the author, London: George Routledge & Sons, Ltd., 1933. 米黄色布面精装，扉页朱文方印：周作人印，正文首页朱文方印：苦雨斋藏书印，115562。

1934年1月31日丸善购。《一九三四年我所爱读的书》（1935年1月5日）列入第一种。

265. Kropotkin, Peter, *The Conquest of Bread*, New York: Vanguard Press, 1927. 青灰色布面精装，扉页白文方印：越周作人，115600。

据1930年4月13日记，至商务印书馆买书三册，此书是其中之一。《关于自己》（1937年7月22日）："现在我想说的书与人大抵可以分作两组，各举二人为例，即第一组是俄国克鲁泡金（Peter Kropotkin）与丹麦勃阑兑思（George Brandes），第二组是英国萧来则（J. G. Frazer）与蔼理斯。克鲁泡金的著作我也读过《面包的获得》等，又从《在英法狱中》一书内译出一篇《亚伯利亚纪行》登在《民报》第二十四期上，……但是我所最喜欢的还是别的两种，即《一个革命者的自叙》与《俄国文学的理想与事实》。"知堂1907年11月有《见店头监狱书所感》一文介绍了《俄法狱中记》。他翻译的《西伯利亚纪行》1908年10月刊于《民报》24号。1918年3月6日自丸善购有该作者的 *Mutual Aid: a Factor of Evolution*（送给了周建人），1927年4月购 *Ethics, Origins & Development*，1929年3月8日另购有 *French Revolution*。

266. Russell, Bertrand, *In Praise of Idleness and Other Essays*, London: George Allen & Unwin Ltd., 1935. 蓝布精装，扉页朱文方印：周作人印，115687，3053111070。

他在1935年《二十四年我的爱读书》里把罗素《闲散礼赞》列为第三种。

267. Russell, Bertrand, *On Education: Especially in Early Childhood*,

London: George Allen & Unwin, 1926. 蓝布精装，前衬页一铅笔：（Dup. 6122），扉页篆字朱文方印：周作人印，125040，3126171135。

1930年4月12日沈启无代购。

268. Russell, Bertrand, *Marriage and Morals*, London: George Allen & Unwin, Ltd., 1929. 蓝布精装，书脊下贴有白纸朱印：参考，前衬页一：（Dup. 6135），扉页白文长印篆字：周作人 ㄓㄡ ㄗㄨㄣ ㄖㄣ，125052，3126181233。

1930年3月22日沈启无还给他带来一册代买书：*Marriage and Morals*，知堂付了书款五元。另据日记，1929年6月30日交来寿石工、杨仲子所刻石章，及7月1日记："收建功所刻汉字及注音字母合璧印章。"其中7月1日和7月2日"豫记"栏分别盖有"越周作人"和"周作人 ㄓㄡ ㄗㄨㄣ ㄖㄣ"印，此印为魏建功所刻。1964年9月6日，周致鲍耀明信中解释另一枚魏建功为其所刻汉字及注音字母合璧印："上格朱文注音字母'周'（ㄓㄡ）字，下格右为'作人'（ㄗㄨㄣ ㄖㄣ），左则'启明'（ㄑㄧㄇㄧㄥ）。"[1]《虱子》（1930年4月5日）："偶读罗素所著的《结婚与道德》，第五章讲中古时代思想的地方，有这一节话。"并翻译了其中一段。

269. Wagner, Leopold, *London Inns and Taverns*, London: George Allen & Unwin, 1924. 蓝布精装，扉页朱文方印：周作人印，115781，封底内侧铅笔：2 ③ 375 x。

据日记，1934年7月19日："至丸善小坐饮茶，买书一册。"即此书。《东京的书店：怀东京之二》（1936年8月27日）："前年到东京，于酷热匆忙中同了徐君去过一趟，却只买了一小册英诗人《克刺勃传》（Crabbe），便是丸善也只匆匆一看，买到一册瓦格纳著的《伦敦的客店

---

[1] 此处承陈玲玲相告，谨此致谢。

与酒馆》而已。近年来洋书太贵，实在买不起，从前六先令或一圆半美金的书已经很好，日金只要三圆，现在总非三倍不能买得一册比较像样的书，此新书之所以不容易买也。"

270. Weekley, Ernest, *Words and Names*, London: John Murray, 1932. 红布精装，前衬页三篆字朱文方印：周作人印，序言首页朱文方印：苦雨斋藏书印，pp. viii, 1-17, 20, 30, 31, 32, 33, 35, 37, 28, 39, 52 都有铅笔痕迹和批注，pp. 98, 158 有折角。后衬页一有一行竖写的毛笔字：二十二年三月二日 知堂读了，封底内侧铅笔：375，115787。

1933 年 2 月 27 日丸善购，知堂 3 月 2 日读完。

271. Weekley, Ernest, *Words: Ancient and Modern*, London: John Murray, 1927. 绿布精装，扉页朱文方印：周作人印，正文首页朱文方印：苦雨斋藏书印，115786。

1933 年 7 月 10 日丸善购。《文法之趣味》（1925 年 3 月末）："近来因为重复地患感冒，长久躲在家里觉得无聊，从书架背后抓出几册旧书来消遣，如德伦支主教（Archbishop Trench）的《文字之研究》，威克勒教授（Ernest Weekley）的《文字的故事》、《姓名的故事》，斯密士（L.P. Smith）的《英国言语》（*The English Lauguage*）等，都极有兴味，很愉快地消磨了几天病里的光阴。……有兴味的人除《文字的故事》等以外，再买ㄙㄎㄧㄊ（Skeat）或威克勒的一册小本《英语语源字典》，随便翻翻也好，可以领解一种读字典的快乐。"《文字之研究》由周建人 1923 年 7 月 31 日寄到，《文字的故事》7 月 23 日也由丸善寄到。《英国言语》也是 3 月 31 日购于灯市口。1925 年 8 月 16 日："访凤举耀辰，收代买字典一本。"即为：*An Etymological Dictionary of Modern English* (1921)，知堂还买了作者其馀几种书：*The Romance of Names* (1914), *The Romance of Words* (1912)。知堂在《荣光之手》（1928 年 9 月 2 日）里说："威克勒（Ernest Weekley）《文字的故事》（*The Romance of Words*）第九章讲语原俗说提到荣光之手。"《文字的故事》是一卷讲语原的通俗而又学术的好书。"

272. Weekley, Ernest, *The Romance of Words*, 4th ed., London: John Murray, 1922. 红面精装。扉页朱文方印：凤凰专斋，蓝色平馆英文圆印，3120417211，115732，初版于1912年3月，四版印于1922年1月。p. 51, pp. 145–148, pp. 150–151, p. 173 都有红蓝铅笔画线。封底内侧左上角铅笔：285 N。

1923年7月23日丸善寄到《文字的故事》。

（二）日文部分

民俗及歌谣

273. 百田宗治編，《謠及民謠研究》，大阪：巧人社，昭和八年（1933）五月。黑布书脊纸面精装，前衬页一钢笔：呈丰一兄，66426。执笔有十一人，其中白鸟省吾、野口雨情两篇有铅笔记号，白鸟省吾《新しい民謠と古い民謠》一篇第288、290页有铅笔日文字，野口雨情《乡土童謠と乡土民謠》那篇第299页有一行铅笔字解释，或为知堂字。

274. 百田宗治，《児童をうたへる詩歌：萬葉より現代まで》，東京：厚生閣書店，昭和六年（1931）十二月。绿色纸面精装，扉页朱文方印：苦雨斋藏书印，《児童をうたへる詩歌》篇章页朱文方印：周作人印，66532。

1933年1月5日东亚公司购。

275. ベヤリング・グウルド，《民俗學の話》，今泉忠義訳，東京：大岡山書店，昭和五年（1930）十一月。译自 S. Sabine Baring-Gould 的

作品 A Book of Folklore。黑布精装，前衬页钢笔字："二十二年五月购得惜译文有错误"，而里面第六篇《死》第156页天头批有："大误"，应该指此处日译文有错误。扉页朱文方印：苦雨斋藏书印，86184。

1933年5月11日丸善购。知堂1914年4月13日购买过英文本。

276. 北原白秋，《白秋小唄集》，東京：アルス，大正八年（1919）九月再版。白金光泽的绣花绸绢布袖珍36开精装，扉页朱文方印：苦雨斋藏书印，85276。

据日记，1920年2月24日："晚阅《白秋小唄集》。"1920年3月7日在东京堂购《雀ノ生活》一册，3月22日在中西屋也购了一册。

277. 北原白秋，《お話・日本の童謡》，東京：アルス，大正十三年（1924）十二月。米黄色布面书脊上贴有粉色书名，紫罗兰色封面封底，扉页朱文方印：岂明读书，69546，正文第一页朱文方印：苦雨斋藏书印。

1925年4月15日东亚公司购。《关于日本的流行歌》（1936年12月1日）："鄙人从前曾购集日本歌谣书百数十种，（《日本歌谣集成》中所收便有百种以上）搁置不曾用功。北原白秋著有《日本童谣讲话》，平日喜抽读一二节以消遣，今译出一章，文不能佳，不过聊以塞责，并为《歌谣周刊》补馀白耳。"知堂译了《儿歌里的萤火》（1936年12月1日），《日本童谣讲话》中的一章。附记里说："《日本童谣讲话》在一九二二年出板，凡四十馀章，皆是对儿童说话的口气，所以颇有意思。"《歌谣与名物》（1937年3月18日）："北原白秋著《日本童谣讲话》第十七章，题曰《水葫芦的浮巢》，其文云……"

278. 北原白秋编，《現代民謠選集》，東京：大日本雄辯會，大正十五年（1926）九月五版。封面为少半黄绢面，大半绿色绢面，扉页朱文方印：周作人印，66477，篇章页朱文方印：苦雨斋藏书印。

1934年8月16日记："在本乡三丁目买书一册。"所购为北原白秋的《日本童謠集》。

279. 萩原蘿月編,《俳諧歷代選》,東京:白帝書房,昭和五年（1930）三月。白绸面精裝,扉頁白文方印:煅药庐,85030。

280. 高野辰之,《日本歌謠史》,東京:春秋社,大正十五年（1926）三月三版。青布精裝,扉頁朱文方印:周作人印,序说页朱文方印:会稽周氏凤皇专斋藏,85025。

1926年5月12日东亚公司购。《歌谣的书》:"汤朝竹山人著书《俚谣》等有十馀册,藤井乙男藤田德太郎编各歌谣集,高野辰之的《日本歌谣集成》十二大册,陆续出板,寒斋亦大抵收置,近几年来却没有翻过一页。"《知堂回想录:二〇五 拾遗（巳）》:"看了日本戏曲发达的径路,也很感兴趣。这方面有两个人的书于我很有益处,这是佐佐醒雪与高野斑山。高野讲戏剧的书更后出,……高野编刊《俚谣集拾遗》时号斑山,后乃用本名辰之,其专门事业在于歌谣,著有《日本歌谣史》,编辑《日本歌谣集成》共十二册,皆是大部巨著。"[1]知堂买过的藤井乙男作品有:1915年8月25日在相模屋购得《俗谚論》（東京:冨山房,明治三十九年[1906]八月二版）,1922年10月18日在丸善购有《江户文學研究》,1925年3月31日东亚公司购有《谚語大辭典》,1929年2月15日在东亚公司购歌谣集成等二册,应该就是《日本歌謠集成》其中两册,7月24日在东亚公司购得《謠の研究》,1933年1月19日东亚公司购《江户文學叢説》。

281. 高野辰之,《日本民謠の研究》,東京:春秋社,大正十三年（1924）十二月再版。扉頁白文方印:周公之作,85215,3191206733。

1926年10月4日东亚公司购,同年7月8日东亚公司购《名曲選》。1929年5月20日东亚公司购《民謠童謠論》。1934年5月10日东亚公

---

1 《知堂回想录》,第706—707页。

司购《國劇史概觀》。

282. 高野辰之,《日本演劇の研究》,東京:改造社,大正十五年（1926）七月。大16开绿绸面精装,顶金,扉页白文方印:周公之作,43692。

1926年9月9日东亚公司购。

283. 高野辰之,《日本演劇の研究:第二集》,東京:改造社,昭和三年（1928）六月。大16开绿绸面精装,顶金,扉页朱文方印:周作人印,86259。

284. 井上劍花坊,《江戸時代之川柳:一名川柳史》,東京:近世日本文化史研究會,昭和三年（1928）二月。绿布花纹精装,顶金,扉页朱文方印:苦雨斋藏书印,书后衬页一朱文方印:凤皇专斋,128291。

1917年1月知堂买过该作者的《新川柳六千句》。

285. 笠井新也,《阿波の狸の話》,鄉土研究社第二叢書,東京:鄉土研究社,昭和二年（1927）四月。蓝布书脊,纸面精装,扉页朱文方印:周作人印,85124。

1927年12月20日丸善购。知堂在《猪鹿狸》一文末尾提及此书。

286. 柳田國男,《山の神とヲコゼ》,東京:寧楽書院,昭和十一年（1936）八月。书名页朱文方印:周作人印,前面五幅插图,86189,正文篇章页"壹"朱文方印:苦雨斋藏书印,书后有柳田国男著作目录四十七种。

《远野物语》（1931年11月17日）:

> 柳田氏系法学士,东京大学法科出身,所著有关于农政及铜之用途等书,唯其后专心于乡土研究,此类书籍为我所有者有下列十种:
> 《石神问答》（一九一〇年）
> 《远野物语》（同）

523

《山岛民谭集》一（甲寅丛书，一九一四），内计《河童牵马》及《马蹄石》二项，印行五百部，现已绝板，第二集未刊。

《乡土志论》（炉边丛书，一九二二）

《祭礼与世间》（同）

《海南小记》（一九二五）记琉球各岛事。

《山中之人生》（乡土研究社丛书，一九二六）记述山人之传说与事实，拟议山中原有此种住民，以待调查证明。

《雪国之春》（一九二八）记日本东北之游。

《民谣之今昔》（民俗艺术丛书，一九二九）

《蜗牛考》（语言志丛刊，一九二九）

柳田氏治学朴质无华，而文笔精美，令人喜读，同辈中有早川孝太郎差可相拟。早川氏著有《三州横山话》（炉边丛书）《野猪与鹿与狸》（乡土研究社丛书），也都写得很好，因为著者系画家，故观察与描写都甚细密也。

据日记，1913年3月17日："下午得サガミヤ[相模屋]九日寄《石神问答》。"1915年1月3日："下午得乡土研究社廿四日笺云杂志以小包留置北京邮便局，即寄北京函属代取。"而据今村与志雄研究，鲁迅日记："1915年1月9日寄周作人《乡土研究》二包。"这是柳田国男、高木敏雄1913年3月创办的《乡土研究》。而据知堂日记，1916年4月5日："寄サガミヤ[相模屋]函来，月起以乡土研究代白桦。"这时开始正式订阅《乡土研究》杂志了。

知堂回忆："当《远野物语》出版的时候，我正在本乡，跑到发行所去要了一册，共总刊行三百五十部，我所有的是第二九一号。因为书面略有墨痕，想要另换一本，书店的人说这是编号的，只能顺序出售，这件小事至今还记得清楚。这与《石神问答》都是明治庚戌

（一九〇九）年出版，在乡土研究会创刊前三年，是柳田最早的著作，以前只有一册《后狩词记》，终于没有能够蒐得。"[1] 而据日人考证："周作人买有《远野物语》1910年6月版，是二百九十一号，此书共印行三百五十册。作者1935年在《远野物语》再版备忘录里写到：'初版的《远野物语》曾编有记号，记得从第一号的顺序开始，送给书中对话者佐佐木君（喜善）数本，……外国人所藏很少，大概只有七八本吧，馀下三百馀本均分赠亲戚知友了。'周作人所藏的就是这七八本中之一。"[2]

287. 柳田國男，《蝸牛考》，言語誌叢刊，東京：刀江書院，昭和五年（1930）七月。白色布脊纸面精装，扉页朱文方印：苦雨斋藏书印，86964，红色字：新定价 壹圆六拾钱。

1932年3月28日东亚公司购。《古音系研究》（1934年12月31日）："最近还在看巴菲耳特（O. Barfield）的《英字中的历史》消遣。我最爱丛刊中柳田国男氏《蝸牛考》，他说明蜗牛古名'都布利'（tsuburi）与草囷'都具拉'（tsugura）的关系，觉得很有意思。"O. Barfield 的 History of English Words 系1934年2月20日购自丸善。

《幼小者之声》（1935年10月27日）："柳田国男的著述，我平时留心搜求，差不多都已得到，除早年绝板的如《后狩词记》终于未能入手外，自一九〇九的限定初版的《远野物语》，以至今年新出的增补版《远野物语》，大抵关于民俗学的总算有了。有的收在预约的大部丛书里的也难找到，但从前在《儿童文库》里的两本《日本的传说》与《日本的故事》近来都收到春阳堂的《少年少女文库》里去，可以零买了，所以只花了二三十钱一本便可到手，真可谓价廉物美。又有一册小书，名

---

[1] 《知堂回想录》，第699—700页。
[2] 《鲁迅、周作人与柳田国男》（赵京华译），《回望周作人·研究述评》，第165页。据译后附记，选译自今村与志雄《理智与情感：中国近代知识分子的轨迹》。

为《幼小者之声》，是《玉川文库》之一，平常在市面上也少见到，恰好有一位北大的旧学生在玉川学园留学，我便写信给他，声明要敲一竹杠，请他买这本书送我，前两天这也寄来了。共计新旧大小搜集了二十五种，成绩总算不坏。"知堂至少有二十五册开外，可惜现在只寻获到这两册。

288. 日本放送協会東北支部編，《東北の土俗》，東京：一誠社，昭和八年（1933）五月。蓝布精装，扉页朱文方印：周作人印，85032。

《文字的趣味》（1935年8月）："《东北之土俗》讲演集中有金田一京助的一篇《言语与土俗》，中云……"知堂所译的引文见《言語と土俗》，第251—252页，第253—254页。

289. 松村武雄，《民俗學論考》，東京：大岡山書店，昭和五年（1930）十月。蓝布16开精装，扉页朱文方印：周作人印，85163，封底内侧蓝色标签：北平西单牌楼南 人人书店 电话南局二四五。书后单附有多幅黑白及彩色希腊瓶画照片。

1934年10月2日在张我军的人人书店购。1922年12月12日在东单购有《童話及び児童の研究》。

290. 松村武雄編，《神話傳説大系第十六卷：自然民族篇》，東京：近代社，昭和二年（1927）六月。绿布书脊精装，四面包角，顶金。正文篇章页钢笔字：岂明先生惠存 纪生敬赠 廿三年五月八日。89538。

知堂1934年5月8日记："（下午）纪生来访，纪生赠神话传说大系一册。"1934年12月3日曾在东亚公司购松村武雄《民族性の神話》。另据日记，1940年11月8日："得纪生赠书一册。……岩波文库 民俗学方法论 寄赠。"即《民俗学方法论》（岩波文库2547-2548，クローン [Kaarle Krohn] 著，関敬吾訳，東京岩波書店，昭和十五年[1940]）。1940年12月8日："纪生赠书一册。……竹久梦二 九十九里へ。（寄赠）"即《九十九里へ》（[竹久]夢二[筆]，東京：青燈社，昭和十五

年 [1940] 九月）。1940 年 12 月 14 日："遣人往邮局寄纪生金廿円。"[1] 方纪生曾多次从日本给知堂寄书，知堂也把书款寄回。

291. 湯朝竹山人，《小唄漫考》，東京：アルス社，大正十五年（1926）八月。蓝布精装，扉页白文方印：周公之作，88017。

1926 年 10 月 4 日购，同日购有《小唄全集》。1918 年 12 月 16 日自东京堂购有该作者的《小唄选》，1919 年 2 月 15 日自中西屋购有《諸国俚謠傑作集》，20 日阅读该书。1920 年 12 月 25 日自双龍洋行购有《趣味の小唄》，1922 年 10 月 18 日丸善购《風流俗諺集》，1924 年 6 月 4 日在山东济南纬四路文海堂购《小唄选》，1925 年 1 月 31 日东亚公司购《小唄夜话》，1926 年 1 月 7 日《日本現代詩選》，3 月 2 日东亚公司购《小唄研究》，1926 年 10 月 4 日东亚公司购《小唄漫考》《小唄全集》，11 月 11 日东亚购《季節の窓》，1929 年 2 月 1 日南阳堂购《歌澤端唄集》，1932 年 3 月 28 日玉英堂寄《歌謠雜稿》。1934 年 10 月 28 日东亚公司购《杯洗の雫：随筆集》（東京：書物展望社，昭和九年），皆未见。《俗曲与玩具》（1944 年 9 月 16 日）："汤朝竹山人，关于小唄亦多著述，寒斋所收有十有五种，虽差少书卷气，但亦可谓勤奋矣。"知堂藏书十五种中只找到这一种。《艳歌选》（1926 年 3 月）一文里介绍过《小唄选》选录里的几首俗歌。

292. 藤田德太郎等编，《近代歌謠集》，校註日本文学類從，東京：博文館藏版，昭和四年（1929）六月。漆布顶金，解题页后朱文方印：周作人印，66908。

1934 年 10 月 5 日东亚公司购。《歌谣的书》（1940 年 11 月 23 日）

---

[1] Zhou Jiyi and Zhou Yiming, "Historical Research Materials on Zhou Zuoren in the Possession of his Family," tr. Susan Daruvala, Appendix: Zhou Zuoren's Diary from 8th November 1940 to 1st January 1941，载《文化論集》第 55 号「周作人國際學術シソポジウム」特集号（2019 年 9 月），第 97 页，第 100—101 页。

一文谈及该书。

293. 藤田德太郎，《古刊源氏物語書目》，東京：駿南社，昭和九年（1934）四月。棕布书脊，褐色布面，前衬页一毛笔题字：谨呈 周作人先生 著者。239949，书后衬页贴有一张16开稿纸钢笔字：口绘订正。

据日记，1934年7月27日："上午久持君及中央公论社佐藤君（古川）来访，约卅日上午再来。……柳田君、藤田君赠书二册……藤田德太郎，《古刊源氏书目》，同《国文学概说》。"

294. 藤田德太郎，《日本民謠論》，東京：萬里閣，昭和十五年（1940）六月。纸面精装，目次页朱文方印：周作人印，85035，3191206873。

295. 藤田德太郎，《古代歌謠の研究》，東京：金星堂，昭和九年（1934）九月。棕色皮脊，猪皮装帧，首页插绘页朱文方印：苦雨斋藏书印，扉页朱文方印：周作人印，67769。

1934年10月28日东亚公司购。

296. 藤澤衛彦，《日本民謠の流》，東京：東明堂，昭和九年（1934）一月。紫罗兰色布面精装，扉页朱文方印：周作人印，85130，封底内侧黑色标签：北平西单牌楼南 人人书店 电话南局二四五。

1934年10月2日在张我军的人人书店购。1921年12月购有该作者的《日本の小唄》与《日本の俗謠》，1923年2月购有该作者的《日本神話傳説研究》卷一，1925年8月4日收到自东亚公司订购的《日本民謠史》，10月16日东亚公司购《日本神話傳説研究》卷二，1926年10月8日玉英堂寄到《はやり唄と小唄》，1933年7月29日购《鳥の生活と談叢》《日本艷歌考》，还购有《流行唄変遷史》。

297. 田中喜多見，《山村民俗誌：山の生活篇》，東京：一誠社，昭和八年（1933）十一月。黑布精装，扉页朱文方印：周作人印，正文前篇章页朱文方印：苦雨斋藏书印，66514。

1934年2月28日东亚公司购。

298. 櫻田勝德編，《漁村民俗誌》，東京：一誠堂，昭和九年（1934）一月。黑布精裝，扉頁朱文方印：周作人印，66537。

1934年2月28日東亞公司購。

299. 早川孝太郎，《猪・鹿・狸》，鄉土研究社第二叢書，東京：鄉土研究社，大正十五年（1926）十一月。定價：壹圓五拾金。蓝布書脊，目次頁有黃文方印：浴禅堂印，86255。

1932年4月23日東亞公司購，《案山子》（1931年10月11日）："早川孝太郎編《野猪与鹿与狸》中讲三河设乐郡村人驱野猪的方法……二书皆近年新刊，为'乡土研究社丛书'之一，故所说翔实可信，早川氏之文尤可喜。"《猪鹿狸》（1933年9月13日）："《猪鹿狸》，这是很奇妙的一部书名。这在一九二六年出板，是日本的乡土研究社丛书之一，著者早川孝太郎，学人而兼画家，故其文笔甚精妙。所著书现有《三州横山话》，《能美郡民谣集》，《羽后飞岛图志》，《猪鹿狸》，《花祭》二卷，有千六百页，为研究地方宗教仪式之巨著。其中我所顶喜欢的还是这《猪鹿狸》，初出时买了一本，后来在北平店头看见还有一本又把他买了来，原想送给友人，可是至今没有送，这也不是为的吝啬，只是因为怕人家没有这种嗜好。"而据日记，1933年9月13日"豫记"栏有："猪鹿狸 随笔六（3）"，是写此文的时间。《凡人崇拜》（1937年2月23日）："这样买了书送人的事只有几次，此外有滨田青陵的《桥与塔》，木下周太等的《昆虫写真生态》二册，又有早川孝太郎的《野猪与鹿与狸》，不过买来搁了好久还没有送掉，因为趣味稍偏不易找到同志也。"而据知堂1939年5月3日记："下午往北大开会，六时半返。以《猪鹿狸》一册赠与稻孙。"1933年2月9日南阳堂寄到《花祭》二册。

300. 佐藤隆三，《狸考》，東京：鄉土研究社，昭和九年（1934）十一月。紙面精裝，扉頁朱文方印：周作人印，85031。

《日本管窥》（1935年5月）："研究民俗的学者佐藤隆三在他新著

《狸考》中也说日本童话《滴沍山》（Kachikachi yama）里狸与兔的行为残酷非日本民族所有，必定是从支那传来的。"

301. 佐藤隆三，《江戶の口碑と傳說》，東京：鄉土研究社，昭和六年（1931）十月。蓝布书脊，纸面精装，扉页朱文方印：周作人印，86187。第 3 页，一《茶碗屋敷》有处有圆珠笔修改。

1925 年 7 月 5 日在东亚公司买过《江戶傳說》。

柳宗悦及民艺

302. 柳宗悦，《茶と美》，東京：牧野書店，昭和十六年（1941）七月。大 16 开本布面精装，有多幅黑白和彩色插图。特装版。前衬页朱文方印：周作人印，扉页朱文方印：苦雨斋藏书印，85424，第 274 页后有毛笔题字：宗悦，签名限量本，定价：二十三圆。

《和纸之美》（1944 年 12 月 1 日）里说，《和纸之美》系"昭和十八年九月二十五日刊行，系私家板，不鬻于市，只颁布于亲友之间。刊行部数计二百部"。"前曾得其所著《茶与美》，共文十二篇，亦是特制本，有图二十幅，以陶器为主，亦颇可喜"，可与此书相比，他还是喜欢纸胜过陶器。

303. 柳宗悦，《初期大津繪》，民藝叢書第貳篇，日本民藝美術館編，東京：工政會出版部，昭和四年（1929）四月。纸面精装，扉页大朱文方印：会稽周氏凤皇专斋藏，朱文方印：周作人印，86367，序言页朱文方印：苦雨斋藏书印，定价：六圆五拾元钱，昭和四年版印五百册。

1929 年 6 月 22 日丸善购，25 日阅读该书。《草囤与茅屋》（1944 年 2 月 8 日）："日本民艺运动以柳宗悦氏为中心，开始于十八年前，至今已成立民艺馆一所，杂志于《民艺》外尚有《工艺》一种，书籍单行本甚多。柳氏为白桦派之一人，最初多论宗教问题，质朴可喜，我虽是门外汉亦喜读之，继而谈朝鲜的艺术，又转入民艺，其所著书大抵搜得。

我对于民艺感觉兴趣，其原由殆与民俗有关，……民艺馆所编有《日本民艺品图录》，凡四十四图，我最喜欢，屡次翻看，仿佛都能领会，常有亲近之感。又有一册英文书，名曰《日本之民艺》，为国际文化振兴会出板之一，论文出于柳氏之手，插图十九枚亦均佳，我大爱其中四张农家茅屋的照相，第四张那个茅檐白壁的门，门外两旁种着豆麦，望过去真好面善似的，这固然异于城内的老家，可是似乎是一家亲戚的门的幻想，却是愈看愈深。看福原信三编的《武藏野风物》，百五十图中也有不少相似的印象。"知堂1919年11月10日在中西屋购柳宗悦《宗教とその真理》，这是最早购买柳宗悦著作的记载。《日本民艺品图录》是1930年5月21日在杉田书店所购。

304. 柳宗悦，《工藝の道》，東京：ぐろりあそさえて，昭和三年（1928）十二月。蓝布精装，毛边，前衬页三朱文方印：周作人印，扉页朱文方印：苦雨斋藏书印。85113，昭和三年版印一五○○册，后面有二十六幅插绘，定价：五元，封底内侧：玉英堂书店 Tokyo 神田店 本乡店，特装版。

1933年8月8日玉英堂寄到。1922年12月11日在东亚公司购《朝鮮と其藝术》，1926年2月11日东亚公司订购的《信と美》到，1929年11月16日丸善寄到柳宗悦等《雜器の美》。1933年10月30日东亚公司购《日本の傳說》。《〈朝鲜童话集〉序》（1931年10月20日）："关于朝鲜的艺术，我的知识只有李朝瓷器的一点，还是从柳宗悦氏的书里间接得来的。"

305. 柳宗悦编，《琉球の陶器》，民藝叢書第四篇，東京：昭和書房，昭和十七年（1942）十一月。布面精装，扉页铜钱形朱文方印：作人，64760。芹泽銈介装帧。

306. 柳宗悦，《民藝とは何か》，東京：昭和書房，昭和十六年（1941）六月。纸面精装，前衬页一钢笔题字：知叟惠览 纪生呈上，朱文方印：纪生，扉页朱文方印：苦雨斋藏书印。66596。后面附有十九页英文译文。

《武者先生和我》（1943年9月24日，10月1日再记）："方纪生先生从东京寄信来，经了三星期才到，信里说起日前见到武者小路先生，他对于我送他的晋砖砚很是喜欢，要给我一幅铁斋的画，托宫崎丈二先生带来。"方纪生，曾任东京帝国大学文学部讲师、北京大学文学院讲师，时任华北驻日留学生监督。[1] 他编有《周作人先生のこと》（光風館，昭和十九年 [1944] 九月初版），其中收有他的文章《周先生の点々滴々》（1942年3月）。

307. 淺川巧，《朝鮮の膳》，日本民藝美術館編，民藝叢書第三篇，東京：工政會出版部，昭和四年（1929）三月。国图重装封面，扉页朱文方印：会稽周氏凤凰专斋藏，篆字朱文方印：周作人印，序言首页朱文方印：苦雨斋藏书印，正文首页朱文方印：荣木山房，66206，印五〇〇册。

1929年6月22日丸善购。《日本的乡土研究：我的杂学之十四》（1944年8月）："柳氏著《初期大津绘》，浅井巧著《朝鲜之食案》，为《民艺丛书》之一，浅井氏又有《朝鲜陶器名汇》，均为寒斋所珍藏之书。"1932年6月14日丸善寄到《朝鮮陶器名汇》。

308. 式場隆三郎編，《琉球の文化》，民藝叢書第二篇，東京：昭和

---

[1] 据《留日生办事处 方纪生任专员》："【北京十七日中华电】华北政务委员会特派北京大学文学院教授方纪生氏，为华北留日学生办事处专员，方氏定于下月五日起程赴日就任云。"（天津《东亚晨报》1940年7月18日第二版）另见《中国教育并一般文化界知名の人士の动静（十四）》"方纪生"条，上海自然科学研究所编《中國文化情报》第二十五号（1940年9月）。他出发时的新闻：《留日办事处主任 方纪生氏赴任 昨晨离北京经满东渡》："新任官费留日学生东京办事处主任方纪生氏，于十二日晨七时四十五分，搭釜急行车离京赴任履新。"（保定《河北日报》1940年8月13日第三版）而据《北大教授方纪生 今晨东渡 就留日生办事处主任》，方纪生的职务是"华北政务委员会选派官费留日学生东京办事处专员"（北京《晨报》1940年8月12日第三版）。

書房，昭和十六年（1941）九月。纸面精装，扉页朱文方印：苦雨斋藏书印，85122。

《乡土研究与民艺：我的杂学（十四）》（1944年8月1日刊）："式场隆三郎为精神病院长，而经管民艺博物馆与《民艺月刊》，著书数种，最近得其大板随笔《民艺与生活》之私家板，只印百部，和纸印刷，有芹泽铚介作插画百五十，以染绘法作成后制板，再一一着色，觉得比本文更耐看。中国的道学家听之，恐要说是玩物丧志，唯在鄙人则固唯有感激也。"此书也是片泽铚介装帧。

文学

309. 奥里将建著，吉澤義則监修，《最新國文學史辭典》，東京：大同館，昭和三年（1928）九月。国图重装封面，扉页有朱文方印：周作人，三字被黄纸涂盖，已揭去，240614。

310. 阪元雪鸟 西村醉夢 鴻巢槙雨，《新式解說俳句大辭典》，東京：博文館，明治四十四年（1911）十二月。天蓝布精装，扉页朱文方印：苦雨斋藏书印，分类目录页朱文方印：只图遮眼，89548。

1912年12月20日购。知堂在《故乡的野菜》（1924年2月）谈及草紫说："日本《俳句大辞典》云：'此草与蒲公英同是习见的东西，从幼年时代便已熟识。在女人里边，不曾采过紫云英的人，恐未必有罢。'"《关于蝙蝠》（1930年7月23日）里又翻译了《俳句辞典》中关于蝙蝠的条目。

311. 長澤規矩也，《支那學術文藝史》，東京：三省堂，昭和十四年（1938）四月再版。布脊纸面精装，扉页朱文方印：苦雨斋藏书印，66547，3188237337。

312. カール・フローレンツ著，《日本文學史》，土方定一，篠田太郎同訳，東京：樂浪書院，昭和十一年（1936）六月。本书原名：

Geschichte der Japanischen Literatur, zweite Ausgabe, von Dr. Karl Adolf Florenz, Leipzig: C. F. Amelangs Verlag, 1909. 蓝布精装，前衬页一毛笔：耀辰见赠，廿五年七月十五日 知堂，白文方印：作人，扉页朱文方印：周作人印，85107，封底内侧：上海内山书店。

《老人的胡闹》(1936 年 7 月 31 日)："至一九〇五年德国茀洛伦支著《日本古代文学史》，则又其后起者也。"

313. 晖峻康隆，《江戶文學辭典》，東京：冨山房，昭和十五年（1940）四月。布面软精装，扉页朱文方印：周作人印，141581。

314. 吉田孤羊编，《啄木寫眞帖》，東京：改造社，昭和十一年（1936）六月。浅青布大 16 开精装，扉页朱文方印：周作人印，17793。里面有大量图片，配合介绍啄木的生平和活动，以及诗文。

1929 年 8 月 30 日曾购有该作者的《啄木を繞る人々》。1932 年 5 月 6 日又买过土岐善麿的《啄木追怀》。

315. 金田一京助，《アイヌ文学》，東京：河出書房，昭和八年（1933）。书脊及封底大半蓝布，半白布封面，扉页朱文方印：周作人印，66542，目次页朱文方印：苦雨斋藏书印。

1933 年 12 月 4 日东亚公司购《虾夷文学》。1914 年 9 月 21 日相模屋购金田一京助编《北虾夷古謠遺篇》。

316. R. C. ジェブ著，《古代希臘文學總説》，木下正路訳補，東京：第一書房，昭和八年（1933）七月。此书译自 *A Companion to Greek Studies*, edited by L. Whibley，1916 年第三版，翻译了 Richard Claverhouse Jebb 写的第三节。限定版五百五十部，白布书脊，布面包角，顶金，扉页朱文方印：周作人印，85380，书后附有"主要刊行原典并びに翻訳書"，其中 Sappho 所列书目，知堂把译本几乎买全了。版权页印花还用希腊文。原书有硬壳纸套，收入平馆后被丢弃，其他外文书衣也都如此。

1933年8月30日购。《希腊之馀光》(1944年5月末)："一个月以前，在日本书店里偶然得到一册长坂雄二郎译的《古代希腊文学史》，引起我好些的感想。这是理查及勃教授的原著，本名《希腊文学初步》，是麦克米兰书店'文学初步丛书'之一。这丛书虽然只是薄薄的小册子，却是很有意思，我所有的四册都很不错，其中两种觉得特别有用，便是这《希腊文学》，以及勃路克牧师所著的《英国文学》，我买到《英国文学初步》还是在民国以前，大概是一九一〇年，距离当初出板的一八七六已是三十四年，算到现在，恰巧又是三十四年了。我很喜欢勃路克的这册小书，心想假如能够翻译出来，再于必要处适宜的加以小注，是极好的一本入门书，比自己胡乱编抄的更有头绪，得要领。对于希腊文学也是如此，虽然摩利思博士的《英文法初步》我也喜欢，却觉得还在其次。光阴荏苒的过去了三十九年，既不能自己来动手，等别人自然是靠不住，偶尔拿出来翻阅一下，还只是那两册蓝布面的原书而已。但是勃路克的书在日本有了石川诚的译本，名曰《英国文学史》，一九二五年出板，我收有的乃是一九四一年的改订再版本，及勃的书则出板于去年冬天，原书著作为一八七七年，盖是著者三十八岁时，去今已有六十七年矣。"这册 Richard Jebb 的 *The Primer of Greek Literature*（London: Macmillan, 1877），知堂 1919 年 5 月 3 日在日本东京时购于丸善书店。此书英文本与日译本均未见。勃路克的《英国文学初步》是指 Stopford Augustus Brooke 的 *The Primer of English Literature*（London: Macmillan, 1876），据知堂日记，1914 年 4 月 20 日："四年用英文学史已到，但 Howes 著非 Brooke 耳。"日记中英文学史的是 Abby Willis Howes 的 *A Primer of English Literature*（Boston: D. C. Heath & Co., 1903）。同年 6 月 11 日："由中校转购 Brooke: *English Literature.* 一本。"知堂在绍兴浙江省立第五高级中学以此书作英文教本。摩利思博士的《英文法初步》是指 Richard Morris 的 *A Primer of English Grammar*（London:

Macmillan, 1875），亦未见。

317. 橘文七，《明治大正文學史》，東京：啓文社書店，昭和三年（1928）十二月。黑绒布金边精装，扉页朱文方印：周作人印，86875，封底内侧书店标：东 TOKYODO 神田 东京堂书店。

1929 年 2 月 18 日购。

318. 鈴木敏也，《近世日本小説史：蠱惑と幻妖との文藝》，東京：目黑書店，大正九年（1920）十月再版。白布精装，顶金，前衬页一蓝文方印：周作人印，85014。

1922 年 9 月 2 日丸善购，1933 年 8 月 22 日又购了一册。1925 年 7 月 18 日购有《明治文學選集》，1927 年 1 月《廢園雜草》，1933 年 8 月 22 日东亚公司购《樋口一葉　たけくらべ評釋》，均未见。

319. 鈴木敏也，《江戸文學選集》，東京：中文館書院，大正十三年（1924）三月再版。布脊纸面精装，前衬页一朱文方印：周作人印，85019。

1925 年 3 月 6 日购。

320. 片岡良一，《井原西鶴》，東京：至文堂，大正十五年（1926）三月。白布精装，扉页朱文方印：周作人印，17850。

321. 勝峯普風編，《一茶新集》，東京：古今書院，大正十五年（1926）二月。扉页朱文方印：周作人印，上面又覆盖朱印：北京图书馆藏书，88019。

1926 年 3 月 30 日东亚公司购。另据日记，1912 年 11 月 14 日："寄サガミヤ［相模屋］函托买一茶传等。"11 月 29 日："得サガミヤ［相模屋］廿二日寄俳谐寺一茶、日本情史各一册。夜阅一茶传。"12 月 11 日："夜阅一茶传了。"即束松露香著、一茶同好会编辑《俳諧寺一茶》（東京：一茶同好會，明治四十三年［1910］）。12 月 3 日："又寄サガミヤ［相模屋］函托买一茶集。"22 日："得サガミヤ［相模屋］十四日寄一茶全

集一册。"1922年1月25日："得聚英阁寄一茶选集一册。"即中村六郎编《一茶选集》。1922年7月21日取丸善小包，其中有：黑泽隆信《一茶の生涯及藝術》（東京：東亜堂，大正十一年[1922]）。1923年1月30日："晚得町田书店寄一茶全集一本。"即胜峰普风编《新選一茶全集》。1924年8月7日："得东亚公司注文书二册。"其中有胜峰普风校订《一茶旅日记》。1925年8月4日："东亚公司注文书四册。"其中有荻原井泉水《芭蕉と一茶》，1926年3月2日："东亚公司收书四本，又买两本。"其中有相马御风《一茶と良寛と芭蕉》，7月21日东亚公司购《早稻田文學：一茶百年紀念號》，8月13日东亚公司购小林一茶《亨和句帐》，9月9日东亚公司购《稿本种おうし：一茶手寫本》，9月11日购一茶《九番日記其他》，1927年11月18日购大久保逸堂《一茶八番日記》，1930年9月22日购：吉松祐一《人間一茶の生涯》（東京：大同館書店，昭和五年[1930]），同年12月6日购：藤本实也《一茶の研究》，1933年2月10日购："一茶丛书 五 宽政句帖 六 文化句帖 七 我春集"，1934年8月19日："晚同耀辰大学前散步买旧书一二册"，其中有荻原井泉水《一茶雜記》（東京：大畑書店，昭和九年[1934]）。

知堂在《陀螺》中有对小林一茶的详尽介绍文《一茶的俳句》(1921年7月25日)，并翻译了《俳諧寺一茶》附录里沼波琼音的一篇谈一茶的文章。《俺的春天》(1923年2月14日刊)：

> 我在《歌咏儿童的文学》里，最初见到小林一茶的俳文集《俺的春天》，但是那里所选的文章只是关于儿童的几节，并非全本，后来在中村编的《一茶选集》里才看见没有缺字的全文。……
> 一茶的俳句在日本文学史是独一无二的作品，可以说是前无古人，大约也不妨说后无来者的。他的特色是在于他的所谓小孩子气，这在他的行事和文章上一样明显的表示出来，一方面是天真烂

漫的稚气，一方面却又是倔强皮赖，容易闹脾气的：因为这两者本是小孩的性情，不足为奇，而且他又是一个继子，这更使他的同情与反感愈加深厚了。关于他的事情，我有一篇文章登在年前的《小说月报》上，现在不复多说；本篇里译文第三四节系从那里取来的，但是根据完善的原本有两处新加订正了。

《苍蝇》（1924年7月13日刊）：

在日本的俳谐中则蝇成为普通的诗料，虽然略带湫秽的气色，但很能表出温暖热闹的境界。小林一茶更为奇特，他同圣芳济一样，以一切生物为弟兄朋友，苍蝇当然也是其一。检阅他的俳句选集，咏蝇的诗有二十首之多，今举两首以见一斑。一云，

笠上的苍蝇，比我更早地飞进去了。

这诗有题曰《归庵》。又一首云，

不要打哪，苍蝇搓他的手，搓他的脚呢。

《虱子：草木虫鱼之二》（1930年4月5日）：

小林一茶（一七六三——一八二七）是日本近代的诗人，又是佛教徒，对于动物同圣芳济一样，几乎有兄弟之爱，他的咏虱的诗句据我所见就有好几首，其中有这样一首，曾译录在《雨天的书》中，其词曰……

这样的待遇在一茶可谓仁至义尽，但虱子恐怕有点觉得不合式，因为像和尚那么吃净素他是不见得很喜欢的。但是，在许多虱的本事之中，这些算是最有风趣了。佛教虽然也重圣贫，一面也还讲究，——这称作清洁未必妥当，或者总叫作"威仪"罢，因此有

些法则很是细密有趣，关于虱的处分即其一例，至于一茶则更是浪漫化了一点罢了。中国扪虱的名士无论如何不能到这个境界，也决做不出像一茶那样的许多诗句来，例如——

喂，虱子呵，爬罢爬罢，向着春天的去向。

实在译不好，就此打住罢。——今天是清明节，野哭之声犹在于耳，回家写这小文，聊以消遣，觉得这倒是颇有意义的事。

322. 藤村作 久松潜一，《明治文學序説》，東京：山海堂出版部，昭和七年（1932）十月。大16开黑布精装，扉页朱文方印：周作人印，85220。

1933 年 12 月 21 日东亚公司购。

323. 田中秀央 井上增次郎，《希臘文學史》，東京：冨山房，昭和八年（1933）六月。上半蓝下边白布面精装，扉页朱文方印：周作人印，65141。

1933 年 7 月 29 日东亚公司购。

324. 土田杏村，《文學理論》，東京：第一書房，昭和七年（1932）七月。平装，前衬页一钢笔：一九三五，七月廿一日 于北四川路内山书店，朱文印：周丰一印，267456。

325. 尾上八郎，《日本文學新史：改版叁版》，東京：弘道館，大正十三年（1924）七月三版。米黄色纸面精装，前衬页一朱文方印：周作人印，17848。

326. 小柴値一编著，《江戶小咄研究：頭註》，東京：東治書院，昭和九年（1934）五月。蓝色纸面精装，扉页行书朱文方印：周作人印，85287。

据日记，1934 年 8 月 16 日："晚同信子至三丁目散步，买梨一匣又书一册而返。"买的即此书。

327. 小杉未醒,《工房有閑》二册,東京:やぼんな書房,昭和六年(1931)九月。线装本,第一册封面名签已掉,第一篇首页朱文方印:苦雨斋藏书印,第二册封面有书名签,106617—106618,第一篇首页朱文方印:苦雨斋藏书印。第二册,限定预约版,印一一三〇〇册。

《指画》(1940年10月29日):"据小杉未醒著池大雅传,亦记此事。……小杉未醒撰有《十便图赏叹》,今录其二'浣濯便'于下云,……此赞亦殊有致,与大雅之风趣正相合也。"提及的小杉未醒池大雅传,即《大雅堂》(東京:アルス,昭和二年[1926]一月)一书。

328. 幸田成行校訂,《狂言全集》三册,東京:博文館,明治四十三年(1910)。现存北京大学图书馆,有朱文方印:苦雨斋藏书印。

据日记,1914年7月6日:"サガミヤ[相模屋]八日笺又古本狂言全集三册,内丸和泉流狂言记十五卷也。"

据王蔚考证,1926年周作人在《狂言十番》译序里说:"我所据的原文,鹭流系芳贺矢一校本《狂言二十番》,和泉及大藏流则为幸田成行校本《狂言全集》,此外山崎麓校注本《狂言记》及外编也稍资参照。插画则从《狂言全集》选取五图,又山口蓼洲画《狂言百番》中亦取三幅。"1954年补译《狂言选》,后记说:"1926年我曾根据芳贺矢一编的《狂言二十番》(鹭流)及山崎麓编的《狂言记》(和泉流),译了十篇出版,名为《狂言十番》。后又得到芳贺增订本《狂言五十番》,今从这里边新译鹭流的九篇,从《狂言记》译出和泉流的五篇,与旧译本合编一册。"没再提幸田成行校《狂言全集》,感觉当时这本书已经没了。这套《狂言全集》很可能就是知堂1940年代初捐给北大图书馆的479册图书杂志之一。另据日记,1914年5月14日相模屋《狂言二十番》寄到,1926年12月16日东亚购《狂言五十番》。《敝帚自珍》(1960年代初作):"芳贺矢一的《狂言二十番》,'袖珍名著文库'之一种,定价日金廿三钱,芳贺的鹭流,参照幸田露伴编的《狂言全集》的大藏流。"

329. 岩城準太郎，《明治文學史》，東京：修文館書店，昭和二年（1927）十月。白色绸面精装，扉页朱文方印：周作人印，85219。

1927年11月购。1925年9月25日购有同作者的《明治大正の文學》，1933年8月30日购有《國文學の诸相》。1934年10月8日东亚公司购《新講日本文學史》，给了周丰一。

330. 魚返善雄編著，《大陸の言語と文學》，東京：三省堂，昭和十五年（1940）十二月。白色纸面精装，扉页朱文方印：苦雨斋藏书印，85212。其中收有林语堂、魚返善雄等文章，并有周作人（日本旅次）、钱稻孙的照片。

《新支那の文學》"作家と作品"一节提及鲁迅及其弟周作人，"史的研究の物兴"提及鲁迅《中国小说史》，其弟周作人《欧洲文学史》等书。"北京の读书人"里面提到周作人与钱稻孙，说支那文坛之雄以周作人及日本文学研究知名的钱稻孙为代表。他到新街口八道湾周宅拜访，推开大木门，里面就是白色石屋，有书籍和常绿的盆栽，周待客素朴，他日本语流利，冷澄外表下有激动的热情。还说钱稻孙自小学习日文，研究《源氏物语》（第213—214页）。鱼返善雄在《现代支那文学小史》一文提及周作人，说南京新政府成立后，他始终在北京活动。[1] 作者鱼返善雄毕业于上海东亚同文书院，时任东京高师教授。

331. 志田義秀，《俳文學の考察》，東京：明治書院，昭和七年（1932）三月。麻布精装，目次页朱文方印：苦雨斋藏书印，87018。

1932年5月7日购。

332. 中田千畝，《日本童話の新研究》，東京：文友社，大正十五年（1926）六月。浅蓝布面精装，扉页白文方印：周公之作，85162，封底内侧蓝色书店标：东 TOKYODO 神田 东京堂书店。

---

[1]《日本語と支那語》，慶應義塾大学語学研究所言語叢書，東京：慶應出版社，昭和十九年（1944）二月，第235页。

1926 年 7 月购，1934 年 5 月 12 日曾购有作者的《和尚と小僧》（東京：坂本書店，昭和二年 [1927]）。《和尚与小僧》（1934 年 5 月 26 日）："原书在昭和二年（一九二七）出板，中田千亩所著，题云《杜人杂笔》第一篇，其二为《傻媳妇呆女婿》，三为《和尚与檀那》，似未刊行，书均未见。中田于一九二六年著有《日本童话之新研究》，当时曾得一读，此书则未知道。近时看柳田国男著《退读书历》，其中批评集的第二篇系讲《和尚与小僧》者，始托旧书店找得一册。"

333. 中西悟堂，《啄木の詩歌と其一生》，東京：交蘭社，昭和三年（1928）二月。红布精装，扉页朱文方印：周作人印，85250。

1920 年 5 月 24 日丸善购《啄木小说集》，1921 年 11 月 27 日购《啄木全集》第三册，12 月 6 日丸善支店寄到《啄木全集》第二册，1929 年 1 月 7 日购有《啄木全集》第一册。

334. 中野吉平著，坪内逍遥監修，《俚諺大辭典》，東京：東方書院，昭和八年（1933）十月。棕布精装，封面已修补，扉页朱文方印：周作人印，240534。

1934 年 2 月 5 日东亚公司购。

335. 沼澤龍雄編，《日本文學史表覽》，東京：明治書院，昭和九年（1934）六月。棕布精装，扉页朱文方印：周作人印，85015。

历史、语言

336. 安藤更生，《鑒眞大和上傳之研究》，東京：平凡社，昭和三十五年（1960）八月。大 16 开蓝布精装，其中有很多地图、照片等。外篇：唐宋时期扬州城之研究，大幅江都县城厢地图。定价二千八百圆，后面版权页有字："此书系著者赠送给周作人先生的，由他转赠给北京图书馆了。一九六二．八．三十 东编组记。" 钤有朱文长印：北京图书馆编目部东方语编目组，3053129908。书内外硬壳都开裂，显得比较旧，估计周作人细细读过。

据年谱，1960年9月28日知堂收到赠书。《关于鉴真和尚》（1963年4月1日）里说：安藤更生写的书：一是《鉴真》，一是《鑒眞大和上傳之研究》（二千七百元），安藤送给他一册，觉得"独占有点可惜，转送北京图书馆了"。知堂和安藤早有交往，《药味集》的出版负责人就是安藤更生，他当时任职北京新民印书馆（中日合办出版社），周要求版税是二割五分（二成五），日本一般是一割（一成），中国以前是二割五分或三割（二成五或三成），这个要求令安藤很为难。[1] 新民印书馆的老板是下中弥三郎，1942年冬，他命中国美术史专业的公司职员安藤更生计划组建外围团体，组建了以周作人为中心的中日文化振兴会，知堂《药味集》等当时一半作品由新民印书馆出版。1954年秋，柳存仁到早稻田大学当访问教授，周作人因为买书通过他和时任早大教授的松枝茂夫及安藤更生重新建立了联系。估计因为知堂的特殊身份，为了避嫌，他们就没有在书上签名。

337. ジョン・バチラー，《アイヌ語より見たる日本地名研究：改訂版 第壹編》，札幌：バチラー学園，昭和十年（1935）九月。Dr. John Batchelor, *Key to the Study of Ancient Japanese Place Names*. 平装，前衬页一钢笔：敬呈 知叟披览 朱文方印：纪生驻日所得，66392。

338. 濱田青陵，《東亞文明の黎明》，東京：刀江書院，昭和五年（1930）二月。棕布精装，扉页篆字朱文方印：周作人印，85218。

1930年6月5日购。1925年10月14日："得濱田君赠书一部二本"，即《支那古明器泥象圖説》（濱田耕作编，京都：文星堂，大正十四年[1925]）。1926年10月4日："东亚公司取书六册，凤举赠书一本，以《塔与桥》赠之。"张凤举把 R. Aldington 的 *Voltaire* 送给了知堂，作为回礼，

---

[1]《绍興、魯迅、そして周作人》，《松枝茂夫文集》第二卷，東京：研文出版，1999年，第273页。

他把新买的滨田青陵《塔と桥》送给了张。

339. 傅芸子,《正倉院考古記》,東京:文求堂,昭和十六年(1941)六月。大16开蓝布精装,前衬页一毛笔题字:知堂先生赐正 芸子敬呈,朱文方印:傅芸子,3189069366,87907。有知堂民国廿九年九月三十日序,初版1500册。

《白川集序》(1942年10月18日):

> 我认识傅芸子君已有十年,现在北京图书馆及北大文学院任职,更朝夕可相见,但是提及傅君,总即令人想到北白川,这是很有意思的一件事。
>
> 傅君客日本京都甚久,居于白川之滨,我们平时通讯写熟了这地名,现在傅君结集居东所作文章,题曰白川集,觉得这名字是再适切也没有的了。傅君为人敦厚温雅,日本语所谓美也比远,此可云都人士也。其在日本京都与在中国北京同样的相宜,其所研究者为两国之艺文文物,又特注重于相互之关系,如俗语有之,此宁非宝剑赠与钟馗耶。……近世中国之注意日本事情者,固亦大有人赞叹其固有之美,然太半对于过去两国间之文化交际特致其留连欣慕之意,实例至多,即傅君此集,其用意盖与正仓院考古记相同,亦正可为最近的一好例子也。[1]

当时知堂任北京图书馆馆长,傅芸子任编目部主任。

340. 高橋貞樹,《特殊部落史》,京都:更生閣,大正十四年(1925)十一月五版。纸面精装,扉页白文方印:周公之作,66388。

1926年10月8日玉英堂购。

---

[1] 傅芸子《白川集》,東京:文求堂書店,昭和十八年(1943)十二月,第3—4页。

341. 高田義一郎，《世相表裏の醫學的研究》，東京：實業之日本社，昭和四年（1929）一月再版。褐布精装，扉页朱文方印：岂明读书，66382。

1929 年 2 月 19 日购。《关于活埋》（1935 年 9 月）："医学博士高田义一郎著有一篇'本国的死刑之变迁'，登在'国家医学杂志'上，昭和三年（一九二八）出版《世相表里之医学的研究》共文十八篇，上文亦在其内。第四节论德川幕府时代的死刑，约自十七世纪初至十九世纪中间，内容分为五类，其四曰锯拉及坑杀。锯拉者将犯人连囚笼埋土中，仅露出头颅，傍置竹锯，令过路人各拉其颈。这使人想起《封神传》的殷郊来。至于坑杀，那与锯拉相像，只把犯人身体埋在土中，自然不连囚笼，不用锯拉，任其自死。……"

342. 宫武外骨编纂，《日本擬人名辭書》，東京：半狂堂，大正十二年（1923）六月再版。线装，正文首页朱文方印：苦雨斋藏书印，239947。

1923 年 12 月 31 日半狂堂购。《净观》（1925 年 2 月 23 日刊）："日本现代奇人废姓外骨（本姓宫武）在所著《猥亵与科学》（1925 出版，非卖品）附录《自著秽亵书目解题》中的'猥亵废语辞汇'项下注云……"《黑背心》（1925 年 6 月 15 日刊）："日本废姓外骨的《笔祸史》早看过了。"还翻译过宫武外骨的《初夜权》序言（1926 年 10 月 14 日），其中说"案，二阶堂招久（假名？）的《初夜权》，见外骨序文颇是别致，编译……"

《关于日本画家》（1943 年 8 月 1 日）："关于日本画我所受的影响乃是从同时在大阪由《雅俗文库》发行的浮世绘杂志《此花》而来的。其时审美书院或者已经刊行浮世绘集，但此乃是贵重的专门书，一般的书籍还不大有，杂志则恐怕未有，大概当以《此花》为嚆矢。《此花》先后一总出了二十四期，我都得了来收藏至今。我因《此花》不但认识了日本的浮世绘，又因此认识了《雅俗文库》及其主人废姓外骨，此后'雅俗'的刊物我大抵都搜求耳，这给予我许多知识，引起我许多兴趣，我则反报以三十年不渝的敬意。"知堂曾购过宫武外骨的多部作品，如1923年2月购有《奇態流行史》《私刑類纂》《笑ふ女》《山東京伝》，4月13日得《一癖随筆》《此中にあり》《猥褻風俗史》，6月19日半狂堂购《賭博史》，11月26日半狂堂购《川柳語彙》，12月31日《面白半分》《半男女考》。1924年9月24日半狂堂寄到《川柳や狂句に見えた外来語》《川柳と百人一首》，1925年1月10日半狂堂寄到《猥褻与科学》《明治奇聞一》《此中にあり 二》，3月21日《猥褻廢語辞彙》《明治奇聞二》，7月18日《文明開化一》《明治奇聞三》。1929年6月12日半狂堂寄《アリンス国辞彙》，1930年4月21日玉英堂寄到《川柳や狂句に見えた外来語》。

因而知堂在《川柳、落语与滑稽本：我的杂学（十六）》（1944年8月1日）里说："说也奇怪，讲浮世绘的人后来很是不少了，但是我最初认识浮世绘乃是由于宫武外骨的杂志《此花》，也因了他而引起对于川柳的兴趣来的。外骨是明治大正时代著述界的一位奇人，发刊过许多定期或单行本，而多与官僚政治及假道学相抵触，被禁至三十余次之多。其刊物皆铅字和纸，木刻插图，涉及范围颇广，其中如《笔祸史》，《私刑类纂》，《赌博史》，《猥亵风俗史》等，《笑的女人》一名《买春女异名集》，《川柳语汇》，都很别致，也甚有意义。"张中行《苦雨斋一二》回忆说："有一次，巧遇，我从地摊上买到日本废性[姓]外骨的《私刑类纂》，内容丰富，插图幽默，很有趣，后来闲话中同他谈起，他立即举出其中的几幅插图，像是刚刚看过。"[1]

343.ハリソン著，佐々木理訳，《古代藝術と祭式》，東京：創元社，

---

[1]《周作人印象》，第96页。

昭和十六年（1941）九月。Jane Ellen Harrison 的 *Ancient Art and Ritual* 日译本。初版 1913 年，1918 年改定版，翻译用 1919 年版，白色纸面精装，扉页朱文方印：苦雨斋藏书印，64759。

《怠工之辩》（1944 年 1 月 15 日），是致《日本研究》的编辑绍昌的信，其中说："目前张铭三君来，送来《日本研究》第四期一册，并所惠赠之佐佐木理译《希腊神话论考》一册，领收谢谢。哈利孙女士的著作，我在民国初年见了她的《古代艺术与仪式》以后，才注意阅读，一直很佩服，不独希腊神话上得到种种教示，就是我对于神与鬼等的理解也深受其影响，虽然茀来则博士的著书又是别方面的来源。……《古代艺术与仪式》已有日本文译本，也出于佐佐木之手，曾经得到，这回又承赠予《希腊神话论考》，于感谢感念之外，又引起我对于译者一种亲近之感，这是常时难有的事，自己觉得殊可珍惜。鄙人因为翻译的亚坡罗陀洛斯《希腊神话》，于民国二十七年春间曾将哈利孙女士的这《希腊神话论》译出，作为附录，交给当时由胡适之博士主管的编译委员会，后来听说这些稿件存在香港，恐怕现在已经不知下落了吧。"《ギリシャ神話論考》（ハリソン著，佐々木理訳，東京：白揚社，昭和十八年 [1943]），此书国图有四册，可都无法找到，其中可能有知堂藏书。

344. オットウ・イェスペルセン，《人類と言語》，須貝清一 眞鍋義雄共訳，東京：岡書院，昭和七年（1932）四月。译自：Otto Jespersen, *Mankind, Nation and Individual from a Linguistic Point of View*. 蓝布精装，扉页朱文方印：周作人印，66516。

1932 年 5 月 14 日购。1933 年 5 月 14 日东亚公司购：Otton Jespersen, *Essentials of English Grammer*.

345. 津田左右吉，《神代史の研究》，東京：岩波書店，大正十三年（1924）二月。大 32 开白布精装，前衬页一蓝文方印：周作人印，86909。

1924年7月8日东亚公司购。知堂1924年12月30日上午译《古事记》二节，1925年1月翻译了《古事记》的爱情故事，1926年2月9日下午为《语丝》译《古事记》九节，2月21日上午至5月译《古事记·神代卷》。他曾于1918年4月27日、5月10日、11月15日自中西屋购过津田《国民思想の研究》四卷本中刚出的前三卷：文學に現はれたる我が国民思想の研究：第一卷 貴族文學の時代（東京：洛陽堂，大正五年[1916]八月）；文學に現はれたる我が国民思想の研究：第二卷 武士文學の時代（東京：洛陽堂，大正六年[1917]一月）；文學に現はれたる我が國民思想の研究：平民文學の時代（上）（東京：洛陽堂，大正七年[1918]十月）。1922年6月12日在丸善支店买了第四卷：文學に現はれたる我が國民思想の研究：平民文学の時代（中）（東京：洛陽堂，大正十年[1921]十二月）。1925年4月7日在东亚公司购次田润《古事記新講》（東京：明治書院，大正十三年[1924]），8月8日在丸善购高木敏雄《日本神話傳説の研究》以及鸟居龙藏《日本周圍民族の原始宗教》，都是为翻译《古事记·神代卷》做准备。

《人的文学》（1918年12月7日）提及"日本津田左右吉著《文学上国民思想的研究》卷一"。《汉译〈古事记·神代卷〉引言》（1926年1月30日）："做有四大厚册（尚缺一册，未完成）《文学上国民思想之研究》的津田博士在《神代史研究》上说，《古事记》中所记的神代故事并不是实际经过的事实，乃是国民想像上的事实……人类学博士鸟居博士新著《人类学上看来的我国上古文化》第一卷，引了东北亚洲各民族的现行宗教，来与古代日本相印证，颇有所发明。……我说日本人容易看《古事记》的神话为史实，一方面却也有这样伟大之学术的进展，这一点是我们中国人不得不对着日本表示欣羡的了。"文中提及"我这里所译，系用次田润的注释本，并参照别的三四种本子。我的主意并不在于学术上有什么贡献，所以未能详征博考，做成一个比较精密完善的译本，这是要请大家预先承认原谅的。"而知堂约在 1926 年 1 月 22 日致函陈垣，说近来想翻译《古事记》中之《神代卷》，虽有三四种参考书仍嫌不足，提出想借阅辅仁大学图书馆藏的《世界圣典全集》的日本之部（《古事记》及《日本书纪》），借期一个月。[1] 津田左右吉另有一册《古事記及び日本書紀の新研究》（東京：洛陽堂，大正八年 [1919] 十月），国图藏本：布面顶金，267483，后衬页有铅笔：3 2 20 木下。或许知堂应该购买过。

另有报道《北大文法理三院研究教授工作报告》（二）："周作人教授，上学年因译注《希腊神话》未能完成，本年度除任课外仍继续工作，拟译成后仍由文化基金会编译出版，下学期拟研究并翻译日本神话，即日本最古史书《古事记》中之'神代卷'，此为日本神道之经典，所谓'神国'观念，即从此出也。"[2] 知堂 1934 年 10 月 5 日在东亚公司购中島悦次《古事記評釈》（東京：山海堂出版部，昭和五年 [1930]），12 月 5 日得尤炳圻寄赠莲田善明译《現代語訳古事記》（古典普及叢書第一，東京：机上社，昭和九年 [1934]），都是为翻译准备资料。1935 年 10 月中旬接受《世界日报》记者专访时，还谈及自己的五年计划，就是翻译希腊神话与《古事记》。[3] 这也是他后来译成《古事记》的原因。

346. 綿貫勇彥，《瀬戶內百圖誌》，郷土科学叢刊 1，東京：刀江

---

[1] 陈智超编《陈垣先生往来书札》，台北："中央研究院"中国文哲研究所筹备处，1992 年，第 380 页；又见陈智超编注《陈垣来往书信集》，上海：上海古籍出版社，1990 年，第 729 页。知堂要借的书其实是两册：《日本書紀‧神代卷》（《世界聖典全集‧神道》前輯，橘守部原訓，加藤玄智纂註，東京：世界聖典全集刊行會，大正九年 [1920]）；《古事記‧神代卷》（《世界聖典全集》後輯第一，加藤玄智纂註，東京：世界文庫刊行會，大正十一年 [1922]）。当时国立北平图书馆还未入藏这套书，所以需要通过陈垣跟辅仁借。查知堂 1926 年 1 月 22 日日记，可惜当天活动未有记载。而且陈垣也曾向知堂借过书，见知堂 1932 年 6 月 3 日记："下午援庵来访，借去游仙窟一册。"
[2] 《北平晨报》1934 年 8 月 21 日第九版《教育界》。
[3] 本报记者茜频《学人访问记：小品散文家周作人》（十三），北平《世界日报》1935 年 11 月 1 日第七版《教育界》。

書院，昭和七年（1932）。纸面精装，前言朱文方印：苦雨斋藏书印，159035，有很多黑白照片，无版权页。

1932 年 12 月 2 日购于玉英堂。

348. 鳥居龍藏，《上代の東京と其周圍》，東京：磯部甲陽堂，昭和二年（1927）一月。青色布面精装，扉页白文方印：周公之作，85119。

1927 年 3 月购。1925 年 1 月 31 日自东亚公司购《武蔵野及其周圍》，2 月 14 日购《有史以前の跡を尋ねて》，8 月 8 日丸善购《日本周圍民族の原始宗教》，11 月 14 日东亚购《人類学上より見たる我が上代の文化 第一》，1926 年 2 月 18 日东亚公司购《有史以前の日本》，1927 年 2 月购《人類學上より見たる西南支那》。

348. 内藤虎次郎，《日本文化史研究》，京都：弘文堂書房，大正十三年（1924）十月再版。皮脊精装，扉页朱文方印：周作人印，17703。

1924 年 12 月 23 日东亚公司赊购。《日本的人情美》（1925 年 1 月 26 日）一文里提及此书。

349. 前間恭作，《雞林類事麗言攷》，東洋文庫論叢第三，東京：東洋文庫，大正十四年（1925）六月。线装本，现存北京大学图书馆，绪言首页朱文方印：苦雨斋藏书印。

1925 年 12 月 31 日记："凤举赠物一件又书四。"其中就有此书，还有前間恭作的《龍歌故語箋》（東洋文庫論叢第二，東京：東洋文庫，大正十三年 [1924] 十一月）。

350. 山本章夫，《萬葉古今動植正名》，京都：山本規矩三，大正十五年（1926）十月。非卖品，线装，序文前有朱文长印：知堂礼赞，《萬葉古今動植正名二集》正文首页朱文方印：苦雨斋藏书印，47002。

《诗经新注》（1943 年 9 月 1 日）："数年前买得《日本古典丛书》本《万叶集品物图绘》二册，是《毛诗名物图说》一流书，第二册卷首解题追记中说及还有山本溪愚《万叶古今动植正名》，就《万叶集》《古今

550

和歌集》中所有名物加以考订，也是很有价值的书。我便留意搜求，不久也收得一册，乃是著者死后二十三年纪念板。……前日偶从东京得真下氏著溪愚山本章夫先生小传，见所载犬樱黄鸡二图及著作目录，因记寒斋所有诸书，由《动植正名》而归结到《诗经新注》，亦是奇缘也。"1932年12月15日同古堂刻印"知堂礼赞"。《万叶集品物图绘》二册（鹿持雅澄著，与謝野寬 正宗敦夫 与謝野晶子編纂校訂，東京：日本古典全集刊行会，昭和二年[1926]十二月—昭和三年[1927]三月），1934年10月8日购于东亚公司（10月18日送给了徐祖正），那买此书应在这之后。

351. 田中香涯，《文藝と醫事》，東京：東學社，昭和九年（1934）七月。米黄色布面精装，扉页朱文方印：周作人印，85148，其中篇目有：日本美人の三型，人肉嗜食考，猫妖考，杀儿考，近世巨人考，近世侏儒考，女犯，牛锅考，食道乐の世相，日本关于卖笑之起源与发达，文身。

1934年9月24日东亚公司购。

352. 山崎祐久，《少年醫學史》，東京：教育研究會，昭和八年（1933）六月。蓝色纸面精装，扉页朱文方印：周作人印，目次页朱文方印：苦雨斋藏书印，85275。

1933年9月8日东亚公司购。《医学史：旧书回想记之六》（1940年12月3日）："英文的医学史有康斯敦（引者按：即C. G. Cumston）、胜家、陀生的三种，又胜家著《从法术到科学》、《希腊医学》诸书，德国玛格奴斯著《医学上的迷信》，日本文的有山崎祐久著《少年医学史》、富士川游著《日本医学史》、《日本医学史纲要》。这中间我所最喜欢的是胜家的《医学小史》与富士川的《日本医学史纲要》。"

"七七事变"前，当时"国防文学等于抗日文学"的论调盛行，周作人一连写了《谈日本文化》《怀东京》《日本管窥》三篇文章，并在最后一篇文章末尾说："抗日时或者觉得未免亲日，不抗日时又似乎有点不够客气了。"为了增进了解日本的必要与可能，他在友人提议下，有了系统出版《日本学丛书》二十九册的计划，其中包括《室町时代文学史》《日本医学史》等书。而"七七卢沟桥事变"后，他心境发生变化，也就放弃了这个"日本研究店"的计划。[1] 这个计划应该是翻译富士川游《日本医学史》，《室町时代文学史》有可能是藤冈作太郎《鎌倉室町時代文学史》（東京：国本出版社，昭和十年 [1935] 九月）抑或吉泽义则《室町文学史》（日本文学全史卷六，東京：東京堂，昭和十一年 [1936] 十二月）。

353. 市河三喜，《ラテン・ギリシャ語初步：英学生の為め》，東京：東京研究社，昭和五年（1930）二月第四版。棕布精装，扉页白文方印：越周作人，87886，3188226413，定价：金一円五拾钱。

1930 年 2 月 27 日东亚公司购。

354. 吴文炳，《日本演劇の起源》，東京：啓明社，昭和四年（1929）五月。绿布精装，扉页朱文方印：苦雨斋印，扉页蓝文长印：国立北平图书馆藏，17700。

1929 年 6 月 6 日东亚公司购。

355. 吴文炳，《相模國 江島考》，東京：書物展望社，昭和十六年（1941）一月。白布脊蓝绒布面，内文用纸是和纸，纸发软发透，另一侧文字可以透过来。扉页朱文方印：苦雨斋藏书印，86360。

356. 樱井秀 足立勇，《日本食物史》，東京：雄山閣，昭和九年（1934）十月。扉页朱文方印：周作人印，85023。

1934 年 12 月 9 日日光堂寄到。

---

1 《周作人——伝記的素描》（昭和十四年七月二十二日），《松枝茂夫文集》第二卷，第 43 页。另见吉川幸次郎《支那と世界と日本》，北京《月刊每日》第二卷第四号（民国三十四年三月二十日），第 5 页。

357. 原田淑人,《漢六朝の服飾》,東洋文庫論叢第二十三,東京：東洋文庫,昭和十二年（1937）十二月。大16开蓝布精装,扉页朱文方印：周作人印,3191205123,65196。

358. 斎藤昌三,《蔵書票の話》,東京：書物展望社,昭和五年（1930）四月。扉页朱文方印：苦雨斎藏书印,羊皮书脊,书脊破损严重,黄色纸面,印五百部,有店标：玉英堂书店Tokyo 神田店 本乡店。

据友人告知,查知堂日记,1941年2月9日："得玉英堂寄书一册。"购书栏：斎藤昌三 藏书票の话。1930年7月14日购买过该作者的《变态崇拜史》。

359. 斎藤昌三,《近代文藝筆禍史》,東京：崇文堂,大正十三年（1924）一月。扉页朱文方印：周作人。

《汉译〈古事记·神代卷〉引言》引了《近代文藝筆禍史》。知堂1933年11月6日在东亚公司购有斎藤昌三编的《現代筆禍文獻大年表》（東京：粹古堂書店,昭和七年[1932]十一月）,此书完全替代了《近代文藝筆禍史》。

360. 中尾万三,《食療本草の考察》,《上海自然科學研究所彙報》第一卷第三号,上海：東方文化事業上海委員會,上海自然科學研究所,昭和五年（1930）二月。第一编："敦煌石室発見食療本草残卷考",第二编："食療本草遺文"。平装,扉页朱文方印：苦雨斎藏书印,书脊毛笔字：中尾万三 食疗本草之考察 一九三〇,是周作人的字,85464。

1932年6月14日丸善购,同时购有：中尾万三、木村康一《漢藥寫真集成》第二辑。

361. 佐藤紅霞,《日本性的風俗辭典》,東京：文藝資料研究会,昭和四年（1929）六月。大16开线装本一函（一册）,蓝布函套,绿绸布封面,扉页朱文方印：苦雨斎藏书印。限定番号第百九十号。限定版三百五十部,非卖品。序言朱文方印：会稽周氏凤皇专斋藏,凡例页朱文方印：嬴州。正文首页白文方印：煅药庐。62184，封底内侧蓝色店标：大学堂书肆 Daigakudo 三条寺町东。该书店位于日本京都。

1930年11月1日杉田书店购。孙玉蓉在《试论俞平伯藏〈苦雨翁书札〉》里说："知堂1930年9月6日、21日和29日致俞平伯信里都盖有长方形朱文闲印：嬴州。"[1] 知堂1930年9月29日信里说："此处所盖两块图章皆系买来的现成东西，可发一笑。"编者注268："此处所盖两块图章，一为长方形白文闲章，印文为'有酒学仙，无酒学佛'；一为长方形朱文闲章，印文为'嬴州'二字。"[2]

362. 佐佐木信綱 新村出同編，《萬葉圖録文獻篇·地理篇》，東京：靖文社，昭和十五年十二月初版，昭和十六年（1941）三月再版。大16开黑布精装，扉页朱文方印：周作人印，87533，封底内侧蓝色店标：人人书店 北平西单牌楼南 电话南局三〇五三。 图七六为钱稻孙《万叶集选译稿本》一页图片。

知堂1934年8月9日在日本东京与藤田德太郎到佐佐木信纲宅去拜访，信纲赠了他五册著作。

363. 佐佐木信綱 新村出同編，《萬葉圖録文獻篇·地理篇解説》，東京：靖文社，昭和十五年（1940）十二月初版，昭和十六年（1941）三月再版。大16开平装，87521，封底内侧蓝色店标：人人书店 北平西单牌楼南 电话南局三〇五三。第23页"钱稻孙《万叶集选译稿本》"一条提及：钱稻孙1930年以来在自宅设立图书馆"泉寿东文书藏"，"七七事变"后，大多数教授遁入内地，他和周作人共同留京。他最近正着手选译《万叶集》。

---

1 《回望周作人·其文其书》，第201页。
2 《周作人俞平伯往来通信集》（修订版），第149页，第150页为书信图片。

手工艺、玩具

364. 坂井犀水,《日本木彫史》,東京：タイムス出版社,昭和四年（1929）十一月。雨润会藏版，深蓝布面顶金，扉页朱文方印：会稽周氏凤皇专斋藏，正文首页朱文方印：苦雨斋藏书印，64703，3191884349。

1930年4月2日购。

365. 川崎巨泉,《おもちゃ畫譜》八册，大阪：川崎末吉，昭和七年九月—十年六月（1932—1935），和装，每集扉页都有朱文方印：苦雨斋藏书印，一集到九集，缺第七集。

一集，银色封面，橘色名签，扉页：苦雨斋藏书印，17682，前面五幅彩色插图，昭和七年九月，封底内侧黑色签：一心堂，圆标：一心堂书店，东京神田 电话神田千三百番。

二集，雪白封面，黄色名签，扉页：苦雨斋藏书印，17683，前面五幅彩色插图，昭和八年一月。

三集，橘色封面，白色名签，扉页：苦雨斋藏书印，17684，前面五幅彩色插图，昭和八年五月。

四集，青绿色封面，银色名签，扉页：苦雨斋藏书印，17685，前面五幅彩色插图，昭和八年九月。

五集，银色封面，橘色名签，扉页：苦雨斋藏书印，17686，前面五幅彩色插图，昭和九年一月。

六集，紫罗兰花纹封面，褐色名签，扉页：苦雨斋藏书印，17687，前面五幅彩色插图，昭和九年五月。

八集，红花纹封面，紫色名签，扉页：苦雨斋藏书印，17689，前面五幅彩色插图，昭和九年十二月。

九集，淡白封面，深蓝名签，扉页：苦雨斋藏书印，17690，前面五幅彩色插图，昭和十年六月。

1923 年 5 月 24 日取だるまや寄来的川崎巨泉《玩具十二支》。

366. 大熊喜邦，《工藝図案：鐔百姿》，東京：鈴木書店，大正十一年（1922）十一月。纸面精装，书脊脱落后又被装反，前衬页一蓝文方印：周作人印，扉页白文方印：煅药庐，92085，正文首页梅透铁鐔图片下朱文方印：苦雨斋藏书印。

1923 年 1 月购。《鐔百姿》（1923 年 1 月 25 日）："近来所见最有趣味的书物之一，是日本大熊喜邦所编的《鐔百姿》，选择古剑鐔图案，用玻璃板照原形影印，凡百张，各加以说明。"此文收入《自己的园地》（北京晨报社，1923 年 9 月初版）后，在插画里附有《虫草模样透彫铁鐔》一叶照片。

367. 大熊喜邦编，《古鐔圖録》，東京：洪洋社，大正十四年（1925）八月。扉页白文方印：煅药庐，65143，一百幅图片，正文首页朱文方印：苦雨斋藏书印。

368. 大熊喜邦编，《續古鐔圖録》，東京：洪洋社，昭和五年（1930）九月。外面硬壳封面已失，扉页白文方印：煅药庐，65144，高级珂罗板印刷，也是一百幅图片，目次页后第一页朱文方印：苦雨斋藏书印。

1930 年 12 月 2 日东亚公司购。

369. 福冈玉僊，《時代納札》，京都：芸艸堂，大正七年（1918）一月。线装，序言页朱文方印：会稽周氏凤皇专斋藏，第一幅图下朱文方印：苦雨斋藏书印，第二幅下角白文方印：煅药庐，67368。

1923 年 3 月 1 日芸艸堂购。

370. 户岛光阿弥绘，《鯉魚集》，京都：芸艸堂，昭和十七年（1942）四月。线装本，扉页朱文椭圆印：周作人，94364。都是彩色或黑白鲤鱼漆画。

371. 酒井欣，《日本遊戯史》，東京：建設社，昭和八年（1934）六月。红布精装，顶金。扉页朱文长印：知堂书记，序文首页朱文方印：

556

苦雨斋藏书印，封底内侧蓝色标签：Tokyo 玉英堂书店 本乡店 神田店，85024。

372. 青山二郎，《濱田庄司陶器集》，東京：工政會出版部，昭和八年（1933）四月。8 开麻布精装，扉页朱文方印：苦雨斋藏书印，里面贴有陶器照片，三百部限定版，内第 59 册，62179。

1933 年 9 月 19 日购，同时购有仓桥藤治郎《北平の陶器》（東京：工政會出版部，昭和八年[1933]八月）、石丸重治《英國の工藝》等。1932 年 7 月 15 日购有《呉須赤絵大皿》（倉橋藤治郎 青山二郎同著，東京：工政會出版部，昭和七年[1932]），这本书曾收入北京图书馆 1959 年编的《日文善本书选目》，1933 年 3 月 20 日购有《陶器図錄：巨鹿出土陶》《陶器図錄：李朝白瓷》《陶器図錄：李朝鐵砂》《陶器図錄：油皿》，1933 年 4 月 10 日购有《陶器図錄：李朝辰砂》，1933 年 8 月 28 日购有《陶器図錄：古唐津》《陶器図錄：古九谷》《陶器図錄：李朝水滴》《陶器図錄：天啓赤繪馬の皿》（倉橋藤治郎編，東京：工政會出版部，昭和八年[1933]七月），皆未见。

373. 森井芳枝，《諸國の玩具 見るまゝに》，京都東京：芸艸堂，昭和六年（1931）二月。16 开平装，少封面，封底也有脱落。书前穿和服的著者小照下面有朱文方印：苦雨斋藏书印，第一页朱文方印：苦茶庵。书脊有知堂毛笔题字：諸國の玩具 見るまゝに。87093。

374. 山田德兵衛校，《京洛人形づくし》，京都：芸艸堂，昭和十三年（1938）十二月。纸面精装，少封底，扉页朱文椭圆印：周作人，17857。

375. 山田德兵衛，《羽子板》，京都：芸艸堂，昭和十二年（1937）十二月。16 开半天蓝半银白绸面精装版，扉页朱文椭圆印：周作人，17894。前面是彩图，后面是黑白图片。

376. 武井武雄撰，《日本郷土玩具：西の部》，民俗藝術叢書，東京：地平社書房，昭和五年（1930）三月，蓝布精装，顶金，扉页朱文方印：苦雨斋藏书印，17641。收入中国台湾、朝鲜部分，还有：《日本郷土玩具：東の部》一书，未见。

377. 西澤笛畝编，《諸国絵馬集》上、下册，京都：芸艸堂，大正七年（1918）五月。折本二册，蝴蝶装，前衬页朱文方印：苦雨斋藏书印，62243—62244。前面有十二生肖的画，很有情趣。

1934 年 3 月 2 日另购有作者画的《玩具集》，未见。1919 年 11 月 3 日曾于中西屋买过木村助次郎的《諸国絵馬百種》（大正六年 [1917]）。

378. 有坂與太郎，《日本雛祭考》，東京：建設社，昭和六年（1931）一月。蓝色精装，橙红色衬页有朱文方印：周作人。目次页有朱文方印：苦雨斋藏书印。85269。有多幅彩色黑白插图。

《江都二色》（1937 年 1 月 17 日）提及此书。

379. 有坂與太郎辑，《おしゃぶり：日本玩具集 第四編：東海道篇》，東京：郷土玩具普及會，昭和四年（1929）十二月。纸面 16 开精装，扉页朱文方印：周作人印。17747，前面彩色插图六幅，后面是黑白照片。版权页有印：东书店。

1934 年 7 月 27 日东京神田购。

380. 有坂與太郎編，《おしゃぶり：日本玩具集 第三編：東京篇》，東京：郷土玩具普及會，昭和二年（1927）六月。纸面 16 开精装，扉页朱文方印：周作人印。17746，封底内侧蓝色标签：川书肆 Kubokawa 小石川白山上。前面彩色插图十页，后面二十八页是黑白照片，第 39 页起为正文介绍。

1929 年 1 月 14 日杉田书店购，同日也购买了《おしゃぶり：日本玩具集 第二編：古代編》。另 1934 年 5 月 12 日也购过一册。这套绘本五册只找到两册。另一册《おしゃぶり：日本玩具集：第一編 東北編》（東京：郷土玩具普及會，大正十五年 [1926]），因为破损无法提出，应

该也是知堂藏书。《江都二色》一文谈过这些日本玩具书：

> 寒斋藏书甚少，所得有坂君著作约有十种，今依年代列举如下：甲，《尾志矢风里》（Oshaburi），玩具图录，已出四册。一，东北篇，大正十五年（一九二六）。二，古代篇，同上。三，东京篇，昭和二年（一九二七）。四，东海道篇，昭和四年（一九二九）。
> ……
> 建设社主人坂上君与其时编辑员佐佐木君皆日本新村旧人，民国廿三年秋我往东京游玩，二君来访，因以佐佐木君绍介，八月一日曾访有坂君于南品川。其玩具藏名"苏民塔"在建筑中，外部尚未落成，内如小舍，有两层，列大小玩具都满，不及细看，目不给视亦日不给也。在塔中坐谈小半日，同行的川内君记录其语，曾登入《乡土玩具》第二卷中，愧不能有所贡献，如有坂君问中国有何玩具书，我心里只记着《江都二色》，却无以奉答，只能老实说道没有。这"没有"自《四库全书》时代起直至现在都有效，不能不令人悒然，但在正统派或反而傲然亦未可知。苏民故事据古书说，有苏民将来者，家贫，值素盏呜尊求宿，欣然款待，尊教以作茅轮，疫时佩之可免，其后人民多署门曰苏民将来子孙，近世或有寺院削木作八角形，大略如塔，题字如上，售之以辟疾病。有坂君之塔即模其形，据云恐本于生殖崇拜，殆或然欤。《爱玩》卷首有此塔照相，每面题字有"苏民将来子孙人也"等约略可见。有坂君生于明治廿九年丙申（一八九六），在《爱玩》中自称是不惜与乡土玩具情死的男子，生计别有所在，却以普及乡土玩具为其天赋之职业，自己介绍得很得要领。日本又有清水晴风、西泽笛亩、川崎巨泉诸人亦有名，均为玩具画家，唯所作画集价值极贵，寒斋不克收藏，故亦遂不能有所介绍也。

《俗曲与玩具》（1944年9月16日）说他稍有搜集的玩具书如清水晴风的《垂髫之友》（《うなゐの友》），川崎巨泉之《玩具画谱》各十集，西泽笛亩之《雏十种》等。看来知堂还是都买了。另1923年4月25日购有清水晴风的清水晴风的《諸國羽子板》（清水晴風畫，大阪：だるまや書店，大正十一年［1922］十二月，和裝）。

381. 有坂與太郎，《日本玩具史：前、後編》，東京：建設社，昭和六年（1931）九月—七年（1932）一月。前编，昭和六年九月，棕色漆布精装，红色扉页黄文印：浴禅堂印，17701，前面十八幅插页。前编篇章页朱文方印：苦雨斋藏书印。封底内侧有书标：Tokyo 玉英堂書店 神田店 本乡店。后编，昭和七年（1932）一月廿五日发行，红色扉页有黄文印：浴禅堂印。下一页后编篇章页朱文印：苦雨斋藏书印。前面十八幅插页。12845。

1932年10月11日购。《江都二色》里说："《日本玩具史篇》，昭和九年，雄山阁所出《玩具丛书》八册之一。同丛书中尚有《世界玩具史篇》一册，亦有坂君所撰，唯此系翻译贾克孙（N. Jackson）夫人原著，故今未列入。有坂君又译德人格勒倍耳（K. Grober）原著为《泰西玩具图史》，大约昭和六年顷刊行，我因已有原书英文本，故未曾搜集。"不过知堂说的《世界玩具史篇》（東京：雄山閣，昭和九年［1934］十一月）就是译自 Emily Jackson 的 *Toys of Other Days*，与 K. Grober 的 *Children's Toys of Bygone Days* 齐名，后一书知堂1929年8月14日在丸善购得。

382. 有坂與太郎，《鄉土玩具展望：上、中卷》，東京：山雅房，昭和十五年—十六年四月（1940—1941）二册。上卷因破损无法提出。中卷，昭和十六年四月，纸面精装，有破损，扉页朱文方印：苦雨斋藏书印，85482，后面广告说全书三卷，下卷是九州、四国、北陆、山阴。

《我的杂学（十一）》（1944年7月5日）："在这方面最努力的是有坂与太郎，近二十年中刊行好些图录，所著有《日本玩具史》前后编，

《乡土玩具大成》与《乡土玩具展望》，只可惜大成出了一卷，展望下卷还未出版。"最后《乡土玩具大成》只出了第一卷（东京篇），《乡土玩具展望》也只写了前两卷，下卷根本没有出版。

383. 佐藤潔，《玩具と縁起》，京都：人文書院，昭和十年（1935）十二月。棕色布面精装，扉页朱文方印：周作人印。69571。里面很多图片是套色印刷。

艺术

384. 板橋安五郎编，《抒情カット図案集》，東京：寶文館，昭和五年（1930）九月。大16开，布脊纸面布面包角，扉页朱文方印：会稽周氏凤皇专斋藏，87534。其中主要是竹久梦二、岩田专太郎、蕗谷虹儿、田中良、川上四郎、须藤重、加藤まさを所绘的花草树木、静物、人物等的插绘。此书后来作为《竹久梦二全集》中的一卷再版。

385. 高橋健自，《日本原始繪畫》，東京：大岡山書店，昭和二年（1927）九月。白麻布精装，扉页朱文方印：周作人印，85021。

1927年11月18日东亚公司购。

386. 葛飾为一翁遗墨，《北齋漫畫初編》一至十五编，京都：芸艸堂，明治四十五年（1912）二月。线装，62186—62200。初编，扉页朱文方印：苦茶庵知堂记，第一幅画下内侧朱文方印：苦雨斋藏书印。

据日记，1934年1月25日："午返，天行僧（魏建功）所刻青田印一方，文曰苦茶庵知堂记。"印刻于此时，那书也是这之后买的。知堂最早在《日本之浮世绘：一箦轩杂录（九）》（1917年4月刊）一文里提及葛饰北斋等浮世绘画家："日本近亦有提倡其事者，模刻古人名作，成《浮世绘鉴》十馀卷。二三十年来，浮世绘册价日腾贵，喜多川原作《鲍取图》三枚，海外时价千五百金，可谓不廉。日本有新板翻刻，每枚值数十文，其精美不亚原本也。"1915年9月27日自相模屋购得葛饰北斋画册《东海道五十三次》，应该就是当时的"新板翻刻"。1919 年 11 月 10 日："中西屋廿四日寄小包，内东海道五十三次等四种。"书目载："东海道五十三次 广重 中西屋复刻"，这册《东海道五十三次》是中西屋复刻版。1923 年 2 月 26 日："得其中堂书两部，町田书店三本。……阅画本唐诗选，颇佳。"这是买了《絵本唐詩選五言絶句》二册。同年 4 月初购有饭岛虚心《葛飾北齋傳》二册。1930 年 1 月 28 日其中堂又寄到《絵本唐詩選五言絶句》二册。[1] 知堂在《关于日本画家》（1943 年 8 月 1 日）提及："以前关于日本板画家，只知道葛饰北斋，有他约十几册画集。"

387. 金井紫雲，《魚介と藝術》，京都：芸艸堂，昭和八年（1933）四月。目次、插图后篇章页朱文方印：苦雨斋藏书印，封底内侧标签：东京 三越，17629。这套书共七册。

1929 年 7 月 6 日买过内田清之助、金井紫云合著的《鳥》，知堂在《关于红姑娘》（1945 年 5 月 15 日）里提及作者的《草与艺术》，未见。

388. 金井紫雲，《蟲と藝術》，京都：芸艸堂，昭和九年（1934）十月。插图后篇章页朱文方印：苦雨斋藏书印，17650。

389. 久保田米齋編 大塚祐次木刻，《繪本隅田川兩岸一覽》三册，東京：風俗繪卷圖畫刊行會，大正六年（1917）一月。大 8 开线装版，每册开卷第一页朱文方印：苦雨斋藏书印。62245—62247。非常精美的

---

[1] 知堂是其中堂的老主顾，他在《关于焚书坑儒》附记（1935 年 11 月 25 日）里说："《文饭小品》第六期上有施蛰存先生的《无相庵断残录》，第五则云《八股文》，谈及廖燕的文章，云《二十七松堂集》已有铅印本，遂以银六元买了来。其实那日本文久二年（一八六二）的柏悦堂刊本还不至于'绝无仅有'，如张日麟的铅印本序所说，我就有一部，是以日金二圆买得的。名古屋的'其中堂'书店旧书目上几乎每年都有此书，可知并不难得，大抵售价也总是金二圆，计书十册，木板皮纸印，有九成新，恐怕还是近时印刷的。"日本佛学家荻原云来 1916 年 10 月 13 日自东京致函钢和泰，也说其中堂是日本最好的书店之一，见邹新明编《美国哈佛大学哈佛燕京图书馆藏钢和泰未刊往来书信集》下册，桂林：广西师范大学出版社；北京：北京大学出版社，2016 年，第 321 页。

画册。

1923 年 2 月购有《俳句繪はなし》。知堂在《隅田川两岸一览》（1935 年 10 月 19 日）里说：

> 我近来得到的一部书，共三大册，每册八大页，不过一刻钟可以都看完了，但是我却很喜欢。这书名为绘本《隅田川两岸一览》，葛饰北斋画，每页题有狂歌两首或三首，前面有狂歌师壶十楼成安序，原本据说在文化三年（一八〇六）出版，去今才百三十年，可是现在十分珍贵难得，我所有的大正六年（一九一七）风俗绘卷图画刊行会重刻本，木板着色和纸，如不去和原本比较，可以说是印得够精工的了，旧书店的卖价是日金五圆也。北斋画谱的重刻本也曾买了几种，大抵是墨印或单彩，这一种要算最好。卷末有刊行会的跋语，大约是久保田米斋的手笔，有云："此书不单是描写蘸影于隅田川的桥梁树林堂塔等物，并仔细描画人间四时的行乐，所以亦可当作一种江户年中行事绘卷看，当时风习跃然现于纸上。且其图画中并无如散见于北斋晚年作品上的那些夸张与奇癖，故即在北斋所挥洒的许多绘本之中亦可算作优秀的佳作之一。"

永井荷风著《江户艺术论》第三篇"浮世绘之山水画与江户名所"，以北斋广重二家为主，讲到北斋的这种绘本也有同样的批评：……

又说明其图画的内容云：

"书共三卷，其画面恰如展开绘卷似地从上卷至下卷连续地将四时的隅田川两岸的风光收入一览。开卷第一出现的光景乃是高轮的天亮。孤寂地将斗篷裹身的马上旅人的后边，跟着戴了同样的笠的几个行人，互相前后地走过站着斟茶女郎的茶店门口。茶店的芦帘不知道有多少家地沿着海岸接连下去，成为半圆形，一望不断，远远地在港口的波上有一只带着正月的松枝装饰的大渔船，巍然地与晴空中的富士一同竖着他的帆樯。第二图里有戴头巾穿礼服的武士，市民，工头，带着小孩的妇女，穿花衫的姑娘，挑担的仆夫，都趁在一只渡船里，两个舟子腰间挂着大烟管袋，立在船的头尾用竹篙刺船，这就是佃之渡。"

林庚在《日本风景木版彩画》一文里说："日前偶在苦雨斋看到木版彩画的《隅田川两岸一览》，那正如我一向之喜欢儿童画报的吸引了我，终于我也买了它，那书只薄薄三册，连邮费合法币六元整，在日本书中抵得那精装三十六巨册的《世界美术全集》一半的价钱，总算是很贵族的了。其实明为三册实在就只是一幅长的手卷，不过拆印为二十余页而已，所绘乃民间平日生活行乐之图，我喜欢它，因为那是大人的画，确有儿童画报的可喜处。……岂明先生有《隅田川两岸一览》一文收在《苦茶随笔》中。关于此画谈之甚详。此种画原名浮世绘，木版彩画四字顾名思义耳。……廿五年七月十日　北平风雨诗社。"[1]

390. 美術研究所編，黒田源次著，《支那古版畫圖録》，美術研究所編輯美術研究資料第一輯，東京：大塚巧芸社，昭和七年（1932）三月。大8开纸面布脊精装，序首页朱文方印：会稽周氏凤皇专斋藏，65208。收有六十一幅珂罗版书影插图。

1932年7月20日丸善购。《隅田川两岸一览》："黑田源次编的《支那古板画图录》里的好些'姑苏板'的图画那确是民间的了，其位置与日本的浮世绘正相等，我们看这些雍正乾隆时代的作品觉得比近来的自然要好一点，可是内容还是不高明。这大都是吉语的画，如五子登科之类，或是戏文。其描画风俗景色的绝少。这一点与浮世绘很不相同。我

---

[1] 陶亢德编《日本管窥》，上海：宇宙风社，1936年12月版，第129页。

们可以说姑苏板是十竹斋的通俗化，但压根儿同是士大夫思想，穷则画五子登科，达则画岁寒三友，其雅俗之分只是楼上与楼下耳。还有一件事，日本画家受了红毛的影响，北斋与广重便能那么应用，画出自己的画来，姑苏板画中也不少油画的痕迹，可是后来却并没有好结果，至今画台阶的大半还是往下歪斜的。"《〈画廊集〉序》（1935年2月21日）里也提及此书。

391. 木村荘八，《ニール河の艸：少年藝術史》，東京：洛陽堂，大正九年（1920）二月再版。纸面精装，顶金，扉页朱文方印：苦雨斋藏书印，85238。里面不少照片插图。

1920年4月27日洛阳堂购。据日记，1920年10月7日："上午往大学，丸山君同太田正雄君来访。"10日："得丸山君九日函。下午，木村庄八君同丸山君来。"10月12日："上午往同仁医院访太田木村二君，太田赠食後の歌一册。"《译诗的困难》（1920年10月20日）："日本的太田君送我一本诗集。太田君是医学士，……他的别名木下杢太郎，在日本艺术界里也是很有名的。这诗集名《食后之歌》，是一九一九年十二月出板的。"在 John Addington Symonds 的 *Studies of the Greek Poets* 书里夹有名片：太田正雄，下面有一行铅笔字：文学士之雅号，估计是周作人所写。另有一张名片：丸山幸一郎。[1] 估计就是此次拜访所赠送。而据木下杢太郎日记，他1920年10月7日拜访了周作人，他们谈论了中国民谣，以及用口语所写的中国新诗。周有几本日文书，其中有关于夏目漱石的资料。五天后的12日，木下离开北京前一日的午前，周来送行。并赠送了木下一册胡适的诗集《尝试集》，木下也回赠了一册《食後の歌》。[2] 木下杢太郎与木村荘八合著有《大同石佛寺》（東京：日

---

[1] 此书第二册也夹了一张名片：童一心。冰庵 浙江。
[2] 《木下杢太郎日記》第二卷，東京：岩波書店，1980年，第190页，第194页。另见刘岸偉《東洋人の悲哀：周作人と日本》，東京：河出書房新社，1991年，第140页。

本美術学院，大正十一年 [1922] 九月），布脊顶金，65191。知堂 1922 年 10 月 24 日在东亚公司也曾购过一册，不知是否即此书。1926 年 2 月 18 日东亚公司购木下杢太郎《支那南北記》（地下一尺集第七集，東京：改造社，大正十五年 [1926] 一月），书中提及他曾拜访北京大学教授周作人，与之谈及中国古民谣搜集的困难，以及以口语所写中国新诗运动的状况。[1] 1929 年 9 月 2 日张凤举赠木下杢太郎的《えすぱにや・ぽるつがる記：及び初期日本吉利支丹宗門に関する雜棄》。

392. 犬田卯編，《芋錢子作品撰集》，東京：青梧堂，昭和十七年（1942）十月。大 16 开纸面精装，扉页朱文篆字圆印：周作人，86963，3188177509。一半铜版纸印的画作，后半是作者的语录、书简和对他的回忆文章。前面多幅彩色与黑白插图，多为芋钱子画作，还有扇面等，其中画作集有：常陆乙女，芭蕉と一茶，河童十二题，十二支图；水乡秋色，芋錢子（绘），犬田卯（文）；俳趣十二ク月。目录：绘画书，芋錢子语录，芋錢子书简选，芋錢先生の想ひ出（犬田卯）。芋钱子本名小川茂吉（1868—1938）。

知堂《苦茶庵打油诗补遗》：

其十一至十二

不闻海若望洋叹，但见河童凫水游，却忆吾乡河水鬼，摊钱抛堉不知愁。（七月廿一日作，纪生在东京，以芋钱子画河童扇寄赠，漫题一绝。）

芋钱草画喜重披，犹似当年读子规，珍重明时风雅意，凭君传与后人知。（十一月三十日作，观芋钱子草画帖，芋钱姓小川，往

---

[1] 《木下杢太郎全集》第十二卷，東京：岩波書店，1982 年，第 238 页。另见《東洋人の悲哀：周作人と日本》，第 140 页。

昔读俳句杂志《子规》，多见其插画，已是四十年前事矣。）[1]

此书应是后来知堂所购。

393. 日本名著全集刊行會編，《風俗圖繪集》，日本名著全集：江戶文藝之部第三十卷，東京：日本名著全集刊行會，昭和四年（1929）六月。蓝漆布袖珍本，顶金，目录页朱文方印：苦雨斋藏书印，17908。

1933 年 8 月 8 日购。

394. 松木喜八郎編，《母性愛浮世繪集》，京都：芸艸堂，昭和十五年（1940）十二月。和装帙入，扉页朱文方印：苦雨斋藏书印，65160，里面都是母子嬉戏的浮世绘。

《江户风物与浮世绘：我的杂学（十五）》（1944 年 8 月 1 日）："再往前去这种资料当然是德川时代的浮世绘，小岛乌水的浮世绘与风景画已有专书，广重有《东海道五十三次》，北斋有《富岳三十六景》等，几乎世界闻名。"其中提及的小岛乌水《江戶末期の浮世繪》（東京：梓書房，昭和六年 [1931] 四月十日），国图那册扉页有朱文方印：炳圻藏书，还有篆字朱印：浮渔堂，65195。

395. 田中けい編，《浮世繪畫集》二卷，東京：矢吹高尚堂，大正八年（1919）十一月。线装，青色布面，前衬页白文方印：周公之作。87094—87095。

1920 年 1 月 31 日丸善购。

396.（清）王嬴繪，《分類二十四孝圖》二冊，日本天寶十四年（1843）癸卯冬。版心题：海仙画谱，王海仙先生画谱之一；序首钤朱文方印：苦雨斋藏书印，长沙王海仙画，天香阁藏板，天宝十四年岁在癸卯季夏之月 山竹散人筱崎弼撰并书。印：小竹。孝感天地叶：朱文

---

[1] 《老虎桥杂诗》，北京：北京十月文艺出版社，2013 年，第 109 页。二诗分别写于 1942 年 7 月 21 日及 11 月 30 日，见《周作人年谱：1885—1967》，第 638 页。

长印：国立北京图书馆珍藏。天宝十四年癸卯冬发兑。16748。

397. 小島烏水，《浮世繪と風景畫》，東京：前川文荣阁，大正三年（1914）八月。北京图书馆重装封面，顶金，扉页前衬纸上朱文方印：炳圻藏书，序言和正文首页都有印被磨去，应该是白文长印：煆药庐，17671。

尤炳圻是知堂与钱稻孙的学生，这书应该是他赠给知堂，后来随着知堂其他藏书一起被收缴进了平馆。

398. 新村出，《花鳥草紙》，東京：中央公論社，昭和十年（1935）五月。蓝色纸面精装，扉页朱文方印：周作人印，86874。

1925年4月20日丸善购《南蛮更纱》，9月22日在东亚公司购《南蛮廣記》，11月19日东亚购《續南满廣記》，12月6日东亚购《典籍叢談》。1933年3月20日购《琅玕记》。《蛮女的情歌》（1925年7月20日刊）："日本新村出著《南蛮更纱》中第七篇《关于南蛮的俗歌及其他》项下有这样的一节……"

399. 竹久夢二画，岩田準一編，《夢二抒情画選集》上卷，東京：寶文館，昭和二年（1927）一月。红色布面精装，扉页朱文长印：苦雨斋，85416。很漂亮的彩色图画书，前面彩色图，后面多是文配黑白图。

1927年3月购，同年8月另购有：《抒情画集》下。1920年3月7日在双龍洋行购《歌时记》，1926年12月16日购有《露地の細道》。1929年7月19日："收东亚公司书，内《梦二画集》二册送给君培。"11月25日购有《夢二画集》春夏秋冬四卷，亦未见。《歌咏儿童的文学》（1923年2月11日）："高岛平三郎编竹久梦二画的《歌咏儿童的文学》，在一九一〇年出板，插在书架上已有十年以上了，近日取出翻阅，觉得仍有新鲜的趣味。……梦二的十六叶着色插画，照例用那梦二式的柔软的笔致写儿童生活的小景，虽没有《梦二画集》的那种艳冶，却另外加上一种天真，也是书中的特彩之一。"

自然史及其他

400. ハヴェロック・エリス（Havelock Ellis）著，《歐米新思潮論》，福來友吉校閲 鈴木紀一郎訳，東京：大興社出版部，大正六年（1917）六月。纸面顶金毛边，扉页朱文方印：周作人印，85039。原书为《新思潮》第三版，即 *The New Spirit* 一书的日译本。

1918 年 2 月 27 日购自中西屋。

401. 川口孫治郎，《日本鳥類生態學資料》，東京：巢林書房，昭和十二年（1937）二月。蓝布精装，扉页行书朱文方印：周作人印，篇章页朱文方印：苦雨斋藏书印，66404。

《歌谣与名物》（1937 年 3 月 18 日）："关于水胡卢的记录，最近见到川口孙治郎所著《日本鸟类生态学资料》第一卷（今年二月出板），其中有一篇是讲这水鸟的，觉得很有意思。"摘译了一段讲水鸟没水法的文字，并说："川口此书是学术的著述，故殊少通俗之趣，但使我们知道水胡卢的一点私生活，也是很有趣味的。在十六七年前，川口曾著有《飞驒之鸟》正续二卷，收在《炉边丛书》内，虽较零碎，而观察记录谨严还是一样，但惜其中无水胡卢的一项耳。"知堂指川口孙治郎编的《飛驒の鳥》（正、続，爐邊叢書，東京：鄉土研究社，大正十年[1921]）。

402. ヂェ・ヴェ・ルグロ，《ファブルの生涯：科學の詩人》，椎名其二訳，東京：叢文閣，大正十四年（1925）十一月。原书为：Georges Victor Legros, *Fabre: Poet of Science*. 蓝布精装，前衬页一朱文方印：周作人印，扉页朱文方印：岂明读书，85246，封面内侧蓝色书店标：Tokyodo 东京堂书店 神田。

1925 年 11 月 14 日东亚公司购。据日记，1930 年 9 月 15 日："杜逢辰君来，借去ファブル传（科學の詩人，10 月 20 日还）一册，又赠予昆虫记四册。"知堂在《记杜逢辰君的事》（1944 年 10 月 4 日刊）一文里回忆过他来借书的事。

403. 岡本東洋編，《京都》，京都：京都寫真文化協会，昭和十六年（1941）五月。16开纸面精装，目次页朱文方印：苦雨斋藏书印，87535。一百幅京都风景名胜的黑白照片。

404. 高木敏雄，《比較神話学》，帝國百科全書第百十六編，東京：博文館，明治三十七年（1904）十月初版，明治四十三年（1910）二月三版。序言页朱文方印：周作人，66915。

1924年8月27日丸善购（日记所记28日有误）。1914年4月7日得相模屋《日本伝説集》，1917年8月20日得东京堂《童話ノ研究》，10月2日得由家转寄东京堂《日本昔バナシ》，1918年12月16日得敬文馆寄《日本家庭昔嘲》二册。

405. 日本鳥学会編纂，《日本鳥類生態写真図集：大英博物館萬國自然写真展覽會出品紀念》，東京：巢林書房，昭和十年（1935）十月。大16开图片集，扉页朱文方印：周作人印，65207。

406. 西村眞次，《神話学概論》，文化科学叢書（4），東京：早稲田大学出版部，昭和二年（1927）十一月。红布精装，扉页朱文方印：周作人印，66540。

《鸦片祭灶考：随感录（七八）》（1927年12月4日）提及"日本西村真次著有《文化人类学》"。《文化人类学》是1925年1月31日自东亚公司所购。1927年12月7日东亚公司购《民俗断篇》。1934年10月2日人人书店购《日本民俗理想》。

407. 印度学会訳編，《印度古典カーマスートラ：性愛の学》，京都（大谷大学内）：印度学会，大正十二年（1923）十月。灰布精装，扉页白文方印：周公之作，87513。《爱经》日文对照译本，违碍处保留梵文未译，非卖品。

1927年12月1日丸善购。《再谈〈香园〉》（1927年8月5日）：

我又曾见到一本印度讲《爱之术》（Art Amatoria，用中国古语应译作房中术）的书，德人须密特所译，名为 Das Ratirahasyam（《欲乐秘旨》），共十五章，首论女人的种类，末列各种药方，与叶德辉所辑的《素女经》等很是相像，但与中国也有一个极大的异处，就是这位"博学诗人"壳科加君（Sri Kokkoka）并不是黄帝彭祖之徒，希望白日飞升的，所以他说的只是家庭——至多也是草露间的事。并没有选鼎炼丹这种荒唐思想。

我们看过这些书，觉得很有意思，不仅满足了一部分好奇心，比看引用的文字更明白他的真相，又因此感到一件事实，便是中国人在东方民族中特别是落后；在上面的两个比较上可以看出中国人落在礼教与迷信的两重网里，（虽然讲到底这二者都出萨满教，其实还是一个，）永久跳不出来，如不赶紧加入科学的光与艺术的香去救治一下，极少解脱的希望。其次觉得有趣味的是，这些十五六世纪的亚拉伯印度的古怪书里的主张很有点与现代相合。

而《论抓与咬》（译文，印度壳科加大师原作，1927 年 8 月刊《语丝》）译者"斯文生"提及："重译印度壳科加大师（Sri Kokkoka），原著德人须密特译《罗谛罗柯鲁母》（Das Ratirahasyam），第八九两章皆系论外交者。（十六年八月十五日记）""附记：我见了那篇小文之后，赶紧雇了来回的洋车去找岂明老人，恳求他把这本书借给我看一天，恰好他自己早已看完，所以居然答应我借用一礼拜。我看了一遍之后，还有四天馀剩，不甘心把它白费，又不愿早还这书，于是想到抄译一点来。（文生谨记）"知堂应该有 Kokkoka 的 *Rati-Rahasya, or the Secret of Sexual Pleasure*（1922），不过此书未见。

408. 中西悟堂，《昆虫讀本》上卷，東京：巢林書房，昭和十一年（1936）七月。蓝布书脊，扉页朱文方印：周作人印，86014。

（三）疑似藏书待问录

知堂有部分藏书没有盖印章，有他人题赠或批注的本子还好辨识，而没有盖章与题字的藏书就很难认出来了，这里结合文章、日记，以及书上店标和登记号、编目时间等证据，列出一些可能是知堂旧藏的书籍。

西文部分

文学

1. Aho, Juhani, *Squire Hellman and Other Stories*, 2nd ed., London: T. Fisher Unwin, 1893. 布脊纸面，毛边，封面内侧左上角贴有一枚盖有邮戳的芬兰邮票：Suomi 25пен., Finland, Финляндия，115923。

《反对中国邮票上的英文》（1923年12月15日刊）："这便是芬兰的邮票，上边写着本国文 Suomi，下边又有 Finland 一字。"文里所说的正是这枚芬兰邮票。

《黄蔷薇》："这些旧译实在已经不值重提，现在所令我不能忘记者却是那位倍因先生，……芬兰哀禾（Juhani Aho）的小说有四篇经他译出，收在 T. Fisher Unwin 书店的《假名丛书》中，名曰《海耳曼老爷及其他》，卷头有一篇论文叙述芬兰小说发达概略，这很使我向往于乞丐诗人沛维林多（Paivarinta），可是英译本至今未见，虽然在德国的 Reclam 丛刊中早就有他小说的全译了。"《域外小说集》著者事略（1909年2—6月作）介绍："哀禾（Juhani Aho，1861—），哀禾本名勃罗佛尔德（Brofeldt），一八六一年生于列塞尔密，今尚存。为芬兰近代文人之冠。一八九〇年游法国，归而作《孤独》一卷，为写实派大著，又《木片集》一卷，皆小品。今所译《先驱》，即是中之一。"鲁迅1921年7月31日致时身在日本的知堂："关于哀禾者，《域外小说集》附录如次：哀禾本名勃罗佛尔德（Brofeldt），一八六一年生于列塞尔密（Lisalmi，芬兰的内地），今尚存。为芬兰近代文人之冠。一八一九［九一？］游法国，归而作《孤独》一卷，为写实派大著，又《木片集》一卷，皆小品。关于这文的议论，容日内译上。"然后他翻译了 Ernst Brausewetter《北方名家小说》里对哀禾生平与作品的介绍，其中提及《父亲怎样买洋灯》与《铁路》两篇小说。知堂翻译的《现代小说译丛》第一集，收有 Juhani Aho 的《父亲拿洋灯回来的时候》以及《先驱》，翻译附记用的几乎就是鲁迅信中原话，小说刊于 1921 年 10 月 10 日《小说月报》第十二卷第十号。

2. Baring, Maurice, *An Outline of Russian Literature*, Home University Library of Modern Knowledge, no. 93, New York: Henry Holt and Company, 1915. 绿布袖珍精装，132905。封底内侧铅笔：75e。

1918 年 10 月 23 日得自中西屋。

3. *More Tales by Polish Authors*, tr. Else C. M. Benecke and Marie Busch, Oxford: B. H. Blackwell, 1916. 大 32 开红布精装，毛边，封面内侧：Maruzen Co. Ltd. Book Department Tokyo，黑色平馆英文圆印，115674。目录里有四篇有铅笔打勾的记号：Two Prayers、The Trail、The Stronger Sex、The Chukchee。封底内侧铅笔：300 net。

1919 年 4 月 28 日下午亲自在日本东京本乡购。

4. *Tales by Polish Authors: Henryk Sienkiewicz, Stefan Żeromski, Adam Szymański, Wacław Sieroszewski*, tr. Else C. M. Benecke, Oxford: B. H. Blackwell, 1915. 灰布精装，115670，目录有黑色与红色铅笔记号与画叉、圈：Twilight / by Stefan Żeromski、Temptation / by Żeromski、Srul, from Lubartów / by Adam Szymański。

《黄昏》，波兰 Stefan Żeromski 泽罗姆斯基，1919 年 12 月 20 日译，刊 1920 年 2 月 1 日《新青年》第七卷第三号；《诱惑》，波兰 Stefan Żeromski 泽罗姆斯基，刊 1920 年 2 月 1 日《新青年》第七卷第三号。周建人译《〈犹太人〉附记》(1921年7月18日)里提及"亚当式曼斯奇(Adam Szymański)……这篇小说收在英国般纳克(E. C. M. Benecke)女士所译的《波兰小说集》中,原名《卢巴耳妥夫来的斯鲁尔》(Srul—from Lubartów)。"

5. *Selected Polish Tales*, tr. Else C. M. Benecke and Marie Busch, World's Classics, 230, London; New York: Humphrey Milford: Oxford University Press, 1921. 绿布小36开精装,115678,目录最后两篇:The Sentence,和'P. P. C.',有铅笔记号。封底内侧铅笔:195 net。

据日记,1922年3月29日:"在灯市口得波阑小说集一本。"购书目录:"波阑小说选集 ㄅㄝㄖㄝㄎ [Benecke]"。

6. Beresford, J. D., *H. G. Wells*, Writers of the Day, London: Nisbet & Co., Ltd., 1915. 蓝布袖珍本,封面内侧蓝色图标:Maruzen Co. Ltd. Book Department Tokyo,115450,封底内侧铅笔:85 Net。

1919年2月15日中西屋寄到。

7. *Contemporary Belgian Poetry*, selected and translated by Jethro Bithell, The Canterbury Poets, London; New York: Walter Scott Publishing Co., 1911. 36开袖珍精装,顶金,封面内侧蓝色书店标:Maruzen Company Limited Books and General Stationery Tokyo Osaka Kyoto Fukuoka 丸善株式会社,115473。

1912年10月1日购自相模屋。1918年5月8日:"得丸善廿八日函又现代比利时文学一册。"当时还购有:*Contemporary Belgian Literature*。

8. *Contemporary Flemish Poetry*, selected and translated by Jethro Bithell, The Canterbury Poets, London: Walter Scott Publishing Co., Ltd., 1917. 蓝布袖珍精装,蓝色丸善株式会社标签:Maruzen Co. Ltd. Book Department Tokyo,115474。

9. *Contemporary French Poetry*, selected and translated by Jethro

Bithell, The Canterbury Poets, London: Walter Scott Publishing. Co., Ltd., 1912. 36 开袖珍精装, 封面内侧有书店标：Maruzen Co. Ltd. Book Department Tokyo, 646553, 后衬页内侧钢笔：Takai Chi. China。

1912 年 10 月 20 日相模屋寄。

10. *A Contemporary German Poetry*, selected and translated by Jethro Bithell, The Canterbury Poets, London: Walter Scott Publishing Co. Ltd., 1909. 蓝布袖珍, 顶金, 封面内侧绿色书店标：Maruzen Company Limited Books and General Stationery Tokyo Osaka Kyoto Fukuoka 丸善株式会社, 115472。封底内侧铅笔：<u>55</u>。

11. Bithell, Jethro, *Life Writings of Maurice Maeterlinck*, Great Writers, London; Felling-on-Tyne: The Walter Scott Publishing, Co., Ltd., 1913. 蓝布精装, 封面内侧：中西屋书店 The Nakanishiya Tokyo, 115914, 封底内侧铅笔：<u>1.00</u>。

《我是猫》（1935 年 5 月）："我在东京的头两年, 虽然在学日文, 但是平常读的却多是英文书, 因为那时还是英文书比较便宜, 一方面对于日本的文学作品也还未甚了解。手头有几块钱的时候常去的地方不是东京堂而是中西屋, 丸善自然更是可喜, 不但书多而且态度很好, 不比中西屋常有小伙计跟着监视。"根据图书登记号判断, 应该是知堂旧藏。

12. Brandes, Georg, *Hellas: Travels in Greece*, authorized translation by Jacob W. Hartmann, New York: Adelphi Company, 1926. 这一册放入古籍馆普通古籍阅览室里, 无法提出来, 应该是知堂藏书。

知堂 1928 年 3 月 27 日致函江绍原："Georg Brandes 在 Hellas 之末云 'Europe has fallen into the hands of Clown!', 虽然, 岂止欧罗巴而已哉！"[1]《愚夫与希腊：随感录（一一二）》（1928 年 3 月）："丹麦勃阑特思

---

1 《江绍原藏近代名人手札》, 第 47 页（第 276 页）。

博士在所著《希腊》(Georg Brandes, *Hellas*, Eng. tr. 1926)卷末惜悼古希腊之衰微，归罪于英法帝国主义之争斗，利用突厥以残毁欧洲文明之母国。"并译了末页一段话，把致江信里所引那段话译为"欧洲现在是落在愚夫们的手里了"。知堂此文应写于此信前后。

13. Brandes, George, *Henrik Ibsen, Björnstjerne Björnson: Critical Studies*, London: William Heinemann, 1899. 国图重装封面，120353，封底内侧铅笔：期刊送来 11/9/48。

14. *Aucassin and Nicolette: An Old French Love Story*, translated from the Old-French by Francis William Bourdillon, with illustrations by Katharine Cameron, Edinburgh; London: T. N. Foulis. 袖珍版，有四幅水彩插图，108069。其中序言提及最近已出版：*Aucassin and Nicolette: An Old French Love Story*, 2nd ed., accompanied by the Old-French text and edited by Francis William Bourdillon (London: Macmillan, 1897)，则此书应该是 1897 年或稍后出版的。

1914 年 8 月 22 日相模屋寄。《欧洲古代文学上的妇女观》(1921 年 7 月 21 日)："但在弹词《奥加珊与尼古勒德》(*Aucassin et Nicolette*)里，这趋向最为明了。"

15. Chandler, Frank Wadleigh, *Aspects of Modern Drama*, New York: Macmillan Company, 1914. 布面精装，前衬页一铅笔：(Dup. 6110)，125042。

1919 年 3 月 11 日记："至新华街中西图书馆购近代剧诸相一册。"而据年度购书目："近代剧之各面相 くラカゝせ [Chandler] 让予志希"，先购的这册转让给了学生罗家伦。10 月 9 日："得伊文思二日寄近代剧之各面观一册。"据年度购书目："近代剧之各面观チャンドラー"，这册购自上海伊文思书店。

16. Child, Harold, *Thomas Hardy*, Writers of the Day, London: Nisbet & Co., Ltd., 1916. 灰布面精装袖珍本，蓝色丸善株式会社标签：Maruzen

Co. Ltd. Book Department Tokyo，前衬页一铅笔：（Dup. 6111），125032。封底内侧铅笔：70/net。

1918 年 1 月 18 日购自丸善。

17. De Quincey, Thomas, *De Quincey's The English Mail-Coach and Joan of Arc*, ed. with introduction and notes by Milton Haight Turk, Standard English Classics, Boston: Ginn & Company, 1905. 蓝布精装，116034。

1922 年 2 月 4 日灯市口购，另 1920 年 4 月 24 日厂甸购：*Confessions of An English Opium-Eater*。

18. Dimsdale, Marcus Southwell, *A History of Latin Literature*, Short Histories of the Literatures of the World, XV, London: William Heinemann, 1915. 蓝布精装，有些变形，封面内侧黄色书店标：中西屋书店 The Nakanishiya Tokyo，115490，封底铅笔：330 N。

据日记，1918 年 1 月 11 日："得中西屋廿二日寄小包，内拉丁文学史等三册。"而后面购书书目为："拉丁文学史 英文 デムスデール。"此书应该是知堂藏书。《东京的书店》："当时在神田有一家卖洋书的中西屋，离寓所比丸善要近得多，可是总不愿常去，因为伙计跟得太凶。听说有一回一个知名的文人进去看书，被监视得生起气来，大喝道，你们以为客人都是小偷么！这可见别一种的不经济。但是不久中西屋出倒于丸善，改为神田支店，这种情形大约改过了罢，民国以来只去东京两三次，那里好像竟不曾去，所以究竟如何也就不得而知了。"

19. Dobson, Austin, *Life and Writings of Oliver Goldsmith*, Great Writers, London: Walter Scott Publishing Co., Ltd. 蓝布精装，封面内侧蓝色标签：Maruzen Co. Ltd. Book Department Tokyo，蓝文平馆英文圆印，115494。

据日记，1917 年 2 月 28 日："丸善二十日寄书一包，内 Dobson: *Life of Goldsmith*。"应为此书。另 1916 年 7 月 26 日："上午往局讲 Vicar of Wakefield。……在育新书局购商务翻印 Vicar 一本。"7 月 29 日："伊文思廿七日寄 Vicar of Wakefield 一本。"7 月 30 日："致楼君片，托往上海购别本 Vicar 一本。"8 月 22 日："上午由会收教育馆代购 Vicar 一本。一九〇六年 Merrill 板也。"应为此书：*The Vicar of Wakefield*, with an introduction and notes by Edna H. L. Turpin, editor of the Sir Roger de Coverley Papers in the Spectator, Emerson's Essays, and the Deserted Villege, Merrill's English Texts, New York: Charles E. Merrill Co., 1906. 8 月 27 日："得伊文思廿五日寄 Goldsmith：*Play* 及 *Vicar*（Ginn）各一本。"即：*The Vicar of Wakefield*, edited with an introduction and notes by Archibald Rutledge, Boston; New York: Ginn and Company. 8 月 28 日："阅 Goldsmith's Play，下午了。"

20. Dostoevsky, Fyodor, *An Honest Thief and Other Stories*, translated from the Russian by Constance Garnett, The Novels of Fyodor Dostoevsky, vol. XI, London: William Heinemann, 1919. 红布精装，封面内侧蓝色图标：Maruzen Co. Ltd. Book Department Tokyo，前衬页铅笔：（Dup. 6253），124636，封底内侧铅笔：270 N。

1922 年 2 月 21 日丸善购。

21. Dostoevsky, Fyodor, *White Nights, and Other Stories*, from the Russian by Constance Garnett, The Novels of Fyodor Dostoevsky, vol. X, London: William Heinemann, 1918. 棕布精装，封面内侧蓝色图标：Maruzen Co. Ltd. Book Department Tokyo，115916。封底内侧铅笔：340 N。

1922 年 2 月 21 日丸善购。

22. Dostoevsky, Fyodor, *The Gambler and Other Stories*, translated from the Russian by Constance Garnett, The Novels of Fyodor Dostoevsky, vol. IX, London: William Heinemann, 1917. 红布精装，封面内侧蓝色图标：Maruzen Co. Ltd. Book Department Tokyo，扉页铅笔：Dup, 3126454184，115915，封底内侧铅笔：330 Net。

1920年2月27日丸善寄到。9月30日丸善寄到《永久的丈夫》(*The Eternal Husband and Other Stories*)，1922年10月19日厂甸购《苦人》(*Poor People*)。这套陀思妥耶夫斯基作品集共十一卷。

23. Dowden, Edward, *A History of French Literature*, Short Histories of the Literatures of the World, II, London: William Heinemann, 1899. 布面精装，毛边，封面内侧灰色标签：东京中西屋书店 The Nakanishiya n.n.，115489，封底内侧铅笔：サン。

据日记，1917年12月3日："东京堂廿日寄小包，内法兰西文学史等四种大正新书。" 11月27日："阅 Dowden: *Shakespeare*。" 此书未见。

24. Dupuy, Ernest, *The Great Masters of Russian Literature in the Nineteenth Century*, translated by Nathan Haskell Dole, New York: T. Y. Crowell & Co., 1886. 棕红布面烫金，前衬页一左下角有店标：W. B. Clarke & Carruth Booksellers & Stationers Boston，前衬页二钢笔：4 19 cent G. G. Carol from L. R. Carol，朱文国立平馆英文圆印，127913。其中收录了散文作家果戈里、屠格涅夫、托尔斯泰三位，除前三人外，还以小一字号注释方式在 p. 202 注里收了陀思妥耶夫斯基的生平介绍，p. 203 注里收录了《死屋手记》里那段囚犯浴室的描写。

《俄国大作家》(1945年6月3日)："架上一册紫色布面的书，名曰《俄国大作家》，这是我初到东京时所买，大约是一九〇六年的冬天，我还不会说话，此书定价是二圆半，付给十圆纸币，丸善的小伙子却当作五圆看，只找还我二圆半，无法同他讲清楚，只好吃亏回来。原著者为法国迭布，英人陀耳翻译加注，亦即是托尔斯泰小说《哥萨克》的译者，在美国于一八八六年出版，算来只比我小了一岁，这样说来也并不见得是怎样好的书，可是如今见了又不禁要拉出来翻看一下子，觉得这书面以及式样行款也均可喜，而且他又最早告诉我关于这三大作家，即是戈戈尔，屠格涅夫和托尔斯泰的事，使我永不会忘记，特别是关于戈戈尔。"[1] 其中《俄国大作家》即此书。

25. Earle, John, *The Deeds of Beowulf: An English Epic of the Eighth Century done into Modern Prose*, Oxford: Clarendon Press, 1892. 草绿精装，115531。

据日记，1914 年 7 月 31 日："广学会廿九日寄 Earle. Beowulf。"

26. Fitzmaurice-Kelly, James, *A History of Spanish Literature*, Short Histories of the Literatures of the World, V, London: William Heinemann, 1898. 蓝布精装，封面内侧红色标签：From Maruzen Kabushiki Kaisha. 丸善株式会社 东京 大阪。115603，封底内侧铅笔：3.30。

据日记，1917 年 11 月 5 日："至广学会买 Virgil 等三本。……丸善廿二日寄小包，内独逸西班牙文学史、希腊诗选各一册。"其中的《西班牙文学史》就是此书。

《塞文狄斯》（1925 年 12 月 5 日）："Fitzmaurice-Kelly 的精确的《塞文狄斯传》，因为 Kelly 是英国现在的西班牙文学的'权威'。Kelly 的一本简洁精密的小传真比《五十著名轶事》更要有趣味，因为里面所记都是确实考证。"

27. Forbes, Nivell, *Polish Literature: A Lecture*, London; New York: H. Frowde, 1911. 小册子，115971。

据日记，1914 年 8 月 1 日："广学会三十日寄 Forbes: *Polish Literature* 一本。"

28. Haggard, H. Rider, and Andrew Lang, *The World's Desire*, with 27 illustrations from drawings by Maurice Greiffenhagen, London: Longmans, Green, and Co., 1906. 未提出。

1907 年 2 月，知堂在鲁迅帮助下翻译里德·哈格德与安德鲁·朗合

---

1 《青灯小抄》，陈子善、赵国忠编《周作人集外文》第三册，上海：上海人民出版社，2020 年，第 616 页。

著的《红星佚史》，年底商务出版。1918年又购有该书，怀疑是知堂翻译《红星佚史》的底本。

29. Hamsun, Knut, *Hunger*, tr. from the Norwegian of Knut Hamsun by George Egerton, with an introduction by Edwin Björkman, New York: Alfred A. Knopf, 1923. 蓝布袖珍本，前衬页铅笔：250，115577。

1923年11月20日东交民巷购。

30. Hamsun, Knut, *Pan*, translated from the Norwegian by Worster, M. A., London: Gyldendal, 1921. 绿布精装，封面内侧蓝色图标：Maruzen Co. Ltd. Book Department Tokyo，115574，封底内侧铅笔：270。

1922年4月18日丸善购。

31. Hearn, Lafcadio, *Insect Literature*, translated and annotated by M. Ōtani, Tokyo: Hokuseido, 1921. 蓝布袖珍本，《虫の文學》，大谷正信訳注，小泉八雲文集第四編，東京：北星堂書店，大正十年三月，英文—日文対照，115576。

32. Hearn, Lafcadio, *Glimpses of Unfamiliar Japan*, Second Series, Leipzig: Bernhard Tauchnitz, 1920. 平装，115583。

1922年10月5日东交民巷书店购。

33. Holewinski, Jan de, *An Outline of the History of Polish Literature*, with a preface by G. P. Gooch, Polish Information Committee Publications Serise A., No. 2, London: Publication for the Polish Information Committee by George Allen & Unwin Ltd., 1916. 原平装小册子，北平图书馆改了精装，115561。

1918年1月18日购于丸善。《近代波兰文学概观》，1921年8月25日译，刊《小说月报》第十二卷第十号（1921年10月10日）。周建人译《〈犹太人〉附记》（1921年7月18日）里提及"诃勒斯温奇（J. Holewinski）《波阑文学史略》第五章"。《近代波阑文学概观》（1925年

8月25日）附记："这一篇原是河勒温斯奇（Jan de Holewinski）所著《波阑文学史略》的第五章，原题'自一八六三年革命至现时的波阑文学'。原书系用英文所著，一九一六年初板，波阑报告委员会所刊行的甲种丛书之一。"此书应该是知堂藏本。

34. Howel, A. G. Ferrers, *Dante: His Life and Work*, The People's Books, v. 57, London; Edinburgh: T. C. & E. C. Jack, 1912. 绿布袖珍本，封面内侧蓝色图标：Maruzen Co. Ltd. Book Department Tokyo，115584。

1920年3月17日丸善购。

35. Huart, Clément, *A History of Arabic Literature*, translated from the French by Lady Mary Loyd, Short Histories of the Literatures of the World, XI, London: William Heinemann, 1903. 布面精装，蓝色丸善株式会社标签：Maruzen Co. Ltd. Book Department Tokyo。3126045735，115564，封底铅笔：3 00 special 2.50.

据日记，1920年6月2日丸善购："亚拉伯文学史 ㄏㄨㄚㄦㄊ [Huart] ㄌㄛㄧㄉ [Loyd] 译"。

36. Hugo, Victor, *The History of a Crime*, tr. from the French by Huntington Smith, The Works of Victor Hugo, New York: Thomas Y. Crowell & Co., 1888. 红布精装，32164。

37. Hugo, Victor, *Notre Dame de Paris*, tr. from the French by Isabel F. Hapgood, The Works of Victor Hugo, New York: Thomas Y. Crowell & Co., 1888. 红布精装，32165。

38. Hugo, Victor, *By Order of the King, L'homme qui Rit*, tr. Isabel Florence Hapgood, The Works of Victor Hugo, New York: Thomas Y. Crowell & Co., 1888. 红布精装，32166。

39. Hugo, Victor, *Ninety-Three*, translated from the French by Helen B. Dole, The Works of Victor Hugo, New York: Thomas Y. Crowell & Co., 1888.

红布精装，32168。

40. Hugo, Victor, *Les Misérables*, tr. from the French by Isabel F. Hapgood, The Works of Victor Hugo, New York: Thomas Y. Crowell & Co., 1887. 红布精装，32169。

41. Hugo, Victor, *Hans of Iceland; Bug-Jargal; Claude Gueux; Last Days of a Condemned*, tr. from the French by Huntington Smith, The Works of Victor Hugo, New York: Thomas Y. Crowell & Co., 1896. 红布精装，插图版，32170。

42. Hugo, Victor, *The Toilers of the Sea*, 2 v. in 1, translated from the French by Isabel F. Hapgood, The Works of Victor Hugo, New York: Thomas Y. Crowell & Co., 1888. 红布精装，32171。

据知堂日记，1930年9月8日："上午吴辛旨君来，以古本游仙窟售给北海图书馆，子佩交来正金汇票金三十元。"9月9日："上午寄丰一函，附汇金三十元。"周丰一9月5日已去东京了，这是卖书给他寄生活费。9月10日："得北海图书馆买Hugo小说集八册价二七.六〇。"知堂卖了八册雨果文集给北海图书馆，查国图现在这套书登录号是：32164—32171。北平北海图书馆到1929年6月为止西文藏书量为22363册，北平图书馆则为672册。它们于1929年8月30日合并为新的国立北平图书馆，新平馆1929年7月到1931年6月西文书编目数量为10235册，截至1931年6月西文书编目数量大约是33270册，则登录号大约到33270号左右。因为采购时间与编目时间有几个月时间差，所以从这几册书的登录号上判断，编目时间应在1931年上旬，这样看来该文集差不多就是知堂所卖的书籍。文集现存七册，少了《悲惨世界》第二册，系统显示有两卷，怀疑是录入计算机系统时漏录了。

43. Ingoldsby, Thomas, *The Ingoldsby Legends, or, Mirth & Marvels*, London: Frederick Warne and Co., 1843?. 国图放入古籍馆阅览室，疑为知

堂藏书。

《荣光之手》(1928年9月2日)："《印戈耳支比家传故事集》(*The Ingoldsby Legends*)，这是多马印戈耳支比所作，但他实在是叫巴楞木（R. B. Barham，1788—1845），是个规矩的教士，却做的上好的滑稽诗。圣支伯利（G. Saintsbury）教授很赏识他，虽然在别家的文学史上都少说及。圣支伯利的《英文学小史》还在注里揄扬这位无比的滑稽诗家，但在《十九世纪英文学史》说的更为详细一点。"

44. Garshin, W. M., *Ths Signal and Other Stories*, translated from the Russian by Captain Rowland Smith, London: Duckworth & Co., 1912. 红布精装，封面内侧蓝色书店标：Maruzen-Kabushiki-Kaisha Books and General Stationery Tokyo Osaka Kyoto 丸善株式会社，115984。

据日记，1912年12月23日："邮差又来送到サガミヤ［相模屋］寄 *Garshin's Stories*。"24日："阅 Garshin 数篇，总凡十七首。"知堂早在《域外小说集》里，就译过迦尔洵（Vsevolod Garshin）的小说。

45. Gogol, Nicholas, *The Mantle and Other Stories*, tr. by Claud Field, and with an introd. on Gogol by Prosper Merimée, London: T. Werner Laurie, 1916. 红布精装，红色平馆英文印，封面内侧蓝色标签：Maruzen Co. Ltd. Book Department Tokyo，前衬页一铅笔：（Dup. 6133）6/，3126478829，127605。

46. Gorky, Maksim, *Tales from Gorky*, 4th ed. translated from the Russian with a biographical notice of the author by R. Nisbet Bain, New York: Funk & Wagnall's Company. 黑布精装，115524，封底内侧：力。

《黄蔷薇》(1929年1月)："这些旧译实在已经不值重提，现在所令我不能忘记者却是那位倍因先生，……俄国的东西他有《托尔斯泰集》两册,《高尔基集》一册。"应该就是这册。

47. Jerrold, Douglas, *Mrs. Caudle's Curtain Lectures and Other Stories*

and Essays, with an introduction by Walter Jerrold and 90 illustrations, The World's Classics, London: Henry Frowde; Oxford Unviersity Press, 1907. 袖珍绿布顶金，前衬页铅笔：（Dup. 6150），127608。

据日记，1918 年 2 月 9 日："至广学会购ジェロルド [Jerrold] 一册。"书目上记："ジェロルド杂文，英文"，应为此书。

48. Korolenko, Vladimir, *Makar's Dream and Other Stories*, tr. from the Russian with an introduction by Marian Fell, New York: Duffield and Company, 1916. 绿布精装，封面内侧蓝色标签：Maruzen Co. Ltd. Book Department Tokyo，115604。Makar's Dream 这篇小说第 20 页书边有铅笔：p 113，直到第 47 页是：p 129，封底内侧铅笔：3.30。

1918 年 3 月 6 日丸善购。应为知堂翻译《玛加尔的梦》的底本。

科罗连珂《玛加尔的梦》，1920 年 8 月 27 日译，刊 1920 年 10 月 10 日《新青年》第七卷第十号，另有单行本《玛加尔的梦》（北京：北新书局 1929 年 3 月第一版）。《苦雨斋小书》序（1927 年 2 月 28 日）："编辑《苦雨斋小书》小书之计划就是那时所想的，现在编成的有这两种，一是《冥土旅行》及其四篇，一是《玛加尔的梦》。……《冥土旅行》是二世纪时的希腊哲人所写，……我曾说：'重读《冥土旅行》一过，觉得这桓灵时代的希腊作品竟与现代的《玛加尔的梦》异曲同工，所不同者只因科罗连珂（Korolenko）曾当西伯利亚的政治犯，而路吉亚诺思（Lukianos）乃是教读为业的哲人（Sophistes）而已。'"

49. Lamb, Charles, *Essays of Charles Lamb*, selected and ed. with introduction and notes by George Armstrong Wauchope, Standard English Classics, Boston: Ginn & Company, 1904. 绿布精装，116014，封底内侧铅笔：192 ~~Net~~，下面改为：1.71。

1923 年 4 月 12 日厂甸购。

50. Lang, Andrew, *Ballads & Lyrics of Old France with Other Poems*,

Portland, Me.: T. B. Mosher, 1902. This Third edition on Van Gelder paper consists of 925 copies. 白皮面袖珍本，手工纸印刷，封面内侧铅笔：4/6，111142。

51. *Leopardi's Essay, Dialogues and Thought of Count Giacomo Leopardi*, translated by James Thomson, The Scott Library, London: The Walter Scott Publishing, Co. Ltd., 1893. 36 开袖珍精装，顶金，封面内侧蓝色书店标：Maruzen Kabushiki Kaisha [Z. P. Maruya & Co. Ltd.] Booksellers & Stationers Tokyo & Osaka，115629。

据日记，1913 年 11 月 6 日："サガミヤ [相模屋] 卅一日寄 Drummond: *The Child*. Thomson: *Leopardi's Essay, Dialogues and Thought* 各一册。……比阅 Leopardi 两译本。"知堂早在 1918 年《欧洲文学史》里引用过他的话。《关于家训》（1936 年 1 月 17 日）："义大利诗人勒阿巴耳地（G. Leopardi）曾云，儿子与父亲决不会讲得来，因为两者年龄至少总要差二十岁。"

52. MacDonell, Arthur A., *A History of Sanskrit Literature*, Short Histories of the Literatures of the World, IX, London: William Heinemann, 1917. 蓝布精装，封面内侧蓝色图标：Maruzen Co. Ltd. Book Department Tokyo，前衬页铅笔：（Dup. 6172），3115450953，127616，封底内侧铅笔：300 Net.

1920 年 6 月 2 日丸善购。

53. Maeterlinck, Maurice, *The Double Garden*, tr. by Alexander Teixeira de Mattos, New York: Dodd, Mead and Company, 1918. 绿布精装，前衬页铅笔：＄250，115665。

1922 年 12 月 7 日东交民巷购。

54. Maran, René, *Batouala*, translated from the French by Adele Szold Seltzer, New York: Thomas Seltzer, 1922. 绿布精装，前衬页一铅笔：375,

116006。

1922年12月27日东交民巷购。《北京的外国的书价：绿洲（三）》（1923年1月30日刊）里说在东交民巷万国图书公司，"《哥德传》卖价四元，黑人小说《巴托华拉》（*Batouala*）卖价三元七角"。《评〈自由魂〉》（1924年4月）："我们要知道黑人的生活真相，最好的方法还是去问黑人自己。法属刚果的黑人马兰所著小说《拔都华拉》（*Batouala*）是一部极好的书，能排成影片，倒是最适宜的。"

55. Maupassant, Guy de, *Yvette and Other Stories*, translated by A.G. (Mrs. John Galsworthy) with a preface by Joseph Conrad, London: Duckworth & Co., 1920. 灰布精装，封面内侧蓝色标签：Maruzen Co. Ltd. Book Department Tokyo，朱文圆印：北京 National Library Peking，133807，封底内侧铅笔：225。

1915年9月27日记："サガミヤ[相模屋]十九日片，又考古学、东海道五十三次、モーパサン传各一册。"モーパサン传即 Guy de Maupassant 传。

56. *The Golden Treasury of the Best Songs and Lyrical Poems in the English Language*, selected and arranged with notes by Francis Turner Palgrave, London: George Routledge & Sons, 1906. 36开绿布烫金精装，封面内侧右上角黄色标签：The Nakanishiya Tokyo 中西屋书店，前衬页一铅笔：（Dup. 6182），3126362106，125087。

1915年3月12日广学会购得。

《鸟声》（1925年4月6日刊）："英国诗人那许（Nash）有一首诗，被录在所谓《名诗选》（*Golden Treasury*）的卷首。"《诗选》开篇第一首就是 T. Nash 的《春》（"Spring"）。

《案山子：草木虫鱼之六》（1931年10月11日）："临了我想一看英国诗人怎样地歌唱我们的案山子，便去找寻胡适之先生所译的那篇'军人梦'的原诗,最初翻阅奥斯福本《英诗选》,里边没有,再看《英诗金库》,居然在第二百六十七首找到了。可是看到第六行却大吃一惊,胡先生译作'时见刍人影摇曳'的,其原文乃是'By the wolf-scaring faggot that guarded the slain',直译是'在那保护战死者的,吓狼的柴火旁边',却不见案山子的踪迹。我用两种小丛书本来对比,结果是一样。因为甘倍耳先生的诗句,引起我对于案山子的兴趣,可是说了一通闲话之后回过头来一看,穿蓑笠持弓矢的草人变了一堆火烟,案山子现出使他闻闻的本相来了,这又使我感到了另外一种的趣味。"

57. Palmer, John, *Rudyard Kipling*, New and rev. ed., Writers of the Day, London: Nisbet & Co. Ltd., 1918. 蓝布袖珍本,封面内侧蓝色图标:Maruzen Co. Ltd. Book Department Tokyo,115684,封底内侧铅笔:110 Net。

1919 年 5 月 6 日丸善购。

58. *The Oxford Book of English Verse, 1250-1900*, chosen & edited by A. T. Quiller-Couch, Oxford: Clarendon Press, 1912. 牛津蓝布精装,顶金,封面内侧蓝色书店标:Maruzen Company Limited Books and General Stationery Tokyo Osaka Kyoto Fukuoka 丸善株式会社,115942,3126361991,封底内侧铅笔:375 net。

1914 年 9 月 24 日相模屋购。

59. *The Oxford Book of Ballads*, chosen & ed. by Arthur Quiller-Couch, Oxford: Clarendon Press, 1910. 牛津蓝布精装,顶金,115949,3126361819。

1914 年 6 月 4 日广学会购。

《杂译诗二十九首》小记几则(1922 年 9 月 30 日)《鹧鸪》后记说:"据圭勒高支(A. Quelle Couch)编的奥斯福大学本《英国诗集》所载译出。"《不安的坟墓》后记说,"这一篇据圭勒高支编的奥斯福大学本《英国叙事的民歌集》卷二所载译出"。

60. Rabelais, Francis, *The Lives, Heroic Deeds & Sayings of Gargantua*

and his Son Pantagruel, 3 v., translated from the French into English by Sir Thomas Urquhart & Peter Le Motteux, London: Chatto & Windus, 1921. 在架上：3126235104，绿布袖珍本，Books Ⅰ-Ⅲ，115694—115696。Books Ⅰ，后衬页一右下角铅笔：0175，Books Ⅱ，后衬页一右下角铅笔：0176，Books Ⅲ，后衬页一右下角铅笔：0177。

1925 年 6 月 4 日丸善购。

61. Reich, Emil, *Hungarian Literature: An Historical and Critical Survey*, 2d ed., London: Jarrold & Sons, with an authentic map of Hungary and full index. 蓝布顶金，115689。

1908 年 8 月 5 日，日本东京《河南》第七号刊出知堂口译、鲁迅笔述的该书第二十七章《裴多菲论》部分内容。《黄蔷薇》序（1910 年 12 月）："奥匈人赖息（Emil Reich）著《匈加利文学史论》有云"，摘录了第二十七章《裴多菲论》部分内容。另据《黄蔷薇》（1928）："此外又刊有奥匈人赖希博士（Emil Reich）的《匈加利文学史论》，这在戈斯所编《万国文学史丛书》中理特耳（F. Riedl）教授之译本未出以前，恐怕要算讲匈加利文学的英文书中唯一善本了。"根据图书登记号判断应该就是知堂那本了。

62. Riedl, Frederick, *A History of Hungarian Literature*, Short Histories of the Literatures of the World, London: William Heinemann, 1906. 蓝布精装，115688，3115396115，封底内侧铅笔：サン。

应是知堂藏书。这套 Short Histories of the Literatures of the World 丛书有十五种，知堂借阅并买过其中的德国、西班牙、法国文学史等几种。据日记，为写作希腊罗马中古至十八世纪三卷讲义（后合成《欧洲文学史》出版），以及未刊的《近代欧洲文学史》讲义，而于 1917 年借阅并购买了这套书中的几种：4 月 14 日："托紫佩向图书分馆假波阑史俄文学史各一本。" 4 月 19 日："还图书分馆书两本，借性之研究等三本。"5月30日："托紫佩假借法美文学史二本。"6月25日："往大学,……向假希罗文史等讲义（券）二册。"9月15日："往图书分馆访紫佩还书,又借……希腊文学一本。"11月6日："得陈君独秀函,下午往大学访之。至图书馆借罗马文学史一本。"12月3日："东京堂廿日寄小包,内法兰西文学史等四种大正新书。"12月22日："阅罗马文学史。"

63. Sainte-Beuve, C. A., *Causeries du lundi*, vol. I－VIII, tr. with an introduction and notes by E. J. Trechmann, New Universal Library, 8 v., London: George Routledge & Sons, Ltd.; New York: E. P. Dutton & Co., 1909－,第一套的登录号是71298—71306,国立北平图书馆原藏。而第二套副本：

Vol. I（October 1849－March 1850）封面内侧蓝色书店标：The Maruzen Kabushiki Kaisha [Z.Maruya & Co., Ltd] Booksellers & Stationer Tokyo Osaka Kyoto.,前衬页一：（Dup. 6183）, 125088。

Vol. II（April 1850－July 1850）,封面内侧书店标：The Maruzen Kabushiki Kaisha [Z.Maruya & Co., Ltd] Booksellers & Stationer Tokyo Osaka Kyoto.,前衬页一：（Dup. 6184）, 125089. 封底内侧铅笔：<u>95 nk</u>。

其馀Vol. III－VIII,第八册封面内侧书店标：Maruzen Co. Ltd. Book Department Tokyo,其馀几册前衬页一：（Dup. 6185）—（Dup. 6190）, 125090—125095。

另据日记,1923年7月23日自丸善购有：月曜论坛二 六七八 ムㄣㄅㄨㄈ [Sainte-Beuve]。8月2日得丸善寄书四册：月曜论坛 一三四五 サント・ブーヴ。查国图藏书,其中圣伯夫《月曜日随笔》英译本有两套：从登录号判断,编目时间正是1949—1950年底之间,这套《月曜日随笔》应该就是知堂的藏书。

64. Kaye-Smith, Sheila, *John Galsworthy*, Writers of the Day, London: Nisbet & Co., Ltd., 1916. 蓝布袖珍本,封面内侧蓝色标签：Maruzen Co. Ltd. Book Department Tokyo,蓝文平馆英文圆印,115978,封面内侧铅

笔：70 net.

据日记，1918年3月15日："得丸善廿八日寄小包又七日寄书共五册。"该年购书目录中有"ゴールスワセ传 又（英文）ケイ・スミス"，即此书。

65. Tagore, Rabindranath, *Lover's Gift and Crossing*, New York: Macmillan Company, 1918. 蓝布精装，前衬页一铅笔：（Dup. 6208），127627。

1922年10月31日灯市口购。

《为"悭比斯"讼冤》（1923年12月16日刊）："但是我觉得奇怪，为什么悭比斯会讲这灵肉一致的话，便起手从事查考。……于是找出Tauchnitz edition的《吉檀迦利》细细核查，（老实说，我是不太喜欢太戈尔的，买了他几本纸面的诗文，差太多不曾读过，所以很是生疏，非细细的查不可），翻到第九十五首，Eureka！只见第四节下半正是这两句话。"不过知堂买了泰戈尔多部作品。1915年4月21日："サガミヤ[相模屋]十四日寄タゴレ诗集一册。"应即：タゴール（Rabindranath Tagore）诗集。1920年7月5日丸善购《新月》(*The Crescent Moon: Child-Poems*)，1922年8月5日在东单买《我的回忆》(*My Reminiscences*)，10月6日在商务分馆购《颂歌集》(*Gitanjali*)，以及Ernest Rhys的《泰戈尔传》(*Rabindranath Tagore: A Biographical Study*)，10月11日在灯市口购《园丁集》(*The Gardener*)，11月1日在东交民巷买 *Sadhana*，12月27日在交民巷买《家庭与世界》(*The Home and the World*)。1923年2月购有 *The Songs of Kabir*。他在《个性的文学》（1921年1月1日刊）里讲到"印度那图夫人（Sarojini Naidu）的诗时"说："倘若她的诗模仿泰戈尔（R. Tagore）也讲什么'生之实现'，那又是假的，没有价值了。"

《论小诗：自己的园地（十三）》（1922年6月21、22日刊），里面提过泰戈尔的诗《迷途的鸟》。

66. Tagore, Sir Rabindranath, *My Reminiscences*, with frontispiece from the portrait in colors by Sasi Kumar Hesh, New York: The Macmillan Company, 1917. 蓝布精装，前衬页一铅笔：（Dup. 6207），钢笔：483 Net，125101。

1922 年 8 月购。

67. Tolstoi, Count Lyof N., *The Cossacks, A Tale of the Caucasus in the Year 1852*, translated from the Russian by Nathan Haskell Dole, Authorised translation, London: Walte Scott, Ltd. 蓝布精装，蓝色国立平馆英文圆印，115758，封底内侧日文：アンカナ。

《俄国大作家》提及 "英人陀耳翻译加注，亦即是托尔斯泰小说《哥萨克》的译者"。

68. Verlaine, Paul, *Poems*, selected and translated with an introduction by Ashmore Wingate, The Canterbury Poets, London: Walter Scott Publishing, Co., Ltd. 布面袖珍本，顶金，115778。

1921 年 11 月 11 日商务印书馆购。

69. Walpole, Hugh, *Joseph Conrad*, Writers of the Day, London: Nisbet & Co., Ltd., 1916. 灰布面精装袖珍本，蓝色丸善株式会社标签：Maruzen Co. Ltd. Book Department Tokyo，115731。封底内侧铅笔：85/net。

1919 年 5 月 3 日在东京时购自丸善书店。

70. *Selected English Short Stories: Nineteenth Century (First Series)*, with an introduction by Hugh Walker, London: Humphrey Milford: Oxford University Press, 1916. 绿色精装袖珍本，115536。

1920 年 2 月 23 日记："灯市口英国短篇小说选一册。" 其中收有吉辛的 Christopherson，爱书癖小说。

71. *A Treasury of English Literature (from the Beginning to the Eighteenth Century)*, 6 v., selected and Arranged with translations and glossaries by Kate M. Warren, with general introduction by Stopford A. Brooke, Lon-

don: Archibald Constable and Co. Ltd., 1908. 红布精装六册，First Section，Origins to Eleventh Century，前衬页一铅笔：50 net，115503；Second Section，Twelfth Century to Age of Elizabeth，115448；Third Section，Elizabethan Literature，115502；Forth Section，Bacon to Milton，115445；Fifth Section，Waller to Addison，115447；Sixth Section，Johnson to Burns，115446。

知堂在《一部英国文选》（1925 年 7 月）里提及勃洛克《英国文学初步》之后说："但和《文学初步》并读还有一本更适宜的书，现在想介绍他一下：这便是华伦女士（Kate M. Warren）所编的《英文学宝库》（*A Treasury of English Literature*），……据勃洛克在序论中说，有许多人希望他编这样的一部文选，与《文学初步》互相发明，但他没有工夫来做这个繁重的工作，后来由华伦女士代编。经了五年的编订试验，遂于一九〇六出板，其中共分六编，次年又为便利学生起见，分出六册，每册价一先令。我在一九〇八年所买，就是这种板本，因为一卷本定价七先令半，这种可以分买，我便逐渐把他购来。……因了勃洛克的《古代英文学史》引起我对于《贝奥武夫》（Beowulf 意云蜂狼，即熊，为史诗中主人公名）的兴味，好奇的去找哈利孙校订的原本。"

72. Whitman, Walt, *Poems of Walt Whitman (from 'Leaves of Grass')*, with introduction by Ernest Rhys, The Canterbury Poets, London；Felling-on-Tyne: Walter Scott Pub. Co., 1886. 布面袖珍本，顶金，封面内侧蓝色图标：Maruzen Co. Ltd. Book Department Tokyo，116018，封底内侧铅笔：53 Net.。

据日记，1918 年 12 月 23 日："至灯市口郭纪云书店得植物生活，ゴゴリ小说集，ホイイマン草の叶各一本。"即惠特曼（ホイットマン）《草叶集》。1919 年 7 月 18 日在日本东京："草の叶（一）ホイットマン 福岛正夫译 茶谷君赠。"1921 年 11 月 19 日："得茶谷君寄有岛译ホキットマン诗集一册",即:《ホヰットマン詩集》第一輯,有島武郎訳,東京:叢文閣,大正十年（1921）。同年12月3日:"下午往医院,山本手岛二君来访,山本君赠ホヰットマン自选日记一册。"购书目录有:"ホヰットマン自选日记 高村译 山本君赠",即:《自選日記》,ホヰットマン 著,高村光太郎訳,東京:叢文閣,大正十年（1921）。1922年6月30日:"厂甸买诗集一本",即《草叶集》英文本。1924年2月2日北京饭店购惠特曼英文《自选日记》一册。

希腊、罗马

73. Aeschylus, *The Seven Plays in English Verse*, new ed., rev., tr. by Lewis Campbell, The World's Classics, London: Henry Frowde, Oxford University Press, 1912. 蓝布袖珍本，115469，3126304769。

据日记，1917年11月19日:"下午往广学会取来托买Aeschylos一本。"或许即此书。

74. Apollodorus, *The Library*, 2 v., with an English translation by Sir James George Frazer, London: William Heinemann; New York: G. P. Putnam's Sons, 1921. *Bibliotheca*, English & Greek. 有两套都被放到古籍阅览室，其中有一套应该是知堂旧藏。

75. *Cupid and Psyche and Other Tales from the Golden Ass of Apuleius*, newly edited by W. H. D. Rouse, The King's Classics No. 12, London: De La More Press, 1904. 国图归入普通古籍，疑似知堂藏书。

76. Apuleius, *The Metamorphoses: or Golden Ass of Apuleius of Madaura*, 2 v., translated by H. E. Butler, Oxford Library of Translations, vol. I, Oxford: Clarendon Press, 1910. 绿布袖珍本，115902。

《周作人散文钞》里，《萨满教的礼教思想》（1925年9月2日）篇注释解释典故Psyche's Task时，提及《变形记》中希腊童话里面少女普须该的故事。[1]

77. Butcher, S. H., *Harvard Lectures on the Originality of Greece*, London: Macmillan and Co., Ltd., 1920. First published under the title "Harvard Lectures on Greek Subjects," 1904. 已归入普通古籍阅览室，应该是知堂藏书。

《新旧医学斗争与复古》（1928 年 8 月 30 日）："譬如故部丘教授（S. H. Butcher）讲希腊人的特性，引以色列斐尼基二民族相比较。"就是指书中第二、三两篇文章。其中《希腊人对求知的热爱》一文，知堂曾写过相关文章，如《希腊人的好学》（1936 年 8 月）："英国部邱教授在《希腊的好学》这篇讲义里说道……"并翻译了该篇两段文字。《希腊之馀光》（1944 年 5 月 31 日）也提及"部丘教授在《希腊之好学》"一文。

78. Epictetus, *The Teaching of Epictetus: being the Encheiridion of Epictetus: with selections from the 'Dissertations' and 'Fragments'*, tr. from the Greek, with introduction and notes by T. W. Rolleston, The Scott Library, London: The Walter Scott Publishing, Co., Ltd., 1888. 棕布袖珍本，115534。

1923 年 3 月 26 日东交民巷购。

79. Fowler, Harold N., *A History of Ancient Greek Literature*, Twentieth Century Text-books, Classical Section, New York: D. Appleton and Company, 1902. 国图重装封面，115512。

1927 年 12 月 30 日北京饭店购。

80. Fowler, W. Warde, *The Roman Festivals of the Period of the Republic: An Introduction to the Study of the Religion of the Romans*, Handbooks of Archaeology and Antiquities, London: Macmillan and Co., Ltd., 1916. 在国图普通古籍馆。

---

1 《周作人散文钞》，第 129 页。

1924年8月30日厂甸购，译为《罗马祭日考》。

81. Haggard, Howard W., *The Lame, the Halt, and the Blind: The Vital Role of Medicine in the History of Civilization*, with 200 illustrations from original sources, New York: Harper & Brothers, 1932. 蓝布精装，115907，很多图片。

1932年10月26日购。

82. Howe, George and G. A. Harrer, *A Handbook of Classical Mythology*, London: George Allen and Unwin Ltd., 1931. 这册也归入普通古籍阅览室，疑为知堂藏书。

1929年12月16日丸善购。

83. *The Characters of Theophrastos. The Mimes of Herodas. The Tablet of Kebes*, translated with an introduction by R. Thomson Clark and 31 full page illustrations from Francis Howell's edition of 1824, London: George Routledge & Sons, Ltd. 绿布精装，封面内侧书店标：Maruzen Kabushiki Kaisha, 115471，其中有多幅线描插图，封底内侧铅笔：50。没有出版时间，应是1909年后所出。

《〈黄华〉序说》（1910年12月）："牧歌原始希腊，……至谛阿克列多斯（Theokritos，谊曰神择）始著为文章。"《妒妇：古希腊拟曲（一）》（1930年6月4日）："古希腊的《拟曲》（Mimiamboi），海罗达斯（Herodas）所作。用剑桥、牛津两大学本比校译出，并参照西蒙士，克拉克及赫阑诸英译。法国文人须华勃（Marcel Schwob）在一八九四年出板一卷新拟曲。"《古希腊拟曲》（1930年9月）提及作为拟曲翻译底本的"坎不列治注释本之定价三镑三，这个缘故我也才明了，古典书销路少，固然该贵些，但与这 baubon 总也有点关系吧？"。坎不列治本即为：Herodas, *The Mimes and Fragments*, with notes by Walter Headlam, edited by A. D. Knox (Cambridge: Cambridge University Press, 1922). 又在翻译《媒婆：古希腊海罗达思作希腊拟曲之一》（1931年8月20日）附记里说：

"本篇十年前从英译本重译二次,古文本已失,白话本收在《陀螺》中,今依据原文改译。今参照坎不列治奥斯福两本,择善而从。"《〈希腊拟曲〉例言》(1932年6月23日)提及:"海罗达思原本今所用者有两种,其一为一九〇四年纳恩(J. A. Nairn)编校奥斯福本,其一为一九二二年诺克思(A. D. Knox)重校赫德阑(W. Headlam)原编坎不列治本。英国《洛勃古典丛书》(Loeb Classical Library)中闻亦已编入,未曾参考,但亦系诺克思所编,或与坎不列治本无大出入。《拟曲》出世不久,且多残缺,各家订补每出新意,分歧殊甚,有时难于适从,此译参阅两本,其疑难处临时斟酌,择善而从,不以一本为依据。谛阿克列多思系用蔼特芒士(J. M. Edmonds)编《洛勃古典丛书》本。所见英文译本,海罗达思有西蒙士(J. A. Symonds)克拉克(R. T. Clark)诺克思各本,谛阿克列多思有加耳佛来(C. S. Calverley)安特路阑(Andrew Lang)蔼特芒士各本。"知堂说所见克拉克本即此书。《谈日本文化书》(1936年7月5日):"亚理士多德门下的退阿佛拉斯多斯(Theophrastos)就曾经写有一册书,可算是最早,从结构上说不能变成近代的好小说,但平凡的述说里藏着会心的微笑,特别是三马的书差不多全是对话,更觉得有意思。"《翻译计划的一项目》(1951年5月15日刊),所列古典书目希腊部分,提及"希腊小说现存的只有四种,忒俄佛剌斯托斯(Theophrastos)的《人品》一卷,虽时代早得多,可以附加在这里。"

84. Gayley, Charles Mills, *The Classic Myths in English Literature and in Art based originally on Bulfinch's "Age of fable" (1855)*, accompanied by an interpretative and illustrative commentary, New ed., rev. and enl., Boston: Ginn and Company, 1911. 蓝布精装,115523。其中有十多幅线描画与189幅铜版插图。

1915年3月19日伊文思购。

知堂在《续神话的辩护》(1924年4月10日刊)提及"美国该莱的

《古典神话》",又在《东京的书店》里说:"相模屋主人名小泽民三郎。从前曾在丸善当过伙计,说可以代去拿书,于是就托去拿了一册该莱的《英文学上的古典神话》,色刚姆与尼珂耳合编的《英文学史》绣像本第一分册,此书出至十二册完结,今尚存,唯《古典神话》的背皮脆裂,早已卖去换了一册青灰布装的了。自此以后与相模屋便常有往来,辛亥回到故乡去后一切和洋书与杂志的购买全托他代办,直到民五小泽君死了,次年书店也关了门,关系始断绝,想起来很觉得可惜,此外就没有遇见过这样可以谈话的旧书商人了。"据日记,1915 年 12 月 10 日:"得サガミヤ[相模屋]小泽浦之助二日函(民三郎已于四月病卒)。"1916 年 11 月 29 日:"得东京石川文荣堂函云相模屋小泽浦之助卒,店务归其处理。"这时知堂正式与相模屋断了来往。

王靖献(C. H. Wang)认为:"周作人 1906 年秋一到东京就接触了希腊神话,鲁迅在神田的丸善书店买了一些英文书籍,是他两个月前回国结婚时预订的。其中有泰纳《英国文学史》,还有该莱 Gayley 的 Charles Mills Gayley, *The Classic Myths in English Literature based originally on Bulfinch's "Age of Fable"* (1855)。这些书为周作人打开了新的奇妙世界,本来他要学建筑的。泰纳《英国文学史》,是他见过的第一部文学史著作。"该莱把他引导到安德鲁·朗,因而购买了《习俗与神话》与《神话、仪式与宗教》。王靖献在注释 1 中认为该莱的书最早应该是 1893 年波士顿吉恩出版的,1911 年修订再版改名为 *The Classic Myths in English Literature and in Art*。[1]

85. Longus, *The Story of Daphnis and Chloe: A Greek Pastoral*, ed. with text, introduction, translation and notes by W. D. Lowe, Cambridge: D. Bell

---

1 《周作人的希腊文学观》,《回望周作人·研究述评》,第 110—111 页。另见: C. H. Wang, "Chou Tso-jen's Hellenism," in Tak-wai Wong (ed.), *East-West Comparative Literature: Cross-Cultural Discourse* (Comparative Literature University of Hong Kong, 1993), 365n2.

and Co., 1908. Greek and English. 未找到。

《违碍字样》（1926 年 10 月）："秋节前领到民国十四年四月分薪之六成一，跑到久违的北京饭店去，想买一本书压压这一节的买书账，结果同书店的小掌柜磋商之后，花了五块半钱，买了一册'Loeb 古典丛书'里的《达夫尼思与赫洛蔼》（*Daphnis et Chloe*）。这是希腊英文对译的，卷末还附有巴耳台纽思（Parthenius）的恋爱小说梗概（原名《关于情难》）三十六篇。我原有一本对译的《达夫尼思》，但是中有缺略，大约因为在现代义明绅士听了有点不雅驯之故罢。查新得本卷三第十四节以下，原文是完全的，但是，——唔，英译呢是没有了，在那里的乃是一行行的拉丁译文，一眼看去倒似乎不大奇异，因为上下都是用的罗马字。……"知堂所说"我原有一本对译的《达夫尼思》，但是中有缺略"，恐怕就是此书。而查勒布本（Longus, *Daphnis & Chloe*, with the English translation of George Thornley, rev. & aug. by J. M. Edmonds, The Love Romances of Parthenius and Other Fragments with an English translation by S. Gaselee, Loeb Classical Library, London: William Heinemann, 1924），第三卷十八、十九、二十节（pp. 155, 157, 207），都是拉丁译文，因为其中涉及色情描写。

《小说五节》（1921 年 12 月 5 日）里翻译了第一卷十六至十八节，而在《希腊小说断片》（1924 年 10 月 26 日）里说："暑假中想把希腊朗戈思著《达夫尼思与赫洛蔼》的故事四卷（Longus, Logoi tettares kata Daphnin kai kata Khloen）译出，虽然已经动手，因为别的事情，译了几节终于中止了。今日拿出书来闲读，觉得仍是很有趣味，从原稿上摘出一二段，又新译小话两首，一并发表。"常风回忆说："有一次我和周作人谈到他在二十年代曾翻译过希腊拟曲和朗戈斯传奇《达夫尼与支洛衣》（Daphnis and Chloe）的片段（记得收在《陀螺》中），我告诉他无意中在旧书摊买到英国现代小说家乔治·穆尔的全译本，并说我在一九三七年已将这部英译本翻译完了。周作人听了很高兴,他说当初有意翻译完全书的,译了一部分有旁的工作就搁起来了,以后失去了兴致,就没能再继续译完。穆尔的译本和《勒勃古典丛书》的希腊原文与英语对照本不同,没有删节,也没有径录原文,而是把认为猥亵的地方一概略而不译。周先生说他有两种英译本可以借我参考,说着就从书柜里找出来让我带走。这两种译本我未见过也未曾听说过,在北平几个大图书馆中我曾查过书目卡都只有《勒勃丛书》的译本。我问周先生可不可以请他校阅我的译稿,他欣然应允。我当时工作太忙没有时间马上誊清。大约一九三八年春天我才把他借给我的英译本对照我的译文补充了一些注释,重新誊清,呈请周先生校阅。承他的盛情,很仔细地参照希腊原文有出入之处并蒙注出,注释中有查不出的都承先生检示。周先生非常谦虚,他不肯在我的译稿上进行修改,只是把他认为不妥当的地方写在小纸条上,并写出供我参考的修改意见,贴在我的译文上方。"[1] 常风买的乔治·穆尔的全译本可能是:*The Pastoral Loves of Daphnis and Chloe*, done into English by George Moore, together with Peronnik the Fool, The Works of George Moore: Uniform Edition, Volume 20, London: William Heinemann Ltd., 1933.

86. *The Works of Lucian of Samosata*, 4 v., complete with exceptions specified in the preface, tr. by H. W. Fowler and F. G. Fowler, Oxford Library of Translations, Oxford: Clarendon Press, 1905. Volume Ⅰ-Ⅳ,绿布袖珍本,115959—115962。每册前衬页一都有铅笔: 2.50 3/6 vol. 第一册有的篇目有铅笔画线。

据日记,1921 年 10 月 10 日:"得乔风寄ルーキアノス文集四册。"后面书目:"ㄌㄨㄎㄧㄚㄋㄛㄙ [Lukianos] 集四册 ㄈㄛㄌㄜ [Fowler]",

---

[1] 《记周作人》,《周作人印象》,第 124 页。

即为此书。这是知堂1922年自英文本翻译《冥土旅行》（收入《冥土旅行及其他》，北京：北新书局1927年2月第一版）的底本。《冥土旅行》（1922年9月2日）中文编者脚注里说："古希腊路吉亚诺思作，据Fowler英译本译出，晚年又据希腊古文原本重译一过，题为《过渡》，为《卢奇安对话集》之第六篇。"[1]《苍蝇》："希腊路吉亚诺思（Lukianos）的《苍蝇颂》中说，'苍蝇在被切去了头之后，也能生活好些时光'。"[2] 知堂在《路吉阿诺斯对话集》第六篇《过渡》译者按语（约1962年6月作）里说："这一篇我于一九二二年曾据奥斯福丛书福娄（Fowler）的英译本译出，题名曰《冥土旅行》，这回能够于四十年后根据原本，再将此篇重译一回，实在是很可欣喜的事情。"

知堂1933年10月16日致施蛰存："承询Lucian问答，鄙人前所依据者系Oxford Translation中Fowler英译本，虽有四册而系选集，入选文中亦仍有节略，不甚足凭也。"

87. *Lucretius on the Nature of Things*, translated by H. A. J. Munro, edited, with an introduction, by J. D. Duff, Bohn's Popular Library, London: G. Bell and Sons, Ltd., 1914. 灰布精装，116017。

1920年2月13日台吉厂购。

88. Licht, Hans, *Sexual Life in Ancient Greece*, edited by Lawrence H. Dawson, translated by J. H. Freese, London: George Routledge & Kegan Paul, 1932. Based on the author's "Sittengeschichte Griechenlands": v. 1. Die Griechische Gesellschaft, and v. 2. Das Liebesleben der Griechen. 有三十二幅整页图片，115640。

据日记，1932年6月7日："晚遇春来访，交来英书一册。"应即此

---

1 《周作人散文全集》第二卷，第806页。
2 第十一篇《苍蝇》注释："苍蝇颂Muias enkomion，英译名The Fly, appreciation，见奥斯福翻译丛书本卷三。"（《周作人散文钞》，第127页）

书：Hans Licht, *Sexual Life in Ancient Greece*, 1932。而他 6 月 26 日得知梁遇春昨天去世。当时有报道梁遇春于 6 月 25 日病逝："追悼会由胡适之，周启明，叶公超，俞平伯，冯文炳，毛子水诸人发起，会场设于景山东街北大二院大讲堂，时间是昨日上午十点。……叶崇智外，演说者为毛子水，周岂明，冯文炳，钟作猷四人，毛氏叙梁君在图书馆工作之勤。周氏则谓梁君在两星期前访彼，以法哲学家巴斯喀（Pascal）草叶奥理相询，盖梁君所得已深。孔子说：'朝闻道，夕死可矣。'因此梁君之死，并不是虚度此生了。"[1] 知堂《〈希腊拟曲〉例言》（1932 年 6 月 24 日）里列出此书当参考。《太监》（1934 年 5 月）："德国列希忒（Hans Licht）在所著《古希腊的性生活》（一九三二英译本）第二分第七章中讲到阉割云。"《〈瞎谈〉中的角先生》（1932 年 5 月 21 日）："角先生原文云 Baubon，一八九一年经威耳（Weil）贾克逊（Jackson）前后证明此字意义。详见蔼理斯（Havelock Ellis）著《性的心理研究》卷一，勃洛赫（Iwan Bloch）著《现代的性生活》第十六章，列希忒（Hans Licht）著《古希腊的性生活》第二编第一第二章。"根据图书登记号判断，疑为知堂藏书。

89. Osborn, E. B., *Our Debt to Greece and Rome*, Hodder and Stoughton's People's Library, London; Toronto: Hodder and Stoughton Ltd., 1924. 蓝布袖珍本，前衬页一铅笔：160，115953。

1925 年 6 月 26 日北京饭店购。

90. *Petronius (Trimalchio's Banquet)*, with introduction by Michael J. Ryan, The Scott Library, London: The Walter Scott Publishing Co., Ltd. 棕布精装，115686。

91. *Select Works of Plotinus*, Thomas Taylor's translation, edited with

---

[1] 《凄风苦雨吊文豪——"此人只好彩笔成梦"昨追悼会见见闻闻》，《北平晨报》1932 年 7 月 10 日第六版。

preface and bibliography by G. R. S. Mead, Bohn's Popular Library, London: G. Bell & Sons, 1914. 紫罗兰色绸面精装，115685。

1920 年 2 月 13 日台吉厂购。

92. *Selections from the Greek Anthology*, edited by Graham R. Tomson, translation by Dr. Richard Garnett, Mr. Andrew Lang, Miss Alma Strettell, Mr. Goldwin Smith, Mr. W. M. Hardinge, and Others, The Canterbury Poets, London: Walter Scott Publishing Co., Ltd., 1889. 蓝布顶金，封面内侧绿色店标：Maruzen Company Limited Books and General Stationery Tokyo Osaka Kyoto Fukuoka 丸善株式会社，115521。

据日记，1917 年 11 月 5 日："丸善廿二日寄小包，内独逸西班牙文学史、希腊诗选各一册。"这册《希腊诗选》应即此书。《希腊小诗二》（1926 年 2 月 17 日）"戏译柏拉图诗"一节说："但是在'康忒伯利诗人丛书'本中见到伽纳忒（Richard Garnett）的一篇译诗，觉得放诞一点的也并非没有。其词曰……"这首英译引自坎特伯雷版《希腊诗选》第 226 页。另《论小诗》（1923 年 6 月 16 日前作）：

又如柏拉图（Platon, 400 B.C.）的咏星云：
你看着星么，我的星？
我愿为天空，得以无数的眼看你。

这是引自坎特伯雷版《希腊诗选》第 221 页（Richard Garnett 英译）。

而在《希腊的小诗》（1923 年 7 月）里又改译了一下，并译了柏拉图另一首诗和萨福的一首诗铭。知堂翻译了二十首，其中第四、八、十五三首是从英文重译的，应该就是用的此书。

93. Robinson, C. E., *Everyday Life in Ancient Greece*, Oxford: The Clarendon Press, 1933. 归入普通古籍阅览室里，疑为知堂藏书。

1934 年 5 月 26 日丸善购。

94. Sinclair, T. A., *A History of Classical Greek Literature from Homer to Aristotle*, London: George Routledge & Sons, Ltd., 1934. 归入普通古籍阅览室里，疑为知堂藏书。

1934 年 12 月 7 日丸善购。

95. *Wine, Women and Song: Mediæval Latin Students' Songs*, now first translated into English verse, with an essay by John Addington Symonds, Medieval Library, London: Chatto & Windus, 1907. 此书国图有，未提出。

据日记，1917 年 11 月 27 日："得丸善寄中古拉丁歌一册。"后面年度书目里列名："酒と女と歌シモンヅ"，即此书。

96. *Greek Civilization and Character: The Self-revelation of Ancient Greek Society*, Introduction & translation by Arnold J. Toynbee, The Library of Greek Thought, London; Toronto: J. M. Dent & Sons; New York: E. P. Dutton & Co., 1924. 已归入普通古籍阅览室，国图现藏这套"希腊思想文库"除巴金的之外，全是知堂藏书，这本也应该是。

1925 年 6 月 28 日北京饭店购。

97. *Theocritus, Bion and Moschus*, rendered into english prose, with an introductory essay, by A. Lang, Golden Treasury Series, London: Macmillan and Co., 1896. 蓝布袖珍文库本，封面内侧红色标签：From Maruzen Kabushiki Kaisha. 东京 大阪 丸善株式会社，115638。

《〈黄华〉序说》（1910 年 12 月）："牧歌原始希腊，……至谛阿克列多斯（Theokritos，谊曰神择）始著为文章。"《〈希腊拟曲二首〉小引》（1916 年 10 月 1 日刊《中华小说界》第十期）："海罗达斯，今译二篇，其述塾中师生及媒媪行状，历历如在目前。……余译此，深得余师美国泰克氏之助，敬致谢意。"编者脚注说："1934 年出版《希腊拟曲》一书，此二首用语体文重译了一次，《媒媪》并易名为《媒婆》。"[1]《沙漠之梦（一）》（1935 年 12 月 17 日）里说《希腊牧歌抄》的"农夫"一篇几年前根据安德鲁·朗英译重译过。《希腊拟曲例言》（1932 年）："谛阿克思多思（Theokritos），有加耳佛来（C. S. Calverley）安特路阑（Andrew Lang）蔼特芒士各本"。《习俗与神话》（1934 年 1 月）："他（Andrew Lang）的著作很多，那时我所有的是《银文库》本的一册《习俗与神话》（*Custom and Myth*）和两册《神话仪式与宗教》（*Myth Ritual and Religion*），还有一小册得阿克利多斯牧歌译本。"

98. *Virgil*, translated by John Jackson, Oxford: Clarendon Press, 1908. 绿布精装，115963.

据日记，1917 年 11 月 5 日："至广学会买 Virgil 等三本。"1917 年度购书目录："ヰルギル［ヴィルギル］诗 英文 ジャケハン译"。

99. *The Girdle of Aphrodite: The Complete Love-Poems of the Palatine Anthology*, A Companion Volume to The Poets of The Greek Anthology, 2d ed., translated by F. A. Wright, with an introduction, Broadway Translations, London: George Routledge & Sons, Ltd., 1926. 白布书脊，蓝布封面，115555。p. xxxvi 选了柏拉图咏星诗，有希腊原文与英译（A. P. 7669）。

100. *The Poets of The Greek Anthology*, A Companion Volume to the Girdle of Aphrodite, translated by F. A. Wright, with biographical and critical prefaces, Broadway Translations, London: George Routledge & Sons, Ltd.; New York: E. P. Dutton & Co., 1924. 白布书脊，蓝布封面，115554，封底内侧铅笔：415 N. 其中"The Women Poets"一节谈萨福诗作。

知堂 1925 年 4 月 9 日丸善购《希腊诗选》。

---

[1]《周作人散文全集》第一卷，第 473 页。

民俗、民谣、童话

101. Baring-Gould, S., *Cornwall*, with maps, diagrams, and illustrations, Cambridge Country Geographies, Cambridge: Canbridge University Press, 1910. 灰布精装，115751，其中有 St. Mawes Castle 照片。

据日记，1914 年 12 月 15 日："乔风寄伊文斯函托带英 Cornwall 乡土地志一本。"1915 年 3 月 14 日书寄到。

102. Clodd, Edward, *The Story of Creation: A Plain Account of Evolution*, new ed., London: Longmans, Green, and Co., 1904. 红布精装，115477。

1913 年 6 月 17 日相模屋购。同年 6 月 20 日自相模屋购有 Edward Clodd 的 *Animism: the Seed of Religion*（Religions Ancient and Modern Series, London: Constable & Co., 1905）。1923 年 5 月 31 日在厂甸购：*The Childhood of the World: A Simple Account of Man's Origin and Early History*（London: Macmillan and Co., 1914）。知堂 1929 年 3 月 18 日致江绍原信提及："曾见 E. Clodd 的 *Pioneers of Evolution*（六小本，已失掉了），似更猛烈地取攻势也。"《赋得猫：猫与巫术》（1937 年 1 月 26 日）："多年前我读英国克洛特（E. Clodd）的《进化论之先驱》……"

103. *Old English Ballads*, selected and ed. by Francis B. Gummere, Athenaeum Press Series, Boston: Ginn & Company, 1894. 蓝布精装，前衬页一：（Dup. 6148），125063，3126361942。

1913 年 1 月 17 日托上海伊文思书店购买，4 月 14 日寄到。《重刊〈霓裳序谱〉：专斋随笔（七）》（1930 年 10 月 14 日）提及 "美国庚弥耳教授（F. B. Gummere）论英国叙事的民歌"。

104. *Egyptian Tales translated from the Papyri*, 2.ed., 2 v., edited by W. M. Flinders Petrie, illustrated by Tristram Ellis, London: Methuen Co., 1895–1899. 1st ser. IVth to XIIth Dynasty — 2nd ser. XVIIIth to XIXth Dynasty. 蓝布精装，封面内侧蓝色店标：The Maruzen-Kabushiki-Kaisha Book and

General Stationery Tokyo Osaka Kyoto 丸善株式会社，插图有铅笔字：原时、3 1/2。索引有不少铅笔字，都是翻译原名词，如阿曼、保甫拉等，还有英文人名与翻译，115675—115676。

1912 年 10 月 21 日相模屋寄到，10 月 22 日记："阅埃及物语了，凡八篇，最早者第四王朝作在基督前可四千载，近者为第十九王朝，亦距今三千馀岁矣。虑世之小说当以是集为最古。"

105. Sôetsu Yanagi, *Folk-crafts in Japan,* translated by Shigeyoshi Sakabe, K. B. S. Publications Series-B No.33, Tokyo: Kokusai Bunka Shinko-kai, The Society for International Cultural Relations, 1936. 12. 16 开褐色枯叶色纸面平装，155822，十九幅工艺品照片。

《草囤与茅屋》（1944 年 2 月 8 日）："又有一册英文书，名曰《日本之民艺》，为国际文化振兴会出板之一，论文出于柳氏之手，插图十九枚亦均佳，我大爱其中四张农家茅屋的照相，第四张那个茅檐白壁的门，门外两旁种着豆麦，望过去真好面善似的，这固然异于城内的老家，可是似乎是一家亲戚的门的幻想，却是愈看愈深。"知堂文中所说即此书。

语言文字

106. Goodwin, William W., *An Elementary Greek Grammar*, rev. and enl. ed., Boston: Ginn & Company, 1892. 皮脊精装，布面，封面内侧：Maruzen Co. Ltd. Book Department Tokyo，122856，3126379597。其中有很多红蓝黄绿几色铅笔画线，还有写字，怀疑是知堂在东京立教大学学希腊语所使用的课本。

王靖献谈及知堂："1907 年夏在法政大学预科就读，有次因成绩优异获得一册《伊索寓言》日译本的奖励，这是他得到的第一种古希腊著作。很快他开始学习希腊文。1908 年秋开始在立教大学学习希腊文，古希腊文在帝国大学不讲授，而在立教大学这个美国传教士举办的学校教授。他学习了基本语法，以及色诺芬的《行军记》，而在三一学院听到的新约福音书比《行军记》更吸引人，也许比柏拉图、荷马更好。他想把《福音书》译成中文。"[1]

107. Weekley, Ernest, *The Romance of Name*, London: John Murray, 1914. 蓝布精装，115733。据日记，1918年1月26日购，译为《姓名杂话》。《文法之趣味》（1925年3月末）："近来因为重复地患感冒，长久躲在家里觉得无聊，从书架背后抓出几册旧书来消遣，如……威克勒教授（Ernest Weekley）的《文字的故事》、《姓名的故事》，……有兴味的人除《文字的故事》等以外，再买……威克勒的一册小本《英语语源字典》，随便翻翻也好，可以领解一种读字典的快乐。"

108. Weekley, Ernest, *Surnames*, second editon, London: John Murray, 1917. 布面精装，115734。

1925年6月26日北京饭店购。

哲学、心理学及其他

109. Appleton, L. Estelle, *A Comparative Study of the Play Activities of Adult Savages and Civilized Children: An Investigation of the Scientific Basis of Education*, Chicago: The University of Chicago Press, 1910. 精装，布面书脊：国立北平图藏，116048。

1913年5月9日相模屋寄。

110. Besant, Annie, *Theosophy*, The People's Books, v. 76, London: T. C. & E. C. Jack; New York: Dodge Publishing Co. 1912. 绿布袖珍本，蓝色国

---

1 《周作人的希腊文学观》，《回望周作人·研究述评》，第113页。另见：C. H. Wang, "Chou Tso-jen's Hellenism," in Tak-wai Wong (ed.), *East-West Comparative Literature: Cross-Cultural Discourse*, 368.

立北京图书馆英文圆印，139026。

1920 年 3 月 31 日东交民巷购。

111. Carpenter, Geo. H., *The Life-Story of Insects*, The Cambridge Manuals of Science and Literature, Cambridge: Cambridge University Press, 1913. 红布袖珍本，封面内侧蓝色图标：Maruzen Co. Ltd. Book Department Tokyo，前衬页一钢笔：July 6. 1918 S. Takahaihi，536，前衬页二朱印：Biblothek N. Nagaoka Japan，104173。

1922 年 4 月 18 日丸善购。

112. Cumston, Charles Greene, *An Introduction to the History of Medicine: from the Time of the Pharaohs to the End of the XVIIIth Century*, with An Essay on the relation of History and Philosophy to Medicine, by F. G. Crookshank, History of Civilization, London: Kegan Paul, Trench, Trübner & Co., Ltd.; New York: Alfred A. Knopf, 1926。

113. Dawson, Bernard, *The History of Medicine: A Short Synopsis*, with thirty-one illustrations, London: H. K. Lewis, 1931.

国图藏的以上两种英文医学史，也归入古籍馆，疑为知堂藏书。

114. Drummond, W. B., *The Child, His Nature and Nurture*, The Temple Primers, London: J. M. Dent & Sons, Ltd., 1912. 棕色布面袖珍本，书脊贴有红色"参考"字样。封面内侧蓝色书店标：Maruzen Company Limited Books and General Stationery Tokyo Osaka Kyoto Fukuoka 丸善株式会社，115753。

1913 年 11 月 6 日相模屋寄到。

115. Ellis, Havelock, *The Soul of Spain*, with a new preface, London: Constable and Company, Ltd., 1937. 红布精装，封面内侧铅笔：6 4/6，121659，封底内侧铅笔：6/44。

116. Gobineau, Count Arthur, *The Renaissance: Savonarola, Cesare Bor-*

gia, Julius II., Leo X., Michael Angleo*, with introductory essay by Dr. Oscar Levy, trans. Paul V. Cohen, pocket edition, London: George Allen & Unwin Ltd., 1927. 软精装，蓝布袖珍本，共印 2750 册，本书编号第 188 号，115517，封底内侧铅笔：375 sp.200 T/o。

1933 年 6 月 6 日丸善购。《性的心理》（1933 年 8 月 18 日）："在尼采之前法人戈比诺（Arthur Gobineau）曾有过很激烈的主张，他注重种族，赞美古代日耳曼，排斥犹太文化，虽近偏激却亦言之成理。……戈比诺的打倒犹太人连耶稣和马丁路得在内，到底是勇敢的彻透的，张伯伦希特勒等所为未免有点卑怯，如勒微（Oscar Levy）博士所说，现代的反犹太运动的动机，乃只是畏惧嫉妒与虚弱而已。"文中所引的就是此书。

117. Guyau, J. M., *Education and Heredity: A Study in Sociology*, translated from the Second Edition by J. W. Greenstreet, with an introduction by G. F. Stout, The Contemporary Science Series, London: The Walter Scott Publishing Co., Ltd., 1891. 棕色布面，封面内侧蓝色书店标：Maruzen-Kabushiki-Kaisha Books and General Stationery Tokyo Osaka Kyoto 丸善株式会社，前衬页二铅笔：（Dup. 6132），125050，3126333537，印八千册。

1914 年 1 月 9 日购于相模屋。

118. Keyes, Angela M., *Story and Story-Telling*, New York; London: D. Appleton and Company, 1916. 棕布精装，115979

1923 年 1 月 3 日在东交民巷购。

119. Kirchhoff, Alfred, *Man and Earth: The Reciprocal Relations and Influences of Man and his Environment*, The New Universal Library, London: George Routledge & Sons, Limited; New York: E. P. Dutton & Co., 1914. 灰布袖珍本，前衬页铅笔：150，115609，封底内侧下方蓝底白字标签：La Librairie Française Pékin-Tientsin 北京天津法文图书馆。

1925年6月28日北京饭店购。

120. Letourneau, Ch., *The Evolution of Marriage*, 3rd ed., The Contemporary Science Series, London: The Walter Scott Publishing Co., Ltd., 1911. 棕色布面，封面内侧黄色书店标：中西屋书店 The Nakanishiya Tokyo，115635，封底铅笔：1.75。

1913年10月13日购于相模屋。

121. Magnus, Hugo, *Superstition in Medicine*, authorized translation from the German, ed. by Julius L. Salinger, New York: Funk & Wagnalls Company, 1908. 在国图普通古籍馆。

1924年6月7日丸善购。

122. Mauclair, Camille, *The French Impressionists (1860–1900)*, tr. from the French text of Camille Mauclair by P. G. Konody, The Popular Library of Art, London: Duckworth & Co.; New York: E. P. Dutton & Co., 1903. 封面内侧蓝色书店标：Maruzen-Kabushiki-Kaisha Books and General Stationery Tokyo Osaka Kyoto 丸善株式会社，115652。

1912年11月23日购自相模屋。

123. Mügge, Maximilian A., *Friedrich Nietzsche*, The People's Books 68, London: T. C. & E. C. Jack; New York: Dodge Publishing Co., 1912. 绿布袖珍本，封面内侧蓝色图标：Maruzen Co. Ltd. Book Department Tokyo，115664。

1919年5月6日下午知堂亲自到东京神田丸善书店购买。

124. *Pascal's Pensées*, translated by W. F. Trotter, introd. by T. S. Eliot, Everyman's Library, London: J. M. Dent; New York: E. P. Dutton, 1931. 因国图机上目录里没有索取号而无法找到。

1932年11月14日丸善购。《畏天悯人》（1935年10月3日）："许多的人看清楚了事实却又不能抛弃理想，于是唯有烦闷。这有两条不同的路，但觉得同样地可怜。一是没有法。正如巴斯加耳说过，他受了自然的残害，一点都不能抵抗，可是他知道如此，而'自然'无知，只此他是胜过自然了。二是有法，即信自然是有知的。他也看见事实打坏了理想，却幻想这是自然用了别一方式去把理想实现了。"

125. Pater, Walter, *The Renaissance: Studies in Art and Poetry*, New York: The Macmillan Company, 1915. 棕色纸面精装，蓝色丸善株式会社标签：Maruzen Co. Ltd. Book Department Tokyo，前衬页铅笔：（Dup. 6193），127618。

据日记，1917年10月20日："阅ペータル著文艺复兴。"这时应该是借阅西茶仓胡同图书分馆的。同年11月17日："丸善十日寄书一包，内文艺复兴及现代独逸诗选ユリピデス剧各一册。"这时书才寄到。1924年7月17日在东亚公司也买过一册。7月18日在北京饭店又买了三册：*Marius the Epicurean: His Sensations and Ideas*、*Imaginary Portrits*，以及 *Appreciations, with an Essay on Style*（送给了张凤举）。

126. Tridon, Andre, *Psychoanalysis and Love*, London: Brentano's, 1922. 红色布面精装，115727。

1923年7月2日台吉厂购。

127. Waddell, Charles W., *An Introduction to Child Psychology*, Riverside Textbooks in Education, Boston; New York: Houghton-Mifflin Company, 1918. 棕布精装，115784。

1923年7月10日周建人寄。

日文部分

128. 坂井衡平，《日本歌謡史講話》，東京：誠之堂書店，大正十三年（1924）九月。蓝漆面书脊，花纹封面，85232，封底内侧棕色书标：Tokyo 斋藤玉英堂书肆。

129. 出口米吉编,《稿本浮世風呂解註》,大阪:玄鹿洞書院,昭和九年(1934)十二月。麻布頂金,24415,里面不少另印的木刻插图。

据日记,1939 年 7 月 29 日:"托丰二往邮局取玉英堂寄书二册。出口米吉 浮世風呂解註 東々亭主人 江戶の今昔。"1926 年 11 月 11 日在东亚公司买过出口米吉的《頭註東海道膝栗毛》。

知堂 1955 年 2 月 4 日致函松枝茂夫:"此外,拟为译德川时代的滑稽本,第一是'浮世风吕',但须找到出口米吉注本始可着手。现代的有石川啄木的小说,他们指定,我亦拟代译,但手边亦无原书,希望为寻找一二单行或文库本见寄为幸。"[1] 据日记,2 月 15 日:"上午得雨生八日寄松枝君寄书一包,内《定本末摘花》《浮世風呂註》及所译曹禺剧共三册,甚可喜。"2 月 19 日:"午阅《浮世風呂解註》,此书原价二元半,前由松枝找来,计八百五十円也。"[2] 得到松枝茂夫所寄书后,知堂 8 月 23 日回信:"前曾代买'浮世风吕'注解,现今已得其用,由人民文学出版社委托翻译,(拟先译前二编),预定年内交稿,或明年可以付印乎。"9 月 6 日信又说:"浮世风吕已由人民文学出版社见委翻译,拟译出前二编,加注可有十万馀字,拟于十月内完成之。希腊悲剧(エウリーピデース)已成十部,无足珍重,此次于译成此半部风吕,深自欣幸。鄙人留学日本一趟,虽学无专门,稍涉猎近世文学,只可惜所喜川柳落语无可发挥,在滑稽本上边得尽一点力,实是大幸。……本来收藏资料不足,今又均散失,图书馆未整理未能借出,因此深感参考为难也。"[3] 当时知堂想到了自己那册旧藏,而北京图书馆的这册因为未整理而无法借阅,估计知堂很可能认定就是自己那册吧(或许他当时手上有被

---

1 《周作人致松枝茂夫手札》,第 154—155 页。
2 周吉宜、周一茗整理《周作人 1955 年日记》,《杭州师范大学学报(社会科学版)》第 43 卷第 4 期(2021 年 7 月),第 67 页。
3 《周作人 1955 年日记》,第 171—173 页。

抄走的图书目录清单)。

130.東亞考古學會編，《東京城：渤海國上京龍泉府址の發掘調查》，東方考古學叢刊第五册，東京：東亞考古學會，昭和十四年（1939）。90 面，图版 120 叶，1959 年北图的《日文善本书选目》已经列入善本。

1939 年 9 月 6 日记："上午日人原田与大坚来访，赠日本东亚考古学会编的《東京城》一册。"[1]

131.高木敏雄，《日本神話傳說の研究》，東京：岡書院，大正十四年（1925）五月。蓝布精装，85141，其中"日本神話學の建設"、"日本神話學の歷史的概觀"、"古事記に就て"等几篇都涉及《古事记》，还有人狼传说、日本山岳说话、日本童话考、英雄传说桃太郎童话等。

1925 年 8 月 8 日丸善购。

132.宮武外骨，《菱川師宣畫譜》，大阪：雅俗文庫，明治四十二年（1909）七月。木刻线装，和装袋缀，62242。

133. 宮武外骨，《明治奇聞》五編，東京：半狂堂，大正十四年（1925）一月—十二月。线装本五册，和纸和装，62234—62238。

1925 年 1 月 10 日购《明治奇聞一》，3 月 21 日《明治奇聞二》，7 月 18 日《明治奇聞三》。

《关于日本画家》（1943 年 8 月 1 日）里提及菱川。

134. 宮武（废姓）外骨，《面白半分》，東京：文武堂，大正十二年（1923）八月。线装本，62233。

1923 年 12 月 31 日购。

135. 宮武外骨編，《文明開化》，東京：成光館出版部，昭和四年（1929）七月再版。黄绸布 16 开精装，267023，封底内侧标签：北平西单牌楼南 人人书店 电话南局二四五。

---

[1] 《周作人年谱：1885—1967》，第 576 页。

1925 年 7 月 18 日购《文明開化一》。这种版本《文明開化》第一——四篇（半狂堂，大正十四年 [1925] 七月—大正十五年 [1926] 九月）是和装的。很可能知堂后来又买了一套。

136. 和辻哲郎，《日本古代文化》，東京：岩波書店，大正十年（1921）三月五版。纸面精装，顶金，扉页钢笔：April, 1st 1927 Tanetake K，封底内侧右上角店标：Chiheishashobo Kanda Tokio，卷首铜镜插图。3186834267，67404。第三章是《古事記の藝术的價值》。

《〈古事记〉中的恋爱故事》译后记（1925 年 1 月 4 日译了）提及《日本古代文化》。《日本的人情美》（1925 年 1 月 26 日刊）提及"和辻哲郎在《日本古代文化》中论'《古事记》之艺术的价值'，结论云……"《汉译〈古事记·神代卷〉引言》（1926 年 2 月 8 日刊）也提及此书。1923 年 7 月 21 日得周建人寄《古寺巡礼》，1926 年 11 月 28 日东亚公司购《日本精神史研究》，皆未见。

137. 久保田米斋编 大塚祐次木刻，《青楼美人合姿鏡》三册，東京：風俗繪卷図画刊行会，大正五年（1916）四月。非卖品。62248—62250。

138. 久保田米斋 西沢笛畝编，《雛百種》三册，京都：山田直三郎，大正四年（1915）十二月。线装本，67271—67273。

1923 年 2 月 7 日芸艸堂购。

139. 久保田米斋编，《彩画職人部類》上、下册，東京：風俗繪卷図画刊行會，大正五年（1916），和装帙入。

《销夏之书》："大暑中从名古屋买到一包旧书，书有三部，都是关于图画的，颇可销夏，但因此也就容易看完。……其二是《彩画职人部类》，橘岷江画，风俗绘卷图画刊行会重刻。共二十八图，写百工情状，木板着色，甚为精致，阅之唯恐其尽，虽然看完不厌重看，但可惜还是只有这几页耳。"

根据 1959 年北京图书馆东方语文编目组编的《日文善本书选目》

油印本，此时已经作为善本收藏了。

140. 柳田國男，《海南小記》，東京：大岡山書店，大正十四年（1925）。国图注明破损。疑为知堂藏书。

141. 鳥居龍蔵，《武蔵野及其有史以前》，東京：磯部甲陽堂，大正十四年（1925）三月。棕布精装，封面内侧粉色标签：Nanyodo Book-Store Motomachi Hongo Tokyo 南阳堂本店，66527。

1925年1月31日自东亚公司购。

142. 鍬形蕙斎繪，《人物略畫式》，東京：芸艸堂，文化癸酉（1813）六月発行の重版本，明治四十四年（1911）。和装袋缀，62180。

据日记，1923年3月1日："得半狂堂函芸艸堂书三包内十种"，根据后面购书目为《人物略畫式》。

143. 鍬形蕙斎繪，《山水略畫式》，東京：芸艸堂，寛政十二年庚申（1800）初春発行の重版本，明治四十四年（1911）刊。和装袋缀，67363。

1923年4月1日："下午得芸艸堂廿七日寄书三本"，又购买了《山水略畫式》。所以这两册书应该是知堂购藏的。

144. 若月紫蘭，《東京年中行事》二冊，東京：春陽堂，明治四十四年（1911）六—十二月。85373—85374。平装本，前面多幅照片，"缘日"在第326—328页。

1913年3月31日相模屋寄到上册，4月1日读完；9月17日寄到下册。知堂在《狂言十番》中的附记，《立春》附记（1926年8月18日译了）里提及"据《东京年中行事》卷上说……"《两国烟火》（1935年9月2日）："若月紫兰在所著《东京年中行事》下卷两国川开项下有云……"《缘日》（1940年六月，夏至节）："若月紫兰著《东京年中行事》卷上有"缘日"一则，前半云……"《关于红姑娘》（1945年5月15日）："辛亥年若月紫兰著有《东京年中行事》二卷，卷上有一节讲卖酸浆的文章，……"

145. 山梨稲川著 笹野堅編,《山梨稲川書簡集》,広島：笹野氏蔵版,昭和十一年（1936）十一月十七日。线装本,蓝部函套,函套内侧有红印：寒山寺制帙。此书刷印限一百部。本书装订仿文政四年采选亭木活字版。版权页朱文方印：家元住稲川先生碑畔。67369。

据日记,1939年6月12日："下午笹野以荻原介绍来访,赠书一册。……《山梨稲川書簡集》,赠。"笹野堅,广岛人,时任国立北京师范大学日文系教授。应是知堂的书,尽管没有盖章。

146. 山田清作 ほか 編,《版畫禮讚》,東京：春陽堂,大正十四年（1925）七月再版。灰布面,印有黑色鹿图案,顶金,85080。后面稀书复制会即刊目录第三期里面有《江都二色》,已经收入有坂与太郎《日本玩具史：後編》第五篇"江都二色に収録されたる玩具"。

1925年11月23日丸善购。

147. 山原三郎,《古代希臘の思想と文藝》,東京：博文館,大正九年（1920）七月。深酱色漆布,89477。

1920年9月17日丸善购。

148. 式場隆三郎著 芹澤銈介画,《民藝と生活》,東京：北光書房,昭和十八年（1943）。注破损。

1944年2月5日方纪生致知堂："式场等之书,一俟通知到来,当即往付款领取,然后设法送上也。"《乡土研究与民艺：我的杂学（十四）》（1944年8月1日刊）："式场隆三郎为精神病院长,而经管民艺博物馆与《民艺月刊》,著书数种,最近得其大板随笔《民艺与生活》之私家板,只印百部,和纸印刷,有芹泽銈介作插画百五十,以染色法作成后制板,再一一着色,觉得比本文更耐看。中国的道学家听之恐要说是玩物丧志,唯在鄙人则固唯有感激也。"（此据《苦口甘口》本,与《古今》所刊文字稍有不同。）又《和纸之美》（1944年12月1日）："式场隆三郎大板随笔《民艺与生活》之私家板,只印百部。芹泽作插画百五十。"怀疑此书为方所赠，国图所藏应该是知堂藏书。另《风土志：十堂笔记（九）》（1945年1月16日刊）说："近来有一部英文书，由式场博士译成日本文，题曰《北京的市民》，上下两册，承他送给我一部，虽是元来为西洋人而写，叙述北京岁时风俗婚丧礼节，很有趣味，自绘插图亦颇脱俗。我求得原本只有下册，原名曰《吴的阅历》，罗信耀著，可惜没有汉文本，不然倒也是好书，比古书还更有趣些。"

149. 水谷不倒，《繪入浄瑠璃史》三册，三点舍藏版，東京：水谷文庫，大正五年（1916）五月。线装本，62211—62213。

据日记，1925年2月10日："上午得其中堂寄书一部三本"，即此书。

150. 湯朝竹山人，《小唄研究》，東京：アルス社，大正十五年（1926）一月。纸面精装，85033。

1926年3月2日东亚公司购。

151. トルストイ，《トルストイ全集》十三卷，片上伸 内田魯庵 昇曙夢 監修 柳田泉［ほか］訳，東京：トルストイ全集刊行会；春秋社，大正八年—九年（1919—1920）再版。蓝布顶金。

第一卷 幼年の頃（柳田泉訳）少年の頃（柳田泉訳）青年時代（宮島新三郎訳）セワストーポリ（高野槙蔵訳）カザック（加藤一夫訳），大正八年（1919）十月再版，128801。

第二卷 セワストーポリ等（高野槙芷［ほか］訳），大正八年（1919）十一月再版，128802。

第三卷 國民伝說等（飯田敏雄［ほか］訳），大正八年（1919）十二月再版，128803。

第四卷 イワン・イリイチの死（宮島新三郎［ほか］訳），大正八年（1919）一月再版，128804。

第五卷 人生論 上卷（宮島新三郎訳），大正九年（1920）二月再版，128805。里面夹有大张杜翁全集刊行会《告普遍会员诸氏书》，里面刊登了七卷全集的目录。

第六卷 人生論 下卷（宫島新三郎訳），大正九年（1920）三月再版，129453。其中夹有空白：豫约申込书（第三版）监查票 拂込通知票，受领票，以及一页附录条：说明第八卷，因为有日露战争中批评日本爱国之心的文章，所以删除。

第七卷 复活教儀神学の批評（高野槌蔵訳），大正九年（1920）四月再版，129454。

第八卷 世の終リ（宫原晃一郎訳），大正九年（1920）十二月再版，129455。意思之自由，删除；唯一的教训，删除。破坏，删除。

第九卷 戰爭と平和 上卷（米川正夫訳），大正九年（1920）五月再版

第十卷 戰爭と平和 下卷（米川正夫訳），大正九年（1920）八月再版，128806。

第十一卷 アンナ・カレーニナ（中村白葉），大正九年（1920）十二月再版，128244。

第十二卷 遺稿小篇，大正九年（1920）七月再版，128194。

第十三卷 トルストイ小传（片上伸），大正九年（1920）九月再版，141170。

据日记，1919年11月10日："春秋社寄トルストイ全集一册。"12月4日："得丸善廿二日小包，内万年笔及书二册，トルストイ集第二册。"12月29日："往校得トルストイ集卷三。"1920年2月4日："得トルスト集第四一册。"2月27日："得トルスト全集第五一册。"4月6日："得トルスト全集第六卷一册。"5月6日："得トルスト全集第七卷一册。"5月19日："往大学代玄同收トルスト全集七册。"5月20日："代收トルスト全集三册。"5月21日："往高师，致玄同发音学一册，トルスト集十册。"5月23日："代收玄同トルスト集一册。"5月24日："代

收玄同トルスト集一册。"6月17日:"得トルスト集第九卷一册,又代玄同收二册。"7月30日:"得トルスト集十二卷一册。"9月6日:"得トルスト集一册。"9月29日:"又トルスト全集第十三卷一册。"12月18日:"トルスト集八卷一册,已全。"知堂买这套《托尔斯泰全集》日译本,费时一年有馀,还帮钱玄同代买了一套。

152. 藤澤衞彦编,《日本の俗謡》,日本歌謡叢書,東京:日本伝説叢書刊行会,大正十年(1921)十月。银灰纸面,顶金,85234。日本歌谣丛书共十二册。

1921年12月6日丸善购,同时购有《日本の小唄》;9月23日:"得实业之日本社寄《小唄傳説集》一册。"1919年5月5日:"下午至神保町,……在古本屋得《民主主義の方へ》一册。"1923年2月23日自丸善购《日本傳説研究》卷一。

153. 藤澤衞彦,《日本民謡史》,東京:雄山閣,大正十四年(1925)六月。白布精装,17784。

154. 万造寺竜,《民俗信仰の玩具》,東京:書物展望社,昭和十三年(1938)十一月普通版。纸面精装,袖珍本,85114,封底内侧蓝色标签:北平西单牌楼南 人人书店 电话南局二四五。

155. 尾形光琳繪 酒井抱一编,《光琳百圖》前后编二册,東京:博文館,明治廿七年(1897)三月十日。线装,62181—62182。

据日记,1923年1月4日记:"得其中堂寄光琳百圖式本。"同年2月23日在丸善购有野口米次郎《光琳》。

《〈谈虎集〉序》(1927年11月8日):"《谈龙》《谈虎》两集的封面都是借用古日本画家光琳(Korin)的,在《光琳百图》中恰好有两张条幅,画着一龙一虎,便拏来应用,省得托人另画。"[1] 前编有龙、虎二图,

---

[1] 《谈虎集》,上海:北新书局,1936年6月第五版,第3页。

纸本墨画。后编也有龙、虎二图，纸本墨画。知堂所用是前编两幅。

156. 西山哲治，《子供の憧るゝ人形の國》，東京：南北社出版部，大正七年（1918）十一月。棕布书脊纸面精装，66515。

据日记，1919年3月25日："南北社寄人形の国一册。"

157. 有坂與太郎，《雛祭新考》，東京：建設社，昭和十八年（1943）七月。平装，用双层和纸印制，128604。根据图书登记号判断应该是知堂购藏的。

158. 斎藤昌三编，《現代筆禍文獻大年表》，東京：粹古堂書店，昭和七年（1932）十一月。棕布书脊，限定版第395号，印刷六百部内五百部发售，封底内侧标签：2.50，27536。

1933年11月6日东亚公司购。

会稽周氏藏本	会稽周氏	会稽周作人
会稽周氏凤皇专斋藏	凤皇专斋	凤皇专斋
越周作人	越周作人	周作人
周作人	周公之作	周作

周作人印	周作人印	周作人印
周作人印	周作人印	周作人印
岂明	岂明	岂明经手
岂明读书	知堂书记	知堂礼赞

周作人 ㄓㄡ ㄗㄨㄛ ㄖㄣ

苦雨斋

苦雨斋印

苦雨翁玺

苦雨斋藏书印

苦茶庵知堂记

煅药庐

荣木山房

山上水手

只图遮眼

嬴洲

浴禅堂印

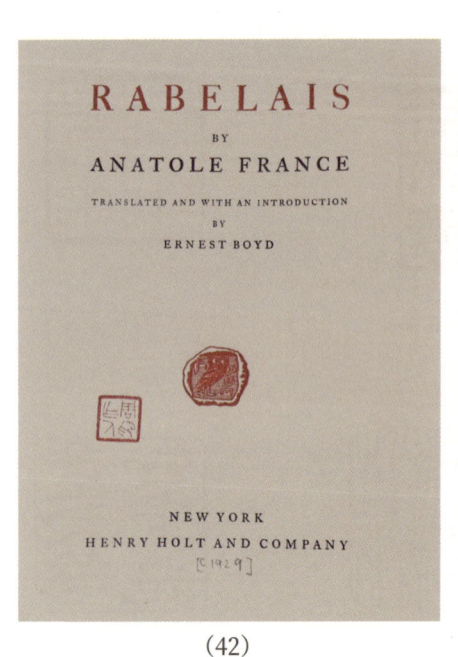

RABELAIS
BY
ANATOLE FRANCE
TRANSLATED AND WITH AN INTRODUCTION
BY
ERNEST BOYD

NEW YORK
HENRY HOLT AND COMPANY
[1929]

(42)

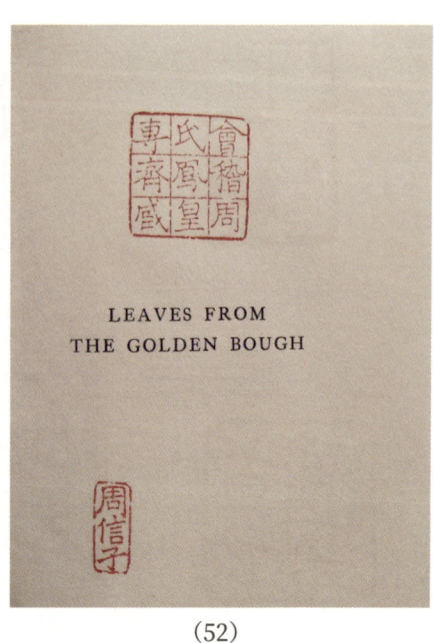

LEAVES FROM
THE GOLDEN BOUGH

(52)

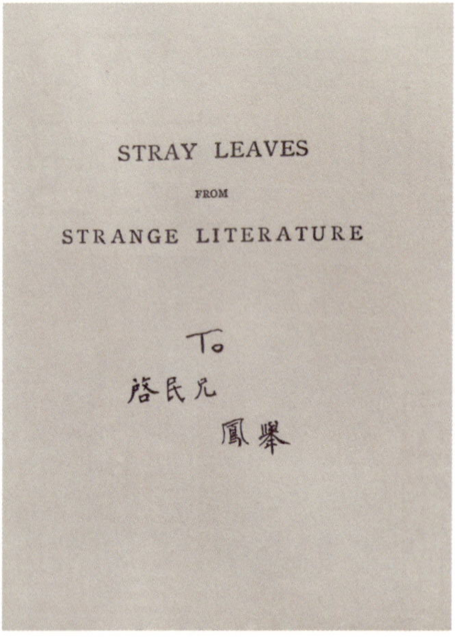

STRAY LEAVES
FROM
STRANGE LITERATURE

To
启民兄
凤举

(110)

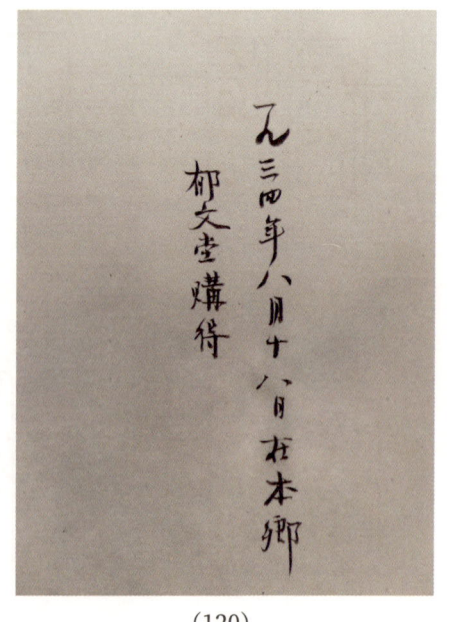

乙三四年八月十八日在本乡
郁文堂购得

(120)

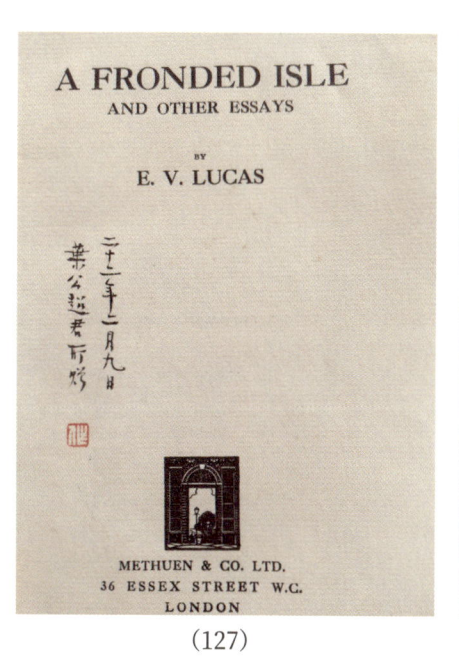

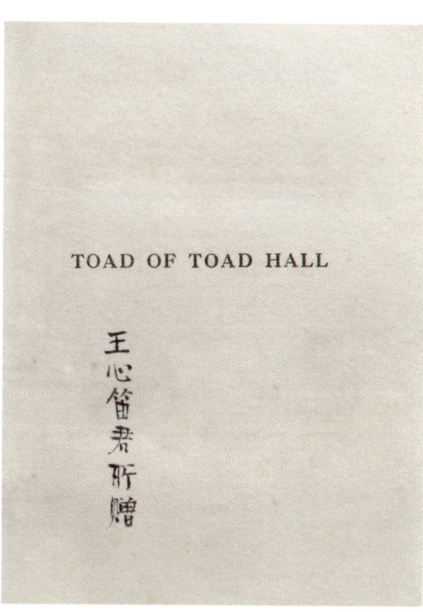

A FRONDED ISLE
AND OTHER ESSAYS

BY
E. V. LUCAS

二十二年二月九日
葉公超君所贈

METHUEN & CO. LTD.
36 ESSEX STREET W.C.
LONDON

(127)

TOAD OF TOAD HALL

王心笛君所贈

(136)

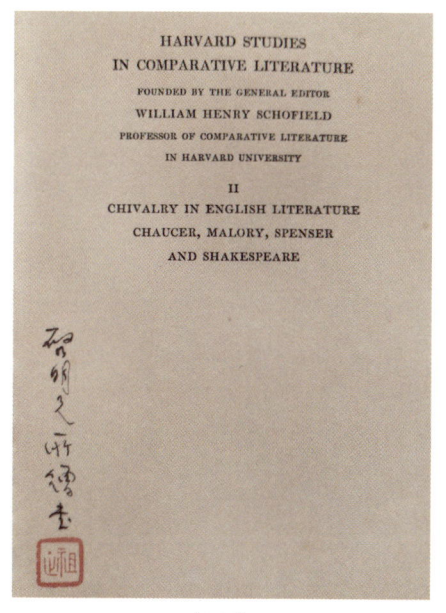

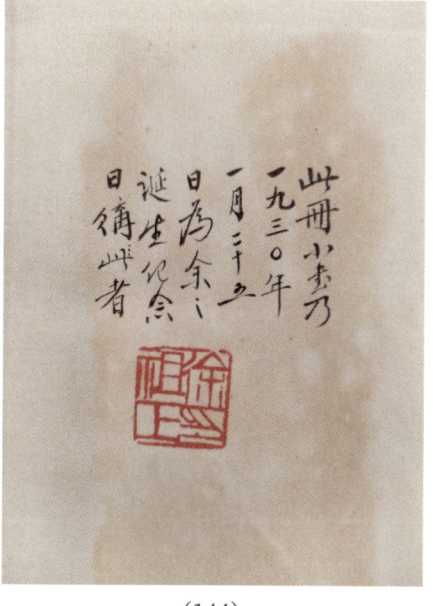

HARVARD STUDIES
IN COMPARATIVE LITERATURE

FOUNDED BY THE GENERAL EDITOR
WILLIAM HENRY SCHOFIELD
PROFESSOR OF COMPARATIVE LITERATURE
IN HARVARD UNIVERSITY

II
CHIVALRY IN ENGLISH LITERATURE
CHAUCER, MALORY, SPENSER
AND SHAKESPEARE

智明兄所贈書

(144)

此冊小叢乃
一九三〇年
一月二十二
日為余之
誕生紀念
日贈此者

(144)

(149)

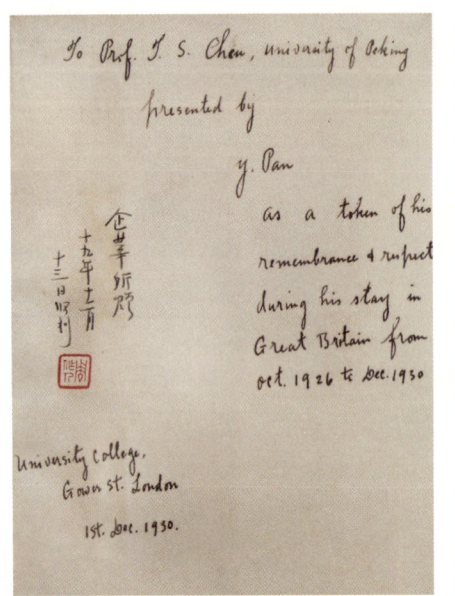

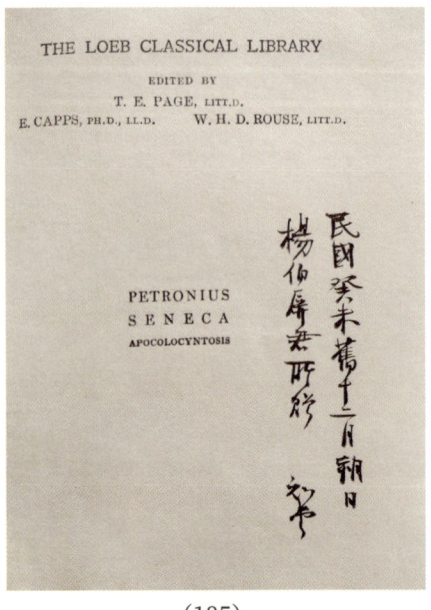

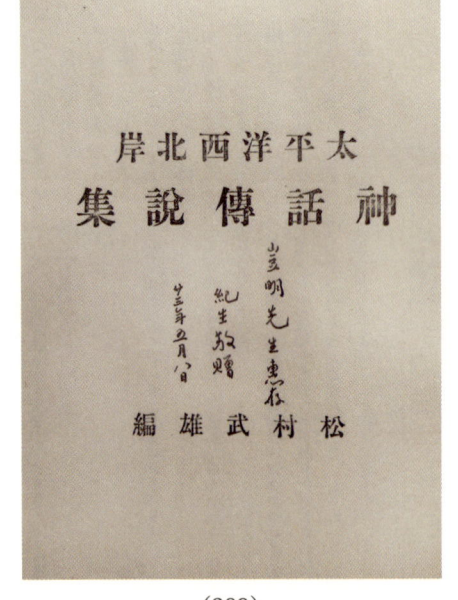

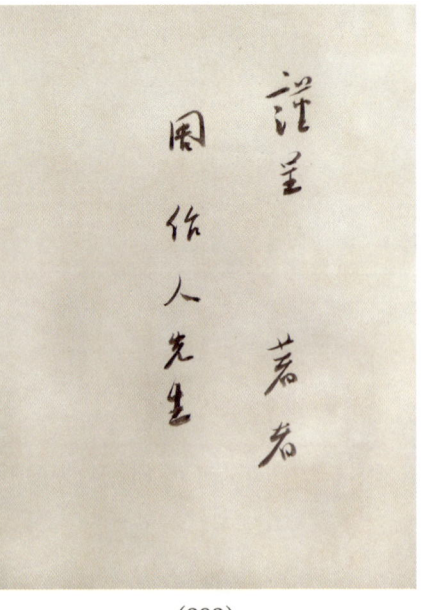

To Prof. T. S. Chen, University of Peking
presented by
Y. Pan
as a token of his remembrance & respect during his stay in Great Britain from Oct. 1926 to Dec. 1930.

University College, Gower St. London
1st. Dec. 1930.

企孫師鑒
十九年十二月
十三日燧初
[印]

(185)

THE LOEB CLASSICAL LIBRARY
EDITED BY
T. E. PAGE, LITT.D.
E. CAPPS, PH.D., LL.D.　　W. H. D. ROUSE, LITT.D.

PETRONIUS
SENECA
APOCOLOCYNTOSIS

民國癸未舊十二月朔日
楊伯屏無所紓
贄

(289)

太平洋西北岸
神話傳說集

立明先生惠存
紀生敬贈
廿三年五月

松村武雄 編

(292)

謹呈
周作人先生
著者

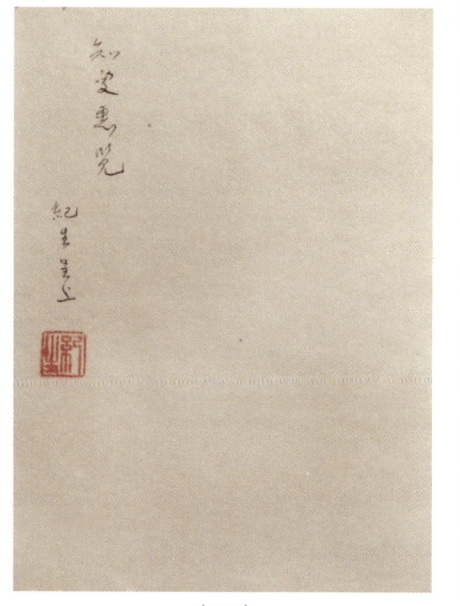

(305) 知堂惠鉴　紀生拜上

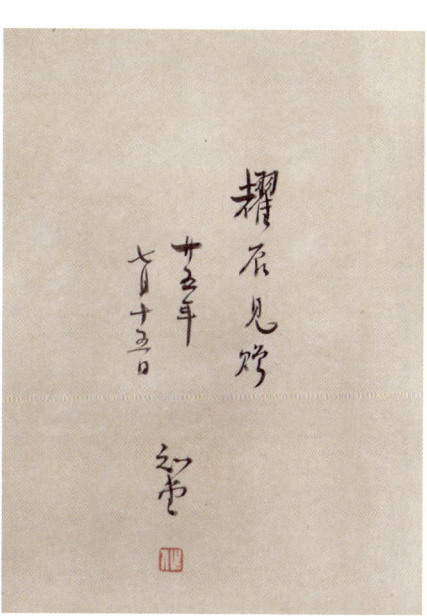

(311) 耀辰見鸰　卅五年七月十五日　知堂

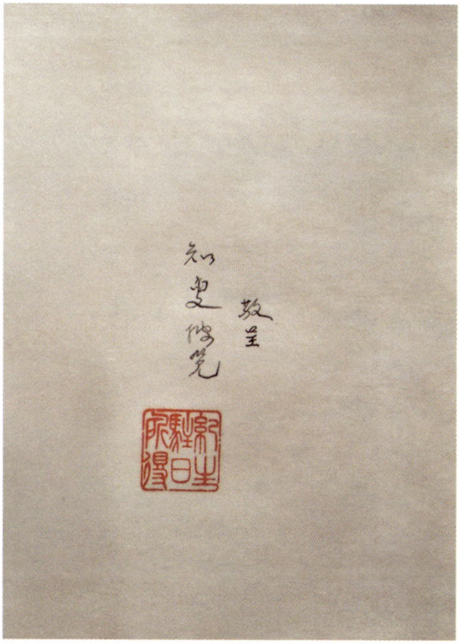

(336) 敬呈　知堂脩笺

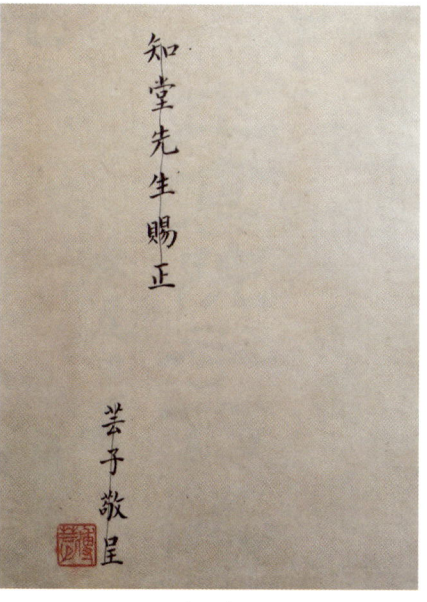

(338) 知堂先生賜正　芸子敬呈

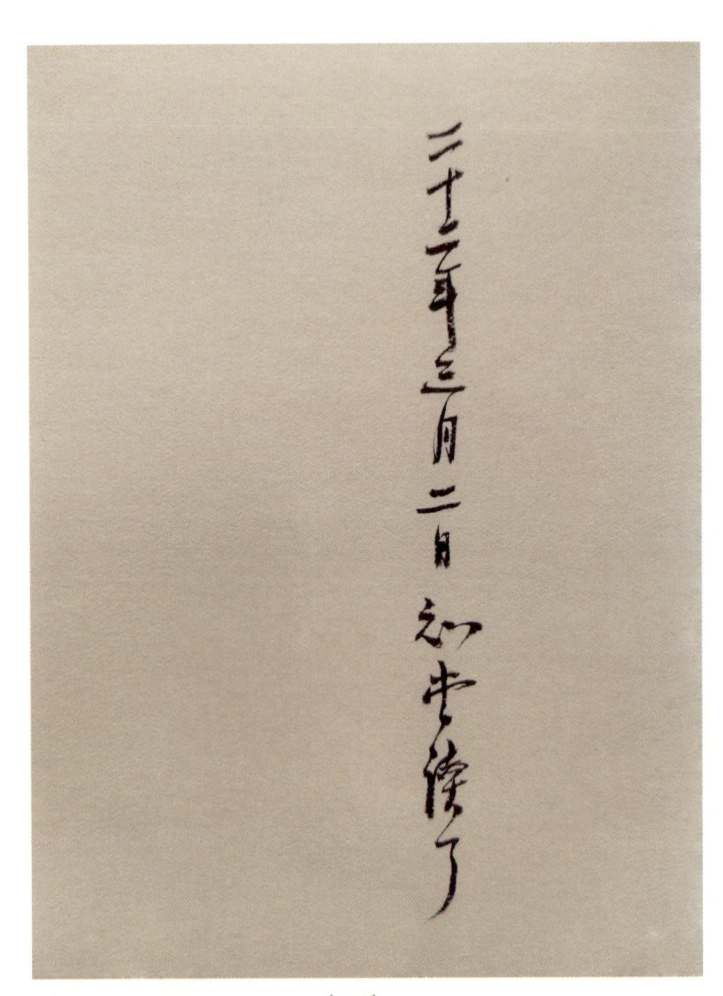

(疑1)

二十二年三月二日知步進了

(270)

后　记

收到这个集子里的文章大都是这八九年来所写的关于学人旧藏的文章，无裨学问，只增谈助而已。而且好文如海，能者辐辏，正如大海之滨，"乘雁集不为之多，双凫飞不为之少"（扬雄《解嘲》）。现在回过头来看这些文章，反而显得有它不多，没它不少，处于一种可有可无的境地。可是敝帚自珍，自我安慰说，尽管没有什么新观点，也还有些新材料吧，无论如何或许有点儿用处，因而断章取义，以《乘雁集》为名来警策自己了。胡文辉兄认为这个书名太泛，曾建议考虑《嫏嬛求索录》或《检阅录》，不过我觉得书名太高雅，自己这几篇小文实在当不起，就先用这个名字吧。

集中文章分四部分，第一部分是所谓"图书馆考古"（老友高山杉语）的成果，都是2013年以来在国图提外文旧书时，对其中一些书籍的原藏者（大多为近现代知名学者）及其入藏经过的文字考证，因为视野有限，材料不丰，文章写得比较枯燥乏味。而胡文辉兄曾给予鼓励说："通过藏书挖掘学人的阅读史、知识史（学术积累）方面，几乎是没有什么人做的事，盼继续前进，勉之勉之。"其实在学术史中，对学者的藏书研究是非常重要的一环，国内外的研究者已有很多成果。这里的文章依托国图的外文收藏，所收集的材料或许能为一些研究者提供进一步探究的线索。

第二部分，是自己在北京旧书店与旧书市场淘书时的一点儿收获。2000年以来，因为兴趣所在，几乎不间断地跑潘家园、北大周末书市、中国书店等地方，以及地坛等春季秋季书市，或多或少买到一些学者的外文旧藏，经过翻查资料，做了一点儿小考证。

而第三部分则是一些介绍西方学者轶事及藏书故事的文字，都是近年来读书的笔记，无所发明，权当普及知识。还曾想过写写谢灵顿（Sir Charles Scott Sherrington）、乔万尼·奥利斯帕（Giovanni Aurispa）这些爱书人的故事，等以后资料收集全些再动笔不迟。

最后一部分就是周作人现存外文藏书的初步调查，其实也是"图书馆考古"的一部分，最早还是高山杉提起他从国图借过一册周作人旧藏的希腊语读本，我因而开始参照知堂文章及其日记在国图外文基藏库里系统查找他的旧藏。自2015年3月起至今，费时五年。而且为了考察知堂被捕的经历与藏书进入国立北平图书馆的经过，我又阅读了民国报纸的缩微胶卷，把其中有用的信息进行了收集汇总。可言之无文，卑之无甚高论，只能作为资料汇编供大家参考。文中一部分是读民国旧报时的收获。当时旧报的副刊有大量的材料，也是不少学者文章的首发之处。阅读学者收入文集的文章，与读他最初发表在报纸刊物上的感觉完全不同，算是对文章产生与发表的历史背景的还原，这点其实对于研究非常重要。收入文集好比入住单间，是与他不同时期写的文章比。而在报章杂志时，就像睡通铺大炕，是与同期或前后期的一群学者比，所以就会有不同的阅读体验与感受。因而比较学者报上发表的文字与正式刊本的异同就有很多值得讨论的地方，如吕思勉等学术札记在报上发表的篇目内容与时机，就很值得探讨。现在研究周作人的文章不少，如果把它最初发表的时间与当时报上的时事结合起来，进行研究解读，也同样会有不少发现，更会明白周作人写文时的心迹与语境。这类工作也是我以后要着力的目标与方向。文章初稿得到高山杉、宋希於、肖彤、刘铮等朋友的批评与帮助，胡文辉兄对文章结构以及编排提出过不少意见，并为文集赐序，这里一并谢过。

还要感谢编辑肖海鸥女士的督促，本来答应尽快交稿，可修来改去，结果从秋色烂漫之日拖到了瘟疫蔓延之时，水平所限，文章也只能以此面目示人了。另外还要感谢责任编辑余静双女士的细心审读，帮我改正了不少错误。拉杂说了这些，权当一篇不及格的总结吧。

2020 年 2 月 24 日凌晨

图书在版编目（CIP）数据

乘雁集/ 周运著. -- 上海：上海文艺出版社,2021（2022.3重印）
（六合丛书）
ISBN 978-7-5321-8094-3

Ⅰ.①乘… Ⅱ.①周… Ⅲ.①随笔—作品集—中国—当代
Ⅳ.①I267.1

中国版本图书馆CIP数据核字(2021)第173383号

发 行 人：毕　胜
策 划 人：肖海鸥
责任编辑：余静双
特约编辑：宋希於
装帧设计：常　亭

书　　　名：乘雁集
作　　　者：周　运
出　　　版：上海世纪出版集团　上海文艺出版社
地　　　址：上海市闵行区号景路159弄A座2楼 201101
发　　　行：上海文艺出版社发行中心
　　　　　　上海市闵行区号景路159弄A座2楼206室　201101　www.ewen.co
印　　　刷：苏州市越洋印刷有限公司
开　　　本：1240×890 1/32
印　　　张：19.75
插　　　页：6
字　　　数：506,000
印　　　次：2021年11月第1版　2022年3月第2次印刷
Ｉ Ｓ Ｂ Ｎ：978-7-5321-8094-3/K.438
定　　　价：75.00元
告　读　者：如发现本书有质量问题请与印刷厂质量科联系　T：0512-68180628